普通高等教育"十二五"系列教材

电力系统控制与调度自动化
（第二版）

王士政　编著

唐国庆　主审

中国电力出版社

CHINA ELECTRIC POWER PRESS

内 容 提 要

本书共九章,主要内容包括电力系统控制及其自动化概论,SCADA/EMS 系统,数据通信与通信规约,电力系统频率控制,电力系统电压控制,电力系统安全控制,电力系统运行成本控制,电力自动化系统高级应用软件,配电自动化技术。本书紧密跟踪当代电力系统控制及其自动化技术的发展脚步,反映以电网调度自动化为总纲的电力系统控制及其自动化技术的最新进展,具有系统完整,取舍适当,简单扼要,循序渐进,通顺易懂,注重理论联系实际等特点。

本书可作为电气类专业及其他相近专业本科高年级教材或研究生教材,亦可作为相关岗位人员的培训教材或参考书。

图书在版编目(CIP)数据

电力系统控制与调度自动化/王士政编著. —2 版 . —北京:中国电力出版社,2012.9(2022.1 重印)

普通高等教育"十二五"规划教材

ISBN 978 - 7 - 5123 - 3393 - 2

Ⅰ.①电… Ⅱ.①王… Ⅲ.①电力系统—自动控制—高等学校—教材②电力系统调度—自动化技术—高等学校—教材Ⅳ.①TM761②TM734

中国版本图书馆 CIP 数据核字(2012)第 184259 号

中国电力出版社出版、发行

(北京市东城区北京站西街 19 号　100005　http://www.cepp.sgcc.com.cn)

北京雁林吉兆印刷有限公司印刷

各地新华书店经售

*

2008 年 3 月第一版

2012 年 9 月第二版　　2022 年 1 月北京第十四次印刷

787 毫米×1092 毫米　16 开本　24.5 印张　595 千字

定价 **48.00** 元

前　言

　　自本书第一版《普通高等教育"十一五"系列教材　电力系统控制与调度自动化》出版以来，已被许多高校选用，多次加印。本次修订再版，总体框架未变，除了更正原书几处图文错误外，还对原书某些较为繁琐的内容和叙述方式，进行了较大幅度的整合和精简，使全书更趋简炼和顺畅。现作为普通高等教育"十二五"系列教材出版，敬请各位同行、读者交流、指正。

作　者

2012 年 7 月

第一版前言

为贯彻落实教育部《关于进一步加强高等学校本科教学工作的若干意见》和《教育部关于以就业为导向深化高等职业教育改革的若干意见》的精神，加强教材建设，确保教材质量，中国电力教育协会组织制订了普通高等教育"十一五"教材系列。该系列强调适应不同层次、不同类型院校，满足学科发展和人才培养的需求，坚持专业基础课教材与教学急需的专业教材并重、新编与修订相结合。本书为新编教材。

现代电力系统已被公认为是一种最典型的具有多输入、多输出的超级大系统。要想驾驭这样一种超级大系统，并且实现安全、优质、经济、环保等多目标的综合优化运行控制，其运行控制的复杂性及其实现控制自动化的困难程度，远远超过人们想象。

电力系统控制及其自动化所涉及的知识面极宽，包括电力系统运行控制基本理论、现代通信技术、计算机控制及网络技术、电网调度自动化技术等许多基本理论和高新技术。而电网调度自动化（包括配网自动化）已经成为电力系统控制自动化的总纲，是电力系统自动化的最主要部分和核心内容。

作者长期从事电网调度自动化及电力系统运行控制等方面的教学，深切地了解这些高新技术在电力工业中的重要地位；同时也知道，大多数本专业的本科毕业生甚至研究生，对电力系统的运行控制并没有一个完整的知识架构，所学到的知识是有限且相互割裂的，特别是对近年飞速发展的以电网调度自动化为总纲的电力系统运行控制新技术，更是不甚了解。

作者在河海大学和三江大学电气与自动化工程学院授课时，增添了一些电力系统运行控制等方面综合性的内容，学生们很感兴趣。有的学生在就业面试时被问及这方面的知识，因回答较好而被录用到电网调度部门工作，这种先例更使学生们修学这门课程的热度激增。

此前电力专业教材一般分为电力系统稳态分析、电力系统暂态分析、发电厂电气部分、电力系统继电保护、电网调度自动化等几门课程，对电力系统运行控制及其自动化等内容，在几门课程中多处均有涉及，但从来没有综合的汇总。

为适应高校电气类专业课程体系创新、课程内容更新和紧密跟踪新技术的需要，作为中国电力教育协会组织的高等教育"十一五"系列教材，《电力系统控制与调度自动化》是一部全新的系统性教材。与以往分割式讲述方式不同，本教材试图建立一种新的知识体系，即构建一个关于电力系统运行控制及其自动化的较为完整的宏观知识框架，包括电力系统的频率控制，电力系统的电压控制，电力系统的负荷控制，电力系统运行成本控制，电力系统电力电量交易控制，电力系统安全控制等，而这些内容又都与电网调度自动化技术密不可分。

本教材紧密跟踪当代电力系统控制及其自动化技术的发展脚步，反映以电网调度自动化为总纲的电力系统控制及其自动化技术的最新进展，努力做到系统完整、取舍适当、深浅适度、简单扼要、由浅入深、循序渐进、通顺易懂，注重理论联系实际。本教材既有作为教材必需的许多入门知识，也概要介绍本领域的发展方向和最新动态。

通过对本教材的学习，电气工程类各专业本科高年级学生及研究生，能对该领域知识有一个全景式的了解，有利于提高他们在就业市场上的竞争力以及后续的学习和研究；同时，对广大电力系统中的技术人员来说，了解电力系统运行控制与电网调度自动化等高新技术，对提高自身业务素质，做好本岗位工作也是十分有益的；而对专门从事电力系统运行控制及自动化技术的工程技术人员，亦有很好的参考价值。

在编著过程中，参考了多种相关的著作。三江大学电气与自动化工程学院杨正理老师、黄其新老师分别参与了第五章、第九章和第四章、第六章的讨论和修改，河海大学孙黎霞老师、史林军老师也参与了第一章、第五章、第六章、第九章的讨论和修改，南京工程学院李升老师、河海大学严登俊老师分别对第五章和第六章部分内容提出了修改意见，河海大学博士鲁华永同学在收集资料、整理文稿等方面也做了许多工作。此外，三江大学领导也给予作者许多支持和帮助，在此一并表示感谢。

本书由本领域知名专家东南大学唐国庆教授主审。唐国庆教授审阅书稿后，提出了许多中肯意见，作者要特别向唐国庆教授表示衷心感谢。

由于这样一种高新技术仍在快速发展之中，本书不可能完全跟上技术发展的脚步，某些方面可能未涉及，或者某一点内容已经落后了，这是无法避免的，请读者见谅。

也借此机会，对当面或来信与作者进行交流探讨的各位同行，表示衷心的感谢！敬请各位读者继续来信交流，不吝赐教。

作　者

2007 年 9 月

目　　录

第一章　电力系统控制及其自动化概论

第一节　现代电力系统及其运行控制的复杂性

一、现代电力系统概况

（一）现代电力系统的构成

20世纪中叶以来出现的巨型电力系统，是有史以来规模最大、层次最复杂、资金和技术最密集的复合工业系统。这种现代巨型电力系统，可以看成是由三个基本系统组成的。

一是物流系统，即指动态的电力系统，是实现能量变换、传输、分配和使用的一次系统（电能的发、输、变、配、用）。对于物流系统，我们侧重研究能量转化和变换、电能传输和分配，以及电力系统可靠、稳定、安全、经济运行的规律。

二是信息流系统，即指电力信息系统，由监视、测量、保护、控制、电网调度自动化等组成的能量管理系统，其作用是保障电力系统可靠、稳定、安全和经济运行。对信息流系统，主要研究如何获得物流系统各种状态的特征信息，研究这些信息的传输、处理和应用。这个系统主要由传感器、通信网络、计算机和各种复杂的程序构成，是电力系统自动化的核心。

三是货币流系统，即电力交易系统。对货币流系统，主要研究电能这种特殊商品如何通过市场进行交易，电能如何定价，在市场运营下如何保障电力系统可靠、稳定、安全和经济运行。

现代电力系统示意图如图1-1所示。

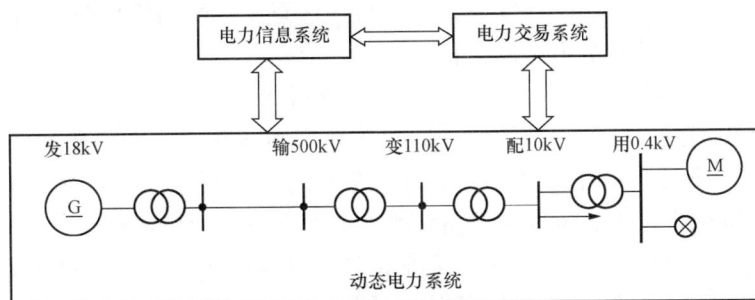

图1-1　现代电力系统示意图

（二）现代电力系统的特点

电力系统的特点是由电能的特点决定的。电能的生产、传输和使用具有鲜明的系统性。电能以光速传播，迄今为止人类还未能实现大容量的电能存储，因此电能的生产与消费几乎是在同一瞬间完成的。发电、输电、变电、配电和用电等环环相扣，组成了密不可分的整体，始终处于连续工作和动态平衡之中。电能供应系统和用户又相互影响、相互制约。电能供应系统要适应用户对电能需求的随机变化，向用户连续不断地提供质量合格、价格便宜的电能。用户（负荷）的特性和随机变化又反过来影响和冲击着电能供应系统。在各个环节和不同层次都要有先进的信息与控制系统，对电能的生产、传输、使用的全过程进行监测、控制、调节、保护和协调调度，以保证电力系统的正常运行，使用户获得安全可靠、优质、廉价的电能。

（三）现代电力系统的发展方向

现代电力系统正向两个不同的方向发展：一个方向是电网互联，这将导致电网规模越来越大；另一个方向则是向电网内分布式发电及微型电网发展。

1. 互联大电网的优越性及其引出的新问题

现代电力系统发展的一个方向是邻近电网的互联。从运行安全和经济性看，电网互联带来了巨大的效益。以大电厂、大机组、高参数、大电网、高电压、远距离及高度自动化为特征的大电力系统，具有许多突出的优点。

（1）互联大电网的优越性：

1）有利于在更大范围内优化资源配置和一次能源利用。例如在一次能源集中地区建电厂，通过超高压、大电网、长距离输电到负荷中心；变输煤为输电，有利于低质煤的利用和我国西南地区优质水能资源的开发，实现水、火电资源优势互补，也更有利于环保。

2）大电网可以安装高效能的大机组，有利于降低造价、节约能源、降低系统发电成本。

3）大电网能承受如轧钢机等较大的冲击负荷，从而可以改善电能质量，提高供电可靠性。各地区各类电源互为备用，事故情况下可相互支援，增强了电网抵抗事故的能力，也减少了事故备用容量，提高了电网运行的经济性。例如，1999 年 7 月 20 日 8 时 58 分，新店变电站事故造成某省境内合计铭牌容量 3300MW 的 9 台机组跳闸，但由于华北电网容量较大，且电网正处在负荷"爬坡"阶段，系统旋转备用相对较多，使得该省电网避免了一起全网崩溃瓦解的恶性电网事故。

4）利用不同地区的时差，错开高峰负荷，减少了系统备用机组容量。例如西北与华东由于经度时差，南方和北方由于纬度温差，使各地区夏冬季的高峰负荷不同时，电网互联可以降低用电高峰负荷，最终节省全网装机容量。

5）利用水、火、核电之间的互补调节，实现系统水、火、核电的经济调度。水电可以跨流域调节，利用不同河流的流域效益，即由于纬度不同而造成的各条河流的丰水期不同，如红水河为 5 月、长江为 6 月、黄河为 7 月、东北的河流则为 8 月，从而有效利用天然资源，并在更大范围内进行水火电联合经济调度，提高全网运行的经济性。

由于电网互联可以获得显著的技术经济效益，使得现代电网越来越大，不仅突破了市界、省界，而且还形成了许多跨区甚至跨国电网；网内装机容量也越来越大，在输电电压等级上，出现了 330、500kV 及更高电压等级的 750、1000kV 超高压电网。目前，仅我国装机容量超过 20GW 的电网就有华东、东北、华中、华北、南方电网等 5 个跨省大区域电网。同时全国联网的工作也正在进行，除华中与华东电网经 500kV 直流输电线相连外，华北和东北电网也已互联，预计三峡电站全部投产后，即将实现全国联网。

（2）互联大电网引出的新问题。大电网互联要依赖远距离高压交流输电，这使大电力系统的运行更为复杂，其突出问题是调度复杂，系统稳定（角度稳定、频率稳定和电压稳定）问题更突出，故障会波及相邻电网，若处理不当，严重情况下会导致大面积停电；电网短路容量也会增加，造成运行中的断路器等设备因容量不够而需增加投资等。

人们又想到了直流输电。直流输电因为没有电抗，没有无功损耗，没有交流输电那样的角度稳定问题，加上直流线路具有造价比交流线路低、电晕损耗和无线电干扰小、调节快速、运行可靠等优点，特别适合于长距离、大功率传输和用来连接两个大电网或频率不同的两个电网。所以现代大电力系统往往是交—直流混合输电系统。

巨大的交—直流混合输电系统的运行控制更加复杂，所有这些问题都要求采取相应的技术措施，如加强电网结构、提高电网自动化控制水平等，只有如此才能充分发挥互联电网的作用和优越性。

随着电网互联区域增大和容量的增加，在电网运行中暴露出许多系统性技术问题，如系统大停电事故、大机组的运行、电网结构、电力系统稳定、电力系统短路电流水平配合、高压电网运行过电压、无功补偿和电压调节等问题。从几十年运行实践看，这些都不是孤立的技术问题，而是互有关联的系统性技术问题，必须从整个电力系统的角度来观察、研究和解决。例如大电网稳定破坏、电压崩溃、系统瓦解等事故，与电网结构的强与弱、有功和无功备用容量是否足够等都有关。为防止此类事故，除要加强电网结构，特别是受端电网结构外，还要综合地采用快速励磁、按频率和电压降低自动减负荷、远方切机以及 PSS 等自动装置来解决。发生事故后要分清主次，确保主要地区供电，只有保住了主要地区，才能使整个电网恢复更加容易。同样，短路电流问题，也不仅是某处要采用大容量断路器，或采用某种限流措施的个别问题，而是要考虑各层电网之间短路电流水平的配合，从电网整体上来安排。至于无功补偿、电压调节和运行过电压问题，则更需从电网的整体来观察和研究。

现代大电网涉及的系统性技术问题，还包括采用标准电厂、标准机组、标准线号、标准变电容量、标准变电站接线方式，以及各种动力资源特别是各种新能源的开发与整合、各级电网结构的配合等。这些都要将电网看作一个整体来观察、研究和安排，需要创立现代电网发展的新理论。电力系统越来越大是电力工业发展的必然趋势，我国正在实行全国联网和西电东送的战略，这是国民经济持续发展的需要。

随着现代电网的结构日益复杂，一些关系到电网运行稳定的问题必须更加引起关注：

1）受经济和环境条件的制约，建成了一大批远离负荷中心的坑口电站及水电站，出现了长距离重负荷的输电网络，大大增加了维持系统正常运行电压的难度；系统元件的故障或检修，在弱联系的电网中往往会发生系统输送功率的大面积转移，造成潮流的极不合理分布，并导致受端系统功率的更大缺额，结果使网架很弱而输送功率又很大的超高压系统，不仅容易发生静态角度不稳定，而且更容易发生电压不稳定事故。

2）发电机单机容量越来越大，功率因数越来越高，发电机标幺电抗增大，惯性时间常数减小，无功出力的相对降低，这些都对系统稳定造成不利的影响。

3）超高压直流输电并网运行的容量，在整个系统中所占的比例越来越大，而交流系统则变得相对较弱，这对直流系统的控制器构成了严峻的考验。与超高压直流输电相连的弱交流系统电压稳定性问题，是一个必须引起格外关注的重要问题。

2. 分布式发电和微型电网的新发展

分布式发电（Destributed Power Generation）是指功率为数千瓦至 50MW 小型的与环境友好的独立电源。微型电网（Micro-Grids）是一些电气上孤立的发电机组形成的独立电网，它们有些与主电网相连，而许多是不与主电网相连的。

分布式发电一般采用光伏电池、风力发电、太阳能发电、微型水电、燃料电池、小型燃气轮机等发电装置，它们靠近电力用户，对环境无污染或少污染。分布式发电的发展可以推迟大电力系统发电容量投资，减少备用容量，加速投资回收，节省输电线路投资，减少网损；与大电网配合可以大大提高供电可靠性，在大电网崩溃或由地震、暴风雪、人为破坏等引起大面积停电情况下，保持重要用户的供电；在山区、海岛、牧场等超高压、远距离输电系统鞭长莫及的地方，分布式发电技术可发挥巨大的威力。21 世纪分布式发电在国内外都将有大的发展，但是，与电网相连的分布式发电也会对电网频率、电压等造成各种冲击。因此，不仅需要研究各种分布的发电方式，而且要研究它们接入电力系统的各种相关技术。

二、现代电力系统运行控制的复杂性

现代社会里各种各样的工业生产系统，没有哪一种系统能像现代电力系统这样庞大和复杂。一个规模巨大的现代电力系统往往覆盖几十万甚至几百万平方公里，连接着广大城乡的每一个厂矿、机关、学校和千家万户。几十万公里的高低压输配电线路像蜘蛛网一样纵横交错，各种规模的火电厂、水电厂和核电厂及变电站星罗棋布，系统的各种运行参数互相影响，瞬息万变……现代电力系统已被公认为是一种最典型的，具有多输入、多输出的大系统。

现代电力系统的运行控制，与其他各种工业生产系统相比，更为集中统一，也更为复杂。各种发电、变电、输电、配电和用电设备，在同一瞬间，按着同一节奏，遵循着统一的规律，有条不紊地运行着。各个环节环环相接，严密和谐，不能有半点差错。电能不能像其他工业产品那样可以储存以调剂余缺，而绝对是"以销定产"，"零库存销售"，即用即发，需用多少就只能发多少。然而，大大小小的工厂和千家万户的用电设备的开开停停，却是自由而随机的。因此，电力系统的用电负荷时时刻刻都在变化着，发电、输电、变电及配电等各环节，必须随时跟踪用户用电负荷的变化，不断进行控制和调整。

不仅如此，由于电力生产设备是年复一年、日复一日地连续运转，有些主要环节几年才能检修一次，因此随时都有可能发生故障，风、雪、雷、雹等无法抗拒的自然灾害，更增加了发生故障的概率。电力系统一旦发生事故，就会在一瞬间影响到非常广大的地区，危害十分严重，必须及时地发现和排除。可以想象，现代电力系统这种运行控制任务有多么复杂和繁重。

所有这一切，都决定了现代电力系统必须要有一个强有力的，拥有各种现代化手段的，能够保证电力系统安全经济运行的指挥控制中心，即电力系统的调度中心。

三、现代电力系统的可调可控点

对一辆汽车，只需一个驾驶员用双手双脚就可以开走了，因为汽车的调控点仅有方向盘、离合器、油门和刹车闸等少数几个。而对巨大复杂的电力系统，就绝不是一个人或几个人可以控制、驾驭的。实际上，在这个巨大电力系统当中，不仅有各级调度中心（所）的调度人员，还有遍布各地的发电厂和变电站的值班运行人员，他们必须凭借各种各样的仪表和自动化监控设备，齐心协力，严密配合，才能共同完成对电力系统的指挥控制。那么，电力系统有多少可调可控点呢？这里先简要介绍以下几点：

（1）发电机组调速器（调节原动机的进汽量或进水量）——调节发电机有功功率 P；

（2）发电机励磁调节器（调节发电机的转子励磁电流）——调节发电机无功功率 Q；

（3）变压器档位调节开关（改变变压器绕组的匝数比和电压比）——调节变压器二次侧线电压；

（4）断路器（控制电路的通/断）——投入/切除发电机、变压器、线路、负荷、电容器、电抗器、制动电阻，以及电网的解列/并网；

（5）调相机励磁调节器（调节调相机的转子励磁电流）——调节调相机无功功率 Q；

（6）静止补偿器（调节晶闸管的导通角）——调节其无功功率 Q；

（7）汽轮机组快关汽门——快速减少发电机有功功率 P；

（8）发电机灭磁开关——快速减少发电机定子电压。

在一个大型电力系统中，发电机会有几百台，变压器会有上万台，而断路器则有几万台。因此，大型电力系统的可调可控点一定是数以万计，甚至有几十万个。电力系统是一个紧密联系在一起的大系统，所以对其中每一点的调控都会"牵一发而动全身"，必须预先经过精密计算，相互协调配合，才能达到最优的控制效果，这实在是一件非常不容易的事。只有通过现代电网调度自动化系统，综合运用计算机控制技术、现代通信技术和现代电力系统运行控制理论，才能完成这么复杂的优化控制任务。

四、现代电网三大自动控制系统的发展

自动发电控制（Automatic Generation Control，AGC）、自动电压控制（Automatic Voltage Control，AVC）和自动稳定控制（Automatic Stability Control，ASC）被总称为现代电网三大自动控制系统，也可简称为"3A 系统"。

3A 系统是在我国电网调度自动化系统功能不断扩充和发展中自然形成的。20 世纪 80 年代，随着四大电网和部分省网 SCADA/AGC/EMS 系统的引进，AGC 在国内电网的应用水平不断提高。自 1989 年 9 月湖南电网 AGC 在国内首次实现闭环控制以来，经过多年的经验积累，全国省级及以上电网中都已投入了 AGC 功能，在确保跨大区电网和网、省级电网安全、优质、经济运行方面发挥了重要的作用。

ASC 在我国电网中的应用可以追溯到更早。20 世纪 50 年代起就普遍应用低频减载和稳定控制装置。20 世纪 80 年代后期起，一些科研单位陆续开发了以微型计算机（PC）为基础的 ASC。到 1997 年年底全国已有约一百套较复杂的稳定控制装置投入运行，其中有东北电网的稳定控制切机、切电抗器、快关汽门，华北电网的切机、减出力和控制解列，华东电网的切机、远切开关、切负荷及频率控制，华中、华南、西南、西北电网的切机、切负荷和解列等。最近几年来，在安全稳定控制的技术和装置方面，在巩固就地型控制装置（切机、切负荷、低频/低压减载装置等）的基础上，远程区域型控制装置有了新的发展。其中，国电自动化研究院开发的在线预决策稳定控制系统，已在国内部分电网投运；湖南电网自主开发了利用 SCADA/EMS 信息资源，由 SCADA/EMS 统一集中控制的自动稳定控制系统。

AVC 的概念既老又新。自电网出现以来，无功电压问题一直困扰着电力部门，探讨无功电压的论文也不少。但直到 2001 年第 27 届中国电网调度运行会议上，国调中心正式提出 AVC 研究方向后，自动电压控制才作为调度自动化领域的一个发展目标。湖南省调 2000 年立项，2003 年 4 月完成了湖南电网 AVC 主体框架建设，建成了省调中心 AVC 主控系统和 4 个 AVC 子站。AVC 投运后在提高电压质量方面取得了立竿见影的效果，以湘西的怀化阳塘变电站为例，投运后 6 个月内电压不合格点数同比减少了 243 个。与此同时，华东电网的安徽、福建、江苏等的省调也在最近几年开展了 AVC 方案研究、系统设计、软件开发和工程实施，已取得了初步应用成果。

在地区电网和配电网的 AVC 应用方面，江苏泰州、福建厦门、江西九江、重庆杨家坪电网等的无功电压控制系统亦各具特色。与各级电网 AVC 系统相配套，发电厂、变电站的无功电压控制装置的研制和使用也上了一个新的台阶，在提高电压质量和电网运行水平方面取得了较好的效果。

第二节　电力系统运行控制的目标及分级控制体制

一、电力系统运行控制的目标及控制自动化

电力系统运行控制的目标，就是始终保持整个电力系统的正常运行，安全经济地向所有用户提供合乎质量的电能；在电力系统发生偶然事故的时候，迅速切除故障，防止事故扩大，尽早恢复电力系统的正常运行；另外，还要使电力生产符合环境保护的要求。

简单地说，电力系统运行控制的目标可以概括为八个字：安全、优质、经济、环保。对于越来越大的现代电力系统，如果没有以现代高新技术武装起来的、集成了多种自动化手段的各级电网调度中心，要实现这八字目标几乎是不可能的。

（一）保证电力系统运行的安全

电力企业的职工都知道，电力生产中最常提的口号是"安全第一"。安全，就是不发生事故，这是电力企业的头等大事。因为人们都了解，电力系统一旦发生事故，其危害是非常严重的，轻者导致电气设备的损坏，使少数用户停电，给生产造成一定的损失；重者则波及到系统的广大区域，甚至引起整个电力系统的瓦解，使成千上万的用户失去供电，使生产设备受到大规模严重破坏，甚至造成人员的伤亡，使国民经济遭受极其巨大的损失。因此，保证电力系统的安全运行，这是电力系统调度中心的首要任务。

电力系统发生事故既有外因也有内因。外因如狂风、暴雨、雷电、冰雪和地震等自然灾害；内因则是电力系统本身存在着薄弱环节，如设备有隐患，或者运行人员技术水平差、操作失误等多方面因素。一般地说，多数电力系统的事故是由外因引起，又由于内部的薄弱环节或人员调控不当而扩大。

要想完全避免发生任何事故是不可能的，但在发生事故后迅速而正确地予以处理，使造成的损失降低到最低限度，这却是可以办到的。要做到这点，一方面需要电力系统本身更加"强大"，发电能力和相应的输电、变电设备都留有足够的裕度，各种安全和自动装置非常灵敏可靠，使电力系统自身具有抵抗各种事故的能力；另一方面，也与肩负电力系统运行控制重大职责的各级调度中心的调度技术水平密切相关。

这里所述的调度技术水平有两层含义：一是指调度人员本身的知识和技术水平，二是指调度中心拥有的调度装备的自动化程度。调度运行人员技术水平高，有着扎实而广博的理论知识，又有长期丰富的实践经验，在事故面前临危不乱，从容镇定，自然能够做出迅速而正确的判断和处理；但如果没有现代化的调度控制技术手段也是不行的。现代电力系统不断扩大，结构日趋复杂，监视控制所需的实时信息越来越多，仅凭人的知识、技术和经验是越来越难于应付了，只有采用由当代最新技术和设备装备起来的电网调度自动化系统，才能使调度人员真正做到统观全局、科学决策、正确指挥，保证电力系统的安全运行。

影响电力系统安全运行的因素很多，除了电网结构单薄，后备不足等属于投资和规划设计方面原因，以及设备质量缺陷、维修不力等原因外，运行管理与调度指挥方面的问题也是

不可忽视的。

在电力系统的实际运行中，事故的发生和发展往往与系统的运行方式有很大关系。根据我国近年来对电网稳定破坏事故的统计，其中与运行管理有关的约占72%，见表1-1。

表1-1　　　　　　　　与运行管理有关的电网稳定破坏事故统计

分类	运行管理方面的问题	占事故总数的百分数（%）
静态稳定破坏	对正常或检修运行方式未进行应有的稳定计算分析，在负荷增长或受电侧发电厂减少输出功率时未能控制潮流	16.6
	由于无功不足、线路长、负荷重，或将发电机自动调整励磁装置退出运行，或误减励磁造成运行电压大大下降，导致电压崩溃	10.5
动态稳定破坏	对发电机失磁是否会引起稳定破坏未做出分析计算，未采取预防措施	15.7
	高低压环网运行方式考虑不当，或环网运行时未采取相应的解列措施	14.8
	未考虑严重的故障（主要是三相短路），又未能采取有效措施	5.7
	未考虑低压电网故障对稳定的影响	8.6
合　计		71.9

可见，为了保证系统安全运行，必须未雨绸缪，对运行中的系统结构和运行方式进行定期的运行预想分析，并结合安全稳定导则的规定和运行经验及具体环境条件，进行各种事故预想，并定出一系列的事故处理方法。在运行方式的安排上，应考虑足够的旋转备用和冷备用，并且要合理分布于系统之中。除了继电保护的配置和整定外，对用于事故后防止大面积停电的各种安全自动装置，也应详细考虑它们之间的配置和协调。

许多事故实例表明，调度运行人员的操作失误往往是使事故扩大或延续较长时间的原因之一。虽然电力系统的自动化水平越来越高，许多厂、站还实现了无人控制，但是并没有减弱系统调度运行人员在整个电力系统运行控制中的主导作用。高度自动化的监控系统，也需有相应文化和技术水平的运行人员去正确熟练地使用，才能充分发挥作用。在事故情况下，要求调度人员能够应付未曾预测而突然来临的严重状态，及时采取正确的操作步骤和控制措施，难度是相当大的。为了尽量避免调度运行人员操作失误造成系统事故，应定期对调度运行人员进行培训，特别是应采用电网调度自动化系统中的调度员仿真培训功能，对调度运行人员进行全方位、多角度的"实战"培训。

（二）保证电能符合质量标准

和其他任何产品一样，电能也有严格的质量标准，即波形、频率和电压三项指标。

1. 波形

发电机发出电压的波形是正弦波。由于电力系统中各种电气设备在设计时都已充分考虑了波形问题，在一般情况下，用户得到的电压波形也是正弦波。如果波形不是正弦波，其中就会包含许多种高次谐波成分，这对许多电子设备会有很大的不良影响，对通信线路也会造成干扰，还会降低电动机的效率，导致异常发热并影响正常运行，甚至还可能使电力系统发生危险的高次谐波谐振，使电气设备遭到严重破坏。现代电力系统中加入了许多大功率电力电子设备（如整流、逆变等环节），都会使波形发生畸变，是产生谐波的"污染源"。为此，要加强对波形的自动监测，并采取有效的自动化措施，来消除谐波污染。

2. 频率

频率是电能质量标准中要求最严格的一项，其允许的波动范围在我国是 50Hz±0.2Hz，在 AGC 投运情况下，互联电网频率按 50Hz±0.1Hz 控制。使频率稳定的关键是保证电力系统有功功率的供求数量时刻都要平衡。负荷是随时变动的，这就要求发电厂发出的有功功率时刻跟踪负荷的有功功率，随其变动而变动。当调频电厂值班员看到频率表指示下降后，手按增负荷按钮来增加发电机有功功率的时代早已过去了，现在电力系统调频过程是自动进行的。但是负荷如果突然发生了大幅度的变化，超出了自动调频的可调范围，频率还会有较大变化。例如，负荷突然增加许多，系统全部旋转备用的容量都已用上还不够时，频率仍会下降，这时就只好切除部分负荷。为此，调度中心总是预先进行负荷预测，安排好第二天的开机计划和系统运行方式，以避免上述情况的发生。负荷预测准不准，日发电计划安排得合不合适，对系统频率能否稳定有决定性的影响。总之，要始终保持系统频率合格，必须依赖一整套严密的运行机制和自动化的闭环频率调节控制系统。

3. 电压

电压允许变动的范围一般是额定电压的±5%左右。使电压稳定的关键在于系统中无功功率的供需平衡，并且最好是在系统的各个局部就地平衡，以减少大量无功功率在线路上传输。具体的调压措施有发电机的励磁调节、调相机和静止补偿器的调节、有载调压变压器的分接头调节和并联补偿电容器组的投切等。现在这些调压措施有些已经是自动进行的，有些则是按调度人员的命令由各现场值班运行人员操作调节的。现代电力系统也必须有一整套自动化的无功/电压调控系统，才能满足各行各业对电压稳定越来越高的要求。

（三）保证电力系统运行的经济性

电力系统运行控制的目标，除了首要关注的安全问题和电能质量问题外，还要尽可能地降低发电成本，减少网络传输损失，全面地提高整个电力系统运行的经济性。对于已经投入运行的电力系统，其运行经济性完全取决于系统的调度方案。要在保证系统必要安全水平的前提下，合理地安排备用容量的组合和分布；综合考虑各发电机组的性能和效率，火电厂的燃料种类或水电厂的蓄水水位情况，以及各发电厂距离负荷中心的远近等多方面因素，计算并选择出一个经济性能最优的调度方案。按着此最优方案运行，将会使全系统的燃料消耗（或者发电成本）最低。但此最优方案并不能一劳永逸，因为它是根据某一时刻的负荷分布计算出来的，而负荷又随时处在变化之中，所以每隔几分钟就需要重新计算新的最优方案，这样才能使系统始终处于最优状态。某时刻负荷分布的计算实时性强，涉及的因素多，计算量很大，人工计算是无法胜任的，必须依靠功能强大的计算机系统。

（四）保证符合环境保护要求

能源和环境是人类赖以生存和发展的最基本条件。电力是现代社会不可或缺的最重要能源，同时，电力的生产又对环境产生很大的影响。目前全球性的四大公害——大气烟尘、酸雨、气候变暖（温室效应）、臭氧层破坏，都与能源生产利用方式直接相关，当然也与电力生产过程密切相关。因此，符合环境保护的要求，也应是电力系统运行控制的目标之一。1997 年我国年排放烟尘达 1873 万 t，其中燃煤占 70%。酸雨的成因——大气中的二氧化硫（SO_2）87% 来自于煤的燃烧。在引起温室效应的主要因素——二氧化碳（CO_2）的排放量中，燃煤排放的占 75% 左右。此外，燃煤排放物中还有微量的多环芳香烃、二恶英等致癌物质。

要想解决火电厂燃煤所带来的环境问题，必须采用先进的洁净煤技术、粉尘净化控制技术、烟气脱硫技术和生物能源技术等一系列高新技术。从运行调度的角度讲，在发电任务的分配上，向水电厂、燃烧低硫煤或有烟气脱硫装置的火电厂倾斜，向单位煤耗低、效率高的大机组倾斜，都显然有助于减少污染，改善环境。同时，"节能即环保"，一切旨在降低网损，节约电能的优化运行方式，也都能减少污染，有利于改善环境。

在环保方面，电力系统调度也同样肩负着重要的责任。采用先进的调度自动化系统，开发加入环境指标的优化运行高级应用程序，一定可以为保护人类环境做出贡献。

二、我国电网调度体系及各级电网调度的分级控制任务

《中华人民共和国电力法》（简称《电力法》）明确规定："电网运行实行统一调度、分级管理。任何单位和个人不得非法干预电网调度。"电网是一个有机的整体，电能的生产、输送、使用又随时都在变化，但在任何瞬间又都必须保持平衡，才能确保电能质量。根据电力生产发、供、用同时完成和瞬时平衡的规律，及电力产品零库存销售的特点，就需要对电网这个技术复杂的系统进行严格的科学管理。任何一个环节、设备出现问题，都可能波及全网。尤其是电网的突然事故，只有在统一指挥下，才能迅速正确地消除故障，尽快恢复供电，保持电网正常运行。因此，电网安全稳定运行的前提，就是电网的每一环节都必须在调度机构统一领导下，随用电负荷的变化，不断地调节协调，使电网保持和谐运行。

为了保障电网的安全、优质、经济运行，必须由电网调度机构对电网运行实行统一调度，分级管理。"统一调度"可概括为一个原则、八个统一。

"一个原则"是在本电网最高一级调度机构统一组织指挥下，编制和执行全网的运行方式。中"八个统一"的具体内容是：

（1）统一安排每日发电、用电计划；

（2）由电网调度机构统一组织全网运行方式的编制和执行，包括统一平衡和实施全网发电、供电调度计划，统一平衡和安排全网主要发电、供电设备的检修进度；

（3）统一安排全网的主接线方式，统一布置和落实全网安全稳定措施；

（4）统一指挥全网的运行操作和事故处理；

（5）统一布置和指挥全网的调峰、调频和调压；

（6）统一协调和规定全网继电保护、安全自动装置、调度自动化系统和调度通信系统的运行；

（7）统一协调水电厂水库的合理运用；

（8）按照规章制度统一协调有关电网运行的各种关系。

"分级管理"，就是根据电网分层的特点，由各级电网调度机构在其调度管辖范围内具体实施电网调度管理工作。调度系统不仅包括各级调度机构，也包括发电厂、变电站的运行值班单位。

根据我国电力系统的实际情况，目前电网调度分为国家级电网调度、大区级电网调度、省级电网调度、地（市）级电网调度和县级电网调度五级，各级调度中心有明确分工。

（一）国家电网调度（国调）

国家电网调度中心通过计算机数据通信网与各大区电网调度中心相连，协调和确定大区电网间的联络线潮流和运行方式，监视、统计和分析全国电网运行情况。其具体的任务包括：

（1）在线收集各大区电网和有关省网的信息，监视大区电网的重要测点工况及全国电网运行概况，并作统计分析和生产报表；

（2）进行大区互联系统的潮流、稳定、短路电流及经济运行计算，通过计算机数据通信校核计算结果的正确性，并向下传送；

（3）处理有关信息，作中、长期安全经济运行分析，并提出对策。

（二）大区电网调度（网调）

大区电网调度按统一调度分级管理的原则，负责超高压电网的安全运行并按规定的发用电计划及监控原则进行管理，提高电能质量和经济运行水平。网调的具体任务包括：

（1）实现电网的数据收集和监控、经济调度和有实用效益的安全分析；

（2）进行负荷预计，制定开停机计划和水火电经济调度的日分配计划，进行闭环（或开环指导）自动发电控制，保持系统的频率稳定；

（3）省（市）间和有关大区电网间供受电量计划的编制和分析；

（4）进行潮流、稳定、短路电流及离线（或在线）的经济运行分析计算，通过计算机数据通信校核各种分析计算的正确性，并上报、下传；

（5）进行大区电网继电保护定值计算及其调整试验；

（6）大区电网中系统性事故的处理；

（7）大区电网系统性的检修计划安排；

（8）统计、报表及其他业务。

（三）省级电网调度（省调）

省级电网调度按统一调度，分级管理的原则，负责省网的安全运行并按照规定的发电计划及监控原则进行管理，提高电能质量和经济运行水平。省调的具体任务包括：

（1）实现电网的数据收集和监控、经济调度和有实用效益的安全分析；

（2）进行负荷预计，制定开停机计划和水火电经济调度的日分配计划，进行闭环（或开环指导）自动发电控制，保持系统的频率稳定；

（3）地区间和有关省网间供受电量计划的编制和分析；

（4）进行潮流、稳定、短路电流及离线（或在线）的经济运行分析计算，通过计算机数据通信校核各种分析计算的正确性，并上报、下传；

（5）进行省网内继电保护定值计算及其调整试验；

（6）省网内重大事故的处理；

（7）省网内的设备检修计划安排；

（8）统计、报表及其他业务。

（四）地（市）级电网调度（地调）

对容量大、地域广、站点多的地区电网调度，除少量站点可直接监控外，宜采用由若干个集控站将周围站点信息汇集、处理后再送地区调度的方式，避免信息过于集中和处理困难，并有利于节省通道，简化远动制式，促进无人值守变电站的实施。其具体任务包括：

（1）实现对所辖地区电网的数据采集和安全监控。

（2）实施所辖有关站点（直接站点和集控站点）开关远方操作，按用户或电网自身需要调控潮流分布；调节有载调压变压器分接头、控制补偿电容器投切，保持所辖站点电压的合格和稳定。

（3）对所辖地区的用电进行负荷管理及负荷控制等。

（五）县级电网调度（县调）

县级电网调度主要监控 110kV 及以下农村电网的运行，其工作任务与上述的几级调度相比似乎简单些，但又增加了电压控制和负荷控制等新的内容。

以上各级调度之间要逐步联成网络实现计算机数据通信，构成对电力系统的运行实行实时分层控制的电网调度自动化系统。

我国现在已实行厂网分开、竞价上网和市场化取向的电力体制改革，相应地，电网调度的体制和各级调度的具体任务也将随之发生新的变化。

三、调度计划的具体内容

调度计划是根据国内外实践经验和惯例制定，一般分为年调度计划、季（月）度调度计划及日调度计划，其中具有实际操作意义的是月调度计划和日调度计划。

各电网调度机构结合网内实际运行情况，编制月调度计划，报有关电网管理部门批准后下达到各电厂；根据月调度计划编制日调度计划，以调度指令方式下达给各发电厂及供用电部门。日调度计划是考核各电厂及供用电部门的依据之一。

（一）年调度计划

（1）根据有关部门提供的年最大负荷预测、新设备投产日期、发电设备可调输出功率表以及设备检修进度表，按季（月）编制有功、无功电力（电量）平衡表。

（2）设备检修进度表。

（3）发电设备可调输出功率表，可调输出功率应考虑季节性的变化和最大及最小出力限额。

（4）水库控制运用计划。

（5）系统最高、最低负荷时的电压水平。

（6）短路容量表。

（7）按频率减负荷整定方案。

（8）电网的正常电气接线方式。

（9）电网的稳定运行极限及提高稳定水平应采取的措施。

（10）电网运行上存在的问题和改进意见。

（二）季（月）调度计划

（1）与年调度计划中（1）、（2）、（3）、（4）、（7）各条内容相同。

（2）典型日有功、无功负荷曲线。

（3）电网内各中枢点、装有同期调相机或带负荷调压变压器的变电站以及地区负荷的发电厂母线的电压曲线，在曲线上应标明允许的电压偏差值；对不带地区负荷的发电厂，允许以无功负荷曲线代替电压曲线。

（4）主要事故后的运行方式。

（5）电网中各发电厂间的经济负荷分配表。

（三）日调度计划

（1）发电厂和用电地区日负荷调度曲线，以及相应的运行备用容量值。

（2）特殊情况下运行方式（包括反事故措施）。

四、调度指令的发布和执行

各级电网调度机构的值班调度员，在其值班期间是电网运行操作的指挥者，按批准的管辖范围行使调度权。值班调度员必须按照规定发布调度指令，并对指令的正确性负责。

各级调度机构的值班调度员、发电厂值班长、变电站值班长，在调度业务方面受上级调度机构值班调度员的指挥，接受其调度指令。发布和接受调度指令时，必须互报单位、姓名，使用统一的调度术语和操作术语，严格执行发令、复诵、汇报、录音、记录等制度，经核实无误后方可执行。

任何单位和个人不得干预调度系统的值班人员发布或者执行调度指令。当认为执行调度指令确将危及人身、设备或者电网安全时，值班人员应当拒绝执行，同时将理由及改正指令内容的建议，报告发令的值班调度员和本单位直接领导人。在电网出现了威胁电网安全，不采取紧急措施就可能造成严重后果的情况下，必要时值班调度员可以越级向下级调度机构管辖的发电厂、变电站等运行值班单位发布调度指令。

电网的重要操作均需填写操作票。值班调度员在填写操作票时必须考虑以下问题：

（1）对电网接线方式、有功功率、无功功率、潮流分布、频率、电压、电网稳定、一次设备的相序相位的正确性、短路容量、通信及调度自动化等方面的影响；

（2）对调度管辖范围以外设备和供电质量有较大影响时，应事先通知有关单位；

（3）继电保护、自动装置是否配合，是否需要改变；

（4）变压器中性点接地方式是否需要变更；

（5）线路停送电操作要注意线路上是否有"T"接负荷；

（6）防止非同期并列；

（7）根据电网改变后的运行方式，重新规定事故处理办法。

五、各级电网调度的日常基本工作

根据电力生产的基本程序和电网调度的工作任务，电网调度有以下几项日常基本工作。

（一）预测负荷

电力系统调度管理的首要任务是充分利用设备能力来满足用户用电负荷的需要。负荷预测则是编制电力系统运行方式的基础。准确的负荷预测以及据此作出的发电计划，是保证电力系统频率合格的关键。提高电网负荷预测的准确度，不仅可以改善电能质量，并且可以提高电网运行的安全性和经济性。

负荷预测要求预测出年、季、月、日的最大和最小负荷。年负荷曲线可由52个周最大负荷或12个月最大负荷组成，月负荷曲线可采用30个每日最大负荷组成，这些曲线用于统筹电源建设和设备检修。其中，最基本的是日负荷预测。一般日负荷阶梯曲线以每小时或每半小时为一点，在高峰负荷来到前的一小时内取 $10\sim15\mathrm{min}$ 为一点，以便准备调峰容量。要求日负荷预测误差一般不大于3%。

（二）编制电力系统的运行方式

电力系统运行方式的编制可分年、季、月、周、日和节假日等正常运行方式，以及事故、检修和试验等特殊运行方式。

1. 对电网不同运行方式的不同要求

（1）电网正常运行方式：能充分满足用户对质量合格电能的需求；电网中所有设备不出现过负荷和过电压问题，所有输电线路的传输功率都在稳定极限以内；有符合规定的有功及

无功功率备用容量；继电保护及安全自动装置配置得当且整定正确；系统运行符合经济性要求；电网结构合理，有较高的可靠性、稳定性和抗事故能力；通信畅通，信息传送正常。

（2）电网事故运行方式：该方式多是针对电网运行上的薄弱环节，按可能发生的影响较大的事故编制的。此时，电网运行的可靠性下降，因此，要求其持续时间应尽量缩短。

研究电网事故后的状态，并编制出相应的运行方式，可以指导各级调度人员和运行人员正确处理事故，减少电网事故损失和对用户的影响，并可事先采取各种措施。

（3）电网特殊运行方式（检修运行方式）：由于主要设备检修时，会引起电网运行情况的较大变化，因此当主要设备检修和继电保护装置校验时，应事先编制好相应的运行方式，并制定提高电网安全稳定的措施。

2. 编制运行方式的主要内容

（1）制定发电计划。发电计划的基本要求如下：

1）要满足最大负荷的要求；

2）要留有调频和调峰容量，以及事故备用容量；

3）要合理利用水能，按防洪、灌溉、航运等要求控制水位和流量，相应安排水电功率；

4）要按经济原则制定开停机计划和机组间的负荷分配，并按安全分析结果进行修正；

5）按最低负荷需要确定机组低负荷的运行方式，诸如滑参数起停、无蒸汽运行等。

编制发电计划的基础资料，除预测负荷曲线外，还有发电设备的最大可能输出功率（计及新设备投入并扣除退役设备）、系统可调输出功率和系统备用容量。

$$系统最大可能输出功率 = 铭牌输出功率 - 影响输出功率$$
$$系统可调输出功率 = 系统最大可能输出功率 - 设备检修容量$$
$$系统备用容量 = 系统可调输出功率 - 系统实际负荷$$

影响发电设备实际输出功率有多种原因，诸如设备缺陷、设备不配套、夏天汽轮机真空度降低、水电厂水头降低等因素。可调输出功率应当大于系统最大负荷。

在高峰负荷时，系统备用容量一般应为最大负荷 2%～3%。在编制发电计划时，需按预计负荷对系统可调输出功率、检修容量、备用容量仔细核算。根据预测负荷编制发电计划，并确定机组的检修和备用方式。发电计划要考虑经济运行，特别是日计划（次日），一般是当日 12 点以前做好，下午发出，做出包括次日从零点开始直到 24 点的阶梯曲线，具体规定了哪些机组带基本负荷，哪些调峰，哪些备用；另外还要计算经济调度方式，水电应发多少，火电应发多少。一般来说，丰水季节要多发水电，而火电则应少发并用于调峰。

一次设备状态包括运行状态、检修状态和备用状态。备用状态可划分为以下四种：

1）旋转备用，即指维持额定转速、额定电压的待并机组（如水电机组）；或虽已并网，但仅带少部分负荷，当电网需要时，可以随时增加负荷的发电机组。

2）热备用，即除断路器在分闸位置外，线路或电气元件（如隔离开关等连接设备）都在合闸状态，随时可接受指令，断路器一经合闸就可带负荷；或发电机按指令随时启动，并按规定接带负荷。

3）冷备用，即指线路或电气元件等设备全部处于完好状态，仅断路器、断路器两侧隔离开关处于断开位置，接指令后一经操作就可投入运行。

4）紧急备用，即指设备停止运行，隔离开关断开，并有安全措施，但设备具备运行条件（包括有较大缺陷但可投入短期运行的设备），接指令后可在短时间内投入运行。

（2）制定检修安排。设备的检修安排是运行方式编制中一项最艰巨的工作，关系到电网的电源负荷平衡、接线的改变、燃料的分配、对安全影响等；电网运行方式的变化，很多是因设备检修引起的。因此，设备检修是运行方式中一个活动因素。

根据发电、输电部门提出的年度检修计划，调度部门作进度安排，需互相反复协调才能最后确定。设备检修进度计划安排的原则是：

1）满足最大负荷的要求，并比较均衡地留有备用容量。

2）在一年的低负荷时期机组大修，高峰负荷到来前基本完成大修任务。

3）在大发水电时段检修火电机组，而在枯水时段检修水电机组。

4）发、输、变、配电设备的检修，以及继电保护、自动装置甚至用电设备的检修，要互相配合，统一安排。一条线路所涉及的各种设备应尽量同时检修，以减少停电时间。根据相关规程规定和实际执行情况，发电设备的大小修年度总容量约为总装机容量的 10%，临时检修为 2%～4%。

输电线路的检修一年约两次，一般安排在春季雷雨到来之前和秋季，并尽量利用节假日轻负荷时进行。月度设备检修进度安排，需进行供需平衡和安全分析校核后确定。

（3）做好能源平衡。根据发电计划需进行水、煤、油、电的综合平衡，并按经济原则提出燃料需用量计划。先定水能利用计划，然后参考气象部门资料，分析历史记录，选择某一来水年模型，并根据年初水位和蓄水量，确定各水电厂的每月及全年发电量。一般按 70% 保证率的来水量进行计算，同时以 50% 和 90% 保证率的来水量进行核算，制定出水电发电量计划。

根据负荷预计及水电发电量计划，即可确定火电厂发电量计划，并制定需用燃料计划，特别是冬季大负荷来到前需大量储煤。各电网在编制能源平衡时，必须考虑蓄水和蓄煤量计划，特别是具有多年调节水库水电厂的电网。要防止因计划不周造成缺水或缺煤而大量限电。

除了正常发电需用燃料外，在有备用烧油机组的情况下，应考虑特殊情况（如特大系统事故、台风或特大汛情等）时的用油储备，避免因缺油而导致大停电，造成重大损失。

（4）制定系统接线方式。接线方式与电网安全经济运行关系密切，应按以下原则确定：

1）满足最大电力输送容量的要求；

2）保证正常和事故情况下的安全稳定要求；

3）事故跳闸情况下短路电流不超过断路器切断容量；

4）事故跳闸或解列情况下，电力系统停电损失最少或尽可能保持电源与负荷的平衡；

5）尽可能降低电网的线损率；

6）有利于事故后迅速恢复正常运行。

以上原则，有时相互发生矛盾，此时应先满足电网安全稳定的要求，并权衡轻重牺牲局部利益保证重点。

（5）进行潮流计算。通过潮流计算可预先检验电网的运行情况，以便发现输变电设备的负荷分配是否合理，有无过负荷，有功、无功分配是否合适，各节点电压能否满足要求等问题；根据潮流计算的结果，进一步修正发电厂的发电计划和修改系统接线方式。年度运行方式的潮流应取夏季（或大发水电时）和冬季最大、最小运行方式，并增补新设备投入和重大检修等特殊时刻的运行方式。月运行方式的潮流则取一典型日的最大、最小方式即可。当遇到计划外特殊情况时，应增补潮流计算分析。潮流计算也是电网进行安全分析的基础工作。

（6）进行安全分析。编制出的电力系统运行方式还需通过安全分析来发现问题，改进接线方式，提出措施，方能满足运行要求。

电力系统的稳定计算是安全分析中的主要工作，先要分析电网接线和潮流能否满足电网正常和事故情况下的稳定要求。调度人员还要经常进行反事故演习，预想各种事故并能准确快速地进行事故处理。

一般采用 $N-1$ 准则进行安全分析，即在某一种运行方式下，电网中有 N 台运行中的主要发、输、变电设备（元件），要分析其中某一元件故障断开后，电网还能否满足安全运行的要求。一般要求 $N-1$ 检验时，电网不会发生电压和频率较大降低，更不应发生稳定破坏等严重事故。

（三）指挥正常运行时的倒闸操作

电力系统凡涉及两个以上单位的送电和倒闸操作，都须由调度指挥。如母线倒闸操作涉及发电和送电，可能还要改变继电保护的定值和使用方式；变压器中性点接地开关多合一个或少合一个，都和系统零序（接地）保护有关。这些都需由调度统一考虑和决定。

1. 电力系统运行操作操作原则

电力系统运行操作应在值班调度员指挥下，遵照下级服从上级的原则进行操作。

（1）凡系统内运行设备或备用设备进行的倒闸操作，均应根据值班调度员发布的操作命令票（任务票）或口头命令执行，严禁没有调度命令擅自进行操作。

（2）操作前要充分考虑操作后电网接线的正确性，并考虑对重要用户供电可靠性的影响。

（3）操作前要对操作后电网的有功功率和无功功率进行平衡，以保证操作后电网的稳定运行，并应考虑备用容量的合理分布。

（4）操作时注意系统变更后引起的潮流、电压及频率的变化，必要时将改变的运行方式及潮流变化通知有关现场。

（5）按照变更后的运行方式正确投、停继电保护和自动装置。

（6）由于检修、扩建有可能造成相序或相位不一致，送电前应注意核相。

（7）严禁约时停送电。

（8）系统变更后应重新考虑解列点。

2. 倒闸操作的步骤

倒闸操作的步骤较多，一般包括 12 项，分别为：

（1）接受调度预发命令。

（2）根据预发命令由操作人填写倒闸操作票。

（3）操作人和监护人应根据模拟图或接线图核对填写的操作项目和顺序，并由值班负责人或值长审核签名。

（4）监护人和操作人相互考问和预想。

（5）接受调度正式操作命令，发、受令双方应互报姓名，发令应准确、清晰，使用正规术语和设备双重编号，受令人应复诵无误，对发、受令全过程进行录音并做好记录。

（6）模拟操作。

（7）核对设备命名、编号及其运行状态。

（8）监护人高声唱票，操作人高声复诵。

（9）实际操作，并在操作票上逐项打勾。操作中，当对所进行的操作存在有疑问时，应立即停止操作并向值班调度员或值班负责人报告，待弄清楚后再行操作。

（10）操作完毕，全面检查核对，并汇报调度。

（11）总结和评价。

（12）鉴销操作票。

3. 防止误操作的"五防"内容

倒闸操作要特别注意安全，防止误操作，必须确保"五防"，即：

（1）防止误拉、误合断路器；

（2）防止带负荷误拉、误合隔离开关；

（3）防止带电合接地开关；

（4）防止带接地线合闸；

（5）防止误入带电间隔。

（四）指挥电网事故处理

事故是指电力系统中由于设备全部或部分故障、稳定破坏、人员工作失误等原因使电网的正常运行遭到破坏，造成对用户的停止送电、少送电、电能质量变坏到不能容许的程度，严重时甚至毁坏用电设备等的事件。

电网内发生严重事故可能危及人员生命财产安全，造成国民经济重大损失，因此必须正确迅速地处理事故，尽快恢复正常供电。系统值班调度员为电网事故处理的负责人。发电厂、变电站及下级调度值班人员应依照系统值班调度员的命令进行处理。系统调度的领导人在处理现场时，应监督事故处理是否正确，给予相应指示，但必须通过值班调度员的直接领导人。事故处理过程中应停止交接班，除特殊情况不得更换事故处理值班调度员。

电力系统事故从事故范围角度出发可分为局部事故和电网系统事故两大类：

（1）局部事故，是指电网中个别元件发生故障，使局部地区的电压发生变化，并造成用户用电受到影响的事件。

（2）电网系统事故，是指电网主干联络线跳闸或失去大电源，引起全网频率、电压急剧变化，造成供电电能数量和质量超过规定范围，甚至造成系统瓦解或大面积停电的事件。

对电网系统事故处理的原则是：

（1）尽速限制事故的发展。电源事故时首先要调动旋转备用容量提高发电功率，或限制部分负荷，防止频率、电压恶性下降导致系统崩溃。

（2）尽快恢复对用户的供电。对已停电区域或用户，应从电网中确定可供电源点予以供电，并先对重要用户恢复供电。在恢复供电过程中，要注意电源余缺及频率值，不要造成频率再次下降或线路过负荷而扩大事故。

（3）尽早恢复电力系统的正常运行方式。必须使电网频率、电压、主接线均达到正常状态，事故才算处理完毕，但损坏设备的修复不包括在内。

（五）负责电网经济调度

应不断调整各发电厂有功和无功功率，以实现电网的经济运行。

1. 要尽量减少火电厂的煤耗

（1）最重要的方法是充分利用水电。在洪水季节，水电站应当满发，而火电机组用于调峰，节煤效益是最显著的。

（2）在一天的运行中，根据负荷变化及时调整开停机组。一般根据机组效率调整，高温高压机组多发，中温中压机组少发，煤耗低的机组多发，煤耗高的机组少发（甚至停机备用）。

（3）在已开的机组中，按照煤耗微增率相等（即每增发 1kW·h 电消耗燃料的增量相等）的原则来安排发电任务。一般讲高温高压机组比中温中压机组煤耗微增率要低，如两台都是 20 万 kW 的机组，其煤耗量微增率并不相同，微增率低的应安排多发。

2. 要尽量减少电网的网损

（1）要尽量使无功功率就地平衡，减少无功的远程传输，从而减少线路的有功损耗。

（2）在安排有功发电任务时，要考虑电厂到负荷中心的远近，近者应优先安排。

（六）负责电网其他一些综合性计划

电网调度还要参与电网规划建设等一些综合性计划。如全国联网方案，联网后各大电网间的联络线功率，联网后的过负荷问题，安全运行问题，稳定问题，各电网事故处理的协调问题。总之，各方面的问题都要综合考虑。

电网调度还要负责避峰填谷，计划用电，最大限度地利用好现有的电力资源。

第三节 电网调度自动化系统与配电自动化系统

一、电网调度自动化系统与电力系统的综合自动化

从前面的叙述可以看出，电力系统的运行控制极其需要自动化。当然，在电力系统中早就有了许多的自动装置，例如，快速而准确地切除短路故障的继电保护装置和自动重合闸装置，就是最早应用于电力系统中的卓有成效的自动化装置。此外，还有保持发电机电压稳定的自动励磁调节装置，保持系统有功平衡和防止频率崩溃的低频自动减负荷装置，备用电源自动投入装置等。这些自动装置大多"就地"获取信息，并快速作出响应，一般不需要远方通信的配合，这既是优点，也是缺点。因为它们功能单一，不能从系统运行全局进行优化分析，互相之间无法协调配合，更无法作出超前判断采取预防性措施。

电网调度自动化系统则有一套可靠的通信系统，是在对全系统运行信息进行采集分析的科学基础上，由计算机监控作出综观全局的明智判断和控制决策。

在电力系统自动化的进一步发展中，电网调度自动化系统可以和火电厂自动化、水电厂自动化、变电站综合自动化、配电自动化及前述各种自动装置进行协调、融汇和整合，实现更高层次上的电力系统综合自动化。

二、电网调度自动化系统按功能的分类

电网调度自动化系统是各研发单位推出的许多种不同规格、不同档次、不同功能的电网计算机监控系统的一个总称。一般可将电网调度自动化系统按功能分为三种档次：最基本的一种称为监视控制与数据采集系统（SCADA）；然后是在 SCADA 的基础上，增加了一些功能，如自动发电控制（AGC）、经济调度（EDC）等；而功能最完善的一种被称为能量管理系统（EMS）。各个电网可以根据本身的具体情况，选用不同档次的产品。

（一）监视控制与数据采集系统

一般地、县一级电网和配电系统调度，可以选用 SCADA 系统。SCADA 系统主要包括

以下数据采集与监控功能：

　（1）数据采集（遥测、遥信）；

　（2）实时数据信息显示（CRT 或动态模拟屏）；

　（3）远方控制（遥控、遥调）；

　（4）监视及越限报警；

　（5）信息的存贮及报告；

　（6）事件顺序记录（Sequence of Events，SOE）并自动打印；

　（7）数据计算；

　（8）事故追忆（Disturbance Data Rccording，DDR），亦称扰动后追忆 PDR。

（二）SCADA＋AGC/EDC

部分省网和较大地区的电网调度系统在 SCADA 系统的基础上，增加了自动发电控制（AGC）和经济调度（EDC）功能，从而使该系统在 SCADA 系统功能的前提下，进一步实现了如下三种功能。

　（1）调整全系统的发电功率，紧紧跟踪系统负荷，保证有功需求平衡；保持电网频率在规定范围内运行。

　（2）在联合电网中，按联络线功率偏差控制，使联络线交换功率在计划值允许范围内。

　（3）在安全运行的前提下，对所辖电网范围内的机组负荷进行经济分配，从而使全系统的发电成本最小。

AGC/EDC 是对电力系统进行实时闭环控制的程序。AGC 程序几秒钟执行一次；EDC 最初仅进行离线计算，现在也成为几分钟就运算一次的在线程序了。

（三）能量管理系统

较大省级电力系统或跨省电网调度中心，应当选用能量管理系统（EMS）。EMS 除了具有 SCADA 和 AGC/EDC 功能外，还包括状态估计、网络拓扑、网络化简、事故预想、最佳潮流、静态和动态安全分析和调度员培训模拟等一系列高级应用软件（PAS）。其主要功能可分为基础功能和应用功能两大部分。基础功能包括操作系统和 EMS 支持系统，应用功能则包括数据采集与监视、发电控制与计划、网络应用分析三个部分。

EMS 并没有一个确切的功能目录，随着新技术新要求的出现，加入到这个系统中的功能还会不断增加。

调度自动化系统的一些功能及其简写方式如下：

　（1）SCADA——监视控制与数据采集；

　（2）AGC——自动发电控制；

　（3）EDC——经济调度；

　（4）AVC——自动电压控制；

　（5）CE——偶然事故分析；

　（6）SE——状态估计；

　（7）SOE——事件顺序记录；

　（8）DDR——事故追忆；

　（9）SA——安全分析；

　（10）HTS——水火电调度计划；

（11）NR——网络化简；

（12）NT——网络拓扑；

（13）OLF——在线潮流；

（14）OPF——最佳潮流；

（15）OSC——在线短路电流；

（16）STLF——短期负荷预报；

（17）UC——机组组合（开停机计划）；

（18）SM——安全监视；

（19）DTS——调度员仿真培训；

（20）EMS——能量管理系统；

（21）DMS——配电管理系统；

（22）DA——配电自动化；

（23）FA——馈线自动化；

（24）AM/FM/GIS——配电图资地理信息系统。

三、电网调度自动化系统的设备构成

电网调度自动化系统也称电网计算机监控系统，是以电力系统发电输电为控制对象，由计算机硬件、软件和信道等组成的一个复杂系统。根据所完成功能的不同，可以将此系统划分为信息采集和执行子系统、信息传输子系统、信息处理及运行状态的分析和控制子系统、人机联系子系统，各部分互相配合，缺一不可。图 1-2 所示为调度自动化系统功能构成示意图。

图 1-2　调度自动化系统功能构成示意图

信息采集和执行子系统的基本功能，用于采集各种表征电力系统运行状态的实时信息；另外，该系统还负责接收和执行上级调度控制中心发出的操作、调节或控制命令。

信息传输子系统提供了信息交换的桥梁，其核心是数据通道，它经调制解调器与调度控制中心主站前置机及厂站 RTU 相连。

信息处理及运行状态的分析和控制子系统是整个调度自动化系统的核心，以计算机为主，包含大量的直接面向电网调度和运行人员的应用软件，分析计算及处理采集到的各种信息，进而实现对电气设备的自动控制与操作。

人机联系子系统将各类信息进行加工处理，通过各种显示设备、打印设备和其他输出设备，提供给调度人员使用；调度人员发出的遥控、遥调指令也通过此系统，传送给厂站执行机构。

电网调度自动化系统具体的设备组成，可分为调度端设备、厂站端设备和远动通道三大部分。

（1）调度端设备主要有计算机及其输入输出设备（调度控制台及用户终端、调度模拟盘、记录打印和显示设备），数据传输通道的接口，通道测试柜及到通信设备配线架端子的

专用电缆，计算机软件（包括系统软件、支持软件和应用软件等），计算机通信网络设备及其软件，专用电源等。

（2）厂站端设备主要有远动装置（或称远方终端 RTU）、远动专用变送器、专用电缆、专用的电源设备和遥控、遥调执行装置等。

（3）远动通道，是以电力载波、模拟微波、数字微波、光纤、电缆等为载体的远动通信通道。典型的电网调度自动化系统的构成可参见图 1-3，详细内容会在本书以后各章中介绍。

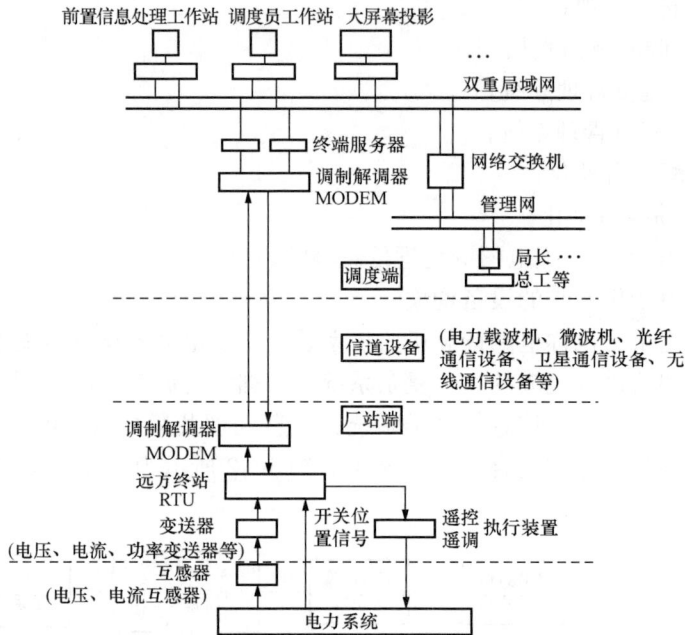

图 1-3　典型电网调度自动化系统构成示意图

第四节　电网调度自动化技术的发展历程及展望

在最初形成电力系统的时候，系统调度员无法及时地了解和监视各个电厂或线路的运行情况，更谈不上对各电厂和输电网络进行直接控制。线路的潮流、各节点电压、各厂各机组的出力以及出力的分配是否合理等情况，调度员都不能及时掌握。调度员和系统内各厂站的唯一联系渠道就是电话。每天各厂站值班人员要定时打电话向系统调度员报告本厂站的各种运行数据，调度员需根据情况汇总和分析，花费很长的时间也只能掌握电力系统运行状态的有限信息。严格说来，这些信息已经属于"历史"了。调度员只能根据事前通过大量人工手算得到的各种系统运行方式，结合有限的"历史"性信息，加上个人的经验，选择一种运行方式，再用电话通知各厂站值班人员进行调整控制。一旦发生事故，也只能通过电话了解跳了哪些断路器，停了哪些线路，事故现场情况及事故损失情况如何，然后凭经验进行事故处理，这就需要较长的时间才能恢复正常运行。显然，这种状态与电力系统在国民经济发展中所占的重要地位很不相称，必须用现代化设备装备调度中心，以适应经济发展的需要。

一、电网调度自动化发展的初级阶段

电网调度自动化发展的最初阶段，采用的是布线逻辑式远动技术。远动技术的主要内容是"四遥"——遥测（YC）、遥信（YX）、遥控（YK）和遥调（YT）。这些安装于各厂站的远动装置，采集各机组出力、各线路潮流和各母线电压等实时数据，以及各断路器等的实时状态，然后通过远动通道传给调度中心，并直接显示在调度台的仪表和系统模拟屏上。调度员可以随时看到这些运行参数和系统运行方式，还可以立刻"看到"断路器的事故跳闸（模拟屏上相应的图形闪光）。遥测、遥信方式的采用等于给调度中心安装了"千里眼"，可以有效地对电力系统的运行状态进行实时的监视。远动技术还进一步提供了遥控、遥调的手段，采用这些手段，可以在调度中心直接对某些断路器进行合闸和断开的操作，并对发电机的输出功率进行调节。远动装置已经成了调度中心非常重要的工具，是电力系统调度自动化的重要基础。

二、电网调度自动化发展的第二阶段

电网调度自动化发展的第二阶段，是在电力系统调度工作中应用了电子计算机。远动技术使电力系统的实时信息直接进入了调度中心，调度员可以及时掌握系统的运行状态，发现电力系统的事故，为调度计划和运行控制提供了科学的依据，减少了调度指挥的盲目性和失误。但是现代电力系统的结构和运行方式越来越复杂，现代工业和人民生活对电能质量及供电可靠性的要求越来越高，能源紧张也使人们对系统运行的经济性越来越重视。全面解决这些问题，就需要对大量数据进行复杂的计算。但面对着大量不断变动的实时数据，调度人员可能反而会弄得手足无措，特别是在紧急的事故情况下更是如此。这些情况表明，调度中心只是装备了"千里眼"，甚至"千里手"，也还不能满足日益复杂的电力系统的实际需要，还需要装备类似人的"大脑"的设备，这就是电子计算机。

从 20 世纪 60 年代开始，数字计算机首先用来实现电力系统的经济调度，取得了显著的效果。但是，在 20 世纪 60 年代中期，美国、加拿大和其他一些国家的电力系统曾相继发生了大面积停电事故，在全世界引起很大震动。人们开始认识到，安全问题比经济调度更重要，一次大面积停电事故给国民经济造成的损失，远远超过许多年的节煤效益。因此，计算机系统应首先参与电力系统的安全监视和控制。这样就出现了 SCADA 系统，出现了 AGC/EDC 和电力系统安全分析等许多功能。调度中心装备了大型数字计算机，或者超级小型机系统，配置了彩色屏幕显示器（CRT）等人机联系手段，在厂站端则配备基于微机的远方终端（RTU），使调度中心得到的信息的数量和质量（可靠度和精度）都大大超过了旧式布线逻辑式远动装置。在 SCADA 系统基础上，又发展为包括许多高级功能的能量管理系统（EMS），并研制出可以模拟电力系统各种事故状态，用以培训调度员的调度员仿真培训系统。

三、电网调度自动化技术的飞速发展和展望

近年来，随着计算机技术、通信技术和网络技术的飞速发展，电网调度自动化技术进入了一个快速发展阶段。电网调度自动化系统的用户已经遍及国内各省市地区，系统的功能也越来越丰富，结构和配置发生了很大的变化，在短短数年间就经历了从集中式到分布式，又到开放分布式的三代推进。

（一）集中式能量管理系统

第一代为主机—前置机—RTU 终端方式的集中式结构。我国 20 世纪 80 年代引进并投

入运行的"四大网"调度自动化系统是其中的代表。图1-4是集中式能量管理系统的配置框图。

集中式系统主机为双机配置，具有硬件切换和软件切换两种切换方式。主机除了运行包括处理RTU数据功能在内的SCADA软件外，还要承担人机会话，与上、下级调度进行计算机通信，运行包括AGC在内的各种高级应用软件。主机负荷高度集中，其中CPU总负荷已达58.3%。虽然，通过以太网与主机相连的两台前置机分担了主机的部分数据预处理任务，但主要的数据处理和管理功能仍由主机承担。由RTU和循环式远动CDT收集传输来的信息，在主机退出工作的情况下，就无法反映到动态模拟屏上。

主机负担过重，将导致系统对画面和实时数据的响应速度降低，系统承受扰动的能力下降，同时也很难对系统进行扩充。主机双机一旦退出工作（如双机切换失败），系统即行瓦解。集中式系统的开放性很差，系统的任何更新都必须依靠原供应厂家，很难采用其他厂家或运行单位开发的新技术来改进系统。

（二）分布式系统

第二代电网调度自动化系统通常采用客户—服务器（Client/Server）分布式网络结构。其系统框图见图1-5。

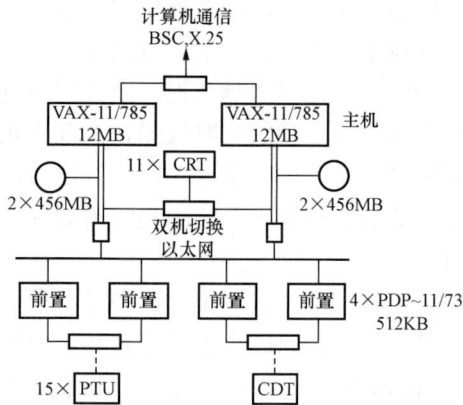

图1-4　集中式能量管理系统的配置框图

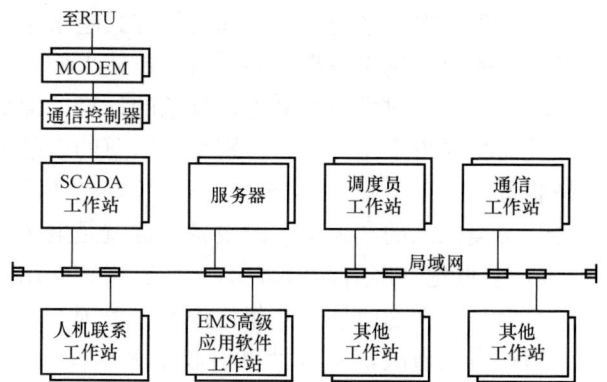

图1-5　客户—服务器分布式结构的电网
调度自动化系统框图

服务器（Server）通常采用64位或32位高档微机，其存储容量大、工作速度快、处理能力强。服务器中除装有网络操作系统及通信软件外，还要安装数据库管理系统等软件，用来管理网络共享资源和网络通信，并为网络中的各工作站（即客户）提供各种网络服务，包括提供数据和程序等。

客户（Client）是一种单用户工作站，除具有计算机硬件和网络适配器外，也有自己的操作系统、用户界面、数据库访问工具和网络通信软件等。客户可以与其他客户（工作站）通信或使用服务器提供的共享资源，如共享打印机、数据库和各种应用软件。不需要网络服务时，工作站就作为一台普通的微机使用，处理用户本地事物。这种两个或多个客户可以跨网络访问服务器的系统，就是所谓分布式系统。

（三）有限程度的开放型系统

第三代电网调度自动化系统（SCADA/EMS）是一种开放型分布式系统。它实质上是一种复杂的客户—服务器结构，是将服务器功能分开为数据服务器和功能服务器，其功能是分布式的，但这种结构对电力系统公用信息的描述还是"私有"的，因此是一种有限程度的开放式结构。图1-6所示为这一类型系统的结构框图。

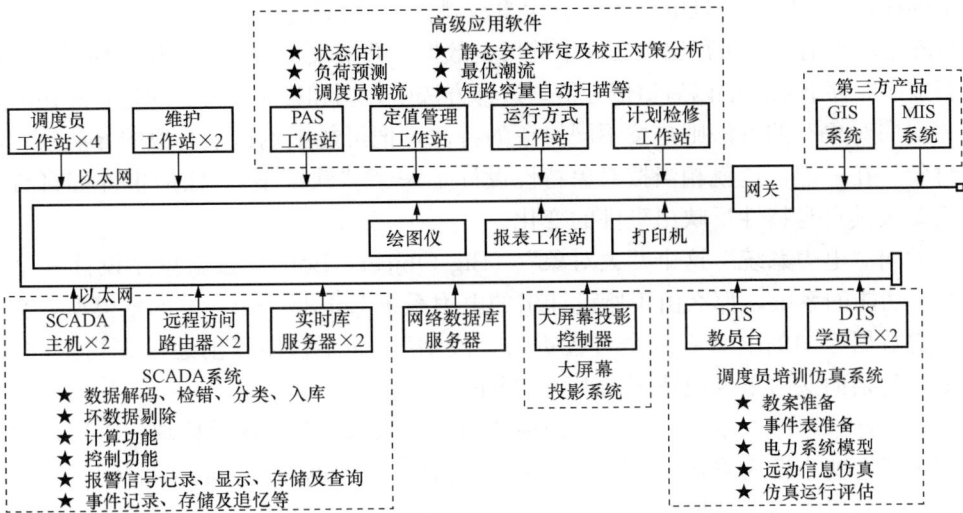

图1-6　开放型分布式电网调度自动化系统框图

（四）EMS系统的发展方向——即插即用式的开放式系统

随着电力系统的发展和电力体制改革的深化，为保证电网安全、优质和经济运行，并为电力市场化运作提供技术支持，电力调度中心可能同时运行多个应用系统，如能量管理系统（EMS）、电能量计量系统、调度生产管理系统、配电管理系统（DMS）和电力市场技术支持系统等。每个系统中可能同时包括了多个应用，例如EMS包括SCADA、AGC、网络分析和DTS等应用，DMS包括FA（馈线自动化）、GIS（地理信息系统）和LCM（负荷监控和管理）等应用。这些系统或应用都有以下共同的特点：

（1）可以互相交换数据，共享信息，包括非实时信息和实时信息；

（2）能够不断扩展新的应用功能，集成更多的系统，并降低接口的难度和成本；

（3）可以采用不同厂家的产品，实现跨平台的异构系统和互操作。

能够满足以上要求的系统才算是真正的开放系统。

调度自动化体系结构的开放性可从三个方面来评价，即分布性、可移植性和互操作性。分布性是指系统的功能由网络连接的许多硬件和软件共同协调完成，而不是靠"单干"。可移植性是指系统的应用可以在不同的硬件和软件平台上运行，不同的平台往往有不同的版本（即异构）。互操作性是指当系统扩展时，扩展的部分与原来的部分能透明进行交互，进行"无缝"连接。

为能满足上述需求，IEC第57技术委员会的13工作组推出了EMS主站侧各应用系统接口的系列标准IEC 61970。其理想目标是实现"即插即用"，当前目标是解决系统互联和异构的问题。

新的开放系统结构应采用"面向对象"的技术，将各种应用按"组件"接口规范进行"封装"，形成可以在不同软硬件系统上"即插即用"的"组件"。实现软件的"即插即用"，这是软件发展的理想目标。

传统的设计属于"面向过程"的设计。例如，PDR（扰动后追忆）是 SCADA 的一项功能，即事先指定几个监视点，将 SCADA 系统采集的这几个点实时数据放在一个循环存放、先进先出的堆栈式文件中，一旦电力系统发生事故跳闸，就启动一个 PDR 应用程序，运行该程序可立即冻结事故前所记录存储在文件中的历史数据，并继续将事故期间和事故后一段时间的实时数据按序保存下来，供以后追忆分析。这种方法中数据和程序分开，通过程序访问数据。

而"面向对象"的方法则是按不同对象的特性，把可能影响这个对象的方法（程序）和数据"封装"在一起，这就相当按对象特性设计了一个"软模型"，任何事件都将自动导致这个软模型按其自身特性反映出事件的变化。

如果面向"电力系统"这个"大对象"（Big Object，Bob），按新思路设计一个类似具有 SCADA 功能的系统，那么由于所设计出的电力系统 Bob 是一个完整的软模型，它可以对储存于历史数据库中的电力系统全过程进行"反演"，而不仅限于前述事先指定的几个点，就不必编制复杂而又易重复或遗漏的 PDR 程序了。

再如潮流计算程序，本身又包含处理稀疏矩阵、三角矩阵分解等模块。采用面向对象的方法，就是把这些小模块看作一个个"对象"，对其进行数据和方法的"封装"，组成一个个"软集成块"，然后将多个这样的"软集成块"组装成功能不同的"软插件"（如潮流插件），再进一步组成功能更强的"软部件"（如暂态稳定分析）、"软装置"（如安全分析软件包），甚至"软系统"（能量管理系统）。

开发基于 IEC 61970 标准的电网调度自动化系统，将异种机型、多体系结构互联起来，在不同的系统之间建立一种公共的相互兼容和互相操作的环境，最大可能地充分利用计算机处理能力，这是开放式系统的发展方向。

除了实时的 SCADA/EMS 系统外，电力企业内还有其他各种各样的应用系统，如系统规划、运行方式、营业部门和管理信息系统等。目前这些系统大都处于独立运行状态。新的开放式系统的支撑平台，应能提供标准的接口和软件，将这些各自独立的系统互联起来，真正做到共享数据、共享资源，使电力企业获得更高效率和更大经济效益。

（五）基于 GPS 统一时钟的新一代 EMS 和动态安全监控系统

目前应用的电力系统检测手段，主要有记录系统暂态过程的各种故障录波仪和对系统稳态运行情况进行监视控制的 SCADA 系统。前者记录数据时间较短，且不同记录仪之间缺乏通信，难以对系统整体动态特性进行分析；后者数据刷新间隔较长，只能用于分析系统的稳态特性。两者还具有一个共同的不足，即不同地点之间的数据缺乏准确的共同时间标记，记录数据只是局部有效，难以用于对全系统动态行为进行分析。

1995 年以来，GPS（全球卫星定位系统）技术在电力系统中开始推广使用，它为电力系统提供了较为方便的全网统一时钟信号，其定时精度小于 $1\mu s$。给实测数据加上时间标签，就可以实现异地数据在相同的时间参考坐标系中进行比较。GPS 系统在电力系统中的应用，使电力系统的运行人员和科研人员，首次得以在时间和空间两维坐标下实时地研究和观察动态问题，具有十分重要的意义。

迄今，GPS 技术、DSP（数字信号处理）技术、现代通信技术、电力系统电量动态测量技术，以及电力系统在线参数辨识等关键技术的发展，已经使 EMS 系统有条件对运行中的电力系统实现整体动态检测，从而可使已有的状态估计及安全分析等功能，发展为动态检测、分析或控制的工具。目前，美国、法国等都相继研制了基于 GPS 技术的电压测量装置，并开展了基于电压相量的电力系统的监视、保护和稳定控制的理论及应用研究工作。

国内也有不少单位开始了这方面的研究工作，我国将 GPS 用于大电力系统稳定和振荡监控的研究已取得初步成果。以 GPS 同步相量测量装置为基础的监测系统，已在我国南方电网投入运行。在电网调度中心，已可实时观测 500kV 天广线（南方电网骨干联络线之一）的功角振荡情况。有关内容将在第六章详细介绍。

电力系统调度监测从稳态/准稳态监测向动态实时监测发展是必然趋势。GPS 技术和相量测量技术的结合标志着电力系统动态安全监测和实时控制时代的来临。

以直接测量电力系统状态变量——电压相量（幅值和相角）为基础的动态安全监测，是未来电力系统监测技术的发展方向，必将使现有的 SCADA 和 EMS 系统发生重大变革，并为电力系统稳定控制提供可靠和实时的数据资源。电力系统的稳态监测及动态实时监测的结合，将使电力系统的在线监测和控制日臻完善。

（六）21 世纪电网调度自动化系统展望

在 21 世纪里，电网调度自动化系统的内涵和外延都会有更加飞速的发展，其发展的深度和广度必将带动电力系统的综合自动化提升到一个崭新的阶段。以自学习功能、自适应功能为显著特点的电力系统智能控制将迅速由研究走向实用，帮助运行人员快速正确地作出决策。近年来，专家系统已在一些电力企业得到应用，神经元网络和模拟进化算法等在电力系统中的实际应用正在加紧研究，多种不同方法的混合使用也是正在进行的研究课题之一。

目前，在我国基于大功率电力电子器件及计算机控制的 ASVC（静止无功发生器）技术，已经达到工程实用水平（±20Mvar ASVC 装置已投入运行）。由于我国电网的特点，同样基于大功率电力电子器件及计算机控制的 FACTS（柔性交流输电系统）和 DFACTS（用于配电系统的柔性交流输电系统）技术，也将在我国有异乎寻常的需求和发展。

基于 GPS 统一时钟的新一代动态安全监测系统将在各大电网得到普及，动态安全控制系统将逐步得到应用。GPS 相量测量系统提供了可实时跟踪功角变化轨迹的可能性，从而可通过预测不稳定现象的演化，实时决定应采取的稳定控制措施（如切机、切负荷及快关汽门等）。可以预期，GPS 相量测量装置与常规的 RTU 相结合，使调度中心的 EMS 系统功能从稳态向动态转变，将使大电力系统的全局稳定和恢复控制成为可能。

随着计算技术、控制技术及信息技术的发展，电力系统自动化面临着空前的变革。多媒体技术、智能控制技术将迅速进入电力系统自动化领域。而信息技术的发展，不仅会推动电力系统监测的发展，也会推动电力系统实时闭环自动控制发展到一个更高的水平。

四、配电自动化系统

配电网是电力系统的基础，直接与用户相连。在我国按电压等级分，35～110kV 为高压配电网，10kV 为中压配电网，380V/220V 为低压配电网；按传统观念配电网又分为城网和农网。随着地区经济的发展，许多较发达地区农网的负荷急速增大，设备多数已更新，与城网已无多大差别。

（一）功能及构成

所谓配电自动化系统，是指一种可以使电力企业在远方以实时方式监视、协调和操作各种配电设备的系统（DAS）。其具体功能可分为三类。

（1）监视：采集电压、电流等模拟量和线路开关状态等开关量，判定配电系统的实时状态。

（2）控制：必要时可以自动控制断路器等配电设备，改变当前配电系统的运行工况，使之更加适合用户的需要，如无功/电压控制和故障后网络重构等。

（3）保护：可以自动识别配电系统中的故障点，并进行故障隔离。

配电系统自动化是综合应用现代电子技术、通信技术、计算机技术、网络技术和图形技术，与各种配电设备相结合，将配电系统在正常和事故情况下的监测、控制、保护和供电企业的工作管理，有机融合在一起的一种综合性的高新技术。

一般认为，配电系统自动化应包含以下内容：

（1）配电调度自动化，包括配电 SCADA、配电网电压/无功管理系统、故障诊断和断电管理系统、操作票专家系统等；

（2）变电站综合自动化，包括微机保护在内的变电站、配电所、开关站综合自动化；

（3）馈线自动化，包括线路故障自动隔离和自动恢复供电、馈线运行数据检测与报告、电压/无功控制等；

（4）配图资地理信息系统（AM/FM/GIS）；

（5）配电工作管理系统，包括网络分析、运行工作管理、设备检修管理、工程设计及施工管理、配电网规划设计系统等；

（6）用电管理自动化，包括客户信息系统、负荷管理系统、计量计费系统、用电营业管理系统、用户故障和报修系统等；

（7）配电网能耗管理系统，如能耗统计分析，配电网在线经济运行和变压器负荷管理等；

（8）配电网分析软件，如网络拓扑分析、潮流分析、短路电流计算、负荷模型、配电网状态估计、配电网负荷预测、配电网安全分析、网络结构优化和重构、配电网电压调整和无功优化等；

（9）和其他系统的接口，如与生产管理信息系统（MIS）接口等。

目前国内生产配电自动化系统的厂家较多，许多型号的产品不能一一列举，下面给出一种自动化系统框图（见图 1-7）供读者参考，图中各模块内容将在后面有关章节介绍。

（二）配电自动化的历史和现状

国外配电网自动化的发展较早，其中日本的配电网自动化经历了三个阶段。

第一阶段，由自动重合器和自动分段开关来消除瞬间性故障，隔离永久故障；

第二阶段，在上述基础上增设遥控装置实现在变电站或配电控制中心的远方控制；

第三阶段，再进一步利用现代通信及计算机技术，实现集中的遥测、遥信和遥控功能，并对配电网各种信息进行自动化的处理和应用，见图 1-8。

美、英等国的配电线路多为放射形，电压为 14.4kV，中性点直接接地，线路上多采用智能化重合器与分段器相配合，并大量采用单相重合闸，以提高供电的可靠性。线路重合器具有多次重合功能，直接采用 14.4kV 高压合闸线圈，各级重合器之间利用重合次数及动作电流定值差异来实现配合。在无人值守变电站增设了可靠的通信及检测装置，可准确地反应变电站的运行工况。

我国的配电自动化起步较晚，随着我国经济的发展，无论城、乡对供电可靠性要求越来越高，农网从 1987 年开始引进美、日等国的重合器、分段器等自动化设备，提出了一些配电自动化方案，并在一些地区进行了试点。从试点结果看，引进的上述自动配电开关不太符合我国实际，如自动开关分、合次数过多，故障定位时间过长等。为适合我国配电网的特点，一些科研机构研制了一些适合我国配网实际的自动配电开关及其控制装置，克服了上述缺点，较好地实现了控制目标。

　　从全国来看，配电自动化工作还刚刚兴起，正处于研制设备、培养人才、由点到面、逐步推广的阶段。在计算机技术飞速发展的推动下，已经出现了与电网调度自动化系统集成在一起的 SCADA/EMS/DMS 系统。

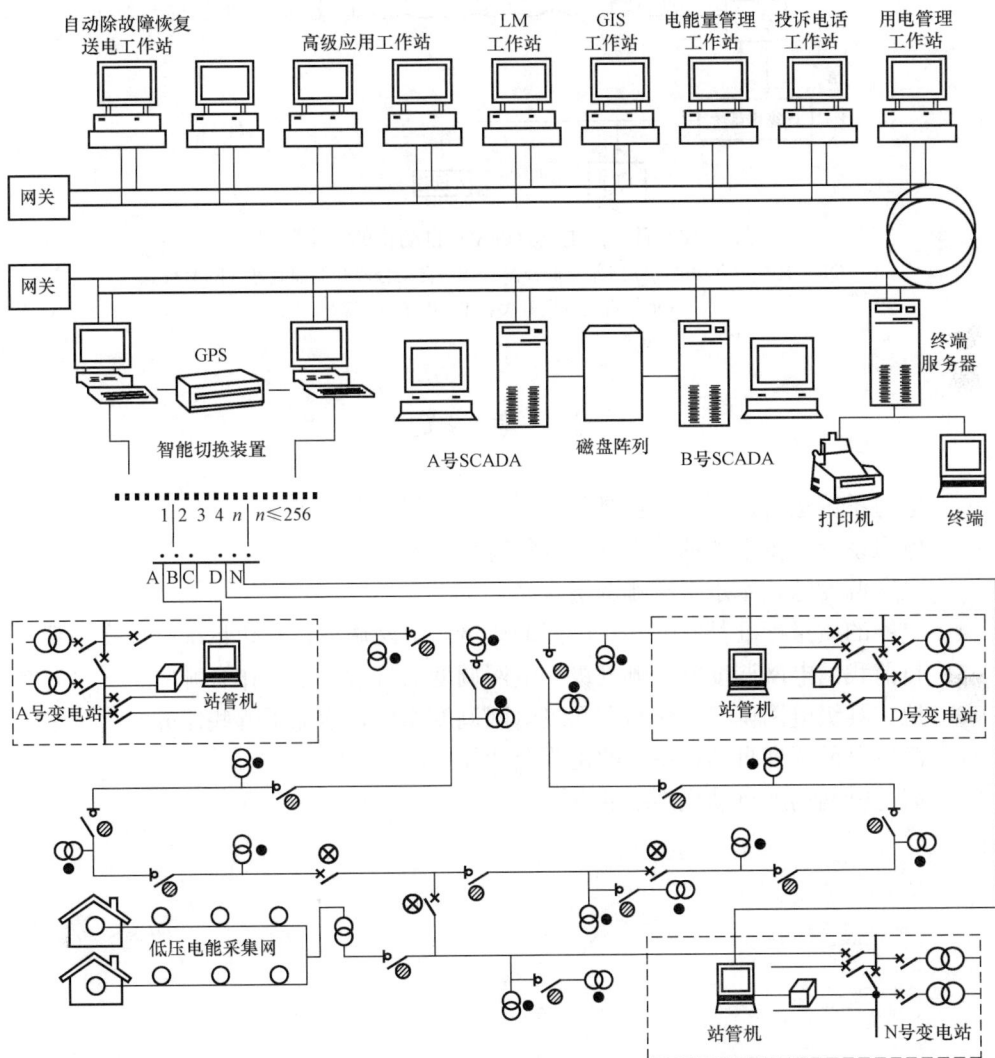

图 1-7　JA-PZ96 配电网自动监控与管理系统

▢—变电站配电网综合管理机；⬡—CZ-ID 多路电力线载波机；

⊗—配网开关监控保护装置；⬭—配电网负荷开关监控器；

●—配变监视无功监控器

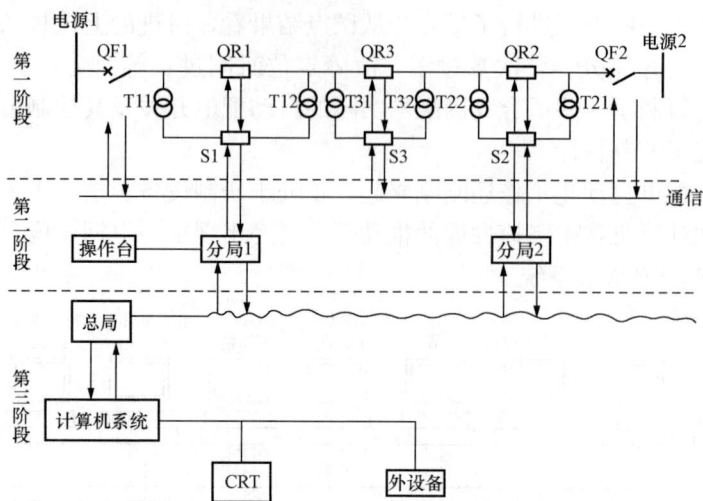

图 1-8　日本配电网（6kV）自动化的三个阶段

QF—具有重合功能的断路器（重合器）；S—自动分段开关控制器（FTU）；

QR—自动分段开关；T—电源变压器

思　考　题

1-1　电力系统运行控制的目标是什么？可以概括为哪八个字？

1-2　电力系统发生事故的外因和内因都有哪些？

1-3　电网调度的技术水平有哪两层含义？

1-4　电能的质量标准都有哪些？电能的质量与电网调度自动化系统有什么关系？

1-5　目前我国电网调度分为哪五级？电网调度的日常基本工作有哪些？

1-6　地、县级电网调度工作与上几级电网调度相比，增加了哪些任务？

1-7　简述电网调度自动化系统的构成及功能档次。

1-8　简述电网调度自动化系统的发展方向。

第二章 SCADA/EMS 系 统

数据采集与监视控制（SCADA）是电网调度自动化系统最基本的功能。在我国早期的一些省、地区级电网调度自动化系统，大多只实现了基本的 SCADA 功能。随着电网规模不断扩大，计算机及网络技术的强劲发展，新一代电网调度自动化系统除具备 SCADA 基本功能外，又增加了许多被称为高级应用软件（PAS）的新功能，这样的电网调度自动化系统被称为 SCADA/EMS 系统，也可简称为 EMS——能量管理系统。

第一节 概 述

一、SCADA/EMS 系统的子系统

SCADA/EMS 系列的可划分为六个子系统。

1. 支撑平台子系统

支撑平台子系统包括数据库管理、网络管理、图形管理、报表管理、系统运行管理等，是整个系统最重要的基础，用于实现全系统统一平台，数据共享。

2. SCADA 子系统

SCADA 子系统包括数据采集、数据传输及处理、计算与控制、人机界面及告警处理等。

3. PAS 子系统

PAS 子系统包括网络建模、网络拓扑、状态估计、在线潮流、静态安全分析、无功优化、故障分析及负荷预报等一系列高级应用软件。

4. 调度员仿真培训子系统（DTS）

调度员仿真培训子系统（DTS）与实时 SCADA/EMS 系统共处于一个局域网上，包括电网仿真、SCADA/EMS 系统仿真和教员控制机三部分。

5. AGC/EDC 子系统

AGC/EDC（自动发电控制和在线经济调度）子系统是对发电机出力的闭环自动控制系统，能够保证系统频率合格、系统间联络线的功率符合规定范围，同时使全系统发电成本最低。

6. 调度管理信息子系统（DMIS）

调度管理信息系统属于办公自动化的一种业务管理系统，一般并不属于 SCADA/EMS 系统的范围。它与具体电力企业的生产过程、工作方式、管理模式等有非常密切的联系。

二、SCADA/EMS 系统典型产品简介（Open-2000 型系统）

目前，有许多电力企业都研制了自己的 SCADA/EMS 系统，作为有代表性的产品实例，下面介绍一种由国家电网公司南京自动化研究院研制开发的 Open-2000 型 SCADA/EMS 系统。

1. Open-2000 系统结构

Open-2000 型 SCADA/EMS 系统结构见图 2 - 1。

Open-2000 是开放型分布式能量管理系统，功能十分丰富，完全能够满足省级和大型地区级电网调度自动化系统的需要。

Open-2000 系统采用三网机制，主网为 100Mbps 平衡负荷双网，由智能化堆栈式交换机来连接系统服务器和主网计算机节点。双主网均可提供多口的 100Mbps 交换能力，并可进行扩展。两台系统服务器选用 RISC（精简指令集计算机）64 位机，并配有磁盘阵列，以实现服务器的热备用以及信息的热备份。各工作站也优先选用 64 位机，都能从硬件上支持 100Mbps 双网或多网运行，并支持标准商用数据库，又能集成其他符合国际标准的实时数据库。

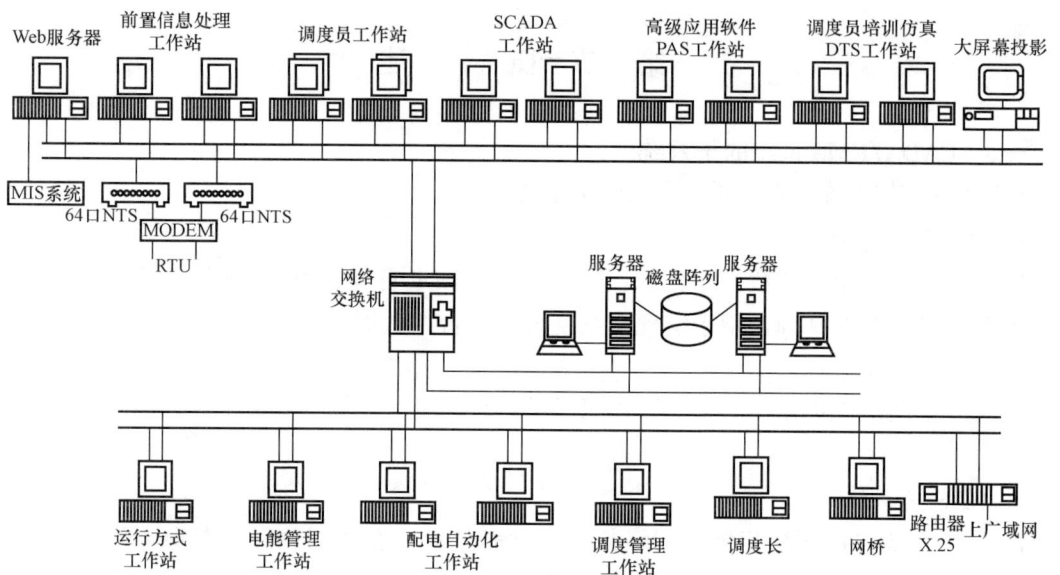

图 2 - 1　Open-2000 型 SCADA/EMS 系统结构图

系统通过 MIS 服务器（或网桥）与电力企业管理信息系统（MIS）连接，通过插入第三网来隔离连接 MIS 系统，还可以通过网络交换机与配电调度自动化系统相连。

以下对主网各个节点的功能作一简单介绍。

（1）系统服务器（Server）。系统服务器运行 Sybase 商用数据库管理系统，负责保存所有历史数据、登录各类信息、各种电网管理信息、地理信息系统（GIS）所需的多种信息、各类设备信息和用户信息等。其强大的数据库管理功能可方便用户查询和统计各种数据。

（2）SCADA 工作站。SCADA 工作站为双机热备用，主要运行 SCADA 软件及 AGC/EDC 软件，完成基本的 SCADA 功能和 AGC/EDC 控制与显示功能。SCADA 工作站通过两组终端服务器接收各厂站 RTU 信息。两组终端服务器直接挂在网上，实现双机、双通道的自动/手动切换，承担前置机系统信息处理以及网络信息流优化功能。

（3）PAS工作站。PAS 是各种电力系统高级应用软件的简称。PAS 工作站用于各项 PAS 计算以实现各项 PAS 功能（如潮流计算、短路计算等），并保存 PAS 的计算结果。如某些结果需要长期保存，则同时被保存到商用数据库中的历史数据库中。

（4）调度员工作站。调度员工作站承担对电网实时监控和操作的功能，实时显示各种图形和数据，并进行人机交互。在主网的每个工作站上都可以显示 SCADA 数据、PAS 数据、DTS 数据、DMS 数据及 GIS 数据，但其他工作站没有对电网进行操作控制的权限。

（5）配电自动化工作站。配电自动化工作站用来完成配电自动化管理功能，其地理信息系统（GIS）功能极强。

（6）DTS 工作站。DTS 是调度员仿真培训的简写。仿真培训最好使用两台机，一台为教员机，另一台为学员机，可通过图形界面进行直观操作。

（7）调度管理工作站。调度管理工作站负责制定与调度生产有关的计划，管理运行设备。

（8）电能管理工作站。电能管理工作站用于实现电能的自动查询、记录、奖罚电能的计算等功能。

（9）网络。网络是分布式计算机系统的关键部件，Open-2000 系统采用了高速双网结构，保证信息能高速可靠传输；集中器（hub）可灵活配置，既可以采用高速以太网交换机，也可以采用堆栈式高速 hub 等；网络还配有路由器实现 X.25 通信协议，能方便地与广域网互连，或与其他计算机网络进行通信，也可与上级或下级调度交换信息。

2．Open-2000 系统软件环境

（1）操作系统。Open-2000 系统采用的 UNIX 操作系统，是一种多用户、多任务的网络操作系统，其先进的进程调度策略和占先内核技术，保证了实时性要求，并有很强的保护内存机制；网络通信采用 TCP/IP 协议，是目前使用最多的协议之一。

（2）系统软件。Open-2000 系统中数据库采用目前效率高、客户/服务器（Client/Server）模式的 Sybase 商用数据库管理系统；图形采用 Motif 界面；核心程序全部采用面向对象的程序设计语言 C++编写；集成 Excel 作为制表工具，可方便地生成图文并茂的图形报表；提供 X.25 通信协议；提供多媒体功能，具有语音编辑和图像显示功能。

3．Open-2000 系统软件结构

对一个大型的开放式的分布式系统，软件结构要求开放、通用并且模块化。Open-2000 系统采用的系统软件均为国标通用软件，符合国际标准，便于与其他系统互连。系统软件分为数据层、程序层和通信管理系统层三层。

（1）数据层主要包括实时数据库、历史数据库和它们的存储历程。实时数据库分布于各台机器中，支持数据的实时图形显示；历史数据库存于两台系统服务器中，互为热备用，用于保存历史数据、各种登录数据和电力系统各种参数。

（2）程序层主要实现电力系统的各项功能（如 SCADA、PAS、DTS 等），并提供良好的人机接口和管理工具，方便用户使用。

（3）通信管理系统层用于网络的管理及通信任务的管理，对上层应用程序屏蔽具体的网络细节，保证通信进程之间实现高速、可靠和标准的通信。这些通信进程可能在同一台机器上，也可能分布于多台机器中。

第二节　支　撑　系　统

SCADA/EMS 是集多种复杂功能于一体的大系统，要很好地实现多种应用功能的集成，最关键的问题是必须有一个强大的开放性的支撑系统。可以说，支撑系统的好坏是衡量一套SCADA/EMS 系统性能优劣的主要因素。本节以 Open-2000 系统的支撑系统为例进行讲述。

Open-2000 系统的支撑系统主要由五大部分组成，即数据管理子系统、网络管理子系统、图形管理子系统、报表管理子系统和安全管理子系统。

一、数据库管理子系统

数据库管理子系统应实现的功能有数据的快速存取、数据的合理组织、建立数据之间的关系、建立电网的数据模型、提供标准的访问接口。

为满足实时性的要求，必须有一套实时数据库管理系统，以实现实时数据的快速存取。实时数据库还必须具有联网功能，以便管理全网分布式的数据，保证全网数据的一致性。

为了能与其他系统通过网络互连，方便地实现数据共享，使 Open-2000 系统成为真正开放的系统，还必须引入商用数据库，利用其标准的数据库访问接口为用户提供更大的方便。

Open-2000 系统中既有商用数据库管理系统，又有实时数据库管理系统。这两者是完全统一的，由一个全网统一的数据库管理系统，对实时数据库和商用数据库进行统一的管理。用户使用数据库时，只需指明哪个应用中的哪个数据，而无需知道该数据在哪台机的哪个数据库中，数据库管理系统会自动地在全网中搜索。

二、网络管理子系统

网络技术的发展使通信速度越来越快，范围越来越广，可靠性越来越高。可靠的通信是SCADA/EMS 系统实现各种功能的最重要条件。网络管理子系统具有"隔离"软件和硬件的作用，即当网络硬件升级后，整个软件系统不需作任何修改，就能在新的网络环境中运行。

网络管理子系统还必须能方便地与其他系统进行联网、通信。例如，与电力企业管理信息系统（MIS）交换信息，做到信息资源共享，为办公自动化提供各种数据。网络管理子系统还应监视网络运行的工况，对流量进行平衡和控制，同时对网络各硬件设备进行管理。

Open-2000 系统网络一般采用星形网络，网络线采用五类双绞线（速度一般采用100Mbps）；网络设备一般采用交换式 hub 或交换机；网口为 10/100Mbps 自适应；通信协议为TCP/IP，可通过路由器或网桥与 MIS 系统互连，通过路由器和 X.25 协议与广域网互连。

三、图形管理子系统

图形管理子系统能方便灵活地切换各种应用的图形，显示各种数据，还能方便地与地理信息系统（GIS）共享数据。该系统可采用高效的数字化仪或扫描仪等多种图形输入/输出设备。

Open-2000 全汉化图形管理子系统可以显示多种标准格式的图形，并提供浏览器方式，使用户在 MIS 网上或互联网上浏览到所有的实时画面。

图形有分层与分平面功能，图形最多可分 16 层，每层多达 256 个平面，可方便地制作各种地理图；可以接收标准的电子地图，支持地理信息系统（GIS）图的显示，具有 AM/FM 功能；同时还可动态着色，根据电网拓扑结构自动判断和推理，直观地用颜色区分停电范围。

可视化程度很高，所有的操作都通过鼠标和软按钮来实现，以交互对话方式引导用户完成图形的制作，不需记忆一大堆操作命令，减少键盘的使用。

系统自动保持所有图形的全网一致性。用户在任何一台机上制作的图形，均由系统统一管理并存入服务器中。所有图形只需要制作一次就可以被所有应用模块共享。图形上不仅可以显示实时的 SCADA 数据，也可以显示商用数据库中的统计数据和任意时刻的历史潮流，还可进行事故反演，如同放录像一样，把事故断面一帧一帧地重播出来，进行事故分析。

图形和数据库的录入实现了一体化，作图的同时可在图形上进行数据库录入，使作图、录入数据库和建立电网模型一次完成。自动建立图形上的设备与数据库中的相关数据的对应关系，真正实现了"所见即所得"，能够快速生成系统数据库，极大地减轻了维护人员的劳动强度，最大限度地避免了人为的差错。

图形具有多种集成工具，可方便地制作各种接线图、潮流图、地理图、曲线、棒图、饼图等。多个窗口之间可互相拷贝画面。

图形管理子系统包括以下三个部分。

1. 图元编辑器

图元编辑器的作用是制作电力系统中各种常用设备的图元库，以便在制图时方便地调用。用户可任意定义断路器、隔离开关、变压器、发电机、电容器、电抗器等设备的图符形状和颜色。

2. 图形编辑器

用图形编辑器可以很方便地生成接线图、潮流图、地理图、工况图、曲线和棒图等；提供有集成的生成工具，用户只要输入一些参数，就可以自动生成所需的图形。

3. 图形显示工具

图形上有菜单和软按钮，用户通过对菜单选项可进行应用的切换，还可进行断路器合闸、分闸及人工置数等操作；按动图形上的软按钮可以调用其他应用程序。

四、报表管理子系统

电力调度系统有一套特有的报表格式。Open-2000 系统仿照 Excel 电子报表制表工具，开发了适于电力系统应用的制表工具，即报表管理子系统，使用非常方便。例如，对于日报表，用户只要定义 1h 的值，其他时间的值就可以通过循环自动快速生成；报表全网一致，在任何一台机上制作的报表，其他机上均可看到；报表可召唤打印，也可定时自动打印。

五、安全管理子系统

Open-2000 系统是大型的 SCADA/EMS 系统，并能与电力企业的管理信息系统（MIS）联网，因此要十分重视网络安全。Open-2000 系统中采用了多级安全管理策略，首先，在系统结构中有物理隔离，即通过交换机或网桥与其他系统相连；同时，在软件设计中也有安全措施。

安全管理子系统在用户一级采用权限管理和口令机制，给每个用户分配一个用户名和专用口令，并按其身份被赋予一定的权限。有的用户只有对图形的读取权而没有修改权，有的用户有遥控操作权，有的用户有人工置数权等。当用户进行操作时，系统首先询问其户名、口令，据此可对其权限进行检索；倘若用户操作超出其权限，系统将拒绝执行。用户输入口令时还可定义该口令的有效时间，超时自动失效，防止操作完忘记退出而被其他人误用。在系统一级还采用防火墙技术，以防止黑客的非法侵入。

第三节 前 置 机 系 统

一、Open-2000 前置机系统的特点

前置机系统担负着与厂站 RTU 和各分局的数据通信、通信规约解释等任务，是 SCA-

DA/EMS 系统的桥梁和基础。前置机系统的容量、稳定性、可靠性和方便灵活性都十分重要。Open-2000 系统的前置机系统有其独特之处：

（1）容量大。可接入处理至少 256 个厂站实时信息，可满足省调和大中型地调的需要。

（2）通信迅速。前置机系统采用终端服务器作为通信控制机，每个口的通信速率可达 115200bps，并且通信速率不会因接入厂站数增多而降低。

（3）扩充方便。各终端服务器均直接连在网络上，增加新终端服务器不影响原有设备运行，只需将新增设备连入网络，并在主机上增加设置即可，不需改变硬件连接。

（4）规约丰富。可与电力系统现有的各种通信规约进行通信。

二、在前置机设置遥测与遥信参数

1. 遥测参数设置

（1）设置基值与系数。RTU 送来的"生数据"，经计算而变成实际值，根据遥测类型的不同，有两种计算方法。

1）工程量：实际值＝基值＋生数据×系数/2048。

2）计算量：实际值＝基值＋生数据×系数。

（2）设置死区范围。死区范围决定了该遥测量的刷新速度。系统刷新遥测量有两种方式。

第一种，设定死区范围为"0.00"（即无死区），前置机定时循环发送全部遥测量。

第二种，设死区范围为某一数值，只有当遥测量的变化量大于死区范围时，才立即以变化遥测的方式发送该遥测量，这种方式被称为遥测量越死区（阈值）传送。死区也称阈值，又称压缩因子，可使传送遥测量个数大为减少，但并不影响遥测的实时性应用。

（3）设置归零值。设置归零值主要是为了抑制"零飘"。设置一个较小的"归零值"后，当遥测量的绝对值小于归零值时，前置机即将该遥测量清为"0.00"。例如，对停电线路的电流测量，有归零值设置后才更符合实际，否则由于零飘会有一个小数值显示出来。

2. 遥信参数设置

Open-2000 系统内规定以"1"表示开关合闸，"0"表示开关分闸，但各 RTU 上送的遥信信息可能与此不同，此时将对应遥信设置为"反极性"即可。

第四节　画面调用图形操作及浏览器功能

一、画面调用功能

画面调用是最频繁使用的工具之一。Open-2000 系统主要画面及其功能如下。

1. 实时数据及状态画面

画面上的遥测量及遥信量每 5s 刷新一次；而遥信变位及事故变位立即反映，同时能用不同的颜色来区别各个遥测量或设备的不同状态，如越限遥测量改用不同的颜色等。图 2-2 所示为某厂站一幅实时数据及状态画面。图中，每 3 个数值为一组的数据分别为有功功率（MW）、无功功率（Mvar）、电流（A）；每两个为一组的数据则表示电容器的无功功率（Mvar）、电流（A）。

2. 历史数据及状态画面

可以调出任一时段的历史数据。点击"历史潮流"选项，则弹出时间选择窗口，选定时

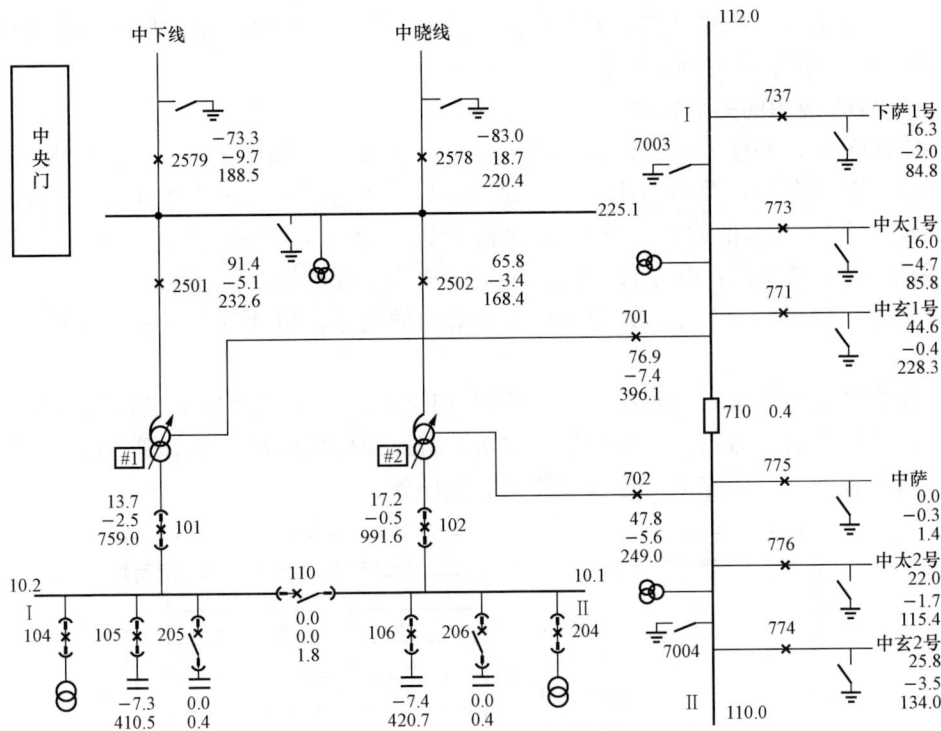

图 2-2　某厂站一幅实时数据及状态画面

间后确认，就会出现所选历史时刻的"断面"画面。点击工具栏中的"上一步"（或"下一步"）按钮，则历史时刻会向前（后）推一个步长（5min）。若是最近 24h 之内的历史时刻，则一个步长缩为 5s。

3. 事故追忆（事故反演）画面

可调出任一事故的断面并能进行事故反演。点击"事故追忆"选项，再点击工具栏中"选择事故"按钮，会弹出一个对话框，列出最近 100 条事故记录信息（并可再查阅上 100 条和下 100 条信息），最近发生的事故排在最前面。点击某一条时，画面上就会出现该事故的历史断面，点击"上一步"或"下一步"按钮，则断面就会向前或向后推 5s。事故追忆共记录了事故发生前 3 帧（15s）和事故后 5 帧（25s）的数据。

4. 网络拓扑着色

根据一幅图中断路器、隔离开关的状态，可分析出系统被分成几个不相联通的岛（部分），每个岛可用不同的底色来显示，这种功能称拓扑岛信息。另外还具备停电推理功能，即根据电源点和断路器、隔离开关的状态来推理系统中哪些部分带电，哪些部分停电了，可分别用亮色（有电）和暗色（停电）加以区别。用户还可以用网络拓扑功能来校验接线图的正确性，倘若接线图画错了，拓扑功能就无法进行正常推理。

5. 调度员在画面上操作

调度员可在图形上完成各种操作，包括遥控、遥调，遥测封锁，遥测解锁，遥测置数，遥信封锁，遥信解锁，遥信对位，设置标志牌等。

6. 应用切换

画面可以切换不同的应用对象，除常用于 SCADA 外，也可应用于各种应用程序

（PAS），如状态估计、在线潮流、安全分析、无功优化等；此外，也能用于调度员仿真培训（DTS）及自动发电控制（AGC）等。

二、SCADA 应用的图形操作

在 SCADA 下，调度人员可以在图形上做各种操作。例如用鼠标右键选中某开关图符，即弹出一份下拉式菜单，菜单引出一系列选项：①参数检索；②遥信信息；③设置标志牌；④遥信封锁（合）；⑤遥信封锁（分）；⑥解除封锁（合）；⑦解除封锁（分）；⑧遥信对位；⑨所有遥信对位；⑩遥控；⑪今日变位；⑫今日 SOE（事件顺序记录）。

（1）选定"参数检索"项，即显示该开关对应的信息，包括设备名称、域名、厂号、点号等。

（2）选定"遥控"项，即弹出遥控对话框（见图 2-3）；依次输入调度员口令、断路器编号和监控员口令后，点击"遥控预置"按钮，若返送校核成功，即出现"执行"按钮，此时按"执行"按钮，就可完成对远方断路器遥控任务。

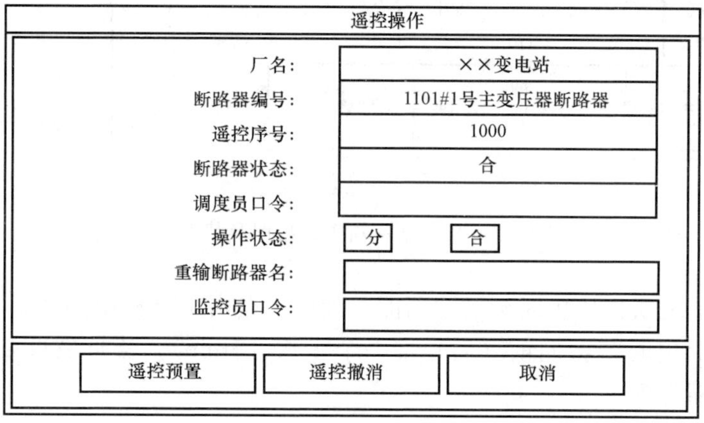

图 2-3　开关遥控对话框

（3）选定"遥信对位"项，可使已变位的遥信图形从告警态（闪烁或变色）恢复为正常态。

（4）选定"今日变位"项，即弹出告警信息浏览器，并显示出该开关今日的变位情况。

（5）选定"今日 SOE"项，即显示出该开关今日 SOE 的全部信息。

（6）选定"遥信封锁（合）/（分）"项，即将该开关封锁为某状态，使其不能再发生变位。

（7）选定"设置标志牌"项，即弹出相应的对话框，有检修、接地、故障、并车、危险五种标志牌选项。假如选择"检修"项并予以确认，该开关即被挂上检修标志牌。

除断路器外，其他设备也都可以在图形上进行相关操控，当用鼠标右击对象图标后，即弹出相应的下拉式菜单。

三、告警浏览

当电网中发生告警信息时，Open-2000 系统首先将其显示在告警窗口中，并有相应的提示。同时，告警信息也立即写入相应历史数据库，查看告警浏览器还可检索历史数据库中的各类告警信息。

四、历史数据浏览

在 Open-2000 系统主控台上点击"历史数据"图标，屏幕上弹出采样数据浏览窗口，可以查阅历史采样数据。

五、图形浏览器

使用浏览器可方便地查看 EMS 图形，用户在 PC 机 Windows 中只需双击 Internet Explore 图标，就可看见 EMS 的图形主目录。通过此主目录，就可以打开想看到的各种 SCADA/EMS 画面，如图 2-4 所示。

图 2-4 SCADA/EMS 功能主目录

第五节 Open-2000 系统 SCADA 功能及其技术指标

本节仍以 Open-2000 系统为例，将 SCADA 系统各项功能及其主要技术指标详细列出，以使读者对此有一个比较透彻的了解，至于各项功能的实现原理，将在后面各节中进一步展开。

一、数据采集功能

SCADA 系统实时采集各厂站 RTU 遥测、遥信、电能、数字量等数据，同时向各厂站 RTU 发送各种数据信息及控制命令。

（一）模拟量采集（遥测）

1. 模拟量采集的内容

（1）主变压器及输电线有功功率 P、无功功率 Q。

（2）主变压器及输电线电流 I。

（3）10kV 配电线电流 I。

（4）各种母线电压 U。

（5）主变压器油温。

（6）系统频率 f。

（7）其他测量值。

2. 模拟量的采集方式

（1）扫描方式。扫描周期为 3～8s，将系统所有模拟量采集更新一次，并存入数据库。

（2）越阈值方式。设定每个模拟量的阈值（死区），仅把变化显著、与上次测量值之差大于阈值（死区）的测量值传送、显示并存入数据库。每个模拟量的阈值（死区）范围可在工作站通过人机界面设定，这样可使扫描周期缩短，一般不大于 3s。

（二）状态量采集（遥信）

1. 状态量采集的内容

（1）断路器位置信号。

（2）继电保护事故跳闸总信号。

（3）预告信号。

（4）隔离开关位置信号。

（5）有载调压变压器分接头位置（挡位）信号。

（6）自动装置动作信号。

（7）发电机组运行状态信号。

（8）事件顺序记录（时标量，即同时标注发生时间）。

2. 状态量采集方式

（1）状态变化，系统实时状态变化事件驱动，有变化立即输出响应，读入系统并存数据库。

（2）扫描方式，将所有厂站全部遥信状态按一定周期逐个扫描，读入系统并更新数据库。

（三）脉冲量采集

脉冲量采集内容为各厂站 RTU 送来的脉冲电能量等，采集方式为按设定的扫描周期进行采集。

（四）继电保护及变电站综合自动化信息的采集

对已安装微机保护或已实现变电站综合自动化的变电站，除采集保护开关状态量外，还需采集保护测量、保护定值、保护故障、保护自检和保护信号复归等信息。

（五）时间信息的采集

SCADA 系统在后台接入标准天文时钟信息，向全网广播，以统一全网时间，并定时与各厂站 RTU 进行对时。对于 RTU 未带时标的信息，如果需要可由系统后台时钟为其加入时标。

（六）前置机系统的数据采集性能

（1）可接收不同传输速率的 RTU 信息，其中模拟通信：300～1200Bd；数字通信：300～9600Bd。

（2）可接收不同类型、不同通信规约的 RTU 信息，如 CDT 规约、Polling 规约。

（3）可接收不同通信方式同步方式或异步方式的 RTU 信息。

（4）可接收不同信道的信息，如微波、电力线载波、光纤、无线电等。

（5）前置机人机界面友好，可通过软件设置各厂站 RTU 的参数。

（6）无论 RTU 是以双信道，还是以单信道与调度中心通信，系统双前置机以热备用方式接收信息，主、备机实现自动切换，切换过程中数据不会丢失。

二、数据处理功能

SCADA 系统采集数据后，要立即进行某些数据处理，包括模拟量处理（YC）、状态量处理（YX）、脉冲量处理（YM）和标志牌的设置。

（一）模拟量的处理

（1）将生数据转换成工程量。

（2）设定每个值的归零范围，将近似为零的值置 0。消除零飘（如停电线路的电流值）。

（3）越限检查。为每个遥测值（包括计算值）规定上限和下限，以检查数据合理性。

（4）积分值计算和平均值计算，如对实时功率进行积分及求平均值等。

（5）最大/最小值计算。将遥测量在某时段内的最大/最小值及其时间一同存入数据库。

（6）数据存入格式。入库遥测量由时标、工程值、状态、量纲单位组成，状态是指正常、越上限、越下限、人工数据、坏数据等。

（二）状态量的处理

（1）监视电网及设备的突然变化，迅速发出告警信号，包括：①遥信变位类型确认（断路器、隔离开关、保护动作、事故信号、预告信号等）；②判断是事故变位还是正常变位；③确定告警方式（电笛、电铃、语音报警、调出事故画面、文字信息等）。

（2）处理后的信息表，包括：①图形显示；②文字显示；③语音信息系统；④实时及历史数据库；⑤变位打印及表格显示；⑥事故追忆；⑦模拟盘显示。

（三）脉冲量的处理

脉冲量主要是指电能值。脉冲量处理的内容包括：

（1）实时保存上一周期的脉冲值，计算出本周期内的电量；

（2）对无脉冲量的测点，可采用积分电能的方法计算电量；

（3）系统可设定高峰时段、低谷时段及腰荷时段，计算出各时段电量；

（4）计算结果存入实时数据库和历史数据库。

（四）标牌的设置

系统对所有设备均可进行挂牌操作，即加上某些标志。标牌上有明确的图符及相应的颜色，警示人们注意。挂牌状态存入数据库。

标牌种类很多，并可根据用户需要增加。标牌设置以后，执行各种功能时就要先检查标牌，根据其内容再确定是否执行该项功能。常用的标牌有以下几种：

（1）"检修"标志表示该设备正在进行检修，所有变位不予处理；

（2）"接地"标志表示该设备已接地；

（3）"故障"标志表示该设备发生故障；

（4）"危险"标志表示该设备处于危险状态；

（5）"并车"标志表示该发电机已并车运行。

三、数值计算功能

在 SCADA/EMS 系统中，除设置了大量实测点之外，还有大量的"计算点"。计算功能在系统启动时随之启动，按照数据变化及规定的周期、时段，不停地处理各种计算点，对模拟量、数字量及状态量均可进行计算。数值计算功能主要包括：

（1）总加计算，用户可自由设定总加公式，如对各关口电量的总加、功率的总加等；

（2）限值计算，计算越限时间总和，如统计电压合格率等；

（3）累加计算，计算电能累加值，积分电能，累加遥信变位次数等；

（4）功率因数计算，计算各线路、主变压器及一个地区的功率因数等；

（5）平衡率计算，可对线路、变电站和地区进、出功率进行平衡比较。

四、电网控制功能

SCADA 的电网控制功能主要是指遥控功能和遥调功能。

（一）遥控

遥控就是开关量输出的结果。通过遥控可在调度中心实时地对远方厂站断路器（及电动隔离开关）进行合/分操作，以及控制远方厂站无功补偿电容器组和电抗器的投/切等。

遥控必须有极高的可靠性，绝不允许张冠李戴。为此，设计了严格的遥控返送校核程序：

（1）选择对象，可通过图形选择某厂站某断路器。

（2）发出命令，即发出遥控命令。

（3）内部校对。先由数据库中调出某断路器的相关信息（如是否挂牌等），确认该断路器是否正常和允许操作。

（4）向 RTU 发出命令，由 RTU 再次进行校对。

（5）RTU 将校对结果返送回调度中心，反映在人机界面上。

（6）确认执行。返回结果正常即发出"执行"命令，如不正常则发出"遥控撤消"命令。

（7）执行结果返回。RTU 执行遥控命令后，引起开关变位及事件顺序记录数据，返回到调度中心，自动推出画面显示出执行的结果，并自动打印记录。

（8）操作登录。将遥控的操作内容、时间及结果，连同人员姓名登录在案，保存一年。

（二）遥调

遥调一般以数字量方式输出，有时也以模拟量方式输出。其操作步骤如下：

（1）通过人机界面由操作人员召唤显示对象的现有遥测值；

（2）操作人员修改遥测值并发送；

（3）厂站 RTU 校检遥调值并返送校检结果（有的系统不进行遥调返校）；

（4）操作人员收到返回信息后确认执行；

（5）厂站 RTU 执行遥调并将遥调相关的遥测量回送调度中心。

五、人机界面功能

Open-2000 系统具有十分友好的人机界面，不要求调度人员深入了解计算机系统，为调度人员提供了很大的方便。人机界面的功能包括：

（1）全图形显示。可实现全电网一次系统的完整图形显示，包括接线图、潮流图、地理图、曲线、棒图、饼图等；可进行放大、缩小、漫游、旋转、滚动和移动操作，可图上调出各设备的参数及其他详细登录资料，支持地理信息系统，具有 AM/FM 功能。

（2）高分辨率显示。图面清晰不抖动，各种图形、表格、汉字、字符可任意选择颜色。

（3）多窗口显示。可同时显示多个窗口，便于互相比较。

（4）快速直接鼠标控制。对 SCADA/EMS 的所有功能，均可根据显示的菜单用鼠标进行快速选择，取代了键盘命令。

（5）快速响应，多数画面可在 1～2s 内响应。

（6）具有动态着色功能。可根据电网网络拓扑结构，自动进行判断和推理，能直观地用颜色区分带电和停电范围。

（7）操作功能灵活。操作菜单可在线定义，增加新的操作，不需修改图形程序。

六、制表打印功能

（一）制表

（1）可在彩色 CRT 上以交互方式定义报表格式和报表数据，可制作任何形式的表格。

（2）表格可在窗口中平移、滚动，可显示实时及历史数据。

（3）表格内各数据还有计算功能，可由用户在表格内自行定义。

（4）制表操作可在线进行，不会影响系统运行，还有方便的报表数据修改功能。

（二）打印

（1）定时打印，如整点记录、日报表、月报表、年报表等。打印时间可由调度员设定。

（2）事件驱动打印。事件驱动打印属异常打印，由系统实时事故信息起动，主要包括：① RTU 的投入/退出（远动状态）；②遥测越限；③遥信变位；④事件顺序记录；⑤遥控操作记录；⑥事故追忆。

（3）召唤打印。重要表格可先在屏幕上显示，由操作人员确认或修改误差后存入数据库，再执行打印。

七、告警功能

告警发生后，告警信息被分类归档送入数据库，可按时间及类型分别处理及检索。

（一）报警类型

（1）越限报警。越限发生后即报警，显示报警文字，同时越限数据变色，并根据需要打印记录。

（2）事故报警。厂站发生事故跳闸时，系统能以下列形式发出强烈告警：①推出事故厂站画面；②变位对象图符强烈闪烁及变色；③发出语音报警，召唤操作人员；④推出文字信息，说明事故时间、地点及性质；⑤立即打印输出事故记录；⑥起动事故追忆。

（3）工况变化报警。当各厂站 RTU 通信中断或主站故障时，系统发出告警信息。

（4）正常变位报警。系统发生正常变位时，变位点在窗口中闪烁并伴以数据变色提示，打印变位点状态及变化时间，推出文字信息并可根据需要发出语音告警。

（二）报警方式

（1）图形报警，告警点闪动、变色，推出相关厂站图表。

（2）文字报警，以文字、表格显示出报警信息的类型及内容。

（3）语音报警，产生语音呼叫，由机器发出鸣叫声。

（4）打印报警，打印机及时打印出告警信息的类型及内容。

八、多种网络互联功能

Open-2000 系统有以下三种网络互联功能：

（1）可通过网桥或路由器与管理信息系统 MIS 互联，共享双方服务器中的数据；

（2）可通过 X.25 协议与广域网相连，采用路由器与上级或下级调度交换信息；

（3）支持多种网络协议，可根据用户要求采用不同的网络协议与其他计算机网互联。

九、Open-2000 系统处理容量及主要技术指标

（一）系统规模及处理容量

（1）每台厂站 RTU 的容量：模拟量（YC），512 点；遥控量（YK），128 点；状态量（YX），512 点；遥调量（YT），64 点；脉冲量（YM），64 点；计算量，128 点。

（2）系统实时总容量。系统实时总容量仅受硬盘容量限制，分为能接收 16 厂站、32 厂站、48 厂站及 64 厂站等多种规格，系统最大可接入 256 个厂站。Open-2000 系统几种常用参数见表 2-1。

表 2-1　　　　　　　　　　　　Open-2000 系统几种常用参数

接收厂站数	YC 点	YX 点	YK 点	YT 点	YM 点	计算点
16	4096	8192	2048	1024	1024	2048
32	8192	16384	4096	2048	2048	4096
48	12288	24576	6144	3072	3072	6144
64	16384	32768	8192	4096	4096	8192

（3）历史数据库文档记录资料保存容量。历史数据可根据每 5min、每 1h 为周期保存实时信息。变位记录全部实时登录入库，历史数据自动保存在硬盘上 Sybase 数据库中。历史数据库还可以存到磁带机或光盘上作长期存档，需要时再装回系统进行分析、使用。

（4）事故追忆能力。Open-2000 具有事故追忆能力，可自动记录事故变位前、后规定时段（前 5min、后 10min）的所有遥测遥信量（每 5s 一个断面）供反演分析用。

（5）模拟盘驱动能力。Open-2000 系统可驱动模拟盘上 4000 个状态量和 500 个 LED 显示数据。

（二）系统技术指标

（1）系统可靠性。系统可靠性用可用率表示，系统可用率达 99.99% 以上（即每年平均停用时间不超过 53min）。Open-2000 系统平均无故障时间达 25000h。

（2）系统时钟精度。Open-2000 系统时间误差小于 ±5ms（有标准钟）。

（3）SOE 分辨率。同一厂站 RTU 内 SOE 分辨率小于 8ms；系统各厂站 RTU 间 SOE 分辨率小于 20ms。

（4）CPU 负荷率。Open-2000 系统平均 CPU 负荷率小于 40%。

（5）AGC 投运率大于 99.9%，ACE 控制合格率为 100%。

（6）主站侧数据精度。它包括：

1）测量量。Open-2000 系统综合误差（不包括变送器误差）小于 0.1%，遥测合格率大于 99.9%。

2）开关量。Open-2000 系统的遥信响应率为 100%。

（7）主站侧系统响应时间及双机切换时间：

1）遥测越死区传送　　　　　　　　　　　　≤3s

2）遥测全系统扫描一周（64 个厂站）　　　3～8s

3）开关变位主站反应时间	≤5s
4）事故变位报警反应时间（包括事故推画面）	≤3s
5）控制命令	≤3s
6）遥调命令	≤4s
7）画面响应（调用画面）	≤1～3s（平均2s）
8）画面刷新（可设定）	3～5s
9）双机切换	≤30s
（8）数据更新周期：	
1）重要遥测量	<2s
2）一般遥测量	<5s
3）全系统数据更新周期	<5s
（9）电网各种应用功能占用时间：	
1）状态估计	<5s
2）在线潮流	<2s
3）静态安全分析（$N-1$预想事故）	<3s
4）校正对策分析	<3s
5）无功优化（不包括电容器优化投切顺序）	<3s
6）短路电流计算	<3s
7）短期负荷预报	<3s
8）网络等值计算	<3s
9）DTS动态潮流	<2s
10）DTS保护仿真（单故障）	<5s
11）DTS操作响应（平均值）	<4s

第六节　远　方　终　端

远方终端（RTU），也常称为远动终端，它是电网调度自动化系统的重要基础设备，安装于各变电站或发电厂内，是电网调度自动化系统在基层的"耳目"和"手脚"。其主要任务是将厂站的实时运行信息送给调度控制中心，将调度的控制、调节等命令送给厂站执行。遥信、遥测、遥控、遥调是RTU的基本功能。

一、结构

（一）硬件结构

现代RTU都是以单板机为核心的微机系统。图2-5是单CPU结构的RTU硬件基本构成框图。

图2-5中只读存储器ROM用来存放RTU工作程序和某些固定参数。RAM为随机存储器，用于遥测、遥信等数据的暂存。模拟量输入等各模块都通过各自的接口电路与总线连接。显示器（CRT）、打印机等人机联系设备也通过接口电路与总线相连。MODEM是调制解调器，按通信规约编码组装后的信息经MODEM送上通信信道，与调度中心进行远程数据通信。

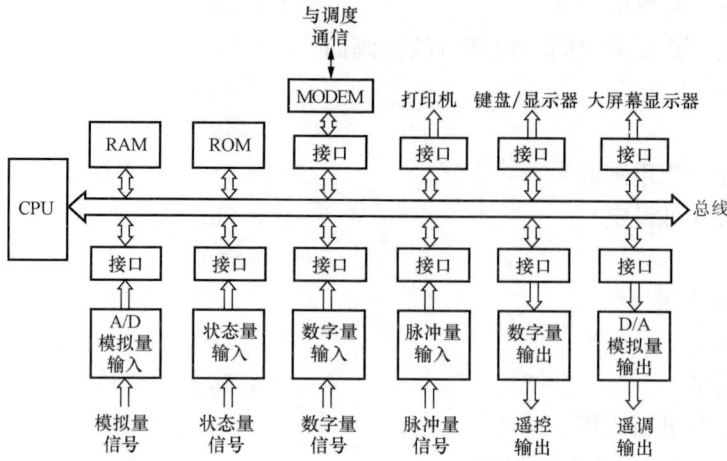

图 2-5　单 CPU 结构 RTU 硬件基本构成框图

较大厂站采集和处理数据较多，单 CPU 结构难以胜任，此时可采用图 2-6 所示的多 CPU 结构。图中以功能划分模块，除主 CPU 模块外，其他"模入"、"开入"等模块也都配有自己的 CPU。这些智能模块可用常规芯片，也可用单片机构成。主 CPU 模块统筹全局，与各模块采用并行或串行方式进行通信。公共总线（包括数据总线、地址总线和控制总线）由主 CPU 控制，通过地址总线来选择各模块，只有被选中的模块才可以接收控制信号并存取数据。主 CPU 可用命令来定义各模块，设置工作参数，对其定时扫描。遥信模块也可采用中断方式通知主 CPU 取数，以使遥信变位等故障信息尽早被处理。这种模块式结构配置灵活，功能扩展方便，也减轻了主 CPU 的负担，提高了数据采集和处理速度。

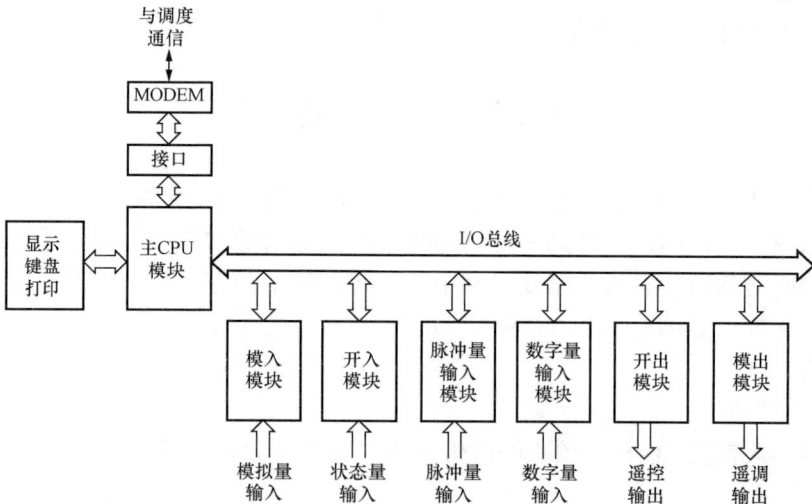

图 2-6　多 CPU 结构的 RTU 框图

（二）软件结构

RTU 的各种功能要依靠软件完成，这些软件一般固化在只读存储器 ROM 中。RTU 的应用软件通常包括以下几种：

（1）数据采集软件，完成模拟量采集、开关量采集、数字量采集和脉冲量采集等；

（2）数据处理软件，完成数字滤波、越限判断、BCD 码转换等；

（3）控制软件，对收到的遥控、遥调等命令付诸执行；

（4）通信软件，按约定的通信规约与调度中心相互通信；

（5）人机联系软件，完全键盘、屏幕显示及制表打印等；

（6）其他软件，完成如事件顺序记录、事故追忆、自检及调试等。

各种实时软件要完成的任务可由定时触发或用中断服务程序完成，为此 RTU 软件包括一个主程序和若干个中断服务程序。RTU 主程序框图如图 2-7 所示。

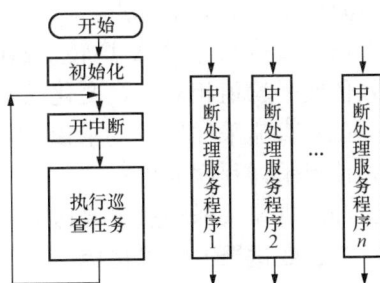

图 2-7　RTU 主程序框图

在加电开机后，先使各外设接口及公用 RAM 区初始化，初始化完成后即开中断。一些对实时性要求较高的任务（如发送、接收、实时时钟等），都用中断方式来保证最快的响应速度。如有中断申请，响应后就执行相应的中断服务程序，然后再执行常规巡查任务，依次扫描那些对实时性要求不太高的任务，如显示、自检等。中断任务的实时性要求都比较高，如"实时时钟"中断通常每 1ms 中断一次，并由此可产生"遥信定时扫查"的信号，以便及时发现遥信变位（可能断路器跳闸了）。还有像"发送空"中断，在串行通信接口每发送完一个字节（一般为 8 位）就产生中断，此时应立即给串口提供新的数据。同样，"接收满"中断则是串口每次接收满一个字节就产生中断，通知 CPU 立即取走数据（否则下一组数据会覆盖掉这组数据），并进行检验、处理。

各种中断任务按实时性要求的高低排序，赋予不同的"优先级"，在同时申请中断的情况，只有优先级高的任务才能获准执行。

二、故障检测及故障诊断

以微机为核心的 RTU 等设备，有一个很大的优点是能够自检，这是其他常规设备（如继电器等）所不具备的。具有自检能力的设备，其运行可靠性大为提高。

故障检测是判明设备工作是否正常有无故障，而故障诊断则还应确定具体的故障部位。故障定位的范围有定位到板级、定位到芯片级等。检测定位越明确，修理或更换越快捷，但花在检测方面的开销也越大。目前中大规模集成电路的使用已很普遍，维护人员更换一个芯片或插件板就能解决问题。

第七节　直流采样及电量变送器

"采样"是将现场连续不断变化的模拟量的某一瞬间值，作为"样本"采集下来，供计算机系统计算、分析和控制之用。采样分为"直流采样"和"交流采样"两种。

进行直流采样需要通过一种叫变送器的设备。变送器是一种物理量变换器件，可以把输入的某种形式物理量按比例准确地变换为同一种形式或另外一种形式的物理量。本节主要介绍的是电量变送器，如电流变送器、电压变送器和功率变送器等。除电量变送器外，还有温度变送器、压力变送器等非电量变送器。非电量变送器一般被称为传感器。

一、直流采样及其优点

将 u、i 等交流模拟量经过电量变送器整流为相应的直流电压信号，再由模/数（A/D）转换器转换成相应的数字量，就是直流采样。因为对于 A/D 来说，是对直流模拟信号进行采样和变换。

直流采样有如下优点：

（1）直流采样对 A/D 转换器的转换速率要求不高，因为变送器输出值是与交流电量的有效值或平均值相对应，变化已很缓慢；

（2）直流采样后只要乘以相应的标度系数便可方便地得到电压、电流的有效值或功率值，使得采样程序简单；

（3）直流采样经过了变送器的整流、滤波等环节，抗干扰能力较强。

二、变送器的性能指标

变送器性能好坏对电网调度自动化系统的影响是非常大的，有时甚至成为电网调度自动化系统能否正常运行的关键问题，因此对其性能必须给予足够的重视。准确度和响应速度是对变送器的最基本技术要求。此外还要求变送器具有抗干扰能力、性能稳定、运行可靠、调试方便等。

变送器主要性能指标有准确等级、抗干扰性能、响应时间、线性指标等。

（1）准确等级。目前使用的有 0.2 级和 0.5 级，其含义是在标准条件下，变送器最大误差不超过 0.2％和 0.5％。在运行现场，因温度、磁场等条件不同，允许有一定的附加误差。

（2）抗干扰性能。主要指抗磁场干扰能力。当变送器选用 0～5V 直流电压输出时，受磁场干扰影响较大；而选用 5mA 恒流输出时，抗干扰能力较强。

（3）响应时间，反映了变送器的时间性能。它与时间常数既有联系又有区别，时间常数 τ 是指接入输入信号后输出从 0 快速上升到稳定值的 63％所需时间，而响应时间 T 则是输出从 0 上升到稳定值的 99％所需时间，二者的区别可由图 2-8 表示出来。一般产品的响应时间小于 400ms。

（4）线性指标。变送器输出与输入应当是成正比的，亦即线性的。但实际上总存在非线性误差，用非线性度表示。一般产品其输入值在 1.2 倍额定值以下范围时，非线性误差应符合其准确级要求。图 2-9 中最大输出值用 I_{max} 表示，理想特性与实际特性的误差最大值用 ΔI_{max} 表示，则有

$$非线性度 = \frac{\Delta I_{max}}{I_{max}} \times 100\%$$

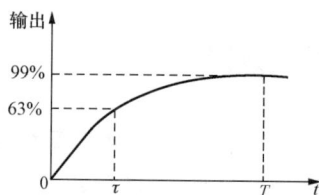

图 2-8　变送器的时间常数与响应时间

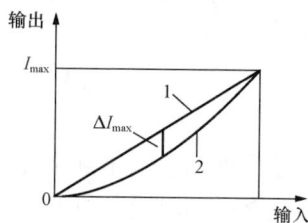

图 2-9　变送器的非线性度
1—理想的输入输出特性；
2—实际的输入输出特性

（5）输出性能与负荷能力。变送器有直流恒压输出与直流恒流输出两种方式，对负荷的要求也有所不同，见表 2 - 2。

表 2 - 2　　　　　　　　　　　变送器输出范围及对负荷的要求

输出信号范围		允许负荷范围 (kΩ)	输出信号范围		允许负荷范围 (kΩ)
恒压输出（V）	恒流输出（mA）		恒压输出（V）	恒流输出（mA）	
0～5		3～∞		0～±5	0～3
0～±5		3～∞		0～±10	0～1.50
0～±10		3～∞		0～±20	0～0.75
	0～±1	0～10		4～20	0～0.75

三、交流电流变送器

交流电流变送器串接于电流互感器的二次回路中，将互感器二次侧交流电流（0～5A）变换成直流电压或直流电流输出，按其构成原理可分为简单型和需要辅助电源的改进型两种。

（一）简单型

图 2 - 10 所示为 FS-13 型交流电流变送器原理图及其外部接线。由图 2 - 10（a）中可见，FS-13 型交流电流变送器主要由中间电流互感器 TA、桥式整流电路和 RC 低通滤波电路组成。电流互感器来的二次侧交流电流（正常值 0～5A）从中间电流互感器的一对端子输入（通常用 1-4 端子），经整流滤波后直流电流经端子 5-6 输出，直流电压则可从端子 7-8（或 9-10）输出。电位器 RP1 用来调节输出直流电流值，RP2 和 RP3 分别调节两对电压端子输出的电压值。中间电流互感器 TA 既可以降低电流，又可使输出回路与输入回路在电气上进一步隔离。整流桥每个桥臂用两只二极管串联，是为了提高承受反向电压的能力。

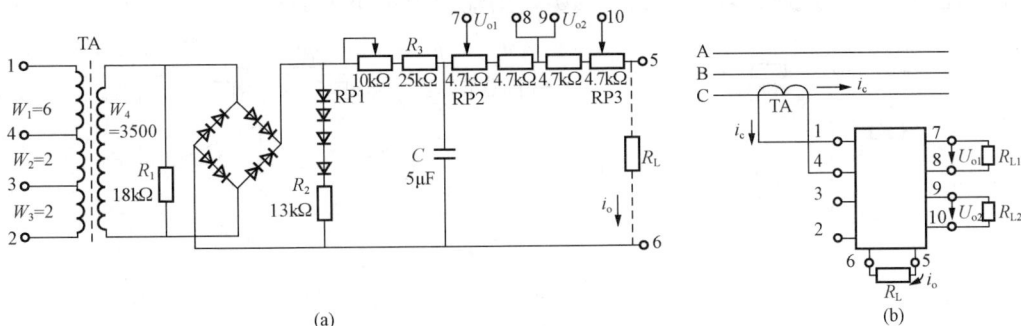

图 2 - 10　FS-13 型交流电流变送器原理及其外部接线图

(a) 原理图；(b) 外部接线

电阻 R_1 的作用是防止整流桥二极管损坏造成 TA 二次开路。R_1 的变化将引起输出改变，因此 R_1 应采用温度系数小的金属膜电阻。

电阻 R_2 和与之串联的四个二极管构成了非线性补偿支路。TA 的铁芯材料（一般用冷轧硅钢片）磁化曲线是非线性的，特别是起始部分斜率小。如图 2 - 11（a）所示，当输入电流较大时，TA 工作于磁化曲线的 AB 段，此时输出电压与输入电流是成正比的。但在输入小电流时对应磁化曲线的 OA 段，则此时的输出电压有较大的负误差。有了由二极管组成的补偿支路后，利用二极管伏安特性的非线性［见图 2 - 11（b）］，在变送器输入小电流时，二极管受到电压低，使其内阻变大，这就使补偿支路所分流的电流更加减少，输出直流电压（或电流）稍有增大，刚好补偿了 TA 铁芯非线性引起的额外负误差。非线性补偿情形如图 2 - 11（c）所示。

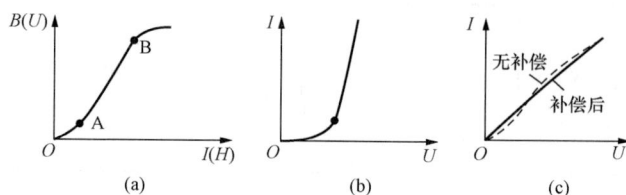

图 2 - 11　电流变送器的非线性补偿
（a）TA 铁芯的磁化曲线；（b）二极管的伏安特性；（c）补偿前后的对比

（二）改进型（需要辅助电源）

图 2 - 12 为改进型交流电流变送器原理框图。高性能中间电流互感器的铁芯具有线性磁化曲线，从根本上克服了非线性误差，并可以采用运算放大器构成恒流输出电路（或恒压输出电路）。

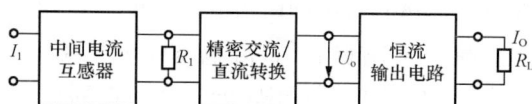

图 2 - 12　改进型交流电流变送器原理框图

精密的交/直流转换电路是由线性整流电路和平滑滤波器两部分构成的。

线性整流电路是在二极管整流器基础上加入了由运算放大器构成的反馈系统，使二极管整流产生的非线性畸变大大减小。图 2 - 13（a）所示为半波线性整流电路，此电路线性好、输出阻抗低，若运放开环增益 $K_0 \geqslant 10^4$，则输出阻抗小于 1Ω。

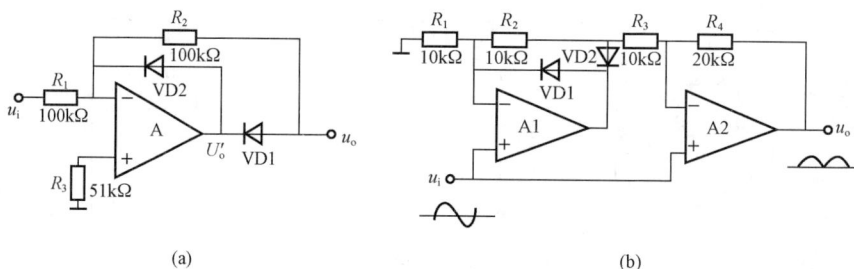

图 2 - 13　线性整流电路原理
（a）半波线性整流电路；（b）全波线性整流电路

图 2 - 13（b）为全波线性整流电路。当 u_i 为正半周，A1 输出为正，VD1 导通，VD2 截止，A1 呈单位负反馈，成为增益为 1 的跟随器。此时 A2 同相端和反相端均有输入，其输出为即 u_i，当 u_i 为负半周时，A1 输出为负，VD1 截止，VD2 导通，A2 输出为 $|u_i|$，实现了全波整流。

图 2 - 14 为接入了有源低通滤波器的精密交—直流转换电路。有源低通滤波器由运放 A3 构成。A3 输出电压全部直接反馈到它的同相输入端，输出端纹波成分被大大减少了。图中二极管 VD3、VD4 用来防止电力系统短路引起的大电流损坏运算放大器。

恒流输出比恒压输出有更好的抗干扰能力，因此变送器还有恒压—恒流转换电路。

图 2-15 中 0～5V 直流电压信号 U_i 加于运放的反相输入端，三极管 VT1 接成倒相放大，VT2 则作为射极跟随器，负载 R_L 就串联于 VT2 的射极回路中。同时，从电阻 R_7 两端引出反馈信号 U_F 和 U_T 到 A 的输入端，对 A 反相输入端 U_F 是正反馈，对 A 同相输入端 U_T 则是负反馈。当运放放大倍数 K_0 很大时，可以证明：$U_F \approx U_T$，此时输出电流为

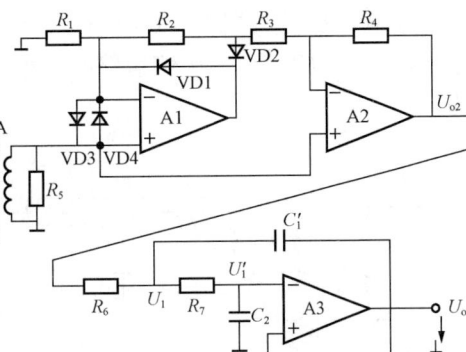

图 2-14　精密的交流—直流转换电路

$$I_0 = \frac{R_7 + R_8 + R_{RP}}{R_7(R_8 + R_{RP})}U_i$$

上式说明输出直流 I_0 与负载 R_L 无关，仅与输入电压 U_i 成比例关系，满足了恒流特性要求。当然，R_L 还是要在允许的范围之内（一般 R_L 为 0～1.5kΩ）。此电路参数适当选定后，当 $U_i=0\sim5V$ 范围时，$I_0=0\sim10mA$，两者呈线性关系。

图 2-16 为输出电流为 4～20mA 的恒流电路，与图 2-15 的区别主要是运放的同相端不接地而改接－1.25V 电源。这样，当 U_i 在 0～5V 内变化时，输出电流在 4～20mA 内变化。这个电路的优点在于当变送器输出端故障开路时 I_0 为零，而无故障时 I_0 至少为 4mA，两者有明显的区别。图 2-15 的电路则无上述优点，当输出端 I_0 为零时，无法判断是断线故障还是输入电流为零。

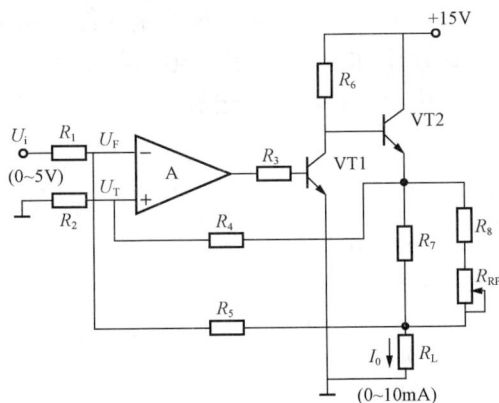

图 2-15　0～10mA 恒流输出电路

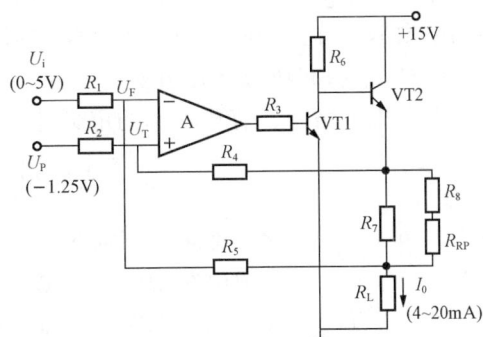

图 2-16　4～20mA 恒流输出电路

四、交流电压变送器

交流电压变送器将 100V 左右的交流电压变换成直流电压或直流电流输出。其也分为简单型和改进型（需要辅助电源）两类。

（一）简单型

图 2-17 为 FS-14 型电压变送器原理图和外部接线图。该变送器由降压、全波整流、阻容滤波三部分构成，可输出两路直流电压（端子 7-8 和 9-10）和一路直流电流（端子 5-6）。

当不用电流输出时，端子 5-6 应短接。电阻 R_1 的作用是保证桥式整流的二极管损坏导致中间电压互感器（TV）二次侧短路时，电力系统的大电压互感器二次侧不会短路，仍可正常工作。

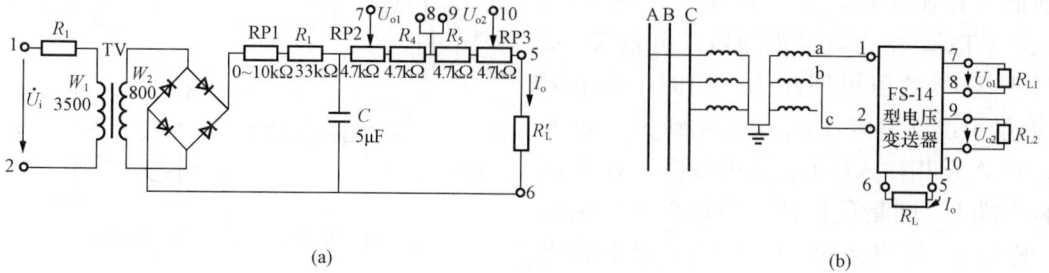

图 2-17　FS-14 型交流电压变送器
（a）原理图；（b）外部接线图

电力系统的大电压互感器二次侧电压变动范围一般仅为 $100\text{V}\pm20\text{V}$ 以内，所以可不考虑中间电压互感器（TV）铁芯的起始磁化曲线导致的非线性误差问题了。

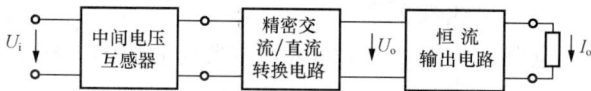

图 2-18　改进型交流电压变送器原理框图

（二）改进型

图 2-18 所示为改进型交流电压变送器原理框图，由中间电压互感器、精密交/直流转换电路和恒流输出电路构成。

五、功率变送器

功率变送器用来测量交流电路中的有功功率和无功功率。单相有功功率测量元件是功率变送器的基本元件。在单相有功功率测量元件的电压回路中加一个 90°移相电路就变成了无功功率测量元件，用两个或三个这样的基本元件就可以构成三相功率变送器。

（一）单相有功功率的测量

在交流电路中，有功功率的定义是

$$P = \frac{1}{T}\int_0^T p(t)\mathrm{d}t = \frac{1}{T}\int_0^T u(t)i(t)\mathrm{d}t$$

式中　　$p(t)$——交流电路中的瞬时功率；

$u(t)$，$i(t)$——交流电路中的瞬时电压、电流；

T——交流电路中电压电流的周期。

有功功率是瞬时功率在一个周期内的平均值。在正弦交流电路中有

$$u(t) = U_\mathrm{m}\sin\omega t = \sqrt{2}U\sin\omega t$$

$$i(t) = I_\mathrm{m}\sin(\omega t - \varphi) = \sqrt{2}I\sin(\omega t - \varphi)$$

$$p(t) = 2UI\sin\omega t \sin(\omega t - \varphi)$$

$$= UI\cos\varphi - UI\cos(2\omega t - \varphi)$$

式中　U，I——电压、电流有效值；

φ——电流滞后于电压的相位角，即功率因数角。

有功功率为

$$P = \frac{1}{T}\int_0^T p(t)\,\mathrm{d}t = UI\cos\varphi + 0 = UI\cos\varphi$$

由于瞬时功率的第二项为余弦函数，故积分为 0。

可见，如果先由一个乘法电路求出瞬时功率 $p(t) = u(t)i(t)$，然后用积分电路或者用低通滤波器滤掉其第二项两倍工频分量 $UI\cos(2\omega t - \varphi)$，就可得到有功功率 $UI\cos\varphi$。单相有功功率测量元件框图见图 2-19。

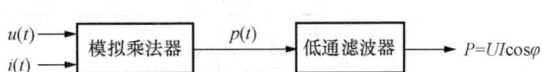

图 2-19　单相有功功率测量元件框图

（二）用采样乘法器测量功率

传统的功率变送器时间常数较大，难以满足快速检测的需要。随着新技术的发展，现已出现多种以新方法构成的功率变送器。下面简单地介绍其中的一种。

图 2-20 表示了一种功率测量的原理图。在单相交流电路中，有功功率 P 可以表示为

$$P = UI\cos\varphi$$

式中　U，I——有效值；

　　　φ——功率因数角。

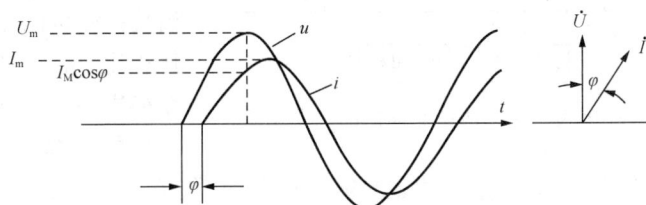

图 2-20　一种功率测量的原理图

从图 2-20 中很容易看出，当电压瞬时值 u 刚好是峰值 U_m 时，电流瞬时值 i 等于 $I_m\cos\varphi$（I_m 为电流的峰值）。因此，只要准确测出电压峰值时刻的电流瞬时值，并将它和电压峰值相乘，就能够求得有功功率 P，因为

$$U_m I_m\cos\varphi = \sqrt{2}U \times \sqrt{2}I\cos\varphi = 2UI\cos\varphi = 2P$$

图 2-21 为采样乘法器原理框图。图中峰值检出器在电压 u 为负最大值时，发信号起动"脉冲发生器"发出采样脉冲，使"电流采样"和"电压采样"同时进行采样，"电流保持"和"电压保持"各将电流样本（$I_m\cos\varphi$）和电压样本（U_m）保持一个周期。与此同时，"脉冲发生器"还发出一个起动脉冲，起动"电压/时间变换器"，使其发出一个宽度与 U_m 成正比的方波。由此方波控制"门"电路的导通时间，这样"积分器"就被输入了一个幅值为 $I_m\cos\varphi$、宽度为 KU_m 的方波。积分器的输出直流电压显然应当与这个方波的面积成正比，即 $U_m I_m\cos\varphi = 2P$，也就是正比于有功功率 P。积分输出的直流电压被采样并被保持一段时间，"积分器"本身则还原，为下一个周期做好准备。这种装置的响应速度为 20ms，准确度可达 $\pm 3\%$。

六、电能变送器

电能变送器是把被测电路的有功功率转换成单位时间内输出的脉冲数，这样，对输出脉冲数的累计就正比于该时段内消耗的电能。实用中的电能变送器有转盘式和静止式两种。

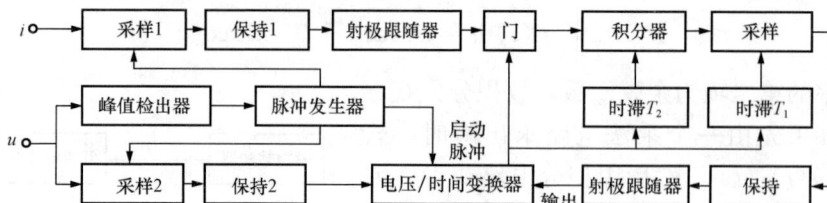

图 2-21　采样乘法器原理框图

（一）转盘式

转盘式电能变送器是在感应式电能表的基础上附加一个转数/脉冲转换装置构成的。转数/脉冲转换装置可采用光电法，在转盘上对称地开有小孔或涂以反光条等标记，光源（红外光）发出的光线透过小孔或经反光条反射到光敏三极管使其导通，就可以得到与转盘转数成正比的一串脉冲，经计数器累计后即可得到电能数。这种变送器精度不高，但价格较便宜。

（二）静止式

图 2-22 为静止式电能变换器的原理框图。图中乘法电路就是交流功率测量的基本电路，其输出电压正比于有功功率，然后再经 $U\text{-}f$ 变换进一步将此电压变换为正比于功率的频率值，再经脉冲整形，定

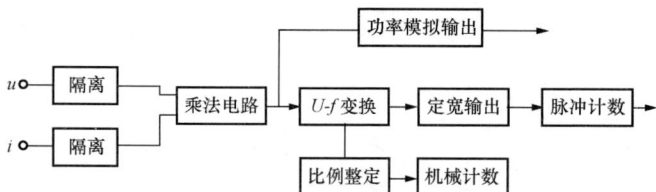

图 2-22　静止式电能变换器原理框图

宽输出，最后送到计数器计数，这个脉冲数的累计值就是电能值。$U\text{-}f$ 变换后的另一路信号经比例整定，分频后由机械计数器接收、显示，这样即使断电时间较长也不会丢失已记录的电能值。

上述电路可采用专用集成芯片再配以计数器来实现。当采用微机变送器时，只要将有功功率 $p(t)$ 对时间进行积分，就可以得到相应的电能值。

七、霍尔模块实现电气量测量

（一）霍尔效应和霍尔元件

图 2-23 为利用霍尔效应制成的霍尔元件工作原理图。如图所示给半导体（目前最常用的为砷化镓 GaAs）薄片加一垂直磁场，其磁通密度为 B，并在半导体两端（1、2）通入控制电流 I_c，则半导体中的电子在从 2 向 1 运动中受到洛仑兹力 f_B 的作用，使其偏向 3 端（同时正离子会偏向 4 端），则半导体 4、3 两端间因堆积了一定数量的正、负电荷而形成一个静电场。此静电场也给电子施加一个电场力 f_E，方向与 f_B 相反。当 $f_E =$

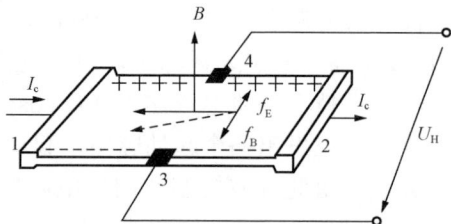

图 2-23　霍尔元件工作原理

f_B 时，载流子向 3、4 两端的积聚达到一种动态平衡，即电荷量不再变化，此时半导体 3、4 两端建立了一个稳定的霍尔电场，相应的电压称为霍尔电压 U_H，此电压与控制电流 I_c 和垂直磁场的磁通密度 B 成正比，即

$$U_H = R_H \frac{I_c B}{\delta}$$

式中　R_H——霍尔常数，由半导体材料本身特性及尺寸决定，m^3/C；

δ——半导体薄片的厚度，m；

I_c——控制电流，mA；

B——外加磁场磁通密度，T。

上述物理现象称为霍尔效应，而这种半导体薄片被称为霍尔元件。霍尔元件对磁场十分敏感，可作为磁敏传感器，将上式变化一下可得

$$B = \frac{\delta}{R_H} \frac{U_H}{I_c}$$

当控制电流 I_c 为已知，则 B 正比于 U_H，测出 U_H 即可求出 B。

（二）霍尔模块

用霍尔元件可以实现非接触式的电气量测量。实现这一功能的模块称为霍尔模块，其测量原理如图 2-24 所示。

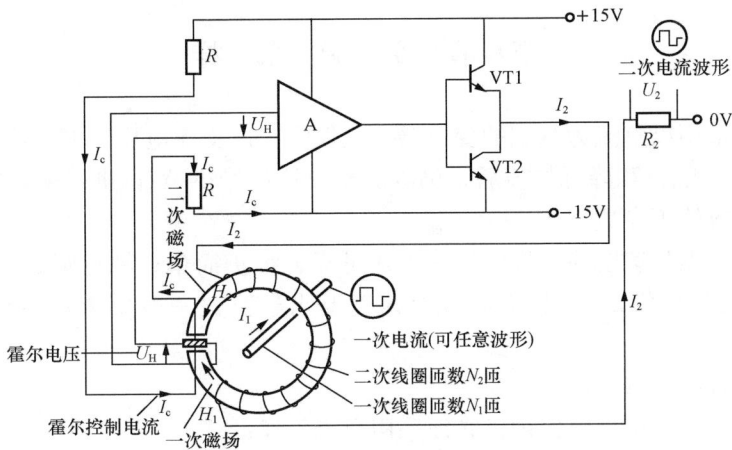

图 2-24　霍尔模块的测量原理

将霍尔元件放置在由软磁性材料制成的聚磁环缺口下，并给元件通以霍尔控制电流 I_c，在聚磁环上环绕着一次线圈 N_1 匝（图中表现为 1 匝），其中通有未知的一次电流 I_1（此电流很大）。由于一次磁动势 $I_1 N_1$ 的存在，在聚磁环内产生磁场 H_1，此时霍尔元件便会产生霍尔电压 U_H。此电压经放大电路放大后，控制流过绕于聚磁环上的二次线圈（匝数 N_2）电流 I_2，二次磁动势 $I_2 N_2$ 又产生自己的 H_2，方向与 H_1 相反。当二次电流 I_2 达到某一值时，实现了磁动势平衡，即 $I_1 N_1 = I_2 N_2$，聚磁环中合成磁通为零，霍尔电压亦归于零（但此时 $I_2 \neq 0$）。此时即可计算出未知的一次电流值为

$$I_1 = \frac{I_2 N_2}{N_1}$$

因为此时 I_2 的稳定值（这是一个小电流）可从精密电阻 R_2 中测得，N_1、N_2 均为已知，这样就以非接触方式实现了对未知大电流的测量。

如果一次电流发生变化，霍尔元件能极快地作出响应。例如，一次电流增大时，U_H 出现正值，经放大电路使 I_2 也立即增大，重新实现磁动势平衡，响应时间小于 $1\mu s$。

这与传统的电流互感器是完全不同的。传统电流互感器的铁芯是闭合的，运行时铁芯内始终有磁通，没有实现磁动势归零平衡（$I_1 N_1 + I_2 N_2 = I_0 N_1$，而 I_0 正是引起误差的励磁

电流），因而误差较大，响应速度也慢。

（三）采用霍尔模块的优点

（1）响应速度快（可小于 $1\mu s$，而传统装置要 $10\sim20\mu s$），能及时跟踪一次电流的变化。

（2）由于霍尔模块采用磁动势平衡反馈方式，故无论一、二次电流（电压）是何种波形，均不影响测量精度。工作频率范围宽，可达 $0\sim100kHz$。在 $0\sim50kHz$ 内，精度达 0.5%；在 $50\sim100kHz$ 范围，精度也达 1%，而相位差几乎为零。

（3）过载能力强，过载 20 倍亦不会损坏。

（4）一、二次电路完全绝缘，绝缘电压可达 $2\sim12kV$，特殊情况可达 $20\sim50kV$。

（5）利用霍尔模块既可以测电流，也可以测电压和功率。凡是能改变磁场强度 B 的物理量均可利用霍尔传感器进行非接触测量。

利用霍尔元件的新型测量装置在测量技术、自动化技术等领域有十分广阔的应用前景。

第八节　交　流　采　样

交流采样不采用以整流为基础的变送器，仅仅将二次交流电压、电流信号经交流变换器（小 TV 和小 TA）隔离和降低幅值后，仍以交流模拟信号供 A/D 进行采样，然后通过计算得到被测量的有效值等参数。

交流采样的优点是速度快、投资省、工作可靠、维护简单；缺点则是程序设计较复杂，要求 A/D 接口是双极性的，对 A/D 转换速度要求较高，一般要求每通道转换时间不大于 $50\mu s$。

交流采样具有以下特点：

（1）实时性好，微机继电保护也必须采用交流采样；

（2）能反映原来电压、电流的波形及其相位关系，可用于故障录波；

（3）由于免去了大量常规变送器，使占用空间和投资均可减小；

（4）采样点数需较多，如每周波要采样 12、16、20、24 点，甚至采样 32 点（分析高次谐波需要）。

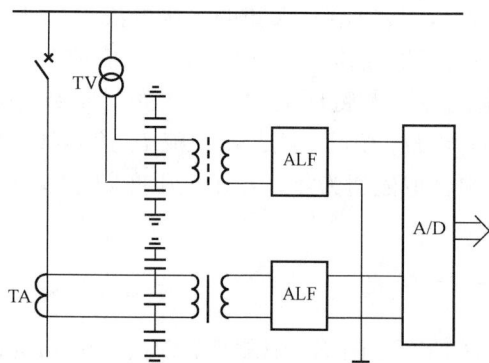

图 2-25　交流采样的接口电路

一、交流采样的接口电路

交流采样的接口电路如图 2-25 所示。从电压互感器（TV）和电流互感器（TA）输出的电压和电流，首先经过交流变换器转换成 $\pm 5V$（峰值）的交流电压。为了排除干扰，变换器一次侧相间和相地间应接上抗干扰电容，同时一、二次侧应有可靠的屏蔽。在送到 A/D 变换器前，还应通过前置滤波器（ALF），将 400Hz 以上高频成分滤去，以保证采样定理的要求得到满足。

二、交流采样的算法

交流采样得到的是正弦信号的瞬时值，需要通过一种算法把正弦信号的有效值计算出来。交流采样的算法很多，下面介绍几种常用的算法。

（一）一点采样算法

一点采样算法需同时采集三相电压和电流，计算出信号的有效值。其计算公式为

$$U = \frac{1}{\sqrt{3}}\sqrt{U_{AB}^2 + U_{BC}^2 + U_{AC}^2}$$

$$I = \frac{1}{\sqrt{3}}\sqrt{I_A^2 + I_B^2 + I_C^2}$$

$$P = \frac{1}{9}\left[U_{AB}(I_A - I_B) + U_{BC}(I_B - I_C) + U_{CA}(I_C - I_A)\right]$$

$$Q = \frac{1}{3\sqrt{3}}(U_{AB}I_C + U_{BC}I_A + U_{CA}I_B)$$

一点采样算法对采样没有定时的要求，不需定时器也可以进行数据采集。其缺点是算法中没有滤波作用，且要求三相对称，当系统有高次谐波或三相不对称时会产生误差；同时，算法中要求输入同一时刻三相电流和电压，一般的 10kV 线路不具备这种条件。

（二）两点采样算法

设 $i = I_m \sin(\omega t + \varphi)$，$u = U_m \sin\omega t$，若相隔 $\pi/2$ 再采集第 2 点，则有

$$u_1 = U_m \sin\omega t$$
$$u_2 = U_m \cos\omega t$$

求其方均根即得电压有效值为

$$U = \sqrt{\frac{u_1^2 + u_2^2}{2}}$$

同理可得电流有效值为

$$I = \sqrt{\frac{i_1^2 + i_2^2}{2}}$$

功率则可用下式求出

$$u_1 i_1 + u_2 i_2 = 2UI\cos\varphi = 2P$$
$$u_1 i_2 - u_2 i_1 = 2UI\sin\varphi = 2Q$$

两点采样算法优点是简单快速；缺点是无滤波作用，信号如有谐波分量会影响计算精度。

（三）多点采样算法

基于均方根值的多点采样算法，是根据周期连续函数有效值定义，将连续函数离散化，可以得出电压、电流的表达式为

$$U = \sqrt{\frac{1}{N}\sum_{i=1}^{N} u_i^2}$$

$$I = \sqrt{\frac{1}{N}\sum_{i=1}^{N} i_i^2}$$

式中　N——每个周期均匀采样的点数（均匀二字非常重要，否则不准确了）；

　　　u_i——第 i 点电压采样值；

　　　i_i——第 i 点电流采样值。

由连续函数的功率定义可得离散表达式为

$$P = \frac{1}{N}\sum_{i=1}^{n} u_i i_i$$

$$Q = \sqrt{S^2 - P^2} = \sqrt{(UI)^2 - P^2}$$

式中　u_i，i_i——同一时刻的采样值。

均方根算法不仅对正弦波有效，当采样点数较多时，也可较准确地测量畸变波形的电量，这是它的主要优点。当然为减少误差，采样点数 N 要增多，而这会使运算时间增加，使响应速度降低。当 N 取 20，选用 10 位 A/D 变换器时，U、I 的误差约为 0.5%，P、Q 的误差小于 0.9%。如选用 12 位 A/D 变换器或 N 更大些，精度还可提高。

对于三相电路，可分别求出 P_a、P_b、P_c 和 Q_a、Q_b、Q_c，然后求和，即

$$P = P_a + P_b + P_c$$

$$Q = Q_a + Q_b + Q_c$$

三、交流采样的微机电量变送器

（一）常规电量变送器及直流采样的缺点

（1）常规变送器本身有误差，因其功耗大，又使 TA、TV 误差增大，综合误差更大。直流采样电路中非线性元件如铁芯、整流二极管等都会引起误差。例如多数标明为 0.5 级（即误差不大于 0.5%），实际运行中还达不到。

（2）变送器长年运行，外加电磁场、温度的影响，使元器件性能变坏。采用运放、二极管等器件会发生零飘、温飘等，性能不稳定，因此要经常去现场调校，由于其数量大，调校费时费力。而且电力线路中的谐波分量对于常规变送器的精度影响较大，在一些特殊场合，如大功率电机启动较频繁的场所，变送器的测量精度受谐波影响而降低了输出信号的精度。

（3）直流采样电路因有 RC 滤波环节，因而时间常数较大，响应时间有的长达 300~400ms。这使采样实时性较差，无法反映被测交变量的波形变化，不能适用于微机保护和故障录波。

（4）常规变送器分立安装，硬件数量多，接线繁琐。很多变送器组成笨重的变送器屏，增加了占用空间和投资，总造价高。由于直流采样是对变送器送出的 4~20mA/0~5V 等直流输出信号进行模拟量采集，要求配置 A/D 模块或板卡。另外考虑到一次信号电缆费用，综合成本较高。

（二）微机电量变送器的基本原理

微机变送器直接对 TV、TA 输出的交流电压电流采样，数字化（A/D）以后经过计算得出电压、电流的有效值和有功、无功等各种电量值。

微机电量变送器的原理框图和接线图如图 2-26 所示。

图 2-26（a）中的电压（电流）隔离变换器包括小 TV（小 TA）、运算放大器及限幅电路等，采样保持器可将同一瞬间采样得到的电压、电流瞬时值保持一段时间，然后依次通过多路开关进入 A/D（模/数转换器）进行数字化。如果不使用采样保持器，先、后采样的电压、电流就不是同一时刻的，计算功率值时必须对这一时间差予以校正。

一个工频周期内采样点必须均匀分布，这是计算方法要求的条件，否则会产生计算误差。电压过零检测对工频周期 T 进行测量，再除以每周期内采样次数 N，这样就可计算出采样间隔 $\tau = T/N$。以 τ 为周期的均匀脉冲信号，指挥采样保持器进行采样。

上述测得的仅是上一个周期的 T，而频率总会有微小变动，为此可改用前几个 T 的平均值。但用这种方法仍然会有误差。真正能够保证无论频率如何变化，都能使采样点在每个周期内严格均匀分布，则需采用锁相环技术。

锁相环能使其输出信号的频率紧紧跟踪其输入信号的频率，其原理框图如图 2-27（a）所示。鉴相器将电压控制振荡器（压控振荡器）的输出信号 $u_o(t)$ 的相位和输入信号 $u_i(t)$ 相位

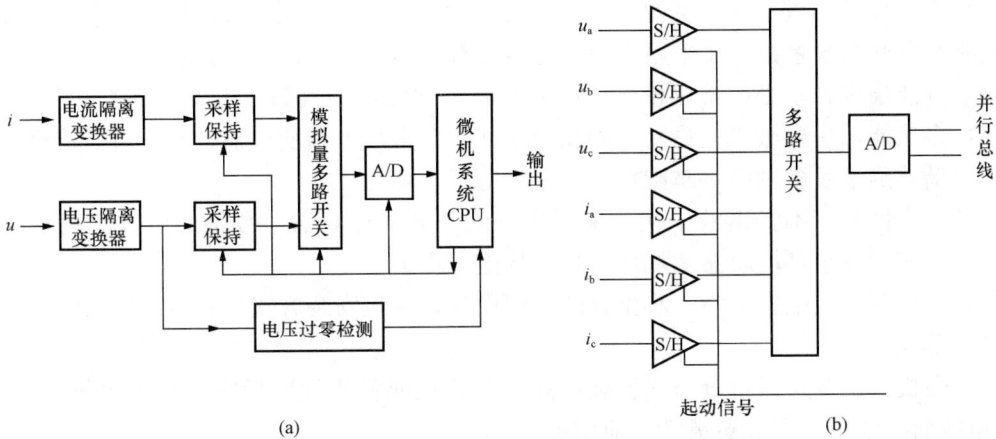

图 2-26 微机电量变送器原理框图和接线图

(a) 原理框图；(b) 同时测量三相电压、三相电流的接线图

进行比较，其输出电压 $u_d(t)$ 与这个相位差对应；环路滤波器能滤除 $u_d(t)$ 中的高频成分及噪声，提高系统稳定性；压控振荡器输出信号 $u_o(t)$ 的角频率 ω_o 则受滤波后的误差电压 $u_c(t)$ 的控制。

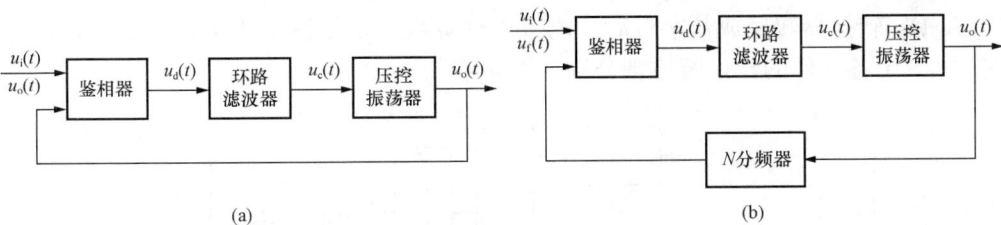

图 2-27 锁相环及倍频器原理框图

(a) 锁相环；(b) 倍频器

设输入信号 $u_i(t)$ 的角频率为 ω_i，当 $\omega_o = \omega_i$ 时，锁相环处于锁定状态，两者的相位差保留一定的稳定误差，不再变动。倘要 ω_i 变大，则相位差也增大，$u_d(t)$、$u_c(t)$ 也随之增大，使压控振荡器输出信号频率 ω_o 也增大，直到重新 $\omega_o = \omega_i$ 后，调节过程才会停止。

图 2-27 (b) 所示为利用锁相环的倍频器。N 分频器的输入信号为 $u_o(t)$，其输出信号 $u_f(t)$ 的频率则仅为 $u_o(t)$ 频率的 $\frac{1}{N}$。当 $u_i(t)$ 的频率 ω_i 也是 ω_o 的 $\frac{1}{N}$，并且锁相器进入锁定状态，则此时倍增器的输出信号 $u_o(t)$ 的频率必定是输入信号 $u_i(t)$ 频率的 N 倍，或者说 $u_o(t)$ 的周期为 $u_i(t)$ 周期的 $\frac{1}{N}$。如果把来自 TV 的工频电压信号经隔离、变换、滤波、过零检测后作为输入信号 $u_i(t)$，则压控振荡器的输出信号 $u_o(t)$ 经整形后就可以用于控制采样时刻，从而实现一个周期内 N 等分均匀采样。

（三）微机电量变送器的优点

(1) 微机变送器的核心是单片机，其工作稳定，可靠性很高。

(2) 响应快、精度高。只要适当提高采样次数 N，适当提高 CPU 主频，即可减小误差，提高响应速度，使测量误差显著减小。

（3）作为综合测量系统可资源共享，一套装置可测多条线路上的 P、Q、U、I、$\cos\varphi$、f 及电能等多种电气参数，比采用常规变送器具有更高的性能价格比，经济性更好。

（4）性能稳定，不必经常调校，1～2 年调校一次即可，且数量也少，节省了许多工时。

（5）多功能，一台微机电量变送器相当于几十台常规电量变送器，并且可以选择需量测量、多次谐波测量及多种电量越限控制或报警等综合功能。

（6）稳定性好，不受谐波干扰。采用先进的交流采样算法、数字式谐波测量和滤过技术，适用于多种复杂环境及恶劣场所，抗干扰能力更强。

（7）结构新颖，配置灵活。小型化的外观设计，导轨安装方式，并可扩展 LED/LCD 等综合显示单元。

（8）微机电量变送器可分布式安装在高压开关柜或低压抽屉柜内，其电源采用交/直流 220V 电源直接供电，安装更灵活，应用更广泛。

第九节　模拟量的采集与处理

图 2-28 所示为模拟量输入输出通道（直流采样）框图。图中虚线框 1 内为直流采样的模拟量输入通道，模拟量 P、Q、U、I 经变送器变换成 5V 以下的直流模拟电压，最后经模/数（A/D）转换器转换成数字量后才能进入计算机；虚线框 2 内为模拟量输出通道。下面对图 2-28 中各元件的作用及原理分别加以介绍。

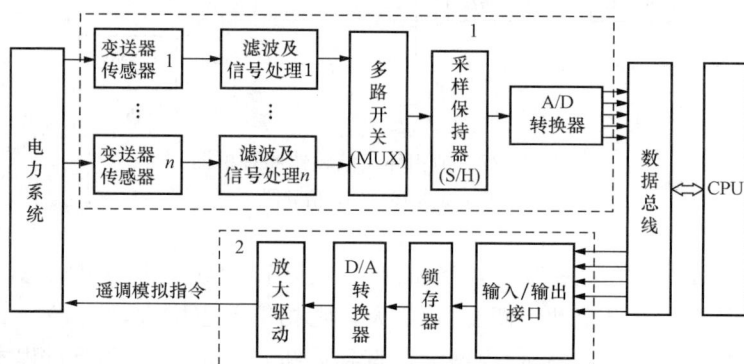

图 2-28　模拟量输入通道（直流采样）框图

一、滤波及信号处理

电力系统运行参数 u、i 等经过 TV、TA 输出后，经变送器变成 0～5V（或 4～20mA）的直流模拟信号。为消除干扰，提高输入信号的信噪比，可采用一级或二级硬件 RC 低通滤波器。同时 RC 电路又可作为过电压保护，防止浪涌电压进入通道内部损坏各种芯片元件。不同变送器或传感器输出的电信号各不相同，因此需经信号处理环节将其放大或处理成后面 A/D 转换器所能接受的电压范围。通常 A/D 的输入电压范围，单极性为 0～5V，0～10V，0～20V；双极性为 0～±2.5V，0～±5V，0～±10V。

二、多路开关（MUX）

多路开关也称采样切换器，是一种受 CPU 控制的高速电子切换开关。由电量变送器送来的多路模拟量公用一套 A/D 转换器，只有被选中的一路才可以通过多路开关进入 A/D 转换器，其余各量则需等候下一次的选择。

多路开关 AD7506 及其应用电路框图（16 选 1）如图 2-29 所示。

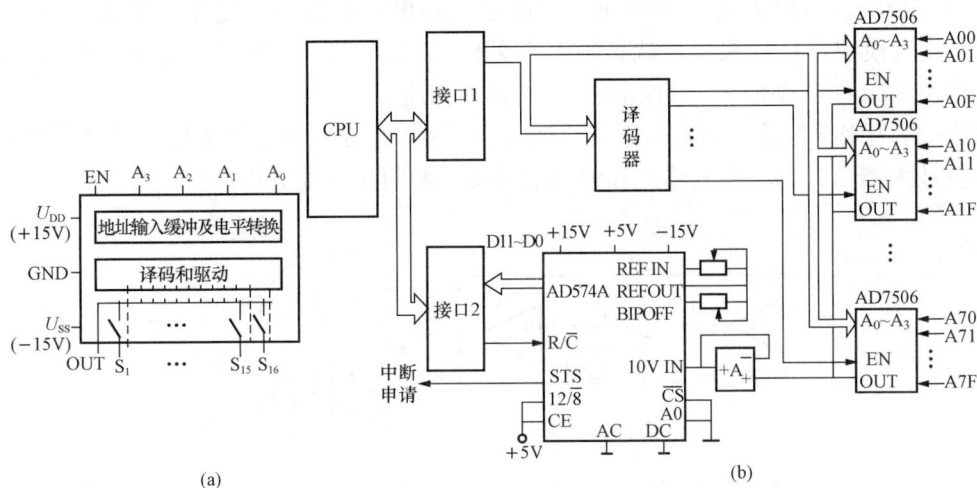

图 2-29　多路开关 AD7506 及其应用电路框图（16 选 1）

（a）单片 AD7506 示意图；（b）多片 AD7506 应用电路图

16 路模拟量从 AD7506 端子 S_1，…，S_{16} 引入，当其中某一路被选中后即从 OUT 端输出。选择是由 EN，A_3、A_2、A_1、A_0 四个端子接收 CPU 命令控制的。表 2-3 为 AD7506 真值表（即开关选择表）。EN 为片选控制线，当 EN 被置于低电平"0"，本芯片被封锁，16 路开关均被断开；只有 EN 呈高电平"1"时，本芯片才被选通，此时由 $A_3 \sim A_0$ 的电平决定选通的开关编码号。例如 $A_3 = 1$，$A_2 = 0$，$A_1 = 0$，$A_0 = 1$，则第 9 号开关接通了（在十六进制中 1001 表示 9）。

表 2-3　　　　　　　　　　　　　　AD7506 真值表

EN	1	1	1	1	1	1	1	1	1	1	1	1	1	1	1	1
A_3	0	0	0	0	0	0	0	0	1	1	1	1	1	1	1	1
A_2	0	0	0	0	1	1	1	1	0	0	0	0	1	1	1	1
A_1	0	0	1	1	0	0	1	1	0	0	1	1	0	0	1	1
A_0	0	1	0	1	0	1	0	1	0	1	0	1	0	1	0	1
接通开关号	0	1	2	3	4	5	6	7	8	9	10	11	12	13	14	15

当 AD7506 导通时，其内阻并非为零（约为 400Ω），后面负载电阻必须远远大于此值，才能保证信号传输的精度。在图 2-29（b）中多片 AD7506 最后的输出经过电压跟随器 A 之后才送入 12 位 A/D 芯片 AD574A，电压跟随器 A 是放大系数为 1 的运算放大器，就是专门用来提高输入阻抗，降低输出阻抗，提高传送精度的。

AD7506 只有 16 路通道，如有更多的模拟量输入，可以使用多片 AD7506 采用图 2-29（b）的接法。CPU 通过接口 1 和译码器来选择要接通的开关号，在指定的开关完全导通后，即通过接口 2 给 A/D 转换器 AD574A 发出转换启动信号。当转换结束后由 A/D 转换器芯片的 STS 端发中断申请，CPU 响应后就读入转换结果。也可以采用等待方式，经过预定的一段时间即可取数。在等待时段 CPU 还可转去从事其他工作。

三、采样保持器（S/H）

A/D 完成一次转换需要一段时间，在这段时间里模拟量不能变化，才能保证准确性。如直接对交流模拟量进行采样，就必须引入采样/保持电路，将瞬间采集的模拟量"样本"在整个转换周期内冻结不变，以保证 A/D 转换的精度。

图 2-30 为采样保持器的基本组成原理电路。其核心是高速电子采样开关 S 和保持电容 C_h，运算放大器 A1、A2 在其输入和输出端起缓冲和阻抗匹配的作用。

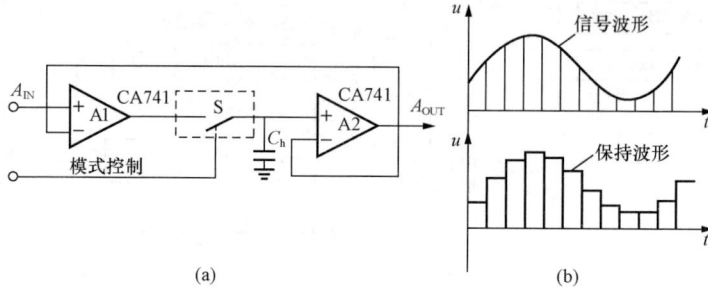

图 2-30　采样保持器的基本组成原理电路
(a) 基本电路；(b) 采样/保持波形

当控制逻辑在 CPU 指挥下置高电平时，采样开关 S 闭合，模拟信号在该时刻的瞬时电压值经高增益运放 A1 放大后，快速充电到电容 C_h 上，完成了快速"采样"任务。然后 CPU 指挥电子开关 S 断开，"采样"得到的电压值被电容 C_h 所保持（冻结）。电压值由 A2 的输出端输出给 A/D，因运放 A2 的输入阻抗很高，理想情况下，整个转换期间电压值保持不变。

经变送器整流输出的直流模拟信号变化速度较慢，在若干微秒内变化很小，而 A/D 转换的速度很快，很短的转换时段内，模拟直流量几乎没什么变化，因此也可以不配采样保持器。

采样保持器芯片分通用型、高速型和高分辨率型三类。下面介绍常用的通用型 LF398 芯片，图 2-31 为其原理框图及引脚图。图中从 8 脚接入的 U_L 为采样保持逻辑控制端。当 $U_L=1$ 时，经驱动器 L 使电子开关闭合，电路对输入模拟电压 U_i 进行采样。此时运放 A1、A2 均工作于电压射极跟随器状态，放大倍数为 1，故 $U_i=U_0=U_o$，U_0 经 300Ω 电阻给保持电容 C_h 充电；当 $U_L=0$ 时，则开关 S 断开，电容 C_h 上的电压和 U_o 均不变化，电路为保持状态。VD1、VD2 两二极管起保护作用，U_B 端外接电位器用以调整输出电压的零点，正、负电源 U_+、U_- 在 $\pm5V\sim\pm18V$ 范围内。

保持电容 C_h 为外接，其电容值的大小决定了保持时间的长短。当选用 $0.01\mu F$ 的保持电容时，信号达满量程（10V）的 $\pm0.01\%$ 精度的获取时间为 $20\mu s$。电压下降率为每秒 3mV，若 A/D 转换时间为 $25\mu s$，则转换期间电压仅下降 $0.75\times10^{-7}V$，可以认为不下降。当 8 脚接自 CPU 的控制信号为高电平（大于 1.4V），且 7 脚接地时，开关 S 闭合，对 3 脚输入的模拟量信号进行"采样"；当 8 脚控制信号为"0"时，开关断开，处于"保持"状态，由 5 脚输出至 A/D 转换器。LF398 具有极高的输入阻抗，可达 $10^{10}\Omega$。

四、数/模（D/A）转换器

数/模（D/A）转换器的作用是将二进制的数字量转换成相应的模拟量。因为有的控制执行元件要求控制信号是模拟电压或电流，另外，模/数（A/D）转换也需要用 D/A 转换器

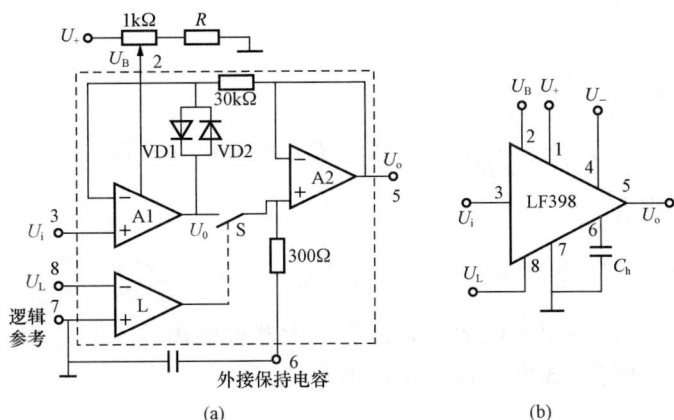

图 2 - 31　采样保持器（S/H）芯片 LF398 原理框图及其引脚图

(a) 原理框图；(b) 引脚图

来产生衡量未知电压的电压砝码。

D/A 转换器主要包括运算放大器和电阻开关网络。图 2 - 32 为由权电阻网络实现 D/A 变换的电路图。

（一）运算放器

运算放大器有两个输入端，"＋"端称为同相输入端，"－"端称为反相输入端，其放大系数 K 很大。图 2 - 32 中信号由反相输入端"－"输入，"＋"端接地。由于输入信号电压值很小（"＋"、"－"两端之间），所以"－"端电位与"＋"端很接近，故又称其为

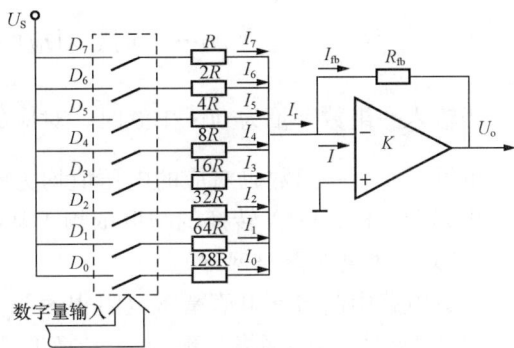

图 2 - 32　由权电阻网络实现
D/A 转换的电路图

"虚地"。在运放"虚地"概念之下，流过反馈电阻 R_{fb} 的电流可近似为 $I_{fb} = -U_{out}/R_{fb}$。

运算放大器的输入阻抗很大，其输入电流可近似认为等于零，这样图 2 - 32 中权电阻网络输出总电流几乎全流经 R_{fb}，即有

$$I_r = I_7 + I_6 + \cdots + I_1 + I_0 = I_{fb}$$

（二）权电阻网络

图 2 - 32 中网络的各电阻值分别是 $R(2^0 R)$，$2R(2^1 R)$，…，$64R(2^6 R)$，$128R(2^7 R)$，每个电阻值代表了二进数码的 1 位，即每位有自己的位"权"，故称为权电阻。

每个权电阻都与相应的电子开关 D_7，…，D_1，D_0 相串联，接标准电压 U_s。而每一电子开关均受来自 CPU 的数字量相应位数码的控制，即某位数码为"1"相应开关闭合，而某位数码为"0"相应开关则断开。

显然，当 $D_7 = 1$ 时，$I_7 = U_s/R$，或记为 $I_7 = (U_s/R) \times D_7$。

……　　　　　……　　　　　……

当 $D_1 = 1$ 时，$I_1 = U_s/64R$，或记为 $I_1 = (U_s/64R) \times D_1$。

当 $D_0 = 1$ 时，$I_0 = U_s/128R$，或记为 $I_0 = (U_s/128R) \times D_0$。

则总电流为

$$I_r = I_{fb} = -\frac{U_{out}}{R_{fb}}$$

$$= I_0 + I_1 + \cdots + I_7 = \frac{U_s}{128R}(D_0 \times 2^0 + D_1 \times 2^1 + \cdots + D_i \times 2^i + \cdots + D_7 \times 2^7)$$

若使 $R_{fb} = R$，则有

$$-U_{out} = \frac{U_s}{2^7}(D_0 \times 2^0 + \cdots + D_i \times 2^i + \cdots + D_7 \times 2^7) = \frac{U_s}{2^7}\sum_{i=0}^{7} D_i \times 2^i$$

上式表示，只要给出一组 8 位数码，运算放大器就输出一个与之相应的模拟电压 U_{out}，实现了 D→A 转换。如将上式推广到 n 位，则有

$$U_{out} = -\frac{U_s}{2^{n-1}}\sum_{i=0}^{n-1} D_i \times 2^i$$

当输入一组数字量为 00…01 时，对应的输出电压 $U_{out} = -\frac{1}{2^{n-1}}U_s$（1 个单位电压）。

当输入一组数字量为 00…10 时，对应的输出电压 $U_{out} = -\frac{2}{2^{n-1}}U_s$（2 个单位电压）。

当输入一组数字量为 00…100 时，对应的输出电压 $U_{out} = -\frac{4}{2^{n-1}}U_s$（4 个单位电压）。

可见，每后一组数码对应的电压值均为前一组数码对应电压值的 2 倍，这与二进制数码的位权完全一样。D/A 转换的精度依赖于基准电压 U_s 及权电阻阻值的精度。

（三）T 型电阻解码网络

集成电路中制造高阻值精密电阻很困难，而 T 型电阻解码网络则只需 R 和 $2R$ 两种电阻。由 T 型电阻解码网络实现 D/A 转换的接线图如图 2 - 33 所示。

图 2 - 33（a）中，受数字量控制的各电子开关 D_0，D_1，…，D_{n-1} 均为双投开关，当该位数码为"1"时，该开关投向左侧接标准电压 U_s；当数码为"0"时，则开关投向右侧接地。

可以证明，当 $R_{fb} = 2R$ 时，运算放大器输出电压为

$$U_{out} = -\frac{1}{3} \times \frac{U_s}{2^{n-1}}\sum_{i=0}^{n-1} D_i \times 2^i$$

设 $n = 8$，$D_7 = 1$，$D_6 =$，…，$= D_1 = D_0 = 0$，则

$$U_{out} = -(1/3)U_s$$

此时网络可化简成 2 - 33（b）的形式，各点电压数据则如图中所注。

当 $D_7 = 0$，$D_6 = 1$，$D_5 =$，…，$= D_1 = D_0 = 0$ 时，则有

$$U_{out} = -(1/6)U_s$$

此时网络可化简成图 2 - 33（c）的形式，各点电压数据如图中所注。

可见，正是前一位数码对应电压的 1/2。其余数码读者可自行验证。

（四）D/A 转换的实际电路及芯片

在具体的 D/A 转换电路中，还需要附加其他一些环节，如图 2 - 34 所示。

待转换的数字量（$D_n \sim D_0$）通过数据缓冲器送到数据锁存器。因为 D/A 转换需要一定时间，此期间待转换的数字量应不变化，而计算机输出的数据（即高、低电平）在数据总线

(a)

$(D_{n-1}D_{n-2}\cdots D_1D_0=100\cdots00)$

(b)

$(D_{n-1}D_{n-2}\cdots D_1D_0=010\cdots00)$

(c)

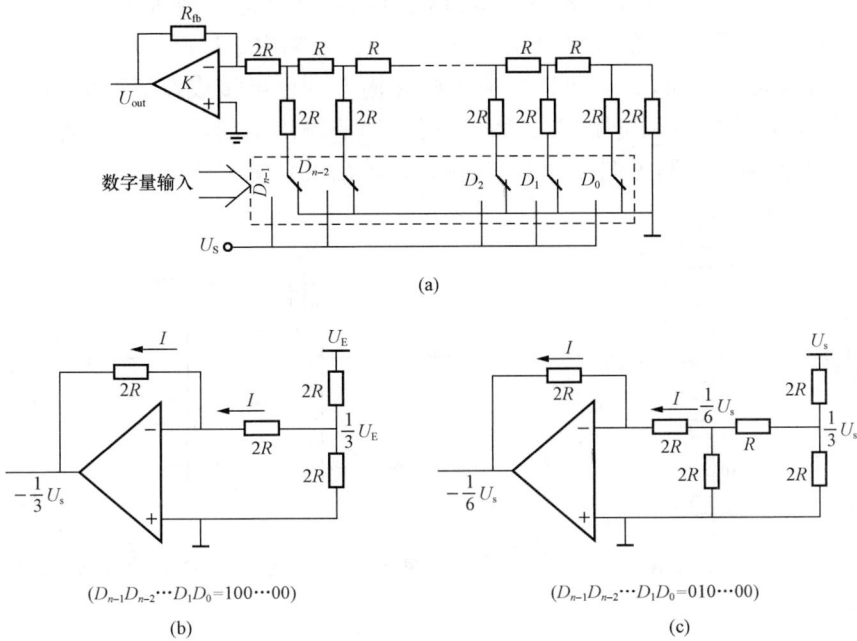

图 2-33 由 T 型电阻解码网络实现 D/A 转换的接线图

(a) 原理接线图；(b) 对应数码为 $100\cdots0$ 时的化简网络；(c) 对应数码为 $010\cdots0$ 时的化简网络

上稳定的时间很短，所以必须用锁存器来保持数字量的稳定（类似于 A/D 转换时的 S/H）。数据要一直锁存到转换完毕，又有新的数据存入时为止。锁存器的输出数码控制一系列电子开关，把数据信号（高、低电平）变成相应的开关通、断状态，使电阻网络输出的总电流 I 与锁存器中的二进制数码相对应。为增加驱动能力，还需要运算放大器放大并将电流 I 变换成电压信号输出。D/A 转换器输出的电压信号范围有单极性的（$0\sim+5\text{V}$、$0\sim+10\text{V}$），也有双极性的（$0\sim\pm2.5\text{V}$、$0\sim\pm5\text{V}$、$0\sim\pm10\text{V}$）等几种。

D/A 转换器芯片有两种：①电压输出型芯片相当一个电压源，内阻较小，与其匹配的负载电阻应较大，一般输出电压为 $0\sim5\text{V}$ 或 $0\sim10\text{V}$；②电流输出型芯片相当一个电流源，内阻较大，与其匹配的负载电阻不可太大。

实际应用中多选用电流型芯片来实现电压输出，反相输出电流型 D/A 接线图如图 2-35 所示。图中 D/A 即表示将数码转换成相应电流 I 的电阻网络。

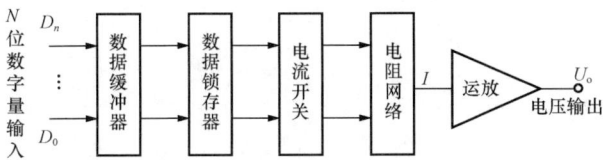

图 2-34 实现 D/A 转换的原理框图

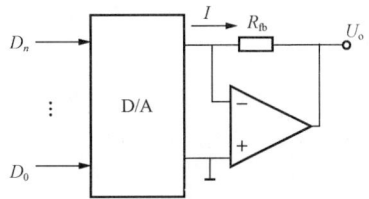

图 2-35 反相输出的电流型 D/A 接线图

集成 D/A 转换器芯片有 8 位、10 位、12 位等多种，下面以 10 位的 AD7520（与国产 5G7520 可相互替代）为例说明其连接方式。AD7520 引脚图见图 2-36。图中 $D_9\sim D_0$ 共 10

位为输入数字量引脚；I_{o1} 和 I_{o2} 为两个电流输出端，外接运算放大器；U_{DD} 为电源（5～15V）；U_{REF} 为内部电阻网络的参考电压（±10V）；R_{fb} 端用于接反馈电阻。

　　AD7520 转换时间为 500ns，可以接成单极性输出，也可接成双极性输出。单极性输出电路见图 2-37，电路中可调电阻 R1、R2 可用来调节输出电压的大小，其输入、输出关系见表 2-4；双极性输出电路见图 2-38，其输入、输出关系见表 2-5。

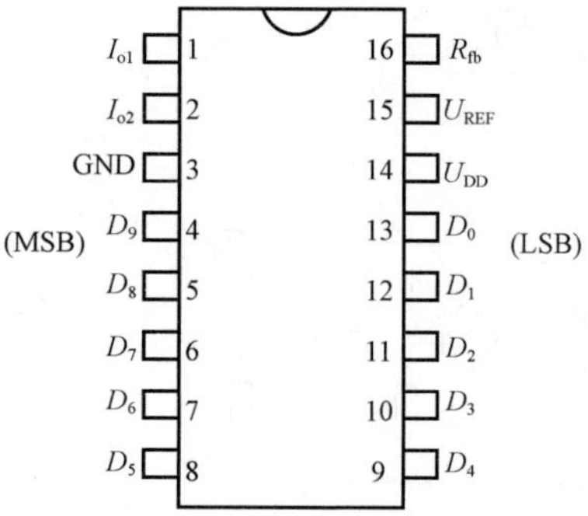

图 2-36　AD7520 引脚图

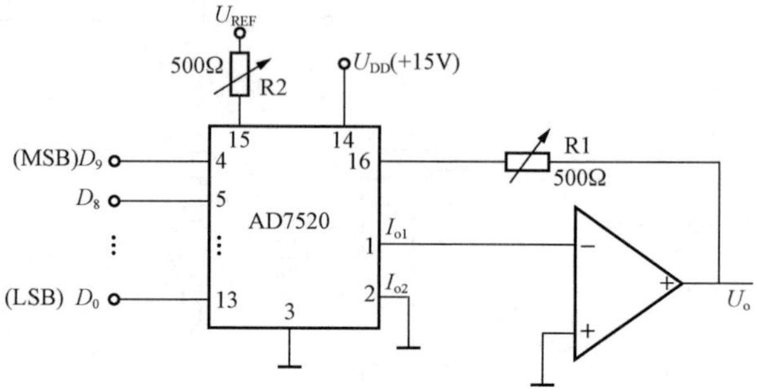

图 2-37　D/A 芯片 AD7520 单极性输出电路

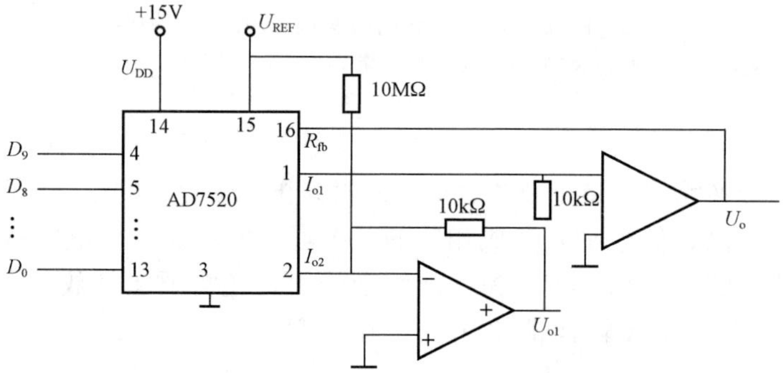

图 2-38　D/A 芯片 AD7520 双极性输出电路

表 2-4　　　　　　　　　　　　　　AD7520 单极性输出的输入、输出关系

数字量输入										模拟量输出
D_9	D_8	D_7	D_6	D_5	D_4	D_3	D_2	D_1	D_0	U_o
1	1	1	1	1	1	1	1	1	1	$-\dfrac{1023}{1024}U_{REF}$
					⋮					⋮
1	0	0	0	0	0	0	0	0	1	$-\dfrac{513}{1024}U_{REF}$
1	0	0	0	0	0	0	0	0	0	$-\dfrac{512}{1024}U_{REF}$
0	1	1	1	1	1	1	1	1	1	$-\dfrac{511}{1024}U_{REF}$
					⋮					⋮
0	0	0	0	0	0	0	0	0	1	$-\dfrac{1}{1024}U_{REF}$
0	0	0	0	0	0	0	0	0	0	0

表 2 - 5 **AD7520 双极性输出时输入、输出关系**

数 字 量 输 入										模拟量输出
D_9	D_8	D_7	D_6	D_5	D_4	D_3	D_2	D_1	D_0	U_0
1	1	1	1	1	1	1	1	1	1	$-\dfrac{511}{512}U_{\mathrm{REF}}$
$\vdots$										$\vdots$
1	0	0	0	0	0	0	0	0	1	$-\dfrac{1}{512}U_{\mathrm{REF}}$
1	0	0	0	0	0	0	0	0	0	0
0	1	1	1	1	1	1	1	1	1	$\dfrac{1}{512}U_{\mathrm{REF}}$
$\vdots$										$\vdots$
0	0	0	0	0	0	0	0	0	1	$\dfrac{511}{512}U_{\mathrm{REF}}$
0	0	0	0	0	0	0	0	0	0	$\dfrac{512}{512}U_{\mathrm{REF}}$

五、模/数（A/D）转换器

（一）基本原理

实现 A/D 转换的基本方法有积分法和逐次逼近法（也称逐位比较法）等。积分法对输入信号进行积分，取其平均值，故瞬间干扰和较高频率的噪声对转换结果的影响较小，但积分式的转换时间较长，一般需几十毫秒。逐次逼近法的抗干扰能力不如积分法，但转换速度较快，完成一次转换低速的约 $100\mu\mathrm{s}$，高速的不到 $10\mu\mathrm{s}$。远动装置中一般都采用逐次逼近式的 A/D 转换器。

逐次逼近法是模拟天平称重方法，在一个电压比较器中，将采样得到的模拟电压样本，先用最高电压砝码与之比较，若不足，再依次添加下一位电压砝码，直到平衡。这时添加的电压砝码之总和，就是未知电压的值。当然，这些电压砝码都是二进制的，其实就是前述 D/A 电路输出的与二进制数码序列对应的一系列模拟电压。

8 位逐次逼近型 A/D 转换器工作工作原理如图 2 - 39 所示。由图 2 - 39（a）可知，A/D 电路主要包含逐次逼近数码寄存器 SAR、D/A 转换器、电压比较器和时序及控制逻辑部分等。转换开始前，先将 SAR 寄存器清零。转换开始时，待转换模拟电压 U_x 经多路开关选通后从电压比较器（运算放大器）"＋"端输入，同时由控制逻辑电路将 SAR 寄存器的最高位 D_7 置"1"，其余各位皆置"0"。这样，SAR 中二进制数为 1000 0000（8 位），经 D/A 转换后的输出电压即为最大的砝码电压 U_{c1}，将此 U_{c1} 引入电压比较器与 U_x 进行比较。若 $U_{c1}<U_x$，置数控制逻辑在保留第 1 位"1"的情况下，又将第 2 位置"1"，SCR 中存数为 1100 0000，又经 D/A 转换后再与 U_x 比较；若此时 $U_{c2}>U_x$，则第 2 位 D_6 重新置"0"，再将第 3 位 D_5 置"1"，即以 1010 0000 对应的 U_{c3} 再与 U_x 比较……如此重复，直到最低一位 D_0 被置"1"为止，比较过程可参考图 2 - 39（b）。最后逐次逼近寄存器 SAR 中的内容就是与 U_x 相对应的二进制数字量，亦即 A/D 转化结果。

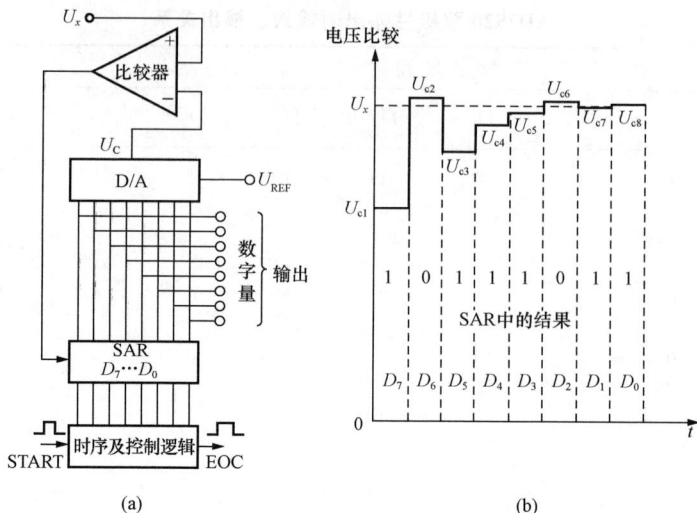

图 2-39 8 位逐次逼近型 A/D 转换器工作原理
（a）原理框图；（b）逐次逼近过程示意图

（二）量化误差

A/D 转换精度取决于转换的位数，若为 10 位 A/D，则其内部的 D/A 必是 10 位的，也就是说只有 10 个电压砝码。当已用上最小一个电压砝码后还略小于 U_x，因没有更小的砝码，只有近似地给出结果，这就存在着"量化误差"。这种量化误差不会超过最小砝码的一半。要想提高 A/D 转换精度，只有增加更小的砝码，即增加位数，12 位 A/D 的量化误差仅为 10 位 A/D 量化误差的 1/4。

（三）典型芯片（AD574A）

AD574A 是常用的 12 位逐次逼近型 A/D 芯片。它可进行 12 位转换，也可作 8 位转换。转换结果可一次输出 12 位，也可先输出高 8 位，再输出低 4 位。输入可设置为单极性（如 0～+5V，0～+10V，0～+20V），也可设置为双极性（−5～+5V，−10～+10V）。该芯片内有时钟，无需外部时钟。其内部逻辑结构框图见图 2-40。

图 2-41 中各引脚功能如下。

16～27 脚：输出数据线，共 12 条，DB_{11} 为最大有效位（MSB），DB_0 为最小有效值（LSB）。

13 脚：模拟量输入端。单极性输入为 0～+10V，双极性输入为−5～+5V。

14 脚：模拟量输入端。单极性输入为 0～+20V，双极性输入为−10～+10V。

12 脚：双极性偏置端。此脚的不同接法，可选择单极性输入还是双极性输入，如图 2-41 所示。

10 脚：参考电压输入端。

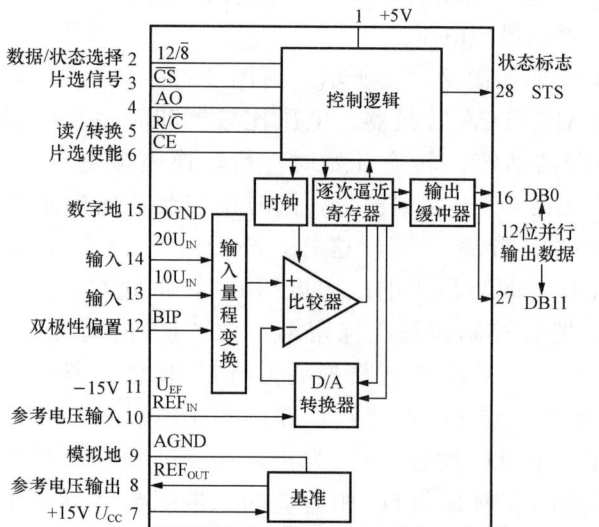

图 2-40 12 位 A/D 芯片 AD574A 内部逻辑结构框图

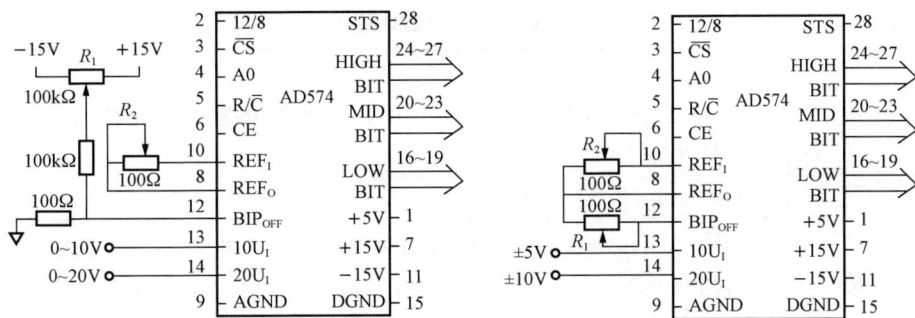

图 2 - 41　12 位 A/D 芯片 AD574A 的引脚连接图

（a）单极性输入；（b）双极性输入

8 脚：参考电压输出端。

9 脚：输入模拟地。

15 脚：数字地。

3 脚：片选线（$\overline{CS}$），低电平有效。

6 脚：片选使能信号（CE）高电平有效。

5 脚：读/起动（R/$\overline{C}$）信号。该引脚为低电平时，表示启动转换；高电平时，表示转换完成，可读出数据。

28 脚：转换状态输出端。STS=1，表示在转换过程中，STS=0，表示转换结束可输出。

2 脚：12/$\overline{8}$ 和 4 脚 AO 配合使用可控制转换数据长度是 12 位或 8 位，并可控制数据是 12 位一次输出还是先输出高 8 位，后输出低 4 位。

AD574A 转换时间为 $25 \sim 35 \mu s$。另有一种 AD1674 芯片在管脚上完全与 AD574A 兼容，转换速度仅为 $10 \mu s$，且内部还有采样保持器，性能更优。

六、高集成度的数据采集系统

随着大规模集成电路技术的发展，已有将多路开关、采样保持器和 A/D 转换器等集成于一个芯片上的商品出现。例如 MAX197 就是一种多量程的 12 位数据采集系统（DAS），包括 8 路模拟量输入通道和一个采样保持器及 12 位 A/D 转换器，仅需一个 +5V 电源，一次转换时间仅为 $6 \mu s$。图 2 - 42 为 MAX197 的引脚图。表 2 - 6 列出了其各引脚功能，供读者参考。

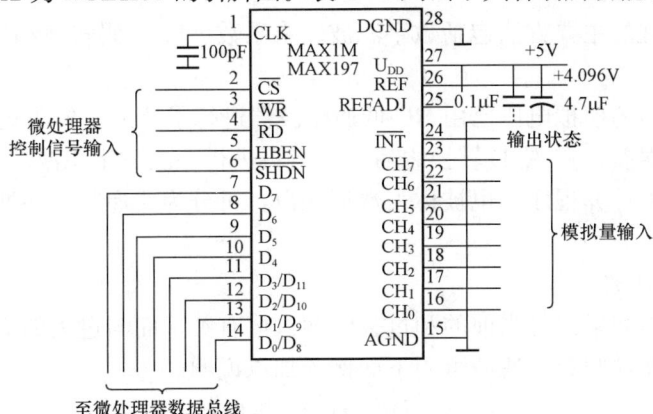

图 2 - 42　MAX197 数据采集系统引脚图

表 2 - 6　　　　　　　　　　　　　　**MAX197 的引脚功能**

引脚号	名　称	功　　能
1	CLK	时钟输入。外部时钟方式时，用一个与 TTL/CMOS 兼容的时钟驱动；内部时钟方式时，此引脚与地之间放一个 100pF 的电容
2	$\overline{\text{CS}}$	片选。低电平有效
3	$\overline{\text{WR}}$	当 $\overline{\text{CS}}=0$，内部采样方式时，$\overline{\text{WR}}$ 的上升沿锁住数据并开始一次采样完成一个转换周期。在外部采样方式时，$\overline{\text{WR}}$ 的第一个上升沿，开始一次采样，$\overline{\text{WR}}$ 的第二个上升沿结束采样和开始一个转换周期
4	$\overline{\text{RD}}$	如果 $\overline{\text{CS}}=0$，在 $\overline{\text{RD}}$ 的下降沿可以读数据总线
5	HBEN	用于传送 12 位转换结果。当 HBEN＝1 时，高 4 位数被送到数据总线上；当 HBEN＝0 时，低 8 位数在数据总线上有效
6	$\overline{\text{SHDN}}$	此引脚为低电平时，使该芯片进入断开电源模式（FULLPD）
7～10	$D_7 \sim D_4$	三态数据输入/输出
11	D_3/D_{11}	三态数据输入/输出。D_3 输出（HBEN＝0 时）；D_{11} 输出（HBEN＝1 时）
12	D_2/D_{10}	三态数据输入/输出。D_2 输出（HBEN＝0 时）；D_{10} 输出（HBEN＝1 时）
13	D_1/D_9	三态数据输入/输出。D_1 输出（HBEN＝0 时）；D_9 输出（HBEN＝1 时）
14	D_0/D_8	三态数据输入/输出。D_0 输出（HBEN＝0 时）；D_8 输出（HBEN＝1 时）
15	AGND	模拟地
16～23	$CH_0 \sim CH_7$	模拟输入通道
24	$\overline{\text{INT}}$	当转换完成和输出数据准备好时，$\overline{\text{INT}}$ 为低电平
25	REFADJ	参考电压输入/外部调整引脚。用 0.01μF 旁路电容接至模拟地，当 REF 引脚用外部参考电压时，此引脚接至 U_{DD}
26	REF	参考缓冲器输出/ADC 参考输入。在内部参考方式时，参考缓冲器提供一个 4.096V 的标称输出，外部可校准在 REFADJ；在外部参考方式时，用 REFADJ 接至 U_{DD}，禁止内部缓冲器
27	U_{DD}	＋5V 供电电源。用 0.1μF 电容接至模拟地
28	DGND	数字地

七、模拟量的数据处理

模拟量数据处理的主要方法包括数字滤波、乘系数、BCD 码转换和越限判别等。

（一）数字滤波

虽然变送器输出的模拟电压已由 RC 低通滤波器进行了滤波，但为进一步提高抑制干扰的能力，减少干扰误差，在 A/D 转换之后往往需再进行一次数字滤波。

数字滤波是一种计算程序，也被称为数据平滑，可分为非递归数字滤波和递归数字滤波两种。

1. 非递归数字滤波

数字滤波的输出如果仅与当前的和过去的输入值有关，而与过去的输出值无关，就称为非递归数字滤波。非递归数字滤波可用下面例子加以说明。

设有模拟信号

$$x(f)=u(t)+z(t)$$
$$u(t)=U\sin 2\pi f_1 t$$

$$z(t)=U\sin 2\pi f_2 t$$

其中，$u(t)$ 为有用信号，假设 $f_1=2\mathrm{Hz}$；$z(t)$ 为干扰信号，假设 $f_2=100\mathrm{Hz}$。

若采样频率为 $f_\mathrm{f}=500\mathrm{Hz}$，即采样间隔时间 $T=1/500=2\mathrm{ms}$，则采样得到一系列离散样本值为

$$x(0),\ x(1),\ x(2),\ \cdots,\ x(n-1),\ x(n)$$

如对最新的连续 5 个采样值进行算术平均，并将此平均值作为滤波器的输出值 $y(n)$，则有

$$y(n)=(1/5)[x(n)+x(n-1)+x(n-2)+x(n-3)+x(n-4)]$$
$$=(1/5)[u(n)+u(n-1)+u(n-2)+u(n-3)+u(n-4)]$$
$$+(1/5)[z(n)+z(n-1)+z(n-2)+z(n-3)+z(n-4)]$$

由于 $z(t)$ 是 100Hz 的正弦波，周期为 10ms，而采样间隔为 2ms，故任意连续 5 次均匀采样值之和必为 0，如图 2 - 43 所示。于是有

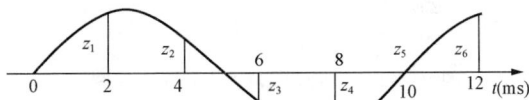

图 2 - 43　100Hz 干扰波 $z(t)$ 的采样情况

$$y(n)=(1/5)[u(n)+u(n-1)+u(n-2)+u(n-3)+u(n-4)]$$

可见，采用算术平均的方法就已完全滤除了干扰成分。

除采用算术平均法外，还可用加权平均值进行滤波。作为一般公式，上述非递归数字滤波运算可写为

$$y(n)=\sum_{i=0}^{N-1}a_i x(n-i)$$

式中　a_i——滤波因子，也称为加权系数，其值满足 $0\leqslant a_i\leqslant 1$，$\sum\limits_{i=0}^{N-1}a_i=1$（上例中 $a_i=1/5$，即每一项的权都相同，均为 0.2）；

N——滤波因子的长度（上例中 $N=5$）；

$x(n-i)$——第 $(n-i)$ 次采样测量值。

2. 递归滤波

所谓递归数字滤波，即指数字滤波器的输出不仅与输入值有关，还与过去输出值有关。常用的一阶递归数字滤波器可表示为

$$y(n)=ax(n)+(1-a)y(n-1)$$

式中　$x(n)$——滤波器本次输入值；

$y(n-1)$——滤波器上次输出值；

a——滤波系数，$0<a<1$。

如 $a=0.7$ 时，$1-a=0.3$，则有

$$y(n)=0.7x(n)+0.3y(n-1)$$

上式表明本次输入值占 70% 权重，上次输出值占 30% 权重，两者相加组合成本次新输出值。如果本次输入值因受干扰而增大许多，经滤波处理后干扰因素被有效地抑制了。

上述常用一阶递归数字滤波器的方程式也可改写为

$$y(n)=ax(n)+(1-a)y(n-1)=ax(n)+y(n-1)-ay(n-1)$$
$$=a[x(n)-y(n-1)]+y(n-1)$$

当取 $a=0.5$ 时，简化为

$$y(n)=0.5[x(n)+y(n-1)]$$

即表明本次采样值与上次滤波输出值的平均值。二进制运算中，某数乘以 0.5（除以 2），只需将该数右移一位即可，极为方便。

图 2-44 为一阶递归数字滤波的流程图。

（二）乘系数（标度变换）

远动中的遥测量有电压、电流、功率等，情况各不相同。对工作人员而言，需要知道的是其实际的物理量大小，但是在经过电压互感器、电流互感器、电量变送器和 A/D 转换后最终得到的满量程都是全 1 码（如 12 位 A/D 转换器就为 12 个"1"）。就像用指针式表计测量电压时，110kV 或 220kV 电压经电

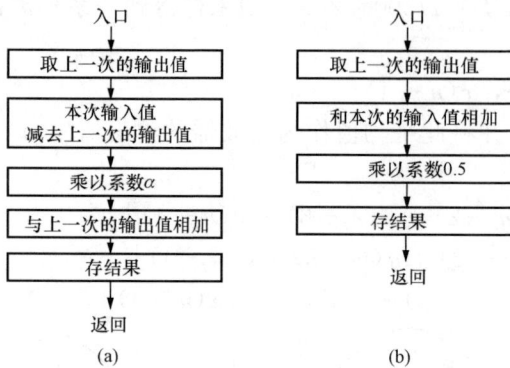

图 2-44 一阶递归数字滤波流程图

(a) $a \neq 0.5$ 时的框图；(b) $a=0.5$ 时的框图

压互感器引到电压表，满量程的电压在电压表上的反映都是满量程的偏转角。为了使指针式电压表能表示相应的电压，需要在测量 110kV 或 220kV 的电压表满量程处，分别标上与 110kV 或 220kV 相对应的标尺。同样是电压表满量程的偏转角，配以不同的标尺，就可表示出不同的电压值，这称为标度变换。

遥测量经电量变送器变换为 $0 \sim \pm 5V$ 的直流电压，再经 A/D 转换器转换成数字量。以 12 位 A/D 转换为例，转换结果是 12 位，其中 1 位是符号位，其余 11 位是数值。这 12 位表示的是一个定点数，可以约定将小数点定在最低位的后面，即数值部分为整数；将小数点定在数值部分最高位前面，即数值部分是小数。若约定数值部分是整数，则满量程时转换结果全 1 码为 11111111111B＝2047。

被测的模拟量有电压、电流、功率等，其满量程值可各不相同。例如某电流的满量程为 1500A，经电量变送器及 A/D 转换后满量程值为 2047。当电流从 $0 \sim 1500A$ 变动时 A/D 转换的输出也从 $0 \sim 2047$ 变动，两者呈线性关系，但数值并不相同，差一比例系数 K。

A/D 转换后的值乘以比例系数 K 应等于被测模拟量的实际值，因此乘系数也就是标度变换，这个系数也称为标度变换系数。

各个遥测量都有自己相应的变换系数，这些系数事先都已确定并存放在内存中的遥测系数区。

（三）BCD 码转换

BCD 码是用二进制编码的十进制码，又称为二—十进制代码，主要用于数据处理。BCD 码用于显示数据比较方便。

BCD 码是把十进制数的每一位 0，1，2，…，9，都用 4 位二进制数来编码表示。这 4 位二进制数分别具有 8、4、2、1 的权值，此权值与相应位数码（1 或 0）的乘积之总和就是它所表示的十进制数（见表 2-7），所以 BCD 码也称为 8421 码。例如 0101 所代表的十进制数为

$$0 \times 8 + 1 \times 4 + 0 \times 2 + 1 \times 1 = 5$$

表 2 - 7　　　　　　　　　　　**BCD 码与十进制码的对应关系**

BCD 码各位权值				对应十进制数
8	4	2	1	
0	0	0	0	0
0	0	0	1	1
0	0	1	0	2
0	0	1	1	3
0	1	0	0	4
0	1	0	1	5
0	1	1	0	6
0	1	1	1	7
1	0	0	0	8
1	0	0	1	9
以 下 不 用				

如用 BCD 码表示 675 这个十进制数，就要用三个 BCD 码分别表示百位 6，十位 7 和个位 5，即表示成

$$0110 \quad 0111 \quad 0101$$

接收端按这种预先约定的格式接收，就可以在数字显示器上显示出 675 这个数。

（四）越限判别

电力系统中有的运行参数受约束条件的限制，不能超过一定的限值。例如规定某线路的传输功率不能大于某一限值，又如母线电压不允许太高或太低，这就要规定其上限值和下限值。对运行参数应及时检查，如超越限值，就应告警。

各种模拟量的限值存放在内存的模拟量常数区，进行越限判别时可从内存中取出相应的上下限值，与遥测值进行比较，如有越限就发告警，并记录越限的时间和数值。当遥测量重新恢复正常时也需记录恢复的时间和数值。

如果运行参数由于某些原因在限值附近波动时，就会出现越限和复限不断交替，频繁告警，这会困扰值班人员。为了缓解这种情况可设置"越限呆滞区"（也称为"死区"），如图 2 - 45 中阴影部分所示。当运行参数超过上限（图中 a 点以上）时判为越上限，可发出越限告警信号。此后只有当运行参数回落到 b 点以下时才判为复限，而另外的 1、2 两点则不作撤警和重新报警处理。同理图 2 - 45 中的 cd 段则被判为连续地越下限状态。

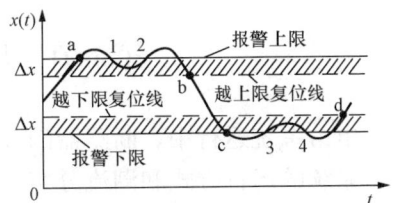

图 2 - 45　越限呆滞区

设置越限呆滞区可缓解某些运行参数在限值附近波动时频繁告警的困扰，但越限判别的工作量稍有增加。设呆滞区为 Δx，当已越上限，则应把上限的复限值改为 $x(t) - \Delta x$；如已越下限，则应把下限的复限值改为 $x(t) + \Delta x$。

综上所述，每个模拟遥测量被采样，经 A/D 转换，再经数字滤波、乘系数、BCD 码转换和越限判别等处理后，再分别存入内存中的遥测数据区待用。

（五）遥测量越阈值传送

在正常情况下，电力系统中有的遥测量随时间的变动不大，如母线电压及恒定负荷等；有的随时间变动较大，如一些经常变动的冲击性负荷等。在远动信道中重复传送那些没有多大变动的遥测量，意义不大，还加重了两端装置和信道的负担。

为提高效率，可为遥测量设置一个阈值（亦称死区），压缩传送的数据量，当遥测量的变动未超过规定的阈值时就不予发送。例如某线路电流遥测量现值为 600(A)，其阈值规定为 10(A)，设 5s 后该遥测值为 593(A)，则厂站端不向调度端发送，调度端仍显示原值 600(A)。如再测得该遥测值为 587(A)，由于｜587－600｜＞10，厂站端就将 587(A) 发送给调度端，并设置超越阈值标志。调度端亦将 600(A) 刷新为 587(A)。此后再测得的新值又与 587 进行比较，判断是否超过阈值，如此等等。

只要设置一个阈值，就可以有效地压缩数据传输量，故也称阈值为"压缩因子"。压缩因子越大，压缩的效果越显著。系统中各个遥测量的变化规律不尽相同，对数据实时精度的要求亦会有差别，阈值的大小应按遥测量的实际情况确定。在异常及事故情况下，遥测量的变动通常比较大，往往每次都超过阈值，因此这时信道中传送的数据量还是很大的。

遥测量越阈值传送一般在问答式远动中应用。在调度端，前置机和主机之间如采用遥测量越阈值传送，也可有效地压缩数据传送量，并减轻主机的负担。

（六）事故追忆

为了分析事故，要求在一些影响较大的重要开关发生事故跳闸时，能把事故发生前、后一段时间的有关遥测量记录下来，这种功能称为事故追忆，又称扰动后追忆。

要进行事故追忆，必须给需要追忆的遥测量安排内存单元。如果需要追忆的遥测量有 N 个，则用于事故追忆就需 $2N$ 个内存单元（1 个遥测量占用 2 个内存单元）。

用有限的存储单元保留遥测历史数据，可采用以最新数据"顶出"最旧数据的方式。在存入最新数据时，将事故追忆记录区中原有的遥测量数据顺序向上"顶推"，使追忆记录区始终保留本次最新数据及其前 N 次数据。发生事故后，将这批数据复制到另一追忆缓存区，原来的追忆记录区又可继续工作。事故追忆可以在厂站端也可以在调度端进行。

第十节　开关量、数字量和脉冲量的采集

电力系统运行中，断路器的合闸或跳闸直接改变了电力网络结构和相应的数学模型，改变了系统的运行方式和潮流分布，是对调度和运行人员是极为重要的信息。此外，重要的隔离开关的位置状态、继电保护和自动装置的工作状态等也都是比较重要的信息。采集这些开关量信息也被称为遥信（YX）。这些信息有着共同的特点，即可以用二进制码元"1"来表示闭合或动作，用"0"来表示断开或未动作（国际电工委员会 IEC 标准）。这种仅有两个状态的信息通常被称为开关量。其实开关量也属于数字量，只是仅有 1 位而已。

有些表计能直接以二进制数码输出结果，如数字水位计、数字频率计等。这些数字量只需经必要的电平匹配和隔离等环节即可经并行接口收入数据总线，而不需 A/D 转换。

一、开关量输入输出时的隔离

开关量信息输入微机系统的电路称为开关量输入通道，简称"开入"；开关量信息自微机系统输出去遥控远方的开关状态，则称为"开出"。断路器和隔离开关的位置信号取自它

们的辅助触点。为防止因触点接触不良造成差错，回路中所加电压较高，如直流 24、48V 等。这些辅助触点位于高压配电装置现场，电磁场很强，连接导线很长，为避免连线将干扰引入微机系统，除设置 RC 滤波电路消除高频干扰外，还应采取可靠的隔离措施，如图 2 - 46 所示。

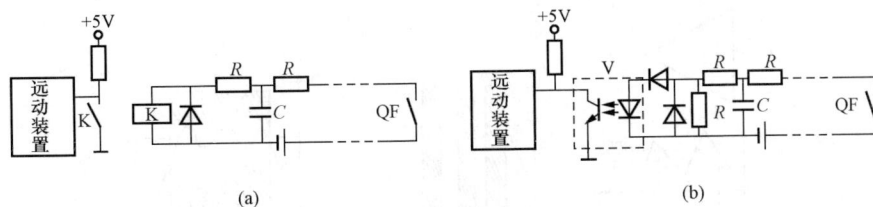

图 2 - 46 开关量的采集示意图
(a) 继电器隔离；(b) 光耦合隔离

图 2 - 46 (a) 为继电器隔离方式。QF 为断路器"反相"辅助触点，即当断路器在合闸位置时，本辅助触点断开，此时继电器 K 不动作，RTU 输入高电平信号"1"；当断路器跳闸后，本辅助触点闭合，继电器 K 动作使其触点闭合，RTU 输入低电平信号"0"。

图 2 - 46 (b) 为光电耦合隔离方式。光耦器件中右边的发光二极管相当于继电器线圈，左边的光敏三极管相当于继电器的触点，工作过程与继电器隔离方式相似，但光耦器件体积小，输入输出之间既无电的联系，也无磁联系，且耐压可达上千伏，隔离效果更好。

二、开关量输入通用电路

图 2 - 47 为开关量输入通用电路框图。图中 VD1 为反极性保护二极管；R_1 为泄漏电阻；R_2 为限流电阻，起瞬时保护作用；VD2 为门槛开关二极管，起消除噪声作用；R_3 为光敏三极管的集电极电阻，上接＋5V 电源；R_4、C_1 和施密特触发器共同组成消颤网络，以消除开关触点抖动的影响。

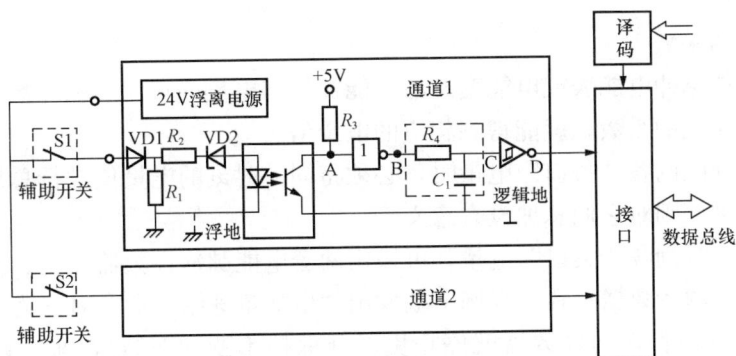

图 2 - 47 开关量输入通用电路框图

当断路器 QF 在合闸位置，其辅助开关 S1 断开，光耦器件未导通，其集电极 A 点电位为高电平"1"（＋5V），经非门后 B 点为低电平"0"，经消颤网络和施密特触发器后 D 点输出为高电平"1"。此数字信号经接口读入数据总线，CPU 即采集到"断路器 1 在合闸状态"的信息。反之，当断路器 1 在分闸位置，S1 合，光耦导通，A 点为低电平"0"，B 点为

"1"，D 点为"0"，则 CPU 得知"断路器 1 在分闸位置"。

三、解决开关触点抖动问题

继电保护的继电器触点闭合时常会产生触点抖动，必须予以解决。消除开关触点抖动和其他干扰噪声的原理，如图 2-48 所示。

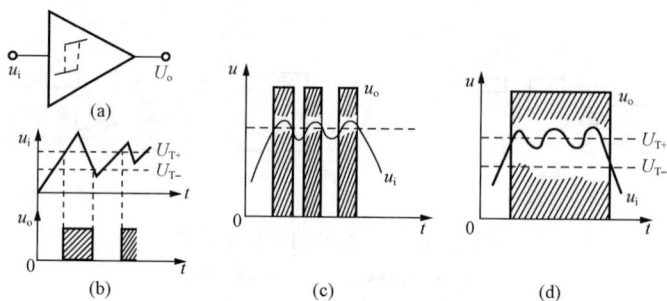

图 2-48　采用施密特触发器实现消噪除颤的原理

(a) 施密特触发器的图形符号；(b) 施密特触发器的工作波形；(c) 未加消噪除颤电路的输入输出波形；
(d) 加入消噪除颤电路的输入输出波形

在消噪除颤电路中，具有双门槛触发特性的施密特触发器起了主要作用。图 2-48（a）、(b) 为施密特触发器的圆形符号及工作波形。

在未加消噪除颤电路时，断路器虽已合闸但其辅助触点可能有一段时间会抖动，或因其他干扰使输入信号上下波动，而输出信号如果亦步亦趋，跟踪十分"灵敏"，会造成计算机对断路器位置的错误判读，如图 2-48（c）所示。

加入消噪除颤电路后，则可正确地判读该断路器确已合闸。如图 2-48（d）所示，当输入信号电压 u_i 逐渐增大到大于 U_{T+} 时，触发器立即发生翻转，输出高电平"1"；当输入信号电压 u_i 逐渐减小到小于 U_{T-} 时，触发器又发生翻转，输出低电平"0"。而上升门槛和下降门槛并不是同一个值，即 $U_{T+} > U_{T-}$。这与越限报警时设置"呆滞区"避免在限值附近重复报警是一个道理。

四、脉冲量的采集

有些表计（如脉冲电能表或电能变送器）能提供与电量成正比的脉冲数，只要将脉冲数进行累计并乘以相应的系数，就能得到相应的电量值。

调度端在统计电网各"关口"电量时，必须将同一时刻的电量值进行总加。如果各关口数据并非同一时刻，则对它们总加没有意义。

为了得到同一时刻各"关口"电量，可采用两套电能脉冲计数器。主、副计数器都对输入脉冲进行累计，两者数据一致。当调度端发出"电能量冻结"命令时（为广播命令，即所有 RTU 均收到并执行），副计数器就停止更新并保持不变（冻结），而主计数器仍照常计数。调度端可随时调取已冻结在副计数器中的电能值进行总加。之后可发出"解冻"命令，副计数器立即与主计数器取得一致并重新对脉冲进行累计。

思 考 题

2-1　SCADA/EMS 系统包括哪几个部分？各个部分的主要功能是什么？

2-2　模拟量输入通道包括哪些环节？各环节主要作用是什么？

2-3　比较 D/A 转换和 A/D 转换各自的实现方法。

2-4　什么叫量化误差？怎样才能尽量减少量化误差？

2-5　什么叫开关量？举例说明哪些属于开关量。开关量输入通道包括哪些环节？

2-6　什么是脉冲量？如何采集脉冲量？

2-7　变送器主要有哪些性能指标？

2-8　直流采样和交流采样各自的特点是什么？采用微机变送器有哪些优点？

2-9　数据处理主要包括哪些内容？什么叫标度变换？

第三章　数据通信与通信规约

第一节　电力系统通信基本知识

　　电力系统是由众多发电厂、变电站（所）、输配电线路及大量用户组成的统一整体。它的各组成部分相距遥远，运行情况瞬息万变，但相互之间的联系却十分密切。电网调度自动化系统需要采集各厂站的实时信息，监视系统的运行状态，并发送各种操作命令。这些信息的交换都靠电力系统通信完成。可以说，通信是调度自动化系统和电网安全稳定控制系统的基础，是现代电力系统不可缺少的一部分。它与电网调度自动化系统、电网安全稳定控制系统一起，构成了现代电网安全稳定运行的三大支柱。

一、模拟通信和数字通信

（一）模拟通信和数字通信的基本概念

　　信息总是通过一定的信号形式传递的。根据信号随时间变化的状态，可分为连续和离散两种信号形式。连续信号随时间连续变化，是时间的连续函数；而离散信号则是每隔一段时间取某一个值。能连续取值的信号称模拟信号，只能取有限个值的离散信号称数字信号。

　　模拟通信就是在通道上传递某种连续的模拟信号，其设备比较简单，但抗干扰能力差，容易产生失真，往往无法恢复成原来的信号，通信质量较差。数字通信是在通道上传递某种离散的数字信号，设备比模拟通信复杂很多，但因其具有许多模拟通信没有的优点，因此得到了迅速的发展。

（二）二进制数字信号

　　二进制是一种计数制式，它的数字符号只有两种，就是"0"和"1"（又称为码元）。

　　二进制数字信号的 1 位叫"二元码"，又称比特（bit）。每发出（收到）一个二元码，即从两个可能取值中选定了一个值，从而送出（得到）一定的信息。这种"二中取一"所得到的信息量，显然就是最基本的信息量。

　　表示一个字符的二进制数的位数之总和称为一个位组，也称为 1 个"字节"（Byte）。字节位数越多，能够表示的字符数也就越多。例如，一位码只能表示两种字符；二位码有四种组合方法（00，01，10，11），可表示四种字符。一般来说，N 位码可以表示 2^N 种字符。通常计算机是以 8 位二进制数表示一个字节。计算机存储器的容量通常是以字节数衡量的，常用 KB（千字节，1KB=1024B）来表示。若干字节又可组成一个"计算机字"（Word，简称"字"），作为一个整体单元被计算机系统一次并行处理。在存储器中，通常一个单元存储一个"字"，并对应着一个"地址"，因而每个字都是可以寻址的。计算机每个字所包含的位数称为"字长"（Wordlength）。微型计算机的字长有 4 位、8 位、16 位和 32 位等几种，大型计算机的字长可有 48 位、64 位等。

　　采用二进制所对应的电路最简单，只有高、低两种电平即可。通常以一定幅度的电信号脉冲代表"1"（高电平），而以电路中无电信号代表"0"（低电平），这样一系列二进制数字信号就变成一长串电脉冲信号。接收端通常采用一种检测电路定时检测各码元"采样信号"的电平值，并采用"像谁就是谁"的简单判断。凡采样值接近高电平就判为"1"，凡采样值接近低电平就判为"0"，非"1"即"0"，非"0"即"1"，即使传输过程中由于干扰而有些失真，在一定距离内也不容易达到"1"、"0"颠倒的程度，这样通过正确的判读就排除了干扰。长途传输时为不使干扰逐步积累，可在一定的距离设置中继站，正确判读后再重新发送，所以数字通信没有距离限制。

（三）数字通信的优点

与模拟通信相比，数字通信更能适应通信技术越来越高的要求，其原因是：

（1）数字传输抗干扰能力强，尤其在中继端，数字信号可以再生复原，从而消除了噪声的积累；

（2）传输差错可以控制，从而改善了传输质量；

（3）便于使用现代数字信号处理技术对数字信息进行处理；

（4）数字信息易于做高保密性的加密处理；

（5）数字通信可以综合传递各种消息，使通信系统功能增强。

二、并行通信与串行通信

（一）并行通信

通常以 8 位二进制数为 1 个字节，代表一组信息。如果用 8 根线（另有 1 根公共线）将通信双方连接起来，每根线传一位码元同时将一组信息传送过去，就称为并行传输，如图 3-1（a）所示。也可以用 16 线、32 线或更多线进行并行传输。其优点是传输速度快，有时可高达每秒传送几百兆字节；同时并行传输的软件及通信规约都较简单。其缺点是需要的信号线较多，成本较高，因此常用于传输距离短（通常不超过 10m）且要求高速传输的场合。

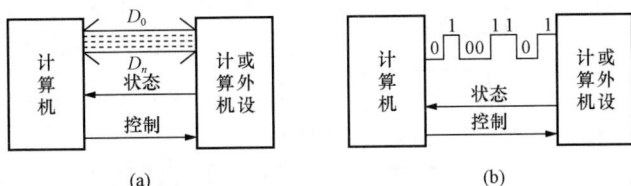

图 3-1　并行传输和串行传输

（a）并行传输；（b）串行传输

（二）串行通信

串行传输仅需要一回传输线（2 根）。根据一个字节各码元的顺序一位一位地传过去，接收端逐位收齐 8 位后，CPU 会将这个字节一次取走，如图 3-1（b）所示。显然串行传输速度较慢，通信软件也复杂一些，但其最大优点是节约了传输线，成本低，因此适合于远距离的数据通信。目前电网调度自动化系统中，各厂站到调度中心的通信都是串行通信，即上行信息用 2 根芯线，下行信息用另 2 根芯线，这样只需用一根 4 芯线缆即可。

三、数据通信的传输速率和误码率

（一）数据传输速率

传输速率是衡量数字通信系统传输能力的主要指标，主要有以下两种。

（1）码元传输速率：每秒钟通过信道的码元数称为码元传输速率，通称波特率，记作 F_s，单位是 Baud（波特，简记为 Bd）。

（2）比特传输速率：每秒钟通过信道的信息量，称为比特传输速率，通称比特率，记为

F_b，单位是 bps（比特/秒）。

用二进制码元传输时，每秒钟传送的信息量即等于码元数，以上两种速率在数值上是相等的。

信息传输的可靠性与传输速率有密切关系。传输速率越高，每秒钟传送的码元越多，每个码元所占的时间就越短，其波形就越狭窄，受到干扰就越易出错，传输的可靠性就越低；反之，传输速率低则可靠性就高。但传输速率低不能满足电力系统运行控制与调度自动化的需要，因此为实现高速可靠传输，需要采用各种专门的抗干扰措施。

在串行通信中，常用的传输速率有 300、600、4800Bd 等。而在数据通信网络中，常用每秒传送的字节数用 bps 表示传输速率，如 10、100Mbps 等。

（二）误码率

误码率又称码元差错率，是指在传输的码元总数中发生差错的码元所占的比例。电网调度自动化系统中要求误码率不大于 10^{-5}，即传输 10 万个码元时仅允许错 1 个码元，这样高的要求是实时监控系统所必须达到的。

四、数据通信的工作方式

串行通信中，数据通常在两点（如终端和微机）之间进行传送，按照数据流的方向可分为三种基本的传送方式，即全双工、单工和半双工。这三种传递方式框图如图 3-2 所示。

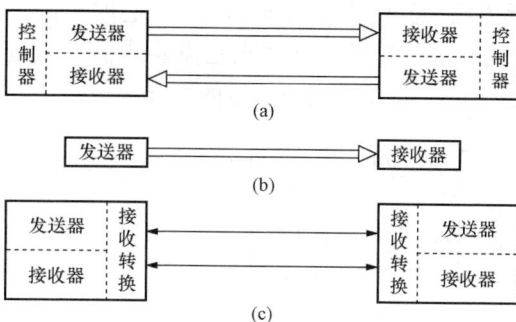

图 3-2　数据通信三种传送方式框图
(a) 全双工（4 线）；(b) 单工通信；(c) 半双工通信

在任意时刻，通信信息只能由 A 传送到 B，称为单工通信，这种方式在电力系统通信中很少使用；如果信息既可由 A 传送到 B，又能由 B 传送到 A，但不是同一时刻传送，则称为半双工通信；如果在任意时刻，线路上同时存在 A 到 B 和 B 到 A 的双向信息，则称为全双工通信。

半双工方式使用同一对传输线，既接收又发送。通信系统每一端的发送器和接收器通过收/发开关来切换数据传送方向，会有切换时间延迟。收/发开关是由软件控制的电子开关。

全双工方式需要 4 根线，分别传送两个方向的数据信号。通信系统的每一端都设置了发送器和接收器，数据传送不需要进行方向切换，没有切换时间延迟。同一时刻能进行双向的数据传输，信息传送效率是半双工的两倍，这对那些不允许有时间延迟的交互式应用（例如远程监控系统）十分有利。

五、异步通信和同步通信

串行通信可以分为异步通信（ASYNC）、同步通信（SYNC）、同步数据链路通信（SDLC）、高级数据链路通信（HDLC）等，它们的主要区别表现在不同的通信格式上，其中最基本的串行通信是异步通信和同步通信。

（一）异步通信

异步通信的信息格式是在数据位的前后加上起始位和停止位。以起止式异步通信协议为例，一帧数据的传送格式如图 3-3 中（a）所示。

数据传送以数据帧为单位，一位一位地传送，帧和帧之间没有固定的时间间隔。传送一

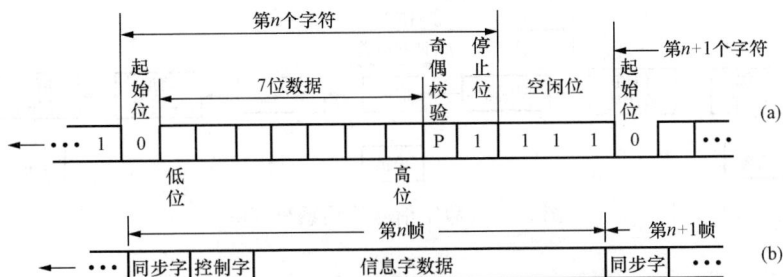

图 3-3 异步通信格式和同步通信格式

(a) 异步通信格式；(b) 同步通信格式

个字符时，起始位通常规定为"0"，表示字符传送的开始。字符本身由 5~8 数据位组成，字符后面允许加入 1 位校验位（可以是奇校验或偶校验，也可以没有）。停止位通常规定为"1"（可取 1 位、1 位半或 2 位），表示字符的结束。停止位后面是不定长的空闲位。停止位和空闲位都规定为高电平（逻辑值 1），这样就保证了起始位开始处一定有一个下降沿。

异步通信格式实质上仅是在传送一个字符的较短时段内保持着收、发两端时序的同步，而在空闲时段内则可以是异步的。这样对两端时钟的精度和稳定性要求稍宽。但异步传输时，发送的每个字符都加了起始位和终止位，使有效信息位比例（传输效率）降低了。

（二）同步通信

在传送大量数据时，为了提高传送信息的效率，采用一个数据块共用一个同步字作为起始标志的格式，叫作同步通信格式，如图 3-3（b）所示。

同步字（SYN）是一种很特别的码元组合，帧内后续信息序列极难和同步字序列雷同，所以同步字成为识别一帧开始的明确标志。

采用同步通信时，将许多字符组成一个信息组（几十至几千个字节），在每个信息组前面要加上同步字构成一个信息帧。在整个通信系统中，有一个统一的时钟，这个时钟控制着信息帧一位一位地进行传送。接收端能识别同步字，当检测到一串数字与同步字相匹配时，就认为开始一个信息帧，于是，把此后的数据作为实际传输信息来处理。

同步字后面是"控制字"，对本帧长度、发送地址、目的地址、信息类别等加以说明。再后面就是"信息字"（详见本章第三节 CDT 规约内容）。同步字虽然也占了一定的传输时间，但因一帧信息很长，其中有效信息所占比例仍比异步传输时大得多，所以传输效率比异步通信高得多。

（三）异步通信和同步通信的比较

（1）异步通信中检错是以单纯奇偶校验码检错，检错效率不高。同步通信中则是以专门的校验码进行检错和纠错，抗干扰性能较好。

（2）一般在近距离的点对点数据通信，且速率不高的情况下，多采用设备简单、控制容易的异步通信。同步通信的传送效率和速度高，误差也小，但由于设备繁多，控制也相对复杂，在远距离网络传输中比较适用。

六、数字信号的调制与解调

（一）数字信号传输系统的构成

数字信号传输系统的框图如图 3-4 所示。

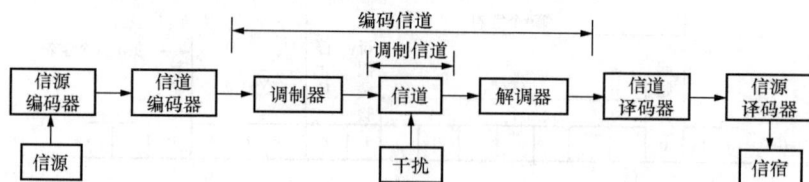

图 3-4　数字信号传输系统框图

1. 信源

在电网调度自动化系统中，电力系统的运行参数如电流、电压等是通过电流互感器、电压互感器以及相应的变送器变换成统一的 $0\sim 5\text{V}$ 直流电压。可以将上述设备视为反映电力系统运行状态的信源（信息源），另外系统调度员通过键盘等发布的各种指令也是信源。

2. 信源编码器

当信息源是变送器时，它所输出的模拟信号要经过模/数（A/D）转换器变换成二进制数字序列，这个 A/D 变换器就是信源编码器。调度员的操作控制台（键盘）能直接以数字序列形式输出调度员的指令，所以其本身也是信源编码器。

3. 信道编码器

信源编码器输出的二进制数字序列还不适于传输，为了实现对信息传输的检错和纠错，尚需填加一些监督码元，这就是信道编码器的任务。

4. 调制器

信道编码器输出的是"基带数字信号"。所谓基带数字信号就是二进制脉冲序列。这种信号可以通过架空明线、电缆等信道直接传输，但一般只限于较近距离的传输。为了增加传输距离，或使信号能适合在电力载波或微波等信道上传输，就需使用调制器对基带数字信号进行调制。

5. 信道

信道就是信号传输时所经过的通道。狭义的信道仅指架空明线、对称电缆、同轴电缆等线路，或传播电磁波的自由空间（无线信道）；广义的信道则有调制信道和编码信道两种。

在电力线载波通信系统中，调制信道除高压输电线外，还包括载波机和结合设备；在微波通信系统中，除自由空间外还包括终端机、微波高频机和天线。编码信道则是在调制信道部分之外再增加调制器和解调器。

6. 解调器

解调器完成的工作与调制器相反，即从调制信号中恢复出基带数字信号。

7. 信道译码器

对接收到的数字信息序列进行检错或纠错译码是由信道译码器完成的。它输出与信源编码器输出结果相同的二进制数字序列。

8. 信源译码器

信源译码器的作用是将上述二进制数字序列重新变换成模拟信号，D/A 变换器可以认为是信源译码器。在许多情况下不需要信源译码器这一环节，而是直接以二进制数字信息作为输出形式。

9. 信宿（受信者）

信宿即信息接受者。在电网调度自动化系统中，调度模拟屏上的遥测、遥信或 CRT 显示器等都算是信号的接收者，调度员通过视觉也接受了这些显示信息。而当调度员发出遥控命令时，作为被控对象的设备（如某台断路器）则是信宿。

（二）数字信号的调制方式

基带数字信号的波形是一系列方形脉冲，这种信号直接在一般的线路上传输时会产生失真（方形脉冲的直角变成圆角）。传输距离越远，传输速率越高，这种失真现象也越严重，可能使接收端无法正确识别。为了解决这个问题，需将基带数字信号变换成适合于远距离传输的信号——正弦波信号。这种正弦波信号携带了原基带信号的数字信息，通过线路传输到接收端后，再将携带的数字信息取出来，这就是调制和解调的过程。

携带数字信息的正弦波称为"载波"。一个正弦波电压可表示为

$$u(t)=U_{m}\sin(\omega t+\varphi)$$

从上式可知，振幅 U_m、频率 f（或角频率 ω）和相位角 φ 是确定一个正弦波的三个参量，当其中一个参量变化后，就变成了另一个不同的正弦波。这样，调制方式也就分为三种，即调幅（AM）、调频（FM）和调相（PM）。

将基带数字信号作为离散的数字信号来改变正弦载波的参量，称为"数字调制"。在数字调制中，波形的参数都是离散变化的，所以已调信号又称为键控信号。下面简要介绍三种数字调制方式。各种调制波形见图 3-5，其中图 3-5（a）为待调制数据码波形图。

1. 数字调幅

数字调幅是使正弦波的振幅随数码的不同而变化，但频率和相位保持不变。它又称振幅偏移键控，记作 ASK。由于二进制数只有"0"和"1"两种码元，因此只需两种振幅。例如用振幅为零来代表码元"0"，用振幅为某一定值来代表码元"1"，如图 3-5（b）所示。

2. 数字调频

数字调频又称移频键控，记作 FSK。它是使正弦波的频率随数码不同而变化，而振幅和相位保持不变。采用二元码制时，用一个高些的频率 $f_1=f_0+\Delta f$（f 也可用其角频率 ω 表达）来表示数码"1"，而用一个低些的频率 $f_2=f_0-\Delta f$ 来表示数码"0"，如图 3-5（c）所示。

3. 数字调相

数字调相又叫移相键控，是使正弦波的相位随数码而变化，而振幅和频率保持不变。数字调相分以下两种方法：

（1）二元绝对调相（PSK）。用一种固定相位值代表不同的数码，称为二元绝对调相。例如用初相位为 0 的正弦波代表数码"0"，而用初相位为 π 的正弦波代表数码"1"，如图 3-5（d）所示。在接收端对信号进行解调时，如果能复制出与发送端同频、同相的载波，则接收到的 PSK 信号与接收端的载波同相者判为"1"，反相者判为"0"。但是，实际上在接收端很难确知发送端载波的初相位是 0，还是 π。如果出现接收端的载波与发送端的

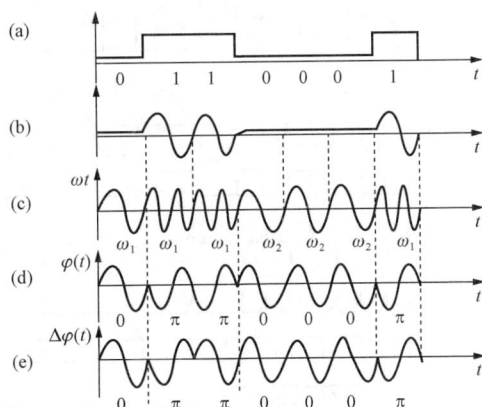

图 3-5　调制波形图

（a）待调制数据码；（b）调幅波；（c）调频波；
（d）二元绝对调相波；（e）二元相对调相波

载波相移 π 的情况，就会出现所谓的"倒相"。也就是说，接收端解调出来的码元和发送端原来的码元反相，即全是误码。为了避免这种倒相现象，实际系统中几乎都是采用相对移相键控。

（2）二元相对调相（DPSK）。二元相对调相是用相邻两个波形的相位变化量 $\Delta\omega$ 来代表不同的数码。DPSK 信号解调时以前后码元相对相位 $\Delta\omega$ 为依据，当 $\Delta\omega = \pi$ 来代表数码"1"，当 $\Delta\omega = 0$ 来代表数码"0"，而与载波的相位是否"倒相"无关，因而可避免绝对移相中的"倒相"现象。DPSK 的信号波形如图 3-5（e）所示。

4. 各种数字调制方式的比较

在实际选择调制方式时，要考虑可靠、经济等因素。在满足可靠性的条件下，近距离传输宜选用最简单的基带传输。而对于远距离传输，基带传输系统无法满足可靠性要求，须采用数字调制方式。

在电网调度自动化系统中，调幅波由于较易受通道电平变动和噪声的影响，抗幅度干扰能力较差，因此较少采用。而最常采用的是数字调频方式，这是因为它能适合于在多种信道上运行且效果良好，接收时又不要求相干载波，设备也比较简单，并且有较好的抗干扰能力，在低速（1200Bd 以下）传输系统中得到广泛采用。中速（2400～4800Bd）传输系统中，考虑到抗干扰能力要强，多采用数字调相方式，这是因为调相方式抗干扰能力更强，所占带宽更窄。在高速（9600Bd 以上）传输系统中主要考虑带宽是否足够，则可采用数字调幅或数字调相方式。目前在电力系统通信中大都是低速系统，并广泛采用数字调频方式。

（三）数字信号解调过程

数字信号的解调是调制的逆过程。不同的调制波要采用不同的解调电路。现以常用的数字调频（FSK）解调方法——零交点检测法为例，介绍一下解调原理。

零交点检测法原理框图及各点信号波形如图 3-6 所示，接收到的 FSK 信号 a 首先经放大限幅环节，得到方波信号 b，再经微分环节，输出上跳、下跳微分脉冲 c，经全波整流电路后，变成单一极性的尖脉冲序列 d。信号 d 波形的尖脉冲数就是 FSK 信号的过零交点数，其疏密程度不同完全反映出输入频率是不同的。用信号 d 波形的单极性脉冲去触发脉冲展宽器（可用单稳态触发器实现），就得到一系列等幅、等宽的矩形脉冲序列 e，最后用低通滤波器滤除其中的高频成分，就得到其中的直流分量 f。f 波形中对应 FSK 中较高频率 f_1 的是较高电平，而对应 FSK 中较低频率 f_2 的则是较低电平。判决门可用直流电压最大值和最小值的平均数做判决门槛，大于此值者判为"1"，小于此值者判为"0"，这样就恢复了原来的基带数字信号。

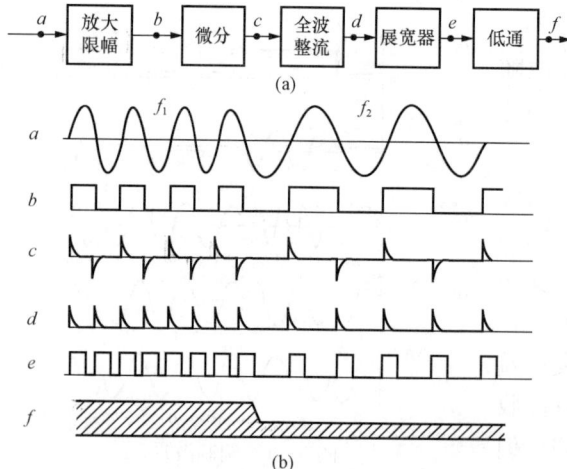

图 3-6　零交点检测法原理框图及各点波形图
（a）零交点检测法原理框图；（b）各点信号的波形图

七、同步

数字信息进行远距离传送时，按规定的顺序一个码元一个码元地逐位发送、逐位接收，收发两端必须同步。同步是信息远传的重要环节，是指收发两端的时钟频率相同、相位一致地运转。通信系统能否有效而可靠地工作，很大程度上取决于同步系统是否良好。

接收端必须精确知道每个码元的起始和终止时刻，在码元应该出现的时刻来判别收到的码元是"1"还是"0"，才能正确"翻译"。因此，在接收端就需要产生一个用作采样判决的定时脉冲序列，它必须和发送端发送过来的码元脉冲序列同频、同相。这个过程被称为码元同步或位同步，而定时脉冲序列被称为码元同步脉冲或位同步脉冲。

数字通信中的信息流总是用若干码元组成一个组（或字），又用若干组联合成一帧，在接收时也必须知道这些组和帧的起始、终止时刻。同样，将在接收端产生的，与发送端的组和帧起止时刻相一致的定时脉冲序列，称为组（或字）同步和帧同步，统称为群同步。

实现帧同步通常采用两类方法，即外同步法和自同步法。外同步法是在发送的数据序列中插入一些特殊的码组作为帧的起止标志，接收端根据这些特殊码组的位置就可以实现帧同步；自同步法不需要外加特殊码组，是利用数据码组序列本身的特性来实现同步。

帧同步码传输中也会受到噪声的影响，导致某些码元出错，使接收端检测不到帧同步码，造成"漏同步"。同时，由于信息码序列是随机的，有可能出现与帧同步码组完全相同的码型，这又会使接收端产生"假同步"。为了减少漏同步和假同步概率，易于识别码组，提高传输效率（即同步码长度尽量短），同步系统就要采取一些附加措施，叫帧同步保护。

常用的帧同步保护，是将其工作状态分为维持状态和捕捉状态两种。

（1）维持状态。在系统已建立同步的情况下，帧同步码有规律地在预定时间出现，接收端同步码识别器只要在这个预定的时间开门，检查发送过来的信息是否是同步码，而其他时间关门，停止接收和检查，这个过程叫同步维持状态。关门的好处是不让非同步码组进入同步识别器，从而大大减少假同步的概率。

在维持状态时，偶然收不到同步码不会立即引起失步。因为发、收两端的晶体主振荡器有足够的频率稳定度，在收到一次同步码进行"整步"后，可以维持几个帧的同步状态，这就是所谓的"惯性同步"。利用"惯性同步"的性能，偶然收不到同步码（漏同步）时，仍可认为两端是同步的，这就减少了发生漏同步的概率。只有在连续多次（如连续 3 次，可用计数器累计）收不到同步码时才认为是失步，这时就将维持状态转入到捕捉状态。

（2）捕捉状态。在系统已经失步的情况下，帧同步码的出现时间无法预料。这时接收端的同步识别器在任何时间都开门，对发送过来的所有信息进行逐位检查，判别它是否为同步码，这个过程叫做捕捉状态。在捕捉状态，要防止假同步，采取的措施是增高同步码的判决门限。当接收端捕捉到同步码后，立即进行"整步"，使系统重新转入维持状态。

第二节　差错控制措施

一、概述

在信息传输过程中会出现各种干扰。干扰可能使所传输的二元数字信号发生差错，如将"1"变为"0"或反之将"0"变为"1"，使接收端得到错误的信息。要提高数据传输质量，可从硬件和软件两方面采取措施。硬件方面的措施投入资金量大，如采用性能更好的通信方式和信道，采取多种屏蔽措施，甚至移动线路避开或远离干扰源等，但即使这样也不能完全避免干扰；而在软件方面则花费不多，效果可能更好，这就是以下将要介绍的差错控制措施。

一个可靠的通信系统必须有检错和纠错的机制。差错控制技术就是采用可靠有效的编码，发现或纠正数字信号在传输过程中，由于噪声干扰而造成的错码。这种编码又称为抗干扰编码，即在信息码元中按照一定规则加入监督码元（冗余码元）。接收端按约定的规则对收到的码元序列进行检测，以发现或纠正错误，提高传输可靠性。

假设要传送一个 2 状态的开关位置信息，用"0"表示断开，用"1"表示闭合。若传送中将表示开关闭合的"1"错成了"0"，接收端只能以收到的"0"错误地判读开关已"断开"，并且完全不可能发觉出现了这种错误。

如果增加一个"监督位"，例如用重复码方式（即监督位是信息位的重复），改用"11"表示开关闭合，"00"表示开关断开。设传输中又将"11"错成了"10"或"01"（只错 1 位的概率远大于 2 位皆错的概率），接收端起码知道收到的码是错的，可不必采信（丢弃），不会误认为开关已"断开"。这种重复码方式使接收端有了检错能力，但却不能纠正错误。

如果在上述重复码基础上增加 1 位监督位，即用"111"代表开关闭合，用"000"代表开关断开，设传送时又将"111"错成"110"、"101"或"011"，接收端首先知道这是错码，然后根据"像谁是谁"的判决原则，可以判定原始发送码为"111"（而不会判为"000"），表示开关已经闭合，从而纠正了错误。但如同时错 2 位就不能纠正了。

当然，这种具有纠错能力的抗干扰编码是付出了"代价"的，即在有效信息位后面添加了若干位"冗余"的监督位，这就降低了编码效率。所谓编码效率可表示为 $R_c=k/n$，其中 k 为信息码元数，n 为总的传送码元数，而监督码元数 $r=n-k$。

抗干扰编码的主要要求是：

（1）码的性能要好，能检出或纠正最可能出现的那些错误类型；

（2）编码效率要高，所加的监督位尽量少；

（3）实现编码和译码的方法要简便，力求设备简单，使用方便。

二、差错控制方法

差错控制的目的是要发现传输过程中出现的错码，进而加以纠正。接收端经过译码，能查出存在错码，但不知道错码的确切位置，称为检错译码，如 CRC 方式、ARQ 方式和 IRQ 方式。接收端经过译码能判定错码的位置并加以纠正，称为纠错译码，如 FEC 方式和 HEC 方式。

（一）循环传送检错法（CRC）

发送端对信息进行抗干扰编码，发出能够检出错误的码字，即检错码。接收端收到后进行检错译码，如无错码则进行接收处理；如有错码则该组数码丢弃，待下次循环再接收该信息。在 CDT 规约中信息的抗干扰编码采用的就是 CRC 编码。循环检错方式比较简单，只需要单工信道。

（二）反馈重传纠错法（ARQ）

发送端产生能检错的校验码，在接收端通过译码判断数据是否正确，若有错，则接收端产生自动重发请求，请求发送端重新发送出错的码字。这种方式仅用检错编码即实现了纠错，但需要全双工信道。如果干扰严重，重传次数增多，会影响通信的连贯性，降低传输效率。

（三）信息反馈对比法（IRQ）

接收端把收到的数据信息原封不动地通过反馈信道回送给发送端，由发送端将其与刚才所发送信息进行对比，如两者不一致，则将原来的发送信息再重发一次，直到返回信息与原发信息一致时为止。这种方式电路较简单，也需要双工信道。遥控返送校核常采用这种方式来确保遥控对象的正确，防止"张冠李戴"，误控其他对象。

（四）前向纠错法（FEC）

采用前向纠错法时发送端发送的必须是能被检错和纠错的码，接收端收到数据信息后不仅能发现错误，并能指出错码的确切位置，然后将其"取反"（将"1"改为"0"，或相反），这就纠正了错误。这种方法只需单向信道即可，但这种编码比只有检错能力的检错码要复杂得多。

（五）混合纠错法（HEC）

混合纠错法是 ARQ 和 FEC 方式的综合应用。发送端发送纠错码，接收端收到后首先检查错误情况，如果在码的纠错能力以内，则自动纠错并使用；若错误位数多，超过了码本身的纠错能力，则通过反馈信道要求发送端重发该信息。混合纠错法编/解码相当复杂，且编码的效率很低，所以很少被采用。

上面介绍的各种差错控制方法，其主要工作是在发送端进行抗干扰编码，在接收端则进行检错或纠错译码。采用循环式通信规约时，遥测遥信通常采用循环传送检错的方法；采用问答式通信规约时，遥测和遥信则采用检错译码方式。对于遥控，为了提高可靠性，多采用信息反馈等方式。

三、几种常用的监督码（抗干扰编码）

如前所述，纠错编码的实质是在传输的信息码元之外加入监督码元，使码元之间具有某种相关性。如这种相关性仅局限在每个码组内，即每个码组的监督码元仅与该码组信息码元有关，而与其他码组的信息码元无关，这类码就称为分组码。如果分组码的规律性可以用线性方程来描述，则该分组码称为线性分组码，否则就是非线性分组码。

如果若干个相邻的码组具有一定的相关性，本码组附加的监督码不仅取决于本码组中的信息序列，还取决于相邻若干码组中的信息序列，这种码称为卷积码或连环码。

下面介绍几种实际中经常应用的监督码。这些编码虽然比较简单，但由于它们易于实现，抗干扰能力又较高，因此实际中用得较多。

（一）奇偶校验码

奇偶校验码是一种最简单的检错码。其编码规则是先将所要传输的数字序列分组，若干个码元构成一组，在各组的数字信息后面附加 1 位监督位，使得该码组连监督位在内"1"的个数为偶数（称为偶校验）或奇数（称为奇校验）；在接收端按同样的规律检查，如发现不符就说明产生了差错，但是不能确定差错的具体位置。下面举例说明。

奇校验：有效信息 1011001，附加奇校验位"1"后变为 1011001①（共 5 个"1"）；接收端若收到数码为 10100011，发现码元"1"的个数为 4（非奇数），即判为出错。

偶校验：有效信息 1011001，附加偶校验位"0"后变为 1011001⓪（共 4 个"1"）；接收端若收到数码为 10110011，发现码元"1"的个数为 5（非偶数），即判为出错。

奇偶校验码均能检出奇数个错误，但不能发现偶数个错误，且由于不知道发生错误的确切位置，故不能进行纠错。多数情况下利用奇偶校验码来检查出单个差错，通常可以达到较为满意的效果。

（二）方阵码

方阵码是二维奇偶校验码，又称行列监督码或矩阵码。这种码可以克服奇偶校验码不能发现偶数个差错的缺点，其基本原理与简单的奇偶校验码相似，不同的是每个码元都要分别受到行和列的双重监督。表 3 - 1 所示为将信息组成 5 行 8 列，并附加水平、垂直两种偶校验的方阵示例。

表 3 - 1　　　　　　　　　　　　水平、垂直偶校验方阵

行＼列		8 列信息码元并附加第 9 列水平偶校验列									说　　明
		①	②	③	④	⑤	⑥	⑦	⑧	⑨	
5 行信息码元	①	1	0	1	0	1	1	0	0	0	
	②	1	0	1	1	0	1	0	1	1	同时发生 4 位错误且刚好在纵、横对应的位置上，如表中方框位置，则不能被检出
	③	0	1	1	0	1	1	0	0	0	
	④	0	1	0	0	1	0	1	1	0	
	⑤	1	1	0	1	0	1	0	1	1	
附加垂直校验行		1	1	1	0	0	1	0	0	0	

发送信息时按表 3 - 1 中列的次序进行（先发送第 1 列），信道中传送的序列为

$$110011001111\cdots010100010010$$

接收时仍将收到的码元按表 3 - 1 顺序排成方阵。同时，信息将被逐行、逐列地用偶校验规则检查。由于从水平和垂直两个方向进行偶检验，提高了检错能力，降低了漏检率。仅当类似于表 3 - 1 中加方框的 4 个码元同时出错时才会出现漏检，发生这种巧合的概率极小。

（三）线性分组码

1. 系统码和分组码

信息通常要分组进行传送和处理。设每个信息组有 k 个码元（有 2^k 种组合，代表 2^k 种含义），后面附加了 r 位监督码元，组成了长度 $n=k+r$ 的信息码字，称为 (n, k) 分组码。这种信息码元在前，监督码元在后的形式又称为系统码。该码附加了不承载任何信息的监督码元，降低了编码效率。

2. 分组码的检错原理

分组码的检错原理是：n 位二进制码共有 2^n 种组合排列，其中有效信息位只有 k 位，因而有效的信息组合只有 2^k 种。这 2^k 种组合（连同其监督位）被称为许用码字，全部许用码字组成一部"码字典"；剩余的（2^n-2^k）种组合则为禁用码字。发送端只发送许用码字，若接收端收到的信息序列属于码字典中的某一个码字，就正确地接收、译码、执行；如不在码字典中，即为禁用码字，说明信息在传输中出错了。可见，检出错误是比较容易的。

3. 分组码的纠错原理

在分组码中，把码字中"1"的个数称为"码重"；把任意两个码字对应位上码元不相同的个数称为"码距"，表明了两个码字之间差别的大小。在一组分组码中，某两个码字距离最小，则它们的距离就称为该组的最小码距，记为 d_0，有时也简称为码距。在线性分组码中，最小码重（全 0 除外）就等于最小码距，这是一条定理。

纠错采用的是"最大似然译码原则"，通俗地说就是"最像哪种就是哪种"。若接收端收到的属于禁用码字，就将其与各个许用码字对比，与哪个许用码字的码距最小，即可判定其出错前就是该许用码字。这种纠错方法按概率来看是合理的，实践中也往往是正确的。

当然，如果某禁用码字与两个（或更多）许用码字的码距相等，就无法用上述方法进行纠错了，因此纠错能力与最小码距密切相关。

对最小码距为 d_0 的分组码，其检错和纠错能力有如下关系：

（1）能检出 l 个差错码元，应有

$$l \leqslant d_0 - 1$$

（2）能纠正 t 个差错码元，应有

$$t \leqslant \frac{1}{2}(d_0 - 1) \quad (t \text{ 取整数})$$

4. 线性分组码的检错和纠错原理

有一种监督位和其前面相应信息位之间由线性方程组联系的分组码被称为线性分组码。下面以（7，3）线性分组码为例来说明。

设（7，3）线性分组码的 7 位用 $C_6 C_5 C_4 C_3 C_2 C_1 C_0$ 来表示，前 3 位为信息位，后 4 位是监督位，它们之间满足下列一组线性方程式（采用模 2 加法）

$$C_3 = 1 \times C_6 + 0 \times C_5 + 1 \times C_4$$
$$C_2 = 1 \times C_6 + 1 \times C_5 + 1 \times C_4$$
$$C_1 = 1 \times C_6 + 1 \times C_5 + 0 \times C_4$$
$$C_0 = 0 \times C_6 + 1 \times C_5 + 1 \times C_4$$

设已知道信息位是 101，可表示成 $(C_6 C_5 C_4) = (101)$，则用模 2 加法可求出其监督位，即

$$C_3 = 1 \times 1 + 0 \times 0 + 1 \times 1 = 0$$
$$C_2 = 1 \times 1 + 1 \times 0 + 1 \times 1 = 0$$
$$C_1 = 1 \times 1 + 1 \times 0 + 0 \times 1 = 1$$
$$C_0 = 0 \times 1 + 1 \times 0 + 1 \times 1 = 1$$

所谓模 2 加法的规则如下（可以用符号 $\oplus$ 表示）：

$$1 \oplus 0 = 1$$
$$0 \oplus 0 = 0$$
$$1 \oplus 1 = 0$$

注意：这点与一般二进制数加法不同。

这样构成的许用码字为 1010011。

（7，3）线性分组码及其纠错原理示于表 3-2。

表 3-2　　　　　　　　　（7，3）线性分组码及其纠错原理表

k 位信息位（$k=3$）	r 位监督位（$r=4$）	n 位许用码字（$n=7$）	禁用码字与各许用码字相差位数	
			①	②
000	0000	0000000	3	2
001	1101	0011101	5	4
010	0111	0100111	⒈	2
011	1010	0111010	3	4
100	1110	1001110	3	4

续表

k 位信息位 (k=3)	r 位监督位 (r=4)	n 位许用码字 (n=7)	禁用码字与各许用码字相差位数	
			①	②
101	0011	1010011	5	6
110	1001	1101001	5	4
111	0100	1110100	3	2
禁用码字举例		① 0100110		
		② 0100100		

（7，3）线性分组码共有 $2^7=128$ 种组合，仅 $2^3=8$ 种许用码字，其余 120 种均为禁用码字。

查看表 3-2 可知，（7，3）线性分组码的最小码距 $d_0=4$，因此，它的纠错能力为
$$t \leqslant 0.5 \times (4-1) = 1.5$$
即只可以纠正 1 位错误。这容易理解，表 3-2 中，设（7，3）线性分组码的第 3 个码字 0100111 传输中错成了 0100110（禁用码字①），接收端首先确定这是一个禁用码字，然后逐个与各许用码字对比，发现它与第 3 个码字仅差 1 位，而与其余各码字均相差 3 位以上，因而可纠错还原为第 3 个码字 0100111；若第 3 个码字在传输中错 2 位，变成 0100100（禁用码字②），则它与第 1、3、8 码字均差 2 位，这就不能做出正确的纠错还原了，可见仅能纠正 1 位错误。

（四）循环码

循环码是分组码中的一个重要门类，它是在严密的代数学理论基础上建立起来的，编码和译码电路比较简单，检错纠错能力又较强，得到了广泛应用。

循环码除了有线性分组码的一般性质外，还具有循环性，即将某一码字（全 0 除外）的首位移到其末位之后，就变成了相邻的另外一个码字。表 3-3 所示为（7，3）循环码表。

表 3-3　　　　　　　　　　　　　（7，3）循环码表

序　号	信息组 (k=3)	校验码 (r=4)	码字 (n=7)
1	000	0000	0000000
2	001	0111	0010111
3	010	1110	0101110
4	101	1100	1011100
5	011	1001	0111001
6	111	0010	1110010
7	110	0101	1100101
8	100	1011	1001011

1. 循环码监督码的计算方法

循环码的监督码（检验位）是怎样求得的呢？设 (n, k) 循环码的信息组有 k 位，校验位有 $n-k=r$（位），记为 R。编制 (n, k) 循环码的步骤如下：

（1）设 A_1，A_2，…，A_k 是信息码组的各个位，信息码组可表示为

$$M=(A_1A_2\cdots A_k)$$

$M(X)$ 为由 M 得出的对应信息多项式，即

$$M(X)=A_1X^{k-1}+A_2X^{k-2}+\cdots+A_{k-1}X^1+A_kX^0$$

（2）做乘法，即 $M(X)\cdot X^r$（做多项式乘法中合并同类项时要用模 2 加法，下同）。

（3）求 (n,k) 循环码的生成多项式 $G(X)$。$G(X)$ 是由式 X^n+1 进行因式分解而得出，阶数为 r。$G(X)$ 可能有多种形式。

（4）做除法，即 $M(X)X^r/G(X)$。

（5）上述除法的余式即为 $R(X)$，由 $R(X)$ 可得到监督码 R。

（6）发送的码字 F 就等于在信息码组 M 后加上监督码 R。

【例 3-1】　计算表 3-5 中第 4 行信息组（101）的监督码。

解　（1）$M=(101)$，其信息多项式为

$$M(X)=1\times X^2+0\times X^1+1\times X^0=X^2+1$$

（2）　　　　　　　　　$M(X)X^r=(X^2+1)X^4=X^6+X^4$

（3）$G(X)$ 是 $X^n+1=X^7+1$ 的一个因式，$G(X)$ 应为 4 阶，经因式分解得

$$X^7+1=(X+1)(X^3+X+1)(X^3+X^2+1)$$

$$G(X)=(X+1)(X^3+X+1)=X^4+X^3+X^2+1$$

或者

$$G(X)=(X+1)(X^3+X^2+1)=X^4+X^2+X+1$$

取后者为生成多项式，其也可用系数表示，即 $G=(10111)$。

注意：因式分解时右侧各项展开以后合并同类项采用相应系数的模 2 加法运算，在以下除法中亦同样。

（4）用 $M(X)X^r$ 除以 $G(X)=X^4+X^2+X+1$，或仅用系数做除法

$$
\begin{array}{r}
X^2\qquad\qquad\qquad\\
X^4+X^2+X+1\overline{)X^6+X^4+0+0}\\
\oplus X^6+X^4+X^3+X^2\\
\hline
X^3+X^2=R(X)
\end{array}
$$

或者

$$
\begin{array}{r}
100\qquad\\
10111\overline{)1010000}\\
\oplus 10111\\
\hline
(1100)=R
\end{array}
$$

（5）由余式 $R(X)=1\cdot X^3+1\cdot X^2+0\cdot X+0\cdot 1$，得到校验码 $R=(1100)$。

（6）最后要传送的信息字 $F=（1011100）$，是信息组 $M=(101)$ 和校验码 $R=(1100)$ 的组合。

从上例可以看出，编码的关键在于求出余式 $R(X)$。这种求余式的计算可由专门电路来完成，也可以用软件程序的方法求出。

2. 循环码的检错和纠错

（1）循环码的检错方法。接收端在收到数字序列后，检错的方法也是通过做除法 $\dfrac{F(X)}{G(X)}$

后求出余式 $Q(X)$。若 $Q(X)=0$，则表示收到的信息正确；若 $Q(X)\neq0$，则表明信息有错误。

【例 3-2】 试判断［例 3-1］中接收信息的正确性。

解 （1）设收到的信息正确，即

$$F'=F=(1011100)$$
$$F'(X)=F(X)=X^6+X^4+X^3+X^2$$

已知 $G(X)=X^4+X^2+X+1$，做除法，则有

$$(X^6+X^4+X^3+X^2)/(X^4+X^2+X+1)$$

求出余式

$$X^4+X^2+X+1\overline{)\begin{array}{r}X^2\\X^6+X^4+X^3+X^2\\\oplus\ X^6+X^4+X^3+X^2\\\hline 0=Q(X)\end{array}}$$

因余式 $Q(X)=0$，说明所收信息正确。

（2）设收到的信息有错，即

$$F'=(1011101)\neq F$$
$$F'(X)=X^6+X^4+X^3+X^2+1$$

做除法求余式

$$X^4+X^2+X+1\overline{)\begin{array}{r}X^2\\X^6+X^4+X^3+X^2+1\\\oplus\ X^6+X^4+X^3+X^2+0\\\hline 1=Q(X)\end{array}}$$

因 $Q(X)=1\neq0$，说明收到的信息有错。

（2）循环码的纠错方法。余式 $Q(X)$ 又称为伴随式，它和"错码样式" E 有一一对应关系。若无错误，$E=00\cdots0$；若是某一位错了，则 E 的相应位变成 1。所以根据 $Q(X)$ 就可以查出错码样式 E，然后将收到的错码序列 F'加上 E，就得到了正确的码字。

［例 3-2］中 $Q(X)=1$，查得错码样式 $E=(0000001)$，因此有

$$F=F'\oplus E=(1011101)\oplus(0000001)=1011100$$

这样就恢复成正确的码字，实现了 1 位纠错功能。

（五）缩短循环码

将循环码的信息位缩短 i 位，而监督码元数保持不变（总码长 n 也缩短 i 位），称为缩短循环码。一般是将信息位的前 i 位固定为"0"，这些"0"可不必传送，就形成了 $(n-i, k-i)$ 缩短循环码。缩短循环码还能保持原来的最小码距不变，因而检错纠错能力、编码和检错的方法也不变，但没有循环性能。

现在电网调度自动化中采用的（48，40）码，就是由（127，119）循环码缩短而得的（$i=79$，即码字前有 79 个"0"不必传送）。其生成多项式为 $X^{127}+1$，经因式分解得出的一个 8 阶因子式 $G(X)=X^8+X^2+X+1$。（48，40）码的最小码距 $d_0=4$，能够检出 3 个或 3 个以下的差错，并能纠正 1 位差错。当有 4 个或 4 个以上差错时就不一定能被检出，但发生这种不可检出错误的概率较低。

（六）陪集码

陪集码是将循环码的每一个"码字多项式"与另一个"固定多项式"$P(X)$相加而生成的新码字。在电网调度自动化循环式通信规约中，取

$$P(X) = X^7 + X^6 + X^5 + X^4 + X^3 + X^2 + X + 1 \quad [或表示为 P = (11111111)]$$

将其与原48个码元序列相加（模2加）所得的结果，就是将48位中的最后8位（即监督码R）"取反"。因此，在求得监督码R后将其"取反"，再附加于信息码元之后，就是采用了陪集码格式。

采用陪集码的好处是可以提高接收端搜索同步的能力。例如，若某信息字前40位均为"0"，则计算出的监督码也是8个"0"，这样，整个码字（48个"0"）传过去，接收端无法检测同步情况（电平没有一个上跳沿）。改为陪集码格式后，若前40位是"0"，取反后的监督位就是8个"1"，至少有一个由"0"到"1"的电平上跳沿提供给同步检测电路。

四、流量控制

流量控制是用来告诉发送端，在等待接收端的应答信号之前可传送多少数据。因为接收端在使用数据之前，必须对数据进行校验与处理，这种处理速率通常比传输速率低，所以在接收端设置缓冲区，如果缓冲区即将满，接收端必须通知发送端暂停发送。最简单的流量控制方法是停止/等待方式，即发送端发送一帧数据后停下来，等待接收端的响应信号，在接收端允许发送下一帧时才继续发送，否则就等待。

可见，无论是差错控制还是流量控制，它们的基础都是监督码，监督码的检错能力越强，差错控制和流量控制的效果就越好。

第三节 电网调度自动化主要通信方式

一、通信方式的选择

有线、无线通信种类繁多，各种通信方式均有其特性。在设计实施过程中，应遵循先进、实用、可行、可扩展的原则，根据通信的重要性因地制宜地选择通信方式。

（1）实时监控设备的通信（如馈线自动化的通道）要求可靠、快速，可以考虑光纤通信。而实时监测设备的通信［如集中抄表、负荷控制（管理）等］一般只要求定时采集，在通信速率和可靠性方面要求大大降低，可以选择电力载波、无线扩频或电话专线等低价的通信方式。

（2）电网调度控制中心至各厂站之间的通信，是电网自动化的总动脉，在容量、速率上都有较高的要求，宜采用直通的高速通信网。

（3）沿市区主要道路，可设计多个环网作为通信主干道，连至调度控制中心（或配电控制分中心）。通信主干道宜采用光纤双环自愈网，同时将沿线的各厂站终端设备串接起来。

（4）通信主干道光 Modem 分支的通信，连接着分散的终端设备，采用光 Modem 辐射型式，可以选用光纤、双绞线、电力载波、无线扩频等方式。

（5）负荷控制主要面对分布广泛的客户，实时监测客户运行情况和传递电力企业的信息，其通信速率和可靠性要求大为降低，优先采用中压配电线载波或无线扩频。

二、局域网及其应用

（一）局域网基本概念

局部网络是一种在较小区域内使各种数据通信设备互连在一起的通信网络。局部网络又分两种类型：局部区域网络，简称局域网（LAN）；计算机交换机（CBX）。局域网能为分布式的自动化系统提供通信介质、传输控制和通信功能的良好服务，应用十分广泛。局域网具有以下典型特征：

(1) 高数据传输速率，可达 100Mpbs，通常为 1～20Mpbs；

(2) 短距离传输，不超过 25km，一般为 0.1～10km；

(3) 低误码率，可达 $10^{-8}～10^{-11}$，一般为 $10^{-7}～10^{-9}$；

(4) 一般采用基带传输，省去了 Modem 等设备；

(5) 一般没有中心节点，多为分布控制。

网络的拓扑结构、传输介质、传输控制和通信方式是局域网的四大要素。

（二）局域网的网络拓扑结构

1. 点对点结构

点对点即指两台计算机通过专用传输链路直接连接。

2. 星形结构

星形结构属于中央控制型结构，即若干台计算机与一台计算机（主计算机或称中央计算机节点）相连，由中央节点执行集中式通信控制策略，结构比较复杂。任意两站点间通信必须由中央节点建立传输路径，各站点的通信处理负担则很轻。这种方式可使用多种传输介质。

星形结构有控制方式简单，单个站点故障时不会影响全网通信，便于中央控制和故障诊断、访问协议简单等优点。其主要缺点是通信依赖于中央节点，通道利用率低且不宜扩展。实际应用中，为了保证系统工作可靠，中心节点可设置备份。

3. 总线形结构

总线形结构采用单根传输线（双绞线或同轴电缆）作为传输介质，所有站点经过接口都接到一条公用主干链路上。它没有中央控制，属于分散式结构。在任何时刻，总线只允许两个站点之间进行通信。由于没有中央控制节点，因此各站点都必须具有智能，即能够实现竞争访问控制策略。

4. 环形结构

环形结构是用中继器（转发器）将各段链路串联成环形。中继器是一种比较简单的设备，能够接收一条链路的数据，再以同样的速度串行地将此数据传送到另一条链路上。这种链路只能向单一方向传送数据，每个站点都通过一个中继器连接到环网上去，数据以分组形式发送，每个节点都有控制发送和接收的访问逻辑，以决定每个站在什么时候可以将其分组信息发到环形网络上。

环形网络常用双绞线作为传输介质，传输速率可达 10Mbps，此外也可采用同轴电缆或光纤。在同一环上不同的段可以采用不同的传输介质和不同的传输速率，但环形网络中任一节点失效，便会对全网造成危害，可靠性不够高。

图 3-7 示出了几种网络的拓扑结构。

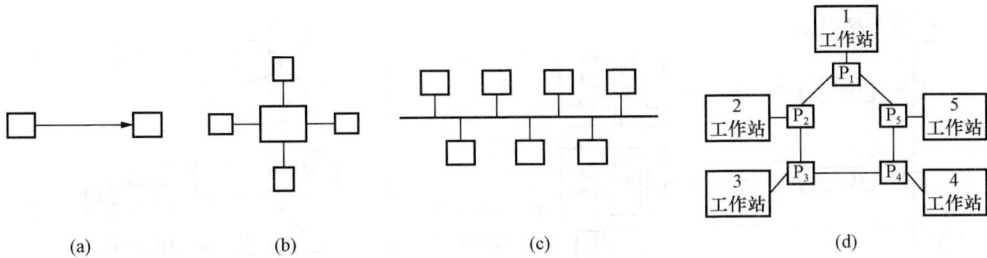

图 3-7　几种网络的拓扑结构

(a) 点对点；(b) 星形；(c) 总线形；(d) 环形（令牌环）

（三）几种常用的局域网

1. 令牌环（TokenRing）网

令牌环网是一种以环形网络拓扑结构为基础发展起来的局域网，其结构如图 3-8（d）所示。虽然它在物理组成上也可以是星形结构连接，但在逻辑上仍然以环的方式进行工作。其通信传输介质可以是无屏蔽双绞线、屏蔽双绞线和光纤等。

令牌环网的接入控制机制采用的是分布式控制模式的循环方法。环网中有一个令牌（Token），沿着环形总线在入网节点计算机间依次传递。令牌本身并不包含信息，是一个特殊格式的帧，仅控制信道的使用，确保同一时刻只有一个节点能独占信道。当环上节点都空闲时，令牌绕环行进。节点计算机只有取得令牌后才能发送数据帧，因此不会发生碰撞。由于令牌是按顺序依次传递的，因此对所有入网计算机而言，访问权是公平的。

令牌在工作中有"闲"和"忙"两种状态。"闲"表示令牌没有被占用，即网中没有计算机在传送信息；"忙"表示令牌已被占用，即网中有信息正在传送。希望传送数据的计算机必须首先检测到"闲"令牌，将它置为"忙"状态，然后在该令牌后面传送数据。当所传数据被目的节点计算机接收后，数据被从网中除去，令牌被重新置为"闲"。令牌环网的缺点是需要维护令牌，一旦失去令牌就无法工作，需要选择专门的节点监视和管理令牌。

2. 以太网（Ehternet）

以太网采用总线结构，总线每段长度不超过 500m，必要时可经中继器再增加一段或几段，通常在 1～10km 中等规模的范围内使用，属一个组织或一个单位内的非公用网。以太网的传输介质可以是双绞线、同轴电缆或光纤，传输速率达 10Mbps，误码率为 10^{-8}～10^{-11}。以太网具有高度的扩充灵活性和互连性，且建设费用低。图 3-8（a）为以太网拓扑结构。

各主机（HOST）发出的报文分组，所有站点均可收到，但只有目的地址所指明的终端才可以接收，不需要路径选择，控制是完全分散的，没有中央计算机来进行网络控制，当网络中某个站发生故障，不会影响整个系统的运行。

以太网采用载波监听多重访问/冲突检测方式（CSMA/CD）共享信道，不支持带优先级的实时访问。CSMA/CD 是一种各节点竞争抢占总线发送信息的随机方法，抢到总线的点就占用总线发送信息，其他节点就不能同时发送信息了。为了克服几个节点都有信息要发，同时抢总线的冲突，采用了"先听后发"的方法，即先监听总线上是否空闲，若空闲，再稍等一下后立即发出自己的信息。若监听到总线正忙，就一直监听，直到总线空闲后再抢占。

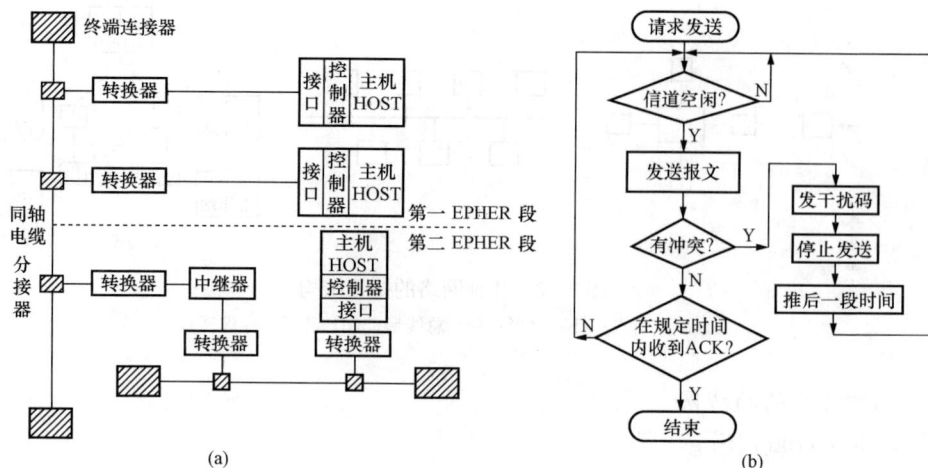

图 3-8　以太网（Ethernet）拓扑结构及发送报文工作流程图
(a) 拓扑结构；(b) 发送报文工作流程

不仅如此，已开始发送信息的节点还要边发送边监听，验证总线上发送的信息是否与本站发送的信息一致，如一致，说明发送成功；否则，说明有冲突，应立即停止发送，退让一个随机控制时间段后，重新抢占总线。

图 3-8（b）为以太网发送报文工作流程图。当发送信息时监听到有冲突，就发一个简短的干扰码以加强冲突，同时停止报文发送，推迟一段随机延时继续监听信道。发送报文如无冲突，并在规定的时间内收到了对方肯定性回答 ACK，就结束这次通信，否则继续监听，重复发报过程。

多路存取是指某一个站发送信息，所有网络节点均可收听总线信息，但只有发送目的地址是本站地址时才抄录接收和处理。如果信息目的地址是"广播地址"，则所有节点站都要将该信息收录到自己的缓存区中。这种方式的主要缺点是不能保证紧急信息优先传送。

三、串行通信接口

信息源和传输介质、受信者和传输介质之间必须有转换设备，如调制解调器、载波机等。与转换设备连接部分称之为通信接口。常用的串行通信接口有 RS-232C 接口、RS-422A 接口、RS-485 接口。

（一）RS-232C 接口

RS-232C 接口是美国电子工业协会（EIA）1973 年制定的一种串行数据传输接口标准，已被广泛地应用在计算机与各终端、计算机及计算机之间的连接中。RS-232C 所定义的内容，属于国际标准化组织（ISO）所制定的开放式结构互连所建议的七层结构中的最低层——物理层所定义的内容，包括机械特性、电气特性和功能特性三个方面的规范。

1. 机械特性

RS-232C 规定选择 DB25 结构作为其连接器。DB25 由一个 25 针的插头和一个 25 孔的插座组成。通常，RTU（数据终端设备，简称 DTE）方面采用 DB25 针式插头，Modem（数据电路端设备，简称 DCE）方面则采用 DB25 孔式插座。

2. 电气特性

RS-232C 接口采用负逻辑工作，即逻辑"1"用负电平（-5～-15V）表示；逻辑"0"

用正电平（＋5～＋15V）表示。通常使用时，其门限电平是±3V，因此许多 RS-232C 接口采用±8V 电源。

由于大部分设备内部使用 TTL 电平，因此 RS-232C 接口还需通过专门的线路驱动器 MC1488 和线路接收器 MC1489 来完成电平转换。

RS-232C 接口的传输速率小于 20Kbps。常用的速率有 300、600、1200、2400、4800、9600bps。RS-232C 接口信号线上总负载电容不得超过 2500pF。由于通常使用的多芯电缆每米具有电容 150pF，故采用 RS-232C 接口的最大传输距离仅有 15m。

3. 功能特性

RS-232C 接口的信号线分为四类：数据线、控制线、定时线、地线。控制线通常称为握手线，其主要功能是实现 DTE（如 RTU、PC）和 DCE（如 MODEM）之间的互相联系，表示它们的工作状态。定时线一般在同步通信方式时使用。RS-232C 常用引脚的信号名称和功能见表 3-4。

表 3-4　　　　　　　　　　RS-232C 接口常用引脚的信号名称和功能

引脚号	信 号 名 称	数据线	控制线	定时线
1	屏蔽地线			
2	发送数据 TXD	DTE 发送		
3	接收数据 RXD	DCE 发送		
4	请求发送 RTS		DTE 发送	
5	允许发送 CTS		DCE 发送	
6	数据设备准备好 DSR		DCE 发送	
7	信号地线 GND			
8	接收载波检测 DCD		DCE 发送	
15	发送时钟 TXC			DCE 发送
17	接收时钟 RXC			DCE 发送
20	数据终端准备好 DTR		DTE 发送	
22	振铃指示 RI		DCE 发送	
24	发送时钟 TXC			DTE 发送

4. RS-232C 接口的优缺点

（1）优点：RS-232C 接口采用单端驱动、单端接收电路，传送每一种信号只用 1 根信号线，所有信号公用 1 根信号地线，电路简单，应用广泛。

（2）缺点：数据传输速率不高（20Kbps 以内），传输距离不远（15m 以内）；因有公共地线，较易受噪声干扰。

5. 改进的 RS-232C、RS-422A 接口

为解决 RS-232C 接口发送和接收共用一根地线易受共模干扰问题，在全双工方式下，RS-422A 接口采用两对平衡差分信号线（共 4 根），实现平衡驱动和差分接收，从根本上取消了信号地线，使抗干扰能力大为加强，传输速率和传输距离也显著增加。例如，传输距离为 1200m 时，RS-422A 的传输速率可达 100Kbps。

（二）RS-485 总线接口

RS-485 总线接口采用半双工方式通信，只需采用 1 对平衡差分信号线，其余电气特性与 RS-422A 接口相同。RS-485 总线接口用于多站点互连非常方便，并可节约昂贵的信号线。

四、现场总线（Field Bus）

（一）现场总线的特点

现场总线的概念是随着微电子技术的发展，数字通信网络延伸到工业过程现场成为可能后，于 1984 年左右提出的。它具有可靠性高、稳定性好、抗干扰能力强、通信速率高、造价低和维护方便等优点。

满足通信的周期性、实时性和可确定性，并能适应工业现场的恶劣环境。

现场总线除具有局域网的一些优点外，最主要是它提供了互换操作，使不同厂家的设备可以互连互换。现场总线的开放性，使用户可方便地实现数据共享。而一般局域网主要适于作为数据处理的计算机网络，其传输容量很大，但实时性不高，也不适应工业现场的恶劣环境。

（二）CAN 现场总线

CAN（Controller Area Network）控制局域网是德国 BOSCH 公司开发的一种串行数据通信协议，是一种具有很高可靠性，支持分布式控制和实时控制的串行通信网络。CAN 总线采用双绞线串行通信，最大通信距离可达 5000m，最高通信速率可达 1Mbps。CAN 总线通信介质也可以是同轴电缆或光导纤维。CAN 总线是一种多主总线，具有很强的检错功能，可在高噪声干扰环境中使用，可与各种微处理器连接。CAN 总线通信接口中集成了 CAN 协议的物理层和数据链路层功能，可完成对通信数据的成帧处理，包括位填充、数据块编码、循环冗余检验、优先级判别等项工作。

CAN 协议采用 CRC 检验并有相应的错误处理功能，保证了数据通信的可靠性。CAN 总线协议已被国际标准化组织认证，技术比较成熟，控制芯片已商品化，性价比高，特别适合工业过程监控设备的互连，越来越受到工业界的重视，并已公认为最有前途的现场总线之一。

另外，CAN 总线采用了多主竞争式总线结构，CAN 总线上任意节点可在任意时刻主动地向网络上其他节点发送信息而不分主次，因此可在各节点之间实现自由通信。CAN 总线插卡可以任意插在 PC 兼容机上，方便地构成分布式通信系统。

第四节　电网调度自动化系统通信规约

在电网调度自动化系统数据通信中，传输的是二进制"0"、"1"代码串。这些代码在不同的位置有不同的含义，有的是地址，有的是要传输的数据，还有些是为了检测差错而附加上的监督码元，这些在通信前必须由双方约定。通信规约就是事先约定的一种通信规则。

目前，我国应用于电网调度自动化中的规约，主要有循环式通信规约（CDT）和问答式通信规约（POLLING）两种。

一、循环式通信规约（CDT）

（一）循环式通信的工作情形

按循环方式工作时，厂站 RTU 享有发送信息的主动权。每个 RTU 都要独占一条到调度中心的信道（点对点方式，全双工通信），调度中心与各厂站 RTU 采用放射式线路相连。为保证可靠性，还要有主、备用两种信道，信道投资较大。各 RTU 将采集并编码的遥测信息（如 P、Q、U、I 等）和遥信信息（如断路器状态等）一遍接一遍循环不息地传送给调度中心（上行信息）。调度中心如发现有错即丢弃不用，等待下一循环该项的新数据传来。

上行信息视实时性不同进行分级，等级高的信息优先传送。例如，事故时断路器在继电保护装置作用下跳闸，这样的信息必须尽早地上报到调度中心，因此规定"遥信变位"属于最高的优先级，在循环传送中必须随时插入优先传送。对重要遥测量，每 2s 扫查并传送一次；对次要遥测量，每 5s 扫查并传送一次；对一般遥测量，可长达 20s 才扫查传送一次。

由调度中心发给 RTU 的各种遥控、遥调或其他命令（下行信息），由下行通道随时传送到各厂站，不是循环的。

（二）CDT 规约特点

（1）发送端（厂站 RTU）按预先约定，周期性地不断地向调度端发送信息。

（2）信息以帧为单位，按信息重要程度不同，分为 A、B、C、D、E 五种帧类别。

（3）每帧长度可变，多种帧类别循环传送。上帧与下帧相连，信道永无休闲地循环传送。

（4）信息按重要性和实时性的不同，规定有不同的优先级和循环更新时间。遥信变位优先传送，重要遥测量更新循环时间较短。

（5）区分循环量、随机量和插入量，采用不同形式传送，以满足电网调度自动化系统对信息实时性和可靠性的不同要求。

（三）CDT 规约中信息的优先级顺序

1. 上行信息的优先级

上行信息（厂站端→调度端）优先级排列顺序及循环更新时间如下：

（1）子站对时的返回信息及遥控返回信息均随时插入传送；

（2）遥信变位信息及子站工作状态变化信息均随时插入传送，并要求 1s 内送达主站；

（3）重要遥测量安排在 A 帧传送，循环更新时间不大于 3s；

（4）次要遥测量安排在 B 帧传送，循环更新时间不大于 6s；

（5）一般遥测量安排在 C 帧传送，循环更新时间不大于 20s；

（6）一般遥信状态实时性要求低，安排在 D_1 帧定时传送，循环时间为几分钟至几十分钟；

（7）电能脉冲计量实时性也不高，安排在 D_2 帧定时传送，循环时间为几分钟至几十分钟；

（8）事件顺序记录信息（SOE）安排在 E 帧，以帧插入方式传送。

2. 下行命令的优先级

下行命令（调度端→厂站端）的优先级，从重要到次要排列如下：

（1）召唤子站时钟，设置子站时钟校正值和子站时钟；

（2）遥控选择、执行、撤消命令，升降选择、执行、撤消命令，设定命令；

（3）广播命令；

（4）复归命令。

（四）CDT 规约的帧格式及字格式

CDT 规约的帧格式如图 3-9 所示。每帧开头为同步字，接着是控制字、信息字，每个字都是 48 位。信息字的数量 n 依实际需要设定（个别情况 $n=0$ 也可），帧长度是可变的。

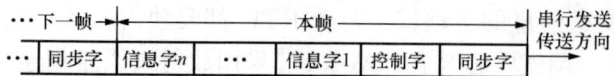

图 3-9 CDT 规约的帧格式

1. 同步字

同步字是一帧数据的开始标志。它很特殊，一般不会与后面的控制字或信息字相同。在 CDT 规约中采用 3 组 EB90H，即 3 组 <u>1110</u> <u>1011</u> <u>1001</u> <u>0000</u> 共 48 位。当写入串行通信接口时，则变成 3 组 D709H（从左读起），如图 3-10 中同步字格式所示。发送时从右上角 B_1 字节的最低位 b_0 开始，从右至左（低位→高位），从上到下（低字节→高字节）逐位发送。

2. 控制字

控制字用来说明本帧信息的有关情况，共 6 个字节 48 位，见图 3-10 中的控制字格式。

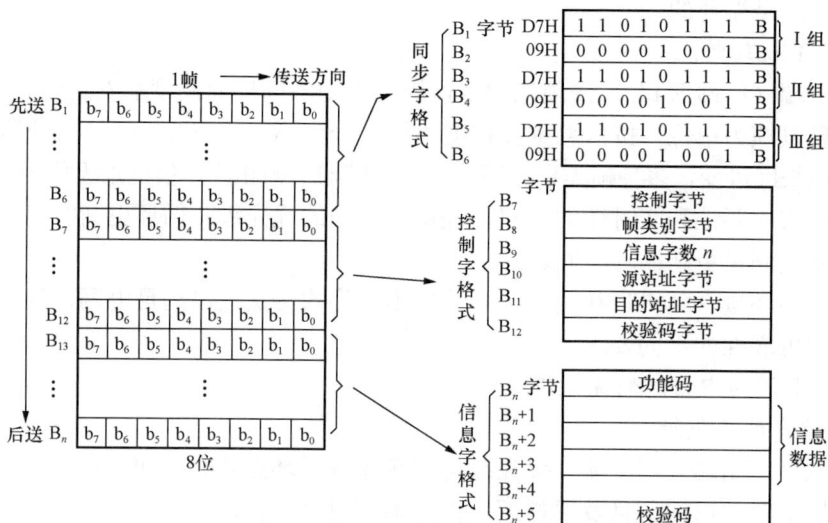

图 3-10 CDT 方式的一帧结构

（1）控制字节。控制字节是控制字的第 1 字节，共 8 位，其中：

1）第 1 位 E 为扩展位。当 $E=0$ 时，本规约已定义了 18 种帧类别，见表 3-5；当 $E=1$ 时，还可再扩展帧类别，另行定义。

2）第 2 位 L 为帧长定义位。$L=0$，本帧无信息字，即 $n=0$；$L=1$，本帧有信息字，$n \leqslant 256$，各帧 n 不相同，即帧长可变。

3）第 3 位 S 为原站址定义位。上行信息中，$S=1$ 表示源站地址字节有内容，为子站号；下行信息中，$S=1$ 表示源站地址有内容，为主站号。

4）第 4 位 D 为目的站址定义位。上行信息中，$D=1$ 表示目的站地址字节有内容，为主站号；下行信息中，$D=1$ 表示目的站地址字节有内容，为子站号。当 $D=0$ 时，相应目的站地址应为 FFH（即 11111111），表示是广播命令，所有站同时接收并执行广播命令。

5）控制字节的其余 4 位暂未安排，为 0000。

（2）帧类别字节。该字节用于标明本帧具体的帧类别。当 $E=0$ 时，已定义的帧类别代号及其定义见表 3-5。

表 3-5　　　　　　　　　　帧类别代号及其定义

帧类别代号	定义		帧类别代号	定义	
	上行 $E=0$	下行 $E=0$		上行 $E=0$	下行 $E=0$
61H	重要遥测（A帧）	遥控选择	57H		设定命令
C2H	次要遥测（B帧）	遥控执行	7AH		设置时钟
B3H	一般遥测（C帧）	遥控撤消	0BH		设置时钟校正值
F4H	遥信状态（D_1帧）	升降选择	4CH		召唤子站时钟
85H	电能脉冲计数值（D_2帧）	升降执行	3DH		复归命令
26H	事件顺序记录（E帧）	升降撤消	9EH		广播命令

（3）校验码字节。该字节采用 CRC 循环冗余校验码，根据前 40 位计算出后 8 位校验位，其生成多项式为

$$G(X)=X^8+X^2+X+1$$

控制字中其余的字节，信息字数 n、源站址字节、目的站址字节，其含义明确不再解释。

3. 信息字

信息字也由 6 个字节共 48 位组成，如图 3-10 中的信息字格式所示。

（1）功能码。功能码有 256 个（00H～FFH）分别代表不同的信息内容，具体见表 3-6。

表 3-6　　　　　　　　　　功 能 码 分 配 表

功能码代号（H）	字数	用　途	信息位数	容　量
00～7F	128	遥测（上行）	15	256
80～81	2	事件顺序记录（上行）	64	4096
84～85	2	子站时钟返送（上行）	64	1
8B	1	复归命令（下行）	16	16
8C	1	广播命令（下行）	32	16
A0～DF	64	电能脉冲计数值（上行）	32	64
E0	1	遥控选择（下行）	32	256
E1	1	遥控返校（上行）	32	256
E2	1	遥控执行（下行）	32	256
E3	1	遥控撤消（下行）	32	256
E4	1	升降选择（下行）	32	256
E5	1	升降返校（上行）	32	256
E6	1	升降执行（下行）	32	256
E7	1	升降撤消（下行）	32	256
E8	1	设定命令（下行）	32	256
EC	1	子站状态信息（上行）	8	1
ED	1	设置时钟校正值（下行）	32	1
EE～EF	2	设置时钟（下行）	64	1
F0～FF	16	遥信（上行）	32	512

（2）遥测信息字。遥测信息字格式如图 3-11（a）所示。每一路遥测量占用 16 位，每一遥测信息字可传送两路遥测量。其中 $b_0 \sim b_{11}$ 共 12 位表示遥测量的数值，b_{11} 为符号位，$b_{11}=0$ 为正数，$b_{11}=1$ 为负数；$b_{14}=1$ 表示溢出，$b_{15}=1$ 表示数无效。

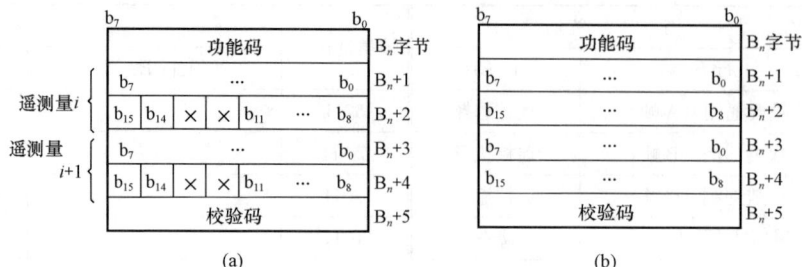

图 3-11　遥测信息字与遥信信息字格式
(a) 遥测信息字；(b) 遥信信息字

（3）遥信信息字。每个遥信信息字〔见图 3-11（b）〕的有效位数为 32 位，可以按预先约定的顺序表示 32 个开关或保护继电器的状态（码元"1"表示开关合或继电保护动作，码元"0"表示开关断或继电保护未动作）。

（4）遥控信息字。遥控操作要十分可靠，决不可误控其他开关，为此，设计了如图 3-12 包括遥控返校等增加可靠性环节的遥控信息字格式，并且遥控命令都要连发 3 遍。接收端采用 3 取 2 原则做出判决，即 3 遍内容一致或 3 遍中有 2 遍内容一致都可以正确译出和执行；只有 3 遍各不相同时才判为错码不予执行。

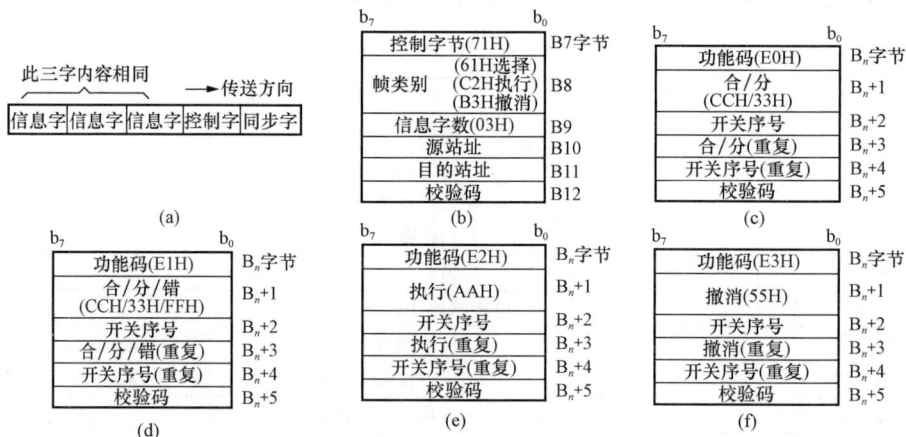

图 3-12　遥控过程的信息字格式
(a) 遥控帧结构；(b) 遥控控制字（下行）；(c) 遥控选择信息字（下行）；
(d) 遥控返校信息字（上行）；(e) 遥控执行信息字（下行）；(f) 遥控撤消信息字（下行）

（5）电能脉冲计数信息字。电能脉冲计数信息字式见图 3-13。每一信息字一般用 $b_0 \sim b_{23}$ 共 24 位表示电能计数值，可用二进制码表示（$b_{29}=0$），亦可用 BCD 码表示（$b_{29}=1$），b_{31} 为有效位。

（五）CDT 规约中帧系列传送顺序安排
帧系列可根据需要安排传送顺序，通常有下列三种方式。

（1）固定循环传送，用于传送 A、B、C、D_1、D_2 帧。

（2）帧插入传送，用于传送 E 帧（E 帧长度不得大于 A 帧）。SOE 信息可能连续出现，当轮到发送 E 帧时，用软件指针定好发送界限，后续出现的可归到下一次的 E 帧时再送。

（3）信息字随机插入传送，具体插入的方式如下：

1）变位遥信、遥控命令的返校信息，升降命令的返校信息一产生就应插入当前帧的信息字传送。若当前帧是 A、B、C、D 帧，则原信息字被取代，插入的信息在本帧内连续（重复）3 次（原帧长度不变，不许跨帧），以便接收端利用 3 取 2 原则作出判决；若本帧空间不够连续重复 3 次，则全部改为下一帧插入传送。当前帧如是 E 帧，则应在 SOE 完整字之间插入，帧长度相应加长。

2）对时的子站时钟返回信息也插入传送，但仅传送一遍，其余与上述同。

图 3-13 电能脉冲计数信息字格式

图 3-14 所示为帧系列传送的示例。图 3-14（a）所示为各种帧类别均需传送并有 E 帧插入的示意图，当需要以帧插入方式传送 E 帧时，即在箭头所指处插入传送，并按规定连送 3 遍。

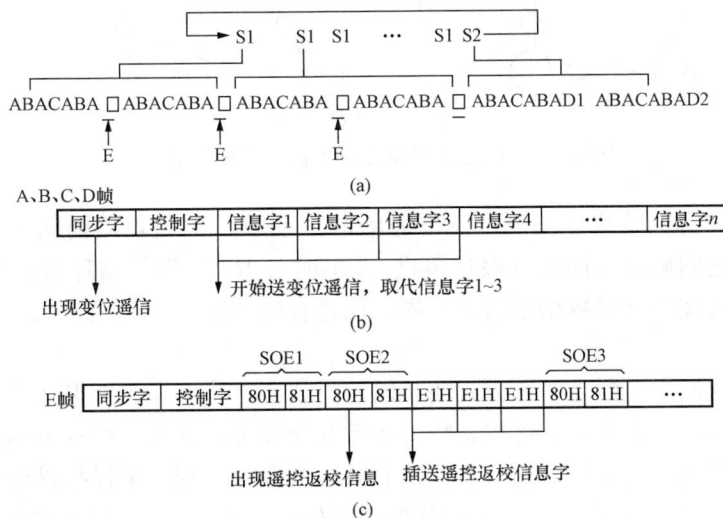

图 3-14 帧系列传送示例

（a）各种帧类别均需传送并有 E 帧插入；（b）有变位遥信插入；（c）插送遥控返校

图 3-14（b）所示为有遥信变位插入传送时的示意图。这种插入不是以帧为单位，而是以信息字为单位，优先插入当前一帧，并连传 3 遍（取代 3 个原来信息字），若本帧不够连续传 3 遍，就全部改在下一帧再传送。对时的子站时钟返回信息只插送一遍，如被插的帧为 A、B、C、D 帧，原信息字被取代后帧长不改变；如被插的是 E 帧，则必须在事件顺序记录完整的信息之间插入，帧长度也相应增加，如图 3-14（c）所示。

另外，在遥控命令、升降命令和设定值命令的传送过程中，若出现遥信变位，则自动取消该命令，优先发出遥信变位信息给调度端。当子站初始加电或重新复位后，帧系列一律从

D_1 帧开始，优先传送遥信状态给调度端。

下行通道中没有上述问题，有命令随时发送，无命令时则连续不间断地发送同步信号。

二、问答式通信规约（Polling）

（一）问答通信方式的特点和工作情形

采用问答通信方式可以适应如图 3-15 所示的全部通信网络。除点对点之外，其余网络，如多点串接、多点环形、多点星形等，都可以节省通道投资。而前述 CDT 规约则只能适用于点对点（放射式）通信网络。

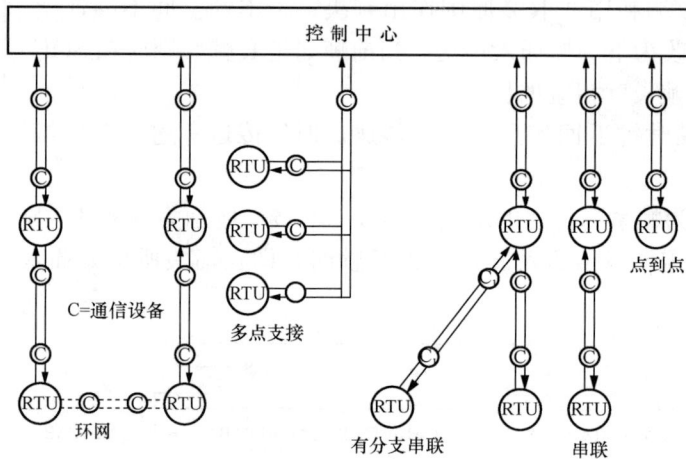

图 3-15　问答式通信方式可适于各种网络结构

问答通信方式由主站掌握遥测、遥信通信的主动权。主站轮流询问各 RTU，各 RTU 只有在接到主站询问后才可回答（报送数据）。平时各 RTU 也与循环通信方式一样采集各项数据，不同之处在于这些数据不马上发送，而是存储起来，当主站轮询到本站时才组装发送出去。

至于遥控、遥调，无论是循环方式还是问答方式，都是由主站掌握通信的主动权。

子站的远动数据种类不一，可按其特性和重要程度加以分类。各种不同的远动数据可以选择相应的扫描周期，对于重要的、变化快的数据应勤加监视，采样扫描周期应短一些；对于不重要的变化缓慢的数据，采样扫描周期可以长些。RTU 可提供几种类别的扫描周期，例如 8 种，这样也就把远动数据按扫描周期分成 8 个类别。划分为类别后，主站在需要时可以向子站查询某些类别的数据。

为了提高效率，通常遥信采用变位传送，遥测采用越阈值（即越死区）传送，因此对遥测量需要规定其死区范围。遥测量配有数字滤波，因而还要规定滤波系数。扫描周期、死区范围和滤波系数等参数应事先确定，使用时由主站给子站初始化时设定。问答式规约中主站与子站的通信项目可按功能来划分，主站向子站发送的命令大致可分为：

（1）初始化设置参数类，包括设置扫描周期、设置死区数值及滤波系数等；

（2）查询类，询问各种类别的远动数据情况等；

（3）管理控制类，控制 RTU 的投入或退出工作等；

（4）其他类，如电源合闸确认以及遥控、诊断报文等。

子站对主站的响应主要有两类：一类是对主站命令的简短响应，即肯定性确认或否定性确认；另一类是遵照主站命令回复相应的具体数据。

我国的问答式远动规约中规定，信息传送采用异步通信方式；报文以 8 位的字节为单位，附加起始位和停止位，但不带奇偶校验位，上行及下行报文格式如图 3-16 所示。

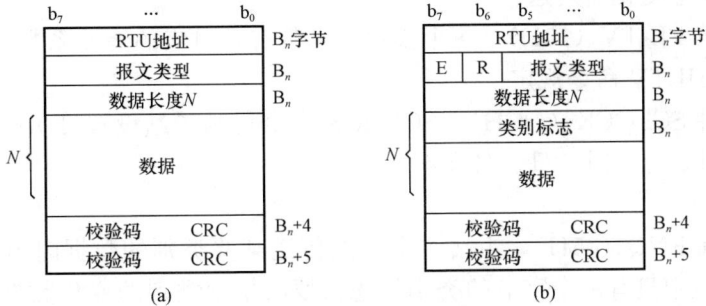

图 3-16　问答式规约的报文格式

(a) 下行报文（主站至子站的命令）；(b) 上行报文（子站至主站的响应）

地址部分通常为一个字节，其中下行报文中为目的站 RTU 地址，上行报文中为源站 RTU 地址。地址范围为 00H～FFH（0～255），其中 FFH 用作广播命令的地址，对所有 RTU 均有效。各 RTU 接到广播命令后不用回送应答报文。

报文类型用来说明报文的内容或类型，它用不同的代码来表示不同类型的报文，例如 01H 代表"复位 RTU"报文（RESET）。

数据长度表明报文中数据段的字节数。

子站返回主站的响应报文中都有 E 和 R 两位以及一个字节的类别标志，如图 3-16 (b) 所示。E（b_7 位）用来报告事件记录情况，有事件记录时 E=1，否则 E=0。R（b_6 位）用来报告 RAM 自检情况，自检有错时 R=1，否则 R=0。子站返回主站的响应报文中用"类别标志"来报告哪些类别的数据有了变化（各种信息依其不同的扫描周期划分为 0～7 共 8 类）。类别标志中的每一位表示对应类别的情况，例如类别标志中的 b_1 位为 1，就表示类别 1 中有数据变化。主站也可设置类别标志，用以指明查询某些类别的数据。

检验码部分有三种情况：①对于重要的报文采用 16 位校验码；②对于不太重要的报文只用 8 位校验码；③子站给主站的"肯定性确认"和"否定性确认"报文则不带校验码。

（二）主站送出的命令报文

1. 初始化设置参数类命令

（1）设置模块工作方式与参数 SCON（03H）。RTU 中每一模块地址包含 8 个字地址，每个字为 16 位，这些字可用来表示各种数据。数据有不同的类型，可分为模拟量、状态量、事件记录（或时标量）、状态变化量、脉冲计数（或电能量）、BCD 码测量值等。为模块规定了数据类型，在处理数据时就可按约定的方式进行。按扫描速度，数据分为 8 个类别，规定了类别也就确定了相应的扫描速度。对模拟量还应规定死区范围。

SCON 命令用来确定 RTU 模块中每个字的工作模式。在 SCON 命令的数据段中为各个模块的每个字规定了模块类别、模块类型和死区范围的代号（有 8 种）。

（2）扫描周期 SCAN（11H）。SCAN 命令用来设定每一种模块类别的扫描周期。

（3）死区范围 RFAC（04H）。8 种死区范围数值由死区范围 RFAC 命令规定。模拟量的变化如超出死区范围，就将该模拟量的变化标志置 1，其相应的类别标志也置 1，表示该类别的数据已有明显变化需发送。

（4）滤波系数 FILTV（13H）。每个模块类别都有其对应的滤波系数，8 个滤波系数的数值由滤波系数 FILTV 命令规定。

（5）设置时钟 SCLOCK（OCH）。SCLOCK 命令可为子站设置日历时钟，其命令的数据段内容依次为秒、分、时、日、月和年。

2. 查询类命令

（1）类别询问 ENQ（05H）。主站要求子站传送某些类别的数据时就发类别询问命令 ENQ。它的数据段中只有一个字节的类别标志，要收集某类别的变化数据时就将类别标志中的对应位置 1，例如要查询类别 1 和 2，就将类别标志中对应的 b_1 和 b_2 位均置为 1。若欲查询事件记录类信息，则将类别标志全置 0。

（2）重复询问 REP（1AH）。主站未能正确收到子站关于询问类别的响应时，就发重复询问命令 REP。

（3）类别更新 REFRESH（OBH）。主站要求传送某些类别的数据，不论其是否已有变化，就用类别更新命令 REFRESH，把要询问的类别标志的对应位置 1。

（4）数据传送 DATREQ（ODH）。主站要求子站发送指定地址的数据，或由主站向子站的指定地址发送数据时就使用数据传送命令 DATREQ。在命令中除指定地址外还用 DIR 位标明传送方向，DIR＝0 时要求子站发送指定地址的数据，DIR＝1 时则为主站向子站的指定地址送数据。

3. 管理控制类命令

（1）复位 RTU，RESET（01H）。用于使 RTU 复位，重新启动程序。

（2）启动 RTU 扫描 ENBRTU（08H）。用于启动 RTU 扫描 I/O 模块。

（3）停止 RTU 扫描 DISRTU（07H）。用于使 RTU 停止扫描。

（4）启动 I/O 模块扫描 ENBMOD（OAH）。用于启动对指定模块地址和字址的量进行扫描。

（5）停止 I/O 模块扫描 DISMOD（09H）。用于对指定的模块停止扫描。

4. 其他类命令

（1）电源合闸确认 PWRACK（12H）。PWRACK 用于主站对子站送来的电源合闸报文 PWRUP 进行确认。

（2）带返送校核遥控 CTL（1EH）。主站进行遥控时，先发带返送校核遥控命令 CTL，命令中指定有 RTU 地址、遥控对象和遥控性质等。子站收到此命令后向主站返送一个返校码，主站经校核无误后才发遥控执行命令。

（3）诊断报文 DIA（OEH）。为了检查通信链路中数据传送的可靠性，主站可用诊断报文命令 DIA 发送一组数据。子站收到此数据后照原样回送，由主站与原发送的数据对照检查。

主站发送的部分命令报文见表 3-7。

表 3 - 7　　　　　　　　　　　　　　**主站发送的部分命令报文**

报 文 类 型		代码（H）	数据段字节数	校验码字节数
初始化设置参数类	设置模块工作方式与参数 SCON	03	①	2
	死区范围 RFAC	04	8	2
	扫描周期 SCAN	11	8	2
	滤波系数 FILTV	13	8	2
	设置时钟 SCLOCK	0C	6	2
查询类	类别询问 ENQ	05	②	1
	重复询问 REP	1A	②	1
	类别更新 REFRESH	0B	1	2
	数据传送 DATREQ	0D	①	2
管理控制类	复位 RTU RESET	01	0	2
	起动 RTU 扫描 ENBRTU	08	0	2
	停止 RTU 扫描 DISRTU	07	0	2
	启动 I/O 模块扫描 ENBMOD	0A	①	2
	停止 I/O 模块扫描 DISMOD	09	①	2
其他类	电源合闸确认 PWRACK	12	0	2
	带返送校核遥控 CTL	1E	4	2
	诊断报文 DIA	0E	①	2

①　字节数按需要而定。

②　不设数据长度字节。

（三）子站发送的响应报文

子站发送的响应报文主要有两类：一类是简单确认〔(1)、(2)〕；另一类是发送具体数据。

(1) 肯定性确认 ACK（06H）。肯定性确认 ACK 表示已正确收到主站发来的命令，或主站询问的数据无变化。

(2) 否定性确认 NAK（15H）。否定性确认 NAK 表示未能正确收到主站送来的命令。

(3) 回答类别询问 DATCAT（1BH）。主站按类别询问时，若数据有变化，子站就用 DATCAT 报文回答。对于有变化的数据按类别顺序依次传送，并标明其类型、模块地址、字地址。数据部分按不同的类型有相应的格式，模拟量每个字为 16 位，占 2 个字节，其中有 4 位标志位。状态变化量占用 2 个字，即 4 个字节，第一个字为状态位，表明当前各位的状态；第二个字为变化标志，状态有变化的位置为 1。

(4) 回答数据召唤 DATREP（1CH）。主站向子站召唤数据，例如发送数据传送命令 DATREQ，子站就以 DATREP 回答。DATREP 的数据段对于模拟量、时标量（SOE 信息）、脉冲计数量等都规定有相应的格式，子站在回答时就按规定的格式逐一顺序传送。

(5) 电源合闸 PWRUP（16H）。子站在加上电源后对主站发来的任何命令都以 PWRUP 回答，直到收到主站发来电源合闸确认 PWRACK，或复位 RTU 的 RESET 为止。

(6) 诊断报文回送 DIAG（0EH）。子站收到主站的诊断报文 DIA 命令后回送 DIAG。

DIAG 数据段的内容就是收到的 DIA 命令中数据段的内容。

子站发送的部分响应报文见表 3-8。

表 3-8　　　　　　　　　　　　　　子站发送的部分响应报文

报　文　类　型	代码（H）	数据段字节数	校验码字节数
肯定性确认 ACK	06	②	0
否定性确认 NAK	15	②	0
回答类别询问 DATCAT	1B	①	2
回答数据召唤 DATREP	1C	①	2
电源合闸 PWRUP	16	1	2
诊断报文回送 DIAG	0E	①	2

① 字节数按需要而定。

② 不设数据长度字节。

（四）主站与子站之间的问答过程

下面以图 3-17 为例说明主站与子站之间的问答过程，其中传送的报文均用代号表示。

图 3-17（a）为初始化过程，包括主站给子站设置参数和随后子站给主站传送模拟量、状态量等数据。

子站加上电源后，首次接到主站的类别询问命令 ENQ 时，以电源合闸 PWRUP 报文回答。主站收到后，发送电源合闸确认 PWRACK 报文。经子站回复肯定性确认 ACK 后，主站就依次发送设置时钟 SCLOCK、设置扫描周期 SCAN、设置死区范围 RFAC、设置滤波系数 FILTV 等报文，接着又发送几个设置模块工作方式与参数的报文 SCON，为子站的模块和字规定了类别、类型、工作方式和参数。

对子站的工作方式与参数设置完毕后，主站发出启动 RTU 扫描命令 ENBRTU 和启动 I/O 模块扫描命令 ENBMOD。子站每次正确接收后均回答肯定性确认报文 ACK。主站为了收集数据，发出了类别询问命令 ENQ，对此子站以 DATCAT 作为类别询问的回复，将有关数据送往主站。一次送不完时经主站多次询问，直到把数据全部送完。

图 3-17（b）为主站以类别询问报文 ENQ 查询子站是否有变化的数据的一般询问。如数据无变化，子站就以肯定性确认报文 ACK 回答，主站收到后可以过一定时间再以 ENQ 询问。

图 3-17（c）为主站所询问的类别中有变化的数据，因而子站以 DATCAT 回答。经多次问答，直到把有变化的数据送完。

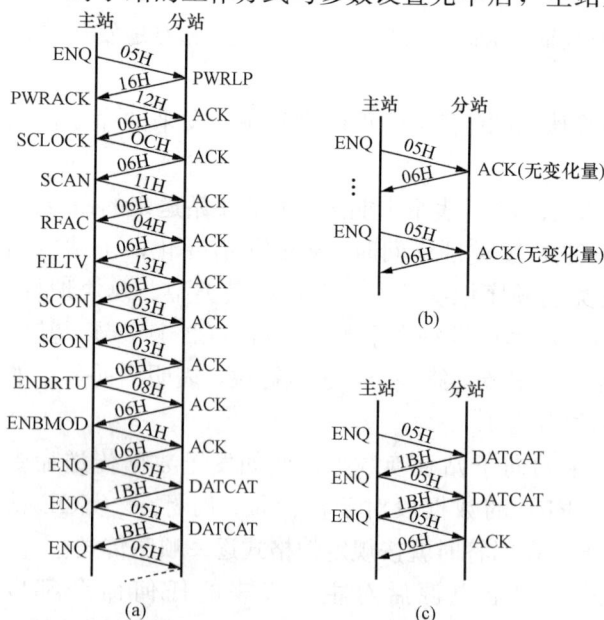

图 3-17　主站与子站问答过程

(a) 初始化；(b) 一般询问；(c) 有数据变化

如主站未询问的类别中有数据变化，子站在发送响应报文的类别标志中将对应位置为1，通知主站取数。如有事件记录，子站可将 E 标志位置 1［见图 3-16（b）］，以告知主站。

（五）问答通信方式下子站数据到达主站的时间

在循环式规约中，子站数据基本上按固定周期传送。但在问答式规约中，则由主站主动依次轮流询问各个子站，如被询问的子站无数据传送，就转向询问下一个子站；如被询问的子站有数据发送，一般就在数据送完后再转向询问下一个子站。

在采用遥测量越死区传送的情况下，子站中是否出现要传送的数据是随机的。当出现了要传送的数据时不一定能立即发送，只有在等到主站询问时才能发送，亦即这些数据在子站中还需排队等待服务。数据从出现（或称到达）开始一直到被轮询为止的这一段时间是排队等待时间。子站被轮询后，传送该数据所需的时间是服务时间。数据从出现到发送完毕所需的时间就是等待时间和服务时间两者之和，再加上数据在信道中的延时，就得到数据到达主站所需总的时间。

主站依次轮询各子站要花费的时间，包括发送查询命令，Modem 的延时以及线路传播的延时等。设主站将 N 个子站扫描询问一遍平均所需时间为 T_s，若某子站刚一产生数据就正好被主站查询，则该数据等待的时间为零；但是也可能有数据产生时主站刚刚查询过本站，则此数据只有等到下轮查询本站时才能送出，即数据等待的时间为 T_s。

第五节　电网调度自动化系统的通信信道

电力专用通信网是包括微波通信、载波通信、卫星通信、光纤通信和移动通信在内的覆盖全国电网的多种类、功能齐全的通信网络。我国已建成以管理信息系统计算机联网为基础的国家电网公司信息网，以电力调度自动化系统计算机联网为基础的国家电力调度数据网和全国电力电话会议网，起到了全国联网和电力商业化运营现代化信息平台的作用。电网通信系统、电网调度自动化系统、电网安全稳定控制系统合称电网安全稳定运行的三大支柱，而电网通信系统又是电网调度自动化和安全稳定控制系统的基础。

通信方式种类繁多，适于作为电网调度自动化系统通信信道的也有多种，目前应用的主要有：①电力线载波通信；②微波中继通信；③光纤通信；④音频电缆；⑤卫星通信等。

以下主要对电网中使用较广的电力线载波通信系统、光纤通信系统、微波通信系统等做简要介绍。

一、电力线载波通信系统

两台电话机用导线直接相连，就能实现最简单的音频通信。在这种通信方式中，线路上传送的是音频信号，在一对线路上只能传送一路电话。为了提高通信线路的利用率，使一对线路上同时进行多路通信，就要采用载波通信的方式。电力线载波通信是利用电力线路作为高频信号的传输介质，用于电力调度所与变电站、发电厂之间的通信，这是电力系统特有的、应用区域最广泛的一种通信方式。

利用高压输电线路传输高频信号具有以下优点：

（1）线路衰减小；

（2）输电线路机械强度很高，运行可靠，因而具有较高的传输可靠性；

（3）不需要另建通信线路，不必另外增加许多投资和日常维护费用。

电力线载波对小容量、长距离通信来说，是一种使用方便、经济、可靠的通信方式。

（一）电力线载波通信的系统构成

电力线载波通信的高频信号，由发送设备经过适当的耦合方式送入高频通道（相—地耦合方式或相—相耦合方式），在接收端再次经过适当的耦合方式提取到发送的信息。图 3-18 所示为电力线载波通信系统的构成图。

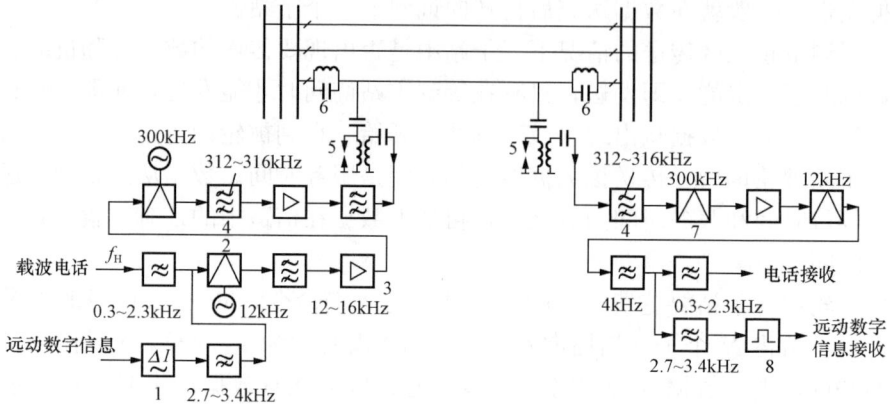

图 3-18　电力线载波通信系统构成图

1—调制器；2—调幅器；3—放大器；4—滤波器；5—耦合设备；
6—高频阻波器；7—解调器；8—数字信息恢复

1. 电力线载波机

电力线载波是远动与载波电话复用信道。一个电话话路频率范围为 $0.3 \sim 3.4 \text{kHz}$，通常规定载波电话占用 $0.3 \sim 2.5 \text{kHz}$ 的音频段，远动信号占用 $2.7 \sim 3.4 \text{kHz}$ 的上音频段。

远动的数字脉冲信号，先调制成 $2.7 \sim 3.4 \text{kHz}$ 的信号，然后送入载波机与电话信号合成 $0.3 \sim 3.4 \text{kHz}$ 的信号。载波机经过两次调制，将频率搬移到载波通信频段 $40 \sim 500 \text{kHz}$。这个高频信号，经结合滤波器、高压耦合电容器送至电力线。阻波器是 LC 谐振回路，对 $40 \sim 500 \text{kHz}$ 的高频信号具有很大阻抗，防止高频信号窜入高压母线。结合滤波器、高压耦合电容器将电力线上的高电压、大电流与通信设备隔离，保证设备安全。在接收端则是一个逆过程。

电力载波机构成复杂，技术要求很高，从 20 世纪 70 年代初期的晶体管式到 20 世纪 90 年代的集成电路式，发展到现在的数字式，从原理构成、工艺水平到技术指标，都有了长足的进步。

在发送端，通过电力载波机将交换机的话音、综合自动化 RTU 的远动数据和继电保护的命令信号，进行信号交换、调制、频率搬移、功率放大后，载有信息的载波信号经耦合电容器和结合滤波器注入电力线传往接收端；在接收端，再经过滤波、解调、自动电平增益（AGC）控制等一系列信号处理，迅速、安全、可靠地完成信息传送。

电力线载波机一般用单边调幅，两次或三次调制，基本频带为 4kHz 或 2.5kHz，单路或双路，而工作频率范围则为 $35 \sim 500 \text{kHz}$。

目前国内外广泛使用的载波机都是话音、远动数据或保护信号复合传送的复用型载波机，这种方式投资低、节省频带。国内也有一种专门传送继电器保护信号的专用收发信号机，其工作原理较为简单，一般用在 220kV 系统保护设备中。

2. 耦合设备

耦合设备主要完成高频信号的耦合，同时要保证工频（50Hz）电能可靠传送，并对高压、超高压工频电压可靠隔离，确保设备和人身安全。

耦合设备包括线路阻波器、耦合电容器（或电容式电压互感器）、结合滤波器、高频电缆及安全接地开关。这几种设备比较简单，也不需要经常调整和维护，可靠性很高。

（1）线路阻波器。它串联在线路两端，对工频呈现较低阻抗，保证电能低损耗输送；对载波高频信号则呈现高阻抗，减少高频信号向不需要的方向分流损失。

（2）耦合电容器。它与结合滤波器配合使用，其作用是将载波设备与馈线上的高电压、操作过电压及雷电过电压等隔开，防止高电压进入通信设备，保护人身和设备的安全，同时使高频载波信号能顺利耦合到馈线上。耦合电容器的常用额定容量有 3500、5000、10000、15000、20000pF 等几种，容量越大，衰减越小，越有利于低频段载波机的工作。

（3）结合滤波器。它与耦合电容器配合使用将载波信号耦合到馈线上，对高频信号提供较低衰减的通道，同时可以抑制馈线上的干扰进入载波机，并给耦合电容器下方的工频电压提供接地通路，保证设备和人身不受高压和瞬时过电压的危害。

3. 高频电缆

高频电缆特点是传输衰减小，抗干扰能力强，屏蔽效果好，常用的有 75Ω 不对称同轴电缆和 150Ω 对称电缆两种。高频电缆衰减随频率的升高而增加，在 $30\sim500kHz$ 范围内，每公里的衰减约为 $1\sim5dB$，通常用于户外结合滤波器至控制室载波机之间的高频连接线路。

（二）低压配电网电力线载波通信

低压配电网电力线载波通信（Distribution Line Carrier，DLC）是利用已有低压配电网作为传输媒介，实现数据传递和信息交换的一种技术。在配电线上通信与在输电线上通信的基本原理相同。对于 10kV 中压配电线载波，载波频率一般为 $5\sim40kHz$；对于 380/220V 低压配电线载波（又称入户线载波），载波频率一般为 $50\sim150kHz$。随着信息技术的不断发展，美、德、法等国家已提出家庭插座（Home Plug）计划，旨在推动以电力线为传输媒介的数字化家庭。可以预见，低压电力线载波通信技术必将成为新的研究热点。

低压配电网由于直接面向用户，其通信环境很恶劣，如负荷情况复杂，噪声干扰强且有时变性，信号衰减大，信道容量小等，因此，实现高性能的低压电力线载波通信有相当大的困难。对此世界各国已进行了大量的研究，如幅度调制（AM）、单边带调制（SSB）、频率调制（FM）、移频键控（FSK）、扩频通信（SSC）技术和最近试验的多载波正交频分多址（OFDM）技术。研究结果表明，实现数据在低压电力线上的优质传输是可以实现的。

1. 低压配电线路传统载波通信

图 3-19 所示为典型的配电线路载波通信系统框图。

配电线载波通信的设备包括安装在主变电站的配电线多路载波机，在线路各监控对象处安放的配电线载波机和高频通道。高频通道由高频阻波器、耦合电容器和结合滤波器组成。

配电线多路载波机与主变电站的区域工作站相连。在 10kV 馈线的分段开关处安放的馈线 RTU（FTU），采用配电线载波机，经耦合电容器 C 将信息耦合至馈线，并通过馈线与相应的区域工作站相联系。这样分散的 FTU 上报的信息就可以集中至区域工作站处，区域工作站再通过高速数据通道，将收集到的信息转发给配电自动化调度中心。用户抄表采用低压配电线载波方式，将各用户的信息传至公共配变的抄表交换机，再以配电线载波方式传至区域工作站。

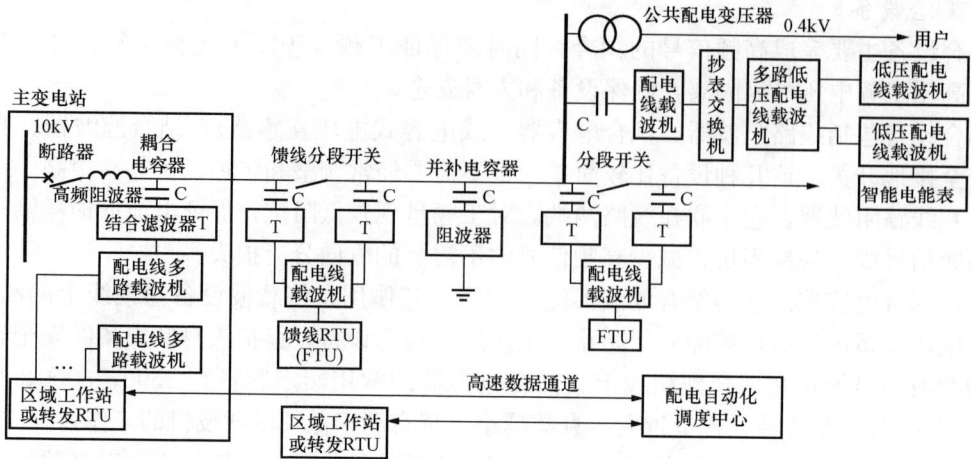

图 3-19　典型的配电线路载波通信系统框图

当配电线路分段开关断开时，相当于配电网载波通道出现断点，使信号不能通过。因而必须在分段开关处搭桥路，在分段开关两侧各装一套耦合设备，两套耦合设备的二次侧用电缆连接在一起，当工频通道断开时高频通道仍连通。为防止在发生单相接地时影响载波通信，分段开关每一侧均设置两台耦合电容器将载波信号分别耦合到 A、C 两相线路上。

配电线载波还有两种变形即脉动控制（音频控制）技术和工频控制技术，它们都是利用电力线路作为信号的传输载体，相关内容见第九章电力负荷控制部分。

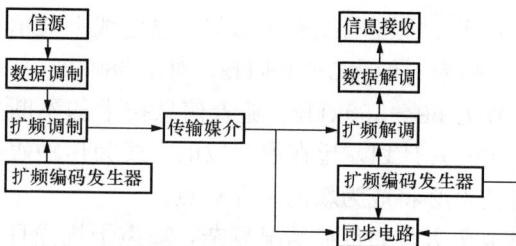

图 3-20　扩频载波通信原理框图

2. 低压电力线扩频载波通信

扩频载波通信是将待传输的信息数据用伪随机编码调制，实现频谱扩展后再传输；接收端则采用相同的编码进行解调及相关处理，恢复原始信息数据。与窄带通信方式不同，这种通信方式的特点是信息频谱经扩展后形成宽带传输，接收端相应处理后又恢复成窄带信息数据。其原理框图如图 3-20 所示。

香农公式 $C=W\log_2(1+P/N)$（其中，C 为信道容量，W 为频带宽度，P/N 为信噪比）指出，频带 W 和信噪比 P/N 是可以互换的，这意味着如果增加频带宽度，就可在较低的信噪比的情况下，用相同的信息速率以任意小的差错概率来传输信息。这就是用扩展频谱方法获得的好处，也是扩频通信的核心所在。

低压电力载波应用扩频通信的主要优点如下：

（1）抗干扰能力强，适合在低压电力线这样的恶劣通信环境下实现可靠的数据通信；

（2）可以实现码分多址（CDMA）技术，在低压配电网上实现不同用户的同时通信；

（3）信号的功率谱密度很低，具有良好的隐蔽性，不易被截获；

（4）可与现有通信系统共享频带，互不影响；

（5）有利于数字加密等。

二、光纤通信系统

（一）光纤通信的优点和缺点

光纤通信是目前认为最有前途的一种有线通信方式。所谓光纤即是经过提纯的玻璃纤维，其材料来源可以说是取之不尽。一根直径 $50\mu m$ 的玻璃纤维竟可以传输百万路电话，其容量之大实属惊人。尤其是它具有完全不怕电磁场干扰的特点，对于存在高电压和强电磁场干扰的电力系统特别合适。目前光纤通信波长是微米波，频率可达 $10^{14}\,Hz$，这样宽的频率范围是任何目前所知的其他通信方法所不可比拟的。在长距离通信中，可以采用中间再生方法，消除噪声和波形畸变的积累。

目前光纤通信技术已经成熟，并已在电力系统中广泛应用。与其他通信技术相比，光纤通信具有显著优点，当然也有一定的缺点。表 3-9 列出了光纤通信的优点和缺点。

表 3-9　　　　　　　　　　　光纤通信的优点和缺点

优　　　点	缺　　　点
（1）传输频带很宽，通信容量大	（1）强度不如金属线
（2）传输衰耗小，适合长距离传输	（2）连接比较困难
（3）体积小，质量轻，柔性好，可绕性强，敷设方便	（3）分路和耦合不方便
（4）输入与输出之间电气隔离好，不怕电磁干扰	（4）弯曲半径不宜太小
（5）抗腐蚀，耐酸碱，可以直埋地下	
（6）保密性好，无漏信号与串音干扰	

（二）光纤通信系统的构成

光纤通信由电端机、光端机和光缆三部分组成。各种模拟和数字信号，先经过电端机变成数字信号，再送到光端机变成光信号。光端机由光发送器和光接收器组成。光发送器有两类：一类是用半导体激光器（LD）作光源，用于大容量长距离光纤通信系统；另一类是以发光二极管（LED）作光源，用于短距离光纤通信系统。光发送器受到电端机输出信号的调制而变换为光信号。在接收端，接收器用光电二极管（PIN）或雪崩光电二极管（APD）来检测光信号，并将其转化为电信号后再送到电端机的接收部分。

光纤通信系统从功能上又分成发送、传输和接收三个部分，其最基本的组成如图 3-21 所示。

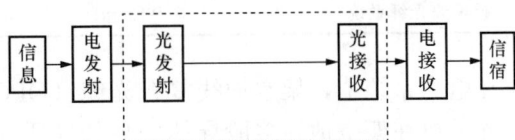

图 3-21　光纤通信系统的基本组成

1. 光纤和光缆

光纤是一种工作在光频段的介质波导，通常由双层的同心圆柱体组成。中心部分称纤芯，作用是传导光波；以外部分称包层，作用是将光波封闭在光纤中，同时增加光纤的机械强度，另外还能减少由于纤芯表面介质不连续而产生的散射损耗。

按纤芯材料成分不同，通常使用的光纤可分为两种类型：一种是纤芯折射率处处均匀，而在包层与纤芯交界处折射率突然变化，称为阶跃式折射率光纤（Step Index Fiber）；另一种是纤芯沿轴向折射率最大，沿半径方向折射率逐渐减小，到了包层与纤芯界面，纤芯与包层的折射率相等，呈抛物线规律分布，称梯度式折射率光纤（Graded Index Fiber）。

根据材料和结构的不同，光纤又分为单模光纤和多模光纤。单模光纤只传输单一电磁场模式，传输容量大，但价格贵；多模光纤能同时传输多种模式，虽然容量稍小，但价格较低。目前应用的多数是多模光纤。

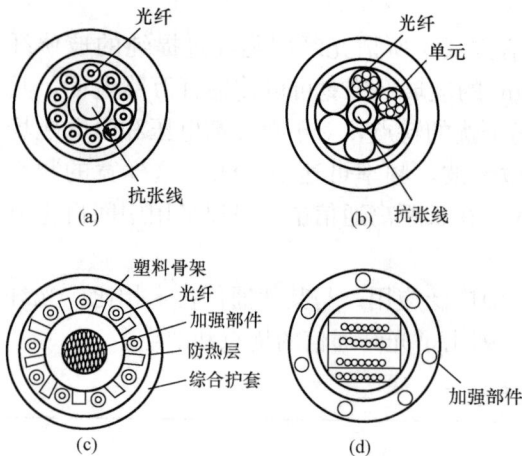

图 3-22　四种光缆的结构图

(a) 层绞式；(b) 单元型；

(c) 骨架式；(d) 带状式

实际通信线路中，都将光纤制成各种结构形式的光缆。光缆的类型很多，但基本的结构都是由光纤芯线、护套和加强部件组成。

光缆按结构分，有层绞式、单元型、带状式、骨架式等形式，如图 3-22 所示。层绞式光缆是应用得最多的一种，它以加强部件为中心将若干根光纤芯线绞合在一起，光纤芯数一般不超过 10 根。单元型光缆则是将几根到十几根光纤芯线集合成一单元，再由数个单元围绕强度元件绞合成缆，光纤芯数可达几百根。骨架式光缆是将光纤嵌在星形的骨架槽内，形成光缆单元，骨架中心是加强部件，骨架上的槽可以是 V 形或凹形，这种光缆可以减少光纤芯线的应力，并具有耐侧压、抗弯曲、抗拉的特点。一种新型带状式光缆，是将数根（如 12 根）光纤芯排列成行，构成带状单元，再将多个带状单元按一定方式排列成缆，可做高密度用户光缆。

目前短波长、低损耗光缆每千米损耗 3～5dB，中继距离约 10km；而 1.3、1.6μm 长波长光缆的损耗低于 1dB，中继距离已达几十千米，甚至可能超过 100km。光纤通信按波长的划分见表 3-10。

表 3-10　　　　　　　　　　　　　　光纤通信按波长划分

光纤通信种类	工作波长（μm）	中继距离（km）	每千米损耗（dB）
短波光纤系统	0.8～0.9	<10	3～5
长波光纤系统	1.0～1.6	>100	<1
超长波光纤系统	2.0 以上	>1000	0.1

在电力系统中，架空地线复合光缆（OPGW）最为经济适用。OPGW 的结构是将高质量的光缆放在架空地线多股导体中央的硬质气密铝管中。OPGW 具有架空地线和通信线的双重功能，随着输电线路的建立，通信线也建成了，且性能好，运行可靠，极少损坏，几乎无任何维修工作量，可以最有效地实现长距离、大容量信息传输，适于作为电力系统干线通信。

2. 光源

光纤通信对光源的要求很高，首先要输出功率大，发光峰值波长要适应光纤的要求，频率响应要宽或码速要高；另外还要求输出光谱窄，辐射角小；还要求体积小，寿命长，成本低。目前，光纤通信系统中采用的光源主要有半导体激光器和半导体发光二极管两种。

（1）半导体激光器。半导体激光器的特点是单色性好，相干性和方向性好，特别是发射角小的特点对光纤通信特别有用。它一般用于大容量长距离的光纤通信系统。

激光器一般由三部分组成，即激活媒质、谐振腔和激励源。用半导体材料作为激活媒质的激光器，称为半导体激光器。如果在光纤通信中用的半导体激活媒质是砷化镓（CaAs），就称其为砷化镓激光器。由高掺杂的砷化镓构成 P-N 结形成激活媒质，在 P-N 结的两端，按照晶体的天然晶面切割成相互平行且又很光滑的两个平面，这两面称为解理面，两个解理面构成了激光器的谐振腔。最后把 P-N 结的上、下两底面接上电极，并与"＋"、"－"外电源相连，这个外电源就是激光器的激励源。这样就构成了一个简单的 CaAs 激光器。

（2）半导体发光二极管。光纤通信用发光二极管属于非相干光源，发出的是荧光，适用于短距离光纤通信系统。发光二极管分为面发光二极管和边发光二极管。随着光纤通信距离延长和光纤通信速率的提高，半导体激光器应用日益增多，发光二极管应用相应减少。但是边发光二极管由于本身速率高，也得到了较多应用，其中能工作在 $200\sim1000\text{Mbps}$ 的边发光二极管已受到广泛的重视。边发光二极管发光面小，与单模光纤耦合较好，在某些特定场合还会应用到。

发光二极管特点是：①光输出功率和电流的线性关系良好，适合模拟调制方式；②不存在发射模式和阀值条件的限制；③有良好的温度特性，可靠性高；④制造方便，价格便宜。

3. 光接收机

光接收机作用是将经光纤传输后幅度被衰减、波形被展宽的微弱光信号转变为电信号，并进行放大处理，恢复原来信息。光接收机性能是整个光纤通信系统性能的综合反映。光接收机分为数字式光接收机和模拟式光接收机两类。

目前广泛采用的强度调制直接检测式数字光接收机的工作过程如图 3-23 所示。光纤中传来微弱光信号入射到光电检测器的光敏面时，光电检测器将其转变为电信号。前置放大器是光接收机的关键，它放大微弱电信号，要求其噪声足够小，并有适当的带宽和信号增益。主放大器进一步放大信号，并有一定的增益调整作用。均衡器对传输和放大后失真的信号进行补偿，使之输出适合于判决要求的脉冲形状。为了使光接收机的输出保持恒定，采用了自动增益控制电路（AGC），在一定范围内控制主放大器的增益和雪崩光电二极管的倍增因子。为了判决再生，还要从主放大器的输出信号中提取时钟信号，对均衡器的信号进行判决，识别出哪个是"0"码，哪个是"1"码，从而再生出原来的一串脉冲数字信号。

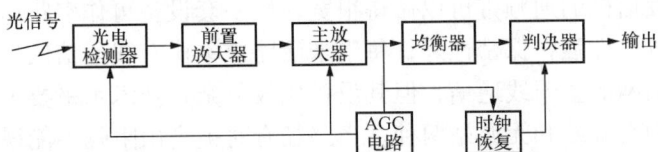

图 3-23　强度调制直接检测式数字光接收机的工作过程

4. 光发送机

光发送机的作用是将电信号转换成光信号，送入光纤传播出去。光发送机包括输入接口电路、驱动电路、自动功率控制电路（APC）和告警电路等几个部分。图 3-24 所示为光发送机的工作过程。

送入输入接口的是一串电脉冲信号，由输入接口电路将其变换成适合于光路传输的码型。驱动电路提供足够的电流，以驱动激光器发光，同时还可以调整和控制激光器的输出功率。光发送组件的光电二极管监测激

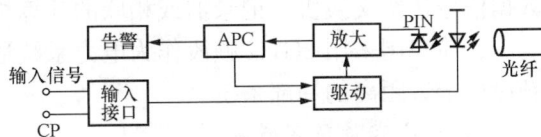

图 3-24　光发送机工作过程

光器的输出功率，将检测到的信号送往自动功率控制电路。自动功率控制电路对激光器的发光功率进行比较判断是大还是小，然后将信号送往驱动电路，调整驱动电流和输出光功率，使输出光功率保持稳定。由于激光器是半导体元件，对温度的敏感性较强，一般激光器组件都用热敏电阻探测出激光器管芯的温度，根据探测的温度，自动温度控制电路提供一定的电流给组件中的制冷器，对激光器的管芯制冷，使其保持正常的温度，以保证激光器的使用寿命。

为了使系统可靠地工作，还设有告警电路。如果发送机某一指标出现了问题，告警电路就会告警，用告警灯或电铃来提醒维护人员及早排除故障。

5. 光检测器

一个良好的光纤通信系统，需要一个好的光接收机，更需要一个有效快速的光电探测器。光电探测器是光接收机的关键，它应具备的条件有：①对应于使用波长的光波，要有高的灵敏度；②要有足够的带宽；③接收调解过程中的附加噪声要小。

无论是数字式光接收机还是模拟式光接收机，它们选用的光电检测器有三种形式：PIN光电二极管、雪崩光电二极管（APD）、PIN-FET 集成组件。

PIN 光电检测器要求反向偏压较低，通常为 $-10\sim-5V$，暗电流较小，无需偏压控制电路，使用比较方便；缺点是灵敏度较低。在宽带光接收机中用得较多的是 PIN-FET，它是将 PIN 光电监测器和场效应管 FET 前置放大电路混合集成在一起，不仅有 PIN 管的优点，又有 APD 管有倍增增益的优点。

三、微波中继通信与卫星通信

（一）微波中继通信系统的构成

波长为 $0.001\sim1.0m$、频率为 $300MHz\sim300GHz$ 的无线电波称为微波。微波基本上沿直线传播，由于地球表面是个球面，所以以每 $40\sim50km$ 就要设置一个中继站，以接力的方式将信号一站站地传送下去。微波传递信号的这种方式称为微波中继通信。

微波中继通信的优点是：微波频段的频带很宽，可以容纳数量很多的无线电频道且不致互相干扰；微波收发信机的通频带可以做得很宽，用一套设备可作多路通信；不易受工业的干扰，通信稳定；方向性强，保密性好；每千米话路成本比有线通信低。因此微波中继通信适合做电力系统通信网的主干线通信，但其设备比较复杂，技术水平要求较高。

微波中继站分为有源站和无源站两种。当路径有时被高山阻隔不能视通时，常采用无源中继方式，在高山处安装反射板加以解决。

图 3-25 所示为微波中继通信系统的构成示意图。电话、数据等信号首先送入载波终端机。在载波终端机中，用频率分割方式或时间分割方式形成多路复用信号，再把这个复用信号送到微波信道机调制成微波，经过波导管馈线，由抛物面天线向空间辐射电波。在中继站中，用中继机把在传播中损耗了的信号加以放大，再向下一个中继站转发。在收信侧，利用信道机解调成多路信号，再用载波终端机进一步对每一话路进行解调。最后分别取出电话、数据信号送给交换机、记录器或相联的计算机系统。

目前我国采用 2GHz 频段作为电力系统通信的主干线，8GHz 频段用于分支线，11GHz频段用于近距离的局部系统。

（二）小容量数字微波

小容量数字微波采用 $2.4\sim5.8GHz$ 频段，具有 30 路的通信容量，单条通信距离一般小

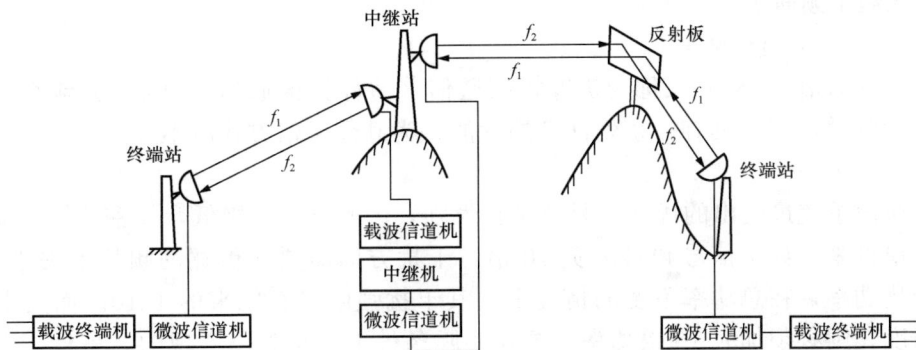

图 3-25　微波中继通信系统的构成示意图

于 50km。其各种接口齐全，如二线用户接口、交换机 E&M 中继接口、环启中继接口、脉冲中继接口等。小容量数字微波具有体积小、安装方便、抗自然及人为破坏能力强、高抗干扰能力、保密性好的特点，可应用于农网中的集中信道上。

（三）一点多址数字微波

一点多址（PMPS）数字微波是一种具有较宽通信覆盖面的通信系统，由中心站、中继站及外围站组成。中心站通过集线器与调度交换机相连，每一外围站用户数为 6～64 个。我国无线电管理委员会规定一点多址系统使用 1.5GHz 频段通信。一点多址系统一般采用时分多址（TDMA）方式，只使用一对收发频率工作，因而占用频段窄，不存在互相干扰。通常一个系统具有 15～60 个通信信道，可分配给 94～1024 个用户使用。信道的分配方式有预分配和按需分配两种。预分配信道用于传输实时性较强的数据信号；而按需分配信道则用于传输调度电话信息。这种信道分配方式既满足了电力通信的需要，又提高了信道的利用率。中心站和中继站使用全向天线，可覆盖较大范围的外围站，使得外围站的用户不仅能够与中心站通话，也能够与不同的外围站用户通话，并可在"1＋1"热备份状态下工作，在故障时能够自动切换。一点多址系统收信灵敏度高，抗干扰能力强，具有较完善的信道监视和系统管理功能，各种接口使用灵活方便，运行稳定可靠，在平原和丘陵地区是一种值得推荐使用的通信方式。

（四）卫星通信

卫星通信也属于微波中继通信，不同的是其中继站设在地球的同步卫星上。与一般微波通信相比，卫星通信不受地形和距离的限制，通信容量大，不受大气层扰动的影响，通信可靠性高。卫星通信使用的频率上行（地球→卫星）为 5925～6425MHz，下行则为 3700～4200MHz。

四、特高频（超短波）无线通信

波长 1～10mm、频率 30～300MHz 的无线电波称为特高频。特高频以视距范围的空间波形式传输，因多采用定向天线，故受气候影响较小，也不易干扰其他设备或受其他通信干扰。国家无线电管理委员会已颁发了民用电台频率表，并专门给电力部门划分了可用频段。现在已有许多市、县供电局采用无线电通信方式，作为调度自动化系统中负荷控制的信道。这种方式组成的系统具有结构简单、方便灵活、建设速度快和投资较少等优点，投入运行后都收到了很好的效果。

五、无线扩频通信

（一）无线扩频通信概述

无线扩频通信（SSC）又称为扩展频谱通信（简称扩谱通信），由于扩频通信大大扩展了信号的频谱，使它具有一系列优良的性能，为其他通信方式所不及。

1. 抗干扰性强

扩频通信系统最突出的优点就是抗干扰性强，因此误码率极低，保密性好，通信质量很高。简单说来，如果信号频带展宽 10 倍，干扰方面需要在更宽的频带上去进行干扰，分散了干扰功率，在总功率不变的情况下，其干扰强度只有原来的 1/10。而要保持原有的干扰强度，则必须加大 10 倍功率，这在实际条件下，是难以实现的。另外，由于在接收端采用了扩频码序列进行相关检测，即使采用同类型信号进行干扰，如果不能检测出有用信号的码序列，干扰也起不了太大的作用。

2. 隐蔽性好

信号被扩展到很宽的频带上，功率谱密度很小，信号通常淹没在噪声中，对外界的干扰很小，所以不需要得到无线电管理委员会的许可就可采用。

3. 可以实现码分多址

众多用户只要配对使用自己的扩频编码，利用不同码型的扩频编码之间的不相关性，就可在同一频率上互不干扰地进行各自的数据传输。

4. 抗多径干扰

在无线电通信的短波、超短波、微波和光波各个频段中大量存在各种类型的多径干扰。长期以来，抗多径干扰始终是一个难以解决的问题。一种解决方法是排除干扰，即把有用的信号分离出来，而排除其他路径的干扰信号，这就是采用分集技术的基本思想；另一种方法是变害为利，是设法把不同路径来的不同延迟的信号在接收端从时间上对齐相加，合并成较强的有用信号，这就是采用梳状滤波器的基本思路。

5. 能精确定时和测距

电磁波以固定的光速传播，测量出电磁波在两个物体间的传播时间，也就测量出两物体之间的距离。在扩频通信中，扩展频谱很宽，所采用的扩频码速率很高，每个码片占用的时间就很短。当发射出去的扩频信号从被测物体反射回来后，在接收端比较收发两个码序列相位之差，就可以精确测出扩频信号的往返时间，从而算出二者之间的距离。

（二）扩频通信基本原理

扩频通信（SSC）多数采用直接序列扩频（DSS）技术，其原理是先将待传送的信息通过伪随机码序列调制，实现频谱扩展后再传输；接收端则采用相同的编码序列进行解调及相关处理，恢复原始信息。

传输任何信息都需要一定的频带宽度，例如人的语声带宽为 $300\sim3400\,\text{Hz}$。为充分利用频率资源，通常用大体相当的带宽信号传输信息，如用调幅信号来传送语声信息，其带宽为语声信息带宽的两倍；电视广播射频信号带宽也只是其视频信号带宽的一倍多。这些都属于窄带通信。将信息带宽扩展 100 倍甚至 1000 倍以上，变成宽带信号来传输信息，就是为了提高通信的抗干扰能力。

越是狭窄的脉冲信号，其频谱则越宽。因此，如果用很窄的脉冲序列被所传信息调制，则产生很宽频带的信号。

扩频与解扩的过程可用直观的方法说明。信息源输出的每一个"1"与"0"都用特定的伪随机码序列去代替，例如"1"用"11100010010"代替，而"0"用"00011101101"代替，这个过程就实现了扩频。而在接收端只要接收到的序列是"11100010010"就恢复成"1"，反之若收到"00011100101"就恢复成"0"，这个过程就是解扩。当然，为区分不同用户，并计及同步多址及抗干扰性能等其他因素，伪随机码采用的是比较复杂的序列，而且是保密的。

由此可见，一般的扩频通信系统都要进行三次调制和相应的解调，以及相应的信息解调、解扩和射频解调。其中，一次调制为信息调制，二次调制为扩频调制，三次调制为射频调制。与一般的通信系统相比较，扩频通信就是多了扩频调制和解扩部分。

（三）无线扩频技术在电力系统中的应用

由于无线扩频通信的建设费用远低于微波通道，却具有很大的容量和很高的通信速率，并且无需得到无线电管理委员会的许可，所以在地调或县调是最具发展潜力的一种新型通信方式。扩频通信可组织综合通信业务，同时传输话音、数据和图像信号，有丰富的接口终端，可接电话机、交换机和调度总机，以及配电自动化终端设备等。

无线扩频通信系统比较适合于配电控制中心对 10kV 开关站、小区变或区域工作站间的数据通信。由于其技术较复杂，价格较高，配网中为数众多的分散测控点，则不宜采用。

目前，已有专用于配电自动化的扩频通信设备。它可满足 CDT 规约或 Polling 规约，可以实现点对多点的双向通信，一般采用 2.4～2.4835GHz 频段，误码率在 10^{-10} 以下，传播距离可达 50km。图 3-26 所示为点对多点无线扩频通信系统示意图。

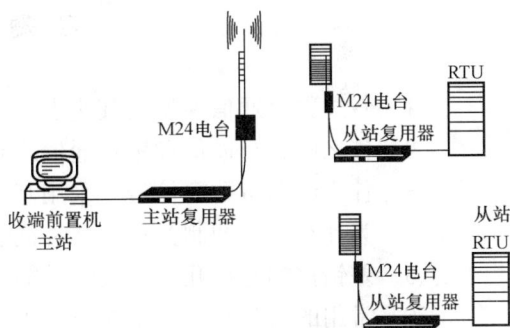

图 3-26 点对多点无线扩频通信系统示意图

六、其他通信方式

除了以上介绍的通信方式外，还可采用其他一些通信方式。例如，绝缘地线载波通信是把 110～500kV 输电线路的架空地线（避雷线）绝缘起来，即可用来作为载波通信线路；而在落雷时，放电间隙击穿将雷电流导入大地，仍起避雷线的作用。

分裂导线载波通信，330kV 和 500kV 的导线多为分裂导线，分裂导线上同相各导体间原是用金属架隔开，如换成绝缘架，则利用分裂的子导线即可开通多达上百路的载波通信。

表 3-11 列出了电力系统采用的各种通信方式。

表 3-11　　　　　　　　　　　　电力系统采用的各种通信方式

类 别	通信方式	常用频段	通常开通路数	应用范围
无线通信	数字微波中继	2000、6000MHz	480	干线
	模拟微波中继	2000～11000MHz	120	干线
	小微波	2000～11000MHz	24；60	短程干线
	特高频	150、400MHz	1；3；12	供电部门流动通信
	卫星	＞1000MHz ＞1000MHz	24	远程干线

类　别	通信方式	常用频段	通常开通路数	应用范围
无线通信	散　射	30～60MHz 60～100MHz	12	远程干线
电力载波通信	电力线载波	40～500kHz	1	电力调度通信
	绝缘地线载波	10～40kHz	1；3	电力调度通信、 检修通信
有线通信	明线载波	＜150kHz	3；12	短程通信
	架空与地下电缆	音频	根据芯线对数决定	短程通信
	对称电缆载波	12～252kHz	12；60	短程干线
	小同轴电缆	60～4188kHz	300	短、长途干线
	数字光缆		32/120/480	短、长途干线
	模拟光缆	＜200kHz	6；12	短距离通信

习 题 与 思 考 题

3-1　叙述数字通信模型及其优点。

3-2　什么叫并行通信和串行通信？它们各自有何优缺点？其使用场合是什么？

3-3　什么叫基带数字信号？采用基带数字信号传输适用哪些场合？

3-4　为什么需要调制？有哪几种调制方式？

3-5　差错控制有哪几种方式？并简述各自的原理。

3-6　常用的监督码（抗干扰码）主要有哪几种？

3-7　设（7，3）循环码信息组为101，试计算其监督码。

3-8　目前我国电网调度自动化中采用的通信规约有哪几种？各自有什么特点？

3-9　载波通信的优点有哪些？简述其原理。

3-10　低压配电网电力线载波通信有哪些特点？在电力系统中应用在哪些场合？

3-11　数字微波通信有哪些特点？

3-12　光纤通信有何优点？请叙述光纤通信系统的组成。

3-13　请举例说明无线扩频技术在电力系统中的应用。

第四章　电力系统频率控制

第一节　电力系统频率控制的意义和基本方法

一、频率控制的必要性

始终保持电力系统频率在允许的很小范围内波动，是电力系统运行控制的最基本目标，也是电网调度自动化系统的最重要任务。

电力系统正常运行时，频率应保持在 50Hz±0.2Hz 的范围内。当采用现代自动调频装置时，误差可以不超过 0.05～0.15Hz。

如果频率长期低于其允许值，对用户、发电厂及电力系统本身都极为有害。

（1）大多数工业用户使用异步电动机，其转速与系统频率有关。频率变化将引起电动机转速的变化，影响产品的质量，如纺织工业、造纸工业将因频率变化而出现残次品。

（2）系统频率降低，将使电动机的功率降低，这将影响所带机械的功率。

（3）系统频率的不稳定，将会影响广泛使用的各种电子设备（电子仪器及自动控制设备）的准确性，也会影响电钟计时的准确性。

（4）若系统频率降低过多，将使发电厂厂用机械（泵与风机等）减少功率甚至停止运转，这会引起非常严重的后果，例如给水泵停止运转将迫使锅炉停炉。

（5）大型汽轮发电机组对系统频率要求相当严格。系统低频运行时，容易引起汽轮机转子叶片的共振，缩短叶片的寿命，严重时会使汽轮机低压级叶片由于振动增大而发生断裂事故。

（6）系统频率降低还会引起电压的降低，因为异步电动机和变压器的励磁电流在低频时将大为增加，引起系统无功功率增加，从而使电压降低。

如果频率高于其允许值，对用户、发电厂及电力系统本身也都有很大危害。

总之，所有用电设备都是按额定频率设计的，系统频率偏离其额定值将影响各行各业的正常工作。当电力系统内发生严重事故时，可能会引起频率大幅度的剧烈变化，甚至使系统失去稳定，整个系统瓦解，导致广大地区的大量用户被迫停电，造成极其严重的损失。因此，对这种事故引起的频率异常，更要及时地予以强有力的控制。

二、频率控制的基本方法

在稳态情况下，电力系统的频率是一个全系统一致的运行参数。对系统中的每一台发电机而言，其频率 f 与转速 n 的关系为

$$f = \frac{pn}{60}$$

式中　p——发电机极对数（一般汽轮发电机 $p=1$，水轮发电机则可能多达 20～42 对极）；

　　　n——发电机组转速，r/min（一般汽轮发电机是 3000r/min）。

显然，要求系统频率稳定，也就是要求系统中所有发电机的转速都保持稳定。因而，频率控制的方法也就是保持发电机组转速稳定的控制方法。

要保持系统中各发电机组转速稳定不变，就必须使发电机组输出的电功率（即所分担的

电力负荷）和输入的原动功率（汽轮机由进汽量决定，水轮机由进水量决定）相平衡。这种平衡只能是动态的平衡，因为电力系统负荷时刻都在变化，这里一台电动机开了，那里一台电冰箱停了，都是无法预计的随机事件。因此，保持动态平衡的唯一方法，就是不断地调节发电机组的输入原动功率、即不断地调节进汽量（汽门开度）或进水量（导水叶开度），使发电机组的原动功率（对应着发电机组的实际输出功率）紧紧跟踪系统负荷的变化而变化。简言之，就是要使系统中各发电机组的实际输出功率，能够随着系统负荷的变化而变化，始终保持系统有功功率的供需平衡。因此，频率控制的问题，实质上就是对系统中所有发电机有功功率的控制和调节问题。

第二节　电力系统的频率特性

一、负荷的频率静态特性

电力系统中不同种类的负荷，对频率变化的敏感程度是不一样的，大体上可分成三类：第一类负荷吸收的有功功率基本不受频率变化影响，如照明、电热等；第二类负荷所吸收的有功近似地与频率成正比，如球磨机、压缩机、机床等；第三类负荷所吸收的有功与频率的高次方成比例，包括各种风机、高压水泵等。

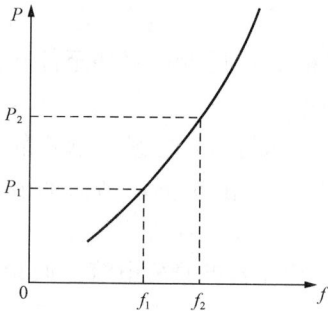

图 4-1　综合负荷的
频率静态特性

电力系统实际负荷是上述各类负荷的组合，常称为综合负荷。综合负荷吸收的有功功率与系统频率的关系是非线性曲线，即综合负荷频率静态特性，如图 4-1 所示。由图可见，系统频率下降后，综合负荷所吸收的有功功率也会"自动地"下降一些，这种效应将有助于系统频率的恢复。因为正是由于系统中有功功率供少需多，才导致系统频率下降。当系统负荷突然增大时，由于机械惯性的影响，发电机组的功率调节不能及时跟踪上，频率便有所下降，这时负荷所吸收的有功功率"自动"减少一些，显然等于是帮了发电机的忙，这种现象称为负荷的频率调节效应。

在频率变化范围为 45～50Hz 时，综合负荷的频率静态特性接近直线，直线斜率为

$$K_L = \frac{\Delta P_L}{\Delta f}$$

其中 K_L 称负荷的单位调节功率，表示综合负荷吸收的有功随频率下降而减少的量。负荷的单位调节功率是不能人为整定的。

当用标幺值表示时（功率以系统总负荷为基准值，频率以 50Hz 为基准值），有

$$K_{L*} = \frac{\Delta P_{L*}}{\Delta f_*}$$

其中 K_{L*} 是无量纲常数，一般情况下 $K_{L*}=1\sim3$，表明系统频率变化 1% 时，有功负荷变化的百分数为 1%～3%，具体数值可由试验求得。不同的电力系统有不同的 K_{L*} 值，同一电力系统在不同季节、白天或者黑夜，K_{L*} 值也有变化。调度中心必须掌握系统在各种工况下的 K_{L*} 数值，它是自动调频和低频率减负荷的计算依据。

二、发电机组的频率特性

每台发电机组都装有调速器，发电机转速（频率）随其有功功率变化的关系曲线，称为

发电机组的功频特性，或称静态调节特性，如图 4-2 所示。

图 4-2 中 P_G 为发电机组（也可表示归并成一台等值发电机后的电力系统）的调节特性，稳态运行时，发电机组的静态调节特性近似一条向下倾斜的直线。P_L 为综合负荷的调节特性，两条曲线相交的 A 点，即为稳态工作点，所对应的有功功率为 P_1（此时 $P_1=P_L=\sum P_G$），系统频率为 f_1。

当系统负荷增加使频率下降到 f_2 时，发电机组在调速器的调节下，有功功率自动增加到 P_2，此时新的运行点为 B 点。由于 $f_2 < f_1$，显然这是一种有差调节，所以图 4-2 中向下倾斜的调节特性又称为有差调节特性。调节特性曲线斜率称为发电机组的调差系数，记为 σ，有

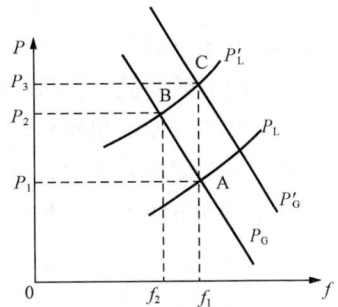

图 4-2　发电机组的功频特性及频率调整

$$\sigma = -\frac{\Delta f}{\Delta P_G}$$

又可写成

$$\Delta P_G = -\frac{\Delta f}{\sigma}$$

上式中的负号表示发电机组输出功率的增量，与频率增量的符号是相反的。

调差系数 σ 的标幺值表示式为

$$\sigma_* = -\frac{\Delta f/f_N}{\Delta P_G/P_{GN}} = -\frac{\Delta f_*}{\Delta P_{G*}}$$

计算功率和频率的关系时，常采用发电机组的单位调节功率 K_G，它是调差系数的倒数，表示为

$$K_G = -\frac{\Delta P_G}{\Delta f} = \frac{1}{\sigma}$$

也可用标幺值表示，即

$$K_{G*} = -\frac{\Delta P_{G*}}{\Delta f_*} = \frac{1}{\sigma_*}$$

发电机组的单位调节功率表示当系统频率下降（或上升）1Hz 时，在调速器的自动调节之下发电机增发（或减少）了多少有功功率。

发电机组的调差系数或单位调节功率可以人为整定。一般整定为下列数值：

汽轮发电机组

$$\sigma_* = (4 \sim 6)\% \quad 或 \quad K_{G*} = 16.6 \sim 25$$

水轮发电机组

$$\sigma_* = (2 \sim 4)\% \quad 或 \quad K_{G*} = 25 \sim 50$$

三、电力系统的频率特性

电力系统包括许多发电机组和不同种类的负荷，电力系统的频率特性即由发电机组的频率特性和负荷的频率特性组合而成。

如果用 K_S 表示全电力系统的单位调节功率，则有

$$K_S = (K_{G1} + K_{G2} + \cdots + K_{Gn}) + K_L$$

如果用标幺值表示（注意，此时必须以系统总负荷为有功功率的统一基准值），则有

$$K_{S*} = (K_{G*1} + K_{G*2} + \cdots + K_{G*n}) + K_{L*}$$

电力系统的单位调节功率表示，当系统负荷增加（减少）时，在各机组调速器及负荷本身频率调节效应的共同作用下，系统频率最终下降（增加）的程度。

如果某台发电机组已经满载，它的调速器将受到负荷限制器的限制，因而不能再参加增功率的一次调整（可参加减功率的一次调整）。这时系统的等值单位调节功率中，就不应再包括这台机组的 K_G（或者认为此时该机组 $K_G = 0$）。

第三节　电力系统的频率调整

一、系统频率的一次调整

电力系统中所有发电机组都装有调速器，当系统负荷变动导致频率变化时，调速器能够感知发电机转速（频率）的变化，自动地调节进汽阀门（或导水叶）开度，改变发电机的有功功率，力求与系统负荷重新平衡。这种方式被称为系统频率的一次调整，这是一种完全自动化的过程。

如图 4-2 所示，如系统的负荷突然增加，综合负荷的频率特性相应抬高（平移）到 P'_L 处，这时的稳态工作点移至 B 点，系统有功功率增加到 P_2，系统频率下降到 f_2。上述情况是供需双方"妥协"的结果：一方面系统输出功率有所增加，另一方面负荷的有功需求也略有降低（由于系统频率下降，负荷频率调节效应所致）。上述过程就是频率的一次调整，由于 $f_2 < f_1$，因而频率的一次调整是有差调节。电力系统中所有发电机组都自动参加频率的一次调整。

设系统负荷有功功率总增量为 ΔP_Σ，系统最终频率变化为 Δf，则各发电组有功功率的增量分别为

$$\Delta P_1 = -\Delta f_* \frac{P_{N1}}{\sigma_{1*}}$$

$$\Delta P_2 = -\Delta f_* \frac{P_{N2}}{\sigma_{2*}}$$

$$\vdots$$

$$\Delta P_n = -\Delta f_* \frac{P_{Nn}}{\sigma_{n*}}$$

式中　P_{N1}，P_{N2}——各发电机组的额定功率；

　　　σ_{1*}，σ_{n*}——各发电机组的调差系数（标幺值）。

经过一次调整达到新的稳态时，系统的频率下降到 $(50 - \Delta f)$ Hz，而各机组有功功率增量的总和应等于负荷总增量 ΔP_Σ，即

$$\Delta P_\Sigma = \Delta P_1 + \Delta P_2 + \cdots + \Delta P_n = -\Delta f_* \left(\frac{P_{N1}}{\sigma_{1*}} + \frac{P_{N2}}{\sigma_{2*}} + \frac{P_{Nn}}{\sigma_{n*}} \right) = -\Delta f_* \sum_{i=1}^{n} \frac{P_{Ni}}{\sigma_{i*}}$$

可求出系统频率变化为

$$\Delta f_* = -\frac{\Delta P_\Sigma}{\sum_{i=1}^{n} \frac{P_{Ni}}{\sigma_{i*}}}$$

此时各发电组有功功率增量为

$$\Delta P_1 = \frac{P_{N1}}{\sigma_{1*}} \times \frac{\Delta P_\Sigma}{\displaystyle\sum_{i=1}^{n} \frac{P_{Ni}}{\sigma_{i*}}}$$

$$\Delta P_2 = \frac{P_{N2}}{\sigma_{2*}} \times \frac{\Delta P_\Sigma}{\displaystyle\sum_{i=1}^{n} \frac{P_{Ni}}{\sigma_{i*}}}$$

$$\cdots$$

可见，在各机组调速器作用下，一次调整的结果产生了频率偏差，其大小与系统总负荷变化量 ΔP_Σ 成正比。同时，各机组输出功率的变化量 ΔP_i 也与系统总负荷变化量 ΔP_Σ 成正比，而与机组自身的调差系数 σ_* 成反比。由于机组的调差系数是可以人为整定的，所以可以用改变机组调差系数的方法，来改变发电机组承担系统负荷变化量的份额。

用调差系数的倒数——单位调节功率 K_G 计算发电机有功功率变化量更为方便，计算公式为

$$\Delta P_1 = K_{G*1} \frac{\Delta P_\Sigma}{\displaystyle\sum_{i=1}^{n} K_{G*i} P_{Ni}} P_{N1}$$

$$\Delta P_2 = K_{G*2} \frac{\Delta P_\Sigma}{\displaystyle\sum_{i=1}^{n} K_{G*i} P_{Ni}} P_{N2}$$

$$\vdots$$

$$\Delta P_n = K_{G*n} \frac{\Delta P_\Sigma}{\displaystyle\sum_{i=1}^{n} K_{G*i} P_{Ni}} P_{Nn}$$

中小电力系统常用这种有差调整方法，下面举例进一步予以说明。

【例 4 - 1】 某电力系统中，已知占总容量 1/2 的核电机组已满负荷；占总容量 30% 的火电厂有 10% 的备用容量，其单位调节功率为 16.6；占总容量 20% 的水电厂有 25% 的备用容量，其单位调节功率为 25；系统负荷的单位调节功率为 1.5（标幺值，以系统总负荷为基准）。试求：

（1）系统的单位调节功率 K_S；

（2）负荷功率增加 5% 时的稳态频率 f。

解 （1）计算系统的单位调节功率 K_S。设系统总容量为 10000MW（实际上可设为任意值）。

核电机组：$P_{GN} = 0.5 \times 10000 = 5000$（MW）， 带负荷 5000MW，已满载。

$$K_G = \frac{P_{GN}}{f_N} K_{G*} = \frac{5000}{50} \times 0 = 0 \text{ （MW/Hz）}$$

火电机组：$P_{GN} = 0.3 \times 10000 = 3000$ （MW），带负荷 $0.9 \times 3000 = 2700$ （MW）。

$$K_G = \frac{P_{GN}}{f_N} K_{G*} = \frac{3000}{50} \times 16.6 = 996 \text{ （MW/Hz）}$$

水电机组：$P_{GN} = 0.2 \times 10000 = 2000$ （MW），带负荷 $0.75 \times 2000 = 1500$ （MW）。

$$K_G = \frac{P_{GN}}{f_N} K_{G*} = \frac{2000}{50} \times 25 = 1000 \text{ （MW/Hz）}$$

系统总负荷为

$$P_L = 5000 + 2700 + 1500 = 9200 \text{（MW）}$$

$$K_L = \frac{P_L}{f_N} K_{L*} = \frac{9200}{50} \times 1.5 = 276 \text{（MW/Hz）}$$

系统单位调节功率为

$$K_S = \sum K_G + K_L = 0 + 996 + 1000 + 276 = 2272 \text{（MW/Hz）}$$

（2）若系统负荷增加 5%，系统负荷增量为

$$\Delta P_L = 5\% \times 9200 = 460 \text{（MW）}$$

则系统频率增量为

$$\Delta f = -\frac{\Delta P_L}{K_S} = -\frac{460}{2272} = -0.2 \text{（Hz）}$$

经频率一次调整后的稳态频率为

$$f = 50 - 0.2 = 49.8 \text{（Hz）}$$

可见，〔例 4-1〕中 10000MW 的系统，若负荷突增 460MW，频率已下降到 49.8Hz（正常范围的下限），这是火电和水电机组增加输出有功功率（核电已满发不能增加输出有功功率）及负荷频率调节效应的综合结果。

一次调整对变化幅度小、变化周期短的负荷波动很有效，而对变化幅度大的负荷波动，就要进行频率的二次调整。

二、系统频率的二次调整

图 4-2 中，当系统负荷突然增加的幅度很大时，f_2 可能会降低到不允许的程度。如果把系统等值发电机的调速特性抬高（平移）到 P'_G 处，与增加后的 P'_L 相交于 C（C 点刚好处于过 A 点的垂线上），这时对应的系统频率就回复到原来的额定值 f_1 了。此刻系统的有功功率进一步增大为 P_3，供需双方在有功数值已增大的情况下达成新的平衡，且频率保持额定，稳定地运行于新的工作点 C，从而实现了无差调节。这一调节过程，就是频率的二次调整。频率的二次调整由系统调频厂动用调频器进行。

三、系统频率的三次调整

所谓系统频率的三次调整，是指各发电厂执行系统调度预先下达的发电计划，定时调控发电机有功功率（包括机组起停），或在非预计的负荷变化经一次调整和二次调整积累到一定程度时，重新按经济调度原则分配各发电厂的有功功率。

四、发电机组调速器的基本原理

上面是从特性曲线出发，说明了频率的一次调整和二次调整的过程。如何能把等值发电机的调速特性抬高（平移）到 P'_G 呢？这就要说到发电机组调速器结构及其调整过程。

调速器是根据发电机的转速或频率的变化，自动控制调节汽轮机汽门开度或水轮机导水叶开度，从而自动调节进入原动机的动力元素（蒸汽或水量）的数量，实现对发电机有功功率进行控制的自动装置。调速器分为机械液压调速器和电气液压调速器两大类型。图 4-3 为离心式机械液压型调速器的示意图，用来说明和理解各种类型调速器的基本工作原理。

当汽轮发电机组以额定转速稳定运行时，发出一定的有功功率并与一定的负荷相平衡，系统频率为额定值。与这种稳定工况相对应，图 4-3 中的杠杆 ACB 处于水平位置，A、B、C 三点所表达的信息如下：

（1）A 点的位置由离心飞锤甩开的程度决定，稳定工况时即与汽轮机的额定转速（亦即发电额定频率 50Hz）相对应。

（2）B 点的位置由油动机活塞和汽轮机调速汽门的位置决定，对应了一定的汽门开度、进汽量和发电机有功功率 P。

（3）C 点此时的位置使错油门封死，油动机活塞停住不动，表示自动调频结束。此刻 D 点保持不动，通过 F 点和 E 点传递，错油门活塞停于中间位置，管口 a 和 b 被堵住，压力油不能通过错油门进入油动机。

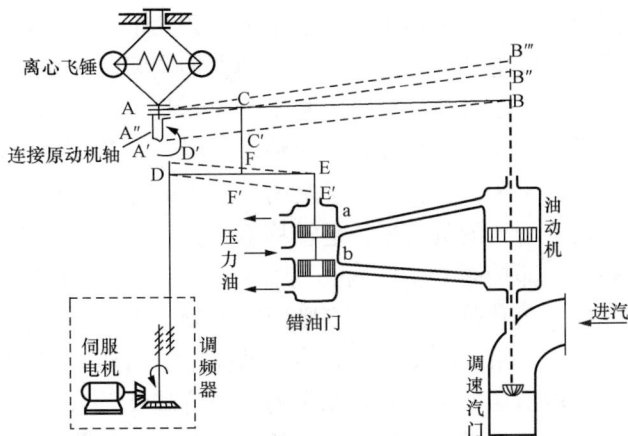

图 4-3　离心式机械液压型调速器原理示意图

如果负荷突然增大到一个新的值，而发电机有功功率尚未变化（汽门及 B 点均未动），必然会使机组转速下降。与原动机同步旋转的离心飞锤下落（因离心力变小），相应地使 A 点位置下降到 A′，使 C 点下降为 C′。由于 D 点不动（调频器未动作），杠杆 DFE 旋转到 DF′E′位置，使错油门活塞下移，从而使压力油可以经过 b 管进入油动机活塞下部，推动活塞向上移，B 点将上移到 B′，使调速汽门开度增大，汽轮机进汽量增加，发电机有功功率 P 亦随之增加。

与此同时，汽轮机转速回升，A 点位置在新的转速之下由 A′回升到 A″，这就使杠杆 A″B′的 C 点又回到原来位置，从而使错油门活塞复位重新堵往管口 a、b，于是系统频率稳定在某一新值，与发电机组的新转速相对应。由于 A″低于原来 A 点位置，显然，机组的新转速和系统频率新值已低于原来的额定值，这就是频率一次调整的全过程，只能是有差调节。系统有功功率的重新平衡，是包括了系统负荷因频率稍降而略有减少（即负荷的频率调节效应）这个因素的。

为了使系统频率回复到额定值，调度中心可以命令系统调频电厂值班人员开动调频器的伺服电动机，通过涡轮涡杆传动抬高 D 点位置，这样就可以使 E 点及错油门活塞再次下移，使压力油又经 b 管进入油动机下部，进一步推动活塞上移，开大调速汽门，增加机组有功功率和转速，直到系统频率恢复额定为止。这时 D 移到 D′，B″又上移到 B‴，A″上移到原额定点 A，E 点也回到原平衡点（错油门又复位），C 和 F 点稍有提高。这就是频率二次调整的过程，即相当图 4-2 中发电机特性曲线从 P_G 平移到 P_G'，通过二次调整实现了无差调节。具体操作时，一般是由值班人员在主控室把控制台上的调频机组"调速开关"向"增速"方向短暂地扳动，发出增速脉冲，使调频器伺服电动机正转，即可抬高 D 点位置，这是手动调频操作；如果调频器伺服电动机按某种调频准则由自动调频信号驱动，就是自动调频了。

图 4-3 中的错油门和油动机组成了一级液压放大系统，将离心飞锤带动 A 点上下滑动的微弱力量，放大为可以移动调速汽门的巨大力量。

五、主调频厂和基荷厂在频率调整中的作用

在电力系统中，调频任务需在各发电厂中进行分工，实行分级调整。一般将发电厂分为三种，即主调频厂、辅助调频厂和基荷厂（也称非调频厂）。主调频厂负责全系统的频率调整，一般由一个发电厂担任；辅助调频厂是当系统频率超过了某一规定的偏移范围后，协助

主调频厂参加调频工作，通常由少数几个发电厂担任；而基荷厂只按调度预先下达的负荷曲线（日发电计划）运行，不主动参加调频，只是自动地参加一次调频。

大多数基荷厂承担的基本负荷，是由系统调度员按照经济调度的原则预先计算确定的。当系统负荷突然增加，系统频率下降，基荷厂也由于调速器的调节而自动增加了输出功率。

由于一次调整改变了基荷厂原来的经济运行方式，系统运行的经济性必然下降，故需把基荷厂增加的负荷平稳地转移给调频厂。为此，系统调度员命令主调频厂调节发电机组的调频器（即抬高 D 点），再开大调频机组汽（水）阀门，再增加其输出功率，系统频率将提高一些。而基荷厂输出功率则因系统频率提高而自动减少了一些，若系统主调频厂继续增加输出功率，系统频率继续提高，基荷厂输出功率就继续减少，直到系统频率恢复到额定值，基荷厂输出功率又减回到原来的"经济基点"。

也就是说，通过调频厂的二次调频，基荷厂在一次调频时增发的输出功率又全部转移给了主调频厂。从这个过程中可以看到，由于基荷厂的有差调节特性，在调频开头阶段自动分担了一些负荷的增量，使频率的波动大大缓和了，然后在二次调频中又平稳地将负荷增量转移给主调频厂，起到了很好的缓冲作用。假如基荷厂在系统频率变化时"无动于衷"，负荷增量一开始就全都由主调频厂独自承担，初始阶段系统频率必然会有很大的波动，甚至造成系统频率崩溃。

系统主调频厂需要具备以下条件：
（1）具有足够的调频容量和调整范围；
（2）能比较迅速地调整输出功率；
（3）调整输出功率时符合安全及经济运行原则；
（4）输出功率大幅度变化时与系统的联络线不会过载或失去稳定。

在水火电厂并存的电力系统中，一般是选择大容量水电厂担任主调频厂。水电厂调频不仅速度快，操作简便，而且可调范围大，不影响水电厂的安全运行。火电厂汽轮发电机组的输出功率不能急剧变化，因为输出功率的剧变会使锅炉燃烧不稳甚至熄火，使汽轮机各部分因受热不均而损坏。一般汽轮机从半载升到满载，要十多分钟才行。

在洪水季节，为了不使水库弃水（泄洪），应让水电厂连续满发，这时主调频厂则选择中温中压火电厂。担任调频任务的火电厂应当有储粉仓，应当有较好的基础自动化设施，这样才能适应自动化调频的要求。在非洪水季节，中温中压火电厂可以担任辅助调频厂。

为了有效地跟踪计划外负荷变动，保持系统频率在允许范围内波动，调频机组的可调总容量应达到系统最大负荷的 8%～10%。

基荷厂应当由原子能发电厂、大型煤矿坑口火电厂等类型发电厂担任。这些发电厂机组大，效率高、运行费用低、经济性好，长期带基本负荷平稳运行，会使电力系统收到良好的经济效益。

第四节　电力系统的自动调频方法

由于手动调频方式已不能满足日益扩大的电力系统对频率稳定性的要求，现代的电力系统都普遍装备了自动调频装置。

手动调频反应速度慢，在调整幅度较大时，往往难于兼顾到经济和安全原则。自动调频不仅反应快，频率波动幅度小，还可以同时顾及到其他方面的要求。例如，保持两个地区之间联络线功率交换为定值，实现有功负荷的经济分配，配合系统的安全分析和安全校正等自动化功能等。

自动调频是一个闭环反馈控制系统，在原理上由两大部分组成：

（1）机组控制器，用来控制调速器，使机组在额定频率下发出设定的输出功率；

（2）负荷分配器，根据系统频率和与相邻系统交换功率偏差，按一定的准则，算出各机组的设定输出功率。

图4-4所示为自动调频系统示意图。图中调频机组G1和G2的实际输出功率，电力系统（一）与电力系统（二）之间联络线的交换功率P_T，都通过远动通道传到调度中心。根据ΔP_T和就地测得的系统频率偏差Δf，由计算机按一定的分配准则，计算出各调频机组的设定输出功率P_{S1}、P_{S2}，经远动通道传到调频机组的执行机构。执行机构把这个设定值与机组反馈回来的实际输出功率做比较，其差值经放大环节放大后，去控制发电机组调速器中调频器的伺服电动机，从而改变调节特性，改变导水叶（或主汽门）的开度和进水（汽）量，调整发电机的输出功率，直到每一发电机组的实际输出功率都等于分配来的设定值为止。

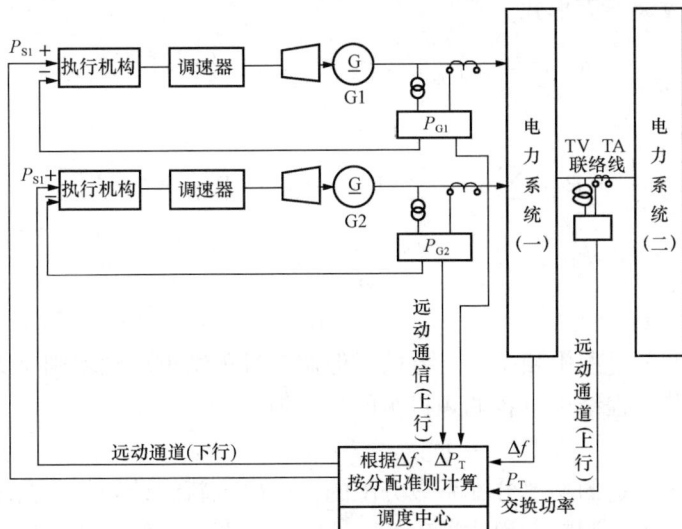

图4-4 自动调频系统示意图

各种不同的自动调频装置具有不同的分配准则，其中最简单的一种分配办法为

$$P_{Si}=\alpha_i(\textstyle\sum P_G - K_S\Delta f)$$

式中 K_S——系统的单位调节功率；

α_i——分配系数，$\sum\alpha_i=1$，$i=1,2,\cdots,n$；

P_{Si}——分配给第i台机组的设定功率。

上式意义很明显，若系统稳定运行时，$\Delta f=0$，则$P_{Si}=\alpha_i\sum P_G$，表示每台机组按固定份额承担系统负荷（此时$\sum P_G=P_L$）；当负荷增加，f下降，Δf为负值时，$K_S\Delta f$项就表示有功功率缺额，此时各机组要增大功率，因此设定值提高为

$$P_{Si}=\alpha_i(\textstyle\sum P_G + |K_S\Delta f|)$$

下面具体介绍自动调频的几种方法。

一、虚有差调节法

在系统中的每一台调频机组上，都装有反映系统频率和有功功率的调节器，各调频机组任何时刻都必须满足以下调频方程式

$$\Delta f + \sigma_1(P_1 - \alpha_1 P_{G\Sigma}) = 0$$
$$\Delta f + \sigma_2(P_2 - \alpha_2 P_{G\Sigma}) = 0$$
$$\vdots$$
$$\Delta f + \sigma_n(P_n - \alpha_n P_{G\Sigma}) = 0$$
$$\alpha_1 + \alpha_2 + \cdots + \alpha_n = 1$$

式中　　Δf——系统频率偏差，频率高于额定值（50Hz）时为正，反之为负；

$\sigma_1, \sigma_2, \cdots, \sigma_n$——各调频机组的调差系数；

$P_1, P_2, \cdots, P_n$——各调频机组的实发功率；

$\alpha_1, \alpha_2, \cdots, \alpha_n$——各调频机组功率分配系数；

$P_{G\Sigma}$——各调频机组实发功率的总和，$P_{G\Sigma} = P_1 + P_2 + \cdots + P_n$。

将上述方程式改为下面形式

$$\Delta f \frac{1}{\sigma_i} = \alpha_i P_{G\Sigma} - P_i, \quad i = 1, 2, \cdots, n$$

各式相加后可得

$$\Delta f \sum_{i=1}^n \frac{1}{\sigma_i} = P_{G\Sigma} \sum_{i=1}^n \alpha_i - \sum_{i=1}^n P_i = P_{G\Sigma} - P_{G\Sigma} = 0 \quad (\sum_{i=1}^n \alpha_i = 1)$$

因为

$$\sum_{i=1}^n \frac{1}{\sigma_i} \neq 0$$

所以

$$\Delta f = 0$$

这说明尽管在调节过程中频率是有差的，但调节过程结束后频率则是无差的，所以称为虚有差调节法。调节过程结束时各调频机组的功率为

$$P_i = \alpha_i P_{G\Sigma}, \quad i = 1, 2, \cdots, n$$

这说明负荷是按给定的功率分配系数分配的。当出现新的计划外负荷增量时，在开始瞬间会产生频率变化，于是调频方程式被破坏，这时机组调节器便会调整发电机功率，最终使 $\Delta f = 0$，在一个新的数值上重新满足调频方程式，有

$$P_i' = \alpha_i P_{G\Sigma}'$$

虚有差调节法的特点是：

（1）调整过程中所有调频机组同时动作，调频速度较快；

（2）调频结束时 $\Delta f = 0$，调频机组间按给定比例分配功率；

（3）系统中的非调频机组，仅参加一次调整，其发电功率最后又都回到原值；

（4）假如其中一台调频机组功率受到限制，或者是由于测量上的误差，则导致

$$P_{G\Sigma} \sum_{i=1}^n \alpha_i - \sum_{i=1}^n P_i \neq 0$$

因而使 $\Delta f \neq 0$，这样就不能实现无差调节。

为了补救上述（4）所述缺点，可以使其中一台调频机组（假设是1号机组）按无差特

性调节，这样就能保证调节结束时 $\Delta f = 0$，此时调频方程式为

$$\Delta f = 0$$
$$\Delta f + \sigma_2 (P_2 - \alpha_2 P_{G\Sigma}) = 0$$
$$\vdots$$
$$\Delta f + \sigma_n (P_n - \alpha_n P_{G\Sigma}) = 0$$

调节终了时，具有无差调节特性的 1 号调频机组分担的功率为

$$P_1 = \left(1 - \sum_{i=2}^{n} \alpha_i\right) P_{G\Sigma}, \quad i = 2, 3, \cdots, n$$

其他各调频机组仍是按给定的分配系数分担功率，即

$$P_i = \alpha_i P_{G\Sigma}, \quad i = 2, 3, \cdots, n$$

实现虚有差调节法需要在调度中心设有中央功率分配器，在调度中心和各调频厂之间要有双向远动通道。图 4-5 为虚有差调频系统示意图。

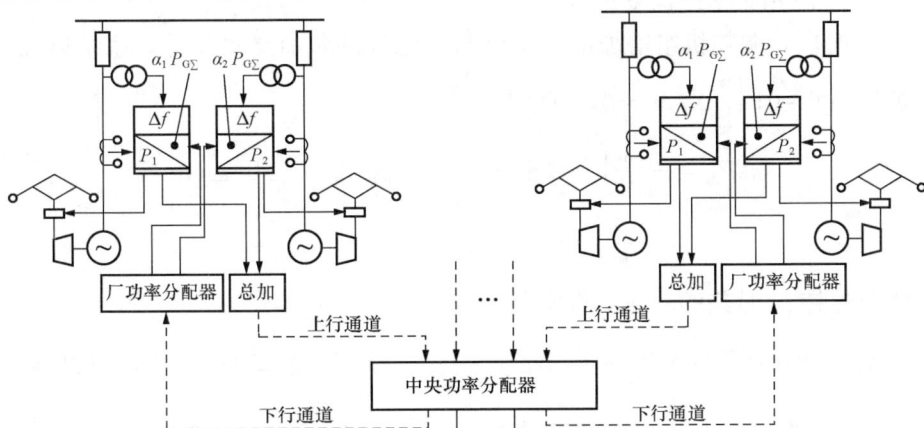

图 4-5　虚有差调频系统示意图

各调频机组的实时功率需采集后通过通道传送给调度中心，总加之后再按各比例系数 α_i 分配给各机组。这个分配信号（即输出功率设定值）又经通道送回给各调频机组的调节器，于是各调频机组就按调频调节方程式自动进行调节，至于分配系数 α_i 如何确定将在以后加以叙述。

二、积差调节法

积差调节法又称为同步时间法，原理是根据系统频率偏差的累积值进行调节。先假定系统中只有一台调频机组，频率积差调节法的调频方程为

$$K \Delta P_G + \int \Delta f \, \mathrm{d}t = 0$$

式中　Δf——系统频率偏差，Hz；

　　　ΔP_G——调频机组的功率增量，MW，$\Delta P_G > 0$ 表示功率增加，反之表示功率减少；

　　　K——系统功率—频率比例系数，Hz/MW。

上述工作方程式也可以表示为

$$\Delta P_G = -\frac{1}{K} \int \Delta f \, \mathrm{d}t$$

频率积差调节的过程如图 4-6 所示。

在 $0 \sim t_1$ 时间段内，$f = f_N$，$\Delta f = 0$，$\int_0^{t_1} \Delta f \, \mathrm{d}t = 0$，　则有

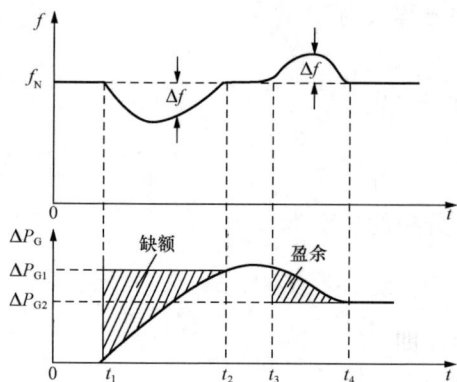

图 4-6　频率积差调节的过程

$$\Delta P_{\text{G}} = -\frac{1}{K}\int_0^{t_1}\Delta f\,\mathrm{d}t = 0$$

此时调频机组按原定功率运行。设 t_1 时刻，调频机组按原定功率运行时，突然出现了计划外的负荷增加，因此在 $t_1 \sim t_2$ 时段内，$\Delta f < 0$，$\int_{t_1}^t \Delta f\,\mathrm{d}t < 0$，则有

$$\Delta P_{\text{G}} = -\frac{1}{K}\int_0^t \Delta f\,\mathrm{d}t$$

$$= -\left(\frac{1}{K}\int_0^{t_1}\Delta f\,\mathrm{d}t + \int_{t_1}^t \Delta f\,\mathrm{d}t\right) > 0$$

调频机组开始持续地增大功率，这一过程直到 t_2 时刻为止（因 t_2 时刻频率已恢复正常）。

在 $t_2 \sim t_3$ 时段，调频机组增加的功率已与计划外的负荷增量相等，系统以额定频率稳定运行，所以 $\Delta f = 0, \int_{t_2}^{t_3}\Delta f\,\mathrm{d}t = 0$，此时有

$$\Delta P_{\text{G}} = -\frac{1}{K}\int_0^{t_3}\Delta f\,\mathrm{d}t = -\frac{1}{K}\int_0^{t_2}\Delta f\,\mathrm{d}t - \frac{1}{K}\int_{t_2}^{t_3}\Delta f\,\mathrm{d}t$$

$$= -\frac{1}{K}\int_0^{t_2}\Delta f\,\mathrm{d}t = \Delta P_{\text{G1}}$$

即调频机组仍保持 t_2 时刻的功率不再增大。

t_3 时刻后，计划外负荷又减少了，使 $f > f_{\text{N}}$，$\Delta f > 0, \int_{t_3}^{t_4}\Delta f\,\mathrm{d}t > 0$，此时有

$$\Delta P_{\text{G}} = -\frac{1}{K}\int_0^{t_4}\Delta f\,\mathrm{d}t = -\frac{1}{K}\int_0^{t_2}\Delta f\,\mathrm{d}t - \frac{1}{K}\int_{t_3}^{t_4}\Delta f\,\mathrm{d}t = \Delta P_{\text{G1}} - \int_{t_3}^{t_4}\Delta f\,\mathrm{d}t = \Delta P_{\text{G2}}$$

调频机组功率开始减少，直到 t_4 时刻，调频机组功率增量又与计划外负荷变化相平衡，频率又恢复到额定值 f_{N}，$\Delta f = 0$，调频过程又一次结束了，此时功率增量保持为 ΔP_{G2}。图 4-7 中阴影部分表示了系统的功率缺额或功率盈余情形。

当系统中有多台调频机组时，其工作方程为

$$K_1\Delta P_{\text{G1}} + \int\Delta f\,\mathrm{d}t = 0$$

$$K_2\Delta P_{\text{G2}} + \int\Delta f\,\mathrm{d}t = 0$$

$$\vdots$$

$$K_n\Delta P_{\text{G}n} + \int\Delta f\,\mathrm{d}t = 0$$

或

$$\Delta P_{\text{G}i} = -\frac{1}{K_i}\int\Delta f\,\mathrm{d}t, \quad i = 1, 2, \cdots, n \tag{4-1}$$

将上式相加，并认为各机组的 $\int\Delta f\,\mathrm{d}t$ 都是相同的，$\sum\Delta P_{\text{G}i}$ 等于系统总计划外负荷 ΔP_{L}，则有

$$\Delta P_{\text{L}} = \sum\Delta P_{\text{G}i} = -\int\Delta f\,\mathrm{d}t\sum\frac{1}{K_i}, \quad i = 1, 2, \cdots, n$$

$$\int \Delta f \, \mathrm{d}t = -\frac{\sum \Delta P_{Gi}}{\sum \frac{1}{K_i}} = -\frac{\Delta P_L}{\sum \frac{1}{K_i}}, \quad i = 1, 2, \cdots, n \qquad (4\text{-}2)$$

将式（4-2）代回式（4-1），可得到每台调频机组承担的计划外负荷为

$$\Delta P_{Gi} = \frac{1}{K_i \left(\sum \frac{1}{K_i}\right)} \Delta P_L, \quad i = 1, 2, \cdots, n$$

上式表明，当调节结束时，各调频机组发电功率增量是按一定的比例自动地分担了系统总计划外负荷，使系统有功功率重新平衡，实现了无差调节。

积差调节法的缺点是积差信号滞后于系统频率的瞬时变化，调整过程缓慢。为此，可以在频率积差调节的基础上，增加频率瞬时偏差的信息。这样，经修改后的工作方程式变为

$$\Delta f + \sigma_i \left(\Delta P_{Gi} + \alpha_i \int k \Delta f \, \mathrm{d}t\right) = 0, \quad i = 1, 2, \cdots, n \qquad (4\text{-}3)$$

式中　σ_i——调频机组的调差系数，Hz/MW；

　　　α_i——调频机组功率分配系数，$\sum \alpha_i = 1$；

　　　k——系统频率与功率转换常数，MW/Hz；

$\int k \Delta f \, \mathrm{d}t$——可以认为是系统总计划外负荷值。

式（4-3）可改写为

$$\Delta P_{Gi} = -\frac{\Delta f}{\sigma_i} - \alpha_i \int k \Delta f \, \mathrm{d}t, \quad i = 1, 2, \cdots, n$$

当出现计划外负荷时，产生了频差 Δf，上式右端第一项与 Δf 成正比，频差越大，相应 ΔP_{Gi} 也越大，这就加速了调节过程。在调节结束时，$\Delta f = 0$，即

$$\Delta P_{Gi} = -\alpha_i \int k \Delta f \, \mathrm{d}t, \quad i = 1, 2, \cdots, n \qquad (4\text{-}4)$$

将上式展开相加，并同时考虑到各机组的 $\int k \Delta f \, \mathrm{d}t$ 都相等，$\sum \Delta P_{Gi}$ 就等于总计划外负荷 ΔP_L，而且 $\sum \alpha_i = 1$，于是有

$$\Delta P_L = \sum \Delta P_{Gi} = -\int k \Delta f \, \mathrm{d}t \sum \alpha_i = -\int k \Delta f \, \mathrm{d}t, \quad i = 1, 2, \cdots, n$$

代回式（4-4）则有

$$\Delta P_{Gi} = \alpha_i \Delta P_L, \quad i = 1, 2, \cdots, n$$

可见，各调频机组也按一定比例自动地分担了系统总计划外负荷。

电力系统实现频率积差调节有两种方式。一种是集中调频方式，即在调度中心装设一套高精度的标准频率发生器，将其与系统频率比较后产生频率积差信号 $\int k \Delta f \, \mathrm{d}t$，通过远动通道送到各调频电厂，各调频电厂再根据其运行方式分配给各调频机组。这种方式的优点是各调频电厂的

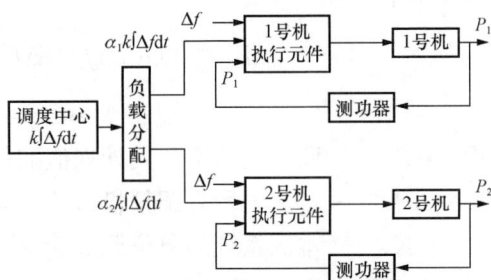

图 4-7　集中式积差调频示意图

$\int k\Delta f dt$ 信号完全一致，但需要较多的远动通道。集中式积差调频示意框图如图 4-7 所示。

　　另一种是分散调频方式，即每个调频厂各装设有一套频率积差信号发生器，各厂就地产生 $\int k\Delta f dt$ 信号。由于系统频率是统一的，所以各厂的信号也应相同，因此不需要远动通道。但是，各厂由于各自产生的标准频率信号不可能完全一致，总存在误差。因而尽管系统频率各厂都一样，但 Δf 却不完全相同，$\int k\Delta f dt$ 信号也不能完全一致，这样，各厂就不可能同时结束调整工作。而只要还有一个调频机组仍在调节其功率，系统没有达到平衡，其他各调频机组也要作出响应并再进行调节，结果就会造成无休止地调节下去，这显然十分有害。如何保证各厂的信号完全一致，是分散调频方式中一个比较难解决的问题。

三、联合电网的分区调频和分区控制误差（ACE）

　　目前我国的大区电网都包含了几个省级电网，并在电力市场的框架下，实行联合电网、统一调度、省为实体的调度管理体制。为了适合这种体制，也为了避免集中调频范围过大而发生技术困难，省级电网都承担了分区调频工作。分区调频的目标是区内负荷的计划外增量要由本区内的调频机组承担。在调节过程中，联合电网中所有发电机组都起了短时的支援作用，但调节过程结束后，本区域与外区域的联络线交换功率应保持在原来协议规定的计划值上，尽量避免非协议范围内的功率在联络线上流通，造成电力市场的计价困难。

　　图 4-8 所示为大区电网及与各省网间联络线调频方案示意图。TBC（Tie－Line Frequency Bias Control）是联络线频率偏差控制的简称。

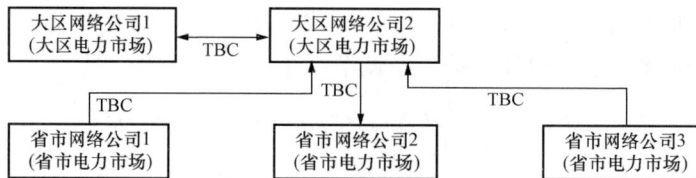

图 4-8　大区电网及与各省网间联络线调频方案示意图

　　分区调频与前面所讲的分散调频不是同样的含义。分区调频方程式必须能够判断出当时的负荷增量是否发生在本区范围之内，如判断超出范围，则本区调频机组可以"不予理睬"。

　　在各省的调度中心，调频系统是按系统频差 Δf 和与外区联络线上的功率偏差信号 ΔP_T 进行调节的，其方程式为

$$\Delta P_G + \int (K_S\Delta f + \Delta P_T)\,dt = \Delta P_G + \int (ACE)\,dt = 0$$

$$ACE = K_S\Delta f + \Delta P_T$$

式中　ΔP_T——联络线功率与其计划值的偏差，方向以输出为正，输入为负；

　　　　ΔP_G——本区内所有调频机组功率增量的总和；

　　　　K_S——本区系统的单位调节功率。

　　　　ACE——区域控制误差（Area Control Error）。

　　当调节结束时，$\Delta f = 0$，ΔP_G 已被积分成某一常数，各调频机组功率不再变化，ΔP_T 也回到零（即联络线功率恢复设定值）。这时区域控制误差也应回零，即

$$ACE = K_S \Delta f + \Delta P_T = 0$$

分区调频的过程就是调节本区域内调频机组功率，使本区域 ACE 数值不断减小最终减少到零的过程。

设有 A、B 两个系统（或两个区域）有联络线连接，如图 4-9 所示。其分区调频方程组为

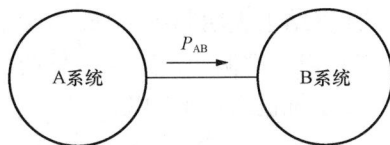

图 4-9　联合电力系统

$$\Delta P_{GA} + \int (K_{SA} \Delta f + \Delta P_{TA}) \, dt = 0$$

$$\Delta P_{GB} + \int (K_{SB} \Delta f + \Delta P_{TB}) \, dt = 0$$

则 A、B 系统的 ACE 分别为

$$ACE_A = K_{SA} \Delta f + \Delta P_{TA}$$

$$ACE_B = K_{SB} \Delta f + \Delta P_{TB}$$

当处于稳态运行时系统联络线功率保持恒定，有

$$ACE_A = ACE_B = 0, \quad \Delta P_{TA} = 0, \quad \Delta P_{TB} = 0$$

设 B 系统出现了计划外的负荷增加，这时整个联合系统频率下降，联络线功率 P_{AB} 增加，ACE=0 的平衡状态被打破。对 A 系统来说，ΔP_{TA} 为正值，$K_{SA} \Delta f$ 为负值，即有

$$ACE_A = \Delta P_{TA} - K_{SA} \Delta f（此值应是很小的负值，调节过程结束返回到零）$$

因为此时 ACE_A 是一个数值很小的负值，所以 A 系统内调频机组出力增加也很小。而对 B 系统来说，$K_{SB} \Delta f$ 为负值，$\Delta P_{TB} = -\Delta P_{TA}$ 也为负值，即有

$$ACE_B = -K_{SB} \Delta f - \Delta P_{TA} = -(K_{SB} \Delta f + \Delta P_{TA})（调节过程结束时也返回到零）$$

因而 ACE_B 就是一数值较大的负值，B 系统内调频机组功率增加要较多。

【例 4-2】　如图 4-9 所示，A、B 两系统相连，已知 A 系统容量为 3000MW，$K_{GA*} = 25$，$K_{LA*} = 1.6$；B 系统容量为 2000MW，$K_{GB*} = 20$，$K_{LB*} = 1.4$。当 A 系统内突然增加 200MW 负荷时，求：

（1）A、B 两系统机组都参加一次频率调整后的结果；

（2）A、B 两系统的调频机组都按区域控制误差进行二次调频的结果。

解　首先将以标幺值表示的单位调节功率折算成有名值，即

$$K_{GA} = K_{GA*} \frac{P_{GAN}}{f_N} = 25 \times \frac{3000}{50} = 1500 (MW/Hz)$$

$$K_{GB} = K_{GB*} \frac{P_{GBN}}{f_N} = 20 \times \frac{2000}{50} = 800 (MW/Hz)$$

$$K_{LA} = K_{LA*} \frac{P_{GAN}}{f_N} = 1.6 \times \frac{3000}{50} = 96 (MW/Hz)$$

$$K_{LB} = K_{LB*} \frac{P_{GBN}}{f_N} = 1.4 \times \frac{2000}{50} = 56 (MW/Hz)$$

$$K_{SA} = K_{GA} + K_{LA} = 1500 + 96 = 1596 (MW/Hz)$$

$$K_{SB} = K_{GB} + K_{LB} = 800 + 56 = 856 (MW/Hz)$$

（1）两系统全部机组都参加一次频率调整。

1）频差为

$$\Delta f = -\frac{总功率缺额}{K_{SA} + K_{SB}} = \frac{-200}{1596 + 856} = \frac{-200}{2452} = -0.082 (Hz)$$

计算结果表明频率下降 $0.082\mathrm{Hz}$。

2）当一次调频结束时，总功率缺额 200MW 被以下四部分补偿：

A 系统机组增加功率

$$\Delta P'_{\mathrm{GA}} = -K_{\mathrm{GA}}\Delta f = -1500 \times (-0.082) = 122.35(\mathrm{MW})$$

A 系统因 f 下降使负荷少用

$$K'_{\mathrm{LA}}|\Delta f| = 96 \times 0.082 = 7.83(\mathrm{MW})$$

B 系统机组增加功率

$$\Delta P'_{\mathrm{GB}} = -K_{\mathrm{GB}}\Delta f = -800 \times (-0.082) = 65.25(\mathrm{MW})$$

B 系统因 f 下降使负荷少用

$$K'_{\mathrm{LB}}|\Delta f| = 56 \times 0.082 = 4.57(\mathrm{MW})$$

3）B 系统经联络线支援 A 系统的功率为

$$65.25 + 4.75 = 69.82 \quad (\mathrm{MW})$$

也可按下式算出

$$\Delta P_{\mathrm{TB}} = (K_{\mathrm{GB}} + K_{\mathrm{LB}})|\Delta f| = 856 \times 0.082 = 69.82(\mathrm{MW})$$

（2）两系统都按区域控制误差进行二次频率调整，即有

$$\mathrm{ACE}_{\mathrm{A}} = K_{\mathrm{SA}}\Delta f + \Delta P_{\mathrm{TA}} = 1596 \times (-0.082) + (-69.82) = -200(\mathrm{MW})$$

$$\mathrm{ACE}_{\mathrm{B}} = K_{\mathrm{SB}}\Delta f + \Delta P_{\mathrm{TB}} = 856 \times (-0.082) + 69.82 \approx 0$$

上两式说明在一次调整刚结束的瞬间，$\mathrm{ACE}_{\mathrm{A}}$ 为一数值很大的负数，A 系统有功缺额多，这就使得 A 系统调频机组迅速增加功率；而 $\mathrm{ACE}_{\mathrm{B}} \approx 0$，则表示 B 系统内调频机组可以"袖手旁观"，完全符合在本区域内自我平衡的原则。

设二次调节过程中的某一瞬间，A 系统调频机组已经增发功率，$\Delta P''_{\mathrm{GA}} = 150\mathrm{MW}$，而 B 系统内调频机组"袖手旁观"，$\Delta P''_{\mathrm{GB}} = 0$，此时有

$$\Delta f = \frac{\Delta P''_{\mathrm{G}} - \Delta P_{\mathrm{L}}}{K_{\mathrm{SA}} + K_{\mathrm{SB}}} = \frac{150 - 200}{1596 + 856} = \frac{-50}{2452} = -0.02(\mathrm{Hz})（系统频率已回升许多）$$

$$\Delta P_{\mathrm{TB}} = K_{\mathrm{SB}}|\Delta f| = 856 \times |-0.02| = 17.46(\mathrm{MW})$$

$$\mathrm{ACE}_{\mathrm{A}} = K_{\mathrm{SA}}\Delta f + \Delta P_{\mathrm{TA}} = 1596 \times (-0.02) + (-17.46) \approx -50(\mathrm{MW})$$

$$\mathrm{ACE}_{\mathrm{B}} = K_{\mathrm{SB}}\Delta f + \Delta P_{\mathrm{TB}} = 856 \times (-0.02) + 17.46 \approx 0(\mathrm{MW})$$

可见，在调频过程中系统频差、$\mathrm{ACE}_{\mathrm{A}}$ 和联络线支援功率均在逐渐减小。当二次调整结束，系统频率恢复为额定值，此时有

$$\Delta f = 0, \quad \mathrm{ACE}_{\mathrm{A}} = \mathrm{ACE}_{\mathrm{B}} = 0, \quad \Delta P_{\mathrm{TA}} = 0$$

$$\Delta P''_{\mathrm{GA}} = 200\mathrm{MW}, \quad \Delta P''_{\mathrm{GB}} = 0$$

B 系统没有参加二次调频，在一次调频时，B 系统增发的功率 $\Delta P'_{\mathrm{GB}}$ 则由于频率的回升而逐渐减小到零。A 系统内非调频机在一次调节中增发的功率也是如此，即调节过程结束后所有非调频机组都仍按原来经济运行分配的基点功率运行。

第五节　编制日发电计划和频率稳定的关系

一、系统负荷变化规律和日发电计划的关系

电力系统负荷瞬息万变，但通过分析可以看出，负荷的变化还是有规律的。

从图 4-10 所示的电力系统负荷变动情况可以看出，实际的负荷曲线可看作三种分量的合成：第一种是变化幅度很小但频率很高的随机分量负荷，其变化周期一般在 10s 以下；第二种为变化幅度较大的脉动变化负荷，其变化周期一般在 10s～3min 的范围内，属于这类负荷的主要有电炉、压延机械和电力机车等间歇性冲击性负荷；第三种是变化很缓慢，但幅度很大的持续变化负荷，引起这种变化的原因主要是企业作息制度、人们生活起居规律、气象条件变化等。

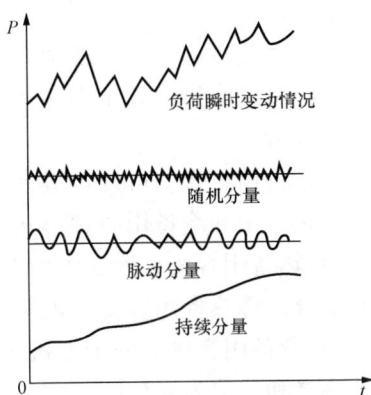

图 4-10　电力系统负荷变化

负荷的变化将引起系统频率相应变化，第一种负荷变化引起的频率偏移微小，可由发电机组的调速器自动予以调整，这就是频率的一次调整。第二种负荷变化引起的频率波动较大，仅靠调速器的作用往往不能将频率偏移限制在允许范围之内，这时必须由调频器参与调整，这就是频率的二次调整。通常所说的调频主要是指这种二次调整。只有第三种负荷的变化可以由调度中心预先估计出来，称为负荷预测。根据预测的负荷变化，预先安排好系统中各发电机组的日发电计划，各发电机组按计划运行，这样就大体上可以跟踪第三种电力系统负荷变化，保持系统频率的基本稳定。

图 4-11 显示了计划负荷与实际负荷曲线的差别。图中实线（折线）是系统的计划负荷曲线。调度中心每天都要编制下一天 24h 的预计负荷曲线，然后按经济运行的原则落实到每个发电厂。系统中的非调频厂就是按照调度中心预先下达的日发电计划运行的。图中虚线则是实际记录的系统负荷曲线，可以看出，虚线的大体趋势与实线是完全相符的，这说明预测的负荷变化规律比较准确。但是，实际负荷总与计划出力有些差额，这就是计划外负荷 ΔP_L。若 $\Delta P_L > 0$，即实际负荷大于系统功率，频率就会降低；反之，频率就会升高。这种计划外负荷，由系统中的调频厂承担。由于调频容量有限，因此，这种日发电计划必须有足够的可信度，否则当出现很大的计划外负荷而调频机组全部开足满发仍然不能满足需要的时候，再临时由调度员命令起动备用机组必然要费一些时间，这样就会导致系统频率下降较多，超过允许范围。因此，做好负荷预测，编制好日发电计划，是保证系统频率稳定的首要环节。

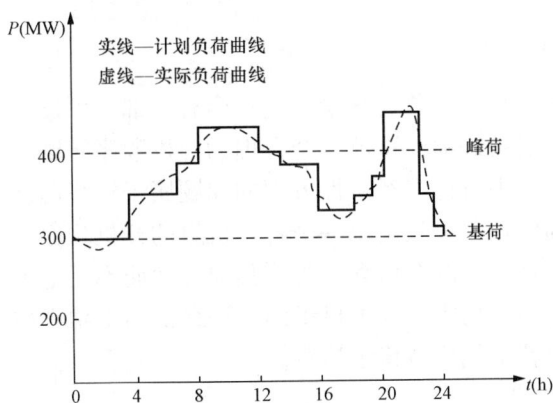

图 4-11　计划负荷与实际负荷曲线的差别

在电网调度自动化系统中，可以用计算机进行这项工作，现在已有专门的负荷预报程序，计算机将输入的运行记录进行回归分析，拟合出负荷变化规律曲线，再进行延长即可得到第二天或更远时段的预计负荷，结果直接由计算机打印成曲线或数字表格形式（详见第八章）。

二、编制日发电计划与备用容量的关系

编制日发电计划需涉及备用容量问题，那么什么是备用容量？这里需认清几个不同的容

量概念。

（1）总装机容量。系统中全部发电机容量之和称为总装机容量。

（2）可发容量。处于完好状态，可随时按调度命令开机的机组最大可能输出功率之和称为可发容量。

（3）备用容量。可发容量大于系统负荷的部分，称为系统备用容量。系统的全部备用容量均以热备用和冷备用两种形式存在。

1）热备用容量。运转中所有发电机组的最大可能输出功率之和大于系统当时总负荷的余额部分，称热备用容量，也叫旋转备用容量。

2）冷备用容量。处于停机状态，但可随时听候调度命令启动的发电机组的最大可能输出功率之和，称为系统冷备用容量。

显然，编制日发电计划时，要在预计的日负荷曲线（已计及网损和厂用电）基础上，再考虑适当数量的热备用容量。热备用容量的作用就是承担频率调整任务，及时抵偿由于随机事件引起的功率缺额，所以热备用容量也就是系统的调频容量。随机事件包括短时负荷波动、日负荷曲线的预测误差，以及个别发电机组因偶然事故而退出运行等。

从保证可靠供电和良好的电能质量方面考虑，热备用容量越多越好，因为发电机组从冷状态启动到投入系统并带上额定功率负荷运行，所需时间短则几分钟（水电厂），长则十多小时（火电厂），对于重要负荷几分钟已显过长。而从保证系统经济性考虑，热备用容量又不宜过多。假如在峰荷期间，某台发电机组因故障退出，同时又遇上负荷突增，系统有功缺额过多，如果全部用热备用承担就会很不经济。这时，应采取水轮发电机组低频自启动及按频率自动减负荷等自动化措施，从增输出功率和减负荷两方面来防止频率的过分降低，保证重要负荷的正常用电。热备用容量一般取系统最大负荷的 8％～10％为宜。

冷备用容量一部分也是作事故备用，另外还需满足检修备用和国民经济不断增长对电力的需要。

三、编制日发电计划和开机顺序的关系

一般情况下，调度所掌握的可发容量是大于预计的负荷容量，这就会有一部分可发容量做冷备用。当负荷逐步增加的时候，先开哪些机组好呢？这就有个合理的开机顺序问题，在编制日发电计划时必须予以考虑。开机顺序问题中有许多经济性方面的问题属于经济调度的内容，这里仅指出一些与调频有关的技术性问题，并大致给出一个各类机组的开机顺序。

首先介绍一下"强迫功率"和"最小技术负荷"两个概念。为了其他方面而不是电力系统的要求，发电机组必须发出的有功功率称为强迫功率；发电机组的允许最低输出功率称为最小技术负荷，当低于这个功率时，发电机组就不能保持稳定运行。

（一）各类发电厂的技术特点

1. 水电厂的技术特点

（1）水电厂一般有一定数量的"强迫功率"，这是为了满足下游航运、灌溉等需要，每天必须排放一定的水量。

（2）水电厂的水轮机组退出运行、再度投入、发电改调相或调相改发电运行都很方便，操作简单迅速，易于自动化，也不需耗费过多能量。

（3）水轮机组最小技术负荷一般较小，功率调节范围大，调节时间短，能够承担急剧变动的负荷，适于担当调频任务。

（4）水电厂当水头很低时，机组功率降低，不能发出额定容量。

（5）水电厂按水库水文特性可分成无调节和有调节两类：

1）无调节水库发电厂，任何时刻，输出功率取决于河流天然流量，不能调节。

2）有调节水库水电厂，根据水库调节能力，分为日调节、年调节和多年调节等。其运行方式要取决于水库调度给定的日耗水量（详见第七章）。在洪水季节，要连续满负荷运行，以避免或减少泄洪、弃水，浪费宝贵的水能资源；在枯水季节，由于给定的日耗水量少，这时应当只承担急剧变化的负荷，即担任调峰调频任务。

2. 火电厂的技术特点

（1）火电厂锅炉的最小技术负荷较高，约为额定值的 25%～70%，越是高温高压火电厂，其锅炉的最小技术负荷越高，因此其输出功率可调范围越小。因为负荷较小时，会导致燃烧不稳定甚至灭火。汽轮机的最小技术负荷不高，约为额定值的 10%～15%。

（2）火电厂锅炉和汽轮机的退出、再度投入和承担急剧变化的负荷时，所需时间很长，还容易损坏设备，而且要额外耗费能量。

（3）火电厂分为高温高压、中温中压、低温低压和供热式四种。

1）高温高压机组效率高，单机容量大，是系统内的主力机组；但其输出功率可以灵活调节的范围窄，仅有额定容量的 30% 左右。

2）中温中压机组效率低些，单机容量也小些，但输出功率可以灵活调节的范围宽，能够达到额定容量的 70%。

3）低温低压机组效率最低，技术经济指标最差，是应当淘汰的机组。

4）供热式火电厂（热电厂）的最小负荷取决于供热负荷，属强迫功率，故输出功率调节不灵活。但热电厂热效率高，可达 60%～70%，而一般火电厂仅为 30%～40%。

3. 核电厂的技术特点

（1）核电厂的核反应堆（亦称原子锅炉）和汽轮机，承担急剧变动负荷或者退出运行及再度投入时，也要较长花费时间，耗费能量，且对安全运行不利。

（2）核电厂的最小技术负荷主要取决于汽轮机，约为额定负荷的 10%～15%，核反应堆对最小技术负荷没什么限制。

（3）建造核电厂的一次投资很大，但运行费用很低。

（4）一般核电厂总是带基本固定负荷运行，不承担急剧变动的负荷。

（二）优先开机顺序

从上述各发电厂的技术特点即可得出，各类发电厂的开机顺序应如图 4-12 所示。

（1）无调节水库电厂的全部功率，有调节水库水电厂和热电厂的强迫功率部分，都应首先投入。

（2）核电厂运行费用低，初投资大，建成后要尽量保持连续运行，也要早投入。

（3）热电厂的可调功率部分，因其热效率高，可早些投入。

（4）高温高压大功率火电机组，特别是建在煤矿当地燃烧劣质燃料的坑口电站，效率高，经济性能好，也应早些投入。

（5）中温中压火电厂热效率不高，但可调性却较好，在枯水季节应较后投入；而在洪水季节则最后投入，由其承担峰荷并调频。

（6）水电厂的可调功率，在枯水季节应最后投入，担任调峰调频；但洪水季节则应最先投入，因为这部分容量此时亦属于强迫功率了。

（7）无论什么季节，抽水蓄能机组都应最后投入，担任调峰调频。

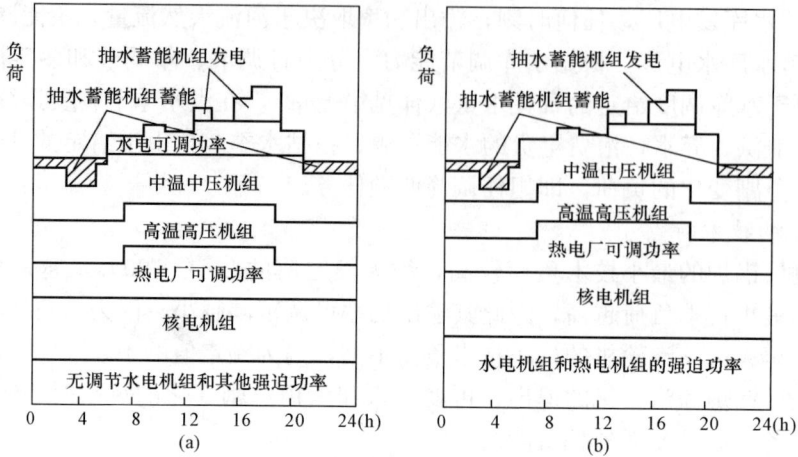

图 4-12　各类发电厂开机组合顺序示意图
（a）枯水季节；（b）洪水季节

由于系统中有大容量水电厂和抽水蓄能机组承担峰荷和调频，所以核电厂和其他火电厂日负荷曲线都可以相当平坦，输出功率变化很小，这无论在技术上或者经济上都很有利。上述仅是大致地考虑了各类发电厂合理的开机顺序，并没有从经济性能上加以详细定量分析。有关经济方面的最优分配，将在第七章中加以介绍。

四、发电计划程序的各个模块

发电计划是 EMS 中的核心应用软件，向 AGC 提供各机组基点功率值，对电力系统经济调度起着关键作用。发电计划也称火电系统经济调度（EDC），即在已知系统负荷、水电计划、检修计划、交换计划、机组组合、机组经济特性、网络损失特性、备用监视计划和运行限制等条件下，按照等耗量微增率准则，编制火电机组发电计划，使整个系统的发电费用最低。发电计划除负荷预测、开机组合等内容外，还应包含以下模块。

1. 水火电协调计划模块

水火电协调计划也称为水电调度计划，这是一个经济效益显著而计算复杂的问题。水电厂在运行的过程中，必须做到充分利用天然来水发电，防止弃水，调节峰谷负荷。水火电协调计划是一个具有复杂约束的大型非线性规划问题，其方法主要有水火电协调方程、动态规划法、网络流规划法（简称网流法）等。

2. 检修计划模块

机组检修是电力系统运行计划中的一项重要内容，由于会直接影响电网的总发电功率，所以对系统运行的可靠性和经济性都有很大的影响。机组预防性检修的目的，是使各发电设备性能保持在允许的范围之内，增加设备的可靠性，并可推迟新建电厂。预防性检修做得好，因突发故障而被迫临时抢修的概率就会大为减少，这也能降低发电的生产成本。

3. 交换计划模块

电力系统从小到大，最后要联合成跨地区的国家级电网。电力系统的联合给安全运行和经济运行带来了很大的效益。

联合电力系统按照产权划分为若干运行区域，区域之间电量交换计划可以通过以下三种不同的方式进行协调。

（1）自协调方式。各个区域独立进行调度，管理自己的电厂和负荷，根据本区域的发电费用，向其他区域通报本区域买电（或卖电）的价格，双方协商确定交换功率计划。

（2）电力交易市场模式。区域按照各自的发电计划，向交易市场通报买卖的电量和价格，市场按最大交换利益原则制定各区域间的交换计划，通知各区域。

（3）协商调度模式。双方设立联合调度中心，平等协商，确定长短期的电力和电量合同，制定调度协议。各区域按联合调度中心及调度协议的要求，调度本区域发电厂。

从发展角度看，最佳方式是整个系统作为一个整体来编制经济调度计划，各区域则按照统一调度中心的计划，安排本区域的发电功率。

第六节　正常运行中的自动发电控制（AGC/EDC）

电力系统负荷预测总会有误差，系统的有功计划出力和系统的实际负荷总是存在一定的差距。自动发电控制（AGC/EDC）就是通过监测电厂有功功率和系统负荷之间的差值，自动地调控调频机组的有功功率，以满足用户不断变化的用电需要，达到有功功率的发供平衡，从而保持系统频率稳定，并且使整个系统处于经济的运行状态。在联合电力系统中，AGC/EDC 是以区域系统为单位进行的，是电网调度自动化系统中最重要的闭环控制功能。

一、AGC/EDC 的基本控制目标

在系统的正常运行状态下，AGC/EDC 的基本控制目标有：

（1）调整全电网发电功率与全电网有功负荷平衡；

（2）调整电网频率偏差到零，保持电网频率为额定值；

（3）在各控制区域内分配全网发电功率，使区域间联络线潮流与计划值相等；

（4）在本区域发电厂之间分配发电功率，使区域运行成本最小；

（5）在 EMS 系统框架内，AGC 是实时最优潮流与安全约束经济调度的执行环节。

上述第一个目标与所有发电机的调速器有关，即与频率的一次调整有关；第二个和第三个目标与频率的二次调整有关，也称为负荷频率控制（LFC）；第四个目标也与二次调整有关，又称为经济调度功能（EDC）。通常所说的 AGC 仅指前三项目标，包括第四项时则写为 AGC/EDC，但也有将 EDC 功能包括在 AGC 功能之中的。

实际上，系统发电功率跟踪系统负荷变化并保持频率稳定的过程，可以看作是由四项互相衔接的控制作用完成的，可用图 4-13 加以说明。图中纵坐标表示负荷波动的幅值，横坐标表示负荷波动的周期。

（1）对于变化周期在 10s 以内且变化幅度又很小的负荷波动，可以由发电机组的惯性和负荷本身的调节效应自然地吸收掉，此时机组调速器因有死区不会动作。

（2）对变化周期在 1~3min 且幅度稍大的负荷波动，调速器会自动调节各发电机组功率来共同分担（即一次调频，随时都在进行）。

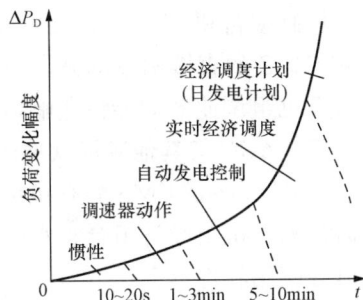

图 4-13　不同周期负荷变化与相应的控制功能

（3）对于变化周期在 10min 左右且幅值较大的负荷变化，先由自动发电控制（AGC）调节发电机组功率进行跟踪（即二次调频，几秒钟一次）。然后每过几分钟（如 5min）再由实时经济调度（EDC）调控一次，重新分配各发电机组功率，以恢复系统运行的经济性，同时也使调频机组恢复其功率调节裕度，这已属于频率的三次调整。

（4）更长周期持续性的负荷变化，就属于日发电计划（包括开停机、机组经济组合、水火电负荷经济分配、联络线功率交换计划等）的任务了。按日发电计划进行的发电机组功率调节，又被称为区域跟踪控制，也属于频率的三次调整。

二、AGC/EDC 的控制过程

AGC/EDC 的主要功能是维持系统频率和系统区域间交换功率的稳定。可以通过电力系统调度中心的通信系统获取各发电机发出功率、各联络线传输功率以及系统频率的信息，并向各个发电厂（或发电机组）发布相应的控制信号。当系统出现频率偏差或交换功率偏差时，就可以通过测量和计算，确定区域控制误差 ACE，从而获得系统所需的功率增减总值。

再将该功率增减总值分配给区域（或子系统）中各调频电厂和调频机组。在进行机组功率分配的时候，采用"等耗量微增率准则"来分配各个机组应承担的功率增减值，这就是实时经济调度的计算内容。

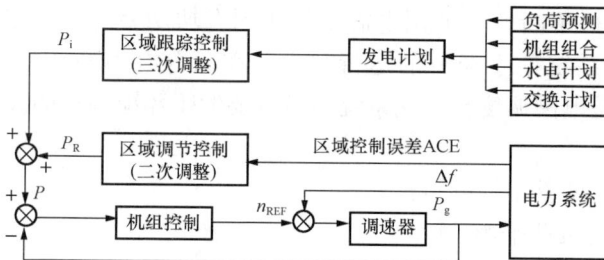

图 4 - 14　自动发电控制（AGC）结构示意图

图 4 - 14 为 AGC/EDC 的总体结构框图。图中画出了与 AGC/EDC 有关的 3 个控制回路。

（1）区域跟踪控制，提供发电"经济基点功率" P_i，其目的是落实发电计划，平衡因作息制度而造成的大幅度负荷变化，也被称之为频率的三次调整。它与负荷预测、机组组合、水电计划及交换功率计划有关，均属于经济调度的范畴。

（2）区域调节控制（二次调整），努力将区域控制误差（ACE）调到零，这是 AGC 的核心功能。目的是计算出使 ACE 趋近于零的各机组功率增减调节值 P_R，并将此调节分量加到机组发电基点功率 P_i 上。P_R 和 P_i 共同作用形成机组的"期望发电功率" P，此值与反馈回来的机组实际功率之差，作用于机组控制系统，输出对调速器的控制信号，最终完成对调频机组功率的闭环控制。

（3）机组控制是机组基本控制回路，许多情况下（特别是水电厂），一台电厂控制器能同时控制多台机组。AGC 的信号送到电厂控制器后，再分送到各台机组。调速器不是 AGC/EDC 的直接构成部分，而是系统一次调频设备。当系统负荷突增使频率下降时，系统中所有机组调速器均能快速响应，使系统频率迅速回升，完成一次调频。

三、AGC 与其他应用软件的关系

AGC 程序是 EMS 的有机组成部分，需要在其他应用软件的支持下工作，如发电计划、负荷预测、机组经济组合、水电计划、区域交换功率计划、状态估计、安全约束调度和最优潮流等应用软件。

如图 4 - 15 所示，负荷预测、机组组合、水电计划和交换计划均与发电计划协调，并经发电计划与 AGC 联系。这种联系一种是按负荷曲线进行，一种是对计划外负荷变动的响

应。AGC 所需的负荷预测不仅是短期的（日至周），还需要超短期的（几分钟至几十分钟）。尤其是在升负荷阶段，超短期负荷预测与发电计划相结合，可安排慢速机组每 10min 的计划值，达到尽可能密切的调峰跟踪。

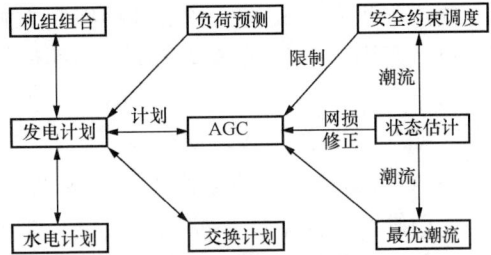

图 4 - 15　AGC 与其他应用软件协调工作流程图

状态估计每 10min 向 AGC 提供各机组和各联络线交接点的网损微增率，使 AGC 做到最恰当的网损修正。如状态估计发现有线路潮流过负荷，则启动实时安全约束调度软件，提出解除过负荷的措施（改变电厂出力值），由下一个周期开始，AGC 将自动进行解除支路过负荷的调整。最优潮流可以代替安全约束调度的功能，还可给 AGC 提供网损修正后的经济负荷分配方案。但现在完全实现这些功能的最优潮流还少见，实际应用中的问题还很多。

四、实现 AGC 的控制方式

AGC 的控制模式一般有如下六种：

（1）定频率控制方式（CFC 或 FFC）；

（2）定交换功率控制方式（CIC 或 CNIC）；

（3）定频率及定交换功率控制方式（TBC）；

（4）自动修正时差控制方式（TEC）；

（5）自动修正交换电能差控制方式（IEEC）；

（6）自动修正时差及交换电能差控制方式。

（一）定频率控制方式

采用定频率控制方式时可以保持系统频率不变，即 $\Delta f = 0$。该方式适合于独立的电力系统，也适合作为联合电力系统的主系统。其区域控制误差为

$$ACE = -K\Delta f$$

式中　K——本系统频率偏差系数，即本系统的单位调节功率，MW/Hz。

（二）定交换功率控制方式

采用定交换功率控制方式能保持联络线交换功率的恒定，可用于联合电力系统中的小容量系统，这时另外的主系统则应采用定频率控制，以维持整个联合电力系统频率稳定。其区域控制误差为

$$ACE = \Delta P_T$$

式中　ΔP_T——联络线交换功率偏差，MW。

（三）定频定交换功率控制方式

采用定频定交换功率控制方式，要同时检测系统频差 Δf 和联络线功率偏差 ΔP_T，判断负荷变化发生的区域，即由该区内的调频机组做出相应的响应，平衡负荷的变动。这是一种同时兼顾了上述二种控制方式的综合控制方式，目前自动发电控制多用这种方式。其区域控制误差为

$$ACE = \Delta P_T - K\Delta f$$

（四）自动修正时差控制方式

自动修正时差控制方式是在上述定频定交换功率控制方式的基础上，又增加了对时间偏差的修正功能。时间偏差是指与系统频率密切相关的电钟时间与标准天文时间之差，这是由

系统频差累积而形成的。采用这种控制方式可以将时差纠正。这种控制方式要与相邻系统协调一致，否则会引起联络线交换功率的偏差。其区域控制误差为

$$\mathrm{ACE} = \Delta P_\mathrm{T} - K \Delta f - K_\mathrm{t} \Delta t$$

式中　K_t——时差系数，MW/s。

（五）自动修正交换电能差控制方式

自动修正交换电能差控制方式也是在定频定交换功率控制方式的基础上，扩充了对联络线交换电能差的修正功能。当互联系统各方都采用"时变电价"政策时，就要求能够对交换电能差给予补正。这是利用经济杠杆来迫使互联系统各方，严格按合同的规定值控制联络线功率的有效方法。其区域控制误差为

$$\mathrm{ACE} = \Delta P_\mathrm{T} - K \Delta f - K_\mathrm{W} \Delta W$$

式中　K_W——电能差系数，MW/(MW·h)。

（六）自动修正时差及交换电能差控制方式

自动修正时差及交换电能差控制方式是上述五种控制方式的全面综合。其区域控制误差为

$$\mathrm{ACE} = \Delta P_\mathrm{T} - K \Delta f - K_\mathrm{t} \Delta t - K_\mathrm{W} \Delta W$$

五、加入经济负荷分配功能的 AGC 控制方法

电力系统的负荷频率控制问题实质上就是有功功率的平衡问题。自动调频与自动经济调度密切相连，现以前面讲过的积差调频法为例，说明它们的配合过程。

积差调频法的调频方程式为

$$K_i \Delta P_{\mathrm{G}i} + \int \Delta f \mathrm{d}t = 0, \ i = 1, 2, \cdots, n$$

当调节过程结束后，各调频机组分担的计划外负荷是按一个固定的比例分配的，即

$$\Delta P_{\mathrm{G}i} = \frac{1}{K_i \sum \dfrac{1}{K_i}} \Delta P_\mathrm{L}, \ i = 1, 2, \cdots, n$$

但这种按固定比例分配计划外负荷的方法不是最经济的。为此可把上述调频方程式改为

$$Kb_i + \int \Delta f \mathrm{d}t = 0, \ i = 1, 2, \cdots, n \tag{4-5}$$

式中　K——机组耗量微增率的频率积差转换常数（所有调频机组都相同）；

　　　b_i——第 i 电厂的耗量（费用）微增率。

假设有两个调频电厂按式（4-5）所示调频方程式调频（在不考虑网损的情况下），各自的调频方程式为

$$Kb_1 + \int \Delta f \mathrm{d}t = 0$$

$$b_1 = -\frac{1}{K} \int \Delta f \mathrm{d}t$$

$$Kb_2 + \int \Delta f \mathrm{d}t = 0$$

$$b_2 = -\frac{1}{K} \int \Delta f \mathrm{d}t$$

可见 b_1 和 b_2 总是相等的，这恰好符合等耗量（费用）微增率的经济分配负荷准则。设在 t_1 时刻系统达到有功平衡的稳定状态，则有

$$\Delta f = 0, \quad b_1 = b_2 = -\frac{1}{K}\int_0^{t_1}\Delta f\,dt = 某一常数$$

注意，这里 $b_1 = b_2 \neq 0$，因为 Δf 只是在 t_1 时刻才等于零，在 $0\sim t_1$ 时段里 $\Delta f \neq 0$，因此积分式 $\int_0^{t_1}\Delta f\,dt$ 为某一个定值而不为零。

如图 4-16 所示，从各电厂的 b-P 曲线上，可以查得相应于 b_1 的 P_1 和相应于 b_2 的 P_2。这时显然有 $P_1 + P_2 + \sum P = P_L$（$\sum P$ 为非调频厂发电输出功率总和）。 当负荷实然增加打破有功平衡，致使频率下降时，$\Delta f < 0$，$\int\Delta f\,dt$ 项不断地积累， 使 b_1 和 b_2 都增大，相应地 P_1 和 P_2 也随之增加，当最终重新实现有功平衡时，应有

$$P_1' + P_2' + \sum P = P_L + \Delta P_L$$
$$\Delta f = 0$$
$$b_1' = b_2'$$

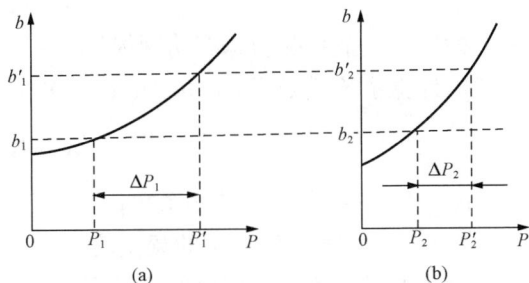

图 4-16　各电厂的耗量（费用）微增率曲线（b-P 曲线）

从图 4-16 中可以看到 $\Delta P_1 > \Delta P_2$，说明两个电厂增发的功率不同，增发的功率也不是按固定的比例而是按等微增率准则分配的，因而是最经济的。这样就既实现了自动无差调频，又实现了自动经济调度。系统中非调频机组在功率失去平衡后，仍然保持原来的功率不变，其分担的固定负荷早就是按经济性能计算后分配的。

实际的实时经济调度不这样简单，要考虑的因素很多，如网损的影响也要计入等。实时经济调度不仅要计算各电厂耗量（费用）微增率，而且要计算系统的耗量（费用）微增率，这时要将式（4-5）所示调频方程式改写为

$$K\lambda + \int\Delta f\,dt = 0$$

或

$$\lambda = -\frac{1}{K}\int\Delta f\,dt = K_\lambda\int\Delta f\,dt$$

式中　λ——系统耗量（费用）微增率；

　　　K_λ——系统微增率的频率积差转换系数。

另外，为了加强对频率瞬时偏差的响应，在调频方程式中还可加入与频率瞬时偏差信号成正比的调频功率分量 $\alpha_i K_P\Delta f$， 其中 K_P 是功率转换常数，α_i 是负荷分配系数。这样调频机组的应发功率 P_{Gi} 就包括了三部分，即

$$P_{Gi} = P_{bi} + \Delta P_{bi} + \alpha_i K_P\Delta f$$
$$\Delta P_{bi} = d_i\Delta\lambda$$

式中　P_{bi}——基点经济功率值，由微增率曲线 b-P 确定，每 5min 计算一次；

　　　ΔP_{bi}——稳态调频功率，每 5min 计算一次，在两次计算中间采用线性化插值方法；

　　　d_i——微增率曲线在该点的斜率；

　　　$\Delta\lambda$——系统耗量（费用）微增率差值；

　　　$\alpha_i K_P\Delta f$——瞬态调频功率值。

六、AGC/EDC 的程序模块

调度中心与调频厂间设有双向通道，调频机组的实发功率通过上行通道传到调度中心，调度中心的计算机进行一系列计算后，把各调频机组应发功率通过下行通道传送到各调频机组调节器；调节器根据传来的设定功率进行调整，只要实发功率不等于设定值，调节过程就继续进行，这种控制方式是当地闭环控制。

实现自动发电控制和实时经济调度的计算是相当复杂的，下面简单介绍一下电网调度自动化系统的计算机是如何进行计算的。

（1）计算各调频电厂的网损微增率 σ_i，每 30～60min 计算一次。其计算公式为

$$\sigma_i = \partial \Delta P_L / \partial P_{Gi}$$

式中　ΔP_L——全系统的总有功网损。

（2）计算系统微增率 λ，每 5min 一次。其计算公式为

$$\lambda = K_\lambda \int \Delta f \, \mathrm{d}t$$

式中　K_λ——系统微增率转换系数；

　　　Δf——每 3s 采样一次的频差值。

按上述方程连续进行积分即可得到 λ，每 5min 为一累计积分周期。

（3）计算各调频电厂的耗量微增率 b_i 和基点经济功率 P_{bi}，每 5min 一次。根据系统微增率 λ 和各调频电厂的网损微增率 σ_i，求得

$$b_i = (1 - \sigma_i)\lambda$$

可算出各调频电厂的耗量微增率，再从调度数据库中取得事先储存的各调频电厂 b-P 曲线，求出相对应的各电厂基点经济功率 P_{bi} 和该点的曲线斜率 d_i，由各电厂的 d_i 还可求出负荷分配系数 $\alpha_i (\alpha_i = d_i / \sum d_i)$。 以上计算体现了按等微增率分配负荷的经济调度原则。

（4）计算稳态调频功率 ΔP_{bi}，每 5min 一次。其计算公式为

$$\Delta P_{bi} = d_i \Delta \lambda = d_i K_\lambda \int_0^T \Delta f \, \mathrm{d}t$$

式中　Δf——从确定新的基点经济功率时刻开始，每 3s 采样一次的频差值。

从上式连续进行积分计算出 ΔP_{bi} 的值，直到下一次新的基点功率确定时为止（T 为 5min）。在下一个计算周期开始时，需先清零然后再进行计算。

（5）计算瞬态调频功率 $\alpha_i K_P \Delta f$。按 Δf 采样周期，每 3s 循环计算一次 $\alpha_i K_P \Delta f$，其中分配系数 α_i 采用在第（3）步骤中刚算出来的最新值，而功率转换常数 K_P 早就存在数据库中。

（6）计算各电厂（机组）应发功率 P_{Gi}，每 3s 计算一次。其计算公式为

$$P_{Gi} = P_{bi} + d_i \Delta \lambda + \alpha_i K_P \Delta f$$

根据上式可求得各机组的应发功率，并通过下行通道传送到各调频电厂。

七、AGC 机组的运行控制方式

（一）发电机组的几种运行方式

1. 停机方式

停机方式下机组处于故障停运或检修状态，机组断路器断开。停机方式不参加 AGC，亦不能作为备用对象。

2. 备用方式

备用方式下机组本身处于良好状态，但机组断路器断开，属于冷备用对象。处于该方式下的机组一旦需要可以根据调度命令（或自动开机控制信号）立即起动并网发电。

3. 手动方式

手动方式下机组断路器合闸，机组处于运行状态，但其输出功率是由现场运行人员手动控制调节的，不受 AGC 信号控制，仅听调度员命令。

4. 调度员直接遥控方式

调度员直接遥控方式下机组处于运行状态，出力由调度员远方遥控，但不在 AGC 直接控制之下。

5. 带基荷方式

带基荷方式下机组是在 AGC 控制之下，但是 AGC 控制该机组按调度员预先设定的基荷发电。

6. 带基荷和调频方式

带基荷和调频方式下机组完全置于 AGC 控制之下，AGC 控制机组运行于调度员设定的基本负荷附近（或者是由 EDC 给出的设定值附近）。根据"区域控制误差"ACE 计算出分配给该机组的功率增量，随时增减出力，承担调频任务，可调容量由上、下限值决定。

机组 AGC 控制方式应根据系统结构以及与相邻系统间的约定来确定，当系统运行状态变化时，调度员可以通过键盘命令在线修改机组 AGC 控制方式。

（二）机组控制模式及 EDC 程序的调度计算

以下内容是以某实际工程为例。

机组控制模式为 AGC ，表示机组在线受 AGC 控制，而 ON 表示机组在线但不受 AGC 控制。

机组控制模式为 AGC 时，又有几种子模式（AGC Submodes）：

MBPR ——机组由 AGC 控制到手动整定的基点值。该模式只参加 ACE 调节，不参加经济调节。

AUTE ——机组由 AGC 控制到经济基点值。该模式只参加经济调节，而不参加 ACE 调节。

AUTR ——机组在 AGC 控制下参加 ACE 调节，但不参加经济调节。

AUTO ——机组由 AGC 控制到经济基点值。该模式既参加经济调节，又参加 ACE 调节。

每次 EDC 程序运行时，都分两路进行调度计算。

第一路：EDC 只计算 AGC 子模式为 AUTE 和 AUTO 的机组的经济基点值；MBPR 机组的基点值由手动整定；而所有其他机组的基点值都取其实际功率值。第一路 EDC 中计算出来的基点值和经济分配系数都是提供给 LFC（负荷频率控制）使用的。

第二路：EDC 计算在 ON 控制模式和 AGC 其他子模式下机组的经济基点值；其他控制模式和 TEST 实验子模式下的机组，则采用实际功率作为基点值。第二路 EDC 计算的目的，仅是为了显示或作进一步的研究，而不供 LFC 使用。

（三）AGC 的控制区段

AGC 分四个控制区段来表示 ACE 的严重程度，即死区段（Dead band）、命令区段

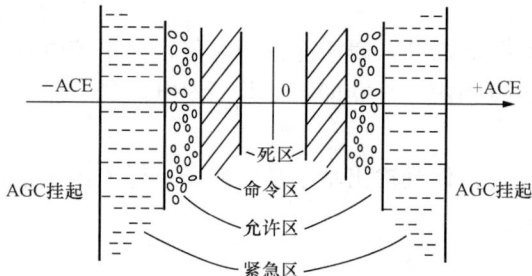

图 4-17　AGC 的控制区段示意图

（Command）、允许区段（Permissive）和紧急区段（Emergency）。每个控制区段都有正、负两个方向，但不一定要对称。AGC 的控制区段示意图如图 4-17 所示。

在不同的控制区段内，AGC 将根据子模式来确定哪些机组参加 ACE 调节，哪些机组参加经济调节，哪些机组两者都参加。但随着 ACE 严重程度的加大，参加 ACE 调节的机组会越多，而参加经济调节的则会越少。机组的具体工作情况如下：

（1）死区段。在死区段内，ACE 较小，负荷频率控制（LFC）将不发任何控制信号给 AGC 机组。

（2）命令区段。一旦进入命令区段，表明 ACE 已大到了一定程度，需要 AGC 来进行调节，此时由 AUTO 、 AUTR 机组参加 ACE 调节即可满足要求。

（3）允许区段。在允冲区段内，ACE 的幅值已相当大了，大到 AUTO 机组要放弃经济性考虑，而 MBPR 机组则要放弃手动整定的基点值。这时， AUTO 、 MBPR 机组同 AUTR 机组一样，成为纯粹的 ACE 调节机组。

（4）紧急区段。处于紧急区段时的 ACE 已发展到很严重的地步了，除 TEST 实验机组以外的所有 AGC 机组，都将放弃其经济性考虑而只参加 ACE 调节。

（四）机组各种运行方式的转换

除停机方式外，其余各种运行方式的机组，均可由调度员发令或经过键盘操作在线修改其运行方式，使其转入 AGC 调频方式。

发生下列情况时，参加 AGC 调频的机组需切换到手动方式：

（1）自动调功装置开关跳闸，已无法遥调机组出力；

（2）机组遥测值丢失或明显错误，说明通道或测量装置故障，不执行遥调命令；

（3）机组控制误差连续超限，说明调功执行机构有故障，必须退出闭环控制。

（五）AGC 报警

很多情况下 AGC 都将发出报警，情势严重时还会令 AGC 挂起，分别列述如下。

（1）当出现以下情况时，AGC 将被挂起并发出挂起报警：

1）系统频率超过 AGC 挂起的频率上、下限。

2）ACE 超过 AGC 挂起的 ACE 上、下限。

3）必要的遥测发生故障。具体情况如下：

（a）当 AGC 以定交换功率模式运行时，发生联络线有功遥测故障；

（b）当 AGC 以定频率模式运行时，发生频率遥测故障；

（c）当 AGC 以联络线偏差模式运行时，联络线有功或频率遥测发生故障。

如果需要的联络线功率或频率遥测在程序员规定的秒数内恢复正常，则 AGC 将会自动恢复，但仍发出报警。

（2）在出现以下情况时，AGC 将发出报警：

1）系统频率超过上、下限；

2）ACE 超过上、下限；

3）机组不响应控制；

4）机组控制模式自动切换，如进入或退出 AGC 模式。

八、AGC 系统的性能指标

为了对各种 AGC 的实际方案进行比较，便于对 AGC 系统进行调试和运行监视，有必要建立评价 AGC 系统性能的定量指标。这些指标可以有下列几种：

（1）每 10min 间隔内 ACE 至少应过零点一次；

（2）每 10min 间隔内 ACE 的均值不得大于预定极限值；

（3）系统受扰动，ACE 大于或等于预定极限 3 倍时，ACE 仍能在 10min 内返回零值；

（4）在上述受扰情况下，AGC 相应的控制动作能够在 1min 之内采取。

AGC 系统设计时都具有自行检测计算和统计上述各项指标实现状况的功能。当发现这些指标不能满足时就要发出相应的警报，同时记录下报警的日期、时刻，报警内容，设备和越限值，供调度和维护人员分析和处理。

九、AGC 软件包的结构和功能

下面介绍 AGC 软件包的组成模块及各模块功能。

（一）人机会话模块

（1）使用键盘命令设定 AGC 控制方式和机组控制方式。

（2）召唤显示指定的参数表并可在线修改参数表的参数。

（3）召唤显示指定的实时画面。

（4）随机起动打印报警表和性能统计表。

（二）数据通信处理模块

（1）定时向 SCADA 数据库读取调频电厂的遥测、遥信量，填入 AGC 数据库相应单元。

（2）当 AGC 计算出各调频机组的应发功率 P_{Gi} 后，由该模块通过前置机和远动通道发信给各调频厂的 RTU，并转送到相应机组的调节执行机构。

（3）读取各电厂 RTU 的回答信息，并能进行查错、分析和报警。

（三）AGC 计算模块

（1）数据预处理、ACE 计算和滤波（负荷本身含有百分之几的高度随机分量也会反映到 ACE 中，用不经滤波的 ACE 直接调控机组输出功率是不合适的，通过滤波以后，可以将不需要的和不恰当的控制减至最少）。

（2）计算调频电厂机组输出功率并填写遥控遥调命令表。

（3）计算机组控制误差。

（4）计算时间偏差累计值和校正值。

（5）计算和校正联络线交换电能差。

（四）AGC 性能指标监视模块

（1）按计算周期统计各指定参数的均值和最大值，累计 ACE 回零和 ACE 越限次数。

（2）每 10min 记录各指定参数的统计结果。

（3）整点记录各指定参数在 1h 内的统计结果。

（五）制表打印模块

（1）根据上述模块填写的报警信息，打印各项报警内容、越限值和越限时刻。

（2）将每 10min 记录的数据制表打印输出。

（3）将每天 24h 记录的性能统计结果制表打印输出。

（4）上述三种打印制表也可以随时召唤打印。

十、工程实例

作为华中电网内的一个调频控制区，湖南电网 AGC 系统采用了定联络线净交换功率控制模式（CNIC）。该系统结合具体运行方式，可实施定网供功率、定葛岗线功率、定 500kV 下网功率等多种模式。在华中网调的统一协调下，湖南电网 AGC 系统将逐步实现 TBC 的控制模式。

在湖南电网与华中电网联络线功率控制中，AGC 发挥了显著作用。在通过 500kV 葛岗（葛洲坝—岗市）线联网初期，为缓解湖南电网缺电矛盾，葛岗线输送功率高峰时可达 600MW，而该线的稳定极限仅为 700MW，必须严格控制该线功率不得超越稳定极限，否则将破坏系统稳定。但靠传统方法，显然无法满足联络线功率控制要求。

湖南电网 AGC 系统投运后，就将葛岗线潮流控制纳入 AGC 控制之中，通过自动调整 AGC 机组功率，使葛岗线输送功率恒定在计划值附近，达到了预期的控制效果。东江电厂及其出线（东云线、东城线等）投运以后，使华中电网对湖南网的网供联络线变为多条，加之湖南南端的东江水电站是华中网调的调峰厂，调峰功率变化大，经常引起东云线和东城线潮流无规律的变化，多个电源和多条联络线输送功率控制的难度进一步加大。为此，湖南电网在 AGC 具体实施中，采用了维持所有网供联络线功率代数和为恒定值的控制方案，并在稳定控制系统 ASC 中加入了检测葛岗线功率越限自动投入相应稳定措施（如切负荷）的功能，提高了 500kV 输电线路运行的稳定性。在五强溪电站投运以后，又将 500kV 五岗线潮流加入到 AGC 控制之中。调度运行人员反映，AGC 自动地完成这种复杂的控制后，提高了控制效率，保证了控制精度，还使他们的工作条件大为改善。

至 2012 年，湖南电网 AGC 系统已正常运行 24 年。为满足电网对 AGC 可调容量不断增长的要求，湖南电网 AGC 系统可控电厂由初期的柘溪水电站、凤滩水电站已扩展到包括华能岳阳火电厂、石门火电厂、湘潭 B 火电厂、江垭水电站等在内的多个水、火电厂。湖南电网 AGC 系统受控机组实现了水火电机组结合，增加了调控的灵活性。水电机组主要调节联络线功率（或电网频率）；火电机组主要调节本机组或本厂按计划曲线运行，自动跟踪联络线计划值。

AGC 投运初期，湖南电网网内水电厂计算机监控系统或火电厂分布式控制系统（DCS）未投运，省调对受控机组多采用脉冲控制方式，直接控制到机组。根据实际使用经验，由于脉冲调节不准确，并且有累加效应，容易造成误调，故目前已改为设定值控制方式。

第七节　电力系统故障时的频率异常控制

频率异常是指在电力系统突发事故时，由于系统有功平衡被严重破坏而引起的频率大幅度剧烈变化。发生这类频率异常时，一般的调频手段（如 AGC）已不能抑制，必须采用特殊的自动装置进行频率异常控制。

导致电力系统有功平衡突遭破坏的直接原因有：

（1）两个地区之间重载联络线故障跳开，使两侧有功有盈、有亏，严重失衡；

（2）系统内有大负荷突然投入，使系统有功功率严重不足；

（3）系统内有大机组突然故障退出运行，而旋转备用不足；

（4）系统内有大机组突然投入，这种情况一般不会发生。

最常见的频率异常是频率降低，电力系统中曾发生过很多由于频率异常降低而扩大事故，甚至全系统崩溃的事故。为防止系统频率崩溃，系统应保证有足够的、合理分布的旋转备用容量和事故备用容量，预先指定事故拉闸序位表，甚至在必要时紧急手动切除负荷。

一、电网频率异常对发电厂和大型机组的严重危害

随着大电网与大机组的发展，电网运行频率对大机组的运行安全越来越重要。电网频率降低到某些值时，会使汽轮机叶片发生机械谐振，其所承受的应力可能比正常时大若干倍，极易损坏。为防止谐振，汽轮机叶片自振频率都要躲开工频及其整数倍谐波。

我国电网对大机组频率异常时允许运行的时间有严格的限制。考虑了近年来新建大型发电厂招标时国内外各制造厂的承诺情况和我国一般系统低频减负荷动作特性，我国有关部门提出：对新订购汽轮发电机组在带负荷运行情况下（不含起动），异常频率下可以承受的运行时间应满足表4-1的要求。实际上绝大多数机组都能满足此要求，因此这一要求是可行的。

表4-1　　　　　　　　大机组频率异常时允许运行时间

频率范围（Hz）	允许运行时间		频率范围（Hz）	允许运行时间	
	累计（min）	每次（s）		累计（min）	每次（s）
51.0<f≤51.5	>30	>30	47.5<f≤48.0	>60	>60
50.5<f≤51.0	>180	>180	47.0<f≤47.5	>10	>20
48.5<f≤50.5	连续运行		46.5<f≤47.0	>2	>5
48.0<f≤48.5	>300	>300			

现代大机组为自身安全都装了低频保护，我国进口的一些大机组在不同频率下允许的运行时间见表4-2。

表4-2　　　　　我国进口的一些大机组在不同频率下允许的运行时间

机组来源	宝钢进口日本的	元宝山电厂进口法国的	姚孟电厂进口比利时的
容量	350MW 机组	600MW 机组	300MW 机组
跳闸频率及时间	48.5Hz，0s 发信号 47.5Hz，30s 跳闸 47.0Hz，0s 跳闸	47.5Hz，9s 跳闸 52Hz，0.258s 跳闸	48Hz，5s 跳闸

电网运行频率变化直接影响电厂本身的运行。频率降低将严重影响厂用电，特别是锅炉给水泵、循环水泵等的运行；频率降低还影响发电机的冷却通风，导致相应输出功率降低。

核电机组对电网频率还有特殊要求。电网运行频率降低，降低了冷却介质泵的输出功率，导致蒸汽系统冷却剂的流速降低。而据压水堆的设计要求，冷却剂流速要与反应堆产生的热能成正比，冷却介质流速降低，将可能引起核燃料棒损坏。因此，当电网频率低于一定值时，一般采用低频继电器将反应堆自动退出运行。

电网出现高频率时，也同样严重地影响大机组的安全运行。在具有大量水电站和采用大量高压电缆供电的系统，频率异常升高更应严加控制。

二、频率异常控制装置分类

在电力系统紧急状态下，频率异常降低时，除了需要尽快动用各种备用容量外，最有效最广泛采用的措施是切除部分负荷（包括正在抽水的蓄能机组）。有些情况还需要将系统解列，以限制频率降低影响的范围。

各电力系统均将防止频率异常降低的控制措施，作为最基本和最重要的紧急控制措施。我国明确规定，按频率降低自动减负荷（低频减载）是防止系统崩溃的最后一道防线。

频率异常控制装置可分为常规类和新型计算机控制的两类：常规类频率异常控制装置分别装在各发电厂和变电站中，是用硬件电路板以布线逻辑方式实现的；由计算机控制的新型频率异常控制装置，则可以成为电网调度自动化系统中的组成部分。

常规类频率异常控制装置是从控制负荷和控制电源两方面进行控制，详见表 4-3。

表 4-3　　　　常规类频率异常控制装置

控制方式	控制装置	适用场合
控制负荷	低频减负荷装置 低频降低电压装置	频率下降，系统有功缺乏的一侧
控制电源	低频自起动发电机装置 低频抽水改发电装置 低频调相改发电装置 低频发电机解列装置	频率下降，系统有功缺乏的一侧
	高频切发电机装置 高频减功率装置	频率上升，系统有功过剩的一侧

三、低频控制措施

（一）低频自动减负荷装置

在故障导致系统有功短缺后，旋转储备（一般不小于全部负荷的 2%）可在 30s 内由调速器自动开出。在有功缺额较小的情况，不需切负荷频率即可恢复，如图 4-18（a）曲线 1 所示。若可用储备少于有功缺额，不切负荷频率将持续下降，最后可能稳定在某一不可接受的低频，如图 4-18（a）曲线 2 所示。如果执行切负荷且容量足够，则在 X 点切负荷后，频率开始恢复，如图 4-18（a）曲线 3 所示。

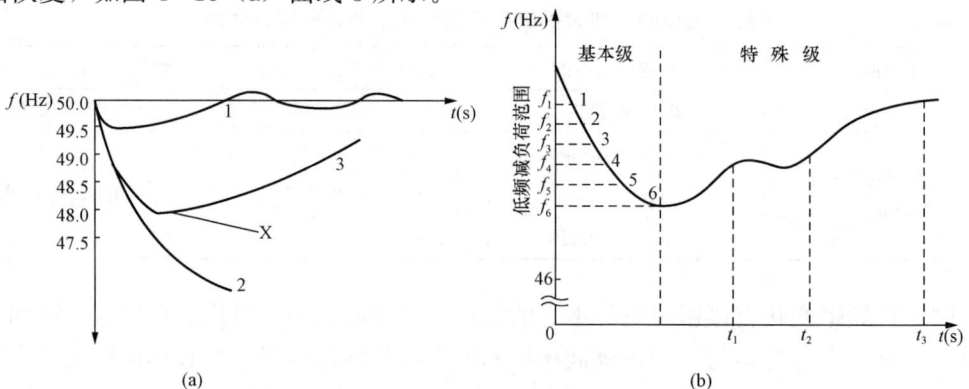

图 4-18　低频减负荷过程示意图
（a）低频减负荷的作用；（b）低频分级减负荷过程

旋转储备在响应相对小的发电功率缺额时是很有利的。然而，对于突然的大功率缺额，即使有足够可用的储备，因响应太慢，对系统恢复的开始阶段影响很小。对于这种情况，切负荷是防止频率崩溃的必要措施。当系统频率下降到某定值时，低频减负荷装置起动，自动切除预先安排的部分负荷并迅速起动备用机组，这些措施可有效抑制频率继续下降，并使其得以恢复。

低频减负荷措施被看作是维持系统稳定运行的最后一道防线，该措施如果失灵，必将导致系统的崩溃和瓦解。为防止失去厂用电，发电厂应装设低频自动解列装置，使发电厂某几台机组在系统频率下降到某一定值时自动与系统解列，以保证厂用电和部分本地重要负荷用电。

我国低频减负荷有两类：一类快速动作或带短延时动作，按频率分为若干级，其作用是为了防止频率严重下降，通常称为基本级 UFLS I；另一类带较长延时（10～30s）动作，但动作频率较高，其作用是为了防止在基本级动作后，频率仍"悬停"在某一较低值而不恢复至合格，称为恢复级 UFLS II 或特殊级。

在图 4-18（b）中，频率变化分两个阶段。第一阶段频率快速下降，低频减负荷装置分6级切除部分负荷，每级时延 0.5s。每级切除的负荷容量，根据动态特性分析计算确定，并按负荷的重要程度给出排序。

第二阶段是频率缓慢恢复阶段。也分几级切除另一部分负荷，但切除的时延比第一阶段长许多。图 4-18（b）中所示为 20s 延时的情况，这主要是从负荷频率静态特性来考虑的，以便负荷切除后能使系统频率恢复到一个合适的数值上。

事故时频率下降的幅值和持续时间有一定限度，这个限度由以下因素决定：汽轮机叶片的疲劳积累，锅炉或反应堆的辅机出力下降程度，以及其他一些方面的影响。

系统频率最低值与其经历时间，应与机组自动低频保护相配合；应与系统联络线低频解列保护相配合；还必须大于核电厂冷却介质泵低频保护的整定值，一般留有不小于 0.3～0.5Hz 的裕度，以保证这些机组继续联网运行。

为保证火电厂能继续安全运行，频率低于 47.5Hz 的时间不得超过 0.5s。

为保证不会导致切除机组和频率下降形成"恶性循环"，机组解列的频率不宜高于 47Hz，解列时间不宜小于 5～10s。

在电网严重故障时，为保证厂用电及本地区重要负荷的安全，东北、华北等电网在某些电厂采取了与主网低频解列或连锁切负荷的措施。低频解列频率动作值一般为 47～48.5Hz，动作时间为 0.5～2s。

为了防止在低频条件下运行时间过长而损坏叶片，东北某电厂 600MW 机组规定在 47.5Hz、9s 解列；上海某电厂规定在 47.5Hz、30s 或 47.0Hz、0s 解列。

俄罗斯电力系统对低频减载的要求是保证彻底排除频率低于 45Hz 的可能性，为此要求低频减载装置整定的下限值为 46～46.5Hz。并要求低于 47Hz 的时间不超过 20s，低于 48.5Hz 的时间不超过 60s。

接入低频减负荷装置的总负荷，对大电力系统，一般约为系统总容量的 30%；对中小电力系统，则为系统总容量的 40%～50%。

低频减负荷装置一般分成几轮动作。对于系统容量大于 3000MW 的系统，第一轮低频减负荷的动作频率可以不低于 49Hz，轮次之间的频率级差可不大于 0.3Hz，并可逐步过渡到频率级差仅 0.1Hz。大电力系统接线复杂，难以事先预见各种事故的发展变化。如采用级差较大、轮次较少的减负荷措施，往往很难奏效，有时会因减负荷不足而造成下降过多或出现频率悬停现象（指频率在调整过程中停留在中间数值）；有时又可能减负荷过多，使频率上升过头。

东北电网与清华大学合作，对低频减载的整定提出了改进意见。主要改进内容是增加级数，将基本级的动作频率提高到 49.2～48.2Hz，恢复级的动作频率提高到 49.0～49.5Hz。

我国几个主要电网低频减负荷的整定情况见表 4-4。

表 4-4　　　　　　　　　　　　低频减负荷整定情况表

电 网 名 称		东北	华北	华东	华中	西北	四川
基本级	级　数	6	6	5	5	3	6
	最高级动作频率（Hz）	49.0	49.0	49.0	49.0	48.5	49.0
	最低级动作频率（Hz）	48.0	47.75	48.0	48.0	47.5	48.0
	级　差（Hz）	0.2	0.25	0.25	0.25	0.5	0.2
	动作时间（s）	0.3～0.5	0.2	0.5	0.15	0.5	0.3
	个别地区附加最低级动作频率（Hz）		47.5	47.5		47.0	
恢复级	级　数	3	1	1	3	2	2
	动作频率（Hz）	49,48.6,48.2	49.0	49.0	49.0	48.5	49，48.5
	动作时间（s）	20，15，15	20	20	10，20，25	9，18	20，15
总切除负荷占全网负荷百分数（%）		36	37	36	32	32～35	33

低频减负荷应将频率恢复到系统可长期运行的值，但不一定恢复到额定值。频率恢复到额定值的任务可由系统运行值班人员操作实现，如限制某些负荷，使某些设备短时过负荷，以及起动备用功率等，这个操作过程需时间较长，如几分钟到几十分钟。

对被解列的功率不足系统，希望通过低频减负荷或其他控制措施，使其频率恢复到一定值，以便实现系统并列或保证检定同步的重合闸成功。在频率恢复以后，被切用户可按频率自动重合闸（按用户重要性顺序进行），这是减少用户损失的重要措施。

（二）其他低频控制措施

1. 低频降低电压装置

当系统频率降低到某一定值时，低频降低电压装置动作，自动调节变压器有载调压分接头位置，使用户电压在一个短时间内降低 5%～8%。由于电压的降低，负荷所吸收的有功功率随之减小，这样就会有助于系统频率的稳定。这一方法在国外的一些电力系统中已被采用。

2. 低频自起动发电机装置

系统频率下降到某一定值时，利用低频自起动发电机装置的低频继电器迅速起动备用发电机组。这些备用机组，一般是能够快速起动的水轮机组和燃汽轮发电机组。一些水电厂装设的低频自起动装置，可以在 40s 内将一台水轮发电机组的转速从零升速到额定值，并接入系统带满负荷。

3. 低频调相改发电装置

水轮发电机常可根据系统需要作调相运行，此时机组不发有功。一般水轮机室充以压缩空气以减少空转时的损耗。当系统频率下降时，可由低频继电器起动低频调相改发电装置，使调相运行的发电机组迅速转为发电运行。这种装置很简单，实际上是水轮发电机组控制回路中的一部分，目前国内水轮发电机组都具有这一功能。

表4-5列举了东北、华东、西北电网水轮发电机采用低频自起动和调相改发电装置的情况。

表4-5 水轮发电机低频自起动和调相改发电装置情况

电网名称	设置地点	起动值	使用情况
东 北	丰满发电厂	49.5Hz，2s 49.0Hz，5s	起动一台水轮发电机，起动需时几十秒，在系统电源发生事故时，曾多次起动发挥作用
华 东	新安江电厂 （调相转发电）	49.52Hz，0s	带满负荷需11s，可将一或两台机改发电
西 北	石泉电厂、盐锅峡电厂 青铜峡电厂	49.0Hz，1s	石泉电厂的装置曾正确动作多次

4. 低频抽水改发电装置

抽水蓄能机组都是可逆的，即可抽水蓄能，又可放水发电。当系统频率下降时，可利用低频继电器使发电机组由抽水运行方式迅速改为发电运行方式。

四、限制频率异常升高的控制措施

（一）高频切机装置

对火电机组为主的电力系统，当负荷突然减少系统频率升高时，由于汽机调速器响应速度很快，通常能防止频率升高到危险程度。由于汽轮机在转速高于额定转速10%以上时，可能损坏机组，因此这种情况下通常由超速危急保安器关闭主汽门。

对于水轮发电机，由于其调速器动作很慢，当甩负荷时，在调速器动作之前，水轮机的转速及其相应电动势的频率就可能已达正常值的120%～140%。

对于水电容量占比重很大的系统或与主电网解列后水电容量占比重很大的局部系统，在突然甩负荷时，水轮机的转速升高可能引起与之并列运行的汽轮机产生危险的超速。由于火电厂容量小，不能防止频率上升，即使危急保安器动作关闭主汽门，发电机转为同步电动机运行，其旋转速度还将与水轮机转速同样升高，因而是非常危险的。

为防止发生这种危险情况，要设置限制频率升高的自动装置，即高频切机装置。某个有类似情形的电力系统，其自动装置按两级起动：第Ⅰ级起动值为51.5Hz，将水电厂一部分发电机切除或解列；如果频率仍继续上升，则第Ⅱ级动作（52.5Hz），将火电厂解列（连同所带大致平衡的负荷）。

当系统频率高过某一整定值时，利用高频切机装置的高频继电器，将工作发电机从母线上切除，以减轻系统功率过剩。

此外，当大容量水电站主要外送干线断路器跳开时，大量剩余功率可能使水电站与本地系统的联络线过负荷。为此，还需要装设断路器跳开时连锁切除发电机的自动装置。反应频率升高的自动装置在这种情况下不一定能起作用，但可作为后备保护。运行经验表明，将具有预测作用的自动装置和限制水电厂频率升高的自动装置结合使用，效果更好。

（二）高频减输出功率装置

当系统频率升高时，可用短时关小汽轮机汽门的方法，来减少发电机组的输出功率。当系统故障消除后，又很容易恢复到正常输出功率。这种方法比高频切机灵活性好，但是实现起来比较困难，因为快关汽门有一定技术难度。

汽轮机通过其调节系统可实现两种减输出功率方式：①由电液转换器实现的快速减输出功率；②由机械调速器实现的慢速减输出功率。

汽轮机减输出功率有长时间和短时间两种。短时间减输出功率是指关闭调节阀门几分之一秒或几秒，以此快速减少汽轮机输出功率，通常由作用于电液转换器的方波脉冲来实现。该方波脉冲按指数形式衰减，衰减速度大致相当于电力系统摇摆的衰减速度。在防止系统暂态稳定破坏的控制中，短时间减输出功率用于平衡由事故扰动引起的转子过剩动能。

汽轮机长时减输出功率（即限制功率）是在事故后关小汽轮机阀门并相应减少锅炉蒸汽量。长时减输出功率用来限制频率升高，防止静态稳定破坏，消除异步运行，限制设备过载。

五、电力系统频率异常的新型计算机控制

电力系统在采用上述常规型频率异常的控制装置后，可以有效地抑制系统频率事故的扩大和防止大面积地区停电，几十年电力系统的运行实践已经证明了这一点。但是，随着电力工业的飞速发展，超高压输电线路的出现，单机容量的不断增大，电力系统越来越扩大和越来越复杂，上述常规型的控制装置已逐渐难以满足电力系统安全控制的要求。

常规型频率控制装置的固有缺点，在于它的按固定逻辑的一套整定方法不能适应大系统运行方式的复杂变化。由于常规型频率控制装置不是智能型的，一经整定后，不论电力系统发生了哪种事故，它都"一视同仁"，不能视具体情况灵活地加以不同的处理。当系统故障情况与整定时考虑的情况不相同，例如在系统已经解列为几个子系统情况下，仍然按原整定数量切负荷，就不能做到恰到好处。切少了频率会继续下降，切多了又可能使频率升高超过允许值。

常规型频率控制装置的另一个主要缺点是用频率作为起动信号。我们知道，系统频率是发电机转速的直接反映，而发电机转速的变化是有机电惯性的，因而事故后频率的下降会有时延，以频率为起动信号就会使控制的效果大为滞后。

计算机控制的新型频率控制装置，是一种具有一定自适应识别事故能力，能够根据系统的实时工况快速起动的频率控制自动化系统。这种装置在起动方式和整定方法上，充分利用了计算机的优势，对常规型频率控制装置的不足之处加以改进。

（一）频率异常的计算机控制原理

频率异常的计算机控制框图，如图 4-19 所示。框图中包括系统信息采集和运行方式计算、事故对策计算、事故识别、决策执行等四个环节，采用了周期性实时采样计算与随机性事故识别决策相结合的控制方式。下面分别对这四个环节的功能加以说明。

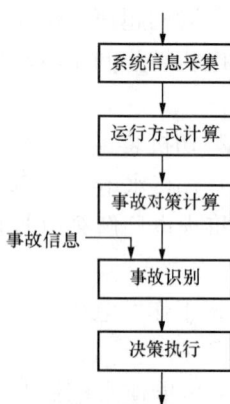

图 4-19　频率异常的计算机控制框图

（1）系统信息采集和运行方式计算。计算机以 10s 一次的采样速度，实时采集各发电厂输出功率、抽水蓄能负荷、全网负荷，线路潮流等数据和网络结构信息，并根据这些数据和信息计算出实时潮流分布。其示意图如图 4-20（a）所示。

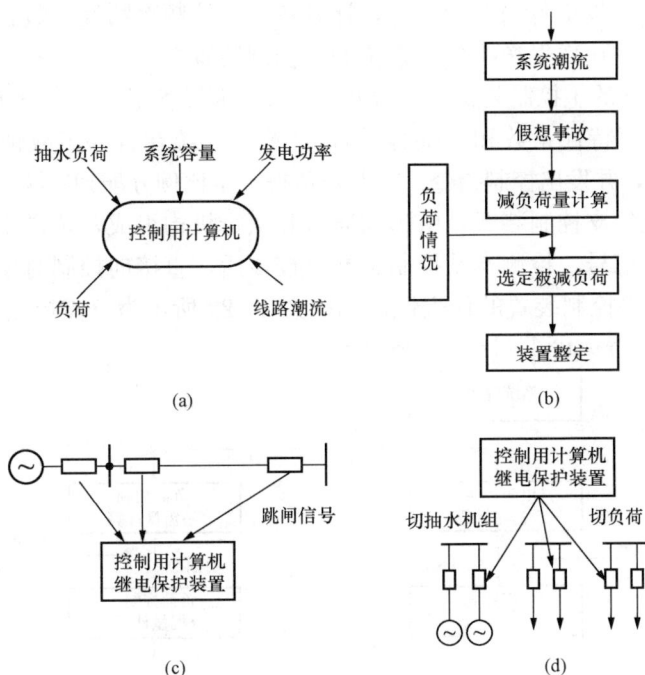

图 4-20　频率异常的计算机控制示意图
（a）系统信息采集；（b）减负荷计算；（c）事故识别；（d）决策执行

（2）事故对策计算。在实时潮流的基础上，设想各种事故，计算出各种事故下的功率缺额，根据实时负荷情况，选定减负荷的对象和减负荷数值，并在装置上予以整定。这种计算和整定每 3min 更新一次。其示意图如图 4-20（b）所示。

（3）事故识别。当系统真的发生了故障，则由断路器变位遥信传来跳闸动作情况。其示意图如图 4-20（c）所示。

（4）事故决策。系统根据事故跳闸信号，查阅事故对策表或立即计算，找出相应的减负荷对象并立即发出指令。其示意图如图 4-20（d）所示。

由于计算机控制是采取在线计算或查表的方式，基本上能做到系统发生故障后，立即发出控制指令，而不必拖延到系统频率下降以后。这种控制对各类事故可视具体情况分别对待，而且起动迅速，能够有效地防止频率异常的出现。

（二）集中型频率异常计算机控制装置的构成

图 4-21 为集中型频率异常计算机控制（也称为系统稳定控制装置）示意图。它是一种分级分层控制系统。按在事故时可能被解列的各部分，整个电力系统可分成若干子系统。在每个子系统中，都设有主控制装置

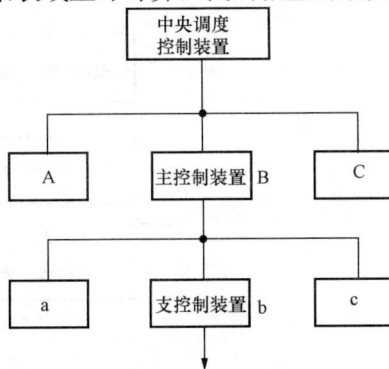

图 4-21　集中型频率异常计算机控制装置示意图

和支控制装置。

集中型频率异常计算机控制装置三个主要部分的具体功能如下：

第一级为中央调度控制装置，由计算机和远动通道组成，装于中央调度中心。它负责全系统信息采集和汇总，收集各种电量信息，计算各子系统频率特性系数，及在当前工况下的实时总功率，并将这一功率发送给各子系统的主控制装置。

第二级为各子系统的主控制装置，由微处理机及附属设备组成，装设于枢纽变电站。它负责接收控制信息（频率特性系数和系统容量），计算本系统在各种事故情况下的必须控制量（切除或投入的功率），并发出控制指令，将此数值按一定比例分配到所属电厂和下级变电站。

第三级为子系统的支控制装置，由远动通道和执行机构组成，装设于各厂站。它接收主控制装置发来的控制信号，检测本站控制量并经校核后，直接向控制对象发出指令。

图 4 - 22 所示为主控制装置的代表性框图。图 4 - 23 所示为分支控制装置框图。

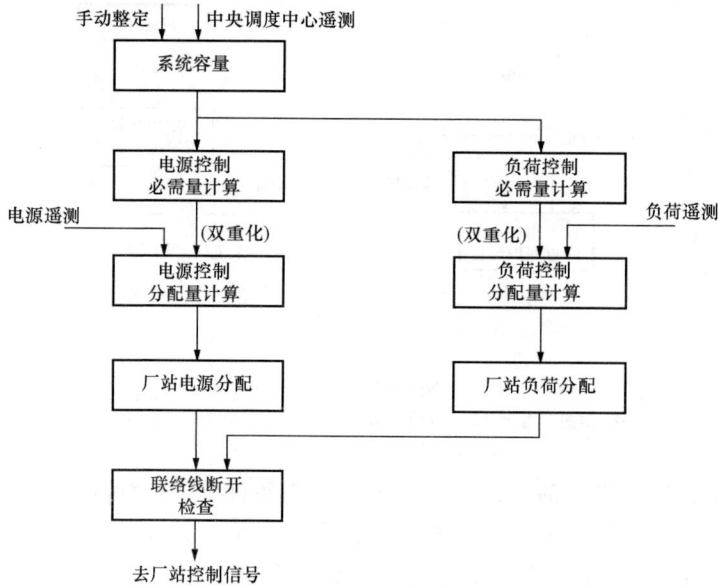

图 4 - 22　主控制装置框图

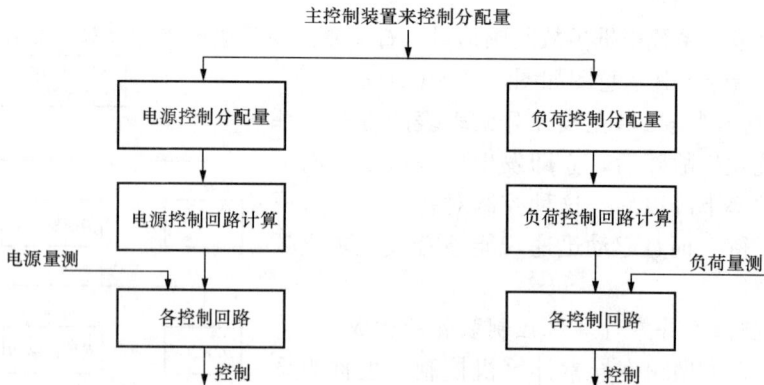

图 4 - 23　分支控制装置框图

图 4 - 24 所示为集中型频率异常计算机控制装置总框图。图中表示的运算部分可以用微

处理机软件实现，也可以用硬件电路完成。为了提高硬件电路运算的可靠性，可采用双重化结构的电路，即采用两套相同的电路，并以两者运算结果一致作为控制的条件。

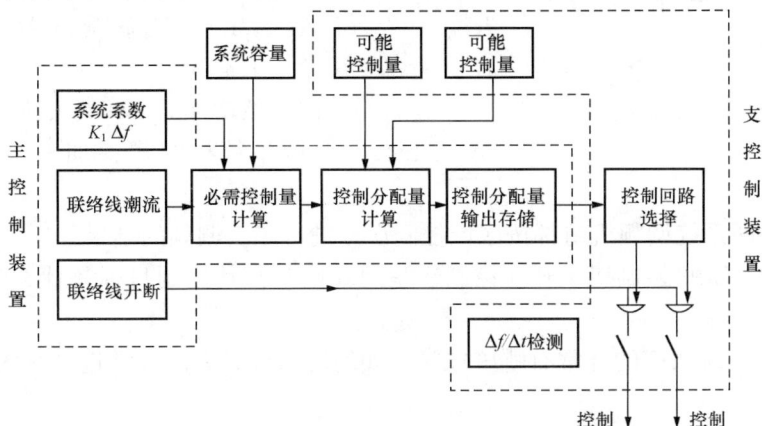

图 4-24　集中型频率异常计算机控制装置总框图

采用集中型频率异常计算机控制装置，可将事故时系统频率的变动范围限制在 50Hz±0.5Hz。在故障发生 0.2s 就能切除负荷或投入电源，可提高系统事故后的频率水平。

在正常时，每隔几分钟由中心调度计算机实时计算一次各子系统的发电容量，并将这一数据传送至各枢纽变电站。枢纽变电站的微处理机在接到这一数据后，按假想的各种事故条件，算出对应的必须控制量并汇总成表，及时将这些数据传送到厂站的执行装置。计算结果每隔几分钟更新一次。

当电力系统发生事故时，首先由所在系统的主控制装置进行事故检测；在确认是本系统事故后，立即向所属分支控制装置发出控制命令，分支控制装置接到指令并核对无误后，立即进行控制操作。因所有计算都已事先算好，只要继电保护动作，断路器跳闸发出信号，就能立即进行控制，从而保证了控制装置动作的快速性。这种用计算机构成的频率异常控制系统优点较多，它是以计算机为核心的现代电网调度自动化系统的组成部分，是电力系统频率异常控制技术的发展方向。

习 题 与 思 考 题

4-1　为什么要对电力系统的频率进行控制？电力系统的频率控制有哪些方法？

4-2　试描述调速器是如何对发电机的频率进行调节的？

4-3　某地区的电力系统中，占总容量 3/5 的机组已满负荷；占总容量 1/5 的火电厂有 25% 的备用容量，其单位调节功率为 15（标幺值，以系统总负荷为基准）；占总容量 1/5 的水电厂有 20% 的备用容量，其单位调节功率为 20；系统负荷的单位调节功率为 1.4。试求：

（1）系统的单位调节功率 K_S；

（2）负荷功率增加 5% 时的稳态频率 f；

（3）如频率容许降低 0.2Hz，系统能承担的负荷增量。

4-4　电力系统中担任主调频厂需要具备哪些条件？

4-5　电力系统的自动调频有哪些方法？各种方法具有什么明显的特点？

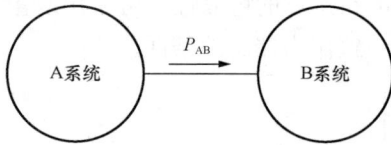

图 4-25　题 4-6 图

4-6　如图 4-25 所示，A 系统与 B 系统相连构成更大的电力系统。已知，A 系统的容量为 3500MW，$K_{GA*}=25$，$K_{LA*}=1.6$；B 系统的容量为 2500MW，$K_{GB*}=20$，$K_{LB*}=1.4$。

当 B 系统内突然增加 350MW 负荷时，试求：

（1）A、B 两系统机组都参加一次频率调整后的结果；

（2）A、B 两系统调频机组都按区域控制误差进行二次调频的结果。

4-7　AGC/EDC 控制属于开环控制还是闭环控制？其控制目标是什么？AGC 与 EDC 两者如何相互配合？

4-8　电力系统频率的异常有哪些危害？如何对系统频率的异常进行有效地控制？

第五章　电力系统电压控制

第一节　电力系统电压控制的意义

一、电压不正常的危害

电压是衡量电能质量的一个重要指标。保证用户电压接近额定值是电力系统运行调度的基本任务之一。

各种用电设备都是按额定电压进行设计和制造的，只有在额定电压下运行，这些设备方能取得最佳效果。而电压过多偏离额定值，对用户和电力系统本身，都将产生很大的不良影响。

系统电压降低时，各类负荷中所占比重最大的异步电动机的转差率增大，定子电流随之增大，发热增加，绝缘加速老化，使用寿命缩短。异步电动机的电磁转矩与其端电压平方成正比，当电压降低 10%时，转矩大约降低 19%。当电压太低时，电动机可能由于转矩太小，带不动所拖动的机械而停转。更为严重的是，当电压过低时，电动机的起动过程大为延长，可能使电动机因温度过高而烧毁。电压降低会延长电炉的冶炼时间，从而影响产量。电压太低还会使电视机不能正常收看，电冰箱不能起动，照明灯亮度下降，影响居民的正常生活。

系统电压过高会使各种电气设备的绝缘受损，如变压器、电动机的铁损增大、温升增加、寿命缩短。特别是对各种白炽灯的寿命影响更大。

电压偏移过大对电力系统本身也有不利的影响。电压降低，会导致网络中的功率损耗和能量损耗加大，还可能危及电力系统运行的稳定性。在系统无功功率不足、电压水平低下的情况下，某些枢纽变电站母线电压会在扰动下顷刻之间大幅度下降，这种现象称为"电压崩溃"。这是一种后果极为严重，可导致整个电力系统瓦解的灾难性事故。

综上所述，电力系统电压控制是非常必要的。

二、电压的监测及其允许范围

要严格保证所有用户在任何时刻都有额定电压是不可能的。实际上，大多数用电设备在稍许偏离额定值的电压下运行仍然可以正常工作。采取各种措施，保证各类用户的电压在合适范围内，这就是电力系统电压控制的任务和目标。因此，必须根据需要和可能，从技术和经济等方面综合考虑，为各类用户规定一个合理的允许电压偏移。

（一）电压监测点与电压中枢点

1. 电压监测点

电压监测点就是考核电压质量的节点。选定电压监测点的一般原则如下。

（1）与主网（220kV 及以上电压电网）直接相连的发电厂高压母线。

（2）各级调度"界面"处的 220kV 及以上的变电站的一次母线和二次母线。

（3）所有变电站 10kV 或 6kV 母线，带本地负荷的发电厂 10kV 或 6kV 母线（A 类电压监测点）。

（4）供电公司选定一批具有代表性的用户作为电压质量考核点，其中包括：

1）110kV 及以上供电的和 35kV（或 63kV）专线供电的用户（B 类电压监测点）；

2）其他 35kV（或 63kV）用户和 10kV（或 6kV）用户，每 1 万 kW 负荷至少要设一个母线电压监测点，且应包括对电压有较高要求的重要用户，以及各变电站 10kV 或 6kV 母线供出有代表性线路的末端用户（C 类电压监测点）；

3）低压（380/220V）用户至少每百台配电变压器设置一个电压监测点，且应考虑有代表性的线路首端或末端和重要用户（D 类电压监测点）；

4）供电公司还应对所辖电网的 10kV 用户和公用配电变压器、小区配电室以及有代表性的低压配电网线路首端、末端用户的电压进行巡回检测，检测周期不应少于每年一次，每次连续检测时间不应少于 24h。

2. 电压中枢点

电网中重要的电压支撑点称为电压中枢点。显然，电压中枢点一定是电压监测点。

电压中枢点应不少于全网 220kV 及以上电压等级变电站总数的 7%～10%。中枢点确定以后，就要监视和控制各电压中枢点的电压偏移不超出给定范围。对中枢点电压监测应使用精度不低于 1 级，具有连续监测和统计功能的仪表。

编制中枢点电压曲线并调控中枢点电压合格，是电网调度运行部门的一项重要工作。首先要确定每个中枢点电压的允许变化范围，即编制各中枢点电压曲线。只要调控中枢点电压在这个范围内，就可满足由其供电的所有用户对电压的要求。

（二）电压的允许范围

1. 国家标准对供电电压允许偏差的规定

国家标准 GB 12325—2008《电能质量　供电电压允许偏差》规定如下：

（1）35kV 供电电压允许偏差为额定电压的 -3%～+7%；

（2）10kV 三相供电电压允许偏差为额定电压的 0～+7%；

（3）220V 单相供电电压允许偏差为额定电压的 -10%～+7%。

2. 国家电网公司制定的标准

国家电网公司颁布的《建设国际一流电网调度机构考核标准（试行）》对电网电压的管理和考核提出了更严格的要求，将电压合格率列为考核电网调度机构的必备条件之一，并将实施自动电压控制（AVC）作为考核项目，要求调度范围内电网电压考核点年电压合格率≥99%。具体规定摘录如下。

（1）电压质量以电压监测点电压数据（即调度范围内全部 220kV 及以上母线电压）为依据。电压考核点不少于电压监测点的 80%，应以 EMS 采集的数据进行统计考核。考核点选择应能反映调度范围电网电压质量状况，并报上级调度部门认可。

（2）电网无功补偿容量应满足 SD325—1989《电力系统电压和无功电力技术导则》中关于"无功功率分层就地平衡"的基本要求。

（3）具体电压质量考核标准为：

1）变电站 500（330）kV 母线，其允许电压偏差为额定电压的 0～+10%。正常运行方式时，最高运行电压不得超过额定电压的 +10%；最低运行电压不应影响电力系统同步稳定、电压稳定、厂用电的正常使用及下一级电压调节。根据电网状况，个别母线电压允许偏差也可选择为额定电压的 -3%～+5%。

2）发电厂的 500kV 及 220kV 母线，500（330）kV 变电站的 220kV 母线。在正常运行方式时，其允许电压偏差为额定电压的 0～+10％；事故运行方式时为额定电压的−5％～+10％。

3）220kV 变电站 220kV 母线，其允许电压偏差范围为额定电压的−3％～+7％。根据电网状况，个别母线电压允许偏差也可选择为额定电压的±5％，但需经上级调度部门批准。

4）发电厂和 220（330）kV 变电站的 110～35kV 母线。正常运行方式时，电压允许偏差为额定电压的−3％～+7％；事故后可为额定电压的±10％。

5）电压考核点电压在允许偏差范围内，每日偏差幅度不大于额定电压的 5％。

表 5-1 给出了电压允许偏差值的范围。在设计时还应留有裕度，以便满足以后的负荷增长。

表 5-1　　　　　　　　　　　电压允许偏差值的范围

额　定　电　压		电压允许偏差值范围（kV）	允许电压偏差为额定电压百分数（％）
高压	220kV	213.4～235.4	−3～+7
	110kV	106.7～117.7	−3～+7
	35kV	33.95～37.45	−3～+7
中压	10kV	9.7～10.7	−3～+7
低压	电力 380V	0.354～0.406	±7
	照明 220V	0.198～0.231	−10～+5

表 5-2 给出了各级电网的电压损失分配。

表 5-2　　　　　　　　　　各级电网的电压损失分配表

额　定　电　压（kV）	电压损失分配值（％）	
	变压器	线路
220	1.5～3	1～2
110	2～5	3～5
35	2～4.5	1.5～4.5
10	2～4	1.5～3
低压线路（包括接户线）		2.5～5

第二节　电力系统中的无功电源

在第四章中已讲过电力系统频率与有功功率的关系，当系统有功功率出现缺额时，系统频率就会下降。

电力系统电压与无功功率的关系，与此有相似之处。当系统无功功率缺乏时，系统电压水平就会降低。维持电网的无功功率平衡，是保证电网电压质量的基本条件。为了维持系统正常电压水平，系统无功备用容量应当充足（一般达最大无功负荷的 7％～8％）。

电力系统的有功电源只有发电机。电力系统的无功电源，除了发电机之外，还有同步调相机、电力电容器和静止补偿器，后三种又称为无功补偿装置。

无功电源及其备用必须而且有条件适当地分散开，而有功电源地理位置则要由一次能源而定，后面三种无功电源的分布无此限制，当然可以规划得更合理一些。

一、发电机

发电机是唯一的有功功率电源，同时也是最基本的无功功率电源。发电机发无功的能力很大，一般发电机的额定功率因数为 0.8（滞后），这意味着当发电机运行于额定工况时，所发的无功功率为有功功率的 75%。例如，一台额定功率为 10 万 kW 的发电机，在发出有功 10 万 kW 的同时，其无功出力为 7.5 万 kvar。

当系统无功电源不足，而有功容量较充裕时，靠近负荷中心的发电机可以降低功率因数运行，少发些有功，多发些无功，以提高负荷中心的电压水平。当发电机有功功率降为零而励磁电流保持额定值时，发电机可有最大的无功功率。例如上例中的 10 万 kW 发电机，此时极限无功功率就可接近 10 万 kvar。图 5-1 是同步发电机的运行极限图。从图中可以看出发电机无功功率的调节范围及其与有功功率的关系。

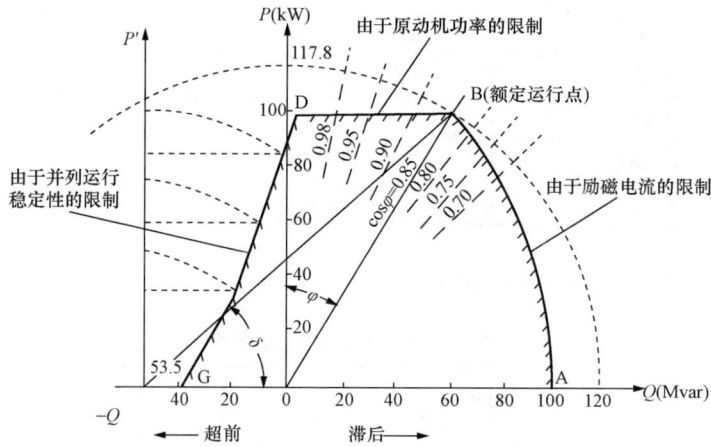

图 5-1 同步发电机运行极限图

二、调相机

调相机相当于空载运行的同步电动机。当其转子励磁电流刚好为某一特定值时，它所发出的无功功率恰好为零。这时仅从电网中吸收一点有功克服机械旋转阻力，维持同步速度空转，显然这是毫无用处的。

当转子励磁电流大于该特定值时，称为过励磁。这时调相机发出感性无功功率，是无功发电机。励磁电流越大则调相机所发无功越多，但是不得超过转子电流的极限值。

当转子励磁电流小于此特定值时，称为欠励磁。这时调相机吸收感性无功功率而成为系统的无功负荷，励磁电流越小则吸收的无功越多。但是转子励磁电流不能减为零，否则失磁后转子就不能同步旋转了。由于运行稳定性的要求，欠励磁时转子的励磁电流不得小于最大励磁电流的 50%。相应地，调相机欠励时从电网吸取无功功率的最大值，也仅为过励时发出的最大无功功率的 50%。

改变调相机的励磁电流 i_e，即可平滑地改变其所发出（或吸收）的感性无功功率。当调相机端电压为定值时，这个无功功率与励磁电流之间有线性关系。图 5-2 示出了调相机无功功率 Q 和励磁电流 i_e 的关系。

调相机有自动励磁调节装置，能根据当地电压值，平滑地改变发出（或者吸收）的无功功率，使该处电压保持稳定。当然，调相机也可以根据调度中心的遥调指令，改变无功功率，使之有利于整个系统的电压水平，提高系统运行稳定性。

调相机能发能吸，可连续平滑调节，是相当好的无功电源。但由于其一次投资较大，运行维护费用较高，限制了它的广泛装设。调相机宜于大容量集中使用，安装于枢纽变电站中。一般不安装容量小于 5Mvar 的调相机。

图 5-2　调相机无功功率 Q 和励磁电流 i_e 的关系

三、静电电容器组

静电电容器具有价格便宜、安装简单、损耗小、占地少、维护方便等特点，因而在实际中被广泛使用。静电电容器可根据负荷变化投入或切除，也可由调度中心根据系统无功平衡的需要，发遥控指令予以控制；但它不能连续调节，只能分组投切。

静电电容器可以按三角形接法或星形接法，成组地连接到变电站的母线上。其供出的感性无功 Q_C 随电压变化而不是定值，与所在节点电压 U 的平方成正比，即

$$Q_C = \frac{U^2}{X_C} = \omega C U^2 = 2\pi f C U^2$$

式中　X_C——电容器容抗，$X_C = 1/\omega C$；

　　　C——电容器的电容值。

从式中可看出，当母线电压下降，希望静电电容器多提供无功抬高电压时，它却反而比平常还少供了许多，不能有效地制止该点电压继续下降。显然，静电电容器无功调节能力较差。

如果事先预计到节点电压要下降，在节点电压尚未下降之前预先投入电容进行控制，就可防止电压的下降，避免了上述缺点。这种方法在后面电压稳定控制中会讲到。

作为配电网中的主要无功电源，并联电容器组的配置原则是"分级补偿，就地平衡"。既要注意无功功率全网的总平衡，又要注意局部地区的无功平衡。因此，必须采用分散补偿与集中补偿相结合的方式，既要在供电部门补偿，也要在各个用户处补偿。

四、静止补偿器

电容器只发出感性无功，而电抗器只吸收感性无功。如果将二者结合起来，并对它们的容量加以控制，其作用就可以类似于调相机。静止补偿器正是基于上述原理构成的一种新型无功补偿装置。它的调节性能好，使用方便可靠，经济性能亦佳，是 20 世纪 70 年代才开始在电力系统中应用的动态无功补偿设备。

静止补偿器全称为静止无功功率补偿器（SVC），可谓灵活交流输电"家族"的最早成员。静止补偿器有各种不同型式，目前常用的有晶闸管控制电抗器（TCR）型、晶闸管开关电容（TSC）型和自饱和电抗器（SR）型三种。它们的原理图分别如图 5-3（a）、（b）、（c）所示。

如图 5-3（a）所示，TCR 型静止补偿器由若干组不可控电容器和 TCR 组成。图中一组电容 C 与串联电感 L_f 构成串联谐振回路，兼作高次谐波的滤波器，滤去由 TCR 产生的 5、7、11 等高次谐波电流。补偿器正常运行时电容器与 TCR 同时投入。

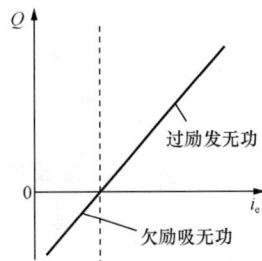

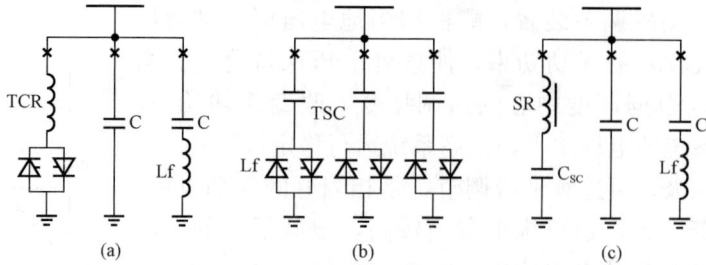

图 5-3　静止补偿器原理图
(a) TCR 型；(b) TSC 型；(c) SR 型

不论何种型式静止补偿器，它们所以能发出感性无功功率，依靠的仍是其中的电容器。而电容器所能发出的感性无功功率则与其端电压的平方成正比。因此，当系统电压水平过于低下，迫切需要其增加感性无功功率输出时，补偿器往往无法增加，这是作为无源元件的静止补偿器无法克服的缺陷。

而即使不计所配自动调节励磁装置的作用，有源元件调相机在过励运行时所发出的感性无功功率也会随端电压的下降而增加，正是调相机的独特优点。

下面详细介绍几种类型的静止补偿器。

（一）自饱和电抗器型静止补偿器

自饱和电抗器型静止补偿器（SR 型）原理图如图 5-3（c）所示。图中一条支路由自饱和电抗器 SR 和串联电容器 C_{SC} 组成。工频（50Hz）时 C_{SC} 的容抗绝对值恰与电抗器 SR 空心绕组漏抗绝对值相等，刚好补偿漏抗，以校正伏安特性的斜率。另一条由并联电容器 C 和限流电抗器 Lf 组成，兼做串联谐振滤波回路。

自饱和电抗器实质上是一种大容量的磁饱和稳压器，不需要外加控制设备。它具有如下特性：①电压低于 U_N 时，因电抗铁芯不饱和，呈现很大的感抗值，基本上不消耗感性无功，整个装置由并联电容器组 C 发出无功 Q_C，使母线电压回升；②当电压达到或略超 U_N 时，铁芯急剧饱和，感抗急剧降低，从外界大量吸收无功，使母线电压降低；③在额定电压附近，电抗器吸收的无功会随电压灵敏地变化，这样母线电压就能自动保持稳定。

自饱和电抗器应与有载调压变压器联合运行，前者在一定范围内能对电压的快速变化（闪变）进行调节；后者可对电压的缓慢变化进行调节，使自饱和电抗器运行在合适的工作点上。自饱和电抗器型静补主要装在负荷母线处，用于限制母线电压波动。

图 5-4 是 SR 型自饱和电抗器型静止补偿器的 $U-I$ 特性曲线。图 5-4（a）分别示出了并联电容器 C 支路电流 $\dot{I}_C$ 和自饱和电抗器 SR 支路电流 $\dot{I}_L$ 各自的曲线；图 5-4（b）则示出了 $\dot{I}_C$ 与 $\dot{I}_L$ 合成后总电流 $\dot{I}_{LC}$ 的曲线，可见，正常运行时 $\dot{I}_{LC}=\dot{I}_L+\dot{I}_C\approx0$，运行电压接近其额定电压 U_N。

当波动负荷增大时，负荷母线电压下降，运行点将沿着总电流 $\dot{I}_{LC}$ 的曲线左移，注意这时总电流变为超前性质的，输电系统中的电压损耗将因此而大为减小，因而负荷母线电压下降极微。反之，当波动负荷为最小时，负荷母线电压升高使运行点右移，此时总电流 $\dot{I}_{LC}$ 变为感性，增大了输电系统传输的无功功率 Q 和电压损耗 ΔU，使负荷母线电压升高也很小。可见，在补偿器的有效工作范围内，其端电压 U 可基本保持恒定，几乎消除了冲击负荷所引起的电压波动，使母线上其他用户受益。

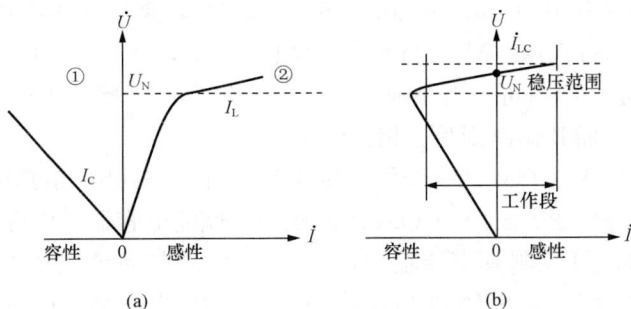

图 5-4　SR 型静止补偿器 U-I 特性曲线

（a）合成前；（b）合成后

（二）TSC-TCR 联合式静止补偿器

图 5-5（a）所示为 TSC、TCR 相结合的一种联合静止补偿器的原理接线图。TCR 是通过电抗吸收节点的无功电流来降低节点电压，而 TSC 是通过电容器向节点发出无功功率而升高节点电压，两者有机结合，就能调整节点电压到允许范围内。图 5-5（a）中有一组 LC 滤波器，其作用是消除 5 次及以上谐波。

由于 TSC 无法平稳调压，所以都与一个同容量的 TCR 并联。由于 TCR 可平滑调节，即可实现平稳调压。在投入 1 组 TSC 的同时也投入 TCR，且置 TCR 的电流为最大，使装置总无功电流为零。欲升压时，将 TCR 的电流逐渐关小，使装置总容性电流 I_{TSC} 均匀地增加，直到 TCR 全关断，总容性电流达最大 I_{TSC}。如果此时电压还低，调节器再将第 2 组 TSC 与 TCR 同时"投入"，可再次调节升压。如此逐步投入，直至电压达到期望值。TCR 也有可能单独工作，图 5-5（a）中滤波电路是不可少的。

静态补偿装置的电感或电容投切量由晶闸管控制，控制信号由智能化控制器输出。控制器是静补装置的核心，通常根据电压给定值与其实际值之差，产生控制信号，对 TSC-TCR 实施闭环控制。而控制器电压给定值则由当地或上级监控中心给定。

TSC-TCR 联合式静止补偿器的静态特性如图 5-5（b）所示。

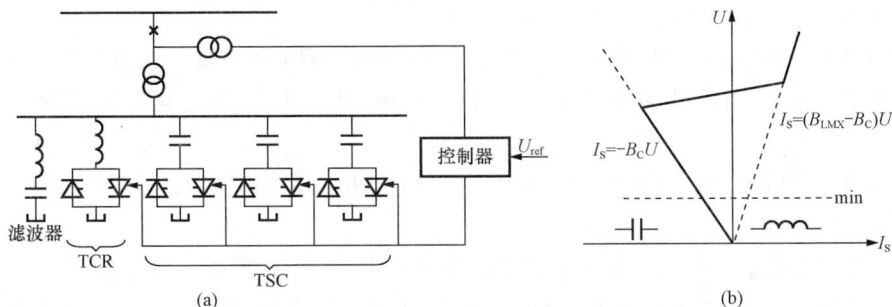

图 5-5　TSC-TCR 联合式静止补偿器

（a）原理接线图；（b）静态特性曲线

B_C—电容电纳值；B_{LMX}—电感电纳值

（三）新型静止补偿器（STATCOM）

新型静止补偿器（Static Compensator，STATCOM）是近些年出现的一种新型静止无功发生器装置。由于 STATCOM 的特性与调相机相似，故也称为静止调相机（STATCON）。其主要部件是一组由可关断晶闸管（GTO）组成的三相逆变器装置，其输入为储能电容器上的直流电压，而其输出则是三相交流电压。

图 5-6（a）是 STATCOM 的三线原理接线图。图 5-6（b）是其单线原理接线图。图 5-6（c）是其 U-I 特性图。STATCOM 的电压源为储能电容器，借可关断晶闸管 GTO 和二极管组成的换流器，可控制其交流输出电压 U_a，使之与系统电压 U_A 同相位。当 $U_a > U_A/k$ 时（k 为变压器变比），STATCOM 将向系统输出感性无功功率；反之，$U_a < U_A/k$ 时，将从系统吸入感性无功功率。改变逆变器的输出电压，就可改变 STATCOM 输出无功的大小与方向。由于逆变器交流侧电压 U_a 完全可控，不存在补偿器端电压受制于系统电压的缺陷。在系统电压下降时，仍可增大其无功输出。而对普通无功静止补偿器，当其与电网连接处电压下降时，因其输出无功与所受电压平方成正比，也会随之大大下降。因此，STATCOM 控制电压的能力要比普通静止无功补偿器强。

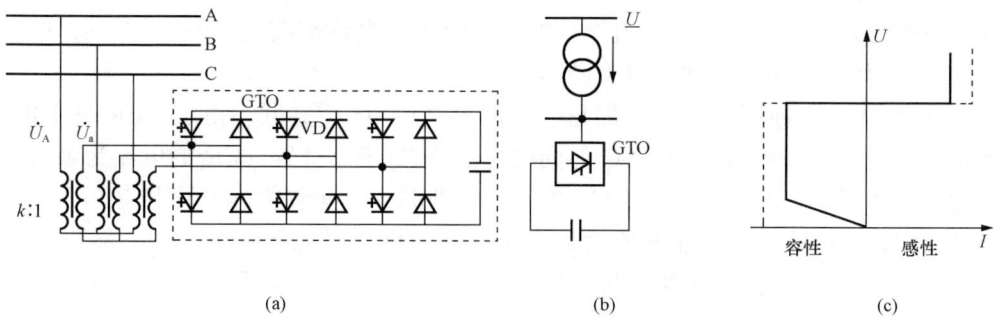

图 5-6 STATCOM 结构及伏安特性示意图
（a）三线原理接线图；（b）单线接线图；（c）U-I 特性图

如果静止无功发生器输入部分是很大的储能装置，如大规模蓄电池组或超导储能装置，它还可以在短时间内向电网送出有功，这在电网发生故障的情况下是有很大好处的。

与普通 SVC 相比，STATCOM 具有以下一些特点：

（1）STATCOM 是有源结构，由 GTO 逆变器和直流电容构成，通过控制 GTO 通断产生所需的无功电流。当电压降低时，STATCOM 仍可产生较大的电容性电流，而与电压无关。

（2）STATCOM 有较大的过负荷能力，GTO 开断容量可达额定容量 1.2～1.8 倍，过负荷的持续时间可超过 1s。

（3）可控性能好，STATCOM 电压幅值和相位均可快速调节，典型值仅为几毫秒。其端电压对外部运行条件变化不敏感，不仅有较好的静态稳定性能，且有较好的大干扰下的暂态稳定性能。由于 STATCOM 中电容器容量较小，普遍使用也不会产生低频谐振。

（4）STATCOM 的谐波含量比同容量 SVC 的低，因为 STATCOM 可由多个逆变桥串并联，并通过曲折绕组变压器进行叠加，可使电压和电流达到较理想的正弦波形。

（5）如果在 STATCOM 装置的直流侧安装电磁蓄能装置，它不仅可以调整无功功率，而且还可以调整有功功率。这是一种很有吸引力的紧急控制措施。

由于 STATCOM 较常规的 SVC 具有上述一系列优点，其研制受到国内外科研单位的极大的重视。由美国电科院（EPRI）、西屋公司和 TVA 开发的 100Mvar 的 STATCOM 装置于 1995 年已投入运行，他们认为这是 STATCOM 装置进入商业化市场的开始。日本制造的容量为 80Mvar 的 STATCOM 装置，采用的 GTO 管为 4500V、3000A，多年运行情况良好。我国清华大学和河南省电力公司合作研制的 20Mvar STATCOM 装置，已于 1999 年 3 月在河南洛阳朝阳变电站投运。

五、并联电抗器

就感性无功功率而言，并联电抗器显然不是电源而是负荷，但某些电力系统中的确装有这种调压设施，用以吸收轻载或空载线路过剩的感性无功功率，抑制电压过分升高。而对高压远距离输电线路而言，并联电抗器还有提高输送能力等作用。

六、各种无功功率电源的比较

最后，将电容器、调相机和各种静止补偿器的性能作一比较，列于表 5 - 3。由表可见，TCR 型静止补偿器有很多优点，但产生高次谐波却是它的最大缺点；反之，调相机虽有缺点，但其电压调节效应为正值，即端电压下降时输出感性无功功率反增大，却是其独特优点。

表 5 - 3　　　　　　　　　　各种无功功率电源性能比较表

性能	电容器	调相机	静 止 补 偿 器		
			TCR 型	TSC 型	SR 型
调节范围	超前	超前/滞后	超前/滞后	超前	超前/滞后
控制方式	不连续	连续	连续	不连续	连续
调节灵活性	差	好	很好	好	差
起动速度	中等	慢	很快	快	快
反应速度	快	慢	快	快	快
调节精度	差	好	很好	差	好
产生高次谐波	无	少	多	无	少
电压调节效应	负	正	正（一定范围内）	负	正（一定范围）
承受过电压能力	无	好	中等	无	好
有功功率损耗	0.3%～0.5%	1.5%～3.0%	<1%	0.3%～0.5%	<1%
单位容量投资	低	高	中等	中等	中等
维护检修	方便	不方便	方便	方便	不常维修
其　他		过负荷能力强，增大短路电流			过负荷能力强，噪声大

第三节　电力系统中的无功负荷

电力系统中的无功功率主要消耗在异步电动机、变压器和输电线路这三类电气元件中。

一、异步电动机

异步电动机在负荷中所占比重最大，是无功功率的主要消耗者。当异步电动机满载时，其功率因数可达 0.8；但当轻载时，功率因数甚至只有 0.2～0.3，这时消耗的无功大许多。

图 5-7（a）所示为异步电动机消耗的无功功率和所受端电压的关系。图 5-7（b）所示为系统综合负荷（P、Q）和所受端电压的关系。

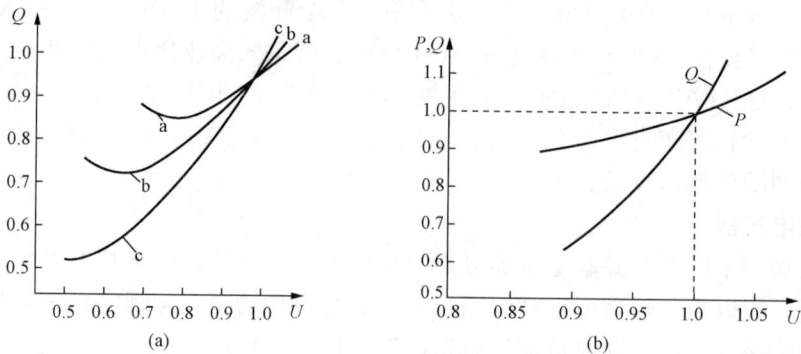

图 5-7　负荷无功功率与其端电压关系曲线

（a）异步电动机；（b）系统综合负荷

a—满载，即 $\beta=1$ 时；b—$\beta=0.75$ 时；c—$\beta=0.5$ 时

图 5-7（a）中 β 是电动机的受载系数，即实际拖带的机械负荷与其额定负荷之比。由图 5-7 可见，在额定电压附近，异步电动机所消耗的无功功率随端电压上升而增加，随端电压下降而减少；但当端电压下降到额定电压 70%～80% 后，异步电动机所消耗的无功功率反而增加。这一特点对电力系统的电压稳定性有较大的负面影响。

二、变压器

变压器损耗的无功相当可观。假如一台变压器满载运行，其空载电流为额定值的 2.5%，短路电压为额定值的 10.5%，其无功消耗可达变压器额定容量的 13%。如果从电源到用户经 4 级变压，则这些变压器总无功消耗将达通过视在功率的 50%～60%。而变压器不满载运行时，损耗无功所占比例就更大。

三、输电线路

输电线路上的无功功率损耗可正可负。线路电抗要消耗无功功率，而线路对地电容却能发出无功功率。当线路较短，电压较低时，线路电容及其发出的无功功率很小，所以线路是消耗无功功率的；当线路长、电压高时，线路对地电容及其发出的无功功率（也称充电功率）将会很大，甚至超过了线路电抗所吸收的无功功率，这时线路就发出无功功率了。

一般说来，35kV 及以下架空线路都是消耗无功功率的；110kV 及以上电压的架空线路在传输功率较大时也还会消耗无功功率，当传输的功率较小时则可能成为向外供应无功功率的无功电源；500kV 线路充电功率相当大，以致要装高压电抗器加以吸收，否则电压会升高到超过允许值。

第四节　电力系统的无功补偿

一、无功补偿与电压损耗的关系

当线路上传输功率时，就会产生电压损耗 ΔU，表达式为

$$\Delta U = \frac{PR+QX}{U_1} = \frac{PR}{U_1} + \frac{QX}{U_1}$$

式中　P——线路通过的有功功率；

　　　Q——线路通过的无功功率；

　　　R——线路的电阻；

　　　X——线路的电抗；

　　　U_1——线路始端电压值。

多数情况 Q 比 P 在数值上略小一些，当 $\cos\varphi = 0.8$ 时，$Q = 0.75P$。但高压电网中往往 X 比 R 大许多，因此，线路上传输的无功功率越大，线路电压损失 ΔU 的第二部分 QX/U_1 越大，则线路末端的电压就越低。而线路首端电压 U_1 又不可能太高，不足以弥补线路压降损失。线路输送的有功功率 P 是无法减少的，因为这正是输电目的。

如果负荷所需的无功功率由本地产生，线路上不传送无功功率或传送数量甚少，则线路压降就可以大为减少。这种方法可以用无功补偿来实现，即在各负荷点装设电容器组、调相机、静止补偿器等无功电源，尽量使无功功率就地平衡，尽量避免无功电力占用变压器和输电线路容量。当然这种方法需较多投资，如何选择技术上经济上的综合最优方案，将在第七章中介绍。

设补偿前线路的电压损耗 ΔU_1 为

$$\Delta U_1 = \frac{P_L R + Q_L X}{U_N}$$

式中　P_L——线路有功负荷；

　　　Q_L——线路无功负荷；

　　　U_N——线路额定电压。

就地并联补偿 Q_C 后，线路的电压损耗减小为 ΔU_2，即

$$\Delta U_2 = \frac{P_L R + (Q_L - Q_C)X}{U_N}$$

由于电容器就地发出了无功功率 Q_C，线路末端电压可提高下列数值

$$\Delta U_1 - \Delta U_2 = \frac{Q_C X}{U_N}　（此值正比于补偿容量 Q_C）$$

二、无功补偿与电能损耗的关系

并联无功补偿还能降低有功网损。当功率 $P+\mathrm{j}Q$ 通过阻抗 $R+\mathrm{j}X$ 时，流过的电流 I 及其所产生的有功损耗 ΔP 为

$$I = \frac{\sqrt{P^2+Q^2}}{\sqrt{3}U_N}$$

$$\Delta P = \frac{P^2+Q^2}{U^2}R$$

可见，若线路输送的无功 Q 减少了，线路有功损耗 ΔP 会减少，线路电流 I 也相应减少，同样粗的导线就能传送更多的有功功率，设备利用率和电网输送能力就提高了。

三、无功补偿与功率因素的关系

功率因数是表征负荷的主要指标之一。我国对电力用户的功率因数有如下规定：对于

220kV 变电站，其二次侧功率因数不低于 0.95；对于 35～110kV 变电站，其二次侧功率因数不低于 0.9；10kV 级负荷功率因数也应在 0.9 以上。

根据功率因数 $\cos\varphi$ 的定义，可得

$$\cos\varphi = \frac{P}{S} = \frac{P}{\sqrt{P^2 + Q^2}}$$

式中　S——线路负荷的视在功率。

当负荷需要的有功 P 一定时，如果功率因数越低，则负荷需要的无功 Q 就越多，使线路上实际电流远大于单纯供给有功 P 时的值。

对用户而言，只有有功 P 才真正有用，线路电流中因 Q 产生的部分只是一种浪费。因为用户不仅要为更粗的输电线缆付钱，而且还要为线缆中多余的有功损耗付钱。

电力企业同样不希望从远处的电源向负荷输送无功，一方面发电机和配电网络得不到充分有效的利用，另一方面电网的电压控制也会变得更为困难。

综上所述，应在需要无功功率的负荷处就地装设无功电源，对负荷进行无功补偿，而不应由发电厂千里迢迢送无功。

如果补偿了无功功率 Q_C，则负荷的功率因数将提高为

$$\cos\varphi = \frac{P}{\sqrt{P^2 + (Q - Q_C)^2}}$$

供电企业除了在许多变电站中装设无功补偿设备外，还对电网用户实行电费激励制度，以促进用户提高其功率因数。若用户实际功率因数高于规定值（10kV 级 0.9 以上，100kW 以上用户 0.85 以上，趸售及一般农户 0.8 以上），可减收电费 0.1%～1.3%；若低于规定值，则应多交电费 0.5%～15%。

用户装设电容器补偿后，电网传输的无功减少了，传输线路上的有功损耗就相应地减少了。每少传输 1kvar 无功所减少的有功损耗千瓦数，称为无功经济当量 k（单位为 kW/kvar），是用来衡量无功补偿合理性的重要指标。表 5-4 给出了不同类型负荷下，计及经济性能的经济功率因数。

表 5-4　　　　　　　　　　不同类型负荷下的经济功率因数

无功经济当量（kW/kvar）	第一类负荷 供电距离					第二类负荷	第三类负荷
	3km	4km	5km	6km	7km		
0.005	0.60	0.70	0.77	0.80	0.82	0.83	0.92
0.010	0.67	0.76	0.82	0.85	0.86	0.87	0.94
0.015	0.72	0.81	0.86	0.88	0.89	0.90	0.95
0.020	0.77	0.84	0.88	0.90	0.91	0.92	0.96
0.025	0.80	0.87	0.91	0.92	0.93	0.04	0.97
0.030	0.83	0.90	0.92	0.93	0.94	0.95	0.98
0.040	0.86	0.93	0.93	0.94	0.95	0.96	0.98

注　第一类负荷：由发电机升压后（10kV）直接供电的负荷；第二类负荷：由发电机升压后经过一次降压供电的负荷；第三类负荷：由发电机升压后经过二次或三次降压供电的负荷。

第五节　电力系统的电压管理

一、电压波动的限制措施

日常生活中经常会看到电灯一明一暗地闪动，这是由电力系统中冲击性负荷所造成的电压波动。这类负荷主要有轧钢机械、电焊机、电弧炉等，其中电弧炉的影响最大。因为电弧炉的冲击性负荷电流可能高达数万安培，从而带来的电压波动将会给用户带来不利影响，应当设法消除。

限制电压波动的措施有如图 5-8 所示的几种方法。图中，负荷母线的电压等于电源电压减去输电系统（可能包括多级变压）中的电压损耗 ΔU。一般电源电压可维持恒定，在负荷平稳时，ΔU 也无大变化，负荷母线电压也较平稳。但冲击性负荷忽大忽小，使输电系统电压损失 ΔU 也随之忽多忽少。这样，就造成了负荷母线电压忽低忽高，使其他用户大受其害。

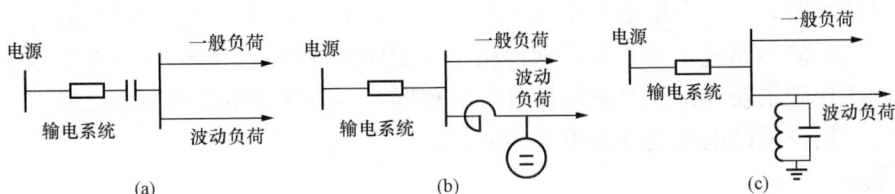

图 5-8　限制电压波动的措施
(a) 设置串联电容器；(b) 设置调相机和电抗器；(c) 设置自饱和电抗器型静止补偿器

图 5-8（a）所示的措施是在输电线路上串入电容器，使输电系统的总电抗 X 下降，由于

$$\Delta U = \frac{PR + QX}{U_1} = \frac{PR}{U_1} + \frac{QX}{U_1}$$

所以，X 的下降会使 ΔU 减少，负荷母线的电压波动幅度也会相应减少。

图 5-8（b）的办法是装设调相机和电抗器，就地供应负荷所需的无功功率，使通过输电系统送过来的无功功率 Q 大为减少，同样能使 ΔU 以及负荷母线电压波动幅度减小。

图 5-8（c）所示的措施效果最好，即在负荷母线处装自饱和电抗器型静止补偿器。在该补偿器的有效工作范围内，其端电压可基本保持恒定，几乎消除了冲击负荷所引起的电压波动，使接于负荷母线上的其他用户大受其益。

二、中枢点的电压管理

电力系统中负荷点数量极多且分布极广，对每个负荷点的电压都进行控制和调节是办不到的，只能监视有限数目的某些"中枢点"的电压水平，控制其电压变化不超过一个合理的范围。

（一）在规划设计阶段对中枢点电压控制的原则性要求

在规划设计阶段没有各负荷的详细资料，只对中枢点电压提出原则性的要求。规划设计阶段对中枢点的电压控制，可以分为三种方式。

1. 逆调压

在高峰负荷时升高中枢点电压，例如将电压调为 $1.05U_N$；而在低谷负荷时调低中枢点电压，例如将电压调为 U_N，这种做法称为逆调压。

当高峰负荷时，由于中枢点到各负荷点的线路电压损耗大，中枢点电压的升高就可以抵偿线路的较大压降，从而使负荷点电压不致过低；当低谷负荷时，由于中枢点到各负荷点的线路电压损耗减少，将中枢点电压适当降低，就不至于使负荷点电压过高。这样，在其他大部分时间里，负荷点的电压都会符合用户需要了。供电线路较长，负荷变动较大的中枢点往往要采用这种逆调压方法。

但是，发电厂到中枢点之间也有线路电压损耗，若发电机电压一定，则大负荷时中枢点电压自然会低一些，而在小负荷时，中枢点电压自然会高一点，这种自然的变化规律正好与逆调压的要求相反，所以称为逆调压。从调压角度看，逆调压要求较高，较难实现，但效果却最令用户满意。

2. 顺调压

在高峰负荷时，允许中枢点电压低一点，但不低于 $1.025U_N$；在低谷负荷时，允许中枢点电压高一点，但不超过 $1.075U_N$，这种调压方式称为顺调压。顺调压符合电压变化的自然规律，因此实现起来较容易。对某些供电距离较近，负荷变动不大的变电站母线，按顺调压要求控制后，用户处的电压变动也不会很大。

3. 常调压

常调压即在任何负荷时，中枢点电压始终基本不变，如在 $1.02U_N \sim 1.05U_N$ 范围内。当发生事故时，对电压质量的要求可适当降低，通常允许较正常时再降低 5%。

（二）中枢点电压的详细计算

当若干确定的负荷由同一个中枢点供电时，就可以进行详细的中枢点电压计算。计算时只要选择如下两个极端情况即可：

（1）在地区负荷最大时，应选择允许电压为最低的负荷点进行电压计算。此最低允许电压加上此时线路损耗电压，就是中枢点应有的最低电压。

（2）在地区负荷最小时，应选择允许电压为最高的负荷点进行电压计算。此最高允许电压加上此时线路损耗电压，就是中枢点应有的最高电压。

如果中枢点的电压能够满足这两个极端情况的要求，则其他各种运行工况的电压要求也会得到满足。如果中枢点是发电机的机压母线，除了要满足上述要求外，还应满足发电厂厂用电电压、发电机端最高电压及能维持稳定运行对电压的要求。

当然也有这种可能：不论中枢点电压如何调节，总是顾此而失彼，无法同时满足各个负荷的要求，这时只有在个别负荷点加装必要的调压设备才能解决问题。

中枢点电压控制的计算较麻烦，如果这个工作交给计算机去完成，就能实现真正合理的实时电压控制。

第六节　电力系统的电压调节方法

拥有充足的无功功率电源，是保证电力系统良好的运行电压水平的必要条件。但是，要使所有用户处的电压都符合要求，还必须采用各种调压手段。通常采用的调压手段有：

（1）调节励磁电流以改变发电机的端电压；

（2）调整变压器的分接头以改变变压器的变比；

（3）调整系统中各无功电源的输出功率；

（4）调整输电线路的参数。

下面对以上四种调压手段分别加以介绍。

一、利用发电机调压

在各种调压手段中，首先应当考虑利用发电机调压，因为这是一种不需要附加设备和额外投资而且最为直接的调压手段。

同步发电机可在 95%～105% 额定电压范围内保持额定功率运行。现代大中型同步发电机都装有自动励磁调节装置，可根据运行情况自动调节励磁电流来改变其端电压。

在不经升压直接以发电机电压向用户供电的简单电力系统中，如供电线路较短，线路上电压损耗不大，可采取改变发电机端电压（如按逆调压调节）的方式来满足负荷的电压质量要求，但这种方法只能满足电厂附近负荷的调压要求。

当发电机通过多级变压向远方负荷供电时，因线路较长，供电范围大，从发电厂到最远处的负荷点之间电压损耗的数值和变化的幅度都很大，这时单靠发电机调压就不能满足各用户的要求。在这种情况下，远处负荷的调压就要求用其他调压措施才能保证电压质量，但合理使用发电机调压常可减轻其他调压措施的负担。

对于有许多台发电机并列运行的电力系统，利用发电机调压会带来新的问题。因为调整个别发电机母线电压，会引起系统中无功功率的重新分布。

在电力系统的不同地点，对发电机提供无功功率的要求也是不同的。要求在于受电端的负荷中心的发电机能在必要时提供较多的无功功率，以防止受端电压的异常下降，因此要求发电机可以在较低功率因数时运行。而在送电端，如无当地负荷，考虑到线路的充电功率，送电端发电机组则宜在较高功率因数（滞后 0.95 以上）下运行，甚至有时要求发电机能进相运行（此时功率因数超前，从系统吸收无功）。

总之，在大中型电力系统中，发电机调压只是一种辅助性的调压措施。

二、调整变压器分接头调压

（一）普通变压器

为了能够调压，在双绕组变压器的高压侧绕组上设有若干个分接头以供选择。容量为 6300kVA 及以下的双绕组变压器高压侧有 3 个分接头，各分接头的对应电压分别为 $1.05U_N$、U_N、$0.95U_N$。容量为 8000kVA 及以上的双绕组变压器，高压侧有 5 个分接头，对应电压分别为 $1.05U_N$、$1.025U_N$、U_N、$0.975U_N$、$0.95U_N$，简记为 $\pm2\times2.5\%U_N$。对于三绕组变压器，一般是在高压绕组和中压绕组中均设置分接头。

这种变压器的分接头调节只能在停电时进行（一般一年仅在春秋两季检修停电时调整），而不可能随时进行调整，所以不能满足日常负荷变化时的调压需求。

（二）有载调压变压器

有载调压变压器可以在带负荷的条件下切换分接头，调节范围也比较大，一般在 15% 以上。110kV 级有载调压变有 7 个分接头，即 $U_N\pm3\times2.5\%$；220kV 级有 9 个分接头，即 $U_N\pm4\times2.0\%$。其中，对应于 U_N 的分接头常称为主接头（或主抽头）。在无功功率供应充裕的配电网中，特别是当负荷的变化规律以及其距电源的远近相差悬殊时，不采用有载调压变压器就无法满足所有负荷对电压质量的要求。采用有载调压变压器后，可以随时根据负荷变化情况调节分接头，使电压质量有了可靠的保证。但是，在无功缺乏的配电网中，一般不采用这种方式，因为升高某地区电网的运行电压，则该地区负荷消耗的无功也将增加，从而加剧了配电网中其他地区无功不足的程度。有载调压变压器的主要目的是调整电压，辅助目的是改变无功功率在电网中的分布。有载调压变压器的另一个缺点是只能分级调压，调压不够平滑。

（三）加压调压变压器

加压调压变压器也属有载调压变压器，由电源变压器和串联变压器组成。图 5-9 为加压调压变压器与主变压器配合使用的接线图，其中图 5-9（a）为单线接线图，图 5-9（b）为一相的展开接线图。串联变压器的二次绕组串联在主变压器引出线上，作为加压绕组，这相当于在线路上串联了一个附加电动势，改变其大小和相位即可改变线路电压的大小和相位。

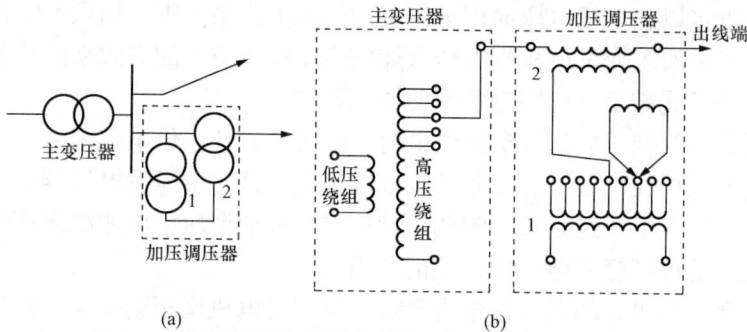

图 5-9 加压调压变压器与主变压器配合使用的接线图
（a）单线接线图；（b）一相展开接线图
1—电源变压器；2—串联变压器

若附加电动势与线路电压相位相同称为纵向调压变压器；若与线路电压有 90°相位差称为横向调压变压器；而与线路电压之间相位差不等于 90°的称为混合型调压器。图 5-10 为各种加压调压变压器三相原理接线图。

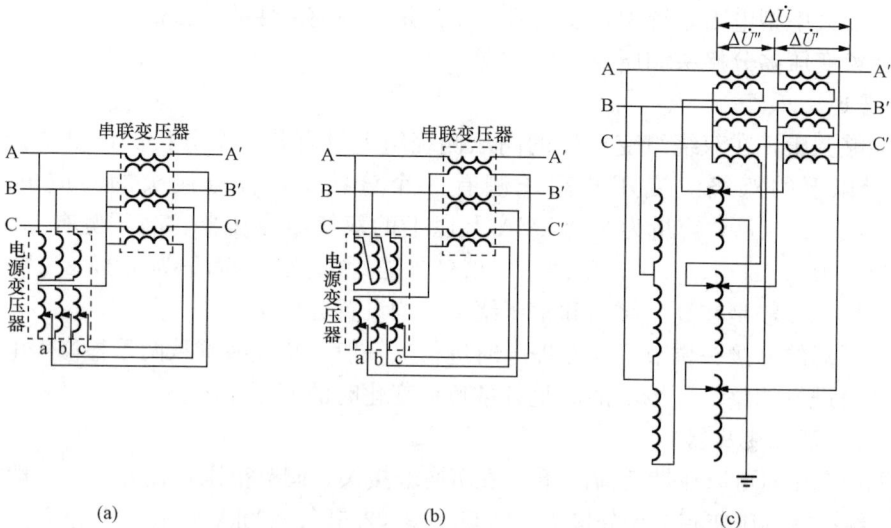

图 5-10 各种加压调压变压器三相原理接线图
（a）纵向调压变压器；（b）横向调压变压器；（c）混合型调压变压器

纵向调压变压器只有纵向电动势，只改变线路电压的大小，不改变线路电压的相位，其作用与具有调压绕组的调压变压器一样。

横向调压变压器产生横向电动势，只改变电压的相位而几乎不改变电压的大小。

混合型调压变压器中既有纵向调压变压器，又有横向调压变压器。因此，它既能改变线路电压的大小，又能改变线路电压的相位。

对于环形输电网络，串接入加压调压器除起调压作用外，还可以改变网络中的功率分布。

（四）电压自动调节器

1. 自耦式有载调压器

图 5-11 为自耦式有载调压器在变电站内接线图。对于容量较小的线路，调压范围可高达±15%。

自耦式有载调压器本体是一个有多级分接头的自耦变压器，分接头位于自耦变压器的端部串联绕组上。它与加压调压器比省去了电源变压器，成本较低。自耦式调压器只有调压功能，没有变压功能，需将其与无励磁调压变压器串接使用。

2. 动态电压调节器

系统故障引起配电网电压突降，对电压敏感的电气设备会受很大影响。例如，半导体生产设备及调速驱动设备，会因电压突降造成很大经济损失。在配电线路装设动态电压调节器（DVR），是一种方便、经济、免维护、全自动的较好解决方案。

动态电压调节器装置结构如图 5-12 所示。其主要组成部分为直流电源、IGBT 桥（实现 DC/AC 可控逆变）及其触发电路、滤波器、与输电线路相串联的变压器、开关设备以及控制和保护装置。

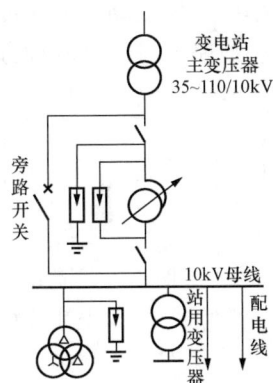
图 5-11 自耦式调压器在变电站内接线

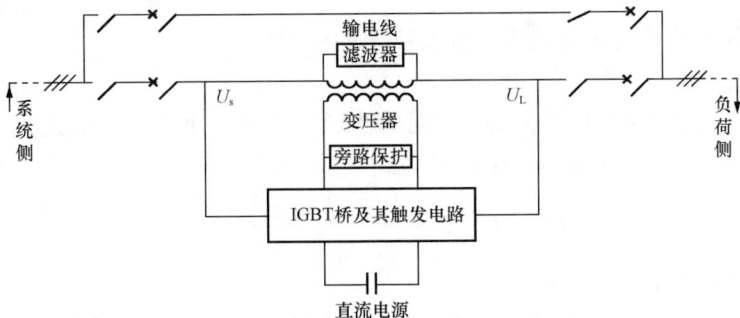
图 5-12 DVR 主要结构（一相）

直流电源主要有三种，即电容、蓄电池或从系统侧获取整流电源。如果只提供无功补偿，采用电容就可以。如还需提供有功功率，短时可用蓄电池或电容器组，长期则必须采取整流方式。

IGBT 桥及其触发电路通过脉宽调制（PWM）方式逆变出三相系统补偿电压，这是整个 DVR 装置的核心部分。由于 PWM 方式得到的电压还是含有谐波，必须采用新的调制方案减少其低次谐波。同时通过串联变压器一次侧的小滤波器滤掉其高次谐波，才能使补偿电压有较为理想的正弦波形。

在正常情况下，串联变压器被旁路，DVR 处于低损耗备用状态。当系统侧电压突降或突增时，由计算机控制的 DVR 能立即做出响应，加入 3 个单相交流电压，与接入的 3 相交流电压相串联，补偿故障电压与正常电压之差，使负荷侧电压基本保持不变。每相加入电压的幅值和相角都可根据需要单独进行控制。

当 DVR 负荷侧出现故障时，串联变压器和逆变器侧的电流会快速增加，保护系统能在电流超过 IGBT 工作容量时停止 IGBT 工作。当测到临界值时，DVR 即被旁路掉。

三、改变系统无功功率分布调压

当系统无功功率不足时，上述几种调压方法就不能奏效，必须进行合理的无功补偿，具体方式有并联补偿和串联补偿两种。

并联补偿是将调相机、并联电容器等无功电源并联在变电站母线上，起就地供应无功功率，减少线路上无功传输的作用；串联补偿是将电容器串入线路中，抵消部分线路感抗，减小线路电抗。这两种方式都能减少线路压降损耗。

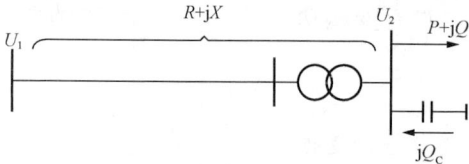

图 5 - 13 简单电力网的无功功率补偿示意图

无功功率是引起线路电压损耗的主要部分，如能使无功功率就地平衡，则负荷点的电压水平将大为改善。可从这一角度来计算无功功率的补偿容量。

图 5 - 13 所示为一简单电网的无功功率补偿示意图。该电网的供电点电压为 U_1，负荷功率为 $P+jQ$，线路和变压器阻抗采用简化等值方法合并为 $R+jX$。

在未补偿前，忽略电压降落的横分量后可得到电压 U_1 的计算公式为

$$U_1 = U_2 K + \frac{PR + QX}{U_2 K}$$

式中　　K ——由变压器实际分接头位置所决定的变比；

　　　　U_2 ——变电站低压侧母线电压。

当变电站低压侧加装了容量为 Q_C 的无功补偿设备后，通过网络输送的无功功率减少为 $Q-Q_C$。此时变电站低压母线的电压将升高到 U_2'，则有

$$U_1 = U_2' K + \frac{PR + (Q - Q_C)X}{U_2' K}$$

由于 U_1 保持不变，所以有

$$U_2 K + \frac{PR + QX}{U_2 K} = U_2' K + \frac{PR + (Q - Q_C)X}{U_2' K}$$

从式中可解出补偿容量 Q_C 值为

$$Q_C = \frac{U_2' K}{X} \left[(U_2' K - U_2 K) + \left(\frac{PR + QX}{U_2' K} - \frac{PR + QX}{U_2 K} \right) \right]$$

由于 U_2' 与 U_2 数值相差不大，上式第二项数值很小可略去不计，则有

$$Q_C = \frac{U_2' K}{X} (U_2' K - U_2 K) = \frac{U_2'}{X} (U_2' - U_2) K^2$$

式中　　U_2 ——未加补偿前变电站低压母线电压（应偏低不合要求）；

U_2'——经补偿后希望达到的相应电压；

K——由主变压器分接头位置决定的实际变比，选择补偿容量 Q_C 时，要同时决定分接头位置以计算出变比 K；

X——电源点（该点电压恒定）到变电站低压母线间全部电抗（折合到高压侧值）。

四、改变线路参数——串联电容补偿调压

采用串联电容可以减小线路电抗，提高输电线路的电压。另外，串联电容补偿还能提高线路输电能力及系统稳定性。

（一）串联电容器调压

110kV 及以下电压的输电线路，在仅一端有电源时，可串联电容器调压，如图 5-14 所示。

图 5-14 串联电容补偿接线图

串入电容前线路上压降为

$$\Delta U = \frac{P_1 R + Q_1 X}{U_1}$$

串入电容后线路上压降减少为

$$\Delta U' = \frac{P_1 R + Q_1(X - X_C)}{U_1} = \frac{P_1 R}{U_1} + \frac{Q_1 X}{U_1} - \frac{Q_1 X_C}{U_1}$$

串入电容后末端电压被抬高了，抬高的数量与 X_C 成正比，即

$$\Delta U - \Delta U' = \frac{Q_1 X_C}{U_1}$$

串联电容补偿线路电抗的程度可用补偿度 K_C 来表示，即

$$K_C = \frac{X_C}{X_L}$$

式中 X_C——串联电容器容抗；

X_L——线路电感电抗。

串联电容器的安装地点要选择恰当，以便使沿线电压尽可能均匀，各负荷点电压都在允许范围之内。在单电源线路上，如果负荷是集中于线路末端的，则串联电容器应安装在线路末端，以免始端电压过高；同时，将串联电容放在线路末端可使通过电容器的短路电流不致过大；当沿线有多个负荷时，可在产生全线路 1/2 电压损耗处接入串补电容器。串联电容补偿前后的沿线电压分布如图 5-15 所示。

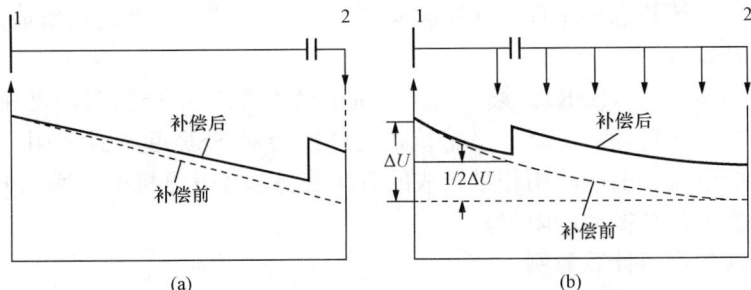

图 5-15 串联电容补偿前后的沿线电压分布
（a）负荷集中在线路末端；（b）沿线路有若干个负荷

串联电容器后，末端电压值抬高值与所传输的无功功率成正比。这种特性恰好和调压要求相一致，这是串联电容器调压的一个优点。当负荷大时，串联电容可将末端电压多抬高一些；而负荷小时，串联电容又"自动"少抬高一些。

通常，串联电容器调压用于 35kV 或 10kV，并且负荷功率因数低、负荷波动大且频繁的配电线路上。一般取补偿度 $K_C < 1$。

在低压配电线路中，为提高线路末端电压，有时采用过补偿即 $K_C > 1$，串联电容不仅完全补偿了本线路电抗，而且还补偿了线路首端变压器的一部分电抗。

（二）用串联电容提高线路输电能力及系统稳定性

在超高压输电线路中，串联电容主要目的是提高线路输电能力及电力系统的稳定性。但采用串联电容也会带来一些新问题。例如，在配电线路中采用高补偿度的串联电容后，可能与一些容量较大的异步电动机或同步电动机发生共振，称为电动机的自励，这就需要采取措施加以克服；串联电容也可能与变压器发生共振，即变压器的铁磁谐振，这些现象都可能对用电设备造成危害。

在超高压输电线路中，有可能产生次同步振荡（Sub Synchronous Resonance, SSR），这是超高压线路串联电容后与发电机组产生一种低于工频的振荡。20 世纪 70 年代初，美国爱迪生公司的一台汽轮发电机组轴系破坏，就是由次同步振荡引起的"轴扭振"造成的。

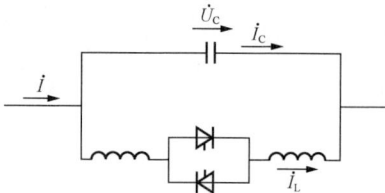

图 5 - 16　TCSC 的原理接线图

近年来，出现了一种由晶闸管控制的串联电容（Thyristor Control Series Capacitor, TCSC）。图 5 - 16 是 TCSC 的原理接线图。

TCSC 用一对反并联的晶闸管控制串联电容分路电抗上的电流，也等于控制分路电抗的大小。调整晶闸管的触发角，便可在一定范围内连续调整串联电容的等值容抗或补偿度。TCSC 由于采用无触点的计算机快速控制，因此具有一些新的功能。其中的主要功能有：

（1）潮流控制。等值电容的容抗可连续改变，可进行潮流控制，改变电网中的潮流分布。

（2）阻尼线路功率振荡。可以阻尼由于系统阻尼不足或由于系统扰动引起的低频功率振荡，提高电力系统动态稳定性。

（3）提高电力系统暂态稳定性。在系统受到大的扰动时，可迅速调整晶闸管的触发角，改变串联电容的补偿度。

（4）抑制次同步振荡（SSR）。第一种方法是在发生次同步振荡时，迅速调整串联电容至最小值，对于次同步频率，TCSC 呈感抗，这样便会对 SSR 起很强的阻尼作用；第二种方法是采集当地的电流、电压，用相量合成的方法获得远方发电机的转速和电动势相位，经过处理后用作对发电机轴振动的阻尼。

五、电力系统的调压计算算例

改变变压器分接开关位置和调节无功补偿设备相配合，可以发挥很好的调压作用。下面以具体算例来说明调压计算方法。

【例 5 - 1】　设图 5 - 17 中 110kV 线路首端电压保持为 115kV 不变，已计算出线路和变

压器阻抗之和 $Z_\Sigma = 20 + j40\Omega$。采用普通无载调压变压器，其分接头挡位有 5 挡：分别是 115.5、112.75、110.0、107.25、104.5kV。

大负荷 $S = 26 + j20MVA$，小负荷 $S = 22 + j16MVA$。变压器二次侧母线电压要求实现逆调压，即大负荷时 U_2 为 10.5kV，小负荷时 U_2 为 10kV。试求应装设补偿电容器的容量 Q_C 和无载调压变压器分接头的恰当挡位。

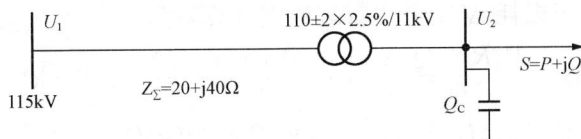

图 5-17 110kV 线路和变压器示意图

解 （1）小负荷时应切除全部补偿电容，仅用合适的分接头来实现调压目标 10kV。

$$U_2' = 115 - \frac{22 \times 20 + 16 \times 40}{115} = 105.6 (kV)$$

$$105.6 \times \frac{11}{U_x} = 10 (kV)$$

则分接头电压

$$U_x = 105.6 \times \frac{11}{10} = 116 (kV)$$

选取最接近的 115.5kV 分接头，则变比 $K = \frac{115.5}{11} = 10.5$

验算：二次侧母线电压 $U_2 = 105.6 \times \frac{11}{115.5} = 10.06 (kV)$（十分接近逆调压目标 10kV）

（2）大负荷时应投入补偿电容器，但仍用上述分接头实现调压目标 10.5kV。

未投入电容前

$$U_2' = 115 - \frac{26 \times 20 + 20 \times 40}{115} = 103.52 (kV)$$

$$U_2 = 103.52 \times \frac{11}{115.5} = 9.86 (kV) \quad （电压低，不合格）$$

用下列公式可求出应该投入的补偿电容容量 Q_C，即

$$Q_C = \frac{U_{2目标}}{X_\Sigma}(U_{2目标} - U_{2实际})K^2$$

式中 $U_{2目标}$——二次侧母线要实现的调压目标值，kV；

$\quad\quad U_{2实际}$——二次侧母线目前实际的电压值，kV；

$\quad\quad X_\Sigma$——线路和变压器电抗之和，Ω；

$\quad\quad K$——变压器变比。

将上述数据代入

$$Q_C = \frac{10.5}{40} \times (10.5 - 9.86) \times \frac{115.5^2}{11^2} = 18.5 (Mvar)$$

设选取 $Q_C = 18Mvar$，验算：

$$U_2' = 115 - \frac{26 \times 20 + (20 - 18) \times 40}{115} = 109.78 (kV)$$

$$U_2 = 109.78 \times \frac{11}{115.5} = 10.46(\text{kV}) \quad (\text{十分接近逆调压目标 } 10.5\text{kV})$$

可见，完全实现了逆调压的调压目标。

【例 5 - 2】 一条 35kV 的线路，全线路阻抗为 $10+j20\Omega$，输送功率为 8+j6MVA，线路首端电压为 35kV，补偿后线路末端电压应当不低于 34kV。求串联补偿电容容量及其他相关参数。

解 补偿前线路电压损耗 ΔU（采用首端数据计算）为

$$\Delta U = \frac{P_1 R + Q_1 X}{U_1} = \frac{8 \times 10 + 6 \times 20}{35} = 5.71(\text{kV})$$

$$U_2 = 35 - 5.71 = 29.29(\text{kV})$$

补偿后的电压损耗为

$$\Delta U' = 35 - 34 = 1(\text{kV})$$

末端电压被抬高

$$\Delta U - \Delta U' = 5.71 - 1 = 4.71(\text{kV})$$

串联电容每相总容抗为

$$X_C = \frac{U_1(\Delta U - \Delta U')}{Q_1} = \frac{35 \times 4.71}{6} = 27.475(\Omega)$$

线路通过的最大电流为

$$I_{\max} = \frac{\sqrt{P_1^2 + Q_1^2}}{\sqrt{3}U_1} = \frac{\sqrt{8^2 + 6^2}}{\sqrt{3} \times 35} = 0.165(\text{kA}) = 165(\text{A})$$

设选用额定电压为 $U_{NC} = 0.6\text{kV}$，容量为 $Q_{NC} = 20\text{kvar}$ 的单相油浸纸质串联电容器，每个电容器的额定电流 I_{NC} 为

$$I_{NC} = \frac{Q_{NC}}{U_{NC}} = \frac{20}{0.6} = 33.33(\text{A})$$

每个电容器的容抗 X_{NC} 为

$$X_{NC} = \frac{U_{NC}}{I_{NC}} = \frac{600}{33.33} = 18(\Omega)$$

需要串联的个数为

$$n \geqslant \frac{I_{\max} X_C}{U_{NC}} = \frac{165 \times 27.475}{600} = 7.5 \quad (\text{取 } n = 8 \text{ 个})$$

需要并联的串数为

$$m \geqslant \frac{I_{\max}}{I_{NC}} = \frac{165}{33.33} = 4.95 \quad (\text{取 } m = 5 \text{ 串})$$

三相总补偿容量为

$$Q_C = 3mnQ_{NC} = 3 \times 5 \times 8 \times 20 = 2400(\text{kvar}) = 2.4(\text{Mvar})$$

实际补偿每相总容抗为

$$X_C = \frac{8X_{NC}}{5} = \frac{8 \times 18}{5} = 28.8(\Omega)$$

补偿度为

$$K_C = \frac{X_C}{X_L} = \frac{28.8}{20} = 1.44$$

补偿后线路末端电压为

$$U_2' = 35 - \frac{8 \times 10 + 6 \times (20 - 28.8)}{35} = 34.2 (\text{kV}) (\text{合格})$$

六、各种调压方法比较和电力系统的综合调压

电力系统每一节点电压都不相同，其电压调整是比较复杂的问题，应从全系统整体范围来统一解决。首先系统内无功电源必须充足，要根据无功就地平衡的原则，合理布置无功补偿设备。在无功充裕的条件下，根据系统具体情况，综合地运用各种调压手段，才能取得最优的效果。

在现代电力系统中，一般采用各地区分散自动调压和集中自动控制调压相结合的方法。以某个发电厂（或变电站）为中心的地区网络，可根据无功就地平衡的原则，在调度中心统一协调下，自动地维持本区几个中枢点的电压在规定的范围内变动；而对全电力系统有重要影响的枢纽节点的电压，重要输电线路的无功潮流，各重要无功电源和重要调压设备的运行状态，则应当由调度中心进行集中的监视和控制。在进行集中自动控制时，应当实现的目标是：

（1）电力系统内各重要枢纽节点的电压偏移均在给定的允许范围内；

（2）所控制的电力系统内网损最小；

（3）所有调整设备的运行状态都没有超限。

上述目标与经济调度的目标是一致的。在经济调度中，电压控制被作为一个约束条件。调度中心的计算机系统可以快速计算出这种既保证各中枢节点电压质量，又满足系统运行经济性要求的无功电源和调压设备的调节控制方案。

在无功不足的系统中，首要问题是增加无功补偿设备。通常大量采用并联电容器补偿，只有在特殊场合下，才采用静止补偿器或同步调相机。静止补偿器是一种性能良好、维护方便的新型补偿装置，在价格相当的条件下，应优先选用。

在无功电源充裕的系统中，应该大力推广和采用有载调压变压器。随着我国经济的发展和人民生活水平的提高，系统负荷的峰谷差也越来越大，其结果不是高峰负荷时用户电压太低，就是低谷负荷时电压太高。在这种情况下，输电系统中采用一级或多级有载调压变压器，是保证用户电压质量的唯一可行办法。

但是，普遍采用自动调压的带负荷调分接头装置，有时也会起不良作用。例如，当受端系统由于事故发生无功缺额时，受端系统电压下降，由于负荷的自调节效应，其所吸收的无功功率随电压的下降而自动减少，使系统有可能在较低的电压水平下达到无功平衡运行，维持了系统电压的稳定性，这本来是有益的。但装有自动有载调压装置后，将自动调整抽头位置，提高变压器输出电压，使负荷电压恢复，同时也使负荷吸收的无功功率增加，这将导致高压系统电压的低落，最终可能造成系统稳定破坏和受端系统的电压崩溃。换句话说，当系统故障有较大无功缺额时，若强行维持负荷原有无功和电压需求，就会破坏系统无功平衡，不但用户电压不能保持，而且会造成高压系统电压低落，进一步增大了无功缺额。自动调压有载调压变压器的这种不良作用，在几次著名的电压崩溃事件中已得到了证实。

总之，普及有载调压变压器是保证电网电压质量的重要手段。但大量应用是有条件的，即系统无功电源比较充裕，且留有足够的、事故情况下能迅速投入的备用无功电源，并采用防御发生电压崩溃的专门措施。例如，安装低电压自动减负荷装置；考虑在某些特殊运行方

式下，某些有载调压变压器退出自动控制方式，改为人工调压乃至闭锁等。

对于 500、330kV 及部分 220kV 线路，还要装设足够的感性无功设备——并联电抗器，以防止线路轻载时充电功率过剩引起系统电压过高。

1. 500（330）kV 系统无功补偿装置配置

500（330）kV 变电站中，一般在主变压器的三次侧（15～63kV）装设低压电抗器和并联电容器，并可根据需要在线路两端装设 500（330）kV 高压电抗器，来抵消超高压线路过多的充电功率。按就地补偿原则，电厂内有时也需装设电抗器，如厂内无条件安装低压电抗器时，应安装高压电抗器补偿充电功率。

2. 220kV 及以下地区系统无功补偿容量配置

无功补偿容量的配置方式与电网结构、负荷性质、受电电压等因素有关。根据目前供用电规则和具体情况，各级变电站电容器补偿容量可按主变压器容量计算。

（1）220kV 变电站一般可取主变压器容量的 0～30%；110、35kV 变电站补偿容量一般可取 15%～20%；63kV 变电站一般可取 20%～30%。

（2）按相关电力行业标准，10kV 母线处宜根据主变压器台数和容量装设密集型补偿电容器，其容量可按主变压器容量的 10%～15% 考虑。由于目前主变压器多改为 S7、S9 系列低损耗型，根据只能欠补不能过补的原则，对由 35kV 线路供电且线路不长的农村小型变电站，实际补偿容量可按 3%～5% 考虑。

（3）如有地方性电厂能发无功，则可相应减少变电站的补偿容量，甚至不装无功补偿。

3. 电缆线路的电抗器补偿

随着城市电网建设的需要，35～220kV 电缆线路逐渐增加。与架空线路相比，电缆线路电抗小，而充电功率多，一般为架空线路的 20～50 倍；但电缆散热条件不好，同样截面的导体，电缆的长期允许载流量一般只有架空线路的 50%。

由于 35kV 和 63kV 电缆线路输电距离不长，且充电功率较小，一般可将其充电功率作为无功电源参与无功平衡，不进行电抗补偿。对 110、220kV 电缆线路的充电功率，则需根据电缆线路长度和电网的具体情况，可能要装设一定容量的电抗器，以补偿在小负荷运行时电缆线路多余的充电功率。

上海地区电网的做法是在有电缆进出线的 220kV 变电站低压侧安装补偿电抗器，容量为主变压器容量的 17%。例如，180MVA 主变压器补偿一组 30Mvar 低压电抗器，120MVA 主变压器补偿一组 20Mvar 低压电抗器。

第七节　同步发电机自动励磁调节

现代大中型同步发电机都装有自动励磁调节装置，发电机端电压调整就是借助于发电机的自动励磁调节器。

电力系统中各个同步发电机转子的励磁电流，应自动地随系统运行电压变化而进行相应的调节，这是保证系统电压质量和使无功保持平衡的重要方法。改变同步发电机的励磁电流，可以影响发电机在电力系统中的运行特性。因此，对同步发电机的励磁进行控制，是同步发电机乃至整个电力系统运行控制的重要内容之一。本节主要介绍同步发电机自动励磁调节的基本原理。

一、自动励磁调节器的作用

同步发电机自动励磁调节器的作用主要有以下几点：

（1）在电力系统正常运行时，维持发电机端或系统某点的电压水平，使其在系统负荷变化时（特别是无功负荷变化）保持在一个合适的范围之内；

（2）合理分配发电机间的无功负荷；

（3）在电力系统发生短路故障时，按预定的要求进行强行励磁，以提高故障时电力系统的稳定性，加快继电保护的正确动作；

（4）当水轮发电机组发生故障突然跳闸时，能够进行强行减磁，以防止发电机超速使电压升高危及定子绝缘；

（5）电力系统故障切除后，能自动增加励磁电流，多发无功功率，补充用户电动机自起动或发电机失磁异步运行时所需要的大量无功功率，加快系统电压的恢复；

（6）提高电力系统静稳定极限，改善电力系统暂态稳定。

二、电力系统对自动励磁调节器的基本要求

（1）要求有足够的调整容量，允许励磁电流在较大的范围内变化，以满足各种运行工况的需要。

（2）具有足够高的强励"顶值"电压和强励电压上升速度，能够对电力系统事故时出现的电压降低做出快速响应。

（3）正常运行时，应能反映发电机端电压的高低，自动维持机端电压在给定水平，并能合理分配发电机组之间的无功功率和便于实现无功功率的平稳转移。

（4）装置要简单可靠，响应要迅速，调节要稳定，应无失灵区，操作维护要方便。

三、自动励磁调节系统的基本构成

同步发电机自动励磁调节装置的种类很多，但原理基本相同，一般由励磁功率单元和励磁调节单元两部分组成。图 5-18 所示是包含直流励磁发电机的一种。图中励磁机是励磁功率单元，向同步发电机转子提供直流励磁电流；虚线框内部是励磁调节单元，由量测滤波、综合放大、移相触发、晶闸管整流输出及转子电压软负反馈等环节组成。励磁调节单元根据输入信号（发电机端电压、定子电流及功率因数等）和给定的调节准则，控制励磁功率单元输出励磁电流的大小。自动励磁调节系统是一个有反馈的控制系统。

当发电机端电压变化时，量测单元测得的机端电压信号与给定电压 U_{G0} 相比较，得到的电压偏差信号经放大后，作用于移相触发单元，产生不同相位的触发脉冲，进而改变整流器晶闸管元件的导通角，使整流器输出发生变化，励磁机发出电压随之变化，从而达到调节发电机励磁电流和端电压的目的。转子电压软负反馈的输出正比转子电压的变化率，作用是提高调节系统的稳定性，改善调节器品质。稳定运行时转子电压不变化，此时转子电压软负反馈单元输出为零。

四、起励、强励、强减和灭磁

（一）起励

发电机的起励有两种方式：一种是用专门的电源起励，发电机端电压升高到一定数

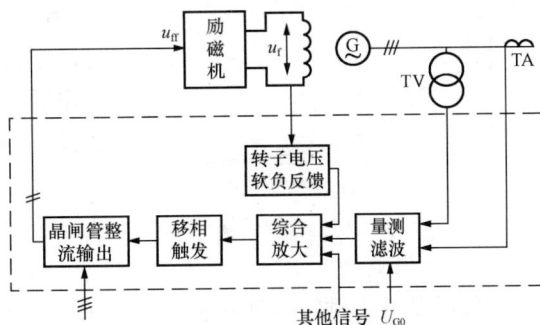

图 5-18 同步发电机自动励磁调压系统原理图

值后，励磁调节系统即能自动承担起励磁调节任务；另一种不用起励电源，靠发电机转子的剩磁起励。

（二）强励及最大励磁限制

当电力系统发生短路故障，发电机电压降低到 $(0.8 \sim 0.85)U_N$ 时，从提高系统稳定性角度出发，希望发电机的励磁电压能迅速上升到"顶值"，这就是强行励磁，简称强励。强励对电力系统的安全运行有很重要的意义。

国家标准规定，必须保证励磁顶值电压倍数（励磁顶值电压与额定励磁电压之比）满足下列要求：

（1）100MW 及以上汽轮发电机励磁顶值电压倍数不低于 1.8；

（2）50MW 及以上水轮发电机励磁顶值电压倍数不低于 2；

（3）其他机组励磁顶值电压倍数不低于 1.6。

为改善电力系统运行条件和提高电力系统暂态稳定性，希望励磁系统有较高的励磁顶值电压倍数和较小的电压响应时间，但这两项技术指标涉及励磁系统的造价。

自动调节励磁装置本身具有一定的强励能力，但在有些情况下还不够。由继电器构成的继电强行励磁装置，可作为自动调节励磁装置强励的后备。

当发电机电压下降到 $(0.8 \sim 0.85)U_N$ 时，低电压继电器动作，经中间继电器动合触点起动强励接触器，使其触点闭合，短接了励磁机磁场电阻，于是励磁机电压便上升到顶值（可达其额定值的 1.8～2 倍），达到强励作用。但发电机起动尚未并列时、事故跳闸后以及灭磁过程中，强励装置都应闭锁以免误动作。

强励时间约为 20s～1min，具体应视发电机转子最大励磁限制时间而定。最大励磁限制是为了防止发电机转子绕组长时间过励磁，而采取的安全措施。受发电机转子绕组发热的限制，强励时间不允许超过规定值。某制造厂给出的发电机转子绕组在不同励磁电压时的允许时间见表 5-5。若超过允许时间，励磁电流仍不能自动降下来，则应由最大励磁限制器执行限制功能。它具有反时限特性，如图 5-19 所示。

表 5-5　　　　　　　　　　不同励磁电压时的允许时间

转子电压标幺值 I_{EF}^{*}	允许时间（s）	转子电压标幺值 I_{EF}^{*}	允许时间（s）
1.12	120	1.46	30
1.25	60	2.08	10

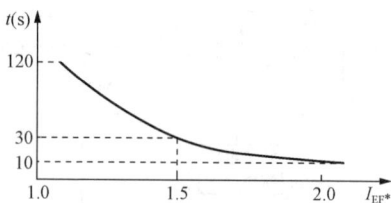

图 5-19　最大励磁限制器反时限特性

另外，定时限限制器可以与反时限限制器配合使用，实际上相当于一个延时继电器。当反时限限制器动作后，转子电流在规定时间（如 3～5s）内未能恢复到反时限限制器的起动值（如 1.1 倍的额定励磁电流）以下，则定时限限制器动作，跳开发电机出口开关。定时限限制器用作反时限限制器的后备保护。

（三）强减

水轮发电机额定转速很低，一般在 1000r/min 以内，大多在 200r/min 以下。由于转速很小，所以转子极对数 p 值很大，如转速为 71.4r/min 的水轮发电机，转子极对数为 42；

转速为 150r/min 的水轮发电机，转子极对数为 20。安装这么多磁极，转子直径和质量很大（有的上千吨），这就使机组转动惯量（或机械时间常数）很大；同时因水锤作用机组甩负荷时不能以最快速度关闭导水叶，否则水压上升过快导致引水管道破裂。上述因素加到一起，使水轮机组突然甩负荷时转速会剧烈上升，即使调速器动作，转速也会达到额定转速的 1.3～1.4 倍，而励磁电流又不能很快衰减下来。这样，与励磁电流正比的水轮发电机端电压就会升得很高，即产生了危险的过电压。此外，水电厂往往是经过很长输电线路送电，当线路受电端空载时，由于线路电容电流的影响，也会使发电机过电压。

为防止水轮发电机过电压，发电机设有强行减磁装置。在发电机电压达到 $1.15U_{GN}$（额定电压）时，强行减磁动作，减少励磁电流；当达到 $1.3U_{GN}$ 时，延时 0.5s 跳发电机灭磁开关，强行把励磁电流减到零。晶闸管励磁调节器和微机励磁调节器本身都有较强的强行减磁能力，可以防止发电机过电压，而不必专门设置强行减磁装置。

此外，还可以设置继电强行减磁和过电压保护装置。该装置原理接线与继电强励相似，只是用过电压继电器取代低电压继电器，将短接一些磁场电阻改为串入一些磁场电阻。过电压保护动作后，将跳开发电机并进行灭磁。

当采用可逆变三相全控桥整流电路作励磁电源，过电压时整流电路即转换为逆变状态，使转子绕组磁场能量逆变灭磁，限制了过电压的发生。也可以采用两组整流桥，一组提供正常励磁电流；另一组则当发生过电压时提供反向励磁电流，迅速制止过电压的发生。

（四）灭磁

同步发电机如发生定子绕组匝间短路、相间短路、定子接地短路、发电机—变压器单元组的变压器短路，继电保护装置会迅速将发电机切除。但旋转发电机的感应电动势仍然存在，并继续供出短路电流，将会导致导线熔化和绝缘材料烧毁。若接地电流较大，甚至能烧坏发电机铁芯，后果更为严重。这时唯一有效的办法，就是迅速对转子绕组进行灭磁。

由于转子绕组是一个大电感，如突然断开回路，必将产生很高的过电压，危及转子绕组绝缘，因此不能断开励磁回路来灭磁。图 5-20 示出了两种灭磁方式。

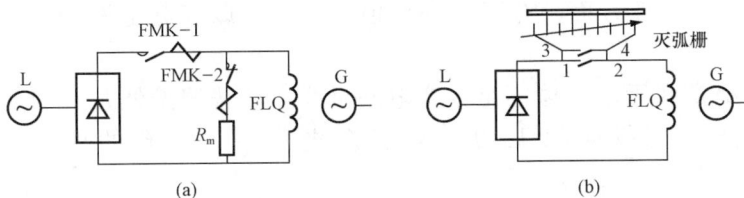

图 5-20　灭磁方式
(a) 常数电阻方式；(b) 灭弧栅方式

如图 5-20 (a) 所示，继电式灭磁开关动作时先闭合 FMK-2 触头，将常数灭磁电阻 R_m 接入，之后 FMK-1 触头再断开主回路，这样转子绕组中的磁场能量就对 R_m 放电并逐渐消失。这种灭磁方式开始速度很快，以后会越来越慢，灭磁过程拖得较长。

更有效的方式是采用由图 5-20 (b) 所示的灭弧栅构成的快速灭磁开关。发电机正常运行时，主触头 1-2 和弧触头 3-4 都闭合。当发电机灭磁时，主触头 1-2 先断开（不会产生电弧），在极短时间后弧触头 3-4 再断开，产生的电弧在磁吹线圈电流磁场作用下，受电磁力推动而向上移动，进入灭弧栅中。灭弧栅是由相互绝缘的许多铜片构成，安装在铁芯棒上。当电弧被吹入灭弧栅内时，就被栅片分割成许多串联的短弧。这种串联的短电弧是一种非线性电阻，每个短弧的压降约为 $25 \sim 30V$，不随弧电流大小改变。电弧消耗了转子绕组磁场能量，并以热量方式散发掉，使电弧很快熄灭，完成了灭磁过程。这种方式灭磁速度快。

采用三相全控桥式整流电路提供励磁，可由自动调节电路自动改变直流电流方向，实现逆变灭磁。这种方式简单、经济，而且无触头，值得推广采用。

第八节　电压/无功优化自动控制（AVC）

一、概述

我国电力工业的发展中，长期存在着"重发、轻供、不管用"的现象。我国电力系统发、输、配电投资比为 $1:0.21:0.12$，而美国相应的比例则为 $1:0.43:0.7$。我们对配电网投资严重不足，无功自动控制手段不完善。人们一般重视有功调度而忽视无功调控，尤其忽视配电网的无功调控；加之配电网覆盖面积大，且多为中小用户，缺乏有效的监管措施。这些因素导致大量无功功率在配电网中不合理流动，造成了诸多的不良后果。首先，增加了有功网损，从而降低配电网运行的经济性；其次，降低了电压质量和供电可靠性，影响人们的日常生活，特别影响到工业用户的产品质量和安全生产；第三，降低了配电网络输送有功功率的能力，降低了电气设备的利用率，从而造成供用电的"瓶颈"现象，这种现象在线路故障加大转移供电量后尤为突出。

目前我国的电网损耗分为三个层次：220kV 及以上输电网网损；110、35kV 高压配电网网损；10kV 及以下中、低压配电网网损。这三部分网损量的比例约为 $1.5:1.1:2.5$，可见，中、低压配电网网损所占比例过大。同时，配电网的电压质量也较差，有的城市电网的电压合格率仅为 60%。所有这些，都与配电网无功补偿不足或缺乏无功调节手段有关。

在电网无功电压管理方面，有不少问题值得关注。以江苏电网为例，比较突出的问题是：

（1）高峰负荷期间无功补偿不足，变电站母线电压普遍偏低，有的变电站母线电压低达 $0.95U_N$；低谷负荷期间无功过剩引起电压升高，有的变电站母线电压高达 $1.1U_N$。

（2）并联电容器分组和有载调压变压器分接头挡位组合不合理。有的并联电容器每组容量过大，投运后母线电压偏高，切除后母线电压又偏低；有的有载调压变压器分接头每挡调压过大，不能满足运行电压平稳调节的需要。

（3）无功调节设备质量不过硬。电容器损坏率较高；有载调压变压器的频繁调压也易造成分接头故障，从而使变压器被迫退出运行。

（4）无功计量误差较大，测量数据不完整，给电压无功分析带来困难。

（5）缺乏有效的电压无功实时分析计算手段。电容器的投切和有载调压变压器的调压基本上凭经验，调节不够及时、准确。

正是由于存在着上述种种问题，配电网电压无功运行优化才显得更有实际意义，主要体现在如下几个方面：

(1) 降低网损，节能亦是环保，提高供电企业的经济效益；

(2) 提高电力设备的利用率，避免重复建设，节约资金；

(3) 提高了电网供电电压的质量和供电可靠性，使电力部门和用户均受益。

二、就地控制的电压/无功优化自动控制（局部 AVC）

在配电网运行中，有载调压变压器分接头调挡和无功补偿电容器组的投切，是进行电压/无功优化自动控制（AVC）的两种基本手段。

（一）电压/无功优化自动控制（AVC）基本原理

1. 九区域控制策略原理

有一种采用九区域控制策略就地进行电压/无功优化自动控制的方法，其原理可以用图 5-21 所示实例来说明。

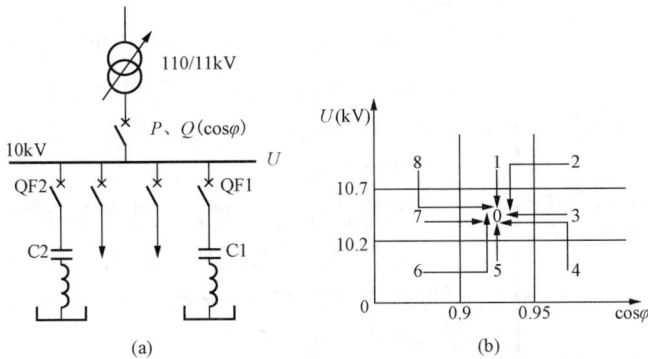

图 5-21 九区域法的电压/无功优化自动控制
(a) 接线图；(b) 九区域图

图 5-21 所示的九个区域中，0 区是符合控制目标的正常工作区域。系统采集并实时监视 10kV 母线电压以及主变压器 10kV 侧 P、Q（并可计算 $\cos\varphi$）。当母线电压 $U < 10.2\text{kV}$、$\cos\varphi < 0.9$ 时，判定处于第 6 区，应先合闸 QF1 投入一组电容器 C1；如监测到 $0.95 > \cos\varphi > 0.9$，但电压仍 $U < 10.2$ 时，则判定处于 5 区，此时可调节一挡主变压器分接头升压（减小变比）；如果监测到 $10.2 < U < 10.7$、$0.9 < \cos\varphi < 0.95$，则判定已处于 0 区，完成此次调控。

总之，一旦监测到工作点离开了 0 区，系统即自动控制电容的投切和变压器分接头挡位，使其迅速回到 0 区。

2. 实用的控制方法

九区域法控制规律很难用数学模型来表示，下面介绍结合工程实际的实用控制方法。

(1) 简单越限情况。

当运行于 1 区时，电压超过上限而功率因数合格，此时应调整变压器分接头使电压降低。如变压器分接头已达极限，可强行切除电容器组。

当运行于 5 区时，电压低于下限而功率因数合格，此时应调整变压器分接头使电压升高，直至分接头无法调整（次数限制或挡位限制）。

当运行于 3 区时，功率因数超过上限而电压合格，应切除电容器组，直至功率因数合格。

当运行于 7 区时，功率因数低于下限而电压合格，应投入电容器组，直至功率因数合格。

（2）双参数越限情况。

当运行于 2 区时，电压和功率因数同时超过上限，此时应先切电容器组，待功率因数合格后若电压仍高，再调分接头降压（2→1→0）。如先调分接头降压，则功率因数会更高。

当运行于 4 区时，电压低于下限而功率因数超上限，如先切电容器组，则电压会进一步下降。因此，应先调分接头升压，若功率因数仍高，再切除电容器组（4→3→0）。

当运行于 6 区时，电压和功率因数同时低于下限，应先投电容器组，功率因数合格后，若电压仍低，再调分接头升高电压（6→5→0）。如先调分接头升压，则功率因数会更低。

当运行于 8 区时，电压超过上限而功率因数低于下限，应先调分接头降压，若电压合格后，功率因数仍低，再投入电容器组（8→7→0）。如先投电容器组，则会引起电压进一步上升。

综观对 2、4、6、8 区的控制，是"逆时针"控制策略，即先将这些区域调控到逆时针方向的下一区域，再从下一区调控到合格区域 0。图 5-21 中已用箭头表示出这种调控方法，其控制系统主程序流程图如图 5-22 所示。

3. 电压无功综合控制的条件和要求

（1）变压器分接头调整应遵循以下条件和要求：

1）多台主变压器并列运行时必须保证同步调挡，且各主变压器必须处于同一挡位时才能参加调挡，调挡时必须同时升降；

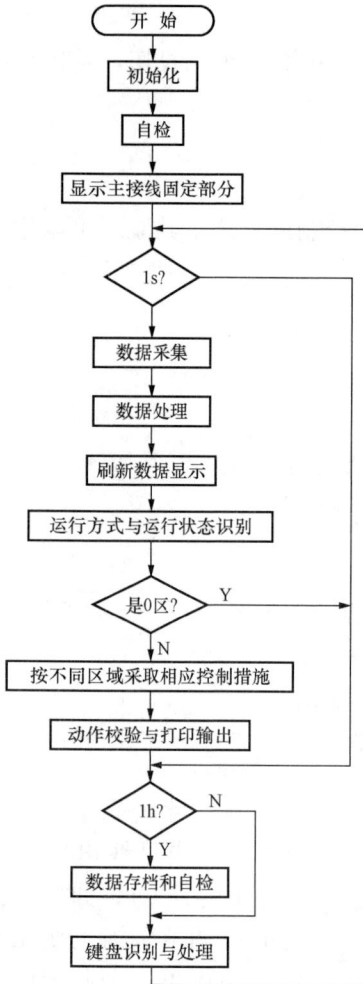

图 5-22　控制系统主程序流程图

2）确保有载调压每次只能调一挡，前后两次调挡应有一定的延时；

3）挡位上下限应有限位措施；

4）人工闭锁或主变压器保护动作后应闭锁调挡；

5）调挡命令发出后要进行校验，发现拒动或滑挡应闭锁调挡机构；

6）变压器过负荷时应自动闭锁调压功能。

（2）电容器组的投切操作应满足以下条件和要求：

1）电容器组的投切应实行轮换原则，即最先投入者最先切除，并应考虑运行方式的影响，当多台主变压器既有关联又有独立性时，应各自投切本身所带的电容器组；

2）人工投切的电容器组也应参加排队；

3）变电站低压母线电压过高（或过低）时应闭锁电容器组的投（切）；

4）电容器组检修或保护动作时应闭锁电容器组投切。

4. 电压无功综合控制的闭锁

典型的终端变电站一般有两台带负荷调压的主变压器，且低压 10kV 母线分段，两段母线上各接有一组电容器组。电压无功综合控制系统的设计，必须能识别并适应变电站多种运行方式，保证调节正确。在运行时出现以下非正常情况或故障时，应闭锁相关的调控对象，使其不致动作以保证安全。这些闭锁条件主要包括：

（1）系统发生故障，由远动信号要求闭锁；

（2）变电站母线发生故障；

（3）主变压器发生故障，继电保护动作；

（4）主变压器异常运行，如轻瓦斯继电器动作，油温过高等；

（5）电压无功综合控制装置的电压互感器发生故障；

（6）电容器或其回路发生故障，继电保护动作，闭锁相应的控制回路；

（7）主变压器控制器发生异常；

（8）主变压器或电力电容器正常退出操作时，闭锁主变压器或电容器控制装置；

（9）每次发出动作命令后进行校验，若装置拒动则应闭锁；

（10）发生连调、滑挡时应闭锁调压功能；

（11）两台主变压器并列运行时，挡位不同时应闭锁调压功能；

（12）变压器挡位已到达上下限，主变压器分接头日投切次数已达限，电容器日投切次数已达限，上一次动作后延时未到等情况下，装置均应自动闭锁。

5. 监视与记录

在无人值守方式下，变电站运行状态及电压无功综合控制装置的动作情况，均通过通信系统送至主站或监控中心在 CRT 上显示。调度人员可及时了解运行情况，如有异常可及时做出处理。此外，主站或监控中心还可打印控制输出的内容、时间和实测电压曲线等。

6. 采用的硬件装置

目前电压和无功自动调节装置多采用 16 位单片机，采集负荷侧电压电流等数据，通过控制和逻辑运算，控制有载调压变分接头挡位和投切电容器，以保证负荷母线电压合格，电源进线功率因数尽可能高，有功损耗尽可能低。这种在变电站内实现无功电压综合调节的方法，通常称就地 AVC（或 VQC）调节。这种装置硬件独立，不受其他设备状态影响，可靠性较高；但它不能与变电站 RTU 共享硬软件资源，较适合在基础自动化水平不高的系统内使用。

（二）改进的九区域控制策略

九区域控制策略的缺点是有较大的延时，原因是数据采集、参数状态分析、决策分析、动作元件动作等均需时间。参数越限需要超过一定的时限方能确定，否则，容易因系统参数波动而导致控制装置频繁动作。当实际控制动作完成时，可能系统参数越限状态已有相当一段时间，从而影响了供电质量。

改进九区域控制策略，主要是采用了边界模糊处理和更加细分的 16 个小区域，如图 5-23 所示。图中，纵向表示电压，横向表示无功。其中，ΔU_u 为有载调压变压器分头调节一挡引起的电压最大变化量，ΔU_q 为投切一组电容器引起的电压最大变化量，ΔQ_u 为有载调压变压器分接头调节一挡引起的无功最大变化量，ΔQ_q 为投切一组电容器引起的无功最大变化量。

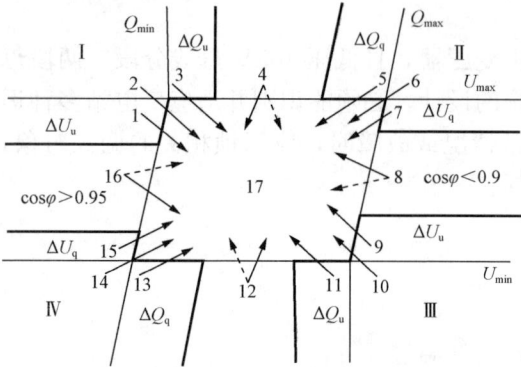

图 5-23　改进的九区域控制策略

针对主变压器高压侧无功 Q 和低压侧母线电压 U 的状态，分析如下：

（1）处于 16 区时，无功越限，优先调节电容器组（实线表示），调节容量不足时可调节变压器分接头（虚线表示）；处于 4、12 区时，电压越限，优先调节变压器分接头（实线表示），调节不足时，可调节电容器组（虚线表示）。因此，在这四区里，都有两种调节方案。

（2）处于 1、9 区时，应调节电容器组（1切/9投），当调节容量不足时，由于靠近电压界限的边缘，也不许调变压器分接头，否则会导致电压越限，造成无效的调节动作；同样，处于 5、13 区时，应调节变压器分接头（5降/13升），当不能满足时，因靠近无功界限的边缘，也不可投切电容器组，否则会导致无功越限。因此，在这四区里只有一种调节方案。

（3）在 3、11 区电压越限，本应调节变压器分接头，但因靠近无功界限，会导致无功越限，从而又引起电容器组的投切调节。这时如直接投切（3切/11投）电容器组即可进入正常区，则减少了调节动作次数。同样，在 7、15 区，应直接调节变压器分接头（7降/15升），而不是先调节电容器组。因此，在这四区里也只有一种调节方案。

（4）据此，为简化决策过程，可以合并出四个单一调节动作区。如图 5-23 所示，即将小区 1-2-3 合并为大区 Ⅰ（只切电容器），小区 5-6-7 合并为大区 Ⅱ（调节分接头降压），小区 9-10-11 合并为大区 Ⅲ（只投电容器），小区 13-14-15 合并为大区 Ⅳ（调节分接头升压）。

（三）变电站电压无功控制软件

典型的就地电压无功控制装置（VQC），其硬件采用 STD 标准工业控制总线结构，也可以采用单片机构成。直接利用遥测、遥信模板，将模拟量和开关量输入 CPU 模板处理，输出也直接利用遥控模板输出，这样变电站中的设备较容易实现统一和规范化。如果变电站自动化监控系统是采用 STD 总线，就地 VQC 控制装置硬件采用 STD 总线就较为适当。

软件 VQC 就是在监控系统后台计算机上，用软件模块控制的方法实现就地 VQC 功能。

1. 软件 VQC 对变电站监控系统的要求

（1）直接利用变电站综合自动化系统所采集的数据和信号，经加工处理实现 VQC 功能。数据采集必须采集到更全面的遥测、遥信及各类保护信号。

（2）适应无人值守。软件 VQC 的功能，必须适应无人值守和远方调度，主变压器有载调压运行及电容器组状况，能及时地反映到调度端。

（3）采样精度与信号响应速度要求较高，因为监控系统的采样精度与信号响应速度会直接影响到 VQC 的稳定工作。

（4）遥控的自动返校功能。VQC 对有载分接头开关和电容器组的控制必须十分可靠，因此要求遥控有自动返校功能，只有返校验证正确后才能执行。

（5）数据再处理能力。监控系统应能对采集的遥信信号进行逻辑处理，对遥测量做数据总加等，以适应主接线复杂变电站的不同运行方式。

2. 软件 VQC 功能

（1）多功能模块处理。在具有多台变压器、主接线复杂的变电站里，每台主变压器和每段母线既可能独立运行，也可能并列运行。VQC 调节与控制模块必须适应主接线的各种变化。

（2）电压与无功的上下限值应动态变化。为适应逆调压和无功功率调节的要求，对应负荷高峰和低谷时段，电压与无功的上下限值应取不同的值。

（3）调节方式的多样性。由于变压器或电容器组有时需要停运检修，因此 VQC 调节方式中应设置"只调电压"或"只调电容器"功能。有时电容器组已全部投入运行，这时已无电容器可投，应能"智能"地改为有载分接头的相应调节。软件 VQC 还应设置"只监视不控制"方式，相当于不投连接片的继电保护运行方式。

（4）实现远方控制。电容器组或变压器的有载调压分接开关应能接受调度端的远方控制。

（5）正确实现闭锁。

（四）局部 AVC 的优缺点

用于 10kV 母线的无功电压综合自动控制装置（VQC），目前已在不少变电站中投运。这种由微机实现的电压/无功控制，可使变电站 10kV 母线电压合格率大大提高，同时也使变电站电源进线上的损耗降低，取得了较好的效益。

但这种采集本地变电站运行参数的电压/无功控制，仅仅是一种局部 AVC，不能在全网范围内采集数据，对各变电站进行优化协调控制，以实现系统总网损最低。同时，如果每个变电站都分别安装 VQC 装置，就要增加很多投资。

另一个需注意的问题，是每天分接头挡位调节和电容投切次数均需有一定限制，过于频繁的调节对设备寿命十分不利，甚至引发事故。

目前，已有与 SCADA 完全结合起来的 AVC 高级软件，可以对全网有载调压变压器分接头和电容器组进行统一优化控制。

三、一种比较典型的全网优化电压/无功自动控制系统（AVC）

河海大学电力软件有限公司研发的"地区电网电压无功优化运行闭环控制系统"，无需添加任何硬件设备，电网全部软硬件资源共享，就利用原来电网调度自动化系统现成的全网遥测、遥信实时数据，由控制算法软件进行在线分析和计算；在确保安全的前提下，以各节点电压、电网关口功率因数合格为约束条件，从全网角度进行电压无功优化控制，最终形成有载调压变压器分接开关调节和无功设备投切的控制指令；再借助调度自动化系统的"四遥"功能，通过 SCADA 系统自动执行，从而实现对电网内各有载调压装置和无功补偿设备的集中监视、集中管理和集中控制，实现了地区电网 AVC 闭环控制和电压无功优化运行。

该软件系统采用集中决策、分层分区控制的方式，综合考虑电网安全约束条件，通过在线的优化计算，提出合理的电压校正和无功优化策略，从而实现全网自动电压控制。实践证明，这是一种科学、安全、有效的控制方法。

这种综合优化控制可实现多重目标：无功分层就地平衡，电压合格率最高，无功补偿设备投入最合理，主变压器分接开关调节次数最少，输电网网损率最小。

当然，实施这种方法的前提条件是电网网架结构合理、基础自动化水平较高。如果系统的采样精度及信号响应速度不高，通信不十分畅通，这种控制和调节的可靠性就要下降。

地区电网电压无功优化运行闭环控制系统适用于地、县级电网中单电源或多电源供电的各种网络，并能可靠地与各家调度自动化厂家开发的 SCADA 系统接口。该系统的主要特点有：

（1）全网无功优化功能。当各节点电压在合格范围内时，可控制本级电网内无功功率流向，使其更为合理，实现无功分层就地平衡，提高受电功率因数；依据电网电压、无功的变化，计算并决策同电压等级不同变电站电容器组、同变电站不同容量电容器组谁应优先投入；当省网关口功率因数不合格时，能优化控制 220kV 及其下级变电站电容器组的投切。

（2）全网电压优化调节功能。当无功功率流向合理，某变电站 10kV 母线电压不合格时，分析同电源、同电压等级变电站以及上级变电站电压情况，决定是调节本变电站有载变分接开关，还是调节上级变压器有载分接开关，实现全网调压；以尽可能少的调节次数，最大范围地提高电压水平；避免了多变电站、多台主变压器同时调节分接开关可能引起的调节振荡。

实施有载调压变压器分接开关调节次数优化分配，保证了有载调压变压器分接开关的动作安全，减少了日常维护工作量；分接开关挡位联调，热备用的有载调压变压器分接开关挡位，也与运行有载调压变压器分接开关挡位同步调节，这样就可迅速完成热备用变压器的并联运行。

（3）无功电压综合优化功能。当变电站 10kV 母线电压越上限时，先调主变压器分接开关挡位，如达不到要求，再切除电容器；当变电站 10kV 母线电压低于下限时，先投入电容器，达不到要求时，再调主变压器分接开关挡位，尽可能使电容器投入数量最合理。

还可以预测负荷和 10kV 母线电压变化，防止无功补偿设备连续投切引起振荡。

（4）实现逆调压。软件系统可以根据当前的负荷水平，自动实现逆调压功能：高峰负荷电压偏上限运行，低谷负荷电压偏下限运行。同时，软件系统中也有顺调压或恒调压功能。

（5）提高电网安全运行水平。该控制系统自适应功能强，如自动纠错、自动闭锁、自动形成相关动作数据等；安全控制功能强，如遇突发事件，控制系统会自动处理，不会发出影响电网安全的操作指令。

（6）投资少、效益率高。由于不增加硬件，不仅投资少，还免除了硬件现场维护费用。使用该系统后线损率明显下降，一年可节约资金几百万元。

（7）具有统计功能。准确地统计主变压器分接开关、电容器开关全年每日动作次数，为最大限度地发挥设备潜力和设备检修提供了依据。

（8）人机界面友好、操作简便、安全可靠，可以减轻调度值守人员劳动强度，真正实现了全网无功电压自动化实时控制，完善并提高了无人值守变电站自动化水平。

（9）具有培训功能。该系统有一套图文并茂的现场实时培训系统，提高了调度及集控人员运行管理水平。

四、地区电网无功/电压控制实例（泰州地区电网）

图 5 - 24 为泰州地区电网 AVC 优化控制系统软件流程图。由图可见，首先从调度自动化系统采集数据，送入电压分析模块和无功分析模块进行综合分析，形成变电站主变压器分接头调节、电容器投切及多台主变压器经济运行等一系列指令，交调度中心（集控中心、配调中心）控制系统执行。

（一）系统主要功能

（1）实时监测电网中的电压、电流、无功、变压器分接头位置及电容器开关状态等信息。

（2）电压越限时发出相应的指令，调节分接头或投切电容器，并自动执行。

（3）电网无功潮流不合理时，系统发出投切相关电容器的指令，并自动执行。

（4）满足无人值守站的要求，实现无人"四遥"功能。

（5）电网处于低谷负荷运行时，对各变电站内两台（或多台）主变压器提出经济运行的模式，由值班人员决定是否执行操作指令。

图 5-24　泰州地区电网 AVC 优化
控制系统软件流程图

（6）在电压合格范围内，峰荷时电压偏上限运行，谷荷时电压偏下限运行，实现逆调压。

（7）语音报告。系统中任何一项操作成功与否，均有语音报告，提示值班人员及时掌握主变压器分接头调节和电容器投切的动作情况。

（8）在每一次操作命令发出后，都有操作的记录并保存分析，自动统计每日、每月各变电站主变压器分接头、电容器投切次数。这些记录可以显示，也可打印存档管理。

（9）安全闭锁。在遇到主变压器分接头开关、电容器开关、通信线路及系统中出现各种异常状态不允许执行操作指令时，该系统能可靠闭锁，防止误动。

（二）专家系统和模糊控制技术

泰州 AVC 控制软件由数据输入、分析决策、指令输出三个部分组成。其中，分析决策是本软件的核心与难点。该软件的特色是：①利用专家系统方法，建立使电压合格且全网网损尽量小的闭环控制判断规则；②利用模糊控制理论，建立相应的指令，保证操作指令可靠地执行。

整理和挖掘"专家经验"建立规则库，是专家系统的核心问题。规则库由四个部分组成。

（1）公认的规则：变电站母线电压的上、下限值，有载调压变压器分接头每天动作次数上限值，电容器组每天投切次数上限值等。

（2）优化的规则：各变电站的上下级之间的协调控制；逆调压运行方式；功率因数高低，电压高低与电容器组和有载调压变压器分接头挡位协调动作；无功潮流与网络损耗；同变电站不同电容器组或同电压等级不同变电站电容器组，谁优先投入决策等。

（3）强制的规则：优化目标与电容器和有载调压变压器分接头挡位动作综合分析；允许无功适当倒流以保持各电压级无功平衡；如果被控设备投运时间或动作总次数超过限定值，则要求更换设备；如被控设备在某一时段动作次数超过限值，则在这一时段内禁止该设备动作。

（4）闭锁的规则：有载调压变压器滑挡的闭锁；被控设备停运、检修或故障的闭锁；被控设备操作失败后再次操作前的限时闭锁；采集坏数据或遥测数据不刷新的闭锁。

为保证由专家系统形成的各种规则能推理和产生操作指令，并在相应的元件中可靠地执行，系统应用了模糊控制理论，建立起一些行之有效的技术方案。

（三）系统技术实施的特点

（1）系统以地区电网全网网损尽量小、各节点电压合格、有载调压分接头调节次数尽量少和补偿电容器投切最合理为目标，以集控中心（调度中心、配调中心）为核心，采用专家

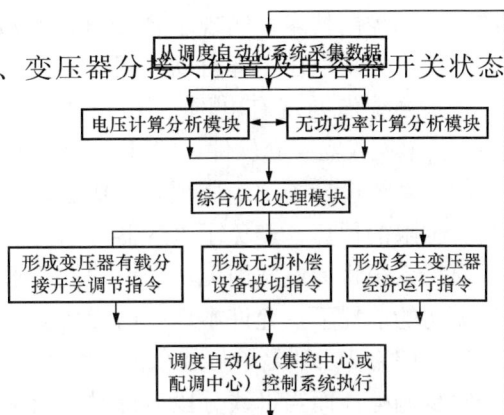

系统、模糊控制技术，实现了各变电站有载变压器分接头挡位调节与电容器投切的协调控制，实现了无功电压闭环自动控制。

（2）系统借助现有电网 SCADA 系统中"四遥"功能，不增加任何硬件设备，一个地（市）、县电网仅需一套软件，就可实现本网所有变电站的无功电压闭环控制，节省很多投资。

（3）系统设计了"电压预算"功能，在电容器（电抗器）投入之前，能进行投入后电压值是否越限的预算，避免了电容器（电抗器）投切振荡。

（4）系统将变电站内无功功率"就地平衡"变为"全网平衡"。在不向上一级电压网络倒送无功的前提下，允许本地区内无功倒送，实现本级电网内线损率趋于最小的目标。

（5）如果 10kV 是单母线分段接线，当母线不分段运行时，不论主变压器是否停用，挡位均同步调整；而当母线分段运行时，挡位调整不必要求一致。

（四）实际工程效益分析

目前，全网无功电压集中优化控制系统已在许多供电局使用，取得了很好的效果。

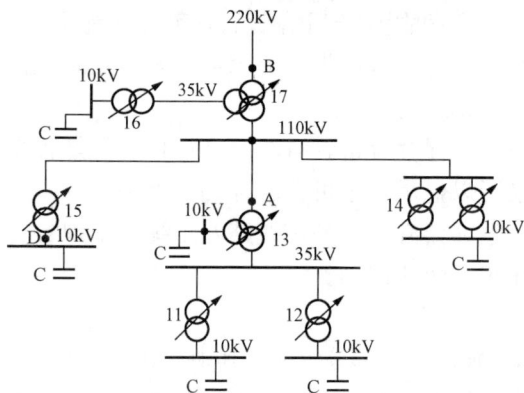

图 5 - 25　泰州供电局集控中心区域电力网简化图

1. 泰州电网运行情况

泰州供电局集控中心管理 7 个无人值守变电站，其中有载调压变压器 13 台，补偿电容器 9 组，电压等级有 220、110、35、10kV。图 5 - 25 为泰州供电局某一集控中心区域电网简化图，用以说明有关的电压无功控制情况。

如图 5 - 25 所示，假设无功功率在合理的流向范围内，若仅 11 变电站 10kV 母线电压超上限或超下限，则仅调节 11 变电站主变压器分接挡位；若 11、12、13 变电站 10kV 母线电压同时超上限或超下限，则调节 13 变电站主变压器分接头挡位；若 11、12、13、14、15、16 变电站 10kV 母线电压同时超上限或超下限，则调节 17 变电站主变压器分接头挡位。

假设电压在合格范围内，当流过 15 变电站 D 点的无功负荷加上该所主变压器空载无功损耗，大于本所 10kV 电容器容量的一半（具体比例可设定），若该电容器投入后 17 变电站 B 点无功潮流未向 220kV 电网倒送，则该所 10kV 电容器方可投入。

2. 泰州电网运行效益

表 5 - 6、表 5 - 7 所示为泰州电网降损和电压合格率比较情况。

表 5 - 6　　　　　　　　　　　不同年份的降损比较

供电指标	1 月			2 月			3 月		
	供电量 （MW·h）	网损 （MW·h）	网损率 （%）	供电量 （MW·h）	网损 （MW·h）	网损率 （%）	供电量 （MW·h）	网损 （MW·h）	网损率 （%）
1999 年	52360	922	1.76	49810	981	1.97	53560	991	1.85
2000 年	56640	697	1.23	56310	760	1.35	58310	659	1.13
节电量	300			349			420		

表 5-7   **不同年份的电压合格率比较**

电压合格率	1990 年 3 月	2000 年 3 月	提高百分点	电压合格率	1990 年 3 月	2000 年 3 月	提高百分点
变电站 A 点	98.19	99.25	1.06	用户端 C 点	97.82	98.92	1.10
用户端 B 点	97.17	98.40	1.23	用户端 D 点	96.33	97.66	1.33

（1）降低线损。从表 5-6 统计结果看出，2000 年 1～3 月比 1999 年同期节电 1069MW·h，全年类推约可节电 4276MW·h，约合人民币 192.4 万元。如果大面积使用优化控制系统，降损效益相当显著。

（2）用户电压合格率提高。从表 5-7 看出，变电站 A 点电压合格率的提高，促成了用户端 B、C、D 点电压合格率的提高。

（3）实施全网无功/电压优化调节后，220kV 泰州变电站高压侧峰荷期功率因数由以前的 0.89 提高到目前的 0.96。10kV 电容器投切次数增加到每台每天平均 9 次（以前平均 3 次）；但主变压器分接开关调节次数降低到每台每天平均 5 次（以前平均 10 次），改善了设备运行状态，节省了大修费用，提高了地区受电有功功率。

第九节 电压稳定性及其控制

一、电压稳定性基本概念

自 20 世纪 70 年代以来，国内外的电网连续发生了以电压稳定破坏为特征的电网瓦解事故。比较著名的有 1972 年 7 月 27 日我国湖北电网的武汉和黄石地区的电压崩溃事故，使受端系统全部瓦解；1973 年 7 月 12 日东北电网大连地区的电压崩溃，造成大连地区全部停电。1978 年 12 月 19 日和 1987 年 1 月 12 日法国电网两次大停电，美国西部 1996 年 7 月 2 日和 8 月 10 日接连发生的两次大停电事故，都因为电压失稳导致大面积、长时间停电，造成巨大的经济损失和社会生活的混乱。尤其是美国西部两次大停电事故给人们震动很大，已经将电网的安全运行提到国家安全的高度。这些事故对我国电力界敲响了警钟，必须正视我国电网中存在的问题，特别是应使电压稳定性成为关注的焦点。

电力系统是一个动态系统，电力系统电压稳定性是整个电力系统稳定性的一个分支。最早在 20 世纪 40 年代，苏联学者 H. M. 马尔柯维奇在研究负荷稳定性时，提出第一个电压稳定判据，故电压稳定性有时也称为负荷稳定性。

但是直到 20 世纪 70 年代末期，这一领域仍没有多大进展。1978 年法国电网的灾难性电压崩溃事故使这个长期被忽视的课题成了电力界关注的焦点，从那时以后人们进行了大量的研究工作。电压稳定的研究可以划分为三个阶段：第一阶段，从马尔柯维奇提出第一个判据到 20 世纪 70 年代中期，是电压稳定问题未引起足够重视的阶段；第二阶段，从 20 世纪 70 年代末期到 20 世纪 80 年代中期，是注重静态研究的阶段；第三阶段，从 20 世纪 80 年代中期到现在，是以动态机理的探讨为基础的全面研究阶段。

到目前为止，学术界对电压稳定性还没有公认的严格定义，本书中只能介绍比较通用的看法。

电压稳定性可定义为"电力系统在正常运行或经受扰动后维持所有节点电压为可接受值的能力"；电压失稳是指"扰动引起的持续且不可控制的电压下降过程"；至于电压崩溃则是

指"伴随着电压失稳的一系列事件导致系统的部分电压低到不可接受的过程"。

根据研究的时间范畴，还将电压稳定分为三类，即暂态电压稳定、中期电压稳定和长期电压稳定。

暂态电压稳定的时间范围为0.1s，主要研究感应电动机和直流高压输电系统（HVDC）的快速负荷恢复特性所引起的电压失稳，特别是短路后电动机由于加速引起的失稳或由于网络弱联系引起的异步机失步的电压失稳问题。

中期电压稳定（又称扰动后或暂态后电压稳定）的时间范畴为1.5min，包括OLTC（自动调节的有载调压变压器）、电压调节器及发电机最大励磁电流限制的作用。

长期电压稳定的时间范畴为20～30min，其主要相关的因素是输电线过负荷时间极限、负荷恢复特性的作用、各种控制措施（如甩负荷等）。

电压稳定定义的多样性也说明了，当前电力系统工程界对电压稳定的认识存在着差异。

二、电力系统电压不稳定事故及其特征

过去几十年中，全世界范围内的电压不稳定事故有许多起，瑞典、法国、日本、美国等都发生过电压不稳定（崩溃）事故。表5-8列出了部分电压不稳定事故。从这些典型的电压不稳定事故中，可以对电压不稳定情况、发展过程、产生原因等有一个大致的了解。

表5-8　　　　　　　　　　　　　典型电压不稳定事故

日期	地点	事故时间	损失负荷（MW）	崩溃前电压下降幅度（%）	事故起因
1977.7.13	美国纽约	59min	844	5	发电机失磁跳闸
1978.12.19	法国	6min		12.5	气温下降，负荷迅速上升
1982.10.28	美国佛罗里达	36min		8.6	700MW发电机跳闸，联络线功率急增
1985.5.17	美国佛罗里达	3.5h		40～50	草原大火引起一系列500kV线路接地故障
1983.10.27	瑞典	53s	11400	12.5	隔离开关故障
1987.1.12	法国西部	7min	9000	50	励磁限制器动作
1987.7.23	日本东京	20min	8168	26	负荷快速持续增加
1987.8.22	美国田纳西	10s	1265	25	断路器击穿放电，引起相间弧闪故障
1996.7.2	美国西部电网	27s	10576	18	输电线对大树闪络

从表5-8可知，电压崩溃事故的起因是某个偶然的事件；事故从起始到系统崩溃经历的时间较长，这点和角度失稳不同；崩溃前电压可视为临界电压，各系统不同；事故造成的损失都是很大的。

当一个系统在紧急事故之后，又经受突然无功需求增加时，增加的无功需求要由发电机和无功补偿设备的无功储备来平衡。在系统有充足的无功储备时，系统可调整到稳定的电压水平。而在系统无功储备短缺时，无功需求增加就可能导致电压崩溃，引起系统停电。电压崩溃过程一般的情景如下：

（1）电力系统经受非正常运行工况，接近负荷中心的大发电机组退出运行，导致某些高压传输线路负荷加重，网络损耗增加，使无功备用资源处于最小。

（2）继电保护动作，跳开重负荷线路，负荷转移到其余的邻近线路。邻近线路中的无功损耗急速增加，电压降低，引起线路级联跳闸。

（3）超高压和高压电网电压的降低将反过来影响配电系统，使其二次侧电压降低。这时，变电站的有载调压变压器分接开关（自动调节）将力图恢复配电电压，变压器分接头每一次动作，都使得高压侧线路上的负荷增加，从而在几分钟内使负荷达到故障前的水平。同时线路损耗也增加，反过来又引起高压侧线路电压进一步下降。

（4）随着每一次分接头动作，整个系统中发电机的无功输出将增加，慢慢地发电机就一台接一台地达到它的无功容量极限（受转子最大允许电流的限制）。当第一台发电机达到磁场电流极限时（失去电压控制作用），电压就要降落。因为发电机固定有功输出，所以电压降低必导致电枢电流增加。要保持电枢电流在允许的限制内，就要进一步减少无功的输出。该发电机分担的无功就转移到其他发电机，导致越来越多的发电机过负荷和失去电压控制，从而系统遭受电压不稳定。最终将导致电压崩溃，还可能导致发电机失去同步和大面积停电。

根据表 5-8 电压崩溃事件的分析，电压崩溃可以概括有如下特征：

（1）电压崩溃前的系统往往处于重负荷运行状态，系统运行备用（特别是无功）紧张，传输线潮流接近最大功率极限。

（2）电压崩溃起因可能不同，如系统负荷持续增加，大的突然扰动，失去发电机组，线路重负荷，运行人员在处理非正常工况过程中判断错误，误操作等。有时一个表面平静无事的扰动也可能导致事故扩大，最终引起电压崩溃。

（3）电压崩溃问题的核心是系统满足无功需求的不稳定。通常电压崩溃包括系统具有重负荷线路的情况，当从邻近区域传输无功功率发生困难时，再要增加无功功率支持就可能导致电压崩溃。

（4）低电压情况下，线路距离保护动作，使并行输电线相继跳闸；发电机励磁限制器动作，引起发电机级联跳闸；OLTC 动作，恢复二次侧负荷，使一次系统电压进一步跌落。这些是电压崩溃的重要机理。

（5）电压崩溃通常表现为慢的电压衰减，电压崩溃过程可持续几分钟量级，这是许多电压控制设备和保护系统作用积累（并相互作用）的结果。但有时动态时间为几秒钟量级，这通常是由不利的负荷成分（感应电动机、直流换流器）引起的，这种电压不稳定的时间框架与转子角不稳定时间框架相同。在许多情况下，电压不稳定和转子角不稳定是相互耦合的。

（6）电压崩溃可能因过分使用并联电容补偿而恶化。只有通过并联电容器、静止补偿器和同步调相机的合适选择和协调，才能使无功补偿最有效。

（7）继电保护、低频减载等各自为战缺乏协调，也是导致电压不稳定发展的重要原因。

三、电压失稳的机理解释

系统失去电压稳定和电压崩溃是怎样产生的呢？

1. 电压失稳的静态机理解释

电压稳定最初被认为是一个静态问题，即系统在负荷小扰动时应有一定的无功裕度。否则，在无功功率不足，系统电压水平较低的系统中，很可能由于两者互相影响、激化，形成恶性循环，引发电压崩溃事故。

当系统发生电压崩溃时，大批电动机减速乃至停转，大量甩负荷，各发电机输出有功功率也变化很大，可能引起系统失去同步运行，使系统瓦解。图 5-26 所示为实际中记录到的电压崩溃现象波形曲线图。图 5-26（a）中，由于系统大无功电源在点 1 时刻突然被切除，而在点 2 时刻即引起电压崩溃，到点 3 时刻系统已完全瓦解。图 5-26（b）中，负荷缓慢增加，在点 1 时刻受到扰动开始发生电压崩溃，而在点 2 时刻已经引起系统异步振荡。图 5-26（c）所示为系统在受到大的扰动后即开始发生电压崩溃，导致各发电厂失步发生振荡的情形。

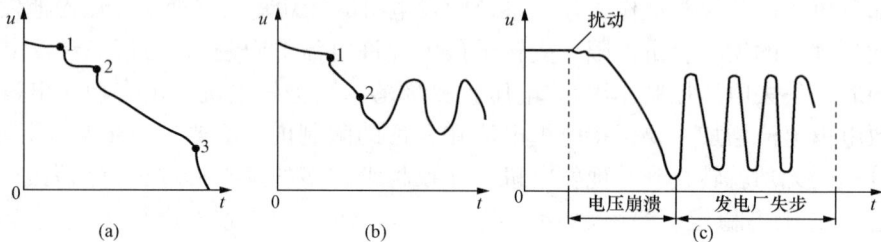

图 5-26　实际中记录到的电压崩溃现象波形曲线图

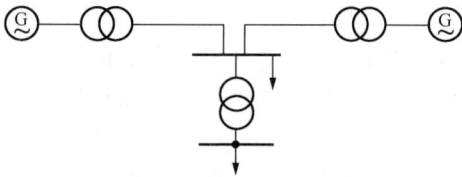

图 5-27　简单电力系统接线图

现在通常的观点是，电力系统静态电压水平主要由无功功率平衡条件决定。但系统有功和无功并不能截然分开进行分析，电压崩溃既与无功功率相关，也与有功功率相关。

为了对电压崩溃（电压稳定性破坏）给一个定性的解释，下面对图 5-27 所示的简单电力系统作粗略分析。图中，变电站的高压母线是系统电压中枢点。设由这母线供电的负荷的无功功率静态电压特性曲线如图 5-28 中曲线 Q_L；供电电源的无功功率静态电压特性曲线则如图中曲线 Q_G；曲线 ΔQ 则表示两曲线的差额，即 $\Delta Q = Q_G - Q_L$。

正常运行时，中枢点母线上输入、输出的无功功率应该平衡，运行点应该是曲线的交点，或曲线 ΔQ 的零点。但这种交点有两点，系统在这两点是否都能稳定运行，却有待分析。分析的方法是假设有一微小的、瞬时出现但又立即消失的扰动，观察这扰动产生的后果。

先分析 a 点的运行情况。在 a 点，当系统中出现一个微小扰动使电压上升一个微量 $\Delta U''$ 时，负荷需求的无功功率将改变到与 a_1'' 对应的值，电源供应的无功功率将改变到与 a_2'' 对应的值（小于需求的无功值）；中枢点母线处出现无功缺额，迫使各发电厂向中枢点输送更多的无功。随着输送无功的增加，输电系统的电压降落也将增大，中枢点电压随之降低，又会恢复到原始值。

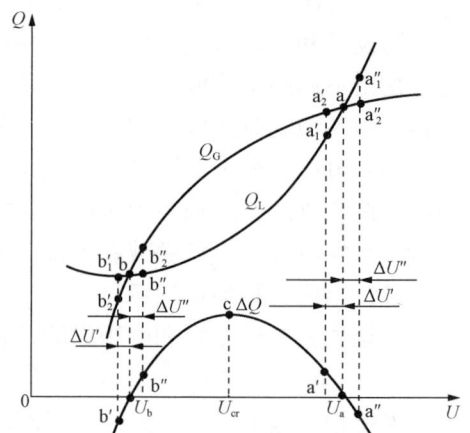

图 5-28　电压的稳定性图解

在 a 点，当系统出现的微小扰动使电压下降一个微量 $\Delta U'$ 时，负荷需求的无功功率将变小，而电源供应的无功将变大，中枢点母线处无功功率将过剩，各发电厂向中枢点输送的无功将减少。随着输送无功的减少，输电系统的电压降落也将减小，中枢点的电压随之升高，又恢复到原始值。

在电压已经偏低的 b 点，情况就不一样了。当扰动使电压上升一个微量 $\Delta U''$ 时，电源供应的无功功率将增大，多于负荷需求的无功功率，中枢点母线处无功功率将有过剩，各发电厂向中枢点输送的无功功率将减少。随着输送的无功功率的减少，输电系统中的电压降落也将减小，中枢点的电压又进一步上升，如此循环不已，运行点将经过一系列的振荡，最终在 a 点达到新的平衡，电压升高到 U_a。

在 b 点，当扰动使电压下降一个微量 $\Delta U'$ 时，负荷需求的无功功率将高于电源供应的无功功率，中枢点母线处无功功率将有缺额，迫使各发电厂输送更多的无功功率，输电系统中电压降落将进一步增大，中枢点电压进一步下降，如此恶性循环，顷刻之间"电压崩溃"，发电厂之间失步，系统中电压、电流、功率大幅度振荡，系统瓦解。

2. 电压失稳的动态机理解释

电压崩溃包括电压失稳和崩溃两个阶段，一般在崩溃之前都有较缓慢的电压失稳过程。随着对电压稳定研究的深入，有学者提出了电压崩溃新的动态机理解释，认为发电机与网络（包括电压调节器及电压控制元件）的相互影响导致电压崩溃。

考虑系统中发电机、励磁系统及电动机的动态作用，假设系统稳定运行于临界点附近，发电机励磁电流已接近于极限状态，如果此时系统中有一小扰动，使电动机端电压减小，则可分析出下列一连串的不良后果：

（1）假定电动机机械负荷为恒功率负荷，端电压的降低导致电动机定子电流的增加；

（2）定子电流的增加，增大了输电线上的电压降落，进一步降低了电动机的端电压；

（3）端电压的下降引起线路电容充电无功功率的减小，使系统中无功更加短缺；

（4）另外，电动机定子电流的增加，导致发电机输出电流的增加，在发电机励磁电流已达极限不能再增加后，由于电枢反应将引起气隙磁通的减少，导致发电机内电动势的减小，从而降低发电机端电压，同时也减少了发电机的无功输出，使系统各节点电压进一步降低。

如此形成恶性循环，引起电压的持续下降，直至电压崩溃。这一动态机理说明了电压失稳和崩溃的发展过程，但还没有考虑系统中动态设备对电压稳定的影响。除发电机外，影响电压稳定的主要有负荷特性、OLTC（自动调节有载调压变压器）特性、SVC（静止补偿器）及 HVDC（高压直流输电）特性等。

对一个实际电力系统，还应考虑以下几方面的不利因素：

（1）如系统中存在 OLTC（自动有载调压变压器），考虑到负荷特性，如果 OLTC 动作恢复了二次侧的电压，则会引起该节点负荷功率的恢复，对一次侧的电压又会产生不利影响；OLTC 在低电压下的连续调节可能是电压失稳的主要原因之一。低电压时，OLTC 动作使二次侧电压升高、电流增大，一次侧电压下降。当 OLTC 连续动作使发电机无功越限时，即造成电压水平急剧下降，从而导致电压崩溃。

（2）电动机定子电流的增加使电动机需要更多的无功支持，这势必要由发电机经输电线输送更多的无功。网络中无功的大量输送将引起输电线上电压降的大大增加，更引起电动机端电压的大幅降低。

（3）对发电机无功需求的大量增加，引起发电机励磁的大幅增加，SVC 向系统输入无功功率，有利于电压稳定，但 SVC 一旦达到其容量极限，就丧失了调节无功的能力，使发电机处于强励状态。发电机达到励磁限制后，将失去电压和无功控制作用。由于励磁绕组热容量限制，经一定时间后如发电机由强励返回，造成励磁的突然减少，引起网络中无功的大量短缺，将使系统各节点电压大大降落，可能触发电压不稳定事故，导致电压崩溃。

（4）更严重的情况是，如果发电机定子电流限制器动作跳闸，则系统中有功、无功功率都大量短缺，最终引起电压崩溃。

（5）HVDC 对电压失稳也有较大的影响。HVDC 的整流和逆变环节都要消耗大量无功，HVDC 与弱交流系统相连时，将对电压稳定产生不利影响。

此外，系统中其他一些控制装置（如低频、低压减载装置等）和控制措施（如投切电容、投切发电机、切除线路等）以及新型 FACTS 设备，都会对电压稳定产生较大影响。

四、防止电压稳定破坏的三级控制

自从各国发生多次严重电压崩溃事故以来，电压及无功的紧急控制受到了极大的重视。整个电压及无功功率自动控制（AVC）的目标包括质量、经济、安全三个方面。其中，属于电压安全控制的内容包括：

（1）维持电压水平在设备的运行极限内，特别是发电厂的厂用电设备；

（2）在紧急状态下，维持足够高的电压水平，以防止电压稳定破坏，防止电压崩溃。

电力系统的电压—无功控制通常采用分层分区控制的原则。按空间和时间划分，电压控制有三个等级，即一级电压控制、二级电压控制和三级电压控制。此外还可以有一个安全预测级。控制功能按时间和空间分开，可以防止各级控制之间交互作用而造成的振荡及不稳定。

要考虑三种运行方式下的无功功率控制和管理。

（1）正常运行方式下。正常运行方式下，调度员应运用各种无功电源及控制手段，达到以下目标：

1）电网的运行点一定要离电压稳定的临界运行条件有一定的安全距离；

2）输电系统的输送能力必须充分用于传输有功功率，尽量减少无功传输；

3）有功功率损耗和无功功率损耗都是最小的。

（2）在安全被削弱的情况下。安全被削弱指的是发生线路故障开断（即 N−1）的情况。如果为了满足在 N−1 后系统仍然保持安全运行状态，开断前系统必将运行在一种很不经济的方式，或者说系统为此付出了高昂的代价，实际中线路开断的概率很低。现在的一种趋势是在 N−1 短时间内允许出现过负荷等现象，但通过校正控制可以使系统回到一个非扰动的状态。

（3）在扰动/紧急情况下。扰动/紧急情况指由于一系列的事件（包括不能预见的开断），电网出现过负荷、低电压、不稳定等情况。有一些紧急状态时间很短（只有几秒钟），不可能通过手动操作加以校正；另一些紧急状态可能延续几分钟，足够采取一些对策。这种情况的控制目标是使系统恢复到正常状态，或者把扰动限制在局部地区内。如果所有连续性控制手段，如发电机、无功补偿装置等提供的无功已经用尽，就要采取一些开断操作，如切除部分负荷等果断措施。

（一）一级电压控制

设置在发电厂、用户或各供电点的一级电压控制（就地控制），通常是快速反应的闭环控制，响应时间一般在1s至几秒内。这种一次控制是分散的、自动的，往往根据当地电压的高低而动作，其目的是维持节点电压在一定范围内。由负荷的自然波动、电网切换和偶然事故造成的快速随机电压变化，通常可由一级电压控制进行调整。

在一级电压控制中用于电压和无功功率控制的设施有：

（1）同步电机的无功功率输出；

（2）静止无功补偿器（SVC）和静止无功发生器（SVG）；

（3）可投切并联或串联电容器组；

（4）可投切并联电抗器；

（5）就地或远方切负荷；

（6）变压器自动有载切换分接开关（OLTC）。

一级电压控制是在电压变化时首先响应的控制系统，一般就地实施闭环控制，也可以接受二级控制的信号，如改变定值。下面对具体执行元件分别加以说明。

1. 发电机自动励磁调节系统的影响

发电机自动励磁调节系统是电力系统中最重要的电压和无功功率控制系统。因为它响应速度快，可控制容量大，对于在正常运行时保证电压水平，紧急控制时防止电压崩溃，起着非常重要的作用。

在电力系统的不同地点，对发电机提供无功功率的要求也是不同的。在受电端负荷中心的发电机，在必要时要求提供较多的无功功率，以防止电压异常下降，因此要求发电机在较低功率因数下运行。而送电端的机组如无当地负荷，则宜考虑在功率因数0.95及以上，甚至进相运行（吸收无功功率）情况下，带额定有功功率运行。

2. 变压器自动有载切换分接开关的影响

变压器有载切换分接开关（OLTC）响应速度慢（几十秒至几分钟），主要用于负荷变化缓慢但幅度大时，电压质量的维持。需要特别指出的是，变压器自动有载切换分接开关使用不当时，可能产生严重的消极后果。

变压器有载切换分接开关只是改变变压器两侧无功功率的分配。当低压侧因无功短缺而电压降低时，切换分接开关只是将无功缺额转嫁到高压侧电网。如果许多供电变压器同时进行分接开关自动切换，就可能使主电网电压严重下降而产生电压崩溃事故。1978年12月19日法国大停电事故，1983年12月17日瑞典大停电事故的起因，都直接与供电变压器自动切换分接开关调压有关。

事故下电压降低时，应先投入无功电源。变压器自动有载切换分接开关的响应速度要慢一些，通常应作为较长过程的调压措施。

我国的电力系统技术导则对设置变压器有载切换分接开关的原则意见如下：

（1）220kV及以上电压降压变压器或联络变压器，接于输出功率变化大的发电厂（或时而送出时而收入的母线），因电压常有较大变化，可采用有载切换分接开关；

（2）除上述情况外，其他220kV及以上变压器，一般不宜采用有载切换分接开关；

（3）对110kV及以下的变压器，宜考虑至少有一级电压的变压器采用有载切换分接开关。

GB/T 26399—2011《电力系统安全稳定控制技术导则》也明确规定：

（1）供电变压器带负荷调压（OLTC）不应在高压侧电压过低时（如低于 $0.95U_N$）时使用；

（2）电力系统故障导致主网电压降低，在故障消除但主网电压未能及时恢复时，应闭锁供电变压器有载切换分接开关的调节。

3. 静止无功补偿装置

静止无功补偿装置（SVC）具有快速响应的动态调节特性，是支持系统电压、提高电压质量、提高电网稳定水平、防止电压崩溃的强力手段，在国内外得到了广泛应用。我国湖北凤凰山 500kV 变电站最早装设，现在已比较多地采用了。

4. 新型静止补偿器

使用大功率可关断晶闸管（GTO）代替普通晶闸管构成的无功补偿器，已进入实用阶段。新型静止补偿器（STATCOM）是有源结构，对外部系统运行条件变化不敏感。当电压降低时，STATCOM 仍可产生较大的电容性电流，其输出的无功功率与电压无关。STATCOM 可控性能好，其电压幅值和相位可快速调节（几个毫秒）。STATCOM 不仅静态稳定性能较好，而且大干扰故障下暂态稳定性能也较好。

（二）二级电压控制（区域控制）

将超高压电网分成不同的电压控制区域，每一区域保持一个大体平稳的电压水平，且每一个区域内有一个或数个特殊的"控制节点"（Pilot Node），控制节点上的电压波动代表着整个控制区域内的电压波动。

二级电压控制协调控制一个地区的无功电源，使其作用达到最优化。有些较大的扰动仅靠一级控制不能奏效，需要二级控制来协调处理。这对于防止电压崩溃是非常重要的。

设置在系统枢纽节点的二级电压控制，是自动闭环进行的，响应时间一般在 3～5min以内，这样可以留出时间让值班人员进行干预。二级控制系统协调一个区域内所有就地一级控制设备的工作，都根据控制节点电压水平进行调整，如自动改变发电机或无功补偿设备整定值，投切电容器、电抗器，切负荷，必要时闭锁变压器有载分接开关切换等。二级电压控制系统除了将上述实时控制命令从控制中心送到执行地点外，还可以将各种电压安全监视信息送给有关值班人员。

二级电压控制的构成方式，各国各有特点。法国电网于 1979 年开始广泛采用二级电压控制，至 1990 年输电网已包括 27 个控制区域，共含有 100 台燃煤或核能火电机组、150 台水电机组，控制的无功功率为 30 000Mvar。二级电压控制的主要功能包括：

（1）在正常和事故情况下，各区域电压都保持近于调度中心给定的整定值。其控制信号考虑了地区所有的每台发电机的作用，是为包含多个控制节点的地区而计算的。

（2）地区计算机计算出的控制信号是直接加在每台发电机励磁调节器上的整定电压。

（3）对发电机产生的无功功率进行协调，减少无功功率的流动，但并无严格的约束。

（4）控制系统监视着有限数目的控制节点或关注节点的电压。关注节点是一组根据经验选择的节点，如线路末端节点等。由于结构原因，控制节点不能反映关注节点的电压。

（5）控制系统根据各个发电机的工作范围（由有功功率、无功功率和电压等参数确定）计算控制信号，从而将各发电机工作点保持在允许的范围之内。

（6）二级电压控制闭环系统的暂态特性是不带超调量的无静差调整，时间常数为 1～

2min，各控制电压的闭环不相互关联，一个控制电压的修改不影响其他回路。

下面再简单介绍日本东京电力的二级电压控制系统构成方式和基本性能。

为保证500kV及二次电网的电压水平和提高电压稳定性，东京电力系统在主要变电站内装设了微机电压及无功功率控制器（VQC），以便快速准确地投切并联电抗器和切换有载变压器分接开关，近年来在一些主要变电站又装设了静止无功补偿器（SVC）。

图5-29所示为日本东京电力的VQC控制结构和控制方式。图中，SVC和两组并联电容器接于主变压器的三次侧，其中SVC包括晶闸管控制的电抗器和并联电容器组。VQC控制着并联电容器和变压器分接开关，当500kV一次母线电压U_1及275kV二次母线电压U_2均低于预定值时，VQC命令依次投入并联电容器；反之当电压高于预定值时，则依次切除电容器。当U_1低于预定值而U_2高于预定值时，则VQC命令切换变压器分接开关以降低U_2；当U_1高于预定值而U_2低于预定值时，则VQC命令变压器切换分接开关以提高U_2。

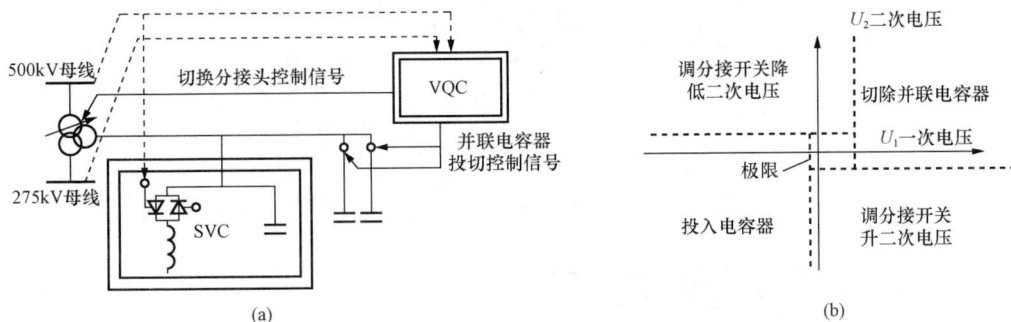

图5-29　日本东京电力的VQC控制结构及其控制方式
(a) 控制结构；(b) 控制方式

日本东京电力的VQC控制设有调节死区，死区下限靠近临界值，确保母线电压在临界值以上。死区上限要有足够宽度，防止相邻变电站两组电容器同时投入时，使电压升高较大引起电压来回摆动。VQC能反应电压偏离死区的积分值，使电压恢复的速度自动适应电压偏离基准值的大小。在电压稍低（高）于死区时，调整缓慢；当严重低（高）于死区时，则进行快速调整。

为保证电压稳定性，SVC和VQC整定值应按全系统范围的仿真计算结果确定，同时，必须整定在恰当的电压水平，不仅考虑正常运行情况，还应考虑各种偶发事件。这种整定计算每5s或10s计算一次，计算时并应考虑控制和响应的时延。

（三）三级电压控制（全网控制）

三级控制以安全和经济准则，优化电网的运行状态，对各二级电压控制区进行协调。设置在系统调度中心的三级电压调节器，控制位于各个地区调度所的二级电压调节器。目前这种高层次的自动控制功能尚未实现，只能对值班人员的干预进行指导。例如，在法国三级控制是按国家调度中心电话的要求手动进行的。

五、电压崩溃事故实例记录

1987年1月12日，发生在法国西部400kV超高压电网的一起重大电压崩溃事故，可以较好地说明电压崩溃原因，以及负荷电压特性、变压器有载分接头切换、发电机电压控制及其励磁电流限制器等诸多因素在电压崩溃过程中的作用。

1. 事件的时间进程

1987 年 1 月 12 日法国电网的电压崩溃可分成四个主要阶段（参见图 5 - 30）。

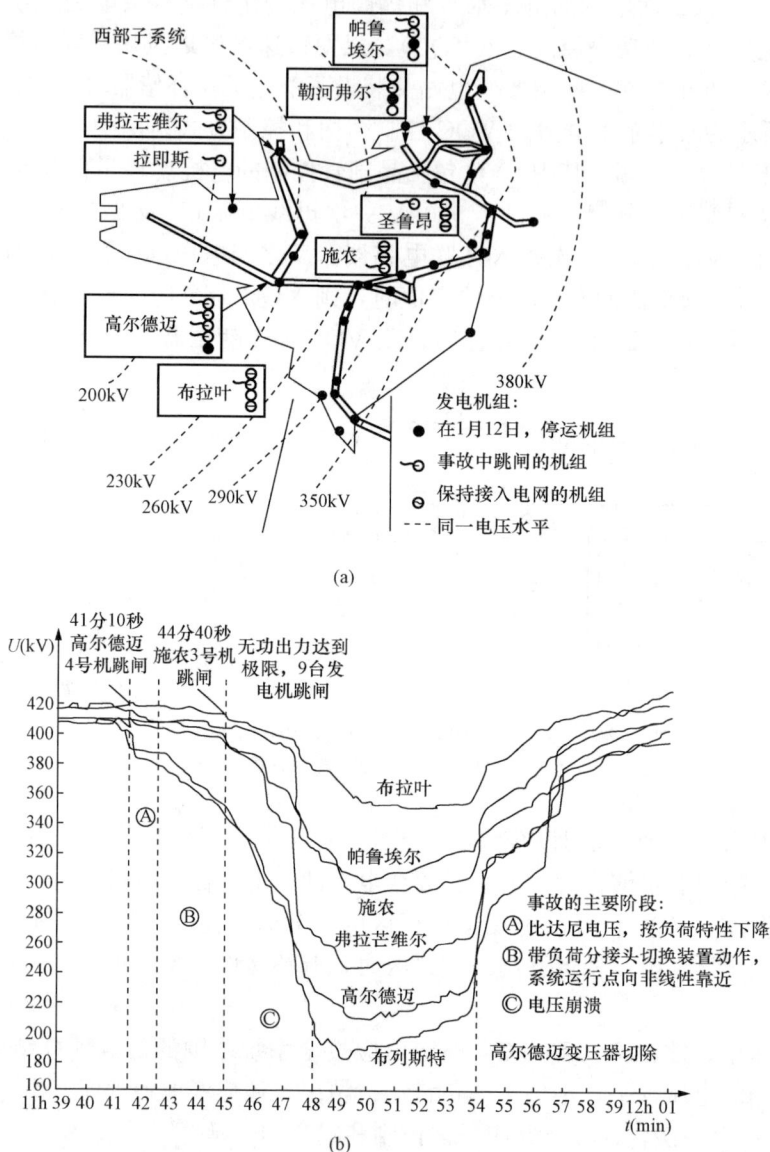

(a)

(b)

图 5 - 30　法国 1987 年 1 月 12 日电压事故的时间过程

（a）电网概况；（b）400kV 变电站电压记录（1987 年 1 月 12 日）

（1）1 月 12 日 10 时 30 分，大约在事故发生前的 1h，虽然气温很低，但所记录的电压状态仍然是正常的。从法国全国来说，峰荷为 58000MW，有功储备为 5900MW。系统最西部比达尼地区的电压是令人满意的：高尔德迈的电压为 405kV，属于正常运行水平。

（2）10 时 55 分至 11 时 41 分之间，高尔德迈发电厂 4 台发电机有 3 台机组因互不相关的原因相继跳闸，只剩 1 台机组运行。11 时 28 分地区调度中心发出命令，开动燃气轮机。

（3）3 台机组中最后 1 台跳闸 13s 后，高尔德迈电厂剩下的 1 台运行机组也因过励磁保护动作而跳闸。在大约 50min 时间内，4 台机组相继跳闸，这突然的发电缺额导致了整个比达尼地区的电压骤然下降到 380kV。经 30s 的平稳阶段，电压又急剧下降，并扩展到邻近地区，在 7min 内有 9 台常规火电机组和核电机组也陆续跳开。据记录，11 时 45 分至 11 时 50 分之间损失发电容量 9000MW。

（4）11 时 50 分，比达尼的电压稳定在 300kV，而最远端的拉马丁尔变电站，400kV 级母线电压竟然低到 180kV。在地区调度中心命令切除了大约 1500MW 的负荷后，电压水平才恢复正常。事故过程中频率没有明显恶化，低频继电器没有动作；有功发电损失了很多，但频率没有降低，这是因为电压低了，负荷消耗的有功也减少了。

2. 事故产生的基本分析

（1）电压崩溃是由于突然失去发电机而引发的。

（2）负荷和 OLTC 的改变促使电压进一步的下降和崩溃。

（3）系统在低电压（甚至低于 $50\%U_N$）下稳定运行，没有距离继电器引起线路跳闸。

3. 负荷特性

通过现场记录和仿真计算互相校核，比较准确地研究了电压大幅度下降时的负荷特性。得出有功负荷电压调节效应系数 K_{PU} 平均值约 1.4。无功负荷电压调节效应系数 K_{QU} 在仿真计算时取 3（该系数各地区有很大的分散性），这个数值考虑了高压和中压的电容器。还需指出，负荷中有大量电热负荷，与当天气温相当低有重要关系。

在 225/20kV 的圣约瑟夫变电站，记录到了相当清晰的在电压大幅度降低时有功功率变化曲线，如图 5 - 31 所示。

（1）阶段 A：11 时 41 分高尔德迈 4 号机组跳闸后，第一次电压跌落，负荷显著减少。

（2）阶段 B：11 时 42 分至 11 时 45 分有载分接开关自动动作，20kV 中压（MV）电压稳定。

（3）阶段 C：11 时 45 分有载分接开关多次动作达最大值，有功负荷随电压急速下降。

图 5 - 32 所示为系统中有载调压变压器分接头切换情况。通过仿真计算证实，事故过程中将分接头切换装置闭锁在初始位置是有利的。但需强调指出，这种效果不能持续时间长，必须紧接着采取切负荷等快速动作的紧急措施。

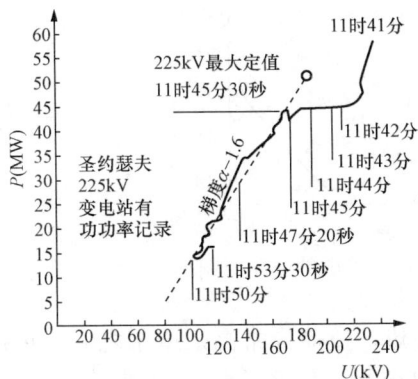

图 5 - 31 中压有功负荷与电压关系曲线

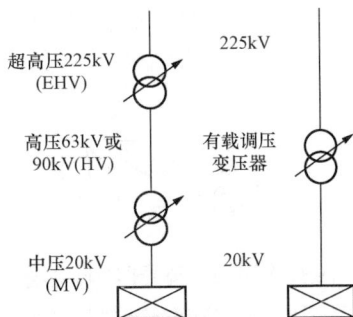

图 5 - 32 有载调压变压器分接头切换情况

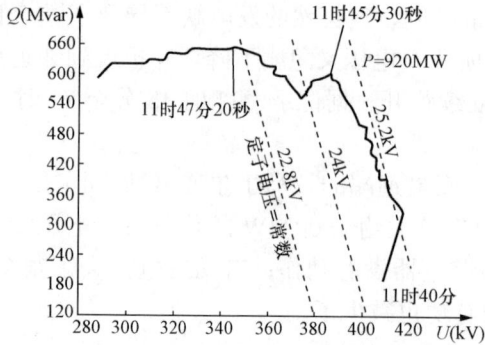

图 5 - 33　施农电厂 B2 机组无功功率
与电压降低的关系

4. 发电机电压控制和相关保护装置的作用

图 5 - 33 是事故过程中施农发电厂 B2 号 900MW 核电机组的电压和无功功率变化情况。

11 时 41 分至 11 时 45 分超高压（EHV）系统电压连续降落，发电机无功功率不断增大。11 时 45 分发电机励磁电流达限制值，不能再多提供控制电压所需的无功电源，使电压崩溃过程加快。

这个阶段里，许多发电机因过励磁继电器动作而跳闸。这种情况表明，在严重暂态条件下，发电机电压调整器的励磁限制和过励磁保护应能很好地协调。

这次事故的特点是过程非常迅速，运行人员几乎没有时间作出反应，也充分说明，需要有更快速更有效的自动化电压控制措施。

5. 事故后法国电力公司采取的措施

（1）实施自动二次电压控制，并联电容器自动投切，区域发电设备无功功率输出自动控制。

（2）整定实时电压不稳定指标。

（3）采取紧急措施，包括自动闭锁 OLTC 及远方甩负荷。

六、其他失去电压稳定性事例

世界近些年来发生过多次电压失稳事件。电力系统的有些事故非常复杂，还涉及除电压稳定性之外的其他现象。

（1）1985 年 5 月 17 日，美国佛罗里达州南部，一起灌木丛火灾导致 3 条轻载的 500kV 线路跳开，系统无功突减，导致在数秒钟之内发生电压崩溃，造成停电事故。而系统的低电压状态又妨碍了低频继电器的正常动作。在这次事故中系统损失负荷为 4292MW。图 5 - 34 示出了此次事故时的电压和频率（60Hz）曲线。

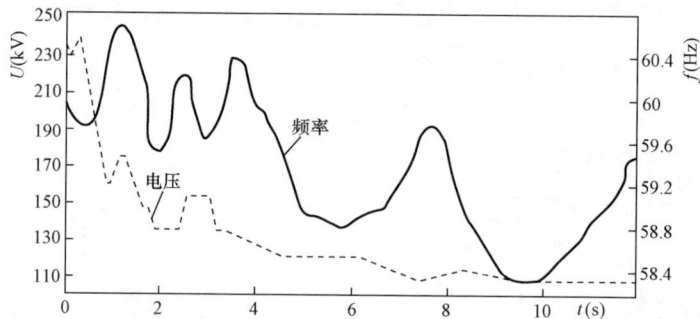

图 5 - 34　1985 年 5 月 17 日美国南佛罗里达大停电的电压与频率

（2）1987 年 7 月 23 日，日本东京，当时天气非常热，负荷异常高。中午之后，负荷的增加速度达到 400MW/min，虽然投运了所有的并联电容器，但系统电压仍然下降，500kV 系统的电压在 13 时 15 分降至 460kV，在 13 时 19 分降至 370kV。系统于 13 时 19 分开始崩溃，中断了 8168MW 的负荷。新型空调器的不良特性被看作是这次事故的原因之一。

第十节　湖南电网电压/无功优化自动控制

一、概述

无功电压调整曾是湖南电网运行中的难点，特别是湘西环网中的电压更是老大难问题。位于湘西怀化的阳塘 220kV 变电站，由于受地方小水电和电气化铁道负荷变动的影响，电压变化频繁且波幅大。因缺乏有效的电压控制手段，电网值班人员无法及时跟踪负荷变动调整电压。2002 年，200kV 阳塘变电站年电压合格率仅为 94.62%，为湖南电网电压考核点中最低。

以往调度运行值班人员调整电压一般是通过电话，经情况反馈、分析判断、下达指令、厂站执行、调后反馈诸多环节。由于所辖厂站数目众多，工作量极大，使进一步提高电压合格率遇到了障碍。

湖南省调自主进行了湖南电网自动电压控制技术（AVC）的开发。2003 年 4 月 AVC 主系统及首批阳塘变电站等 4 个子站系统正式投运，在改善电压质量、提高电压合格率方面起到了立竿见影的效果，并于 2003 年 10 月通过了由国家电网公司主持的技术鉴定。

湖南电网 AVC 厂站的选点都是 220kV 电压控制的难点，因此 AVC 的投运对改善电压质量效果十分显著。以湖南 AVC 第一个投运站阳塘变电站为例，2002 年 1~4 月累计电压不合格点达 158 个，而 AVC 投运后，2003 年同期下降到仅剩 5 个。阳塘变电站电压的改善，又促使相邻的万溶江和黔城变电站的电压不合格点数下降。就全网而言，1~6 月总的电压不合格点数只有 2002 年同期的 1/4，电压合格率达到 99.85%，创造了湖南电网电压合格率最高纪录。

阳塘变电站处于与贵州联网的一端，是黔电送入湖南入口，与主网联系薄弱。受多重因素影响，负荷变化很大（从上网 40MW 直到下网 200MW），电压波动最高到 247kV，最低到 211kV。湖南 AVC 投运后，2003 年 5 月阳塘变的电压合格率达到了 100%。

只要无功补偿资源充分，该 AVC 系统可以保证 220kV 变电站 110kV 侧电压的波动范围在额定值 6%以内，220kV 侧电压波动在额定值 5%以内。图 5-35 为湖南电网 AVC 系统框架示意图。

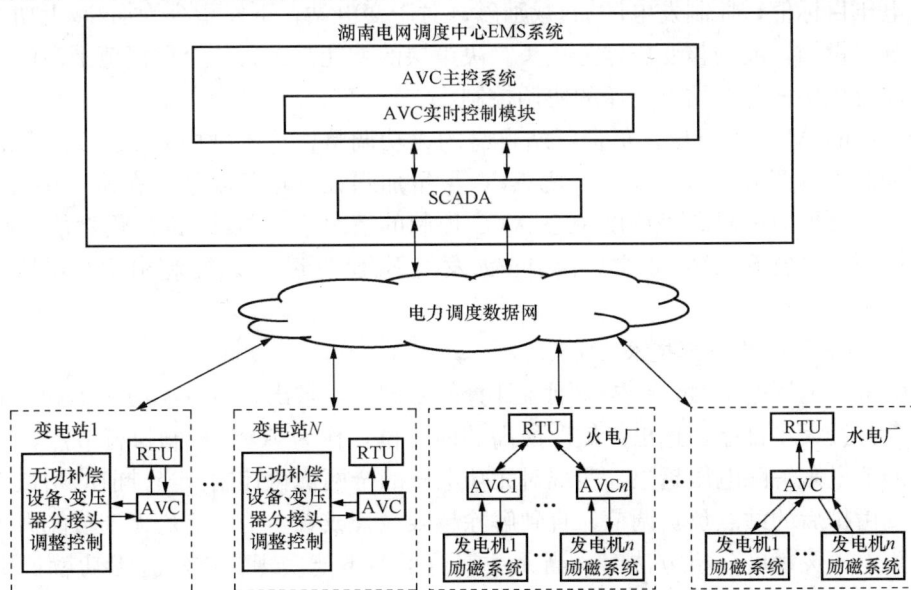

图 5-35　湖南电网 AVC 系统框架示意图

二、湖南电网 AVC 系统的特点

湖南电网 AVC 分期实现，控制的厂站数逐步增加。在总站数据库、程序和画面的设计过程中，充分考虑到可扩性，力求标准化、模块化，力求功能简单、实用。图 5-36 为总站 AVC 运行机制和数据流程示意图。

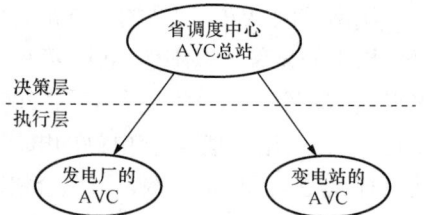

下面介绍湖南电网 AVC 系统的特点。

1. 建立在省调调度自动化系统平台上

与自动稳定控制（ASC）、自动发电控制（AGC）一样，湖南电网 AVC 建立在省调调度自动化系统平台上，AVC 实时控制模块嵌装在 EMS 内，充分利用了 SCADA/EMS 的数据资源和通道资源，保证了 AVC 运行的稳定性，提高了运行效率。

2. 双层 AVC 体系结构

如图 5-37 所示，AVC 系统分为两层，即省调决策层和直调厂站执行层。层间以电压为核心进行数据交换。

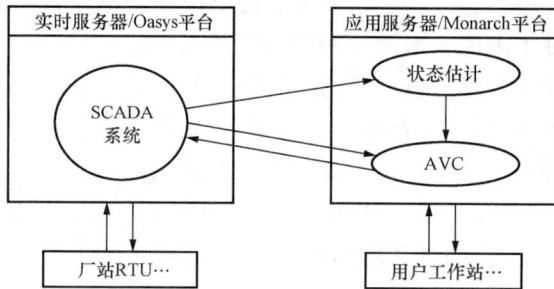

图 5-36　总站 AVC 运行机制和数据流程示意图

图 5-37　湖南电网 AVC 系统双层结构简图

省调度中心 AVC 决策层协调各个厂站的电压调整，给定各厂站调压的基准，实时（周期为 1min）给出各越限站点的控制策略，对厂站 AVC 装置下发指令。对于发电厂，下发指令为母线电压目标值，控制发电厂加/减励磁；对于变电站，下发指令为加/减无功，控制电容器、电抗器投切，或调整变压器分接头。决策层的功能是进行一个层面范围内的无功优化平衡，以求得该层面各个站点电压的协调控制。

各个厂站的 AVC 执行层，负责厂站自身的无功调整，按调度中心 AVC 指令的基准电压，自行控制无功调节电压。各个厂站 AVC 尽量加强独立运行功能，在调度中心 AVC 运行不正常，或其他原因脱离了调度中心 AVC 控制的情况下，厂站 AVC 仍然能够控制好所在节点的电压；在省调 AVC 正常运行中，如发出不合理指令，或是超出厂站调整能力的指令，厂站也不应执行。

3. 实时网络灵敏度分析技术

当某一节点电压越限时，首先在潮流计算的基础上，求出各节点无功功率对该节点电压的灵敏度，并按大小排序，选出灵敏度最高的前 4 位，作为 AVC 控制执行节点，力求以最小的无功调节量来解除电压越限，实现对无功电压的全网优化控制。当排前的站点无调节能力时，继续由排后的站点负责调节，直到解除越限报警或者 4 个站点均无调节能力为止。

在应用电压灵敏度分析方法时，当无功就地平衡不能实现，应实施无功就近平衡的原则。这个"近"是指电气联系的强弱。

4. 分为 7 个控制区

针对 220kV 变电站的特点，以 7 个控制区为核心，通过调无功实行电压控制。以控制二次输出电压为目标，兼顾高压一次侧的电压调整。

5. 高可靠的数据交换技术

尽量以开关量和脉冲量，辅以电压数字量来表达 AVC 控制指令。采用三道电压数据过滤方式及同步采集技术，数据精度达到了 0.2% 的水平。

6. 实用友好的人机画面

湖南电网 AVC 的投运彻底改变了调度员的工作环境。由于设置了"AVC 控制"人机画面，凡有关无功电压的操作，如 AVC 系统的投退、厂站电压的远方控制与调整、相关数据和信息的反馈等，都在人机画面上进行，大大减轻了值班调度员的工作强度，提高了工作效率。

三、AVC 原理和基本模块

依电压调控原理和 AVC 的结构，湖南电网 AVC 的功能主要由三个基本模块实现，即调度中心总站 AVC 模块、发电厂 AVC 模块、变电站 AVC 模块。这三个模块的运行模式分述如下。

1. 调度中心总站 AVC 模块

总站 AVC 的运作流程见图 5-38。其中各子模块的功能如下：

（1）信息处理。电网运行信息包括网络潮流数据等，AVC 专用信息包括各个厂站 AVC 状态、指令执行的反馈及某些告警信息等。信息经不同的处理后进入专用数据库保存，以备随时调用。数据库的数据定时更新，当前为 1min 更新一次。

（2）电压检测。电压检测目前是针对所有站点进行的，不论有无 AVC 装置，一旦发现有站点电压越限，立即起动优化决策程序。

（3）优化决策。总站 AVC 的优化决策分为两大类：局部电压不良状态的优化处理，经"电压检测"数据随机起动，得到决策指令系列；整个电网电压运行状态的全局优化处理，则定时起动（目前暂定 15min），得出优化组合决策。

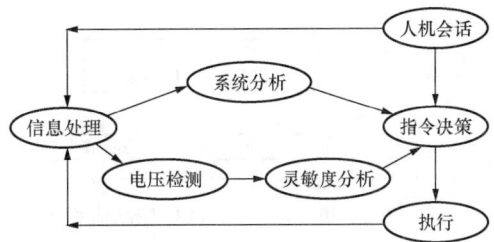

图 5-38 总站 AVC 运行流程图

（4）指令决策。从图 5-38 可见，指令决策有 3 个入口通道：

1）人机会话。人机会话是运行人员做出临时应急决策的窗口。在必要时运行人员可通过画面进行有限的干预，干预的事项包括有关定值的修改、指定电厂运行电压、投退变电站的补偿装置等。但人工决策没有优先权，即自动形成的指令比人工决策优先。

2）系统分析。系统分析给出自动优化运行的决策。指令决策收到系统优化决策组合后，要针对每一个决策，再考虑相应的约束，以形成可执行的具体指令，并下发到厂站执行。

3）灵敏度分析。灵敏度分析输出针对某个越限站点的决策序列。指令决策在考虑各种约束之后，再优选出一个可执行的具体指令，下发到相应厂站执行。

"指令决策"发出的指令有两种：①发给电厂的指定电压值（同时发出指令有效的信号），以保证可靠性，否则电厂拒绝接受；②电压增量上/下脉冲命令，是对变电站的控制命令，AVC 装置在接到该命令后投/退一组电容器（电抗器），或调节一次变压器分接头。

（5）执行。电厂或变电站的执行结果信息要反馈回信息处理模块。如果电压指定值超出了电厂的无功调节能力，或者电压增量指令使变电站无法执行，发电厂（或变电站）都应往省调中心 AVC 发一个告警反馈信息，否则就要执行一次。如果中心 AVC 收不到反馈，则可判断为存在故障。

2. 发电厂 AVC 模块

根据电网的控制要求和电压显示的直观性，以及方便运行人员的控制，湖南电网 AVC 系统在发电厂 AVC 中采用了定电压控制方式。

发电厂 AVC 的控制流程如图 5-39 所示。其基本过程是电厂 AVC 把从总站 AVC 发来的电压指定值 U_z 与电厂本身从母线测到的电压 U_m 进行比较，以确定是要加磁（抬升电压）还是减磁（降低电压）。进入加磁过程则要不断检测加磁的相关约束限制，如端电压、定子电流等，加磁作业在 U_m 接近 U_z 时停止；如进入减磁作业，同样要检测减磁相关的各种限制因素，直到 U_m 接近 U_z 时停止。在加磁（或减磁）过程中，只要有一个变量达到约束极限（如定子过流或低励越限），则立即停止作业，同时向总站 AVC 发出相应的告警信息。

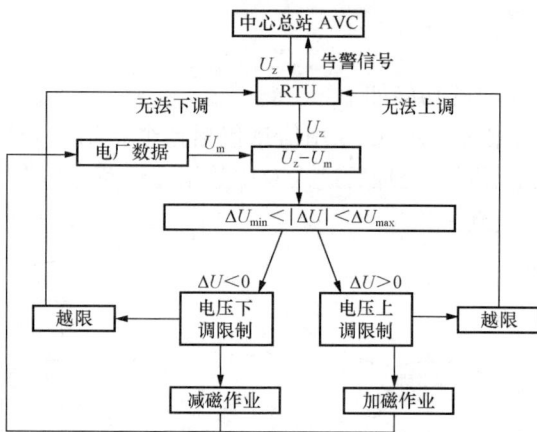

图 5-39 发电厂 AVC 控制流程图

如图 5-39 所示。电厂 RTU 是总站 AVC 与电厂 AVC 信息传递的交接点，总站 AVC 下发的信息是一个数字量（电压 U）和一个开关量（数值可靠的标志），如果仅有电压数值没有可靠标志则不会被电厂 AVC 接受执行。而电厂 AVC 反馈给总站 AVC 的是 3 种开关量（是/否）："接受总站 AVC 控制？"，"允许抬升电压作业？"，"允许降低电压作业？"。

U_z-U_m 框是一个比较框，该框可以得到 ΔU。需要进行两个判断，如果 $|\Delta U|<\Delta U_{min}$ 可不作调整，因为属于调整的"死区"范围；如果 $|\Delta U|>\Delta U_{max}$，则也不作调整，这说明总站 AVC 下发的 U_z 有问题，以致 ΔU 超出了一次调整作业的幅度限制。

目前电厂整定为

$$\Delta U_{max}=2.0kV, \quad \Delta U_{min}=0.3kV$$

当经过判定属于可操作范围之后，则电厂 AVC 还需再经过一次判断，如 $\Delta U>0$，将进入加磁作业；如 $\Delta U<0$，将进入减磁作业。

要经多次加磁或减磁作业，才能使运行电压逐步接近指令电压。在这个逐步接近的过程中，每一步都要对机组的相关约束进行检查，一旦有运行参数达到某个约束限制，立刻停止无功调整，并向总站 AVC 发送相应的告警信息。总站 AVC 在接到告警信息后，则维持此前的指定电压，不会再往告警的方向下达新的指定电压。

3. 变电站 AVC 模块

针对湖南电网 220kV 变电站的特点，根据无功就地平衡的原则，划分了 7 个电压控制区，以控制二次侧输出电压为目标，在确保二次侧输出电压满足规定要求的情况下，"兼顾"高压一次侧电压的调整。就是说变电站 AVC 基本控制方式是按二次侧输出电压来调节无功资源，但如果高压侧的电压波动（不一定是本站）越出了允许的范围，则该站也会接到总站 AVC 发来的电压增量指令。此时只要变电站 110kV 电压仍然在允许的范围内，并且还有无功调节资源（包括主变压器分接头），那么该变电站就要执行总站 AVC 的调控指令一次，这种功能就叫"兼顾"。

图 5 - 40 为变电站 AVC 的控制示意图。图中 7 区控制图是在受控的电压坐标轴上在电压控制上限 U_{max} 与电压控制下限 U_{min} 之间设置了 2、3、4、5 四条补偿投/退线后形成的。

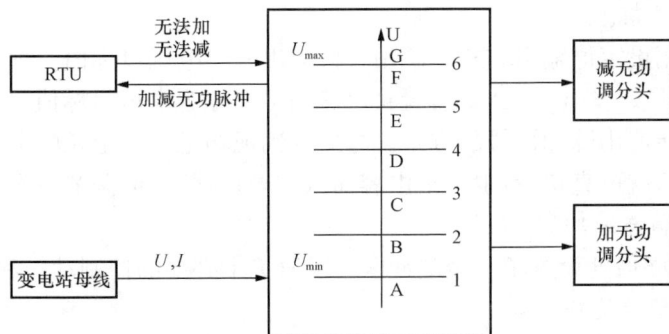

图 5 - 40　变电站 AVC 控制示意图

四条补偿投/退线由下至上分别是：2—电容投入线，3—电抗退出线，4—电容退出线，5—电抗投入线。加上电压下限 1 和电压上限 6 两条控制线，就把运行电压由低到高分成 A、B、C、D、E、F、G 7 个区间。在这 7 区内，决策内容分别是：A 区调分头升电压，B 区投入电容，C 区退出电抗，D 区自由区，E 区退出电容，F 区投入电抗，G 区调分头降电压。变电站 AVC 这样使用无功资源，体现了调压就是调无功和两种不同性质补偿装置不同时运行的原则。

由图 5 - 40 可以看出，RTU 构成了变电站 AVC 与总站 AVC 的接口，如果取消这个接口，变电站 AVC 就是一个独立的 7 区控制无功电压控制装置；当加上这个接口后，就可实现前述的"兼顾"效果和与电网无功资源共享的作用。

这种兼顾作用的基本设想是，在 110kV 电压有保证的前提下，尽可能满足 220kV 电压的调整要求。例如，110kV 运行电压位于 D 区（自由区），若此时接收到总站加无功的脉冲指令，如有电抗运行则会退出运行，或者投入一组电容。若运行在电压已经偏高的 E、F 区，正常决策应是减少无功补偿，如也收到总站加无功的脉冲指令，仍然会执行一次抬升 220kV 电压的指令，不过装置会自动转化为调整一挡主变压器分接头，加大主变压器变比。因为总站加无功的指令，不一定是依据本站 220kV 电压做出的，所以抬升 220kV 电压的努力，也不一定是为本站而作。或者说该站的无功资源为别的站点提供了服务，这就体现了站点无功资源的共享。

四、AVC 总站主控系统程序设计

1. 湖南电网 AVC 系统运行模式

AVC 系统运行模式有：①AVC 系统完成所有的决策处理，并实施相应的控制；②AVC 系统只监视厂站电压的越限情况，不作最后的控制决策；③AVC 主程序退出运行。

2. 湖南电网 AVC 控制模式

厂站 AVC 的两种控制模式可自动切换：接受电网 AVC 的控制（ON），不接受电网

AVC 控制（OFF）。

3. 手动控制

为便于调度员监控电压，电网 AVC 还提供手动控制功能。调度员需手动调整某站点电压时，先给出控制命令（设定值或上/下调节脉冲），再确认即可。手动控制的前提是该站点电压未越限，并有调节能力。在进行手动控制的同时，若 AVC 系统根据电网情况正进行自动控制，则自动控制命令优先，相应的手动控制命令即予废除。

4. 设定值与脉冲信号

对发电厂，使用设定值输出方式。总站直接给出一个电压目标值，远传到现场的是一个 4～20mA 的电流信号。发电厂 AVC 装置将电流信号还原为电压目标值，再进行控制。

对变电站，只能使用脉冲信号的方式。总站发到现场是一个定长的上/下调节脉冲信号，现场接收到该信号后就可直接投/退一组电容器（或电抗器），或调节一次变压器分接头。

5. 电压控制限值与缓冲区

AVC 电压控制限值处设置了一个缓冲区，以避免不必要的控制动作和报警。

6. 遥测电压合理性检查

为了减少控制决策的失误，AVC 系统还针对每个厂站设置了一个合理的电压上/下限。当遥测站点电压超出预先给定的电压合理范围，且持续时间超过给定的时间时，该站点即退出 AVC 控制，也即是其控制模式由 ON 自动切换为 OFF。

7. 遥测遥信校验码

在进行控制决策之前，AVC 还将检查站点电压、远方控制信号、上/下调告警信号等远动量的 SCADA 校验码，以保证它们的可靠性。其具体方法是：

（1）对站点电压，一旦其校验码异常，相应厂站的 AVC 控制模式即由 ON 自动切换为 OFF；若校验码在给定的时间内恢复到正常，则相应的 AVC 控制模式又自动由 OFF 恢复到 ON，否则就保留 OFF 模式，除非人为更改。

（2）对远方控制、上/下调告警等遥信信号，其校验码统一考虑，即只要其中之一的校验码为异常，就认为相应厂站的遥信量校验码异常。若校验码异常持续的时间超过给定的时间，相应站点的 AVC 控制模式即由 ON 自动切换为 OFF，即使校验码再恢复正常，也不再恢复从前的控制模式，除非人为更改。

8. 设定值的校核

使用设定值控制的发电厂，不管是否投入了 AVC 控制，其来自远方的指令回路上始终有一个 4～20mA 的电流信号。为避免发电厂电压不必要的波动，保证机组的安全，在发电厂每次投入 AVC 控制时，中心都将遥测来的实际电压值作为指令值发送到现场。若该实际电压超出控制上/下限，则将与之相近的控制限值作为指令值发出。

9. 控制信号计时器

每个控制站点都有一个相对应的控制信号计时器。当 AVC 向某个站点发出控制信号或指令，该计时器即开始倒计时，其初始值设定为该站点先后两个控制信号之间必须的时间间隔。如果计时器的值大于零，将不允许产生新的自动控制命令。只有计时器的值小于或等于零时，新的控制信号（包括有效的手动控制命令）才可发出。

10. 电压增量控制

当采用电压增量控制时，发电厂的指令电压即为该厂当前实际电压值±电压增量。

11. 灵敏度排序控制

厂站电压越限后，有时仅靠本站的无功调节能力不能解决问题。为此采取了按灵敏度排序进行控制的策略，即在某站点电压越限后，先计算出各站点无功对该站电压的灵敏度，从中选取 4 个灵敏度最高的站点，按由大到小的顺序给出。前一个站点无功调节能力用完时，由后一个站点继续调节，直到该站点解除越限报警，或四个站点均无调节能力为止。

12. 电网结构化简与状态估计数据处理

在进行灵敏度分析前，从状态估计取来的实时电网结构需要化简，因为 AVC 的控制是以厂站 220kV 母线为对象实施的。化简的主要目的是消掉低电压等级的支路和 220kV 的变压器支路，将 220kV 母线的注入量计算出来，使灵敏度分析直接利用已建好的面向母线的模型。

化简电网结构的具体内容包括：

（1）定义母线结构，如是否保留母线、原始母线号、相邻母线、相邻支路、注入量等。

（2）确定哪些母线应当保留。对 AVC 而言，应保留 500kV 变电站的所有母线，删除电压等级低于 220kV 和仅有变压器支路的母线。

（3）确定母线注入。将发电机、负荷、并联设备的潮流合并到母线注入。检查所有相邻母线，如果是不保留的，将相应的支路潮流合并注入，并删除相应支路。

（4）合并平行支路。合并平行支路参数与潮流。

（5）整理母线数据。消除母线数据中的空洞，确定新的母线序号。

状态估计数据的处理过程如图 5 - 41 所示。

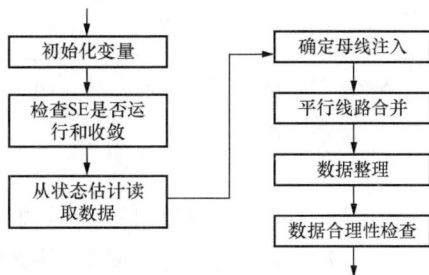

图 5 - 41　状态估计数据的处理过程

五、AVC 总站主控系统人机界面设计

湖南电网 AVC 画面分为两类：一类供调度员使用，另一类供程序员及管理员使用。

供调度员使用的画面只有一幅，如图 5 - 42 所示的湖南电网 AVC 运行控制画面。该画面上显示了 AVC 程序的运行状态、厂站控制模式、投退按钮和手动控制按钮等内容，在此画面上调度员可以完成所有必要的操作。为方便调度员的操作，系统中特别设置了一些按钮，可完成改变单个厂站的控制模式、对单个厂站的手动控制等操作。

图 5 - 42　湖南电网 AVC 运行控制画面

习 题 与 思 考 题

5-1   为什么要对电力系统电压进行控制？电压异常有哪些危害？

5-2   简述电力系统电压、电压损耗、无功补偿、电能损耗之间的关系。

5-3   电力系统的无功电源有哪些？说明各种无功补偿装置的工作原理及特点。

5-4   电力系统电压调节有哪些方法？试述各种方法的优缺点。

5-5   如图 5-43 所示，设 110kV 线路首端电压保持为 115kV 不变，线路阻抗 $Z_L = 1.5 + j2\Omega$，变压器阻抗（归算到高压侧值）$Z_T = 18 + j36\Omega$。现采用普通无载调压变压器进行调压，其分接头挡位有 5 挡，分别是 115.5、112.75、110.0、107.25、104.5kV。该系统的大负荷时 $S = 30 + j25MVA$，小负荷时 $S = 10 + j18MVA$，变压器二次侧母线电压要求实现逆调压，即大负荷时 10.5kV；小负荷时 10kV。试求应装设补偿电容器的容量 Q_c 和无载调压变压器分接头的适当挡位。

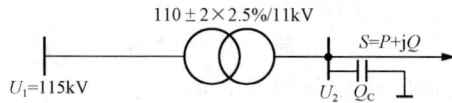

图 5-43   110kV 线路示意图

5-6   同步发电机自动励磁调节的工作原理是什么？何为强励、强减？

5-7   什么叫局部 AVC？什么叫全网优化 AVC？它们是如何实现的？

第六章　电力系统安全控制

第一节　概　　述

电力系统安全运行的目的，就是充分合理地利用能源和设备能力，连续不断地向用户提供数量充足、质量合格、价格便宜的电能，即要可靠、安全、优质、经济地运行。

目前，电力系统可靠性和电力系统安全性在概念上是有所区别的。电力系统可靠性是一个长时间连续正常供电的概率，属于电力系统规划设计的范畴。例如说某设计方案可靠性为99.9%。电力系统的安全性，则是表征电力系统短时间内的抗干扰能力（在事故情况下维持电力系统连续供电的能力），是在电力系统实时运行中要解决的问题。

一个安全的电力系统，不仅能维持正常状态的运行，而且能在意外灾害（如雷电风雪等）、偶然的设备损坏或者人为失误而造成事故时，仍然具有连续供电的能力；在特别严重的事故下，也能有效地防止事故扩大，或者迅速消除事故造成的后果，恢复正常供电。

在实际运行中，一般用安全储备系数（如实际线路潮流与该线路极限传输能力之差的百分数）和出现干扰的概率来确定一个电力系统的安全水平。

一、对电力系统安全性的要求

根据 GB/T 26399—2011 针对各种不同的情况，对电力系统的安全性提出了不同的要求。

第一种情况：对某些电力系统结构，当发生某些预计的故障或某些特殊情况，如在同级电压的双回线、多回线和环网中，任一回线路发生单相永久性接地故障，重合闸不成功时，整个电力系统必须保证继续安全运行而不允许影响对用户的供电。这里所谓不影响对用户的供电，是指在事故后的系统频率不低于规定值，电网各母线电压不低于保证电力系统安全运行的数值，不中断对用户的供电。

第二种情况：对于某些电力系统结构，在发生另一些预计的或某些特殊的情况，如单回线发生单相永久性故障、重合闸不成功时，整个电力系统必须保证继续安全运行，但允许部分影响对用户的供电。

第三种情况：允许故障后局部系统作短时间的非同步运行，但是电网的结构和运行条件必须能保证满足某些条件，如非同步运行时通过发电机的振荡电流在允许范围内，母线电压波动的最低值不低于额定值的75%（使不致甩负荷），只在电力系统的两个部分间失去同步，以及有适当的措施可以较快地恢复同步等。

第四种情况：当发生某些预计不到的事故，如继电保护或自动装置动作不正确，断路器拒动，多重故障或其他偶然因素等，使系统不能保持安全运行时，必须使事故波及的范围尽量缩小，防止系统崩溃，避免长时间大面积停电，并应当使切除的负荷为最少。

第五种情况：电力系统因事故而解列为几个部分后，必须保持各部分继续安全运行，不使其发生电压或频率崩溃。

二、电力系统在扰动下的安全稳定标准

电力系统中的扰动可分为小扰动和大扰动两类。

（一）小扰动下的安全稳定标准

小扰动指由于负荷正常波动、功率及潮流控制、变压器分接头调整和联络线功率突然波动等引起的扰动。电力系统在承受小扰动时应保持静态稳定并留有一定储备。

电力系统的静态稳定储备标准如下：

（1）在正常运行方式下，对不同的电力系统，按功角判据计算的静态稳定储备系数 K_P 应为 15%～20%，按无功电压判据计算的静态稳定储备系数 K_Q 为 10%～15%；

（2）在事故后运行方式和特殊运行方式下，K_P 不得低于 10%，K_Q 不得低于 8%。

（二）大扰动下的安全稳定标准

大扰动指系统元件短路、切换操作和其他较大的功率或阻抗变化引起的扰动。电力系统承受大扰动能力的安全稳定标准分为三级。

第 I 级标准：保持稳定运行和电网的正常供电。扰动类型为出现概率较高的单一故障。

第 II 级标准：保持稳定运行，但允许损失部分负荷。扰动类型为出现概率较低的单一严重故障。

第 III 级标准：当系统不能保持稳定时，必须防止系统崩溃并尽量减少负荷损失。扰动类型为出现概率很低的多重严重故障。

1. 第 I 级安全稳定标准

正常运行方式下的电力系统，承受第 I 类大扰动时，保护、断路器及重合闸正确动作，不采取稳定控制措施，必须保持电力系统稳定运行和电网的正常供电，其他元件不超过规定的事故过负荷能力，不发生连锁跳闸。

但对发电厂送出线路的三相故障，直流送出线路的单极故障，或两级电压电磁环网中高一级电压线路故障或无故障断开，必要时可采用切机或发电机快速减输出功率等措施。

第 I 类大扰动是指下述单一元件故障：

（1）任何线路单相瞬时接地故障、重合闸成功；

（2）同级电压双回线或多回线及环网，任一回线单相永久故障且重合不成功，以及无故障相断开不重合；

（3）同级电压的双回线或多回线及环网，任一回线三相故障断开不重合；

（4）任一发电机跳闸或失磁；

（5）受端系统任一台变压器故障退出运行；

（6）任一回交流联络线故障或无故障断开不重合；

（7）直流输电线路单极故障；

（8）任一大负荷突然投入/切除。

2. 第 II 级安全稳定标准

正常运行方式下的电力系统承受第 II 类大扰动时，保护、开关及重合闸正确动作，应能保持稳定运行，必要时允许采取切机和切负荷等稳定控制措施。

第 II 类大扰动是指下述较严重的故障：

（1）单回线单相永久性故障重合不成功及无故障三相断开不重合；

（2）任一段母线故障；

（3）同杆双回线的异名两相同时发生单相接地故障重合不成功，双回线三相同时跳开；

（4）直流输电线路双极故障。

3. 第Ⅲ级安全稳定标准

电力系统因承受第Ⅲ类大扰动导致稳定破坏时，必须采取措施，防止系统崩溃，避免造成长时间大面积停电和对最重要用户（包括厂用电）的灾害性停电，使负荷损失尽可能减少到最小，电力系统应尽快恢复正常运行。

第Ⅲ类大扰动是指下列情况：

（1）故障时断路器拒动；

（2）故障时继电保护、自动装置误动或拒动；

（3）自动调节装置失灵；

（4）多重故障；

（5）失去大容量发电厂；

（6）其他偶然因素。

三、电力系统安全控制的几个层次

实际中不存在绝对安全的电力系统，干扰和事故是不可避免的，重要的是应尽量减少发生事故的概率。在出现事故后，电力系统应能依靠本身能力、继电保护和自动装置的作用、运行人员的正确控制操作，使事故得到及时处理，尽量减少事故的范围及所带来的损失和影响。

以往保证电力系统安全运行的措施，除了紧急事故时由继电保护和单项自动装置进行控制之外，几乎完全取决于调度人员以及发电厂、变电站运行人员的人工判断和处置。随着电力系统规模的不断扩大，事故情况和事故扩大的形式以及应采取的防止事故措施也都越来越复杂，单凭人工判断和处置事故，已十分困难。正是在这种背景下，由调度计算机承担复杂的分析计算任务的自动化安全控制系统，得到了特别的重视，有些已进入实用化阶段。

电力系统安全控制的主要任务包括：对各种设备运行状态的连续监视；对能够导致事故发生的参数越限等异常情况及时报警并相应进行调整控制；发生事故时进行快速检测和有效隔离；事故时的紧急状态控制和事故后的恢复控制等。其主要功能可分为以下几个层次。

1. 安全监视

安全监视是 SCADA 系统的主要功能，是对电力系统的实时运行参数（频率、电压和功率潮流等）以及断路器、隔离开关等的状态进行全过程的连续监视，当出现参数越限和开关变位时即进行报警，而由运行人员进行适当的调整和操作。

2. 安全分析

安全分析是在安全监视的基础上，对电力系统的运行状态做出安全评价，即对各种可能发生的假想事故进行快速的计算分析。如发现在可能发生的事故中会出现不安全的状态，则由运行人员根据显示出的分析结果进行必要的调整控制，以改善运行水平。

安全分析包括静态安全分析和动态安全分析。静态安全分析只考虑假想事故后稳定运行状态的安全性，不考虑当前的运行状态向事故后稳定运行状态的动态转移。而动态安全分析则是对事故后动态过程的分析，着眼于系统在假想事故中有无失去稳定的危险。

3. 安全控制

安全控制是为保证电力系统安全运行所进行的调节、校正和控制。

四、现代电力系统稳定性与控制理论

现代控制理论与计算机技术及电力电子技术相互融合，使电力系统稳定性的研究领域大为扩展，经典电力系统稳定性理论已发展为现代电力系统稳定性与控制理论。

（一）日益严重的电力系统稳定性问题

电力系统稳定问题一直是电力系统安全运行的严重威胁。展望今后电力系统的发展，下列因素将使稳定性问题继续存在并有恶化的趋势。

首先，一些电源的位置将更远离负荷中心。这一点在我国尤为突出，随着西部水利及内地煤炭资源的开发，必然形成大功率远距离西电东送的局面。此外，为减少大气污染影响，也要求电厂远离城市，这就造成线路电抗增大以及潮流的不合理，使系统稳定性下降。

其次，是发电机单机容量的增大。为了加速电力的发展及降低成本，装设大容量发电机已成为必然的趋势。但是单机容量的增大带来发电机同步电抗增大和机组惯性时间常数减小，这两者都将对系统的稳定性带来不利的影响。

最后，输电线路容量增大。当线路因事故断开时，送、受端系统将出现更大的功率余缺，增加了对电力系统稳定性的威胁。

另外，输电线路的同杆并架，也增加了危及系统稳定的线路间多重故障的发生概率。

（二）采用控制手段提高系统稳定性

为提高电力系统稳定性，第一种措施是加强一次设备，如采用多回路、提高线路电压、采用串联电容补偿等；第二种措施是采用控制手段，如发电机的励磁及原动机汽门的控制。这两种措施需要互相配合，缺一不可。

但是从经济观点上看，第二种采用控制手段要优于加强一次设备。特别是近年来，控制理论、计算机控制及通信技术、电力电子技术以及基于 GPS 的电力系统相量测量等新技术的迅速发展，使得采用控制手段来提高系统稳定性的效益大为增加。这些技术对于电力系统运行、规划以及学科内容产生了重大的影响，可以归纳如下：

（1）传统观念中稳定性主要靠加强电网网架结构来提高，现在通过控制手段就可明显地提高系统运行的稳定性。因此，在做系统规划设计时，应把控制手段与一次设备相结合，做出不同的方案，进行比较选择。

（2）在应用时域模拟分析电力系统稳定性时，暂态过程所需的模拟时间增长了（因为不仅第一摆，后续摆动中系统也可能失去同步），所有产生阻尼的元件（包括励磁系统、调速器、负荷及发电机）都需要进行更详尽的模拟，控制器作用的计入（如快速励磁系统及其控制）增加了系统的刚性。

（3）促进了稳定性分析方法的发展，如状态空间—特征值法、广域相量测量的应用等。

（4）出现了要从改善系统稳定性出发，协调整体设计及协调管理所有控制装置的要求。

（5）影响了电力系统稳定性分类的划分方式。

（6）使得对稳定性的研究，从系统失去稳定以前阶段延伸到失去稳定以后的阶段。失去稳定以后迅速对系统进行紧急控制（如再同期、甩负荷、解列等手段）和恢复控制，就使系统安全稳定性在更大的范围内得以提高。

（三）提高电力系统稳定性的各种控制措施

提高电力系统稳定性的控制措施，按照装置安装的地点可以分成以下三类。

（1）发端的控制措施，主要调节发电机有功、无功输出和发端电压。其主要内容有：①发电机励磁控制，包括主变压器高压侧电压控制和二次电压控制；②电阻制动及其控制；③汽门快关及控制；④机端的无功补偿；⑤超导储能改善角度稳定性等。

（2）线路上的控制措施，主要调节线路参数，如串联电容强制补偿及控制，并联无功设备的控制，直流输电的功率调制，采用移相器、统一潮流控制器等。

（3）受端的控制措施，主要调节有功、无功负荷，如受端联切负荷；受端发电机的控制（包括汽门及励磁）；储能和负荷调制技术；电压和无功综合控制等。

上述各项措施中，有些控制如统一潮流控制器等，尚在研究之中；有些控制需要增加一次设备，投资很大。而发电机励磁控制（包括受端发电机）投资小又效益显著，而且容易实现，已普遍应用，成为保证电力系统稳定性的一项基本措施。

随着基于 GPS 的广域相量测量技术的实现和电力通信系统的完善和更加可靠，电力系统的稳定控制技术将有大的突破。分层分布的、可以在局部及全局实现协调的电力系统安全稳定控制系统，将开辟电力系统控制的新局面。

五、事故教训一例

1977 年 7 月 13 日美国纽约市发生了一起举世闻名的大面积停电事故。了解这次事故的情况会使我们加深对电力系统安全控制的认识。下面介绍这次事故的发展过程。

（一）第一阶段

20 时 37 分 17 秒，3 号、4 号两路 345kV 同杆架空输电线路同时遭到雷击，因线路一侧的重合闸已解除，两线均断开，纽约系统与印第安厂断开，但所缺功率由其余联络线补足，未发生过负荷现象。系统算是经受住了这次扰动，以新的运行方式继续正常运行，但这种运行方式却是处于安全水平较低的状态中（应属警戒状态）。

（二）第二阶段

20 时 55 分 53 秒，另外两路 345kV 线路（同杆双回架空线）又遭雷击，线路断路器均跳开。其中 7 号线两侧重合闸重合成功，而 6 号线路因一侧重合闸不成功而断开。这样，系统在 18min 内切除了 4 条 345kV 线路，只剩下 3 条线路与邻系统相连。9 号线路的有功潮流达 1200MW，超过了短时间事故过载容量极限。为消除线路过载，调度员动用市区发电厂全部备用容量，同时使系统电压降低 8%，以压低负荷。但这些措施都没有消除输电线路上的过载现象。

（三）第三阶段

21 时 19 分 13 秒，9 号线路终于因长时间过负载（23min），引起单相接地故障而断开，这使纽约系统与北方系统完全隔离。

（四）第四阶段

21 时 22 分 11 秒，经纽约州联合系统调度员允许，切断向长岛供电的 1 号联络线。这使系统仅靠 2 号线与西部系统相连。2 号线过载严重，超过了短时允许负荷的 60%。

（五）第五阶段

21 时 22 分 47 秒，调度员重合 9 号线路，但因过载严重，重合后又断开了。

（六）第六阶段

21 时 29 分 41 秒，由于过载使接在 2 号线上的移相器受损，唯一的 2 号联络线断开，使纽约市区成为孤立运行的电力系统，当时负荷为 5980MW，而发电容量仅 4280MW，功率缺额达 1700MW。系统频率以每秒 4.5Hz 的速度下降，使自动低频减载装置动作，切除负荷 1830MW。

（七）第七阶段

21 时 29 分 41 秒，由于大量电缆供电线路未切除，结果大量充电功率使系统电压升高，为了压低电压，发电机自动励磁调节装置起作用减少励磁，最终使发电厂中一台 1000MW 发电机因失磁保护动作而断开。这时，系统的功率缺额已无法补偿，频率从额定值 60Hz 下降到 50Hz，全系统崩溃，纽约市一片漆黑。

从故障开始到全系统崩溃全市停电，历时 59min。但是在恢复供电的过程中，由于种种设备和操作的原因，却延续了 24h，才使全市完全恢复供电。

这次事故共计影响了 900 万居民的用电，所造成的直接和间接损失，据美国能源部最保守的估计，也达 3.5 亿美元（当时每少供 1 千瓦时电损失 4 美元），相当于纽约市电力系统发输电设备总价值的 1/5。同时，在这 25 个小时中，全市一片混乱，共发生火警 1037 次，抢劫和破坏行为 1809 起，有几百人受伤，3000 多人被逮捕。

第二节　电力系统运行状态及其安全稳定控制

电力系统安全控制与电力系统的运行状态是相关的。电力系统的运行状态可以用一组微分方程组描述。方程组包含电力系统状态变量（如各节点的电压幅值和相位角）、运行参数（如各节点的注入有功功率）和结构参数（网络连接和元件参数）。方程组除要满足等式约束条件（有功功率平衡和无功功率平衡）外，还要满足不等式约束条件，即系统的各种运行参数都必须在安全允许的上、下限值以内，如系统频率、母线电压、发电机输出功率和线路潮流等。

一、电力系统运行状态

1. 正常运行状态

正常运行状态是电力系统能够保持充裕性和安全性的一种运行状态。

在正常运行状态下系统应满足全部的约束条件，即有功功率和无功功率都保持平衡；给所有负荷正常供电；电压、频率均在正常的范围内；各种电气设备都在规定的限额内运行。系统有供给用户需求总电量的能力，并有足够的备用裕度。这样的系统可以承受各种可预计的 $(n-1)$ 扰动（如一条输电线或一台发电机断开等），而不会产生任何有害的后果（如频率越限、设备过载、系统稳定破坏等）。

2. 警戒状态

电力系统受到严重的扰动或者一系列小扰动逐步积累，如负荷持续升高等，使电力系统总的备用裕度减少、安全水平降低时，就有可能进入警戒状态。在警戒状态下，表面上与正常运行状态毫无区别，各种约束条件也都满足，但是承受不了某种 $(n-1)$ 扰动，假如该种 $(n-1)$ 扰动真的发生，就会产生十分有害的后果。因而，处于警戒状态的电力系统是欠安全的，应及时采取预防性控制措施，使系统恢复到正常状态。

3. 紧急状态

如果系统发生了一个严重故障，使运行极限被破坏，系统就进入了紧急状态。这时系统频率、电压和某些线路潮流都可能严重越限。如果不及时采取有效的控制措施，系统可能失去稳定，导致大量发电机组跳闸或甩掉大量负荷，使有功平衡、无功平衡的等式约束条件也遭严重破坏。

紧急状态又可细分为极端紧急状态和崩溃状态。

在极端紧急状态下，系统中部分负荷中断供电，部分系统元件的负载严重超出其定额，部分母线电压和系统频率严重超越允许范围，系统已不能维持稳定。此时必须采取防止事故进一步扩大的紧急控制措施（如有计划的解列）以避免系统崩溃。

崩溃是电力系统的一系列严重故障过程，包括系统稳定破坏、连锁反应、电压或频率崩溃，导致大范围中断供电。被解列的部分系统或机组需较长时间才能重新起动及恢复供电。

4. 恢复状态

紧急状态时如采取电网解列、切除部分负荷或电源等有效措施，就可能使频率、电压等运行参数恢复稳定，回到正常限值之内，重新满足不等式约束条件，进入恢复状态。这时整个系统可能已分成了若干个独立的部分，在失去了许多负荷的条件下，等式约束条件也得到了满足。但大量停电负荷亟待恢复，系统也亟待重新并列，以恢复到完全正常状态。

图 6-1 所示为电力系统各运行状态及其相互转化关系的示意图。

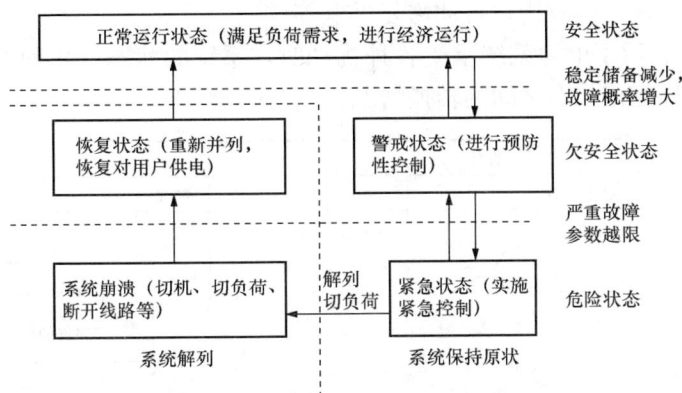

图 6-1 电力系统各运行状态及其相互转化关系的示意图

二、安全稳定控制的三道防线

为保证电力系统的安全稳定运行，一次系统应有合理的网架（电网结构）、性能优良的电力设施及合理的运行方式；二次系统应配备性能完善的继电保护系统、先进的安全稳定控制机制，组成一个完备的防御体系。这些措施通常被称为电力系统安全稳定的三道防线。

1. 正常运行状态下的安全稳定控制

系统一次设施、继电保护和安全稳定预防性控制措施等，组成了保证电力系统安全稳定的第一道防线。第一道防线要保证电力系统正常运行时有一定的安全裕度，保证电力系统在常见的适度故障下（承受第 I 类大扰动时）保持稳定和不损失负荷。

安全稳定预防性控制包括发电机功率预防性控制、发电机励磁附加控制、并联和串联电容补偿控制、高压直流输电（HVDC）功率调制以及其他灵活交流输电（FACTS）控制等。

2. 紧急状态下的安全稳定控制

由各种防止稳定破坏和参数严重越限的紧急控制措施，构成保证电力系统安全稳定的第二道防线，保证在较严重故障下（承受第Ⅱ类大扰动时）不致破坏系统稳定和扩大事故。

这种情况下紧急控制措施包括切除发电机、汽轮机快关汽门、发电机励磁紧急控制、发电机动态电阻制动、串联或并联电容强行补偿、HVDC 功率紧急调制、集中切负荷等。

3. 极端紧急状态下的安全稳定控制

第三道防线是在极端严重故障情况下（承受第Ⅲ类大扰动时），保证电力系统不致崩溃及发生大面积停电。

这种情况下紧急控制包括频率和电压紧急控制、系统解列、再同步。同时应避免线路和机组保护在系统振荡时误动作，防止线路及机组连锁跳闸。

4. 系统停电后的黑起动

电力系统由于严重扰动引起部分停电，或事故扩大引起大范围停电时，为使系统恢复正常运行和供电，各区域系统应配备必要的全停后起动（黑起动，black start）措施，并采取必要的恢复控制，包括人工控制和自动控制。自动恢复控制包括电源自动快速起动和并列、输电网络自动恢复送电，以及用户自动恢复供电等。

图 6-2 进一步表示了电力系统承受各种扰动时，系统的状态变化和安全稳定控制的作用和目标，以及各种运行状态之间的转换情况。

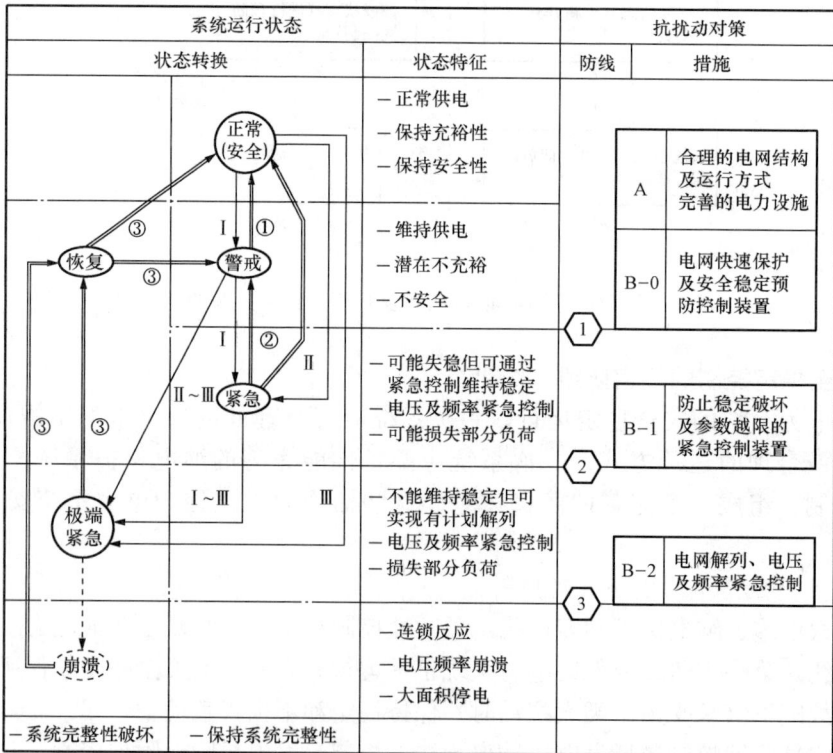

图 6-2　系统状态变化和安全稳定控制的作用及目标

→扰动引起的状态变化；➡控制引起的状态变化；┄必须避免的状态变化

图 6-2 中所示符号的含义介绍如下：

故障类型：Ⅰ—单一故障；Ⅱ—单一严重故障；Ⅲ—多重严重故障。

控制类型：①—预防控制；②—紧急控制；③—恢复控制。

抗扰动措施：A 为一次系统措施，包括电网结构、电力设施、运行方式等；B 为二次控制措施，可分为 B-0、B-1、B-2 三类。

三、电力系统运行稳定性分类

系统稳定破坏可能导致系统瓦解和大面积停电等灾难性事故，造成巨大损失。一般将电力系统稳定性分为三种：角度稳定性、频率稳定性、电压稳定性。

1. 角度稳定性

角度稳定性是指电力系统中同步运行的发电机在受到扰动后，发电机组的机械输入和电功率输出之间产生短时不平衡，使并列运行的各发电机组转速发生不同的变化，因而出现发电机转子间角度的相互摆动，以及电压、电流、功率等电气量的周期性变化。如果这种摆动逐渐衰减直至消失，则称系统保持了角度稳定性。

2. 频率稳定性

电力系统运行频率在其允许极限值以内认为是频率稳定的。如果电力系统或被解列后的局部系统，出现较大有功功率缺额时，频率会大幅度下降，若不能采取紧急措施，则可能导致频率崩溃，失去频率稳定性。

3. 电压稳定性

电力系统电压稳定性是指电力系统在正常情况下或遭受扰动后，能否在所有节点维持可接受的电压的能力。因为扰动、负荷增加或系统状态变化，引起电压损耗不断增加，系统就有可能进入电压不稳定状态，甚至引发电压崩溃。

虽然转子角失去同步可能引发低电压，但是电压崩溃确实可能在"角度稳定"没有问题的情况下发生，电力系统不能满足无功功率的需求是主要原因。电力系统电压稳定性涉及发电、输电和配电，电压控制、无功补偿和管理、转子角度稳定性、继电保护以及控制中心的操作都会影响电力系统电压稳定性。

第三节 电力系统静态安全分析

一个正常运行的电网常常存在许多的危险因素，要使调度运行人员预先清楚地了解到这些危险并非易事，目前可以应用的有效工具就是电力系统静态安全分析程序。静态安全分析主要包括预想故障分析和安全约束调度。

一、预想故障分析

预想故障分析是对一组可能发生的假想故障进行在线的计算分析，校核这些故障后电力系统稳定运行方式的安全性，判断出各种故障对电力系统安全运行的危害程度。

预想故障分析可分为三部分：故障定义、故障筛选和故障分析（快速潮流计算）。

（一）故障定义

通过故障定义可以建立预想故障的集合。一个运行中的电力系统，假想其中任意一个主要元件损坏或任意一台断路器跳闸，都是一次故障。预想故障集合主要包括以下各种开断故障：

(1) 单一线路开断；

(2) 两条以上线路同时开断；

(3) 变电站回路开断；

(4) 发电机回路开断；

(5) 负荷出线开断；

(6) 上述各种情况的某种组合。

预想故障集合可以采用逐一线路、逐台变压器依次开断来获得。但这样进行下去由于故障数量太多使故障分析的时间太长，不能满足实时的要求。所以可以将一些后果不严重或后果虽然严重但发生的可能性极小的开断故障剔除。预想故障集合可根据离线仿真分析的结果和调度员的运行经验确定，程序搜索空间不宜过大。

（二）故障筛选

预想故障数量可能比较多，应当把这些故障按其对电网的危害程度进行筛选和排队，然后再由计算机按此队列逐个进行快速仿真潮流计算。首先需要选定一个"系统性能指标"。例如全网各支路运行值与其额定值之比的加权平方和，作为衡量故障严重程度的尺度。当在某种预想故障条件下，"系统性能指标"超过了预先设定的门槛值时，该故障即应保留，否则即可舍弃。计算出来的系统指标数值可作为排队依据，这样就得到了一张以最严重的故障开头的为数不多的预想故障顺序表。

（三）故障分析

故障分析（快速仿真潮流计算）是对预想故障集合里的假想故障进行快速仿真潮流计算，用以确定故障后的系统潮流分布及其危害程度。仿真计算时依据的网络模型，除了假定的开断元件外，其他部分则与当前运行系统完全相同。各节点的注入功率采用经过状态估计处理的当前值，也可用由负荷预计程序提供的 $15\sim30\mathrm{min}$ 后预测值。每次计算的结果用预先确定的安全约束条件进行校核，如果某一假想故障使约束条件不能满足，则向运行人员发出报警（即宣布进入警戒状态）并显示分析结果；也可提供一些可行的校正措施，如重新分配各发电机组输出功率、对负荷进行适当调控等，供调度人员选择实施，以消除安全隐患。

二、快速仿真潮流计算

快速仿真潮流计算常采用直流潮流法、P－Q 分解法和等值网络法等。简介如下：

（一）直流潮流法

直流潮流法的特点是将电力系统的交流潮流（有功功率和无功功率）用等值的直流电流代替，用直流电路的解法来分析电力系统的有功潮流，不考虑无功分布对有功的影响。这样加快了计算速度，但精度较差。由于实时安全分析常采用半小时或一小时后的预测负荷进行计算，所以也不要求算法很准确。

（二）P－Q 分解法

P－Q 分解法潮流计算占用计算机的内存少，计算速度快，精度也比较高。所以不仅在离线的计算中占主导地位，而且也适应实时分析的需要。与直流法相比，P－Q 分解法不仅可以解出在预想故障下各联络线的潮流分布，用以估计是否过负荷，而且还能求出各节点的电压幅值，用以估计是否过电压。

（三）等值网络法

现代大型电力系统规模庞大，包含几百个节点和线路。在实时分析中需要储存大量参数和实时数据，进行大量的计算。这样不仅使调度计算机容量巨大，而且每次分析的时间也较长，对预防性控制的实时性不利。为此，人们根据一定的标准和运行经验，将一个大系统分为几部分，视不同情况进行等值的简化处理，以减少计算机存储容量和提高运算速度。

安全分析的重点是系统较为薄弱的负荷中心，而远离负荷中心的局部网络在安全分析中所起的作用较小，因此在安全分析中可把系统分为两部分：待研究系统和外部系统。待研究系统就是感兴趣的区域，即要求详细计算模拟的电网部分，而外部系统则不需要详细计算。安全分析时要保留"待研究系统"的网络结构，而将"外部系统"化简为少量的电源节点和支路。实践经验表明，外部系统的节点数和支路数远多于待研究系统，所以等值网络法可以大大降低安全分析中导纳方阵的阶数和状态变量的维数，从而使计算过程大为简化。

在对电力系统进行简化时，网络等值化简应当遵循以下原则：

（1）待研究系统的网络结构尽量予以完整保留；而外部系统对待研究系统的影响，不论是正常状态或者是预想事故状态，经过简化后也都能得到足够的反映。

（2）系统运行状态变化时，也就是系统实时数据正常变化时，等值外部系统的修正量应当很小，且很容易进行。

（3）在满足上述条件的情况下，等值网络所包含的节点数越少越好。

下面介绍一种等值网络的方法和步骤。

（1）在大量离线网络分析与运行经验的基础上，将网络分为待研究系统和外部系统两部分，并且按实际的联络线结构把这两部分连接起来。

（2）把外部系统的节点分为重要节点和非重要节点两大类。凡是状态变量与注入潮流的变化对联络线的运行状态有较大影响的节点，都划为重要节点。与联络线连接的节点，称为边界节点，也是重要节点。其余节点都算是非重要节点。重要节点的选择应通过灵敏度计算，如该节点对边界节点的有功功率灵敏度系数大于某一定值，则可确定为重要节点。

（3）所有重要节点间的连接及其注入功率均保持实际情况不变。

（4）所有非重要节点全部消去，代之以两个等值节点，即等值发电机节点和等值负荷节点。其具体数据要经过计算产生。

（5）上述计算一般以原系统尖峰负荷时的数据为依据。考虑到系统的实时潮流是随时变化的，因此在实际用于安全分析时，又增加了一个校正电源，校正电源只与边界节点相连。

（6）上述各步都可以利用离线分析的结果。用于在线运行时，只要将重要节点的注入功率、边界节点的状态变量按实时数据予以修正（采用经过状态估计的数据），并根据重要支路上出现的潮流差值（由于等值发电机节点和等值负荷节点的注入功率不是实时计算的，所以会产生差值）计算出校正电源的功率，以及校正电源到边界节点的连线参数（导纳）。这样可以大大减少真正在线计算的工作量。

第四节　电力系统动态安全分析

稳定性事故是涉及电力系统全局的重大事故。正常运行中的电力系统是否会因为一个突然发生的事故而导致失去稳定，这个问题是十分重要的。校核假想事故后电力系统是否能保持稳定运行的离线稳定计算，一般采用数值积分法，逐时段地求解描述电力系统运行状态的微分方程组，得到动态过程中各个状态变量随时间变化的规律，并用此来判别电力系统的稳定性。这种方法计算工作量很大，无法满足实施预防性控制的实时性要求，因此要寻找一种快速的稳定性判别方法，即电力系统动态安全分析。但是到目前为止，还没有很成熟算法。下面简单介绍一下已取得一定研究成果的模式识别法、李雅普诺夫法，以及我国学者创新研发的扩展等面积法。

一、模式识别法

根据经验看山看水预测天气，可以说就是模式识别法；而气象中心则是采用巨型计算机求解高阶高维方程进行预测计算，这是完全不同的两种方法。

模式识别法是建立在对电力系统各种运行方式的假想事故离线模拟计算的基础上的，需要事先对各种不同运行方式和故障种类进行稳定计算，然后选取少数几个表征电力系统运行的状态变量（一般是节点电压和相角），通过自学习过程构成稳定判别式。稳定分析时，将在线实测的运行参数代入稳定判别式，根据判别式的结果来判断系统是否稳定。

上述模式识别法是一个快速的判别电力系统安全性的方法，只要将特征量代入判别式就可以得出结果。所以这个判别式本身必须可靠，误差率很大的判别式没有实用价值。判别式的建立不是靠理论推导，而是通过大量"样本"计算后归纳整理出来的。如何使这样归纳整理出来的判别式尽量逼近客观存在的"分界面"，不是一件容易的事。

模式识别一般分以下四个步骤：

（1）确定样本。选择若干个典型的电力系统运行方式，进行离线稳定计算，确定出哪些运行方式是稳定的，哪些是不稳定的，组成样本集。

（2）抽取特征。在电力系统的运行参数中，选择少数与判定电力系统稳定性有着密切关系的运行参数，一般是部分母线的电压及其相角，也可以用线路功率等其他参数。这些参数称为特征参数。

（3）建立判别式。稳定判别式的建立不是采用理论分析推导的方法，而是根据样本集已知的结论，试探着建立一个符合已知结论的、相关于特征参数的稳定判别式，这个过程通常称为"自学习"。

（4）试验。构成样本集的各种典型运行方式是全部符合稳定判别式的，但样本集没有包括所有运行方式和事故。因此，还要选择样本集以外的若干电力系统运行方式和事故形式，组成试验样本集，检验判别式的准确性，同时结合试验对判别式加以修正。

二、李雅普诺夫法

李雅普诺夫法是在状态空间中找出一个包含稳定平衡点的区域，使得凡是属于这一区域的任何扰动，系统以后的运动最终都趋于稳定平衡点。这一区域称为关于稳定平衡点的渐近稳定域，简称稳定域。

为了求得稳定域，需要构造李雅普诺夫函数，或称 V 函数。通过 V 函数和系统状态方程，就可以决定稳定域。在进行电力系统动态过程计算时，不必计算出整个动态过程随时间变化的曲线，而只要计算出系统最后一次操作时的状态变量（即故障切除后的状态变量），并相应计算出该时刻的 V 函数值。将该函数值与最邻近的不稳定平衡点的 V 函数值进行比较，如果前者小于后者，系统就是稳定的；反之，系统是不稳定的。李雅普诺夫法避免了常规稳定计算时大量的数值积分计算，计算速度比较快，是一种有前途的适于实时控制的计算方法。

但是如何建立适合于复杂系统的 V 函数和如何计算最邻近的不稳定平衡点，目前还没有很好的解决办法。加之其计算结果也偏于保守，使得李雅普诺夫法还尚未在电力系统中得到实际应用。

三、扩展等面积法

扩展等面积法（Extended Equal-area Criterion，EEAC）是我国学者首创的一种暂态稳定快速定量计算方法，已成功开发出世界上至今唯一的暂态定量分析商品软件，并已应用于国内外电力系统的各项工程实践中。该方法由静态 EEAC、动态 EEAC 和集成 EEAC 三部分（步骤）构成一个有机集成体。在 EEAC 理论应用中，发现了许多与传统控制理念不相符合的"负控制效应"现象，例如，切除失稳的部分机组、动态制动、单相开断、自动重合闸、快关汽门、切负荷、快速励磁等经典控制手段，在某种条件下会使系统更加趋于不稳定。

静态 EEAC 采用"在线预决策，实时匹配"的控制策略。整个系统分为两大部分：实时匹配控制子系统和在线预决策子系统。

实时匹配控制子系统安装在有关发电厂和变电站，监测系统的运行状态，判断本厂站出线、主变压器、母线的故障状态。它在系统发生故障时，根据判断出的故障类型，迅速与存放在装置内的决策表对号入座，查到与之匹配的控制措施，并通过执行装置进行切机、快关、切负荷、解列等稳定控制。

在线预决策子系统则在正常时段，根据电力系统当前运行工况，搜索最优稳定控制策略，定期刷新后者的决策表。这类方案的精髓是一个快速的在线定量分析和相应的灵敏度分析方法。其分析计算的速度比离线分析要高得多，但比故障中实时计算要低得多，完全在 EEAC 的技术能力之内。

静态 EEAC 已于 1993 年在东北电网投入在线应用，并已先后应用在我国陕西东部电网、四川二滩电网、广东韶关电网、山东邹—济—淄电网等实际工程中。

同时，南京电力自动化研究院和加拿大的 PLI（美国电科院的软件支持中心）经过 3 年合作，成功开发暂态稳定分析国际商品软件包 FASTEST。该软件包将稳定分析领域中独一无二的严格的定量方法 EEAC 与国际上最前沿的时域仿真程序集成在一起，成为新一代暂态稳定分析和控制的工具，已在中国、美国、加拿大、韩国、芬兰等国得到应用。

第五节　各种运行状态的安全控制

表 6-1 中将警戒状态含在正常状态之中，是因两者表面上完全相同，只有经过静态安全分析（$N-1$ 校核）才能将警戒状态区分出来。

表 6 - 1   电力系统的各种状态及相应的控制内容

状态名称	状 态 特 征	控 制 目 标	控 制 内 容
正常状态 （含警戒状态）	系统以规定的频率和电压运行，对所有负荷供电	使系统运行在最佳工况，发生故障时亦有较高的安全水平	调整发电机有功、无功输出功率；切换系统和负荷；调节变压器分接头；改变继电器定值；进行 $N-1$ 校核等
紧急状态	系统发生事故，频率、电压等参数越限，如不加控制，事故将扩大到全系统，有大面积停电的危险	尽快切除故障，防止事故扩大，使有功和无功平衡，使系统趋于稳定	继电保护切除故障；采取各种稳定措施，如快速励磁、低频减载、电气制动、快关汽门、切机、切负荷、解列系统、启动备用电源
恢复状态	系统已脱离事故状态，但已失去大量负荷，可能已解列为若干独立部分	使系统恢复到正常状态，恢复对失去负荷的供电	发电机调整输出功率；系统并列；切换负荷；投入备用设备；逐步恢复对停电用户的供电

一、正常运行状态（包括警戒状态）的安全控制

为了保证电力系统正常运行的安全性，首先在编制运行方式时就要进行安全校核；其次，在实际运行中，要对电力系统进行不间断的严密监视，对电力系统的运行参数，如频率、电压和线路潮流等不断地进行调整，始终保持尽可能的最佳状态；同时，还要对可能发生的假想事故进行后果模拟分析，当确认当前属警戒状态时，可对运行中的电力系统进行预防性的安全校正。

（一）编制运行方式时进行安全校核

编制运行方式是各级调度中心的一项重要工作内容，其编制得是否合理直接影响系统运行的安全性和经济性。运行方式的编制是根据预测的负荷曲线做出的。

对运行方式进行安全校核，就是用计算机根据负荷、气象、检修等运行条件的变化，并假定一系列事故条件，对未来某时刻的运行方式进行安全校核计算。其内容包括过负荷校核，电压异常校核、短路容量校核、备用容量校核、稳定裕度校核、频率异常校核、继电保护整定值校核等。如果校核结果不能满足安全条件，则要修改计划中的该运行方式，重新进行校核计算，直到满足各项约束条件，找到最佳运行方式为止。安全校核的选择时刻，一般应包括晚间高峰负荷时刻、上午高峰负荷时刻和夜间最小负荷时刻等典型时刻。通过安全校核计算，还要给出系统运行的若干安全界限，如系统最小旋转备用输出功率，最小冷备用输出功率（在短时间内能够发挥作用的发电功率）、母线电压极限、输电线路两端电压相位角的安全界限，以及通过线路或变压器等元件的功率潮流安全界限等。在确定这些安全界限时，都要留有一定的裕度。

（二）正常运行时的安全监控

正常运行时的安全监控由 SCADA 系统完成。SACDA 系统不断监控变化着的电力系统运行状态，如发电机输出功率、母线电压、线路潮流、系统频率和系统间交换功率等。当参数越限时 SACDA 发出警报，使调度人员能迅速判明情况，及时采取必要的调控措施来消除

越限现象。此外，自动发电控制（AGC）和自动电压控制（AVC），不断地调控系统的频率、电压和潮流分布，使之保持在良好状态，也是保障系统安全的重要方面。

（三）进行假想事故（N－1）安全分析

对可能发生的假想事故进行安全分析，由电网调度自动化系统中的安全分析模块完成。电网调度自动化系统可以定时地（如5min）或按调度人员随时要求起动该模块，也可以在电网结构有变化（即运行方式改变）或某些参数越限时自动启动安全分析程序，并将分析结果显示出来。根据安全分析的结果，若某种假想事故后果严重，即说明系统已进入警戒状态，可以预先采取某些防范措施，对当前的运行状态进行某些调整，使该假想事故真的发生也不会产生严重后果，这就是进行预防性安全控制。

（四）进行预防性安全控制

预防性安全控制是针对可能发生的事故会导致不安全状态所采取的调整控制措施，这种事故是否发生是不确定的。如果预防性控制需要较大地改变现有运行方式，对系统运行的经济性很不利（如改变机组的起停方式等），此时由调度人员根据具体情况做出决断，也可以不采取任何行动，但应当加强监视，做好各种应对预案。

预防性安全控制与常规的调整控制的最大差别，就在于预防性。通过预防性控制，可以避免电力系统从正常运行状态向不正常状态的转移。运行人员是处于"主动出击"的地位，而不是仅在发生事故后去做被动的"消防队"。

可见，借助于SCADA/EMS系统的各种监控和分析功能，大大提高了电力系统运行的安全性。

图6-3所示为电力系统正常状态（包括警戒状态）时的安全控制框图。

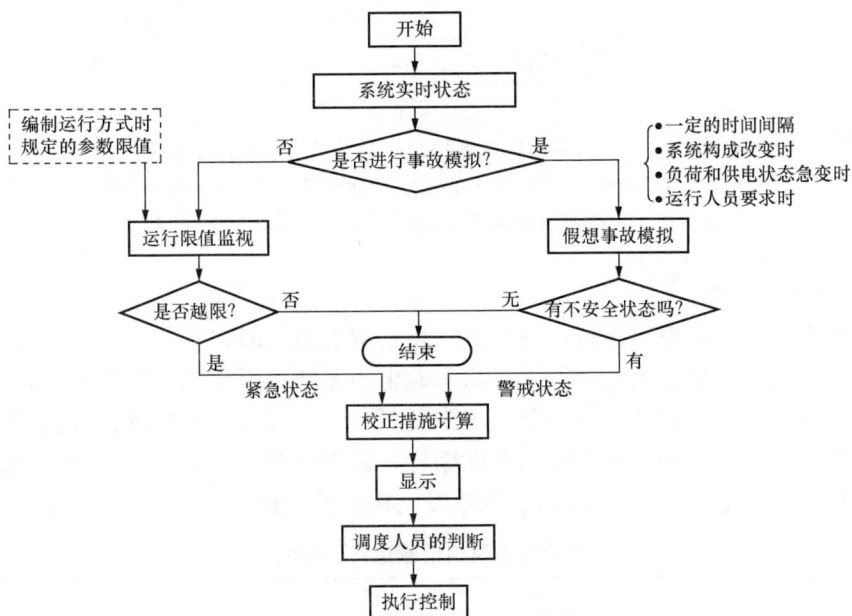

图6-3 电力系统正常状态（包括警戒状态）时的安全控制框图

二、紧急状态时的安全控制

紧急状态时的安全控制的目的是迅速抑制事故以及电力系统异常状态的发展和扩大，尽量缩小故障延续时间及其对系统其他非故障部分的影响。紧急状态的安全控制可分为三大阶段：第一阶段的控制目标是事故发生后快速而有选择地切除故障，这主要由继电保护装置和自动装置完成，目前最快可在一个周波内切除故障；第二阶段的控制目标是防止事故扩大和保持系统稳定，这需要采取各种提高系统稳定性的措施；第三阶段是在上述措施均无效的情况下，将电力系统在适当地点解列，为恢复控制创造较好的条件。

在紧急状态中的电力系统可能出现各种"险情"，例如频率大幅度下降、电压大幅度下降、线路和变压器严重地过负荷、系统发生振荡和失去稳定等。如果不能迅速采取有效措施消除这些险情，系统将会崩溃瓦解，导致大面积停电，造成巨大的经济损失。

图 6-4 所示为电力系统继电保护与自动装置综合作用示意图。图中将这种综合作用过程划分成五个小阶段表示，较好地说明了紧急状态的发生、发展及控制情况。

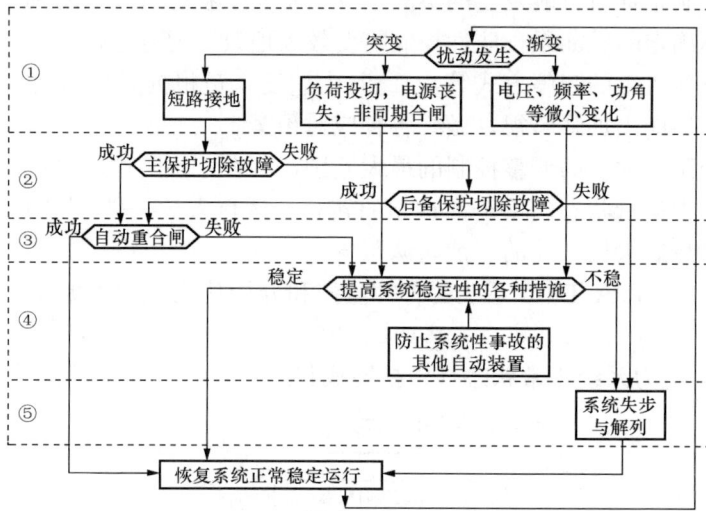

图 6-4　电力系统继电保护与自动装置综合作用示意图

①—电力系统扰动发生；②—电力系统继电保护动作；③—自动重合闸动作；
④—提高电力系统稳定的其他措施；⑤—电力系统失步和解列

（一）频率紧急控制

当系统内大机组突然退出运行，或有大宗负荷突然投入时，有功功率供需关系就突然遭到破坏，在有功功率严重不足的情况下，将引起电力系统频率大幅度急剧下降，威胁到电力系统的安全运行。如果不立即采取紧急措施恢复频率，可能导致一些汽轮机发电机低频切机动作，形成有功功率不足和频率下降的恶性循环，最终引起系统频率崩溃和全系统瓦解，导致大面积用户被迫停电。表 6-2 给出了汽轮发电机组低频运行极限值。

表 6-2　　　　　　　　　汽轮发电机组低频运行极限值

运行频率（Hz）	允许运行时间	运行频率（Hz）	允许运行时间
50～48.5	连续	48.0	1min
48.5～48.0	10min		

在频率大幅度下降时，应当立即采取以下几项紧急控制措施：

（1）立即增加具有旋转备用的发电机组的有功功率。

（2）立即将调相运行的发电机组和抽水运行的抽水蓄能电站机组改为发电运行。所有水电站和抽水蓄能电站都应装备按频率自动投入备用机组装置。

（3）迅速起动备用机组。水轮发电机可由低频自起动装置起动，用自同期法可在 40s 内将发电机与系统并列并带满负荷；燃气轮机组则可在几分钟内投入系统。

（4）由低频减负荷装置根据频率降低的程度，自动分几轮切除不重要的负荷。

（5）可将发电厂内一台（或几台）机组与系统解列，专门带厂用电及部分重要用户，以避免频率继续下降使整个发电厂瓦解，同时还有利于恢复阶段的操作迅速进行。

（6）还可采用短时间里降低电压 $5\%\sim8\%$ 的办法。利用负荷的"电压效应"自动减少负荷，以缓和有功功率的供求不平衡，抑制频率下降。

（二）电压紧急控制

当无功电源（发电机、调相机、电容器或静止补偿器）被突然切除，或者无功电源不足的系统中无功负荷缓慢、持续地增加到一定程度时，就有可能使电压大幅度下降到低于极限电压，以致发生所谓电压崩溃现象。

在电压下降到发生电压崩溃的几十秒到几分钟内，可以采取一些紧急措施。通常这些措施包括：

（1）自动增加发电机励磁电流和无功功率，甚至可允许短时间发电机电流过载 15%；

（2）自动增加调相机的励磁电流，增大调相机的无功功率；

（3）自动投入并联电容，自动调节静止补偿器使其发挥最大无功功率；

（4）自动调节有载调压变压器分接头用以维持电压；

（5）起动备用机组；

（6）在上述方法均无效时，可将电压最低点的负荷切除。

（三）过负荷紧急控制

当多条平行供电线路中有一条因故障而切除，其他线路就可能过负荷。系统联络线则可能由于一个系统突然丢失比较多电源而过负荷。过负荷可能超过线路稳定极限而使系统失去稳定。变压器的过负荷会大大影响使用寿命甚至烧毁，使线路、开关等接头部分过热而损坏。许多次世界著名的电力系统大事故，起因也多半是线路过负荷，可见过负荷会引起严重的后果，必须及时予以控制。

过负荷安全控制不同于过去的过负荷保护。过负荷保护属于元件保护，主要是保护过负荷的输变电设备本身免于因长期发热可能造成的毁坏，并不考虑该元件切除后对系统运行引起的不利后果，更没有考虑针对切除后果的措施。这种单纯的过负荷保护往往会引起更严重的系统事故。而过负荷安全控制是以保护系统安全为前提，用切除部分电源或负荷的方法消除某些元件的过负荷。

线路可以承受一个短时间的过负荷，这段时间可作为进行控制的整定时间。当变压器过负荷时，直接跳开低压侧的部分负荷的出线断路器，即可解除变压器过负荷；也可按各出线重要程度分成几级切除。

输电线路过负荷率及相应的允许时间见表 6-3。

表6-3		输电线路过负荷及相应的允许时间	
过负荷倍数	极限允许时间（min）	过负荷倍数	极限允许时间（min）
1.5	16	1.8	6.1
1.6	11	1.9	4.6
1.7	8.0	2.0	3.7

当互联电网间的联络线发生过负荷时，为防止因过负荷而转变成电网事故，应尽快解决联络线的过负荷问题，一般采取如下措施：

（1）受端电网的发电厂迅速增加输出功率，或由自动装置快速起动受端水电厂的备用机组，包括调相的水轮发电机快速改发电运行等；

（2）送端电网的频率调整厂停止调整频率，使发电厂降低有功功率，并提高电压，从而利用适当地降低互联电网的运行频率，以达到降低联络线过负荷的目的；

（3）当联络线已达到规定极限负荷时，应立即下令受端电网切除部分负荷，或由专门的自动装置切除受端电网的负荷；

（4）在情况允许时，值班调度员可改变电网的接线方式，强迫改变潮流分布。

（四）紧急稳定控制

电力系统发生故障后，如处理不及时使故障延长，会导致系统稳定破坏和引起系统振荡；如果并网时非同期合闸或发电机突然失磁，也会引起系统振荡。当电力系统发生振荡时，各电源间联络线上的功率、电流和某些节点的电压均会呈现周期性的剧烈变化。电压振荡最强烈处被称为系统振荡中心。系统稳定性破坏和振荡是一种严重的系统性事故，将会严重影响用户的正常用电，损坏电气及机械设备，并可能导致系统瓦解。为此，必须采取紧急稳定控制，尽快平息振荡，恢复稳定运行。

紧急稳定控制的具体控制措施有快速励磁、快关汽门、电气制动、切除部分发电机组、切除部分负荷、消除异步状态与再同步和解列等几种。

1. 快速励磁

发电机都装有自动励磁调节装置。系统发生故障时，随着电压的突然变化，强行励磁装置将使其输出电压在故障后的暂态过程中维持"顶值"，向发电机转子回路送出较正常值大许多的励磁电流，抵消故障电流在发电机内产生的去磁效应，维持暂态过程中的机端电动势，以增加对转子的制动作用，有效地保证系统的暂态稳定性。

故障时的强行励磁还可维持发电机母线电压，向系统输送尽可能多的无功功率，有利于继电保护的正确动作，利于维持发电机邻近地区的正常供电，避免电压崩溃。

电力系统稳定器（PSS）对抑制振荡改善电力系统稳定性有很大作用。它最初是为抑制系统低频振荡而研制的。大量研究表明，出现这种低频振荡的原因在于发电机的励磁调节回路具有滞后效应。当发电机电压出现偏差后，调节器本来应该进行负反馈调整，但是由于励磁系统具有滞后作用，调整信号在相位上出现了滞后，导致相位反转，结果负反馈变成了正反馈，使电压偏差反而加大，这样通过调节器的反复循环反馈就产生了低频振荡。这种调节器失调的现象也称为负阻尼效应。为了克服相位上的滞后现象，可以在调节器中引入一个附加的控制信号，使其产生一个相位上领先的附加转子电流分量，用以抵消原有转子电流的滞后效应。这个附加控制信号可以由转速（或频率）经过相位领先环节产生，然后送入电压调节器的信号总加端，这就是 PSS 装置的基本原理。PSS 装置不仅能使系统低频振荡基本得以克服，而且还大大改善了系统的动态调整过程，有效地提高了系统静态稳定功率极限，使其达到相当于发电机电抗为零时的功率极限值。

2. 快关汽门

在系统发生故障的瞬间，由于发电机输出的电磁功率下降，而原动机输入的原动功率来不及变化，于是就产生了过剩功率，使发电机转速升高，造成发电机功角逐渐增大，最终将导致失步。快关汽门是减少功率过剩的有效措施。当快关装置起动以后，当即操纵中压汽缸的中间汽门快速关闭，然后再逐渐打开，这样可以达到短期内减少原动功率的目的。

3. 电气制动

为了减少故障切除后的功率过剩，防止发电机飞车失步，可以在发电机端并联制动电阻，在出线短路时投入，以吸收过剩功率，这就是电气制动或称电阻制动。制动电阻应分成若干组，根据故障严重程度，分别投入不同电阻值的制动电阻。制动电阻一般在故障切除后立即投入，制动 0.5～1s 后即予切除。

因为水电厂调节阀门及水流的惯性较大，使其不能类似火电厂那样采用快关水阀的方法来提高系统稳定性，因而一些大型水电厂把电气制动作为提高暂态稳定性的重要措施。

制动用的电阻有各种结构，如美国 BPA 系统装设于主约瑟夫变电站的 1400MW 制动电阻，采用户外空气冷却的不锈钢导线，上下来回盘架于三基铁塔上；日本中部系统尾鹫三田电厂的 400MW 制动电阻和渥美电厂的 420MW 制动电阻均采用户外油浸自冷式电阻，装于金属壳内；我国电力系统使用的制动电阻一般为户外水电阻。

我国曾在多个水电站使用了动态制动电阻，装设地点、容量（指 2～3s 的短时工作容量）和电阻型式见表 6-4。其中有些早期投运的装置，由于系统的发展变化，现已退出运行；也有些是新近投运的装置，如葛洲坝大江电厂的 2×300MW 制动电阻。

表 6-4　　　　　　　　　　　　我国动态制动电阻设置情况

装 设 地 点	工作容量（MW）	电 阻 型 式
新安江电厂	130	扁铁电阻（1965～1977 年） 铁铬铝电阻（1977 年以后）
富春江电厂	100	水电阻
丹江电厂	100	水电阻
柘溪电厂	150	水电阻
凤滩电厂	200	铁铬铝电阻
葛洲坝大江电厂 10 号机	300	水电阻
葛洲坝大江电厂 18 号机	300	水电阻

为取得好的制动效果，要求电阻投入时间快，因而要求采用特制的快速投入断路器。电阻投入系统的制动时间按暂态稳定要求确定，一般为 0.5～1s。也可根据系统要求，断续多次投切电阻进行制动。

4. 切除部分发电机组

对于水轮发电机，这种切机措施是很有效的，因为水轮发电机在切除后能很快重新起动，在故障消除后可以立即重新投入系统，恢复正常供电；对于汽轮机，重新起动过程就慢得多。切机时要相应地切去部分负荷，否则会使系统频率短时下降。

5. 切除部分负荷

在线路跳开的同时可以联切一部分次要负荷。联切信号可由线路断路器的辅助触点发出。切除负荷的数值事先由计算机通过暂态计算确定，通过远动通道发给有关厂站。一般在短路故障切除 0.5s 内切去负荷，然后在大约 15min 内分级将这些负荷重新投入，这种快速卸荷与低频减负荷不同，是为了防止系统失步而设置的。

6. 消除异步状态与再同步

若以上防止系统失步的措施均不能奏效，系统已经失步后，则应尽力通过减少原动机输入功率，切除部分发电机或受端切除部分负荷的方法，使系统在经过短时间的异步运行后，重新恢复同步运行，这称为再同步。

众所周知，系统在异步运行状态，当两侧电源电动势相差 180°时，可能通过危险的大电流，其值甚至可能超过短路电流。输电干线中间节点的电压严重降低，会破坏所接负荷的运行。此外，电压的摆动还可能引起复杂多机系统的低频谐振，可能由两频率的振荡发展为更严重的多频率振荡，而失步振荡还可能损坏发电机组轴系。因此仅在全部满足以下三个条件时，方可允许失去同步的局部系统作短时非同步运行：

（1）非同步运行时，通过发电机、调相机的振荡电流在允许值范围内，不致损坏重要设备；

（2）非同步运行时，重要变电站母线电压波动不低于额定电压的 75%，不致使低电压切负荷装置切除大量负荷；

（3）系统只两个部分间失去同步，通过手动和自动装置调节能迅速恢复同步运行。

系统出现异步状态，可由消除异步状态控制来及时扭转。消除异步运行状态控制，通常是作为防止稳定破坏控制的后备措施。苏联电力系统曾建议使用以下方法消除异步运行：

（1）实现再同步，即将电力系统异步运行的各部分恢复再同步运行；

（2）将失步断面的联络线断开，即将系统中不同步运行的各部分解列；

（3）将失步断面的部分联络线断开，使其余不同步运行机组再同步，即所谓"复合方法"。

将系统按失步断面解列运行，是消除异步运行的简单有效方法，但可能损失较大的负荷（通过解列断面的负荷）。特别是较复杂的系统，解列不恰当可能造成更严重损失。

一般情况下，异步运行的总允许时间，不大于 15～30s，其中短时间对应于火电厂的再同步，长时间对应于水电厂的再同步。

发电机由于励磁系统故障、误操作等原因失去励磁后，也可短时异步运行。此时发电机从送出无功变为吸收无功，在系统无功严重缺乏情况下，可能引起系统电压崩溃。为了机组和系统的安全，我国所有大机组都装设了失磁保护。

考虑到异步运行可以继续供给电网一定的有功功率，且大机组解列后操作多，易出差错，还可能出现超过规定的温差、胀差，甚至需几天后才能并网等原因，部分有条件的机组作短时异步运行是可行的。允许发电机组短时异步运行的条件，从发电机本身安全考虑，要求其电流和力矩应小于机端三相短路时的 60%～70%；从电网安全考虑，该方法适用于有功缺乏、无功充裕的电网。两极隐极式汽轮发电机，同步电抗较大，励磁功率较小，异步运行时可以发出较多的有功，且最低轴扭振频率较高，不会激发次同步振荡，因此比较适宜作短时异步运行。

发电机异步运行的处理方式有以下两种：

（1）先灭去发电机的直流励磁，使之在无励磁条件下短时异步运行，然后将其有功负荷逐步转移给其他发电机，再行解列；

（2）灭掉直流励磁后，操作调频器减小机组转差率，待转差率足够小时再投入直流励磁，将机组重新拉入同步。

系统已经失步后，先应在短时异步运行中采取促使再同步的措施。如未能实现再同步，则经过给定时间或给定异步运行周期数后，在失步断面将系统解列。

当不允许异步运行或再同步难以奏效时，则采取从失步断面解列系统的方式，这种情况下不再考虑再同步，但解列时可对被解列部分系统的不平衡功率加以校正控制。

对于多频率的失步振荡，一般难以直接实现再同步，而需进行解列。在某些条件下，也可以先解列部分系统，使之变成为两频率振荡，再考虑实现再同步或解列。不论何种解列方式，都应使解列点的数目减到最少。

7. 解列

再同步无效后，唯一的办法就是在适当的地点将系统解列。待事故消除后，经过调整，再把各部分并列起来，恢复正常的运行方式。

解列点的选择，应尽量使解列点接近正常的有功和无功功率分点或交换功率最小处，使解列后电力系统各部分的功率基本上保持平衡，以防止频率和电压的大幅度变化。这种过大的变化，有时会导致解列后的电力系统内部发电机间失步，或因发生过负荷而断开。

选择解列点时还要适当考虑操作的方便性。此外，系统解列时如断路器拒动，则备用的相邻断路器应自动带延时跳闸。

总之，现代电力系统非常复杂，其中任何一个元件的特性都将影响整个系统；反之，该元件的行为也受整个系统的约束。各项为改善稳定性而采取的控制措施，必须从系统全局出发，在时间上和空间上都进行分工协调，并在极短的时间内执行，才能达到满意的控制效果。显然，这只能依靠计算机自动监控系统来实现。

（五）电力系统综合稳定控制系统

目前，以计算机为核心的电力系统综合稳定控制系统已成功应用于我国一些地区。常规型的稳定控制装置只是检测就地的异常信息，没有采集全网的数据，且各种装置"各自为战"，没有协调和配合。例如，常规型频率控制装置按固定的逻辑进行整定，不能适应大电网运行方式的复杂变化，而且是用频率下降作为起动信号，会影响控制的效果。因为发电机转速有一定的机电惯性，事故后系统频率的下降可能会有时延。

电力系统综合稳定控制系统是一种能够根据系统的实时工况进行快速控制，具有自适应识别事故能力的自动化系统，在起动方式和整定方法上充分利用了计算机的优势。

表 6-5 列出了电力系统紧急控制措施及其作用。

图 6-5 为我国蒙西电网综合稳定控制系统的一个时间断面图。图中各点的稳定限值（下部数字）和实际功率（上部数字）以"水池"形式直观、动态地表现出来，对调度员有很大帮助。

表 6-5　　　　　　　　　　　电力系统紧急控制措施及其作用

控制措施 ＼ 控制效果	使部分系统或全系统供需平衡	避免线路过载	避免失去静稳定	避免失去暂态稳定		避免失去电压稳定	保住非故障部分和维持系统完整性	提高恢复能力
				非周期性	振荡性			
减负荷控制　降低电压减负荷	○	△						
减负荷控制　切负荷	○	△	△	△	△			
发电机控制　减输出功率	△	○	△	○	○			
发电机控制　切机	△	○		△	○			
发电机控制　使辅机隔离							△	○
发电机控制　调节励磁和调速				○	○			
发电机控制　电气制动				○				
发电机控制　快关阀门				○				
发电机控制　快速励磁				○	△	△		
发电机控制　旁路蒸汽阀门								△
发电机控制　抽水蓄能改发电调相改发电	○	△	△	△	△			
发电机控制　起动水轮和燃汽发电机	○							○
电网控制　快速重合闸		△		○				○
电网控制　慢速重合闸		○						○
电网控制　插入串联电容器				○				
电网控制　解列							○	△

注　○表示该措施的主要作用；△表示该措施的次要作用。

蒙西电网稳定断面图

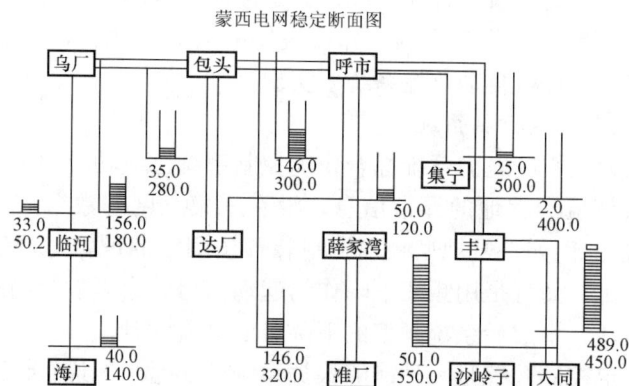

图 6-5　蒙西电网稳定控制系统的一个时间断面图

三、恢复状态时的安全控制

重大事故后电力系统恢复过程是一种有序的协调过程。为了重建电力系统充裕状态，要采取一系列控制，包括发电机快速起动，再同步并列，输电线重新带电，负荷再供电，解列部分再并网等。恢复状态的安全控制首先要使各独立运行部分的频率和电压都正常，消除各元件的过负荷状态；然后再将各解列部分重新并列，并逐个恢复停电用户的供电。

目前上述操作的绝大部分还是由人工进行的，费时费事，严重影响了恢复供电的速度。国内外一些变电站和水力发电厂都装有自动恢复装置，并正在进一步研究电力系统的综合自动化恢复。随着我国电力系统调度自动化技术的普及和提高，恢复操作的自动化肯定也会得到应用和发展。

自动恢复装置是将一系列操作次序事先编好程序存入计算机，当事故发生后，能够自动找到相应的操作程序完成恢复操作。自动恢复不仅速度快，更重要的是可以自动监视系统工况，避免手动操作时常会发生的人为错误。

单个变电站或发电厂的恢复，属于分散的恢复控制，在其基础上可以协调组成全系统的综合恢复控制。电力系统综合恢复控制的过程，是根据电力系统的在线信息，判断出紧急控制后系统的运行状态和结构，然后在正确的判断基础上做出决策。对单独运行系统，利用已做出的自动恢复控制，使频率、电压保持正常，条件具备时发出并网指令；对停电系统，选择合适的并网点进行恢复，如不能并网应作为单独运行系统启动内部电源；对未停电系统，应在增加发电机输出功率的同时，按负荷等级逐步恢复供电。

在恢复过程中，应尽量避免输出功率和负荷间的动态不平衡以及线路过负荷现象的发生；应充分利用现有的自动监视及越限报警功能，监视恢复过程中各重要母线电压、线路潮流、系统频率等运行参数，以确保每一恢复步骤的正确性。

第六节　电力系统安全调度功能总框图

图 6-6 所示为电力系统安全控制过程的示意框图，可以展示正常状态（含警戒状态）与其他各种状态间的转化过程。从电力系统正常运行阶段开始，就要设法防止事故的发生，或者使发生事故时后果较轻。除此之外，调度人员要根据出现的某些新情况，做出一些安全预防措施。例如，当天气突然变坏时，就应当以雷害等气象资料为根据，对易受雷击线路的潮流加以转移。这样，当该线路果真遭到雷击时，便不会引起很严重的系统性破坏。调度人员在做这些工作的时候，可以依靠计算机系统的帮助，使调整控制措施在数量上恰到好处。

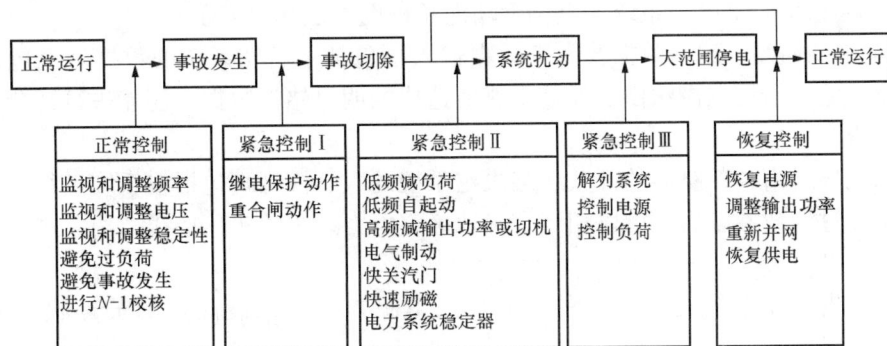

图 6-6　电力系统安全控制全过程示意框图

事故一发生，电力系统便进入了紧急状态。作为紧急控制的第 I 阶段，由继电保护和自动重合闸装置进行有选择性地切除故障。在这个领域里，微机保护已进入实用化阶段，计算机可以同时取得若干个厂站的信息，根据计算结果确定切除事故对策。这种更为智能化的保护方式进一步提高了继电保护的可靠性。

最理想的情况是，事故一经切除系统立刻恢复正常运行。但许多情况下，系统的紧急状态并没有消除，甚至引起二次扰动。这时作为紧急控制第Ⅱ阶段的控制目的，就是要稳定频率和电压，消除过负荷，尽力保持系统稳定性。可以使用的手段较多，主要是控制电源、控制负荷、控制阻抗或切换系统等，一般统称为电力系统稳定控制措施。这些控制措施是在事故切除后立即实施的，这是因为电力系统有惯性，应尽早切除一部分负荷或电源，以挽救大部分系统。至于要做出多大牺牲，现代计算机系统可以做出精度很高的判断。

在电力系统已经发生严重的扰动后，为避免个整个电力系统的瓦解，作为最后的手段，紧急控制第Ⅲ阶段的主要办法是将系统解列。利用计算机系统找到最佳或较合适的解列点，解列后的各独立系统也要辅之以控制电源和控制负荷等措施，才可以最后稳定下来。这时电力系统中许多部分已被迫停电，应进入恢复控制了。

上述的各阶段控制，以前都是作为单项功能实现，有的项目还是人工操作。在采用快速计算机实现实时的安全综合控制时，可以把上述内容综合在一起，其最后的目的将是实现事故处理的自动化。当然，目前的技术水平还不能做到这一步。

计算机在电力系统实时安全调度中的作用，基本上可分为下述五个方面：

（1）对电力系统当前运行状态进行实时鉴别。根据电力系统运行的实时数据，确定系统当前是处于正常状态、紧急状态，还是恢复状态。

（2）当系统处于正常状态时，使用安全分析的方法，进一步确定其是否处于欠安全的警戒状态。

（3）当系统处于欠安全的警戒状态时，确定哪些调度措施可以使系统返回到安全状态。如果没有可行的安全措施，也可提供某种事故真的发生时，系统可能面临的紧急状态。

（4）当系统处于紧急状态时，确定哪些反事故措施可以使系统恢复到正常状态，或者为调度人员的安全紧急操作提供可靠的信息。

（5）当系统处于恢复状态时，监视各项恢复操作的程序和效果，使各项"恢复操作"能够快速而安全地进行。

上述内容在图 6-7 电力系统安全调度功能总框图中表达出来了。

图 6-7 中，遥测、遥信数据及人工数据输入框包括了所辖系统的数据，也包含了外部系统的数据。滤波器可以淘汰由于通信干扰所造成的明显错误数据，还能进行遥测、遥信信息的互相核查。

电力系统接线由各断路器的开关状态决定系统的数学模型则包括在系统运行状态估计的框中。数据经过滤波器以后，可以相当准确地确定电力系统的实际接线结构，这一功能称为网络拓扑。

状态估计提供了系统运行状态的准确实时数据，一些未设测点的节点状态变量也可补齐。

利用状态估计的结果可以判别系统当前状态。当系统处于正常状态时，可以按照在线潮流的计算程序，进行 $N-1$ 预想事故安全分析，以确认安全状态或者发现欠安全的警戒状态。安全分析时所使用的潮流数据，可以是超短期负荷预计（15～30min）后的结果。当系

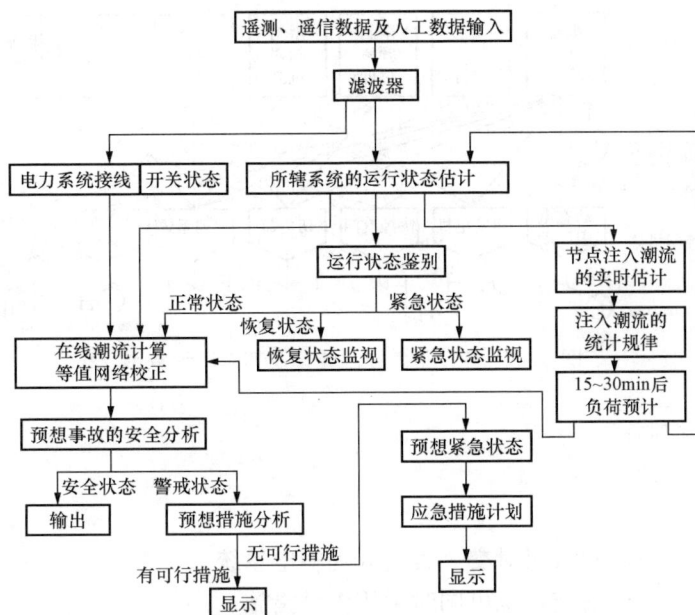

图 6-7　电力系统安全调度总框图

统处于警戒状态时，可以对调度员的预防性措施进行分析与监视，如果发现没有可行的预防性措施时，也可提供在万一发生的某个事故时刻，系统可能面临的紧急状态情形，以及调度人员可以采取的应急措施。当系统已处于紧急状态时，计算机已能够自动地参与个别的使系统稳定的紧急控制措施，一般情况下也能提供分析性的监视；当系统处于恢复状态（目前仍是人工恢复）时，计算机系统则可以监视各项操作的正确性和效果。

第七节　电力系统区域稳定安全控制

一、紧急控制装置

电力系统发生短路等事故时，首先应由继电保护动作切除故障。一般情况下事故切除后，系统可继续运行。如果事故很严重或者事故处理不当，则可能造成事故扩大而导致严重后果。为此，电力系统中还应配备必要的紧急控制装置。

紧急控制是一种快速控制，要解决的问题有：限制系统频率过低过高，限制系统电压过低过高，限制设备过负荷，制止系统失步运行，维持系统稳定。

为实现紧急控制，通常要根据紧急状态（事故）前的电网结构和运行情况，考虑紧急状态（故障及其暂态过程）的实际情况，由控制装置进行分析判断，确定相应的控制措施。图6-8 所示为各种紧急控制装置及其作用示意图。

紧急控制通常采用以下措施：

（1）汽轮机短暂或持续减功率（快控汽门）；

（2）切发电机；

（3）切负荷；

（4）发电机励磁系统强励、强减和附加稳定控制（PSS 等）；

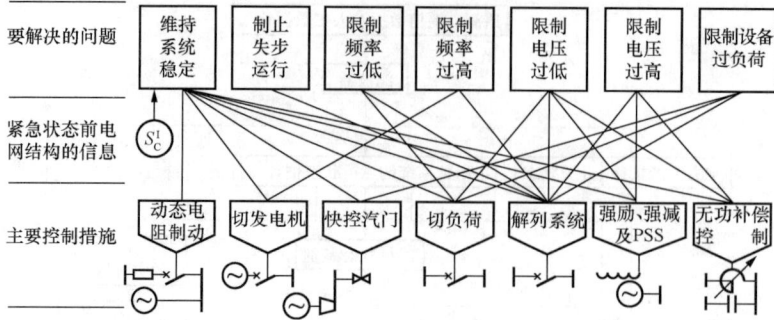

图 6-8　各种紧急控制装置及其作用示意图

（5）无功补偿控制；

（6）动态电阻制动；

（7）解列系统；

（8）直流输电快速调制（仅对交—直流并列输电系统）。

每次控制可采用一种措施，也可同时采用多种措施。

二、区域型稳定安全控制及其分类

稳定安全控制可分为就地型与区域型两类。区域型稳定控制按决策方式可分为分散决策方式与集中决策方式两种。图 6-9 给出了稳定安全控制的分类示意图。

就地型稳定控制装置单独安装在各个厂站，相互之间没有通信联系，解决的是本厂站母线、主变压器或出线故障时出现的稳定问题。低频减载装置与低压减载装置虽然在全网统一配置，按频率、电压值协调动作，但一般相互之间无直接联系，因此仍属于就地型装置。

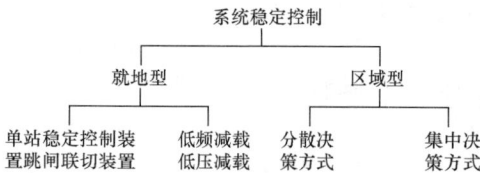

图 6-9　系统安全稳定控制分类示意图

区域型稳定控制指为解决一个区域电网内的稳定问题，安装在两个及以上厂站的稳定控制装置。该装置经通道和通信接口设备联系在一起，组成稳定控制系统，站间相互交换运行信息，传送控制命令，在较大范围内实施稳定控制。

区域型稳定控制系统一般设有一个主站、几个子站。主站一般设在枢纽变电站或处于枢纽位置的发电厂，负责汇总各站的运行工况信息，识别区域电网的运行方式，并将有关运行方式信息传送到各个子站。

下面简单简介两种区域型稳定控制。

（1）分散决策方式。如果各子站都存放有控制策略表，当某子站及出线发生故障时，根据事故前的运行方式，就能够做出决策：在该子站执行就地控制（包括远切本站所属的终端站的机组/负荷），也可将控制命令上送给主站，在主站或其他子站执行。由于控制决策是各子站分别做出的，故称这种方式为分散决策方式。

（2）集中决策方式。如果只有主站存放控制策略表，各子站的故障信息要上送到主站，由主站集中决策，控制命令在主站及有关子站执行，这种决策方式称为集中决策方式。集中决策方式下，控制系统只有一个"大脑"进行判断决策，因此对通信的速度和可靠性比分散决策方式要求更高，技术的难度相对也较大。

实际采用的稳定控制系统中，分散决策方式应用较普遍，集中决策方式用得很少。

三、区域型稳定控制策略表形成方案

控制策略表是区域型稳定控制的基本依据，控制策略表的形成有三种方案，其优缺点及应用情况比较见表 6 - 6。

表 6 - 6　　　　　　　　**控制策略表三种形成方案的优缺点及应用情况比较**

方案	优点	存在问题	应用情况
离线预决策实时匹配（方案 1）	技术上易于实现；能满足稳定控制需要；动作速度快	离线计算量很大；对电网变化的适应性差；对预料外的工况无法适应；存在失配的情况	是目前仍在应用的方案
在线预决策实时匹配（方案 2）	对电网发展变化的适应性强；一般不存在失配情况；不需要繁复的离线计算，减轻了调度人员工量；动作速度与方案 1 相同	技术难度很大，需要快速的、能给出稳定裕度指标的暂态分析算法，及高速并行计算处理硬件与软件；需要尽可能多的获得电网运行工况信息；要求完善 EMS 的性能以满足控制要求；要求较好的通信条件	具有良好的应用前景，是今后发展的方向；EEAC 的最新进展为这一方案打下了基础，应总结实际应用的工程经验，进一步推广
在线实时分析决策（方案 3）	不需要事故前计算；完全自适应电网的变化	通信技术远不能满足要求；计算分析速度满足不了快速稳定控制的要求	看不到在复杂电网中的应用前景，只适用于某些简单、控制速度要求不高的电网

1. 方案 1

离线按预定方式及预设的故障类型分析归纳出控制策略表，存放在稳定控制装置内。在事故发生时，装置按事故前的运行方式、故障类型查找策略表内存放的措施，并执行这些措施。这一方案又称为"离线预决策，实时匹配"。

2. 方案 2

按当前运行方式和预设故障，在线计算分析出当前方式下的控制策略表，几分钟一次刷新稳定控制装置内原先存放的策略表。事故发生时，装置在判断出故障类型后，直接查出表中的措施，并付诸实施。这一方案又称为"在线预决策，实时匹配"。

3. 方案 3

在线实时计算出控制措施和控制量。对于实际的复杂电网，这一方案的决策速度还远远不能达到实际要求，目前还看不到在复杂电网中实际应用的前景。

综合比较起来，虽然方案 1 离线计算工作量过大，对电网发展变化适应性较差，但在目前仍是一种实用的能解决问题的方案，近期还将继续使用。而方案 2 优点明显，由于 EEAC 算法的最新进展和面向对象的分布式并行处理计算机系统的最新研究成果，这一方案已经得到实际应用，应该进一步加以完善。

第八节　电网自动稳定控制系统实例

一、概述

本节以湖南省级电网为例来说明电网自动稳定控制系统（ASC）。湖南电网的稳定问题

比较突出，1981年4月17日和5月2日，曾先后发生过两次由于稳定破坏，导致发生电网瓦解、大面积停电事故。

1981年以来，湖南电网加快了电源建设的步伐，东江水电站、五强溪水电厂、华能岳阳火电厂、石门火电厂等大电源相继投产，用电紧张局面有所缓和。但由于大电源均处于湘南、湘西、湘北，而负荷中心位于湘中长、株、潭，故形成了西电东送，南北电源汇集送向湘中负荷中心的特点，稳定问题十分突出。

为解决电网稳定问题，湖南电网除加强一次电网网架建设以外，特别增加二次系统自动化方面的投入。加强了湖南电网调度自动化和电力通信网的建设，加强了继电保护、安全自动装置和ASC，大大提高了湖南电网安全稳定水平。

湖南电网ASC系统，可实现湖南电网主要厂、站稳定措施的自动投退。该ASC工程共实施了两期，第一期湘南电网远切东江电厂机组，于1994年投入试运行；第二期实现了省网4个500kV厂站稳定措施的自动投退，于1997～1999年完成。

湖南ASC系统的一个突出特点，是建立在升级改造后的湖南电网调度自动化系统（SCADA/EMS）之上。它充分利用了SCADA/EMS的软硬件资源，开发了稳定控制程序，巧妙地将其嵌入SCADA/EMS之内，实现了稳定控制系统与SCADA/EMS的一体化运行。

二、ASC系统控制原理

湖南电网ASC系统是一种集中与分散相结合的稳定控制系统。它依据SCADA/EMS采集到的电网运行数据，根据预先给定的条件，确定稳定控制决策，再依靠SCADA/EMS的远动系统，将此决策传达到受控站点，控制该站点稳定措施的运行。该控制系统既是实时控制，又是与门控制。该系统随时追踪电网运行状况的变化，并根据变化的情况改变控制策略，因而是实时的；然而控制指令并不直接出口；只有当它和某一起动条件同时出现（满足与门条件），稳定控制才能出口，这样可以避免装置误动。

湖南电网500kV系统的稳定运行对省网的稳定至关重要，为此在500kV系统设置了大量的稳定措施（见图6-10）。这些稳定措施牵涉范围广，配置又复杂，每个500kV变电站既有连切负荷，又有远切负荷，还有远切机或转接远切机。其中，除了远切机的对象较为固定（均为远切五强溪的机组）外，每个500kV变电站切负荷的对象至少涉及6～7个220kV变电站的负荷，需要启动远切才能做得到。对于五强溪电厂来说，虽然动作对象比较固定，但是其稳定措施投入条件却颇复杂，既与其本身开机功率有关，也与省网的总负荷水平有

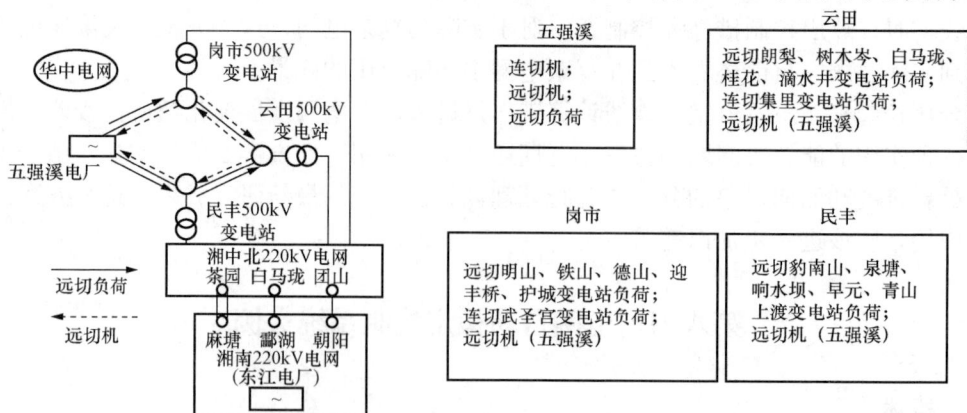

图6-10　湖南电网网架及500kV系统稳定措施配置图

关，还与华中电网联络线（葛岗线）的潮流方向、大小有关。显然，要计及这么多因素，正确运行这么庞大的稳控系统，决非易事。在实际运行中虽然采取了简化的方法，但还是无法做到及时和有效，而且可能存在过切、欠切、误切等问题。

ASC 系统根据省网稳定计算分析得到结果，大部分稳定措施应与省网总体负荷水平有关。当负荷水平不高时，相关元件故障不需要切负荷，或只需切少量的负荷；当负荷水平很高时，稳定水平下降，就需要切相当多的负荷。

现在把电网负荷水平分为几个档次。实际运行时，只要依据当时的负荷水平，接通（或断开）相应的回路，即可在元件故障后切除相应数量的负荷。对于五强溪电厂的切机数量，也按上述原理，建立起切机与负荷水平的对应关系，如与葛岗线潮流、方向的关系，与其本身开机功率的关系等。当这样一些关系都析理清顺并形成程序后，只依据电网运行参数的变化，ASC 就能快速做出不同的控制策略，并将指令发送到不同的站点，使整个电网的稳定控制措施依据预先制定的方案运行，实现了 500kV 电网稳定措施的自动控制。

根据对各个站点稳定措施的控制条件的分析，ASC 总站需往各个 500kV 站点和其他受控站点发送的控制信息，如图 6-11 所示。

实际上，由总站发往各受控点的信息中除了图 6-11 中所示的基本控制信息外，还有一对 ASC 运行信息，表明某个站点的稳定措施现在处于 ASC 系统的控制之下。有时也可利用这一信息来闭锁相关的控制回路。从图 6-11 可以看出，由 ASC 总站发往每个受控站点的控制信息都有两种，由于每一种信息都分了几个档次（一般都有三档），所以实际上发往每个受控站点的控制信息都有 6 对以上（一通一断称 1 对）。

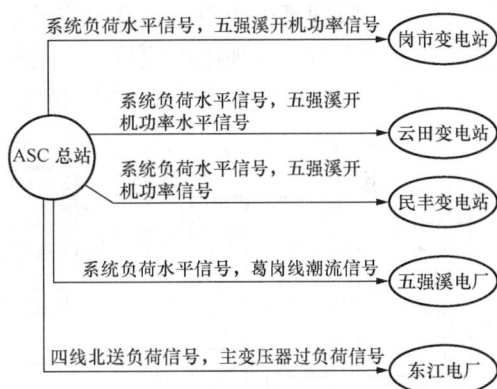

图 6-11　由 ASC 总站发往各子站的控制信息图

三、湖南电网 ASC 系统监控软件

（一）湖南电网 ASC 系统监控软件模块基本构成

湖南电网 ASC 系统包含 6 个子系统（或称子功能）和 5 个控制站点（厂站）。各子系统功能如下：

（1）ASC0 子系统。ASC0 子系统是依据省网系统负荷水平来控制系统运行的模块。它按省网系统负荷总水平由低到高分三档输出，同时出口到 4 个控制站点，控制稳定措施的投退。输出到云田、岗市、民丰 3 个变电站的输出信号为切负荷预指令。以云田变电站为例，只有在切负荷预指令所控制的继电器闭合以后，云田变电站有关元件发生故障时起动的切负荷信号才能出口。到五强溪的输出也为预指令，即只有在该预指令所控制的继电器闭合以后，五强溪有关元件发生故障时起动的切机与/或远切负荷信号才能出口。

（2）ASC1 子系统。ASC1 子系统依据 500kV 网的下网负荷水平控制稳定措施的投退，分三档输出，目前还未确定控制对象（或站点），未投入运行。

（3）ASC2 子系统。ASC2 子系统是依据葛岗线的潮流方向及其水平，控制系统稳控措施投退的模块。它共有五档输出（南送方向三档，北送方向两档），只出口到五强溪电厂。五档输出均为预指令，只有对应葛岗线功率某一档输出所控制的继电器闭合以后，系统发来电网高频切机信号才可出口切五强溪电厂机组。

（4）ASC3 子系统。ASC3 子系统是省网 3 个 500kV 变电站主变压器过负荷的保护模块。只要这 3 个变电站有任何 1 台主变压器过负荷，都会依据过负荷轻重分两档输出。暂只出口到东江水电厂：第一档（低档）输出将使东江厂自动增输出功率；第二档（高档）输出则使东江自动开 1 台机。

（5）ASC4 子系统。ASC4 子系统是依据湘南 4 条 220kV 线路（朝团线、鄙白线和麻茶Ⅰ、Ⅱ线）北送负荷总和来控制东江电厂远方切机数量的专用控制模块。它只有两档输出：第一档（低档）输出为远方切东江一台机的预指令，即该预指令所控制的继电器闭合以后，远方来的切机信号才可出口切东江厂一台机；第二档（高档）输出为切东江厂两台机的预指令，作用类似第一档。

（6）ASC5 子系统。ASC5 子系统是依据五强溪电厂功率水平来启动远方切机的控制模块，依开机功率水平，由低到高可有三档预指令输出，控制远切五强溪机组。以云田变电站为例，只有在收到某档预指令，其对应的继电器闭合以后，云田变电站发生故障起动远方切机的信号才能出口，五强溪相应机组才能被切除。

上述子系统软件模块及控制站点如图 6-12 所示。

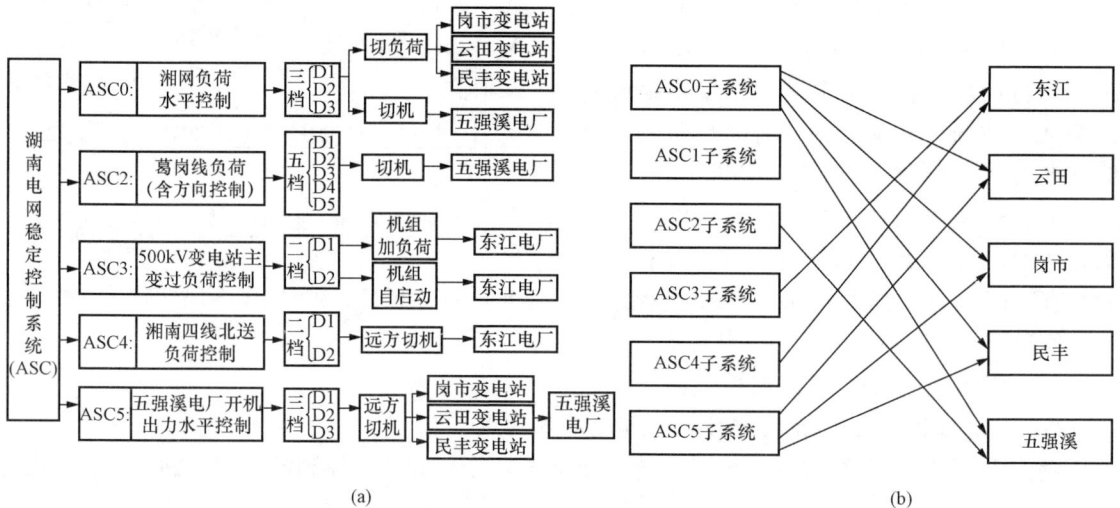

图 6-12　ASC 子系统软件模块及控制站点
（a）ASC 系统模块构成；（b）ASC 系统及站点的关系

通过以上分析可知，ASC 中的一个子系统可出口到多个控制站点，而一个控制站点也可有多个子系统的输出，从而形成了如图 6-12（b）所示的交叉关系。

（二）ASC 系统监控软件功能设计主要特点

1. ASC 软件总体设计

ASC 控制软件是 ASC 控制系统的关键环节。它同 EMS 系统的其他程序一道运行，主要功能是获取所需要的电网运行信息，加以初步辨识，根据预先给定的电网稳定控制策略，作出控制决策，发送控制指令，监控现场的执行情况并作出必要的提示，同时考虑运行人员操作上的方便，布置清晰明朗的人机界面等。

ASC 控制系统软件整体设计是按积木式结构来组成。首先按不同的控制条件制作一系列控制模块，一个控制模块只对应一种系统运行变量，这个模块要收集相应运行数据，并做出判断和决策。另外，又按不同的控制对象制作一系列指令模块，指令模块依据受控对象的不同，将不同的控制模块组合起来，组成针对特定站点的指令集合。

当以上两种模块同时运行（并非每一模块都运行），则系统每个受控站点都可收到其相应的控制信号。

这种积木式控制的优点还有：一个控制模块不正常不影响别的控制模块的运行，一个受控站点不正常也不影响别的站点的运行；也为增加控制条件或增加控制站点等提供了方便。

在数据处理上，ASC 与 SCADA/EMS 数据采集同步取数，并采用连续 3 次取数均越过门槛值作为出口判断的依据。这样既保证了可靠性，决策时间也较短。用单台计算机（256MB、2.0GB CPU）时，华中—湖南电网（包含 584 个节点、531 个负荷、87 台发电机、1284 条支路）稳定控制切机表的更新周期少于 5min。由于更新周期很短，因而稳定控制切机表能实时反应系统运行工况。

2. 定值缓冲区

为避免运行数据在门槛值附近波动，ASC 控制系统频繁发生出口/退出现象，程序中设定了一个 5% 左右的带形动作定值缓冲区（死区），这就大大减少了实际运行中的动作次数。

3. 定值合理性检查

为防止无意中的人为错误，系统程序能自动对所设置的各档 ASC 定值进行合理性检查，如新的定值不合理，则拒绝接受并发出告警信号。

4. 输入数据合理性检查

ASC 系统输入的实时数据，可能因某种原因引起畸变。每个子系统对其输入数据进行合理性检查，发现不合理数据即报警。如该报警数据持续时间超过一定的时间，则自动推出相应的报警画面。

5. 通道监视与输入数据可靠性检查

ASC 系统对有关通道进行监视，如通道中断则进行报警，但不需要推出报警画面。

ASC 系统也对输入数据进行可靠性检查，如发现某子系统 SCADA 输入数据带有异常标志即报警。若该报警持续时间超过指定的时间，则不管该子系统输入数据的大小，强令该子系统选取一个折中方案，即强行输出一个折中档的动作信号，同时推出报警画面。

6. 方便的人机界面

自动化系统也离不开运行人员操作，人机界面要使运行人员操作方便，还要醒目和可靠。为此 ASC 系统人机界面分为三个层次。

第一层：放置在 SCADA/EMS 系统基本画面上的一个按钮，相当于 ASC 系统的眼睛。该按钮上设有指示 ASC 状态的色点，鼠标点击该按钮即可弹出 ASC 运行主画面。

第二层：ASC 运行主画面。这一层显示有各个决策模块的运行状态，用鼠标点击任何一个控制模块，就可投入（或退出）某一控制，因此这一层相当于决策层。

第三层：各受控点 ASC 运行状态的画面。鼠标点击任何一个受控点的标识，即可投入（或退出）相应站点的 ASC 控制，这一层又可称作指令层。这一层还显示各站点现场反馈回来的系统运行信息，并据反馈信息判断 ASC 运行是否正常。当 ASC 系统某一部分不正常，可利用上述画面进行简单的干预，或退出故障部分，或采取别的措施维持其他完好部分的正常运行。

7. 控制参数在线修改

ASC 系统正常运行时，所有控制参数，均可在线修改或定义。

8. 故障诊断

ASC 早期运行实践中，最容易出现的异常情况是，控制命令发出去了，但期望的结果不能反映到主站来。为此，ASC 程序自动地对所有控制量进行检查，如在指定的 N 个连续的运行周期内，现场实际状态与主站所要求的状态不一致，则在指定的工作站屏幕上自动推出相应的告警画面。调度运行人员可及时通知有关专业人员进行处理，以避免可能导致的相关稳控装置的误投。

9. 事件记录

为方便查找问题及运行维护，系统程序将 ASC 运行过程中的所有操作，或异常信息都保存在指定的事件记录文件中。

（三）ASC 信息传输和控制执行回路

ASC 系统借用了 EMS 现有的遥控回路，对 ASC 遥控信号采取了如下处理技术：

（1）SCADA/EMS 进行遥控的信号都是采用短脉冲，ASC 系统主站发出一对信号（1，1），然后在现场利用硬件组合形成一开一断的两个信号（1，0），以此遥控现场站点继电器的接通与断开。

（2）在 ASC 的传输回路中附加了指令执行结果的反馈信息。

（3）在 ASC 运行时，断开上述输出触点两端的连接片，此时稳控措施即受 ASC 的遥控；当 ASC 不运行时，合上此连接片，此时电网稳控措施仍能独立地起作用。

四、湖南电网三大自动控制系统的总结

湖南电网在能量管理系统（SCADA/EMS）平台上，建成了自动稳定控制系统（ASC）、自动发电控制系统（AGC）、自动电压控制系统（AVC）三大自动控制系统（3A 系统）。

从湖南电网稳定事故汇总可以看出，自 1981 年以后，尽管电网经受了多次比 1981 年性质更为严重的事故考验，但未发生主网稳定破坏、大面积停电事故。

可见，湖南电网 ASC、AGC、AVC 三大控制系统的建设和投运使湖南电网调度自动化水平上了一个新台阶，在提高电网安全稳定运行水平方面取得了显著效果。

（一）湖南电网 3A 系统的特点

湖南电网 3A 系统结构如图 6-13 所示。

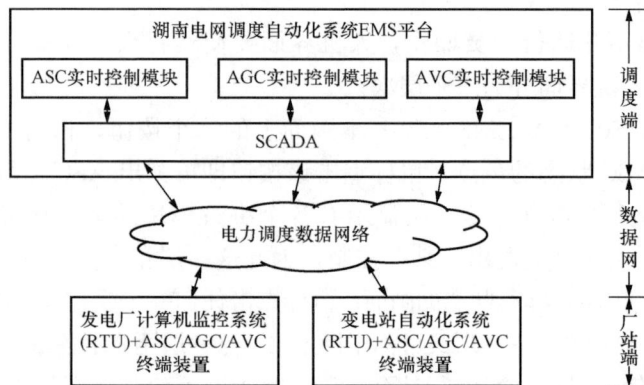

图 6-13　湖南电网 3A 系统结构图

三大控制系统建设具有如下鲜明的特点。

1. 从电网二次系统着手

湖南电网 3A 系统以电网安全、优质运行为目标，从二次系统着手改善电能质量和提高电网运行稳定性。

2. 以 SCADA/EMS 为平台

湖南电网 3A 系统均是建设在已实用化的 SCADA/EMS 平台上，实现了 ASC、AGC、AVC 与 SCADA/EMS 的一体化，这在国内外电网中尚无先例。1990 年湖南电网 SCADA 和 AGC 两项功能在国内网省调中率先通过实用化验收，2000 年 EMS 应用软件功能在国内网省调中首家通过实用化验收。在此基础上，湖南省调自主开发了 ASC 和 AVC 系统，并直接在 SCADA/EMS 上运行。SCADA/EMS 运行的稳定性为 ASC 和 AVC 运行的稳定性提供了保证。

3. 充分利用调度自动化现有资源

湖南电网 3A 系统充分利用了现有调度自动化的资源，包括电力调度数据网络提供的上下行通道资源和 SCADA 所采集的全部数据。数据来源于相同的采集装置，保证了数据的同源性；由于利用了 SCADA 控制通道，凡是 SCADA 通达的厂站，均可实现 ASC、AGC、AVC 的远方控制，使控制范围极易扩展；由于利用了现有调度化自动化系统资源，大大降低了 3A 系统的开发成本。

（二）自动稳定控制方面

（1）湖南电网 ASC 系统根据几个档次的负荷水平，实时匹配离线稳定计算的结果，来控制稳定措施的投退。这是一种比较粗略的控制，有点类似于传统的高频保护，难以适应电网运行方式、负荷水平的千变万化。目前湖南电网正在考虑采用基于 EEAC 的在线紧急控制方案，向"在线预决策，实时匹配"过渡。

（2）完善基于 GPS 的同步监测系统，加强全网状态监控，逐步将功角监测技术应用于电网稳定控制上。

（三）自动电压控制方面

（1）最初湖南电网 AVC 投运的厂站只有两厂两站，但在提高电压质量方面已显现出突出效果。为了进一步提高电压合格率，应扩大 AVC 控制范围。同时应向地区电网推广 AVC 应用，以实现无功电压的分层分区控制。

（2）开展电压稳定性研究。国内外大停电事故中不少是电网功角稳定破坏同时并发电压崩溃。湖南电网受端系统负荷很重，而电源容量不足，如长潭株地区负荷占全网负荷 40% 以上，而装机容量仅占全网装机 14%。无功电源支撑不足，高峰负荷时电压质量难以保证，事故时保持暂态电压稳定所需的动态无功功率更是大量缺乏，又是湖南电网电压稳定的一大隐患。这种情况下应结合电网实际，进一步开展电压稳定性的研究。

第九节　电力市场环境下的安全稳定控制

电力系统安全性与经济性是一对矛盾。在开放的电力市场条件下，如何协调好这两个方面，是一个极其重要的研究课题。

电力市场中，买方希望以足够低的价格获取电能，卖方希望以足够高的价格卖出电能。市场竞争虽能促进资源优化，但对电网的安全稳定运行却会造成很大影响。过分追求经济性会导致系统安全恶化，引起电网崩溃；反过来，过分强调安全性又会使系统运行不够经济，引起电价过高或者电网公司效益下降。

只有在一个安全运行的电网上才能进行电能交易。作为电网的管理者与运营者，电网公司对买卖双方收取交易佣金，其收益与交易量成正比。电网公司所得佣金扣除电网的建设和维护费用后，才是其净收益。

电网的安全稳定运行一旦破坏，各方利益都将受到伤害。因此应对电力市场环境下的电网运行可靠性、安全稳定控制、阻塞调度等问题进行认真研究，避免竞争性电力市场对电网安全稳定运行可能带来的负面影响。

一、电力市场环境下的电网安全稳定校核

1. $N-1$ 静态校核的考虑

电力系统静态安全分析是保证电网安全稳定运行的一个重要方面，是电力系统安全稳定评估的重要指标，用以检验电网结构强度和运行方式是否安全。一般情况下，为了提高电网的整体安全稳定水平，电网应该满足 $N-1$ 静态校核，即要求系统在 $N-1$ 之后，仍能保持稳定运行和正常供电，电压和频率保持在允许范围内，其他元件无过负荷。

但是，$N-1$ 标准的执行会导致系统在正常情况下非优化运行，这与电网公司获取最大经济效益的目的相矛盾。$N-1$ 标准实施与否，实施到什么程度，电网公司要进行详细研究。

2. 暂态稳定校核的考虑

暂态稳定是指电力系统受到大扰动后，各同步电机保持同步运行并过渡到新的或恢复到原来稳态运行方式的能力，通常指保持第一或第二个振荡周期不失步的功角稳定。暂态稳定计算分析的目的是在规定运行方式和故障形态下，对系统稳定性进行校验，并对继电保护和自动装置以及各种措施提出相应的要求。

在电力市场环境下，如果发生某种故障的概率几乎为零，电网公司在建设电网时是不愿考虑暂态稳定校核而多投巨资的。但是，一旦发生故障，如果系统不能维持稳定而发生停电事故，甚至系统崩溃，那电网公司损失巨大。因此，电网公司为了本身经济效益，必须要保证电网的安全稳定运行，必须要考虑电网的暂态稳定校核。

从传统意义上来说，电力系统的安全稳定水平越高越好。但在市场环境下，电网公司为了维持本身的利益，对于那些发生概率很小的故障可能不予考虑，这使得电力市场环境下的电网安全稳定考虑可能不太全面，除非制定相应法规加以约束。

二、电力市场环境下网络阻塞的调度管理

现有许多电网的负荷很重，网络运行点往往超过了其安全限制，造成阻塞，不利于电力市场高效、经济、安全地运行。在电力市场环境下，电能的主要交易模式有期货、现货及实时交易三种方式。对于不同的交易方式，应采用不同的方法来管理阻塞问题。由于相当多的电力交易是以双边长期合同形式确定的，因而基于双边交易的阻塞管理尤为迫切。网络阻塞时如何对发电机进行再调度或削减负荷，是系统安全稳定运行中的一个重要问题。

以湖南电网为例，受端系统湘中地区电源不足，而湘西北地区电源充足，湘西北电网与

湘中电网的 220kV 线路连接只有毛玉线和迎天线（见图 6-14）。当湘西北电厂输出功率增加到一定程度时，有可能使这两条线路负载较重，成为瓶颈线路，产生安全稳定问题。毛玉线、迎天线合环运行的条件下，这两条线路最容易造成阻塞。

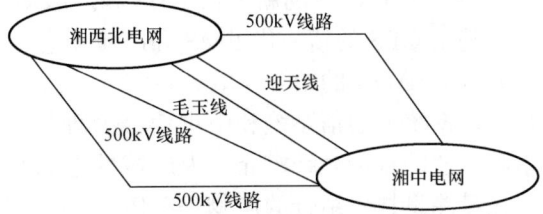

图 6-14　湘西北电网向湘中电网送电示意图

调度中心可以通过强制要求湘西北电厂降低发电厂出力，从而降低毛玉、迎天线的功率；同时鼓励湘中地区电厂多发电，以补充湘中地区的供电不足，尽量由本地区的电厂供给本地区的负荷。

采用上述方法进行阻塞管理所需要的成本，由 ISO 按约定的规则分配给有关参与者。具体有以下几种原则：

（1）该成本由被削减出力的湘西北发电机自己承担；

（2）将此成本以附加费的方式平均分摊给所有的用户；

（3）由造成电网拥挤的所有参与者（湘西北各电厂）承担；

（4）将此成本只分摊给电力缺乏区（湘中）的用户。

但是这种方法仍然存在以下缺点：

（1）难以刺激市场参与者事先采取相应的措施，以避免造成阻塞；

（2）如何合理分摊阻塞管理所引起的成本，仍然没有一个很好的解决办法。

网络阻塞的根本原因是输电网架本身结构还较为薄弱。因此，在资金和环境允许的条件下，合理扩建线路是根本的解决办法。目前湖南电网就是要加强 500kV 网架建设。

第十节　电力系统广域同步相量测量（PMU）

随着我国互联电网规模日益扩大，对电网的稳定运行也提出了更高的要求。由于电网的动态过程非常复杂，要分析系统多个点的动态过程，必须掌握全系统在同一时刻的状态数据。因为只有严格利用采自同一时刻的电压、电流值，由此计算出来的正序相量才具有共同的参考点。采用同一时刻的数据在一个变电站或者一个电厂内部是很容易实现的，而在距离较远的变电站间，就很难做到。

利用 GPS 系统（全球卫星定位系统）的高精度授时信号和广域相量测量技术（PMU），能对系统中各关键节点的电压、电流相量进行同步采集，能够实时地观测整个电网运行状态，从而进一步分析电力系统的动态特性，进行系统的经济调度和实施电网安全稳定的运行与控制。

电力系统时钟同步采用 GPS 系统主要原因基于其具有以下几点：

（1）全天候、全球覆盖、连续工作，且用户数量不限；

（2）高精度，能提供精确的时间、高精度三维位置和三维速度；

（3）抗干扰能力很强，采用了扩频和伪码技术；

（4）信号易于获得，可靠性高；

（5）可以实现导航。

一、基于 GPS 的新一代 EMS 和广域动态安全监控系统 WAMS

基于 GPS 的新一代 EMS 和广域动态安全监控系统 WAMS，是新的动态安全检测系统与原有 SCADA 的结合。电力系统新一代动态安全检测系统，主要由同步定时系统、动态相量测量系统、通信系统和中央信号处理机四部分组成。GPS 系统、计算机远程网络通信技术和快速的宽带光纤媒介，为广域的电力相量测量与实时控制提供了技术保障。GPS 技术与相量测量技术结合的产物——PMU（相量测量单元）设备，能够实现电压、电流相量测量（幅值和相角），正逐步取代 RTU 设备。

我国将 GPS 用于大电力系统稳定和振荡监控的研究已取得初步成果。以 GPS 同步相量测量装置为基础的监测系统，已在我国南方电网投入运行。作为南方电网骨干联络线之一的天广 500kV 线路，其功角振荡情况已可在电网调度中心实时观测。

现阶段基于 GPS 的新一代动态监测系统可实现的主要功能有：

（1）正常运行监测：域内最大相角差监测，系统稳态运行中调功装置动态品质监测，在线静态安全分析，静态电压稳定监测。

（2）故障动态监测：电网故障定位，不同时段的故障发展报告，失步模式监测，故障严重程度分类（可按冲击大小、性质、影响范围、能否引起稳定问题、能否引起后续事故来分类），故障过程保护及自动装置行为评价。

（3）系统稳定预测。

（4）系统机电暂态过程动态监测。

（5）解列后各子系统动态行为监测。

（6）系统恢复控制监测。

表 6 - 7 给出了新一代动态安全监测系统的近期可能应用领域，从中可见新一代动态监测系统将使电力系统的监测与控制完全改观。

表 6 - 7　　　　　　　　　　新一代动态安全监测系统的近期可能应用领域

全网同步动态安全监测系统	稳态监测	(1) 在线潮流计算 (2) 在线参数辨识 (3) 最大相角差测量 (4) 在线静态安全监测 (5) 在线状态估计分析
	动态行为监测	(1) 电机动态行为监测 (2) 系统动态行为监测 (3) 负荷动态行为监测
	稳定监测	(1) 静态稳定监测 (2) 电压稳定预测 (3) 在线暂态稳定预测 (4) 失步预测 (5) 区域稳定控制
	故障分析	(1) 故障测距 (2) 故障监测及判别

电力系统调度监测从稳态/准稳态监测向动态实时监测发展是必然趋势。GPS技术和相量测量技术的结合，标志着电力系统动态安全监测和实时控制时代的来临。

基于GPS统一时钟的新一代动态安全监测系统将在各大电网得到普及，动态安全控制系统将逐步得到应用。GPS相量测量系统提供了可实时跟踪功角变化轨迹的可能性，从而可通过预测不稳定现象的演化，实时决定应采取的稳定控制措施（如切机、切负荷及快关汽门等）。可以预期，GPS相量测量装置与常规的RTU相结合，将使调度中心的EMS系统功能从稳态向动态转变，使大电力系统的全局稳定和恢复控制成为可能。

二、同步相量测量的原理

在电力系统中正弦量信号用相量表示，其中幅值的测量比较容易，而相位的大小取决于精确的时间参考点（$t=0$的时刻）。

电压功角（相位）的大小反映了系统静稳裕度的大小。当系统出现扰动时，功角的周期变化表明系统发生了功率振荡，并且表征系统振荡的趋势，利用功角可以监测低频振荡现象。因此，进行功角实时监测对于电力系统，特别是有高压远距离大容量输电线路的系统，具有重要的实际意义。由于造成失稳的振荡频率往往很低，持续的时间也比较长，而功角实时监测能为调度员进行系统状态的准确判断提供及时可靠的依据，以便及时采取措施，维持系统稳定运行。

各重要节点（母线）的电压相量是电力系统运行的状态变量。同步相量测量就是必须在"同一瞬间"测量电网中各节点的电压相量（幅值和相位）。其采样时间若误差1ms，会带来18°工频相角误差；反之，若要求测量误差不大于0.1°，则时间同步精度应为5μs。

为使各变电站在同一瞬间获得足够精确的同步脉冲，现在普遍采用GPS发出的对时脉冲。目前世界上已有美、俄和中欧合作开发的三套卫星定位系统。每个卫星上都载有一个频率稳定的原子钟，每秒钟向地球各地发送一次对时脉冲（1pps）。各地接收GPS对时秒脉冲前沿的误差不超过±1μs，对50Hz的电力系统，仅相当±0.018°的相角测量误差，远小于允许的0.1°，足可保证相位测量所要求的精度。

来自电压互感器、电流互感器二次侧的电压、电流信号经交流输入单元变换隔离后，变为适合微机处理的小信号，再经低通滤波变成满足采样定理的交流信号。DSP（数字信号处理器）在基于GPS时间基准的同步采样脉冲控制下，经A/D转换完成对交流信号的采样，然后利用GPS接收器串口提供的时间信息和采样顺序编号，给计算结果打上便于识别的"时间标签"，并将计算结果连同其时间标签按照通信规约的要求传至调度控制中心。

同步相量测量方法主要有两种：一种是过零检测法，利用两正弦波越零脉冲的时间间隔与标准周期之比，作为其相角差的读值；另一种是傅里叶变换法，对正序电压进行同步的数值快速傅里叶转换，以求得其幅值与相角的读值。

傅里叶法本身有很强的滤波作用，下面简单说明该方法的基本原理。

利用GPS系统提供同步信号的相量测量单元（PMU）的功能框图如图6-15所示。GPS接收器提供一个pps信号和一个包含年、月、日、小时、分钟、秒的时标，时间可以是当地时间，也可以是全球

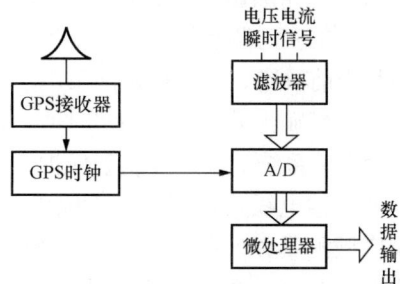

图6-15 相量测量单元（PMU）功能框图

时间坐标（UTC）。测量设备通过锁相晶振器对 pps 信号进行分割，分处不同地点的变电站，都可以由此获得需要的 600bps 或 1200bps 的同步采样脉冲。由互感器来的模拟电压电流信号经过滤波、分析等预处理后，将得到性能较好的正序电压、电流波形，再由 600～1200bps 脉冲对其进行采样。

微处理器根据事先写入的回归算法计算正序相量，来自 GPS 的时间信息以及在每个采样窗内的采样数都作为标示赋给相量。微处理将所有的这些相量以特定的格式组合成相量数据流，发送给远方站（线路对端、调度中心等）。一般来说，波特率为 4800～9600dB 的传输线，经过 2～5 个周波就可以将相量数据流发向远方站。

将采样值输入数字信号处理元件，进行快速傅里叶转换，即可获得同步相量的测量值 $(U、\theta_V、)$ 及 $(I、\theta_i)$。

三、相量测量单元的基本结构

相量测量单元（Phasor Measurement Unit，PMU）由监测点装置、数据集中器、通信设备、通信线路、中央监控站、网络服务器及资料分析站组成。其具体功能如下：

（1）监测点采集与数据集中器。厂站端装置同步采集信号，并采用 DSP 技术从采集信号中获取所需的各次波信号幅值、频率和初相角，通过通信线路将各种数据上送到中央监控站。如有必要可在厂站端或局部监测中心配置数据集中器以实现就地控制、数据的筛选和转送，达到集中及分散控制的结合。厂站端装置均内置 GPS，具有实时监测功能，使上传数据带有时间信息，同时就地可以从显示器上观测到各种相量幅值和相角，以及三相原始波形，具有故障录波器的所有功能。

（2）中央监控站。中央监控站进行多站间的实时功角及各站采集信号的在线监测，并将相关数据存入数据库。中央监控站根据厂站端传送的电压电流的相量值得到线路功角，并对功角测量值进行频谱分析，得出系统振荡的频谱；根据功角曲线，直观地观测到功角摇摆情况和变化的趋势，以预测功角的进一步变化，让调度员了解系统的稳定裕度；并且在系统出现振荡或故障时，使联网的所有装置可以同步联动触发录波，以同步记录系统扰动过程中各点的不同动态过程。

（3）网络服务器。中央监控站的网络服务器将各站间的功角数据存入相量数据库的实时表和历史表中；提供 EMS 应用接口，使实时测量的功角信息资料能够与电力系统中的 MIS 或 SCADA 系统数据网相连；可通过浏览器随时随地观测掌握系统的当前运行状态。

（4）资料分析站。可通过浏览器实时监测多站间的功角，查看历史功角曲线及记录的动态录波文件的一些信息；可利用分析软件对各种记录的数据进行分析研究，并打印出报表。

四、相角测量技术在电力系统中的应用

相角的实时测量使得人们能实时地看到系统的状态，即可以得到实际系统精确模型的历史数据和当前轨迹。由于相角涉及电力系统的监视、控制和保护等诸多领域，而实时相量测量的实现，可精确测量到相角的实时值，将推动电力系统的监视、控制和保护等新方法和理论的发展，为电力系统的稳定控制和保护开辟一个新的领域，即广域相量测量保护技术的实际应用。

增加输电线路投资来扩大输电容量，要受到经济和环境因素的制约。而改善控制系统，采用广域测量和保护系统，则是充分利用现有电力系统和设备的经济方法，能够增加系统传输容量，提高系统稳定性，是一种很有前途的方案。

广域测量和保护系统能够区分以下物理现象：

（1）暂态角度稳定（第一摆）；

（2）小信号稳定性（阻尼）；

（3）频率稳定；

（4）短期电压稳定；

（5）长期电压稳定。

目前，解决上述稳定问题主要依靠传统的就地自动保护控制措施和基于 SCADA/EMS 的人工控制。传统的就地保护控制无法获取系统全局的信息，因此无法对保护措施做出全局的优化。而 SCADA/EMS 系统的缺点在于无法获取系统的暂态信息，无法对相继跳闸的级联事故做出正确处理。而广域保护的优点就在于：

（1）能够对系统事件做出动态测量和描述；

（2）能够提供广域的系统状态描述；

（3）能够从全系统协调和优化稳定控制措施；

（4）能够处理相继跳闸的级联事故。

表 6-8 对传统的保护和 SCADA/EMS 系统以及广域保护系统的特点进行了比较。可以看出，传统的就地保护措施是最快速的保护系统，SCADA/EMS 系统是最慢的，而广域保护系统介于两者之间。

表 6-8　　　　　传统保护和 SCADA/EMS 系统以及广域保护的特点比较

控制系统类型	特点和作用	控制系统类型	特点和作用
传统保护	就地，最快速的直通作用	SCADA/EMS	稳态，广范围，慢作用
广域测量和保护	动态，广范围，快速、优化的协调作用		

广域保护系统的基本单元 PMU 一般嵌入在本地的设备里面，称为系统保护终端（System Protection Terminals，SPT）。SPT 可以运行特定的内置算法，并可以直接同远端设备如其他 SPT、电站自动化控制系统或者控制中心等通信。

图 6-16 所示为广域保护系统的结构图。广域保护方案有两种模式：第一种是所有的测量数据都集中到系统保护中心（SPC），SPC 不停地计算系统的稳定性指标，并决定出稳定控制方案；第二种是尽可能将部分功能交由 SPT 分布式执行。根据采用算法的不同，并非图 6-16 中每个通道都必须要实现。

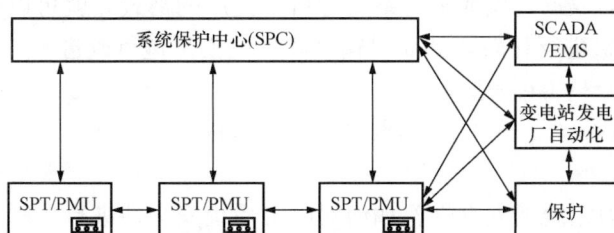

图 6-16　广域保护系统的结构图

相量测量可望在电力系统的状态估计、静态稳定的监视、暂态稳定的预测及控制、输电线故障定位、潮流计算以及自适应失步保护等方面发挥作用，有良好的应用前景。

下面简要介绍相量测量的几种具体应用：

1. 电力系统稳定性的预测

过去，系统稳定性估计需要求解系统动态方程。如发电机功角主要通过求解潮流方程得到，求解的复杂性迫使人们作了一系列简化。但即便如此，仍然不能实现在线的实时估计。

有了 PMU 后，相角是直接从网络中测量得到，这就可以实现秒级的稳定预测。在这种预测能力下，采取手动（或自动）保护和控制决策（切机、切负荷、解列等）来改善系统的暂态稳定性能，将变得不那么困难。

2. 自适应失步保护

在电力系统发生振荡时，相量测量可以加快保护和控制系统的反应速度，并能实时预测系统振荡的性质，经分析后决定系统是否解列。自适应保护根据相量测量和电网结构的变化，自动调整设定值和动作方程，以适应新工况下灵敏度和安全性的要求。相量测量用于系统失步保护可以应用相角条件作为判据，能够不必考虑故障的类型，使参数设定非常容易。

3. 故障录波方面的应用

目前，不同厂站间故障录波数据的时间误差较大，给系统事故分析带来困难。利用同步 PMU 作为故障录波仪，能在故障时捕捉并显示具有时间标记的各通道电压（电流）波形和幅值。PMU 以足够高的频率扫描所有输入数据，提供良好的时间分辨率。利用数学分析软件可以根据用户的要求对这些数据进行观测、显示和打印，从而为系统故障分析提供了可靠准确的资料。

4. 电力系统扰动记录方面的应用

扰动记录系统需要捕捉几分钟的数据来评估和研究系统的扰动行为，而不需要像故障录波那样非常高的扫描速率，每隔 1~6 周波记录一段数据就可以提供足够的扰动信息。

通常，电网的扰动只影响正序相量，采用特殊的 16 位处理器采集正序相量的 PMU 是比较合适的，它可以减少数据存储和传输的工作量。

5. 输电和发电模型的验证

在计算机上对电力系统建模并进行研究，已成为减小投资风险的有效分析手段。过去无法实地测试来检验模型，现在分布各地的 PMU 控制装备通过 GPS 实现时钟同步，可以提供检验模型所需要的实际数据。

将 PMU 捕捉到的数据转换成电力系统分析中使用的格式，就可以对系统实时运行的特性和计算机仿真的结果进行比较，从而对输电和发电模型进行改进。

思　考　题

6-1　什么是电力系统的安全性？如何对电力系统安全性进行控制？

6-2　电力系统运行可分哪几种状态？各有何特点？简述各种状态下电网控制的具体内容。

6-3　提高电力系统稳定性的控制措施有哪几类？

6-4　什么是预想故障分析？预想故障分析可分为几部分？试对各部分进行描述。

6-5　试回答如何进行电力系统的动态安全分析。

6-6 试述电力系统在紧急状态时的是如何进行安全控制的。

6-7 如果系统稳定遭到破坏而出现异步状态时，如何来消除这种现象？

6-8 电力市场环境下的安全稳定控制有什么明显特点？如何解决电力系统安全性与经济性之间的矛盾？

6-9 简述基于 GPS 的新一代 EMS 和广域动态安全监控系统 WAMS 的工作原理。

第七章　电力系统运行成本控制

第一节　概　　述

一、电力系统运行成本控制的意义

电力系统运行的经济性，必须从规划设计和运行控制两个方面来考虑。在规划设计阶段，要认真地进行方案比较，通过技术经济分析，选出既满足技术要求，又经济合理的最优方案。例如，采用高效低耗的大型发电设备，合理选择输电和配电网络的电压等级，优化电网结构，按经济电流密度选择导线截面等。

一旦电力系统建成后投入运行，其经济性能就只能依靠合理的运行方式和实时优化控制了。例如，合理分配各发电厂有功功率，合理配置无功电源，组织变压器的经济运行等。只有这样，才能最大限度地降低发电燃料消耗，减少网络损耗，使电力系统运行成本降到可能达到的最小值。

电网经济调度是电力系统运行成本控制的最主要内容。电网经济调度，就是在电网安全和优质运行的条件下，合理利用现有的能源和设备，采用各种技术和管理手段，使包括火电厂、水电厂、输电和配电系统的电力系统做到经济运行，即在满足一系列约束条件下，在一个计划期内（如一年或一季），协调各水电厂的放水和火电厂的燃煤，确定具体发电策略。对火电机组采用等耗量微增率法，以最小的燃料消耗（或燃料费用及运行成本），将电网的总负荷按最佳经济效益分配给各个电厂和各台机组，从而提高电网运行的经济性，使全系统以最小的发供电运行成本保证对用户的正常供电。

电力系统运行成本控制（通常也称为经济调度）效益相当巨大，据国外资料介绍，甚至能达到总燃料费的 8%。由于其牵涉的问题十分复杂，以至还难以准确地计算出它的数值。但从国内外调度运行经验，可以得到一个大致的估计：有功功率经济负荷分配约可节省 0.5%～2% 的燃料费用；机组经济组合的效益可达 1%～2.5%；网损修正的效益可达 0.05%～0.5%。这些效益的相对值虽然不大，但由于电力系统容量巨大，日积月累产生的绝对值，却十分惊人。

20 世纪 80 年代初，对京津唐电网和东北电网（部分）进行模拟试验得出的经济效益估计值见表 7-1～表 7-4（其中费用均按当时价格计算）。

表 7-1　　　　　　　　　　　负荷经济分配的效益

电　网　名	节约的相对值（%）	日节煤量（t）	年节煤量（t）	折算成费用（万元/年）
京津唐	0.8	222.9	84000	285
东北	0.77	195.6	71000	443

表 7-2　　　　　　　　　　　机组经济组合的效益

电　网　名	节约的相对值（%）	日节煤量（t）	年节煤量（t）	折算成费用（万元/年）
京津唐	1.0	278.6	102000	356

表7-3   网损修正的效益

电网名称	节约的相对值（%）	日节煤量（t）	年节煤量（t）	折算成费用（万元/年）
京津唐	0.05	14.2	5183	17.6
东北	0.24	60.5	22083	136.9

表7-4   京津唐电网1983年按不同原则经济调度效益比较

经济调度原则	年耗煤量（万t）	年燃料费（万元）	年成本费（万元）
总耗煤量最少	994.3	58208.9	64521.8
总燃料费最少	1004.5	57294.9	63190.4
总成本费最少	1002.9	57312.1	63179.3

由表7-4可以看出，按哪一种原则进行调度控制，其对应的目标项就最低。其中总耗煤量最低时，年成本费却最高，这并不矛盾，因为煤价不同，耗量低时用的多为高价煤。

我国早期的经济调度是以总耗煤量最少为目标进行调度控制，而目前则应根据市场的实际情况，考虑价格因素。只有这样才能压低高价燃料用量，鼓励用劣质煤发电。特别是建在劣质煤产地的坑口电厂，就地烧劣质煤发电，比远距离运煤要合理得多。

二、我国电力系统经济调度的进展情况

20世纪60年代，东北电管局和华北电管局做了许多经济调度的基础工作，如编制出各发电厂的耗煤微增率曲线等。20世纪60年代末期，京津唐电网开始试用计算机编制每日经济调度计划。20世纪70年代，许多研究单位和高等院校开展了经济调度算法的研究，开发了许多新的应用程序，如机组经济组合、网损修正用B系数、梯级水电厂经济调度、负荷预则、水火电力系统负荷最优分配、无功功率经济分配和最优潮流等。许多电厂也开展了厂内经济调度工作。

20世纪80年代由于微机技术的采用和迅速发展，使经济调度程序进入了实用化阶段。1982年9月，京津唐电网首先应用微型计算机编制日调度计划，从而结束了人工编制日调度计划的历史。

经济调度问题涉及的领域宽，基础资料要长期日积月累才能得到可靠的数据。资料积累面临的困难很多，如机炉试验资料不完全，燃料、水、汽、电各环节计量不准确，计算程序不配套等；特别是对人才的要求比较高，不仅需要熟悉电网、热工、水文等传统知识，还要求掌握自动化和计算机应用等新技术。因此，在大力加强经济调度基础资料的收集积累，改进各种计量设备，完善各种自动化装置，大力推进计算机应用的同时，抓好人才的培训，普及经济调度的基础知识，深入进行各种专题的科学研究，对经济调度都十分重要。

三、电力系统经济调度的主要内容

（1）研究用户的用电需求，即进行负荷预测。负荷预测是实现经济调度的基础。负荷预计得准确，就可以避免计划外开机，减少临时出力调整，还可以减少旋转备用容量。负荷预计过去靠人工计算，凭经验修正。现在则用计算机进行预计。特别是电力系统在线经济调度，必须用到短期负荷预报，只有用计算机计算才能满足实时性的要求。

（2）发电机组经济特性曲线的编制和电厂内机组的经济负荷分配。机组的耗煤量曲线和耗量微增率曲线，是电力系统经济调度的基础资料，它们的准确性直接影响经济调度的效益。

（3）网损经济特性的研究。电能在网络上的传输损失也直接影响运行费用。各发电厂在电力系统中所处的位置不同，因而它们有着不同的网损微增率。因为网损与网络结构和潮流分布有关，所以网损微增率的计算是比较复杂的。

（4）考虑负荷分配时，如何协调电厂发电经济性和电厂送电经济性。在各个发电厂之间有功功率的最优分配，这需要同时考虑各个发电厂本身的经济性和它们向系统送电的经济性。这两个方面有时看起来是矛盾的，如何权衡利弊，则需大量精密的计算。

（5）机组优化组合。在满足一天中电力负荷变化及安全备用的条件下，制定出全天耗煤量（或费用）最小的火电机组开机计划，称为机组的经济最优组合。

（6）水电火电经济协调。从电力系统运行需要出发，水电厂担任调峰最合适。而从水电厂本身看，应当尽量利用天然来水保持高水头发电。同时，水电厂还要服从工农业生产和人民生活的用水需要。另外，在各梯级水电厂之间，也有协调调度问题。如何考虑各种因素，制定出水火互济、经济性最优的联合调度方案，其计算更是相当复杂。

（7）联合电力系统经济调度。联合电力系统经济调度的目标是制定出系统间联络线的最优交换功率计划，使经济效益在更大的范围内进行协调。

（8）考虑安全约束的经济调度。考虑安全约束条件的经济调度，即如何解决所制定的经济调度方案中可能出现线路潮流过负荷等问题。

第二节　电力系统有功负荷的经济分配

一、火电厂内各机组间的经济负荷分配

火电机组的经济特性主要是燃料耗量特性 $B=f(p)$ 和燃料耗量微增特性 dB/dP。一定的有功功率 P，就有与之对应的燃料耗量 B。进行控制的目标是使全厂发出一定的有功功率 P_D 时，总的燃料耗量最少。

目标函数（总燃料耗量）为
$$B=B_1(P_1)+B_2(P_2)+\cdots+B_m(P_m)$$
约束条件（有功负荷平衡）为
$$P_D=P_1+P_2+\cdots+P_m$$
或
$$P_1+P_2+\cdots+P_m-P_D=0$$

式中　P_1，P_2，$\cdots$，P_m——各机组的负荷，即有功功率；

　　　　P_D——全厂总负荷；

　　B_1，B_2，$\cdots$，B_m——各机组燃料耗量；

　　　　B——全厂总燃料耗量。

通常这类的极值问题可用拉格朗日乘数法处理。首先构造一个拉格朗日函数
$$C=B_1(P_1)+B_2(P_2)+\cdots+B_m(P_m)-\lambda(P_1+P_2+\cdots+P_m-P_D)$$

式中　λ——引入的拉格朗日乘数。

为求目标函数 B 的最小值，将 C 分别对 P_1，P_2，$\cdots$，P_m 和 λ 求偏导，并令其等于零，即

$$\begin{cases} \dfrac{\partial C}{\partial P_i}=0, \quad i=1, 2, \cdots, m \\ \dfrac{\partial C}{\partial \lambda}=0 \end{cases}$$

展开上式可得到

$$\begin{cases} \dfrac{\mathrm{d}B_1}{\mathrm{d}P_1}-\lambda=0 \\ \dfrac{\mathrm{d}B_2}{\mathrm{d}P_2}-\lambda=0 \\ \vdots \\ \dfrac{\mathrm{d}B_m}{\mathrm{d}P_m}-\lambda=0 \\ P_1+P_2+\cdots+P_m-P_\mathrm{D}=0 \end{cases}$$

于是有

$$\frac{\mathrm{d}B_1}{\mathrm{d}P_1}=\frac{\mathrm{d}B_2}{\mathrm{d}P_2}=\cdots=\frac{\mathrm{d}B_m}{\mathrm{d}P_m}=\lambda$$

上式即是著名的等耗量微增率准则，即当各机组的耗量微增率相等时，全厂总耗量最小。

微增率 λ 的值可以通过试探求出，以使约束条件得到满足，现举例加以说明。

【例 7 - 1】 已知两台机组的耗量特性表达式为

$$B_1=4+0.3P_1+0.0007P_1^2$$
$$B_2=3+0.32P_2+0.0004P_2^2$$

B_1、B_2 的单位为 t/h；每台机组最大输出功率为 125MW，最小输出功率为 20MW。求两台机组总输出功率为 200MW 时的经济负荷分配。

解　先由耗量微增率表达式得

$$\lambda_1=\frac{\mathrm{d}B_1}{\mathrm{d}P_1}=0.0014P_1+0.3$$

$$\lambda_2=\frac{\mathrm{d}B_2}{\mathrm{d}P_2}=0.0008P_2+0.32$$

令 $\lambda_1=\lambda_2=\lambda$，然后任意假设 λ 值，解出 P_1、P_2，并求出 P_1+P_2 和 B。现列表计算，见表 7 - 5。

表 7 - 5　　　　　　　　　　　　　计　算　表

序号	假设的 λ 值	P_1（MW）	B_1（t）	P_2（MW）	B_2（t）	P_1+P_2（MW）	B_1+B_2（t）
1	0.328	20		20（10）		40	
2	0.37	50		62.5		112.5	
3	0.412	80		115		195	
4	0.426	90		125（132.5）		215	
5	0.419	85		123.75		208.75	
6	0.4148	82	33.3	118.5	46.5	200.5	79.8

表 7-5 中第一行 P_2 的计算值应为 10MW，因低于输出功率的下限，所以只有取为下限值 20MW；同样第 4 行中 P_2 的计算值为 132.5MW，超过了上限 125MW，即取为 125MW。经过试探，第六次 $\lambda=0.4148$ 时，总输出功率已很接近 200MW，此时总耗量为 79.8t/h。

若不按经济分配，而是两台机组各分担一半，即 $P_1=P_2=100$MW，则有

$$B_1 = 4 + 0.3 \times 100 + 0.0007 \times 100^2 = 41(\text{t/h})$$

$$B_2 = 3 + 0.32 \times 100 + 0.0004 \times 100^2 = 39(\text{t/h})$$

$$B_1 + B_2 = 41 + 39 = 80(\text{t/h})$$

可见，每小时要多耗煤 0.2t。若一年以 8000h 计算，则多耗煤 1600t，已经是一个可观的数目。

二、系统中各火电厂之间的经济负荷分配

如果某些火电厂是建在同一个地方，例如煤矿坑口火电厂群，则完全可以看成是一个有很多机组的巨型电厂。而各厂之间的经济负荷分配，完全和上述厂内机组之间负荷经济分配相同。但是，对处在不同地理位置的电厂，它们与系统的联系网络就各不相同。有的厂就在负荷中心，所增发的有功功率引起的网损比较小；而有的厂远离负荷中心，增发的有功功率引起的网损比较大。这时，它们之间的负荷经济分配，就不能单纯地采用各机组（或各电厂）耗量微增率相等的原则，而必须另外计及网损修正才符合实际情况。

计及网损的负荷经济分配条件（称协调方程式）为

$$\frac{\mathrm{d}B_1}{\mathrm{d}P_1}\frac{1}{1-\frac{\partial\Delta P}{\partial P_1}} = \frac{\mathrm{d}B_2}{\mathrm{d}P_2}\frac{1}{1-\frac{\partial\Delta P}{\partial P_2}} = \cdots = \frac{\mathrm{d}B_i}{\mathrm{d}P_i}\frac{1}{1-\frac{\partial\Delta P}{\partial P_i}} = \lambda$$

式中　B_i——第 i 发电厂耗煤量，$i=1,2,\cdots,m$；

　　　P_i——第 i 发电厂的输出功率，$i=1,2,\cdots,m$；

　　　ΔP——系统总网损。

系统总网损与网络接线、网络参数及潮流分布有关，即与各节点有功注入功率、无功注入功率、有功负荷、无功负荷、电压幅值及相角都有关。因此总网损是随时都在变化的量，计算很复杂，但网损总值可达总有功功率的 10%，经济调度中不能不加以考虑。

$\frac{\partial\Delta P}{\partial P_i}$ 称为第 i 发电厂的网损微增率。其物理意义是：在系统其他发电厂输出功率不变的条件下，第 i 发电厂增加单位有功功率时，所引起的网损增加值。一个发电厂离负荷中心越远，则该厂的网损微增率就越大。

经过网损修正以后，网损微增率高的发电厂输出功率就受到抑制，而网损微增率低的发电厂则可适当增加输出功率，这样总网损会有所减少而节约一些燃料，但并非网损越低越好。如果单纯追求网损最低，可命令各发电厂有功输出功率尽量与当地负荷平衡，网络中传输的有功功率减少了，网损自然相应减少，但这并不是全系统最经济的运行方案，因为那些网损微增率高的火电厂，大部分是建在燃料产地的。例如就地燃用劣质煤发电的坑口火电厂所安装的一般都是经济性能好的大机组；而负荷中心的火电厂运煤距离远、煤价贵，且多为建厂较久的中小机组，技术经济性能不好。如按上述方案，让这些中小机组多发满发而坑口电厂的大机组输出功率却受到限制，系统经济性自然不会好。只有既考虑机组本身的经济

性，又计及了网络传输的经济性，这样求得的经济负荷分配，才真正是最经济的。

　　下面以东北电网典型日的经济负荷分配效益数据为例，进一步说明网损修正的意义。东北电网日总负荷进行网损修正的经济负荷分配和不计网损修正的负荷分配两种效益列于表 7-6 中。

表 7-6			东北电网网损修正的经济效益		
项　目	不进行网损修正	进行网损修正	项　目	不进行网损修正	进行网损修正
总发电量（万 kW·h）	7325.8	7294.2	平均煤耗 [g/(kW·h)]	346.49	347.16
网损电量（万 kW·h）	244.1	212.5	总耗煤量（t）	25383.0	25322.5

　　由表 7-6 可见，进行网损修正后降低网损电量为

$$244.1 - 212.5 = 31.6 (万 kW·h)$$

折合耗煤量降低为

$$31.6 \times 347.16 \times 10^{-2} = 109.7 (t)$$

网损修正后平均煤耗上升为

$$347.16 - 346.49 = 0.67 [g/(kW·h)]$$

折合煤耗量增加为

$$7294.2 \times 0.67 \times 10^{-2} = 48.87 (t)$$

总的网损修正效益为

$$109.7 - 48.87 = 60.83 (t)$$

表中总煤耗量之差为

$$25383.0 - 25322.5 = 60.5 (t)$$

该计算结果与表 7-6 中所示相符。

　　可见，若不考虑网损修正，各发电厂仅按等耗量微增率分配输出功率，系统平均煤耗最低，为 346.49g/(kW·h)，但此时网损较高，必须多发电 31.6 万 kW·h。考虑了网损修正后，由于压低了某些网损微增率高的发电厂输出功率，抬高了某些网损微增率低的发电厂输出功率，破坏了等耗煤量微增率原则，所以系统平均煤耗率上升 0.67g/(kW·h)，全系统多耗煤 48.87t。但这时网损下降了 31.6 万 kW·h，折合煤 109.7t，除抵消煤耗率上升的48.87t 外，每天还节约了 60.83t 煤。由此推算，全年可节约 2 万多吨煤。可见网损修正是有重大经济效益的。

　　从这个例子可以看出，单纯强调煤耗率指标，或者单纯强调网损率指标，都是片面的，只有将这两方面协调起来才能做到真正的节约。

　　这里所讲的网损是由有功功率在网络中传输和无功功率在网络中传输两方面所引起的。如单独调整无功电流而使网损有所降低，一般是不会使煤耗明显上升的。因此，用调整无功分布的方法降低网损，很有经济意义，这一点将在后面详细介绍。

　　三、水火电厂之间有功功率负荷的经济分配

　　水火电混合电网的经济调度，就是在某一调度周期内的各时段，对水电和火电进行有功功率经济分配，使整个周期内系统总发电费用降至最低。水火电联合调度是一个经济效益显著而计算比较复杂的课题。它们的有功功率经济分配，除满足负荷需要和受发电设备的限制外，还要满足水电厂发电用水的规定。一方面水电厂应尽可能承担调峰调频任务，使火电厂

和核电厂输出功率平稳，减少机组起停次数，从而降低耗煤量且有利于安全；另一方面，又应当尽量维持高水头运行，因为用同样水量，在高水头时能发出更多电能。对无需与火电厂协调的水电系统，或按计划发电的水电厂，经济调度的目标则是发电用水量最少、弃水量最少、水电售电价值最大等。

水火电混合电力系统有功功率经济调度的实用计算方法有协调方程法、动态规划法、网络潮流规划法和应用大系统分解协调理论法。

水电厂的经济特性比火电厂复杂之处在于，水电厂分为年调节、日（周）调节、不调节（径流式）水电厂、梯级水电厂等不同种类。水电厂的经济特性与水头有关，而梯级水电厂之间有密切联系并相互制约。如果把以上这些情况都计算进去，问题就相当复杂。

对于不变水头水电厂和火电厂联合调度问题，仍然可采用拉格朗日乘数法处理。为此，需要引入水煤换算系数 γ。γ 的物理意义是在发出同样电功率的条件下，与 $1m^3$ 水相当的煤的质量（t）。γ 值的大小是变化的。例如工作水头高时，$1m^3$ 水量发出的电能多，代替的煤多，水的价值高，γ 值大；反之，则 γ 值小。此外，γ 值的选取应使给定的水量在指定的运行周期内正好全部用完，所以又与给定的日用水量有关。

将水电厂的耗水量微增率乘以 γ，相当于把水换成了煤，把水电厂转化为等效的火电厂，而耗水量微增率就化为等效火电厂的耗煤量微增率。这样就可以套用火电厂之间经济负荷分配时的等微增率准则，从而得到了水火电厂联调的经济负荷分配公式（详细的推求仍需采用拉格朗日乘数法），即

$$\frac{dB}{dP_T} = \gamma \frac{dW}{dP_H} = \lambda$$

式中　　P_T——火电厂的有功负荷；

　　　　B——火电厂耗煤量；

　　　　P_H——水电厂的有功负荷；

　　　　W——水电厂耗水量；

　　　　γ——水煤换算系数；

　　　　λ——拉格朗日乘数。

如计及水头变化较复杂，对于不变水头的简单情况，水火电厂联调的经济负荷分配计算步骤可分为以下三步：

（1）设一个水煤换算系数初值 $\gamma^{(0)}$，置迭代计算次数 $K=0$；

（2）按负荷变化时段逐段计算负荷分配；

（3）校核一段时期内的总耗水量 W_Σ 是否等于给定的总耗水量 W，若

$$|W_\Sigma - W| < \varepsilon \text{（这里 } \varepsilon \text{ 为预先给定的允许误差）}$$

则计算结束，打印结果；否则重新设定 $\gamma^{(1)}$，重复上述计算。

下面举例说明以上的计算方法。

【例 7 - 2】　已知一个火电厂和一个水电厂联网运行。它们的燃料耗量特性和水耗量特性分别为

$$B = 3 + 0.4P_T + 0.00035P_T^2 (t/h)$$
$$W = 2 + 0.8P_H + 1.5 \times 10^{-3} P_H^2 (m^3/s)$$

其中，P_T 为火电厂输出的有功功率（MW）；P_H 为水电厂输出的有功功率（MW）。

在当前季节和库容情况下，由水库调节下达的指令为：水电厂每天耗水量必须为 $W = 1.5 \times 10^7 \mathrm{m}^3$。系统的负荷曲线为：0～8 时，$P_{LD} = 350\mathrm{MW}$；8～18 时，$P_{LD} = 700\mathrm{MW}$；18～24 时，$P_{LD} = 500\mathrm{MW}$。火电厂容量为 600MW，水电厂容量为 450MW。试确定水火电厂间的经济负荷分配。（不计网络损耗）

解

（1）由 $\dfrac{\mathrm{d}B}{\mathrm{d}P_T} = \gamma \dfrac{\mathrm{d}W}{\mathrm{d}P_H}$，可得

$$0.4 + 0.0007P_T = r(0.8 + 0.003P_H)$$

（2）每一时段内有功功率都必须平衡，即

$$P_T + P_H = P_{LD}$$

（3）由上面两个方程可以解得

$$P_H = \frac{0.4 - 0.8\gamma + 0.0007P_{LD}}{0.003\gamma + 0.0007}$$

$$P_T = \frac{0.8\gamma - 0.4 + 0.003\gamma P_{LD}}{0.003\gamma + 0.0007}$$

（4）任选 γ 的初值，如取 $\gamma^{(0)} = 0.5$，分时段计算，可得：

0～8 时，$P_{LD} = 350\mathrm{MW}$，$P_H^{(0)} = 111.36\mathrm{MW}$，$P_T^{(0)} = 238.64\mathrm{MW}$；

8～18 时，$P_{LD} = 700\mathrm{MW}$，$P_H^{(0)} = 222.72\mathrm{MW}$，$P_T^{(0)} = 477.28\mathrm{MW}$；

18～24 时，$P_{LD} = 500\mathrm{MW}$，$P_H^{(0)} = 159.09\mathrm{MW}$，$P_T^{(0)} = 340.91\mathrm{MW}$。

（5）全天耗水量为

$$
\begin{aligned}
W_\Sigma^{(0)} =& (2 + 0.8 \times 111.36 + 1.5 \times 10^{-3} \times 111.36^2) \times 8 \times 3600 \\
&+ (2 + 0.8 \times 222.72 + 1.5 \times 10^{-3} \times 222.72^2) \times 10 \times 3600 \\
&+ (2 + 0.8 \times 159.09 + 1.5 \times 10^{-3} \times 159.09^2) \times 6 \times 3600 \\
=& 1.5936858 \times 10^7 (\mathrm{m}^3)
\end{aligned}
$$

（6）由于 $W_\Sigma^{(0)} > W$，重新取 $\gamma^{(1)} = 0.52$，重新计算结果为

$$W_\Sigma^{(1)} = 1.462809 \times 10^7 \mathrm{m}^3$$

此时，$W_\Sigma^{(1)} < W$，$\gamma^{(1)}$ 仍不正确。

（7）继续迭代，计算结果列于表 7-7 中。

表 7-7 　　　　　　**[例 7-2] 水火电厂经济负荷分配计算表格**

| 迭代次数 | γ | 0～8 时 | | | 8～18 时 | | | 18～24 时 | | | 全天 |
		P_T (MW)	P_H (MW)	W_Σ ($10^7\mathrm{m}^3$)	P_T (MW)	P_H (MW)	W_Σ ($10^7\mathrm{m}^3$)	P_T (MW)	P_H (MW)	W_Σ ($10^7\mathrm{m}^3$)	W_Σ ($10^7\mathrm{m}^3$)
1	0.5		111.36			222.72			159.09		1.5936858
2	0.52		101.33			209.73			147.79		1.4628090
3	0.514		104.28			213.56			151.11		1.5009708
4	0.5141	245.79	104.20		486.53	213.463		348.969	151.03		1.5000051

（8）由表 7 - 7 可知经 4 次迭代后，水电厂日用水量已非常接近指令给定值，则第 4 次的结果即为答案。

对于变水头水电厂以及梯级水电厂与火电厂联调问题，因为比上述情况复杂得多，本书不再介绍。关于有功功率经济分配的其他问题，请看有关专著。

第三节　电力系统无功负荷的经济分配

一、等网损微增率准则

从理论上讲，无功功率的产生和消耗都不需要能源。但是无功功率在网络中传输时，却要引起有功功率损耗，即

$$\Delta P = [(P^2 + Q^2)/U^2]R$$

式中　ΔP——线损；

P，Q——通过该线路的有功功率和无功功率；

R——该线路电阻。

电力系统的经济调度，除了要使有功负荷在各发电厂以及厂内各机组之间经济分配之外，还要合理地调整无功电源的数量和分布，使系统无功负荷在各无功电源间实行经济分配。无功负荷经济分配所要达到的目标，即为网络总有功损耗 ΔP_Σ 最小。

当电力系统中除平衡节点以外的各发电机的有功功率已分配好，各节点的有功负荷和无功负荷都已知时，就可以试探地确定各节点上无功电源的最合适数值。

以网络总有功损耗 ΔP_Σ 最小为目标函数，仍然采用拉格朗日乘数法处理，可以得出使有功网损最少的等网损微增率准则，即

$$\frac{\partial \Delta P_\Sigma}{\partial Q_1} = \frac{\partial \Delta P_\Sigma}{\partial Q_2} = \cdots = \frac{\partial \Delta P_\Sigma}{\partial Q_i} = \lambda$$

式中　ΔP_Σ——网络总有功损耗；

Q_i——第 i 个无功功率电源的无功功率；

λ——网损微增率。

如果再计及系统无功网损的影响，得出网损修正方程式为

$$\frac{\partial \Delta P}{\partial Q_i} \frac{1}{1 - \frac{\partial \Delta Q}{\partial Q_i}} = \lambda$$

式中　　ΔQ——系统无功网损；

$1/\left(1 - \frac{\partial \Delta Q}{\partial Q_i}\right)$——无功功率网损修正系数。

计算最小有功网损时首先要计算出潮流分布。每次潮流分布计算后，都要计算出总网损。由于平衡节点有功功率中的一部分就是为了平衡总网损的，所以网损的减少就表现在平衡节点有功功率的减少上。经多次反复试探计算，直到平衡节点的有功功率不能再减少时，各节点的无功功率即为最优分布。

必须指出，上述计算是在电源点的无功功率可以不受限制，且各节点电压也没有限制的假定条件下进行的。实际上，各电源点的无功功率和各节点的电压，都会限制在一定的范围内。所以每次计算后，还需校核这些限制条件是否满足。凡无功功率越限的点，只能按限值

进行无功分配，而对其他电源点则需重新调整，因此，这种计算非常复杂。

二、等网损微增率计算方法

电网网损与网络接线、网络参数及潮流分布有关，即与各节点的有功功率、无功功率、有功负荷、无功负荷、电压幅值和相角都有关系，其计算量很大。在实际经济调度中，计算网损及其微增率一般有潮流法、常数法、B 系数法等。这三种方法在计算时间和计算精度上相差很大。

（1）潮流法。针对每次发电厂输出功率的变化，立即对新的潮流方式进行计算，得到新状态下的网损及其微增率。潮流法计算时间最长，但精度最高。

（2）常数法。针对每次发电厂输出功率的变化，采用固定的网损微增率。此微增率是由一个或几个相近潮流方式归纳出来的。常数法计算精度差，但时间短。

（3）B 系数法。针对发电厂输出功率变化，用 B 系数计算网损及其微增率，是一种较好的计算方法，其计算精度接近潮流法，而计算时间接近常数法。所谓 B 系数，就是电网导纳矩阵元素 $Y=G+jB$ 中的虚部 B，可以利用一个或几个潮流方式归纳出来，存于数据库中。

由此可见，无功功率经济分配比有功功率经济分配还要复杂一些。

当现有的无功功率电源不能满足无功功率经济分配的要求，或系统无功功率不足，无法维持正常电压水平时，就需增添无功功率电源。增添多少？安装在哪些节点？也都有个经济性问题，即无功功率补偿的经济分配。由于这些问题属于规划设计和建设，超出现有设备范围内运行控制的内容，本书不再介绍。

第四节　电力系统计算机离线和在线经济调度

前面各节所讲的电力系统运行费用控制（或称经济调度），如果由人工手算是相当麻烦甚至是不可能的，只有应用电子计算机才能使经济调度进入实用阶段。

计算机参与经济调度首先是从离线计算开始的，目前可以进行在线经济调度也还要以离线计算的数据为基础。下面分别介绍离线经济调度和在线经济调度的有关内容。

一、计算机离线经济调度

所谓离线经济调度就是根据预先收集整理的水、火电厂和网络的各种数据资料，编制一些专门的经济调度程序，输入计算机计算并打印出结果，供调度员应用到调度工作中。

离线经济调度计算需要事先收集整理很多的数据资料。例如水电厂的耗水量曲线，各种工作水头的机组效率曲线，机组输出功率的上、下限等；火电厂则有耗煤量曲线，机组输出功率上、下限，机组最短允许开停机时间等；系统资料包括近期负荷和备用要求（或为预测负荷），各发电厂近期煤价，近期典型运行方式，联络线交换功率计划等。

数据资料的收集工作是开展经济调度工作最困难的工作，也是实现经济调度的基础。数据资料的收集工作并不是一劳永逸的，而需长年坚持，日积月累，这就要有一套科学的组织和制度，才能保证这些资料的齐备、正确和及时更新。

下面以京津唐电网调度中心在 1982 年投入使用的微机离线经济调度程序系统为例，介绍离线经济调度的有关情况。这一套程序包括十组程序。

1. 修改发电厂微增率曲线程序

修改发电厂微增率曲线程序的功能是修改、检查和保存系统中全部发电厂各种组合下的耗煤微增率曲线。以多段折线表示耗煤微增率曲线，按积分形式计算耗煤量。数据文件（或称特性曲线库）包括近期可能用到的全部机组组合的耗煤微增率曲线，当出现新的组合或得到新的资料时，可以通过此程序进行增加、修改和删除。

2. 日负荷预测程序

日负荷预测程序的功能是根据近期负荷资料用最小二乘法预测次日负荷曲线。其输入数据为数据文件中保存的近 7 天实际负荷数据，每天更新二次；输出数据为次日 24h 的负荷曲线。

3. 修改电网运行条件程序

修改电网运行条件程序的功能是检查、修改和保存电网运行条件数据，包括次日负荷曲线、自备电厂发电计划、最大输出功率、最小输出功率、网损修正率和发电权重。

4. 机组经济组合程序

机组经济组合程序的功能是按优先次序法安排机组经济组合。其输入数据为次日负荷曲线，各发电厂可用机组组合表及对应的经济特性曲线；输出数据为次日各电厂机组组合表。

机组的经济组合，是在保证系统安全运行的条件下，在一定运行周期内，合理地选择运行机组或安排其开停计划，使该周期内系统的燃料消耗（或费用）最小。具体内容包括：

（1）当电网负荷在某一时间下降到某一数值，运行机组的总功率大大超过负荷和旋转备用所需时，是否停用部分机组，而在负荷上升到某一数值时再重新投入运行；

（2）确定各个时段的机组优先起停次序和制定机组起停时间表；

（3）核算低谷时停运部分机组和使剩余机组运行效率提高所节约的燃料量，是否能抵消机组起停所多消耗的燃料量。

在选择机组的经济运行组合时，除考虑经济性外，还要考虑电网的安全要求和影响机组起停的其他特殊技术限制条件。机组经济组合的实用算法有优先顺序法、动态规划法及混合整数规划法等。

5. 经济负荷分配程序

经济负荷分配程序按协调方程式法分配各火电厂或给定水煤转换系数的水电厂的输出功率计划。其输入数据为各发电厂耗量微增率曲线、电网运行条件和机组组合表；输出数据为次日各电厂逐小时发电计划和系统等值耗煤微增率。

6. 输出制表程序

输出制表程序的功能是将次日经济调度计划打印成表格，经负责人审查批准后送入调度室执行。

7. 潮流计算程序

潮流计算程序的功能是计算电网潮流，供校核线路过负荷、节点电压越限和计算网损修正 B 系数时使用。其输入数据为由基本潮流方式库中取出最接近于研究题目的潮流数据，修改后作为计算潮流方式的数据；输出数据可以用文件方式保存本潮流方式数据或输出潮流计算结果。

8. 计算网损修正 B 系数程序

计算网损修正 B 系数程序的功能是按直流法计算一个潮流方式的 B 系数和网损修正率。其输入数据为一个方式的潮流结果；输出数据为一个方式下的网损修正 B 系数和网损修正率。

9. 编制火电厂组合微增率曲线程序

编制火电厂组合微增率曲线程序的功能是由各机组微增特性曲线合成为火电厂组合微增率特性曲线。

10. 水火电配合程序

水火电配合程序的功能是用网络优化原理编制梯级水电厂、独立水电厂和抽水蓄能水电厂次日发电计划。其输入数据为电网运行条件，系统等值耗煤微增率，水电厂发电用水量，水电系统参数。输出数据为次日各水电厂的发电计划。

京津唐电网调度中心微机经济调度程序的使用，结束了人工编制日调度计划的历史，并很快被移植到不同型号的微型计算机上，用于其他电力系统中。经实用表明，在 64KB 内存的微型计算机上进行 16 个发电厂 24 个时段的经济负荷分配计算，仅用了 3min；120 个节点网络的潮流计算仅用 2min，大大提高了工作效率。而这套程序的价格当时只有几万元，应用经济调度所获得的效益，可在很短的时间内收回这部分投资。

运用这套经济调度程序正常编制日调度计划的步骤如下：

（1）预测次日负荷；

（2）修改电网运行条件；

（3）计算次日机组经济组合；

（4）计算次日经济负荷分配计划；

（5）输出次日调度计划。

二、计算机在线经济调度

离线经济调度的最终成果是次日调度计划表，经审查批准后即交调度室执行。但是，由于这个成果是以预测的次日负荷曲线为根据的，而日负荷预测曲线较粗糙，仅有每小时的平均负荷，且许多因素都无法准确计算。因此离线经济调度在实际运行时经常会出现偏离计划值的情况。

这样一来，再精确的经济负荷分配，尽管计及了网损修正、无功电源优化等一系列因素，仍无法实现真正的经济。正如基础动摇了，建筑在上面的大厦岂能稳固？因此，除了离线经济调度以外，还需要实时的、可以按系统负荷变化随时进行调整的快速经济分配手段，这就是在线经济调度（EDC）。在线经济调度又称实时经济负荷分配，是电力调度自动化系统的重要组成部分。

在第四章中介绍过保持系统频率稳定的自动发电控制（AGC）。实际的 AGC 系统的基本功能可概括为两部分功能：负荷频率控制（Load Frequency Control，LFC）和经济调度（Economic Dispatch Control，EDC）。

LFC 最基本的任务是根据区域控制误差 ACE 的数值，就是调整系统频率到额定值（如50Hz）并维持各区域之间联络线的交换功率为计划值。

系统较长时间在 LFC 控制下，会偏离经济运行状态。这就需要按一定的周期或按偏离程度起动在线经济调度程序，重新按经济特性分配机组负荷，以维持系统运行的经济性。同时，将调频机组的新增负荷平稳地转移给其他机组，以恢复调频机组的调节能力。

在线经济调度程序经过快速计算后，给出调整方案，直接自动执行，也可由调度人员确认后执行，因此技术要求较之离线计算更高。

AGC 所控机组的应发出力除了区域控制误差 ACE 数值外，还要包括另外两部分（参见

图 7-1）：

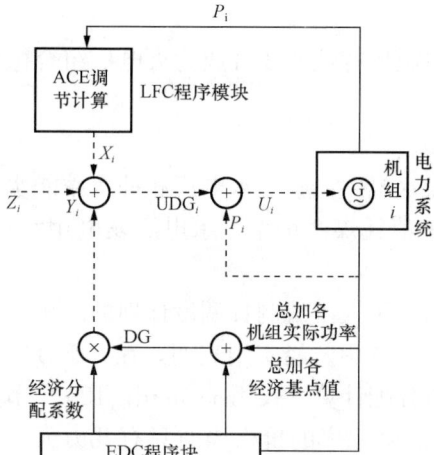

图 7-1　AGC/EDC 基本功能示意图

X_i—机组 i 的 ACE 调节量，MW；Y_i—机组 i 的经济调节量，MW；Z_i—机组 i 的经济基点值或实际功率，MW；UDG_i—机组 i 的期望发电出力，MW；P_i—机组 i 的实际功率，MW；DG—系统发电偏差，MW

第一部分是在线经济调度给出的机组经济基点值 Z_i，即机组通常的基本输出功率。一般情况下，在线 EDC 程序块是每隔一定的时间（称为 EDC 周期，如 5min）就自动起动一次，计算出机组新的经济基点值。一旦经济基点值被计算出来，它们就会在本 EDC 周期内保持不变，直到 EDC 程序块下次再启动。

第二部分是"经济调节增量"，是将系统发电偏差 DG，按照机组各自的经济分配系数，分配到各参加经济调节的机组上。系统发电偏差 DG 定义为：电力系统的实际发电与其经济基准（即各机组经济基点值总和）之间的偏差。电力系统发电偏差 DG 可按下式计算

$$DG = \sum_{i=1}^{N_u} UMW_i - \sum_{i=1}^{N_u} UEBP_i$$

式中　UMW_i——机组 i 的实际输出功率；
　　　$UEBP_i$——机组 i 的经济基点值；
　　　N_u——机组数目（包括所有发电机组）。

将系统发电偏差 DG 乘上机组 i 的经济分配系数，即可得到机组 i 的经济调节量 Y_i。Y_i 与机组的 AEC 调节量 X_i 和机组基点值 Z_i 综合后，就可以算出机组期望发电 UDG_i（Unit Desired Generation）。机组期望发电 UDG_i 减去机组实际出力 P_i，就得到了机组控制偏差 DCE_i。

经济分配系数同基点值一样，也是由 EDC 程序块计算出来并传递给 LFC 的。经济基点值加上经济调节量，就构成了各台机组的经济输出功率。

在计算经济分配系数时，会涉及机组的热耗量特性或水耗量特性。火电机组的热耗量特性曲线（或成本曲线）一般用一个五阶多项式来模拟；热耗微增率曲线用一个四阶多项式。水电机组的水耗量特性曲线与水耗微增率曲线同样也分别为一个五阶多项式和一个四阶多项式。但水电机组的水耗量特性与其水头的大小有很大的关系，因此在 AGC 数据库中，每台水电机组有多条不同的水耗曲线以对应其不同的水头。为了将水电机组的特性与火电机组的特性统一起来，还应为所有水电机组设置相应的水价（水煤换算系数）。

EDC 模块最终的计算结果，就是每台发电机组的经济基点值和相应的经济分配系数，并把它们传送给 LFC。EDC 模块会周期地自动起动以完成上述任务。

EDC 除了周期性地执行外，在出现以下情况时也会起动执行：

（1）系统负荷发生重大变化，变化限值由操作员整定；

（2）经济调度机组的运行极限被改变；

（3）机组控制模式改变，即可经济调度模式和非经济调度模式两种。

三、实现互联电网的经济调度

互联电网经济调度的目标是使整个互联电力系统的总发电费用和交换费用最低，即在满足各电网本身需求和联络线输电能力允许的条件下，确定各电网发电和交换功率

计划。

经济调度要考虑电力系统发电费用特性、联络线交换功率限制、电网联络线网损、规定周期的交换电量、无功功率和电压等因素；而且要注意这些因素与机组经济组合、调度计划、检修计划和燃料供应计划等相配合。

确定各电网间交换功率计划，是电网经济调度的基础，一般有三种做法。

（1）统一经济调度。按统一电力系统对全部发电厂进行经济调度，校核联络线功率，越限时加以修正，最后计算出各电力系统的发电功率和交换功率。这种方式可以达到互联电力系统总体最优。

（2）联合调度，统一协调。对每个电网单独进行经济调度，得到其等值发电费用特性。协调机构按此特性在各电力系统调整发电功率并校验联络线功率，使总的费用降至最低。这种方法可以达到或接近总体最优。

（3）分别调度，自行协调。各电力系统单独进行经济调度，将联络线视为等值发电厂（已知边界点交换功率的费用微增率），据此确定本电力系统发电费用降至最低。若能及时调整和传送边界信息，这种方式也能接近最优。

第五节　电力系统经济运行

经济运行是电力企业经营活动的重要内容之一。提高电网生产经济运行水平，可以产生相当可观的经济效益和社会效益。降低电力系统运行成本，除前面讲过的最大限度地降低发电燃料消耗外，还要合理配置无功功率电源，减少网络损耗，组织变压器的经济运行等。

电网中的电能损耗直接增加一次能源的耗量，且占用部分发电设备容量。例如，在一个年供电量为 100 亿 kW·h 的中型电力系统中，将网损率由 8%（1990 年统计，我国电网平均网损率为 8.06%）降为 7%，则一年可减少 1 亿 kW·h 的电能损耗；按煤耗 0.4kg/kW·h 计算，一年就节省 4 万 t 含热量为 7000kcal/kg 的标准煤。1 亿 kW·h 的电能相当于一台容量为 2 万 kW 的发电机组全年的发电量（发电设备利用小时数以 5000h 计）。由此可见，降低网损确实是提高电力系统经济运行的中心工作，是电力企业增产节约的一项重要任务。

降低网损的技术措施大体可分为建设性措施和运行性措施两大类。建设性措施是指新建电力网络时，为提高运行经济性采取的措施，以及为降低网损对现有网络进行改造的措施；运行性的措施则是指在已运行的电网中为降低网损采取的各种技术措施。运行性措施具有经常性，一般不需增加设备和资金的投入，应优先考虑。本节主要讨论运行性措施的各种技术措施。

一、提高用户的功率因数减小功率损耗

在一条电阻为 R 的输电线上，输送相同有功功率 P，对应于不同的功率因数，产生的有功功率损耗值不同。若功率因数由 $\cos\varphi_1$ 提高到 $\cos\varphi_2$，则线路有功功率损耗下降率为

$$\Delta P_{\mathrm{L}}\% = \left[1 - \left(\frac{\cos\varphi_1}{\cos\varphi_2}\right)^2\right] \times 100\%$$

例如，当功率因数由 0.7 提高到 0.9 时，线路中功率损耗可减少 39.5%。提高用户的功率因数，首先应提高负荷的自然功率因数，其次是增设无功功率补偿装置。

1. 提高负荷的自然功率因数

负荷的自然功率因数是指未设置任何无功补偿设备时负荷自身的功率因数。

在电力系统负荷中，异步电动机占相当大比重，是系统中主要需要无功功率的负荷。它所需无功功率可表示为

$$Q = Q_0 + (Q_N - Q_0)\left(\frac{P}{P_N}\right)^2 = Q_0 + (Q_N - Q_0)\beta^2 \tag{7-1}$$

式中　P_N——异步电动机额定有功功率；

　　　Q_0——励磁无功功率；

　　　Q_N——异步电机额定负荷（P_N）运行时异步电动机所需的无功功率；

　　　P——电动机的机械负荷；

　　　β——电动机的受载系数。

由式（7-1）可见，异步电动机励磁无功功率 Q_0 与受载系数无关，而式中第二项则与受载系数的平方成正比。在额定无功功率 Q_N 中，Q_0 占 60%~70%，第二项无功功率只占少部分。因此，随着受载系数的降低，异步电动机的功率因数相应降低。若以 $Q_0 = 0.7Q_N$ 计算，则 β 由 1 下降为 0.5 时，$\cos\varphi$ 由 0.7 下降为 0.54。

根据上面的分析，欲提高负荷的功率因数，首先在选择异步电动机容量时，应尽量接近它所带的机械负荷，避免"大马拉小车"的现象，即电动机长期处于轻负荷下运行，更应避免电动机空载运转。另外，在可能的条件下，大容量的用户尽量使用同步电动机，并使其过激运行，向系统发出无功功率，从而提高负荷的功率因数；如果能对线绕式异步电动机转子绕组通以直流励磁，就可改作同步机运行。此外，变压器也是电力网中消耗无功功率较多的设备，应合理地配置其容量。这些皆为提高负荷自然功率因数的技术措施。

2. 增设无功功率补偿装置

设置无功功率补偿装置，即在变电站 10kV 或以下低压母线上并联调相机或电容器，补偿负荷所需的部分或全部无功功率，以提高设置点用户的功率因数，从而减少网络中输送的无功功率以降低网损。

电力系统的无功功率补偿问题，前文中已从无功平衡、电压调整和经济运行三个不同的角度进行了讨论。一般而言，这三个方面的要求不会相互矛盾，为满足无功平衡而设置的补偿容量，必有助于提高电压水平；为减少网络电压损耗而增添的无功补偿，也必然会降低网损。

设置无功补偿应综合考虑以下原则：先按正常电压水平下满足无功功率平衡的要求，确定补偿容量；若满足调压要求还需增加无功补偿容量时，就按所需最大容量设置；在确定总补偿容量后，再以调压要求为约束条件，按经济原则在各补偿节点进行分配。

二、改变电力网的运行方式（环网的经济功率分布）

在环形网络或两端电压相等的两端供电网络中，功率的分布取决于各线段的阻抗。在图 7-2 所示的环形网络中有

$$\tilde{S}_1 = \frac{\tilde{S}_b(\check{Z}_2 + \check{Z}_3) + \tilde{S}_c\check{Z}_3}{\check{Z}_1 + \check{Z}_2 + \check{Z}_3} \qquad (7\text{-}2)$$

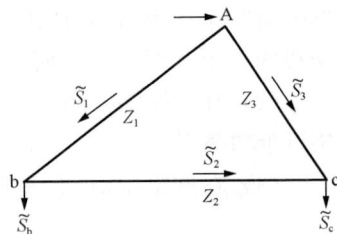

图 7-2　环形网络

这种没有外施任何调节和控制手段的功率分布称功率的自然分布。但通常这种自然功率分布不能使网络的有功损耗最小。

下面推导网络有功损耗最小时的功率分布。图 7-2 所示网络的有功损耗为

$$\Delta P_\Sigma = \frac{S_1^2}{U_N^2}R_1 + \frac{S_2^2}{U_N^2}R_2 + \frac{S_3^2}{U_N^2}R_3$$

$$= \frac{P_1^2 + Q_1^2}{U_N^2}R_1 + \frac{(P_1 - P_b)^2 + (Q_1 - Q_b)^2}{U_N^2}R_2 + \frac{(P_b + P_c - P_1)^2 + (Q_b + Q_c - Q_1)^2}{U_N^2}R_3$$

电网中有功功率损耗最小的条件为

$$\frac{\partial \Delta P_\Sigma}{\partial P_1} = 0$$

$$\frac{\partial \Delta P_\Sigma}{\partial Q_1} = 0$$

于是有

$$\frac{\partial \Delta P_\Sigma}{\partial P_1} = \frac{2}{U_N^2}\left[P_1 R_1 + (P_1 - P_b)R_2 + (P_b + P_c - P_1)R_3\right] = 0$$

$$\frac{\partial \Delta P_\Sigma}{\partial Q_1} = \frac{2}{U_N^2}\left[Q_1 R_1 + (Q_1 - Q_b)R_2 + (Q_b + Q_c - Q_1)R_3\right] = 0$$

解上列方程，可得电网内有功损耗最小时的功率分布为

$$\begin{cases} P_1 = \dfrac{P_b(R_2 + R_3) + P_c R_3}{R_1 + R_2 + R_3} \\[3mm] Q_1 = \dfrac{Q_b(R_2 + R_3) + Q_c R_3}{R_1 + R_2 + R_3} \end{cases} \qquad (7\text{-}3)$$

合并表示为

$$\tilde{S}_1 = \frac{\tilde{S}_b(R_2 + R_3) + \tilde{S}_c R_3}{R_1 + R_2 + R_3}$$

式 (7-3) 说明，当环网内功率按各段电阻分布时，电网内有功功率损耗最小。这样的功率分布，称为经济功率分布。容易证明，对于纯电阻网络或各线段的 X/R 比值相等的均一网络，功率的自然分布即为有功损耗最小的经济分布；而对于非均一网络，各线段不均一性越大，则功率损耗增加也越大。

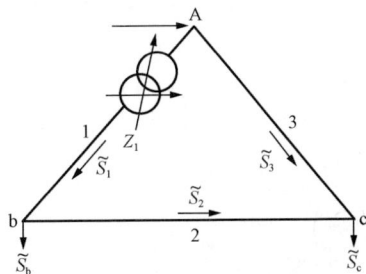

图 7-3　在环网中装设混合型加压调压变压器

但是，可以采取以下措施，将非均一网络自然功率分布变为经济分布，以减少电网功率损耗。采用这些措施的前提是，必须对实际的经济效果以及运行中可能产生的技术问题进行全面论证。

(1) 在环形网络中，装设混合型加压调压变压器（也

称纵横调压变压器），产生附加电动势及相应的循环功率，如图 7-3 所示。适当调节附加电动势的大小和相位，可使功率分布接近于经济分布。

（2）在两端供电网络中，调整两端电源电压，改变循环功率的大小，可使功率分布等于或接近于功率损耗最小的分布。

（3）在网络中对 X/R 比值特别大的线段，进行串联电容器补偿，以改善网络的不均一性。

（4）当以限制短路电流或满足继电保护动作选择性要求为目的，而选择环网开环运行点时，开环地点应尽可能兼顾到使开环后的功率分布产生的功率损耗最小。

三、适当提高高压电力网的运行电压水平

电力网运行时，线路和变压器等电气设备的绝缘所容许的最高工作电压，一般不超过额定电压的 10%。在不超过上述规定的条件下，应尽量提高电网运行电压水平，以降低功率损耗和电能损耗。

变压器在额定电压附近时，其铁芯损耗大致与电压平方成正比。如果提高电网的运行电压，最好相应地改变变压器的分接头。因为当加在变压器的电压高于变压器分接头的额定电压时，虽然变压器绕组中的铜损减小了，但由于电压的增加，使得变压器磁通密度增加，铁损也相应地增加了，这就降低了节约的效果。

通常，对于变压器的铁损在网络总损耗中所占比重小于 50% 的电网，适当提高电力网的运行电压可以降低网损。电压在 35kV 及以上的电网基本上属于这种情况。对于变压器铁损所占比重大于 50% 的电网，情况正好相反，此时宜适当降低运行电压。特别是 6~10kV 的农村配电网，变压器铁损在配电网总损耗中所占比重可能高达 60%~80%。这是因为小容量变压器的空载电流较大，农村电力用户的负荷率又比较低，变压器有许多时间处于轻载状态。

必须指出，无论对哪一类电网，为了经济目的提高或降低运行电压水平时，都应将电压限制在允许的电压偏移范围内。

四、变压器的经济运行

变压器的经济运行主要是指合理选择变压器容量，合理选择变压器的台数等。为了提高供电的可靠性，变电站通常安装两台同容量的变压器，当然对于一些枢纽变电站也有的安装多台不同容量的变压器。在装有两台或以上变压器的变电站中，根据负荷的变化适当改变投入运行变压器的台数，可以减少功率损耗。

当 n 台同容量、同型号的变压器并联运行时，总的功率损耗为

$$\Delta P_{T(n)} = n\Delta P_0 + \frac{\Delta P_k}{n}\left(\frac{S}{S_N}\right)^2$$

式中　　ΔP_0——变压器的空载损耗；

　　　　ΔP_k——变压器的短路损耗；

　　　　S_N——变压器的额定容量。

当 $n-1$ 台变压器并联运行时，总的功率损耗为

$$\Delta P_{T(n-1)} = (n-1)\Delta P_0 + \frac{\Delta P_k}{(n-1)}\left(\frac{S}{S_N}\right)^2$$

由上式可见，变压器铁芯损耗与台数成正比，绕组损耗却与台数成反比。当变压器轻载运行时，绕组损耗所占比重相对减小，铁芯损耗的比重相对增大。在某一负荷下，减少运行

变压器的台数，就能降低总功率损耗。

当 $\Delta P_{T(n)} = \Delta P_{T(n-1)}$ 时，n 台变压器并联运行与 $n-1$ 台变压器并联运行时有功损耗相等。此时变电站的负荷功率，称为临界功率，即

$$S_{cr} = S_N \sqrt{n(n-1)\frac{\Delta P_0}{\Delta P_k}}$$

由图 7-4 可见，当 $S > S_{cr}$ 时，宜投入 n 台变压器并联运行；$S < S_{cr}$ 时，可减少为 $n-1$ 台并联运行。

必须指出，实际运行中也不能完全按上述临界负荷投切变压器。比如，对于一昼夜内有多次大幅度变化负荷的情况，若断路器频繁操作，需增加检修次数，反而对系统安全运行带来危害。只有对低负荷且持续时间较长（如季节性变化）的负荷，按上述原则投切变压器才有经济意义。此外，当变电站仅有两台变压器，在轻负荷按经济原则可切除一台时，必须有相应的措施保证供电的可靠性。

图 7-4　变压器功率损耗与率投入台数的关系

对于型号、容量不同的变压器并联运行情况，仍可求出一个临界负荷值，并适当地减少并联运行的台数，降低总功率损耗。

五、调整用户的负荷曲线

在某一时段内，用户的用电量给定的情况下，调整负荷曲线，减小高峰负荷与低谷负荷的差值，可降低电能损耗。用户的负荷曲线越平稳，网络中电能损耗越小。

六、合理安排检修

对网络设备进行检修，往往改变了并联运行的方式及网络中的功率分布，从而使检修期间功率损耗和电能损耗增大。因此，要合理安排检修计划，尽可能降低检修期间的网络损耗。例如，配合工业用户的设备检修，或利用节假日进行输配电设备的检修，缩短检修时间，以及采用带电作业等。

七、对原有电网进行技术改造

随着工业生产和城市生活用电的不断增长，配电网络的负荷越来越重，负荷密度也越来越大，不仅难以保证电压质量，而且造成电能损耗增大。

旧电网的升压改造，对降低网损效果极佳。因为，当线路的导线截面积一定，负荷功率不变时，线路上的功率损耗与电压平方成反比，电压提高到原来的 3 倍，功率损耗便降低为原来的 1/9。由于年电能损耗费的减少，几年内就可以收回电网改造的投资。

（1）旧电网升压改造。将 3～6kV 电网升压改造为 10kV 电网，10kV 电网改造为 35kV 电网，35kV 电网改造为 110kV 电网等。

（2）在改建旧电网时，将 110kV 或 220kV 的高电压直接引入负荷中心，简化网络结构，加强主干网架，减少变电层次，使输电网结构合理、运行灵活。这不仅能大量降低网损，而且是适应电力市场竞争需要，扩大供电能力，提高供电可靠性和改善电能质量的有效措施。

（3）对于某些负荷特别重，最大负荷利用小时数又较高的线路，应按经济电流密度校验其导线截面积。如果导线截面积过小，应考虑予以更换，以降低电能损耗。

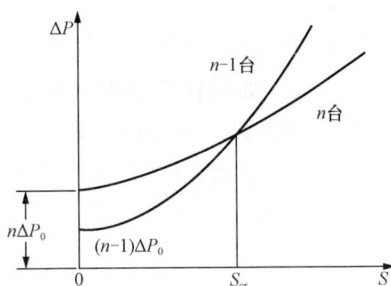

思　考　题

7-1　试述电力系统运行成本控制的意义。

7-2　电力系统经济调度包括哪些具体内容？什么是在线经济调度？EDC 与 AGC 如何配合？

7-3　什么是等网损微增率准则？试述其在电力系统无功功率负荷分配中的作用。

7-4　如果让系统中网损微增率高的火电厂少发电，网损微增率低的火电厂多发电，是否为最经济的系统运行方案？

7-5　电力系统经济运行有哪些具体措施？

第八章　电力自动化系统高级应用软件

　　电力自动化系统，包括调度自动化系统和配网自动化系统两部分。它除了具有数据采集和监视控制（SCADA）基本功能外，还必须具有能对电网的安全和经济运行进行计算、分析、管理和控制的高级应用软件，一般称为 PAS。PAS 能对电网实施安全监控等一系列操作，对提高供电质量和电网的安全、经济运行水平具有重要作用。

　　PAS 主要包括网络建模、网络拓扑分析，状态估计，调度员潮流，负荷预报，自动发电控制与经济调度，安全控制和培训仿真系统等。

　　此外，PAS 还有其他实用软件和调度管理软件。实用软件包括智能调度操作票系统、电能量考核、电压合格率统计、负荷统计、无功考核、停用电时间统计等。调度管理软件是根据电网调度管理的需要而开发，包括调度计划管理、运行方式管理、调度运行管理、自动化设备管理等。所有功能都是模块化设计，可以根据需要进行安装配置。

　　PAS 是建立在一定的数据源基础之上的，这些数据源包括：

　　（1）由 SCADA 采集来的量测数据，即系统运行的实时数据及运行的历史数据；

　　（2）由人工输入的系统静态数据，如系统的发电机、变压器及线路的参数等；

　　（3）计划数据，主要是未来时刻的计划行为数据，如预计负荷及检修安排等。

第一节　网络拓扑分析

一、网络拓扑的定义及基本功能

　　网络拓扑（TOP）又称网络结构分析。系统网络随时可能变化，网络拓扑分析的基本功能，就是根据断路器的开合状态（实时遥信信息）和电网一次接线图，及时修正系统中各种元件（线路、变压器、母线段等）的连接状况，将电网一次接线图转化成一种"拓扑"结构，即以节点和支路来定义的结构，为其他各种应用作好准备。

　　在网络拓扑分析之前，需要进行网络建模。网络建模是将电网的物理特性用数学模型来描述，以便用计算机进行分析。其中，电网的数学模型包括发电机组、变压器、导线、电容器、负荷、断路器等。网络建模用于建立和修改网络数据库，为其他应用如状态估计、潮流计算等定义电网的网络结构。

　　网络模型分为物理模型和计算模型。物理模型（也称节点模型）是对网络的原始描述；计算模型（也称母线模型）与网络方程相联系，随开关状态变化，用于网络分析计算。

　　电力系统的分析计算是面向电气节点（bus）的，而一个电气节点有时包括多个物理节点（node）。当电网结构发生变化时，如一台断路器发生状态变位，则 node 与 bus 的对应关系也随之变化。网络拓扑的任务就是通过实时检查电力系统中所有元件的连接情况，将面向 node 的节点模型转化成面向 bus 的母线模型，形成 node 与 bus 的对照表，为其他高级软件的应用作好准备。

　　网络拓扑根据断路器状态和电网元件关系，将网络物理模型转化为计算用模型。运用堆栈原理，搜索网络图的树支，来判断支路的连通状态，划分电网中的各"拓扑岛"。

当电网解列时，拓扑分析仍可给出各子系统的拓扑结构。此外，用拓扑结果可标出电网元件的带电部分和停电部分，并跟踪着色，用直观方式表示网络元件的运行状态和网络接线的连通性。EMS 中的网络拓扑分析也可用于研究模式。

网络拓扑分析是其他高级应用软件的基础，应有可靠、方便、快速特点。

网络拓扑程序可召唤起动或由厂站开关变位事件驱动。先检查开关变位标志，对变位厂站的所有断路器、隔离开关进行扫描，以进行电气节点分析。完成所有厂站的电气节点分析后，再对所有线路进行扫描，确定系统的连通状态。最终建立一个可供状态估计及其他在线程序应用的完整的网络模型。TOP 的数据来源于数据库，分析结果也存在共享数据库中。

二、节点编号优化和节点 Y 阵建立

电网的数学模型包括节点电压方程和回路电流方程等，其中以节点导纳矩阵（Y 阵）表示的节点电压方程在电力潮流计算中广泛使用。为计算上的方便和节约程序内存占用量，需建立 Y 阵因子表。为尽量减少 Y 阵因子表的"注入元素"，需对节点编号进行优化。经节点编号优化后建立的 Y 阵非常稀疏（即大量元素为 0），其因子表也同样稀疏。Y 阵数据从存放到使用，都应用了节约程序内存的稀疏矩阵技术。

节点编号优化软件采用静态优化法。因为用动态优化法相应的编程比静态优化法复杂许多，而能够进一步减少的注入元素数量却有限。

第二节　电力系统状态估计

电力系统状态估计是电力系统高级应用软件的一个模块（程序）。许多安全和经济方面的功能都要用可靠数据集作为输入数据集，而可靠数据集就是状态估计程序的输出结果。所以，状态估计是一切高级应用软件的基础，真正的能量管理系统必须有状态估计功能。

一、必要性

SCADA 系统收集了全网的实时数据汇成实时数据库——SCADA 数据库。SCADA 数据库存在下列明显缺点。

（一）数据不齐全

为了使收集的数据齐全，需在电力系统的所有厂站都设置 RTU，并采集系统所有节点和支路的运行参数。这将使 RTU、远动通道和变送器的数量大大增加，而这些设备价格相当昂贵。实际情况是仅有部分重要厂站设置了 RTU，而有时 RTU 或信道还会故障。这样，就总有一些节点或支路的运行参数不能被量测到，造成数据收集不全。

（二）数据不精确

数据采集和传送的每个环节（如 TA、TV、A/D 转换等）都会产生误差。这些误差有时使相关的数据变得相互矛盾，且其差值之大甚至使人不便取舍。

（三）受干扰时会出现不良数据

干扰总是存在的。尽管已经采取了滤波和抗干扰编码等措施，减少了出错误的次数，但个别错误数据的出现仍不能避免。这种错误数据不是误差，而是完全不合道理的数据。

（四）数据不和谐

数据不和谐是指数据相互之间不符合建立数学模型所依据的基本物理学定律。原因有

二：一是前述各项误差所致；二是各项数据可能不是同一时刻采样得到。数据的不和谐影响了各种高级应用软件的计算分析。

由于 SACDA 系统收集的实时数据有以上缺点，因而必须找到一种方法，能够把不齐全的数据"填平补齐"，不精确的数据"去粗取精"，挑出错误的数据"去伪存真"，使整个数据系统"严密和谐"，质量和可靠性得到提高。这种方法就是状态估计。

二、功能

"状态估计"是一种计算机程序，有时也按硬件的说法称其为"状态估计器"。状态估计能实现以下功能：

（1）根据网络方程和最佳估计准则（一般为最小二乘准则），利用实时网络拓扑结果，对生数据（即 SCADA 实时采集的断面数据）进行计算，得到最接近系统真实状态的最佳估计值，给出电网和谐、完整、准确的运行潮流断面数据。

（2）进行不良数据（或叫坏数据）的检测、辨识、改正或删除，提高数据的可靠性。

（3）推算出齐全精确的电力系统运行参数，例如根据相邻变电站的遥测，推算出某未装RTU变电站的各种运行参数；或者根据现有类型的遥测量，推算出另外类型的难于量测的运行参数，例如根据有功功率测值推算各节点电压的相位角。

（4）根据遥测量估计电网实际结构，纠正偶尔的开关状态遥信错误，保证数据库中电网结构数据的正确性。状态估计的这种功能被称为网络接线辨识或开关状态辨识。

（5）对某些可疑或未知的设备参数，也可以估计出它们的值。例如有载调压变压器分接头位置信号没有传送到调度中心时，就可以把它估计出来。根据掌握的运行数据，也可以估计某些未知网络（"黑箱"）的参数。状态估计的这种用法，称为参数估计。

（6）可应用状态估计算法，以现有数据预测未来的趋势和可能出现的状态，如电力系统负荷预测和水库来水预测等。

（7）可以通过状态估计，确定合理的测点数量和合理的测点分布。将新增的量测设置在关键点，全面优化量测配置，既达到较好量测指标，又使付出的成本最小。

综上所述，电力系统状态估计程序输入的是低精度、不完整、不和谐、偶尔还有坏数据的"生数据"；输出的则是精度高、完整、和谐、可靠的数据，由这样的数据组成的数据库，称为"可靠数据库"。电网调度自动化系统的许多高级应用软件，都以可靠数据库的数据为基础。因此，状态估计有时被誉为应用软件的"心脏"，可见这一功能的重要程度。图 8-1所示为状态估计在电网调度自动化系统中所起作用的示意图。

三、基本原理

（一）测量的冗余度

状态估计算法必须建立在实时测量系统有较大冗余度的基础之上。对那些不随时间而变化的量，为消除测量数据的误差，常用的方法就是多次重复测量。测量的次数越多，它们的平均值就越接近真值。

但在电力系统中不能采用上述方法，因为电力系统运行参数属于时变参数。消除或减少时变参数测量误差，必须利用一次采样得到的一组有多余的测量值。多余的测量值越多，状态估计得越准，但是会造成在测点及通道上的投资越多。一般要求是

测量系统的冗余度＝系统独立测量数／系统状态变量数＝1.5～3.0

系统状态变量，是指表征电力系统特征所需的最小数目变量，状态变量一般取各节点电

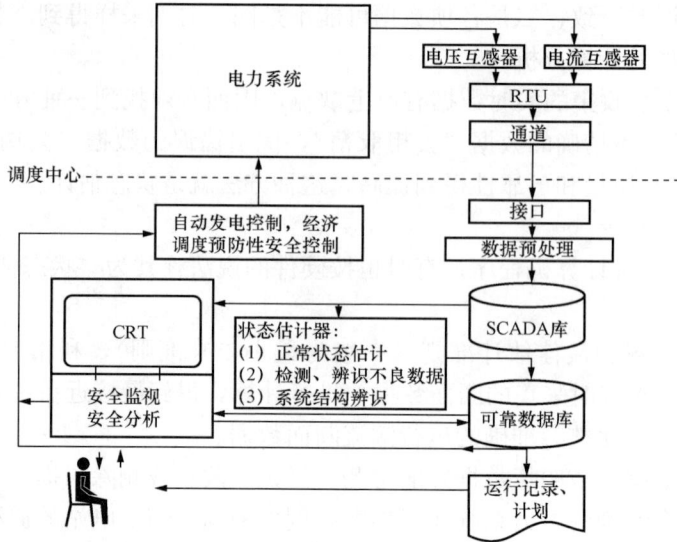

图 8-1　状态估计在电力调度自动化系统中的作用

压幅值及其相位角。若有 N 个节点，则有 $2N$ 个状态变量。由于可以设某一节点电压相位角为零（电压参考点），所以对一个电力系统，其未知的状态变量数为 $2N-1$。

图 8-2 为电力系统状态估计示意图。

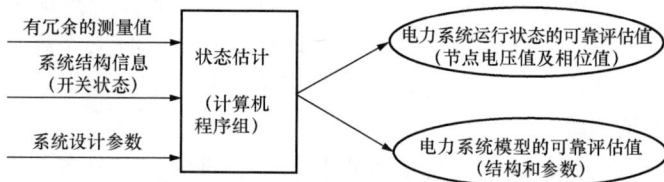

图 8-2　电力系统状态估计示意图

（二）状态估计的步骤

1. 假定数学模型

假设数学模型指在没有结构误差、参数误差和不良数据的假定条件下，在相互和谐的数据间，建立符合物理学定律的数学模型。状态估计可选用的数学方法有加权最小二乘法、快速分解法、正交化法和混合法等。目前电力系统用得较多的是加权最小二乘法。对电力系统的测量值可选取母线注入功率、支路功率和母线电压数值。量测不足之处可使用预报和计划型的"伪测量"，同时将其权重设置得较小，以降低其对估计结果的影响。另外，无源母线上的零注入量测和零阻抗支路上的零电压量测，也可以作为量测量，这样的量测可靠，可取较大的权重。

2. 状态估计计算

根据所选定的数学方法，计算出使"残差"最小的全部状态变量估计值，这就是状态估计计算的内容。所谓残差，就是各实际量测值与其相应的估计值之差。

3. 检测

检查有无不良测值混入或结构错误，如无，此次估计即告完成；如有，转入下一步。

4. 识别

识别，又称辨识，是确定具体的不良数据或网络结构错误信息的过程。在除去或修正已识别出来的不良测值和结构错误后，需要重新进行第二次状态估计计算，这样反复迭代估计，直至没有不良数据或结构错误为止。

图 8-3 示出状态估计的四个步骤及相互关系。由图中可见量测值在输入前还要经过前置滤波和极限值检查。因为一些很大的测量误差，只要采用一些简单的方法和很少的加工就可轻易地排除。例如，对输入的节点功率可进行极限值检验和功率平衡检验，这样就可提高状态估计的速度和精度。

（三）不良数据的检测方法

没有不良数据的检测与识别，状态估计将无法投入在线实际应用。当有不良数据出现时，必然会使目标函数 J 大大偏离正常范围，这种现象可以用来发现不良数据。为此可把状态估计值代入目标函数中，求出目标函数的值，如果大于某一"门槛值"，即可认为存在不良数据。当然，确定各地电网 J 的"门槛值"，不是一件容易的事。

（四）不良数据的识别方法

发现有不良数据就要找到不良数据。对于单个不良数据的情况，一个最简单的方法就是逐个试探。例如把第一个测量值去掉，重新估计，若正好这个测量值是不良数据，去掉后再检查 J 值时就会变为合格；如是正常数据，去掉后 J 值肯定还是不合格，这时就把第一个测量值补回，再去掉第二个测量值。如此逐个搜索，定会找到不良数据。至于存在多个相关不良数据的辨识，就要复杂多了，目前还没有特别有效的辨识办法。

若遥信出错，该如何识别呢？遥信出错可分为 A、B 两类：A 类错误，即开关在合闸位置，而遥信误为断开；B 类错误，即开关在断开位置，而遥信误为合闸。这时只要将开关量和相应线路的量测量做一对比，就可以找到可疑点。因为线路被断开时，其量测值必为零；若线路并没断开，一般情况下测量值总不会为零。

可见，进行网络结构检测时，每条支路至少有一个潮流量测，才能较快地发现可疑点。发现可疑点后，仍然可采用逐个试探法，将第一个可疑开关位置"取反"，重新进行估计，若错误已被纠正，目标函数 J 就会正常；否则，再试探下一个可疑开关……直至找到不良数据为止。当然，上述介绍的仅是最简单的基本原理，在实际运用中则复杂的多。除上述方法外，还有许多不同的识别方法，读者可查阅有关专著。

四、算例

现用一个简单算例进一步说明状态估计原理，这里采用的是最小二乘法估计。最小二乘法是将目标函数 J 定义为实际测量值与按设定的数学模型计算出来的对应值之差的平方和。当目标函数 J 有最小值时，求得的状态变量值即为最佳估计值。如再考虑到各量测设备精度不同，可令目标函数中对应测量精度高的测量值乘以高的"权值"，使其对估计的结果发挥较大的影响；相反，对应测量精度较低的测量值，则乘以较低的"权值"，使其对估计的

图 8-3　状态估计的步骤

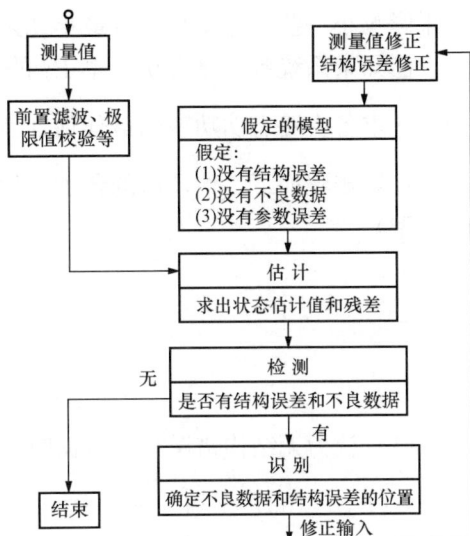

结果影响小一些。这就是加权最小二乘法。

已知某系统各支路有功功率 P_i 的测量值如图 8-4 所示（括号中的值），忽略线路功率损耗。求各支路有功功率的最佳估计值 $\hat{P}_i$。

计算步骤如下：估计后的各 $\hat{P}_i$ 值应是和谐的，即应满足下列方程组（也就是网络的数学模型）

$$\hat{P}_1 = \hat{P}_2 + \hat{P}_3$$

$$\hat{P}_2 = \hat{P}_4 + \hat{P}_5$$

$$\hat{P}_6 = \hat{P}_3 + \hat{P}_4$$

（1）认为无结构错误和坏数据时的正常估计。目标函数 J 的表达式为

$$J = (\hat{P}_1 - 100)^2 + (\hat{P}_2 - 80)^2 + (\hat{P}_3 - 22)^2 + (\hat{P}_4 - 10)^2 + (\hat{P}_5 - 72)^2 + (\hat{P}_6 - 30)^2$$
$$= (\hat{P}_2 + \hat{P}_3 - 100)^2 + (\hat{P}_2 - 80)^2 + (\hat{P}_3 - 22)^2 + (\hat{P}_4 - 10)^2$$
$$+ (\hat{P}_2 - \hat{P}_4 - 72)^2 + (\hat{P}_3 + \hat{P}_4 - 30)^2$$

J 是包括 $\hat{P}_2$、$\hat{P}_3$、$\hat{P}_4$ 的函数，为求 J 的最小值，可令

$$\frac{\partial J}{\partial \hat{P}_2} = 0, \quad \frac{\partial J}{\partial \hat{P}_3} = 0, \quad \frac{\partial J}{\partial \hat{P}_4} = 0$$

即

$$2(\hat{P}_2 + \hat{P}_3 - 100) + 2(\hat{P}_2 - 80) + 2(\hat{P}_2 - \hat{P}_4 - 72) = 0$$
$$2(\hat{P}_2 + \hat{P}_3 - 100) + 2(\hat{P}_3 - 22) + 2(\hat{P}_3 + \hat{P}_4 - 30) = 0$$
$$2(\hat{P}_4 - 10) + 2(\hat{P}_2 - \hat{P}_4 - 72) + 2(\hat{P}_2 + \hat{P}_4 - 30) = 0$$

化简上例方程，联立求解

$$\begin{cases} 3\hat{P}_2 + \hat{P}_3 - \hat{P}_4 = 252 \\ \hat{P}_2 + 3\hat{P}_3 + \hat{P}_4 = 152 \\ \hat{P}_2 + \hat{P}_3 + \hat{P}_4 = 112 \end{cases}$$

解得

$$\hat{P}_2 = 81, \quad \hat{P}_3 = 20, \quad \hat{P}_4 = 11, \quad \hat{P}_1 = 101, \quad \hat{P}_5 = 70, \quad \hat{P}_6 = 31$$

残差平方和（即目标函数）为

$$J = (101 - 100)^2 + (81 - 80)^2 + (20 - 22)^2 + (11 - 10)^2 + (70 - 72)^2 + (31 - 30)^2$$
$$= 1^2 + 1^2 + 2^2 + 1^2 + 2^2 + 1^2 = 12$$

量测系统的冗余度 $= 6/3 = 2.0$（假如没有误差，只测三个点 P_2、P_3、P_4 就够了），估计结果仍标注在图 8-4 中。

（2）减少支路功率测点，增加节点电压测点。如图 8-5 所示，S_2 支路阻抗为 $7 + j15\Omega$，P_3 支路阻抗为 $6 + j10\Omega$。另外，新增加了 3 个测点，即 $Q_2 = 40$，$U_1 = 120$ 和 $U_2 = 110$，但减少

了 P_4 和 P_6 两个测点。

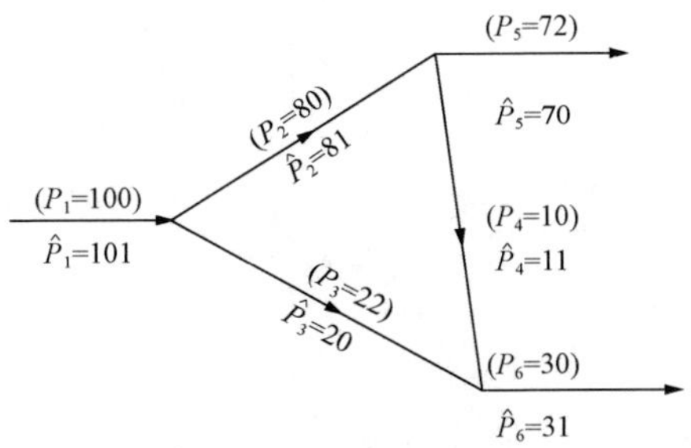

图 8-4　无结构错误和坏数据时
测量值及其正常估计的结果

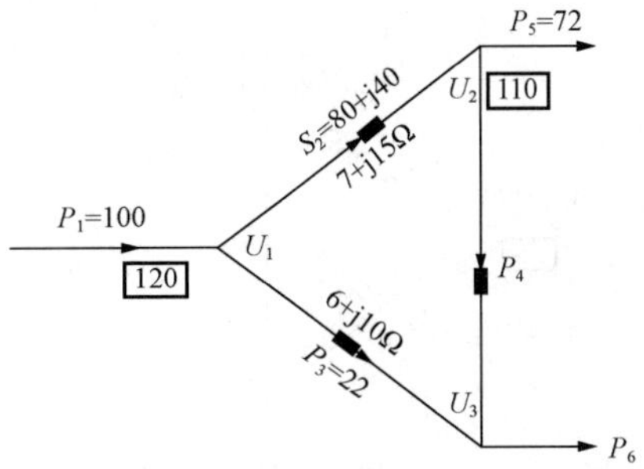

图 8-5　增加节点电压量测后
的系统示意图

数学模型变为

$$\hat{P}_1 = \hat{P}_2 + \hat{P}_3$$

$$\hat{P}_2 = \hat{P}_4 + \hat{P}_5$$

$$\hat{P}_6 = \hat{P}_3 + \hat{P}_4$$

$$\hat{U}_2 = U_1 - \frac{\hat{P}_2 R_2 + \hat{Q}_2 X_2}{U_1} \quad （选 U_1 为参考电压不再估计）$$

目标函数为

$$J = (\hat{P}_2 + \hat{P}_3 - 100)^2 + (\hat{P}_2 - 80)^2 + (\hat{Q}_2 - 40)^2 + (\hat{P}_3 - 22)^2$$

$$+ (\hat{P}_5 - 72)^2 + \left(120 - \frac{7\hat{P}_2 + 15\hat{Q}_2}{120} - 110\right)^2$$

令

$$\frac{\partial J}{\partial \hat{P}_2} = 0, \quad \frac{\partial J}{\partial \hat{P}_3} = 0, \quad \frac{\partial J}{S\hat{P}_5} = 0, \quad \frac{\partial J}{\partial \hat{Q}_2} = 0$$

由其中第一式可得 $\hat{P}_5 = 72$，其余可联立求解

$$\begin{cases} 2.003\hat{P}_2 + \hat{P}_3 + 0.007\hat{Q}_2 = 180.6 \\ \hat{P}_2 + 2\hat{P}_3 = 122 \\ 0.007\hat{P}_2 + 1.016\hat{Q}_2 = 41.25 \end{cases}$$

解得

$$\hat{P}_2 = 79.4, \quad \hat{P}_3 = 21.3, \quad \hat{Q}_2 = 40.05$$

所以有

$$\hat{P}_1 = 100.7, \quad \hat{P}_5 = 72, \quad \hat{P}_4 = 7.4, \quad \hat{P}_6 = 28.7, \quad \hat{U}_2 = 110.36, \quad U_1 = 120$$

状态估计的结果图如图 8-6 所示。可见，未设测点的 P_4 和 P_6 也被估计出来了。

（3）当出现偶然不良数据时。假设 $P_5 = 72$ 在传输中因干扰出现偶然性错误，变成 400，测量数据如图 8-7 所示（未加括号的数字）。

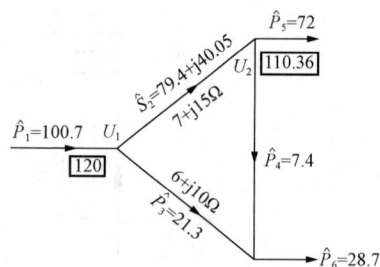

图 8-6　增加节点电压量测后的
　　　　估计结果图

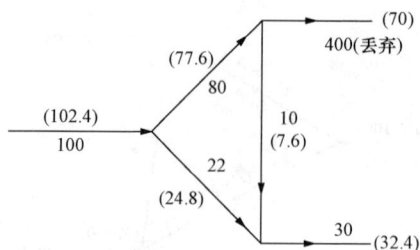

图 8-7　出现偶然不良数据时的示意图

1）首先在合理性检查中可能已将其丢弃（即该数据空缺），在冗余度 $=\dfrac{5}{3}=1.67$ 的情况下，仍然可以进行状态估计。目标函数为

$$J = (\hat{P}_1 - 100)^2 + (\hat{P}_2 - 80)^2 + (\hat{P}_3 - 22)^2 + (\hat{P}_4 - 10)^2 + (\hat{P}_6 - 30)^2$$

$$= (\hat{P}_2 + \hat{P}_3 - 100)^2 + (\hat{P}_2 - 80)^2 + (\hat{P}_3 - 22)^2 + (\hat{P}_4 - 10)^2 + (\hat{P}_3 + \hat{P}_4 - 30)^2$$

令

$$\frac{\partial J}{\partial \hat{P}_2} = 0, \quad \frac{\partial J}{\partial \hat{P}_3} = 0, \quad \frac{\partial J}{\partial \hat{P}_4} = 0$$

化简可得

$$\begin{cases} 2\hat{P}_2 + \hat{P}_3 = 180 \\ \hat{P}_2 + 3\hat{P}_3 = 152 \\ \hat{P}_3 + 2\hat{P}_4 = 40 \end{cases}$$

联立求解，可得

$$\hat{P}_2 = 77.6, \quad \hat{P}_3 = 24.8, \quad \hat{P}_4 = 7.6$$

所以有

$$\hat{P}_5 = 70, \quad \hat{P}_6 = 32.4, \quad \hat{P}_1 = 102.4$$

估计结果功率分布仍然标注在图 8-7 中（括号中的数字）。此时残差平方和为

$$J = 2.4^2 + 2.4^2 + 2.8^2 + 2.4^2 + 2.4^2 = 30.88$$

虽然残差看起来稍大些，但不全数据被补齐了。由于数据缺失一项，冗余度有所降低，估计的精度亦应有所降低。

2）若不能用合理性检查排除 $P_5 = 400$，仍采用一般的检测方法。目标函数为

$$J = (\hat{P}_2 + \hat{P}_3 - 100)^2 + (\hat{P}_2 - 80)^2 + (\hat{P}_3 - 22)^2$$

$$+ (\hat{P}_4 - 10)^2 + (\hat{P}_2 - \hat{P}_4 - 400)^2 + (\hat{P}_3 + \hat{P}_4 - 30)^2$$

令

$$\frac{\partial J}{\partial \hat{P}_2} = 0, \quad \frac{\partial J}{\partial \hat{P}_3} = 0, \quad \frac{\partial J}{\partial \hat{P}_4} = 0$$

解得

$$\hat{P}_2 = 327, \quad \hat{P}_3 = -144, \quad \hat{P}_4 = 257$$

此时残差为

$$
\begin{aligned}
J &= (183-100)^2 + (327-80)^2 + (-144-22)^2 + (257-10)^2 \\
&\quad + (70-400)^2 + (113-30)^2 \\
&= 83^2 + 247^2 + 166^2 + 247^2 + 330^2 + 83^2 = 272252
\end{aligned}
$$

所得结果数值过大，可见混入了坏数据。此时的估计结果示意图如图 8-8 所示。

3）最后进行识别。用逐个排除法，首先丢弃 $P_1 = 100$。目标函数为

$$J = (\hat{P}_2 - 80)^2 + (\hat{P}_3 - 22)^2 + (\hat{P}_4 - 10)^2 + (\hat{P}_2 - \hat{P}_4 - 400)^2 + (\hat{P}_3 + \hat{P}_4 - 30)^2$$

$$\frac{\partial J}{\partial \hat{P}_2} = 0, \quad \frac{\partial J}{\partial \hat{P}_3} = 0, \quad \frac{\partial J}{\partial \hat{P}_4} = 0$$

解得

$$\hat{P}_2 = 327, \quad \hat{P}_3 = -61, \quad \hat{P}_4 = 174$$

残差为

$$
\begin{aligned}
J &= (266-100)^2 + (327-80)^2 + (-61-22)^2 + (174-10)^2 \\
&\quad + (153-72)^2 + (113-30)^2 \\
&= 166^2 + 247^2 + 83^2 + 164^2 + 81^2 + 83^2 = 135800
\end{aligned}
$$

所得结果数值仍太大，此次估计的结果示意图如图 8-9 所示。

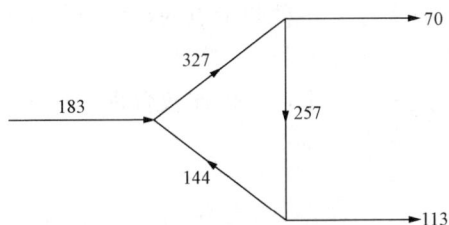

图 8-8　出现坏数据时的估计结果
示意图（坏数据未丢弃）

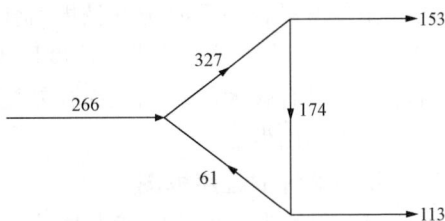

图 8-9　好数据 P_1 被误丢弃时的
结果示意图

由上述计算可知，此时应将 $P_1 = 100$ 召回，再依次丢弃 $P_2 = 80$，重新进行估计，这样逐次循环。总之，只要没把真正的坏数据丢弃掉，残差 J 就不会下降到合理的门槛值以下。

本例的第 5 次试探，将 $P_5 = 400$ 丢弃掉时［见前面（1）］，残差才突然下降到 30.88 的较低值，说明坏数据就是 $P_5 = 400$，这时估计出来的 $P_5 = 70$ 是比较可靠的。

4）出现结构信息错误时。若 SCADA 数据如图 8-10 所示（不带括号的数字），本来 P_2 支路已断开，相应线路遥测数据 P_2 应为 0，但因有误差而变成 2。而遥信数据有误，调度端仍认为 P_2 支路是连通的，前述方程（即数学模型）仍被认为正确，即有

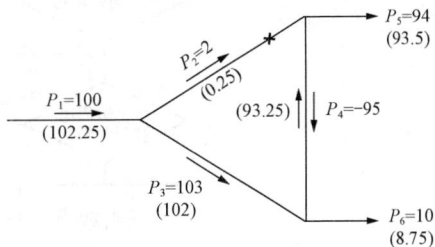

图 8-10　出现结构信息错误时的示意图

$$\begin{cases} \hat{P}_1 = \hat{P}_2 + \hat{P}_3 \\ \hat{P}_2 = \hat{P}_4 + \hat{P}_5 \\ \hat{P}_6 = \hat{P}_3 + \hat{P}_4 \end{cases}$$

此时进行估计

$$J = (\hat{P}_2 + \hat{P}_3 - 100)^2 + (\hat{P}_2 - 2)^2 + (\hat{P}_3 - 103)^2 + [\hat{P}_4 - (-95)]^2$$
$$+ (\hat{P}_2 - \hat{P}_4 - 94)^2 + (\hat{P}_3 + \hat{P}_4 - 10)^2$$

令

$$\frac{\partial J}{\partial \hat{P}_2} = 0, \quad \frac{\partial J}{\partial \hat{P}_3} = 0, \quad \frac{\partial J}{\partial \hat{P}_4} = 0$$

解得

$$\hat{P}_2 = 0.25, \quad \hat{P}_3 = 102, \quad \hat{P}_4 = -93.25$$

所以有

$$J = 0.25^2 + 1.75^2 + 1^2 + 1.75^2 + 0.5^2 + 1.75^2 = 10.5$$

通过估计数据趋近真实，且发现 $P_2 \approx 0$，该支路已断开。估计结果仍标在原图括号中。

本例中的电力系统只有 3 个节点，手工计算尚可。实际的电力系统有几十至几百个节点，手工计算已不可能实现，需采用计算机编程进行矩阵运算（后文中将作简单介绍，更详细的内容可参见其他专著）。

此例计算中对各功率测量的精度看作是相同的。但实际上各种测量点的精度可能是不同的（TV、TA 的误差、变送器的精度以及 A/D 变换精度等不相同），应当让精度较高的测量值对计算结果有较大的影响，而让精度较低的测量值影响较小，这才比较合理，这正是加权最小二乘法的出发点。

五、状态估计的程序框图

图 8-11 所示为电力系统状态估计的程序框图。现对框图中的各环节功能进行说明。

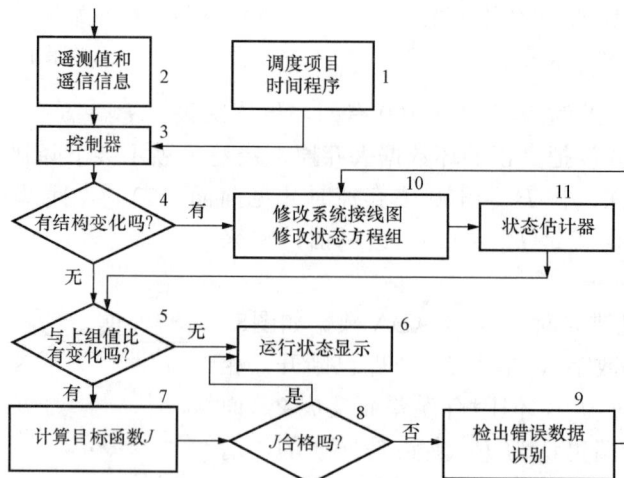

图 8-11　电力系统状态估计的程序框图

（一）没有出现不良数据时的情况

首先由调度项目时间程序 1（状态估计一般每 5min 执行一次）向控制器 3 发出执行状态估计的指令，控制器在接到指令后即将状态估计程序投入运行。先由框 4 根据遥信信号判断系统接线有无改变。如无改变，则信号进入框 5。在框 5 中，要将新的一组遥测值与前一组遥测值进行比较，若差值未超过预先设定的槛值，则视为系统状态无变化而没有新数据。如果经比较后发现已超过门槛值，说明系统运行参数已发生变化，就转入框 7 以计算最小二乘法的目标函数 J，计算结果进入框 8 检验 J 是否合格。若合格，则在框 6 显示运行状态。

如果系统接线发生改变，则由框 4 转入框 10，即按照新的系统接线图修改原有的状态方程组。然后按修改后的方案进入框 11，进行系统当时运行状态的估计计算，估计的结果在框 5 中比较，由于开关变位故此组数据显然会与前一组数据不同，所以也是先进入框 7，然后到框 8 而后到框 6。

（二）出现不良数据时的情况

1. 个别遥测设备失灵

遥测设备失灵造成的不良数据是个别的，且误差率很大，而此时其他的遥测量都较好，这样计算的结果会使总的目标函数增大，并经框 8 中检验不合格后进入框 9。框 9 的功能是检错与识别，当不良数据个数较少时，可以把不良数据找到并剔除（由于有冗余度，剔除个别不良数据后仍然可以估计）。然后进入框 10，把不良数据相应的方程式也剔除后，进入框 11，根据剩下的量测量进行一次估计，得出全部的状态估计值（也包括刚才被剔除的量测量），经框 5、框 7、框 8 后到框 6 显示出来。

2. 个别遥信设备失灵

个别遥信设备失灵导致遥信信号出错。例如某条线路开关已经跳闸但传到调度中心的遥信信号仍然为合闸状态，这时就有一大批测量数据被误认为是"不良数据"。此时，测量数据仍然由框 4 输入框 5，经框 7、框 8 到框 9，剔除任何遥测数据后进行估计，J 肯定仍不合格，这时可令框 10 自动试探"断开"某条线路来修改结构，然后再进行估计，若不行再试探第二条"线路"断开，再估计。直到经框 8 检验合格后，最后一次试探"断开"的线路，就是遥信失灵之所在。找出遥信信号失灵的原因并进行改正，这样即可将正确的开关状态显示出来。

电力系统运行状态估计框图有很多种，上面仅举一个例子来说明状态估计的步骤及其相互关系。一个良好的状态估计程序应该具有下列特点：

（1）快速，可靠，收敛性好。程序执行时间短且占用计算机内存较少。

（2）正确和有效。在给定测量误差的统计特性条件下，计算结果正确有效。

（3）方便灵活。可方便地适应网络结构的变化，灵活处理任何类型测量数据的组合。当增加或删除某些测量点时，不需要修改程序。量测的项目一般为变电站母线电压 U、出线的有功功率 P 和无功功率 Q。

六、状态估计的矩阵算法

实际电力系统中通常有成百上千个节点，必须借助计算机来进行矩阵计算。

（一）状态估计数学模型

状态估计的数学模型是基于反映网络结构、线路参数、状态变量和实时量测之间相互关系的量测方程。

量测量包括线路功率、线路电流、节点功率、节点电流和节点电压等。状态量包括节点电压幅值和相角。

状态估计的量测方程为

$$z = h(x) + v \qquad (8-1)$$

式中　z——量测量列向量，维数为 m；

x——状态向量，若母线数为 k，则 x 的维数为 $2k$，即每个节点有电压幅值和相角；

$h(x)$——基于基尔霍夫定律建立的量测函数方程，其数目与量测向量一致，m 维；

v——量测误差，m 维。

与潮流计算不同，状态估计中对应于状态量的量测量通常有冗余度，状态估计正是利用量测量的冗余来辨识不良数据的。

（二）状态估计算法

求解状态向量 x 时，大多使用极大似然估计，即求解的状态向量 $\hat{x}$ 使量测值 z 被观测到的可能性最大。一般使用加权最小二乘法准则来求解，并假设量测量服从正态分布。量测向量 z 给定以后，状态估计向量 $\hat{x}$ 是使量测量加权残差平方和达到最小的 x 的值，即

$$J(x) = [z - h(x)]^T R^{-1} [z - h(x)] \qquad (8-2)$$

式中　R^{-1}——$m \times m$ 维对角阵，其对角元素为量测的加权因子（可采用量测方差的倒数）。

$h(x)$ 是 x 的非线性向量，不能直接计算 $\hat{x}$，可采用迭代算法求解。对 $h(x)$ 进行线性化假设后，得到状态估计的迭代修正公式为

$$\Delta \hat{x}^{(l)} = [H^T(\hat{x}^{(l)}) R^{-1} H(\hat{x}^{(l)})]^{-1} H^T(\hat{x}^{(l)}) R^{-1} [z - h(\hat{x}^{(l)})] \qquad (8-3)$$

$$\Delta \hat{x}^{(l+1)} = \hat{x}^{(l)} + [H^T(\hat{x}^{(l)}) R^{-1} H(\hat{x}^{(l)})]^{-1} H^T(\hat{x}^{(l)}) R^{-1} [z - h(\hat{x}^{(l)})] \qquad (8-4)$$

式中　l——迭代序号；

$\Delta \hat{x}^{(l)}$——第 l 次迭代的状态修正向量；

H——量测方程的雅可比矩阵。

按照式（8-3）进行迭代修正，直到目标函数 $J(x^{(l)})$ 接近于最小值为止，可采用相应的收敛判据来判断收敛与否。

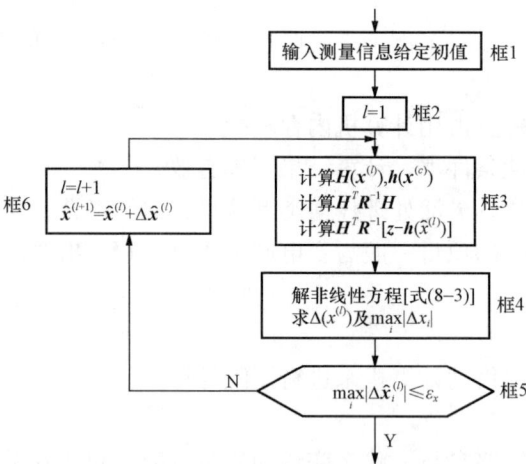

图 8-12　加权最小乘法状态估计程序原理图

状态估计算法需要求解迭代式（8-4）的增量 $\Delta \hat{x}$。$\Delta \hat{x}$ 可由式（8-3）得到。式（8-3）可以简写为

$$G(x) \Delta x = H^T(x) R^{-1} \Delta z \qquad (8-5)$$

其中，$\Delta z = z - h(x)$；$G(x) = H^T(x) R^{-1} H(x)$，称为信息矩阵。

状态估计不同算法表现在求解式（8-5）的不同。比较常用的是最小二乘法，是对信息矩阵 $H^T R^{-1} H$ 进行因子分解，然后采用前代回代方法求解式（8-5）。最小二乘法状态估计的程序框图如图 8-12 所示。

框1：程序初始化，包括输入遥测数据 z、

为状态量赋初值、形成节点导纳矩阵等。

框 2：为迭代计数器置初值，$l=1$。

框 3：由现有的状态量 $x^{(l)}$ 计算各量测量的计算值 $h(x^{(l)})$ 和雅可比矩阵 $H(x^{(l)})$；然后由 z 和 $h(x^{(l)})$ 计算出残差 $r^{(l)}=z-h(x^{(l)})$ 和目标函数 $J(x^{(l)})$，并由雅可比矩阵 $H(x^{(l)})$ 计算信息矩阵 $[H^T R^{-1} H]$ 和自由矢量 $H^T R^{-1}[z-h(x^{(l)})]$。

框 4：解线性方程组，求状态修正量 $\Delta \hat{x}^{(l)}$，并选绝对值最大者 $|\Delta x_i^{(l)}|_{max}$ 作为收敛标志。

框 5：收敛检查，$|\Delta x_i^{(l)}|_{max}$ 小于或等于收敛标准 ε_x 即结束转出口；否则转框 7 继续计算。

框 6：修正状态量，$x^{(l+1)}=x^{(l)}+\Delta x^{(l)}$，将迭代计数器加 1，$l=l+1$。返回框 3 继续迭代。为避免无休止地迭代，可对迭代次数加以限制。

（三）其他一些问题的处理

1. 变压器分接头的处理

变压器分接头位置发生错误会影响电力系统分析计算，所以需对重要变压器的分接头位置进行估计。通常将其扩展到状态变量中进行估计。也可将分接头估计与状态估计分开进行，利用变压器局部量测的冗余度估计分接头位置。

2. 网络拓扑错误的检测和辨识

网络拓扑错误主要由遥信量错误造成，分为支路拓扑错误和厂站母线错误两种。处理这类错误的方法有基于残差分析方法，增广状态估计法，人工智能和基于正则信息量法等。

3. 线路参数错误的处理

线路参数错误处理：一种方法是将可疑线路参数作为状态变量进行增广状态估计；另一种方法是用残差灵敏度矩阵确定可疑支路，将支路潮流作为状态变量，检测辨识和估计可疑参数。

七、遥测测点、测项的合理数量与合理分布

如上所述，测量系统的冗余度一般在 $1.5 \sim 3.0$ 范围内为宜，再小估计不准确，特别是在识别不良数据时，要剔除个别的"不良数据"后重新进行估计计算，剩余的量测量仍须满足一定的冗余度要求，即要保证系统的可观测性。但冗余度过大，则会导致远动设备和通道的投资加大。所以还要考虑测点、测项的合理数量与合理分布，即量测的优化配置。

说一个系统是可观测的，不仅量测量要满足冗余度要求，而且这些量测量在网络中的位置要合理。可观测性分析就是在给定网络和量测量集合后，进行量测拓扑结构分析，以判断能否确定网络的状态。状态估计计算是求解一组方程，未知量为各节点的电压幅值和相角。可观测分析也就是判断是否能求出这些未知量。

系统是否是可观测的，重要的是确定关键量测量。关键量测量是指去除该量测量后，整个系统就变为不可观测的量测。要在现有条件下优化配置量测，使整个系统的可观测性和可辨识性最好。此外，各量测量精度不同，对估计结果的影响也不同，要根据具体情况进行优化选择。

量测优化配置有以下一般性结论：

（1）发电机组升压变高压侧应配测点，仅机组出口处配测点，则不良数据辨识性能不好；

（2）联络变压器各端均应布测点，否则无法对其变比参数进行估计；

（3）70%左右的厂站安装 RTU 后（分布要均匀）系统就可观测，可以进行状态估计；

（4）通道投资远大于测点投资，因此一个厂站配置了通道和 RTU 后应尽量多布置测点。

在保证可观测性的前提下，把遥测量集中配置在部分变电站，余下的变电站全无遥测。通过状态估计计算，把缺省的状态变量全部计算出来，已成为遥测量配置的一般原则。

图 8-13 所示为遥测量配置图。图中的 14 个节点的电力系统中，5 个变电站①、②、③、④、⑤ 全无遥测量，但却可以通过状态估计计算出它们的状态变量，即系统是可观测的。这种配置也是比较经济合理的。

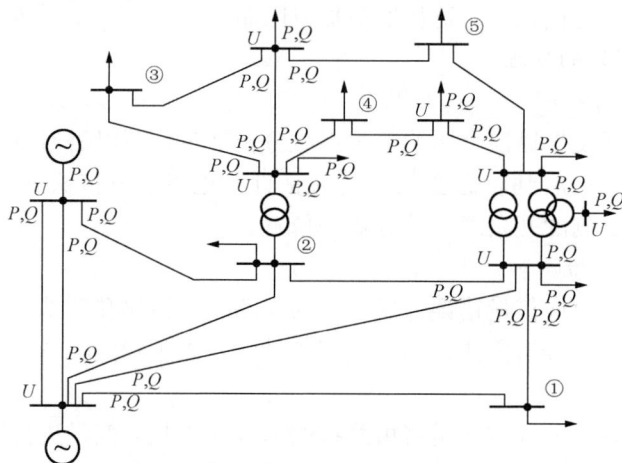

图 8-13　遥测量配置图

第三节　电力系统的负荷预测

一、概述

能量管理系统（EMS）需要过去、现在（实时）和未来三类数据，负荷预测是未来数据的主要来源。电网未来一个时段负荷变化的趋势和特点，是电网调度部门必须掌握的基本信息。电力负荷预测是做好电力系统实时控制、运行计划和发展规划的前提。要掌握电力生产的主动，必先做好负荷预测。作为 EMS 的重要组成部分，负荷预测越来越受到重视。过去负荷预测靠人工手算，现在则依据一个计算机程序模块进行。

提高负荷预测精度，既能提高电力系统运行的安全性，也能提高系统运行的经济性。提高 SCADA 精度的主要途径是硬件，而提高负荷预测精度的主要途径却是软件。一套理想的完善的负荷预测软件，应包含各种周期的预测功能，并有多种算法供用户选择，只要用户提供足够详细的历史负荷数据，软件应能自动选择模型和最佳算法。

根据运用的目的和预测时间的不同，负荷预测可分为以下几种：

（1）长期负荷预测。用于规划电源和电网发展建设，需要数年至数十年的负荷预测值，例如预测今后 20 年逐年最大负荷值，使用对象是电力系统规划工程师。

（2）中期负荷预测。确定下一年度水库调度、机组检修、电量交换和燃料计划等，需要1月～1年的负荷预测值，使用对象是编制中长期运行方式计划的工程师。

（3）短期负荷预测，包括周负荷预测和日负荷预测。安排一周调度计划、设备检修、水库调度等，需要1周的负荷预测值；安排日调度计划，需要预测未来24h负荷变化曲线。主要用于开停机安排，如水火电协调、火电分配、机组经济组合，负荷经济分配和联络线交换功率计划等，使用对象是编制调度计划的工程师。

（4）超短期负荷预测。用于电能质量的实时控制，需要未来5～10s的负荷预测值；用于电力系统安全监视，需要未来1～5min负荷预测值；用于预防性安全控制或紧急状态处理以及实时经济调度，需要未来10min～1h的负荷预测值。其使用对象是系统调度员。

电力系统负荷预测又分为系统负荷预测和母线负荷预测两类。EMS涉及的许多网络分析软件，如潮流计算等，需要用到系统中每一母线的负荷值，而且同时需要有功负荷和无功负荷，所以母线负荷预测很有必要。图8-14所示为系统/母线负荷预测与其他应用软件的关系框图。

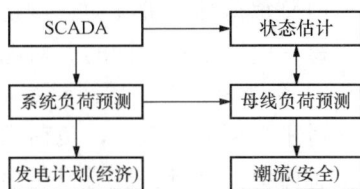

图8-14　系统/母线负荷预测与
其他应用软件的关系框图

由超短期—短期—中期—长期组成的在线预测系统，其源头是实时运行的超短期负荷预测，以秒或分为周期从SCADA取得实时数据。短期预测又将平滑好的预测数据提供给长周期预测做原始数据，并从长周期那里取得预测值做负荷升降拐点的参考。

母线负荷预测由系统负荷预测取得某一时刻系统负荷值，并将其分配到每一母线之上。在系统负荷到每一母线负荷之间往往需再设1～2层负荷区，对某一时刻来说具有一套多层的分配系数，对不同的时刻配有不同的分配系数，这样才能适应上下层之间负荷曲线的不一致性，母线负荷分配系数由状态估计在线维护。

二、提高负荷预测精度的关键

精度是负荷预测的最重要指标。提高负荷预测精度的关键，首先是对具体电力系统负荷变化规律的掌握，其次是选择合适的模型与算法。一般来说，负荷预测软件的使用，要针对各个电网负荷变化特性不同，有一个研究与改进的过程。要针对具体电网，总结出最符合实际的负荷变化规律，研究负荷变化模型和选择算法，形成一套处理历史数据的程序。

电网负荷数据可以看做由三种不同变化趋势的负荷分量组成：

（1）长期趋势分量，是负荷在较长的持续时间内某种发展总趋势分量，即从长期来看，负荷数据连续增加（减少）或者平稳的趋势分量。

（2）周期性趋势分量，以天、周或年为周期而发生的周期性变动分量。

（3）随机性分量，反映用户负荷的一些偶然性变化，如受气象条件的变化而引起的变动。这种负荷分量变化快，没有确定的规律。

1. 分析影响负荷变化的因素

负荷变化模型中，影响负荷变化的主要有四种因素，即系统负荷构成情况、负荷随时间变化规律、气象变化的影响及负荷随机波动状况。

（1）系统负荷构成。系统负荷可分为城市民用负荷、商业负荷、工业负荷、农业负荷及其他负荷等类型。不同类型负荷有不同的变化规律，如随着家用电器的普及，居民负荷逐年提高、季节波动增大，尤其空调在南方普及，使系统峰荷受气温影响越来越大；商业负荷主要影响晚尖峰负荷，且随季节变化；工业负荷受气象影响较小；农业负荷季节变化强，且与降水情况关系密切。一个地区往往含有几种类型且比例不同的负荷。

（2）负荷随时间的变化规律。各类用电负荷随时间的变化规律各不相同，由它们构成的系统负荷也具有不同的变化规律。分析一段时间的负荷历史记录，可以看出两种变化规律：第一种是负荷逐渐增长的大趋势，第二种是按日、周、月、年为周期的负荷变化规律。

（3）气象对负荷的影响。气象对负荷有明显的影响，冷热、晴阴、降水和大风都会引起负荷的变化，但每个电网负荷对各种气象因素的敏感程度是不相同的，这是负荷预测研究的重要内容。例如，东北地区初冬的一次寒流会使负荷由南至北逐次增加；南方夏季的台风一路解除各地的闷热天气，也使负荷逐次下降。

（4）负荷的随机波动。这是指某些未知的不确定因素引起的负荷变化，随机波动负荷大小对每一电网是不相同的。对超短期负荷预测来说，巨大的轧钢负荷属于随机扰动。

2. 合理划分负荷预测模型的区域

对于大型电力系统，负荷预测模型的区域划分是非常重要的。例如，华中电网开始作为一个总体负荷预测区进行日负荷预测，精度较低；后来分成四个负荷预测区（湖北、河南、湖南、江西），分别采用不同的模型预测，再合成华中电网总负荷，使预测精度大为提高。除按地区划分之外，也可以按负荷类型来划分，这往往在母线负荷预测的分层模型中采用，因为同一类型负荷的周期变化形状非常一致。

3. 选择合适的负荷预测算法

负荷预测模型确定了之后，进一步应确定采取何种负荷预测算法。几十年来，人们把各种可能的算法均在负荷预测上试验过了，如线性外推法、线性回归法、时间序列法、卡尔曼滤波法、人工神经网络法、灰色系统法和专家系统法等。各种算法均有一定的适用场合，也可以说，没有一个"放之四海而皆准"的算法。实际上，可以利用某一电网的历史数据，采取试验比较法选择对该电网最有效的算法。而在精度相近的条件下，则应选择比较简单的算法。

表 8-1 所示为各种类型的电力系统负荷预测一览。表中列出了各系统负荷预测的周期、用途、模型和一般算法。

表 8-1   各种类型的电力系统负荷预测一览

预测类型	预测周期	用　途	模　型	算　法
超短期	数分至数小时	AGC，安全监视	线性	①，②，③，④
短期	日、月	机组、水电、交换计划	线性×周期	①，②，④
中期	年、月	水库、检修、燃料计划	线性×周期	①，②，④
长期	多年	发电、电网规划	线性×周期	①，②，⑤

注   ①线性外推法；②时间序列法；③卡尔曼滤波法；④人工神经网络法；⑤灰色理论法。

三、负荷预测的数学方法

（一）系统负荷的预测方法

1. 线性回归法

线性回归法根据历史数据及一些影响负荷变化的因素来预测将来的负荷值，主要采用多元线性回归模型建立负荷与影响因素之间的关系，预测值可写为

$$Y(t) = a \sum_{i=0}^{n} b_i x_i(t)$$

式中　$Y(t)$——t 时刻的预测负荷值；

　　　$x_i(t)$——第 i 个影响负荷变化的因素在 t 时刻的取值；

　　　a，b_i——回归系数。

由于影响电力系统负荷的因素很多，因此实际负荷预测时应根据客观条件适当选择合适的因素建立模型。

线性回归法简单、预测速度快、外推特性好，对历史上未出现的情况有较好的预测性。由于回归分析法可以方便考虑影响用电模式的各种因素，因此可使模型具有自适应能力。

2. 时间序列法

时间序列法依据是历史数据研究负荷的前后因果关系，其主要数学模型有 AR 模型、MA 模型和 ARMA 模型等，通用表达式为

$$\sum_{i=0}^{P} \varphi_i Y(t-i) = \sum_{j=0}^{q} \theta_j \alpha(t-j)$$

式中　φ_i——自回归系数；

　　　P——自回归阶数；

　　　θ_j——滑动平均系数；

　　　q——滑动平均阶数；

　$Y(t-i)$——$t-i$ 时刻的负荷值；

　$\alpha(t-j)$——$t-j$ 时刻的白噪声。

时间序列法原理成熟应用简便，主要根据过去的负荷值及干扰值来推算未来负荷，不需要相关因素的资料。因此在一些相关因素的预测值和某些常数难以得到时比较适用。

3. 人工神经网络方法

随着人工神经网络（ANN）技术的发展成熟，人工神经网络法越来越受到负荷预测研究者的重视。

通常神经网络是通过调整、训练来使用一个特定的输入导致一个指定的输出。网络不断地比较输出和目标值，直到网络的输出和目标值一致后训练结束。通常网络在这种有监督的训练方式下含有很多这种输入输出对。

人工神经网络法建模原理新颖，可以考虑比较多的影响因素，引入非线性模拟概念，比较接近客观实际。

4. 相似日法

基于相似负荷日的短期负荷预测方法（简称相似日法）是近年提出的新方法，基本思想是找到和预测负荷日影响因素相同（相似）的一个已知负荷日，则预测日的负荷和该日的负荷相同（相似）。该方法先寻找最有可能与预测日负荷相似的一天（相似日），然后根据预测日的参数进行修正，一般针对各个因素的差异采取曲线拟合的方法或经验修正分别进行修正。相似日法能方便地考虑温度、天气情况等对电力负荷有重要影响的因素的作用。

（二）母线负荷预测方法

母线负荷是由许多用户负荷组成的，也具有系统负荷所具有的规律性，但受随机事件影响较大。对于母线负荷预测，原则上也可以采用系统负荷的一些预测方法，但是因为有时不

可能实时量测到每一条母线上的负荷，所以常采用的预报方法是将量测到的或预报出来的上一级地区负荷，近似地分配到各母线上。最简单的模型是对每个母线给出一个总和为1的分配系数，只要用一个地区负荷乘上此系数便可以得到各母线上的负荷；但这一模型只适合于各母线上的负荷全天变化曲线与地区总负荷完全一致的条件。实际上各地区和各母线上的负荷性质不同，变化规律不一致，所以采用的是层次负荷模型。

某电力系统的负荷层次模型如图8-15所示。该模型分为四层，即地区层（地区负荷预报）、变电站层、馈线层和母线层。各层间有分配系数，而且分配系数是周期变化的，所以能表示上下不一致的负荷周期变化曲线。

图8-16所示为三种不同类型的负荷模型，其中曲线1为居民负荷，曲线2为商业负荷，曲线3为工矿负荷。三种类型负荷的合成负荷如曲线4所示。

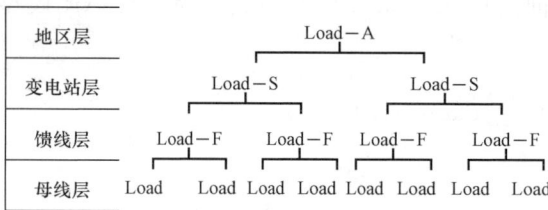

图8-15 负荷层次模型

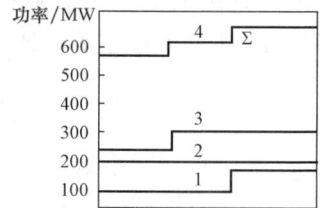

图8-16 不同类型的负荷模型

表8-2为随时间变化的负荷分配系数表。利用这样的负荷分配系数，只要给出一个上一层的负荷便可以一层层分配到各母线负荷。

表8-2 随时间变化的负荷分配系数

负荷类型＼时段	时段1	时段2	时段3	负荷类型＼时段	时段1	时段2	时段3
居民	0.18	0.17	0.23	工矿	0.46	0.50	0.43
商业	0.36	0.33	0.34	Σ	1.00	1.00	1.00

负荷层次的划分主要看各层次的负荷曲线是否一致，不一致的分层，一致的就不必分层。各层次的分配系数可由状态估计实时自动维护，而母线负荷系数则需要按周期人工维护。人工维护可以按电量推算，也可以通过电话或报表调查。

四、日负荷预测方法举例

各种类型的负荷预测道理都基本相似，就是统计负荷历史资料，找出负荷变化的规律，建立负荷预测模型，然后将模型延长到未来时段，同时考虑一些特殊因素加以适当的修正，就可得到未来时段负荷值。

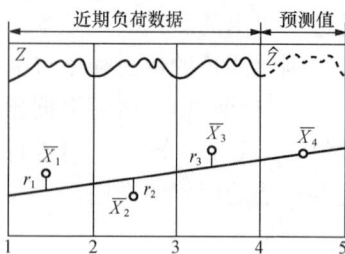

图8-17 日负荷预测模型

下面采用回归分析法进行日负荷曲线的预测。为简化计算，采用一元线性回归模型。

（1）采集前 N 天负荷数据。从运行记录取得前3～7天的负荷数据资料，如取前三天共72h的负荷记录，作成如图8-17中上部所示曲线。图中 $\overline{X}_1$、$\overline{X}_2$、$\overline{X}_3$ 为前三天每日平均负荷，$\overline{X}_4$ 则为预测日估计的日平均负荷。图中下部线为拟合出的负荷日平均值模型（直线模型），r_1、r_2、r_3 则为实际日平均负荷与拟合线上相应的估计日平均负荷间的误差。

设前 N 天的负荷整点记录为

$$Z_{1,1}，Z_{1,2}，Z_{1,3}\cdots Z_{1,24}$$
$$Z_{2,1}，Z_{2,2}，Z_{2,3}\cdots Z_{2,24}$$
$$Z_{3,1}，Z_{3,2}，Z_{3,3}\cdots Z_{3,24}$$
$$\vdots$$
$$Z_{N,1}，Z_{N,2}，Z_{N,3}\cdots Z_{N,24}$$

（2）计算每一天的日平均负荷。将每天 24 个整点负荷值相加再除以 24，即

$$\overline{X}_i = \frac{1}{24}\sum_{t=1}^{24} Z_{i,t}，\quad i=1，2，\cdots，24$$

（3）建立数学模型并采用最小二乘法确定其系数。将求得的 N 个日平均负荷 $\overline{X}_i$ 拟合为一条直线（即采用最简单的线性化模型），即

$$\overline{X}_i = a + bi$$

式中　a，b——待求系数。

拟合直线时采用最小二乘法可使误差水平最小。每天实际的负荷平均值与拟合直线上对应的负荷平均值间有误差 r_i 为

$$r_i = a + bi - \overline{X}_i$$

将 N 天的误差平方相加，即为最小二乘法的目标函数

$$J = \sum_{i=0}^{N} r_i^2 = \sum_{i=0}^{N} (a + bi - \overline{X}_i)^2$$

由于 a、b 还是两个未知变量。求 J 最小值的方法是令其对 a 和 b 的偏导数为零，即

$$\begin{cases} \dfrac{\partial J}{\partial a} = 2\sum_{i=0}^{N}(a + bi - \overline{X}_i) = 0 \\[2mm] \dfrac{\partial J}{\partial b} = 2\sum_{i=0}^{N}(a + bi - \overline{X}_i)i = 0 \end{cases}$$

则有

$$\begin{cases} Na + \left(\sum_{i=1}^{N} i\right)b = \sum_{i=1}^{N} \overline{X}_i \\[2mm] \left(\sum_{i=1}^{N} i\right)a + \left(\sum_{i=1}^{N} i^2\right)b = \sum_{i=1}^{N} i\overline{X}_i \end{cases}$$

由上式求解得线性模型的系数 a 和 b 为

$$\begin{cases} a = \dfrac{\displaystyle\sum_{i=1}^{N} i^2 \sum_{i=1}^{N} \overline{X}_i - \sum_{i=1}^{N} i \sum_{i=1}^{N} i\overline{X}_i}{N\displaystyle\sum_{i=1}^{N} i^2 - \sum_{i=1}^{N} i \sum_{i=1}^{N} i} \\[6mm] b = \dfrac{\displaystyle\sum_{i=1}^{N} \overline{X}_i - Na}{\displaystyle\sum_{i=1}^{N} i} \end{cases}$$

（4）求预测日的日平均负荷。预测日的平均负荷表达式为

$$\overline{X}_{N+1} = a + b(N+1)$$

（5）求取每日内各整点的负荷周期变化系数。以每个整点值除以当日平均负荷 $\overline{X}_i$（每天都计算出 24 个系数），即预测日各整点的负荷周期变化系数为

$$S_{i,t} = \frac{Z_{i,t}}{\overline{X}_i}, \quad i = 1, 2, \cdots, N; \quad t = 1, 2, \cdots, 24$$

负荷周期变化系数 N 天的平均值（每个整点一个平均值，共 24 个），即为预测日的整点负荷周期变化系数

$$\overline{S}_t = \frac{1}{N} \sum_{i=1}^{N} S_{i,t}$$

（6）预测次日负荷曲线。用预测的次日平均负荷，乘以预测的每个整点的负荷周期变化系数，即可得到 24 个预测的整点负荷值为

$$\hat{Z}_{N+1,t} = \overline{S}_t \overline{X}_{N+1}$$

下面以填表方式进一步说明上述方法。

【例 8-1】 某电力系统前 3 天负荷记录如表 8-3 所示。试预测第 4 天的负荷，并将计算结果填入表中。为简化计算，每天负荷仅取 1 时、7 时、13 时及 19 时 4 个整点数值（本应是 24 个或 48 个）。

表 8-3   负荷预测数据计算表

日 期		整 点 负 荷 数 据							日平均负荷
		Z_1		Z_7		Z_{13}		Z_{19}	$\overline{X}_i$
			S_1		S_7		S_{13}		S_{19}	
历史数据	第1天	20	0.56	24	0.67	38	1.06	62	1.72	36
	第2天	18	0.56	20	0.63	36	1.13	54	1.69	32
	第3天	22	0.52	28	0.67	44	1.05	74	1.76	42
预测值	第4天	23.47	0.55	28.16	0.66	46.08	1.08	73.39	1.72	42.67

解 （1）先计算每日的平均负荷，即

$$\overline{X}_1 = \frac{1}{4} \times (20 + 24 + 38 + 62) = 36$$

$$\overline{X}_2 = \frac{1}{4} \times (18 + 20 + 36 + 54) = 32$$

$$\overline{X}_3 = \frac{1}{4} \times (22 + 28 + 44 + 74) = 42$$

（2）再求整点负荷周期变化系数，即

$$S_{1,1}=\frac{20}{36}=0.56, \quad S_{1,7}=\frac{24}{36}=0.67, \quad S_{1,13}=\frac{38}{36}=1.06, \quad S_{1,19}=\frac{62}{36}=1.72,$$

$$S_{2,1}=\frac{18}{32}=0.56, \quad S_{2,7}=\frac{20}{32}=0.63, \quad S_{2,13}=\frac{36}{32}=1.13, \quad S_{2,19}=\frac{54}{32}=1.69,$$

$$S_{3,1}=\frac{22}{42}=0.52, \quad S_{3,7}=\frac{28}{42}=0.67, \quad S_{3,13}=\frac{44}{42}=1.05, \quad S_{3,19}=\frac{74}{42}=1.76$$

（3）求出预测日整点负荷变化系数，即

$$S_{4,1}=\frac{1}{3}\times(0.56+0.56+0.52)=0.55$$

$$S_{4,7}=\frac{1}{3}\times(0.67+0.63+0.67)=0.66$$

$$S_{4,13}=\frac{1}{3}\times(1.06+1.13+1.05)=1.08$$

$$S_{4,19}=\frac{1}{3}\times(1.72+1.69+1.76)=1.72$$

（4）用最小二乘法求预测日平均负荷。设按直线模型为

$$\overline{X}_i=a+bi, \quad i=1,2,3$$

$$J=(a+b-36)^2+(a+2b-32)^2+(a+3b-42)^2$$

令 J 对 a、b 的偏导数为零，即

$$\begin{cases} \dfrac{\partial J}{\partial a}=0 \\[2mm] \dfrac{\partial J}{\partial b}=0 \end{cases}$$

则有

$$\begin{cases} 2(a+b-36)+2(a+2b-32)+2(a+3b-42)=0 \\ 2(a+b-36)+2(a+2b-32)\times 2+2(a+3b-42)\times 3=0 \end{cases}$$

联立求解，可得

$$\begin{cases} a=30.67 \\ b=3 \end{cases}$$

因此有

$$\overline{X}_4=a+4b=30.67+4\times 3=42.67$$

（5）求预测日各整点负荷。

$$Z_{4,1}=S_{4,1}\overline{X}_4=0.55\times 42.67=23.47$$

$$Z_{4,7}=S_{4,7}\overline{X}_4=0.66\times 42.67=28.16$$

$$Z_{4,13}=S_{4,17}\overline{X}_4=1.08\times 42.67=46.08$$

$$Z_{4,19}=S_{4,19}\overline{X}_4=1.72\times 42.67=73.39$$

五、负荷预测中的经验修正

从上述计算方法可见，负荷预测道理简单，计算则较繁，这正适合由计算机去处理。特别是安全控制所需的短期和超短期负荷预测，实时性强，只有用计算机处理才可以实现。

但是有些特殊的情况将会影响负荷预测的准确性，而且难以建立模型，只有凭经验人工加以修正。这些影响因素包括：

（1）节假日的影响。显然，节假日负荷会与平日大不相同。如果用星期一到星期五的负荷资料来预测次日的负荷，肯定会有非常大的误差。应单独建立一个休息日模型，或者凭经验加以修正。

（2）气象影响。降雨、下雪、天旱、高温、严寒等天气情况对用电负荷影响很大，这也只能凭经验加以修正。

（3）社会性活动的影响，如第二天将有精彩的电视节目，或者有大型群众集会等，在实际的负荷曲线上都会引起一段明显的突变。经历了几次这样的事件后就可以归纳出这种变化的规律，预测时即可凭经验加以修正。

所以，目前人工预测的比较准确，计算机预测的误差要大一些。如果今后都能总结出规律，有了模型，计算机也就可以处理了。

作为负荷预测的计算机程序应当是会话型的，以便调度员可以方便地进行修正。另外，程序中还应当增加最大负荷、最小负荷的数值及出现时间等信息。在峰荷附近仅整点值进行预测还不够，应当每 10min 预测一点，这对调度员很有帮助。

第四节　潮流分析及调度员潮流

一、概述

潮流分析是最基本的网络分析软件，主要研究电力系统稳态运行情况，是研究运行方式的工具，也用于电力系统的安全分析。潮流分析根据给定的运行条件及系统接线情况，确定电网的运行状态，包括母线电压幅值、相角、支路上的功率和系统损耗等。根据采用数据的不同（实时、预测和历史），潮流分析分离线潮流和在线潮流。离线潮流也称研究态潮流，是采用非实时的网络拓扑状态和数据进行的潮流分析；采用实时数据进行的潮流分析称为在线潮流。

潮流计算分析主要完成以下功能：

（1）计算各种正常运行方式下，系统潮流分布及其安全经济指标；

（2）计算稳态运行条件下，网络结构和运行方式改变后新的潮流分布；

（3）根据因研究需要所给定的负荷数据，计算潮流分布。

进行潮流计算要先建立电力系统网络的基本数学模型，这是一个既能包含网络元件参数又包含了网络元件的连接关系的矩阵。节点导纳矩阵就具有上述特点，是电力系统网络分析计算中使用最为广泛的网络矩阵。

二、潮流计算的节点分类

在潮流计算中，表征各母线节点运行状态的参数，是该点的电压向量和注入复功率。每个母线节点都有四个运行变量来描述节点运行状态，即节点电压幅值 U、相角 θ、有功注入功率 P 和无功注入功率 Q。一般潮流计算时，对每个节点往往给出两个运行参数作为已知条件，另外两个则作为待求量。在工程实践中，通常已知的是各母线的注入功率 P 和 Q。潮流计算就是根据母线注入功率来求解各母线的电压幅值及相角。

系统中的母线节点根据给定量不同分为三类。

1. PQ 节点

PQ 节点的负荷功率和电源功率是给定的，即节点的净注入功率是已知的，待求的是节点的电压值及其相角。通常变电站的母线都是 PQ 节点（注入功率为负值）。作为系统中的基荷电厂，按调度指定的有功和无功功率运行的发电厂母线节点也应作为 PQ 节点。因此，系统中 95% 左右的节点都属于 PQ 节点。

2. PV 节点

PV 节点的负荷和电源的有功功率及电压幅值是给定的，待求量为节点的电源无功功率和电压相角。有一定无功储备的发电厂母线和有大型无功补偿设备的枢纽变电站母线都可以选做 PV 节点。有一定的无功电源，就可以维持节点电压为给定值，PV 节点是系统中可以调压的母线。系统中 PV 节点数量很少，在总节点数的 5% 以下。

3. 平衡节点

平衡节点也称松弛节点。全系统应当满足功率平衡条件，即全网注入功率之和应等于网络损耗。全系统有功和无功网损都是节点电压幅值和相角的函数，因此只有在 U 和 θ 都计算出来后，有功和无功网损才能确定。由于系统有功和无功网损事先不知道，所以系统中至少有一个节点的注入功率不能预先确定，其值要在潮流计算结束，所有节点的 U 和 θ、系统有功和无功网损确定之后，最后才能确定，该节点就称为平衡节点。平衡节点在潮流计算时只设一个，其电压幅值和相角是给定的，待求的是节点注入有功功率和无功功率，整个系统的功率平衡由该节点完成。平衡节点的选取是计算上的需要，为使潮流计算结果符合实际，常选有较大调节余量、担负调频任务的发电厂母线作为平衡节点。潮流计算结束时，如果平衡节点的有功功率、无功功率超出实际可能，就要调整其他节点给定的边界条件，以使平衡节点的功率在实际允许的范围之内。

三、潮流分析算法

求解潮流的算法有高斯—塞德尔法、牛顿—拉夫逊法、快速分解法（PQ 分解法）和保留非线性法等，其中牛顿—拉夫逊法和快速分解法比较常用。

用牛顿—拉夫逊法求解潮流，也就是用将非线性方程线性化迭代求解。给定节点电压幅值和相角初值，根据修正方程进行迭代求解，当满足收敛条件时，停止迭代，得到结果。

快速分解法由采用极坐标的牛顿—拉夫逊法演化而来的。该方法利用电力系统输电网的特点，对牛顿—拉夫逊法进行了一些简化，因而可以将有功功率 P 和无功功率 Q 的迭代分开进行。

与牛顿—拉夫逊法相比，快速分解法的迭代次数比较多，但每次迭代所需的时间较少，总的计算速度快于牛顿—拉夫逊法。两种算法的最终收剑判据是相同的，因而计算精度并没有降低。

这些潮流分析算法的具体步骤，在一般电力系统分析书中都有详细讲述，这里不多介绍。

四、调度员潮流

调度员潮流又称为在线潮流，是根据给定的网络结构及运行条件，求出整个网络的运行状态。它可对现有系统运行方式进行研究，也可对规划中的供电方案进行比较。调度员潮流作为一种研究运行方式的方便工具，深受调度员和运行方式人员的欢迎。

调度员潮流需满足以下技术要求：

（1）数据有多种来源，可以取实时、历史和未来的各种运行方式的数据；

（2）数据可以按指定时间整体变化，包括各母线负荷、机组发电功率、枢纽母线电压等；

（3）可以提供一系列操作选择，包括发电机投/切、负荷增/减、线路投/切、变压器投/

切、无功设备投/切和参数改变（线路、变压器及其抽头调整）；

（4）可以在单线图上直接操作潮流计算；

（5）能进行不收敛分析；

（6）记录操作信息，可以查询前一段时间的操作。

实际上，在没有调度员培训仿真设施之前，调度员潮流软件也可以起到部分培训作用，对调度人员掌握系统变化规律，寻求安全经济的运行方式，具有很大实用价值。

调度员潮流中的操作选择是交互式的，即调度员从屏幕画面上输入想要实现的操作项目，在线调度员潮流程序即能模拟所输入的操作，给出稳态潮流解，并给出限值校核结果。调度员潮流总体上可分为三部分：模型构造、潮流计算和限值校核输出。

模型构造是指接受了交互式的"操作"之后，确定网络模型（包括拓扑和 Y 阵参数），建立相应的潮流计算模型。潮流计算常采用计算速度较快的快速 PQ 分解法。限值校核是用预定的限值（电压极限、线路功率极限等）对计算出来的结果进行校核，对越限的数据打上标记，存放到数据库中做集中输出（显示或打印）。

第五节　调度员培训仿真系统

一、概述

为保证电网的安全、经济运行，电力系统运行操作人员必须具有丰富的知识、经验和能力，能应付电力系统正常运行和紧急状态下的各种情况。因此对电厂和电网运行人员的仿真培训是必要的。调度员培训仿真系统（Dispatcher Training Simulator，DTS）就是培训运行操作人员的有效工具。它利用计算机模拟实际电力系统的运行特性，用调度运行人员熟悉或易于掌握的人机界面，逼真地再现受训者所在电力系统的静态和动态特性，对调度员、运行支持及决策人员进行演示和培训，使他们有身临其境的感觉，可以增进对系统的了解，积累处理事故的经验，提高处理事故的能力。

二、DTS 的功能

DTS 不仅能培训调度员，还可以对运行支持人员、规划和决策人员、软硬件研发人员和控制中心设计人员等进行培训。其主要功能有：

（1）正常情况下的培训。正常情况下的基本操作训练，如开关操作、倒闸操作、变压器分接头的调节、发电机的投切及功率调节、负荷的投切与增减、系统的并列与解列等；还包括对系统状态监视、负荷频率控制、经济调度、调度员潮流等 EMS 工具的使用，警报显示的处理等。

经济运行方面的培训，使调度员了解各种情况下经济调度的方法，了解对旋转备用的要求，以及电压支持、稳定极限、联络线潮流影响等，增长有关经济调度的经验。

（2）紧急状态下的事故处理培训。其内容是在联络线投切，发电机紧急处理，事故甩负荷，线路单重或多重故障，保护误动或拒动，振荡状态及系统解列等紧急状态下，培训调度员处理事故的能力。实时的调度员培训仿真系统，能使控制人员达到技术和心理上的真实感，是培训调度员处理严重事故的有效工具。通过事故状态下的培训，可以增强调度员在紧急状态下的自信心，权衡形势，快速决断，增长有关动态或解列运行状态下系统技术特性方面的知识，以及有关处理事故时所需工具和操作步骤等方面的知识。

（3）事故后电力系统的恢复操作培训，如重新安排有功、无功功率，调整负荷等操作处理，使系统在最短时间内恢复正常。

（4）预防性操作及操作后的分析。对系统或学员操作中潜在的静态、动态不安全性进行评价，并能图示预防控制的方法和结果。此外还能对学员的处理过程及系统状态利用快照形式记录下来，培训结束后可再现其过程，从而对其操作进行思考和评价，制定出最佳的操作规程，使学员熟练地运用正确的规程对系统进行正确的操作。

（5）进行继电保护和自动装置研究。利用 DTS 还能研究电力系统运行方式，研究继电保护和安全自动装置的配置和整定。

三、调度员培训仿真器的功能要求

为了使培训取得逼真的效果，DTS 必须满足下列三个基本要求。

1. 一致性

学员台环境与实际调度控制中心环境要尽量一致。所用数学模型应能代表所仿真系统的物理特性，逼真地再现学员所在系统的静态、动态过程，同时又有快速的实时响应。

2. 真实感

DTS 应能真实地再现学员所在的计算机控制中心环境，即与控制中心具有相同的显示器、操作台、监控内容和相同的应用软件，使学员受训时有一种身临其境的感觉。

3. 灵活性

教员台可灵活控制培训过程，模拟电力系统的各种操作和故障。教员可很方便地执行被训学员下达的各种调度命令，使系统进入新的运行方式，并有足够的教案进行演示和培训，实现各种要求的培训。

四、调度员培训仿真的基本构成

DTS 通过模拟电力系统和控制中心为调度员提供了一个逼真的环境，其基本组成包括控制中心模型、电力系统模型和教练员系统三部分。

1. 控制中心模型

控制中心模型 CCM（SCADA/EMS 仿真子系统）应当是能量管理系统的完整复制，应与实际控制控制中心的环境一致，并具有 EMS 的各项功能。在模拟 SACDA 系统时，也应实现控制中心 SCADA 的全部功能。DTS 中的 SCADA 仅与电力系统模型相互作用，而不与实际电力系统通信。

2. 电力系统模型

电力系统模型（电网仿真子系统）用来模拟电力系统在各种工况（正常、事故、检修等）下的机电特性。它包括学员所在电力系统的网络模型和各种设备模型。电力系统模型要求真实，要协调好计算速度和模型精度之间的关系。

3. 教练员系统

调度员培训仿真系统的培训和使用过程都是由教练员控制的。培训前，教练员先制作教案。培训中，教练员控制着整个培训仿真过程，监视和查询电网的运行状态，设置电网事故，并充当厂站值班员，执行由学员下达的调度命令。培训后，教练员可以对学员的调度能力进行评估，内容包括系统越限情况、失电情况、网损情况、保护和自动装置的动作情况，以及误操作情况等。

五、DTS 的系统配置方式

从其与实际控制中心的联系来看，DTS 的硬件可分为独立型和一体化型两类。

独立型，即培训机单独作为一个实体，与实际的控制中心互不影响。因此独立型 DTS 不受控制中心系统硬件/软件条件的限制，灵活、通用。但对于已有的控制中心来说，建立一套独立的 DTS 就需要增加硬件设备和费用，同时也失去了在线 EMS 的一些功能，不能把实时数据作为培训的基本数据，需要维护两套独立的数据库。

一体化型，将 DTS 与控制中心系统相连或成为一体，使用相同的硬件、应用软件和数据库，人机界面也完全相同。因此，一体化型 DTS 在培训中使用的基本功能与控制室中使用的相同，而且大多数系统数据、图形等都由控制中心系统传送，避免了分别填写和修改这些数据。在一些方案中，控制中心现有的控制平台可用于培训，节省了硬件开支。

一体化型 DTS 的结构有以下四种。

（1）将 DTS 安装在一台 EMS 后备机上，学员和教练员的用户界面相同，且只需维护一套数据库，从 EMS 取实时数据也很方便。但降低了工作机的可靠性，加重了备用机的负载。

（2）把控制中心模型和电力系统模型/教练员系统安装在两台不同的计算机上，控制中心模型与实际的 EMS 完全相同，并通过通道与电力系统模型/教练员系统通信。学员面对的环境与实际完全相同，而教练员需要面对两种不同界面，这时需要维护两套数据库。

（3）只把控制中心模型和电力系统模型/教练员系统安装在相同的计算机上。与独立型不同的是，这种结构要求控制中心与现有的 EMS 完全相同，使学员面对与控制中心相同的环境。

（4）把控制模型安装在 EMS 备用机上，而在另一台计算机建立电力系统模型，并用一个接口与学员使用的控制中心相连。

第六节　电力市场及其技术支持系统

从 20 世纪 80 年代末起，以英国为首，国际上许多国家进行了电力工业管理体制改革，其目标都是开放电力市场，引入竞争机制，降低发电成本，合理利用资源，并最终使用户获利。从 1998 年开始，我国也确定在电力行业实行"厂网分开、竞价上网"的改革，并确定山东、上海、浙江及东北的辽宁、吉林、黑龙江 6 个电网为首批"厂网分开"的试点单位。2000 年 1 月山东、上海、浙江发电侧电力市场正式投入商业化运行，东北三省电力市场也于 2000 年 4 月正式投运。目前，我国电力工业的体制改革经过了集资办电、政企分开、厂网分开、竞价上网的试点阶段，正在逐步进入实质性的市场化改革阶段。

能量管理系统（EMS）为电力系统中的生产和经营活动提供了大量的实时信息和分析工具。电力市场技术支持系统（PMOS）作为服务于电力市场营运的自动化系统，需要充分利用 EMS 的已有功能，还要切实保证这些功能能够满足电力市场环境下的需要。因此，实现 PMOS 与 EMS 的有机结合十分必要。

一、电力工业经营体制的变迁

（一）垄断型经营阶段

在电力工业发展的进程中，大多数国家对电力工业的管理采用了调控模式，即发、输、供高度统一，垂直型管理。在一定区域内，由单一的运行者负责系统运行，配电部门有专营区域；而且公用事业权力机构有权干涉，包括营业区域、电价等。

调控模式的形成，主要是由于电力工业发展中，大系统的规模效益鼓励了在一定区域内的电力公司的合并，形成发、输、配电一体化，从而提高生产效率。

但随着电力工业的发展，垄断型经营已较难获得更多的规模效益。因此，在电力工业中引进竞争、建立电力市场，成为现实的需要。在一些国家，为了驱动电力工业进入市场，促进竞争，在电力系统中引进了开放式的运营机制。此外，环境保护、投资、资源最优化综合利用、负荷管理等方面，也要求在电力系统中展开竞争。电力市场的竞争，最初是从发电市场开始的。

（二）发电市场的开放

独立发电厂的产生，要求在发电单位之间开展公平竞争。独立发电厂一般不拥有供电专营区和输电系统，只负责电力生产。同时，原有的电力公司之间也要求展开竞争。此时，用户市场尚未开放，各电力公司仍拥有供电专营区域。如果某电力公司供电不足，需要增加容量或购买电能等，可以在电力公司之间进行功率交换，从而在电力生产者之间形成竞争，但这时发电单位还不能直接与用户签订合同。这种电力市场，一般称为批发电力市场，比较初级的做法是由各电力公司为其所需容量进行招标。当某电力生产者中标后，由电力公司与其签订合同，商定贸易形式、价格、容量等。这种做法因为没有专门的中介结构进行管理与组织，从而其竞争规模、效益均受到影响。

一般说来，开放发电市场，既有利于在发电市场中引进竞争，同时也较易管理。对电力公司的现有体制，不需要作大的变动，是一种比较平稳的做法。

（三）同时开放发电市场和用户市场

同时开放发电市场和用户市场，实现了供、求的双向选择，特别是扩大了用户的选择权。其在电力市场中可能的交易方式有：

（1）发电厂直接与本地用户（零售商）签订合同；

（2）发电厂向上级电力市场卖电；

（3）发电厂向本地电力市场卖电；

（4）发电厂向外地电力市场卖电；

（5）发电厂向外地用户卖电；

（6）用户（零售商）从本地电力市场买电；

（7）用户从零售商处买电；

（8）用户（零售商）从其他地区的电厂购电；

（9）用户（零售商）从上级电力市场购电；

（10）用户（零售商）从其他地区的电力市场购电。

在这类体制中，出现了电力零售商这种新的市场成员。而在用户市场未开放时，向用户供电是配电公司（供电局）的任务。各配电公司有自己垄断的专营区域，任何人或单位不能在此区域内卖电。但在用户市场开放后，除配电公司外，电力市场还允许经过批准的（持许可证的）电力零售商向用户售电。这种同时开放发电市场和用户市场的模式，给电力生产者最多的竞争机会，给用户最大的选择权利，真正体现了市场原则。

二、我国省级电力市场运营模式

我国现在试点的是省级电力市场运营模式。省级电力公司开展商业化运营，近期实施以现行体制为基础的有限竞争电力市场中的准商业化运营，远期实施完善电力市场中的商业化运营。具体可分为以下三个阶段。

（一）发电侧有限竞争的准商业化运行——阶段Ⅰ

有限竞争电力市场中的准商业化运营是一种计划与市场相结合的模式，这种模式仅开放发电市场，是运用市场机制、开展商业化运营的最初级阶段。在这一模式下，在省级行政辖区内发电端均成为独立的发电公司，省级电力公司拥有省内 500、220kV 及以下电压等级的输配电网及所有变电设备和调度中心的资产经营权。

这种模式的基本特点是：网厂分开，现有的发电企业、较大容量的地方发电企业逐步改造成为独立发电公司，进行有条件的公开竞争，电量日清月结，市场法规、法则及技术支持系统初步建立。这种模式下，可实现保证基数电量下的有限竞价上网，保证上网机组完成基数电量、基数电量以内的电量以核定电价结算、剩余电量实行竞价上网。

这种模式考虑了历史原因形成，而非机组本身的固有特性所致的电厂之间的成本差别，如新老电厂差异、投资来源渠道差异、还贷条件差异、投资回报方式差异等。

这种模式下，省电力公司将负责省内电网（输、配）的规划、建设、发展和运行，在政府行业监管部门的监督下进行电力电量的销售和传输。省电力公司上端与接网的独立发电公司和经营省际电力电量交换的网级公司相连，下端直接面对用户消费者。省电力公司要进行各种市场调查和长、中、短、实时负荷预测，并向上游环节支付购电费购电。

由于省电力公司处于垄断经营地位，其电价将受政府行业监管部门的控制，但电价中应包含合理的输电、配电环节的相关费用，以保证公司资产的合理回报和自我发展需求。

（二）发电侧完全竞争的准商业化运行——阶段Ⅱ

发电侧完全竞争的准商业化运行模式下，省级辖区内所有发电厂均已变为独立发电公司。独立发电公司公开完全竞争上网，半小时制报价；形成比较完备的市场法规、法则及技术支持系统。阶段Ⅰ在实行一段时间后，必然要过渡到阶段Ⅱ。

在这一阶段，要解决一个省电力公司的购电市场问题。网厂分开以后，无论发电企业在性质、规模、所有制成分上有什么不同，为了保证省公司商业化运营秩序，省域内的任何电厂都要参加省公司的发电侧电力市场，取消基数电量，发电公司发电量实行完全竞争发电，在参与市场经济活动时一律平等。

（三）独立电网公司及其商业化运行——阶段Ⅲ

省电力公司所属的供电公司变为独立的供电公司，省级辖区内 500、220kV 输电线路组成主网架，以及相关变电设备和调度中心为省电力公司的经营资产。

阶段Ⅲ的目标是在阶段Ⅰ、阶段Ⅱ的基础上，进一步完善发电侧市场竞争，形成完全开放、竞争有序的电力市场；同时根据国家电力体制改革进程，适时进行配电市场的相互竞争，使电价水平有明显降低。该阶段的特点是：

（1）在阶段Ⅰ、Ⅱ基础上，发电侧实行完全竞价上网，配电市场有序地放开，成立独立的地（市）供电公司。

（2）如果国家政策允许，一部分大用户可在某区域内直接从独立发电公司购电，通过输电网和配电网进行输送，用户和独立发电公司向输电网和配电网缴纳相关费用。如条件成熟，大用户可跨区域选择供电公司，直接从独立发电公司购电或与其他供电公司交易。

（3）这种运营模式下，电网公司要负责专营区的电网规划、建设、运行和发展，主要提供经销/输送电力电量的服务，运营方式完全基于发电方的报价，以安全经济调度为准则，可实现完整意义上的商业化运行。为保障公司的正常运行和发展，电网公司应获得合理的回报，可通过收取输电费的方法实现。输电费包括接网费和过网费，向接入网架的所有单位（包括发电公司、供电公司、大用户等）按月收取。

阶段Ⅲ是在市场机制完善情况下采取的一种模式。该模式下，省电力公司已完全转变为电网公司，独家垄断经营输电环节。供电企业和大用户向电力生产企业直接购电，电网公司负责网际功率交换、电网安全运行及电力市场运作，并担负电力的运输职能，收取过网费。过网费的收取受国家相关公共事业管理机构的监管。

电网企业在转变为完全的输电公司、收取过网费以前，可有一定时间的过渡，使部分电力由电网经营企业向发电企业收购后，转售给供电企业和大用户；另一部分电力由供电企业和大用户向发电企业直接购买，电网经营企业收取过网费。

三、省级电网商业化运营的电力市场技术支持系统

为保证电力市场公平、公正、公开和高效有序地运行，人们开发研制了省级电网商业化运营技术支持系统。该系统主要包括安装在省调度中心的一组计算机网络系统、安装在发电企业和供电企业的数据申报工作站。

省级电网商业化运营技术支持系统由以下系统组成。

1. 能量管理系统（EMS）

EMS系统主要用于保障电网的安全稳定运行，同时也是市场支持系统的基础平台。

2. 电能量计量系统

电能量计量系统主要完成分时段电能量数据的自动采集、远传和存储，以支持电费结算和运行考核。系统应确保电能量数据的高度可靠性、准确性和安全性，在任何情况下原始计量数据（包括时标）不得丢失和修改。

3. 负荷预报系统

电力市场的负荷预测就是市场预测，主要用于预测电网未来时间的负荷情况，包括电量、功率、负荷分布等。

负荷预报分为长期（1年以上）、中期（1月以上）、短期（1周、1天）、超短期负荷预测（未来5、10、30、60min）四类。长期负荷预报主要为电网规划提供决策依据；中期负荷预测主要为电力的期货交易提供决策依据；短期负荷预测主要为现货交易（预调度计划）提供决策依据；超短期负荷预测主要为实时调度提供决策依据。长期、中期、短期负荷预测还是系统适应性评估的主要依据。

4. 电力市场适应性评估管理系统

系统适应性评估也称系统裕度评估，是一个对电力系统未来中期、短期的系统供应状况进行信息采集及分析的综合程序。目的是使发电公司能够了解未来2年内系统的发电用电计划、检修计划以及网络安全约束条件等信息，以便发电公司在了解系统未来运行信息的基础上进行投资和发电决策。

5. 合同管理系统

合同管理系统用来完成与电力市场运行有关的各类合同和协议的管理，如期货交易合同、辅助服务合同、发电公司上网合同（或协议）等。

6. 电力市场期货交易管理系统

期货交易系统包括年度期货交易和月度期货交易两种类型。期货交易电量一般占整个电

力交易量的 $70\%\sim80\%$，是保证电价稳定的重要手段。

7. 结算系统

结算系统的主要功能是根据电能量计量系统的电能数据、调度决策支持系统的电价数据、运行考核纪录及合同管理系统的相关数据，进行电网与发电、供电企业之间的财务结算。

参与电力市场结算的实体包括各发电企业、供电企业和电网经营企业。

8. 即时信息系统

即时信息系统负责电力市场相关信息的发布和处理，并提供对相关数据的核实功能。即时信息系统是电力市场交易的手段或工具，主要功能包括：各发电厂、供电局数据申报，向各发电厂、供电局发布调度计划，向各发电厂、供电局发布实时运行信息，向各发电厂、供电局发布经电网调度员修改后的调度计划，发布前一天电力市场运行信息等。

9. 发电公司竞标管理系统

在省电网电力市场技术支持系统中，发电竞价管理系统是由发电公司使用的，用于保证省电网电力市场正常运行的配套系统。其主要包括机组竞标数据及检修计划申报、市场运行信息查询等基本功能。

为了能够进行合理报价，发电公司应配置包括发电成本分析、燃料供应分析、发电能力分析、运行计划、检修计划、资源优化、市场分析、风险分析等功能在内的发电计划辅助决策功能，以增加发电企业在电力市场中的竞争能力。发电能力预测要考虑机组出力、燃料供应、检修计划等多种因素。

10. 电力市场调度决策支持系统

电力市场调度决策支持系统是电力市场技术支持系统的核心，由电力市场预调度计划管理系统（包括交易管理、安全校核）、电力市场实时调度管理系统（包括实时交易管理、实时安全校核）、电力市场运行记录管理及运行考核系统组成。

（1）电力市场预调度计划管理系统。电力市场预调度计划管理系统是电力市场运营的核心功能之一。它根据电网的短期（日）负荷预报、发电单位及供电局的数据申报，按报价对机组进行排序，并考虑电网安全因素，制订电网次日预调度计划，然后传给发电厂、供电局和 EMS。其目标为，以最小的电网运行成本，满足系统负荷要求，即在满足系统负荷需求的前提下，使总购电成本加上输电成本，再加上辅助服务的成本之和为最小。

（2）电力市场实时调度管理系统。电力市场实时调度管理系统的主要功能是电网调度员在每个时段初，利用电网负荷预报系统，预报下一时段用电负荷；根据系统运营状况、天气、机组竞标上网电价，在线制订下一时段的调度计划，并向各发电厂、供电局发布，决定该时段机组实际上网电价。

（3）电力市场运行记录管理及考核系统。电网正常运行情况下，由该系统对各发电机组的运行情况进行考核；在电网事故处理过程中，遇到自然灾害或不可抗拒力的情况下，不进行考核；对非调频机组按下达的发电出力计划考核；对供电局按下达的供电计划考核（主要用于控制地方小火电）；调频机组按电网频率和发电机组的实际出力考核；事故备用机组在电网事故和调度命令情况下，按机组的实际执行情况考核；记录发电机组的运行工况，AGC 机组的投运情况，机组的事故支援情况；记录电力市场运行的全过程。

省级电力市场基本操作流程如下：

（1）每天上午 10：00 以前，通过电力市场运行信息发布系统，各发电厂向电网调度中心申报第二天的机组上网电价、可调出力、检修申请等。各供电局利用地区电网负荷预报系统预报该地区第二天的用电负荷曲线，并向电网调度中心申报第二天的检修申请、用电负荷曲线等。

（2）电网负荷预报系统预报第二天的省电网用电负荷曲线。

（3）电力市场预调度计划管理系统根据上述两项的数据和网络限制等条件，以特定的优化目标，在电厂完成基数电量的基础上，以竞价上网为原则，制订预调度计划，即第二天（交易日）的调度计划，并于下午 16：00 前，通过电力市场运行信息发布系统向各发电厂、供电局发布，并传给能量管理系统。

（4）在交易日每个运行时段初，电网调度员根据系统运营及天气状况，利用电网负荷预报系统，预报下一时段电网用电负荷，并利用电力市场实时调度管理系统，计算出下一时段的调度计划，传给能量管理系统，同时向各发电厂、供电局发布调度计划的变动信息。

（5）在交易日的每个时段，电网调度员利用电力市场运行考核系统，对各发电厂、供电局的发、供电曲线进行考核，对电力市场运行的全过程进行考核。

（6）各地区电业局接收到电网调度中心的调度计划后，利用地方电厂管理系统按照竞价上网等原则，安排各地方电厂的发电曲线。

（7）在交易日运营的次日 1：00，电网调度中心将交易日的运行考核记录、电价数据等传送给结算系统。

四、电力市场化运营对 EMS 系统软件的影响

在电力市场环境中，传统的 EMS 软件需要变化以适应新的运行机制，但应该考虑充分利用现有 EMS 的功能。从电力市场的角度看，由 EMS 可以获取大量的实时和经过处理的电网运行数据，这些数据是结算系统、信息发布系统和交易管理系统所必需的，因此，EMS 可以看成电力市场技术支持系统中的一个重要组成部分。

电力市场技术支持系统（PMOS）与能量管理系统（EMS）之间的各子系统数据流程图如图 8-18 所示。

为了进行电力市场的运营和考核，PMOS 需要从 EMS 获得电网中带有时标的运行数据，如电网频率曲线、

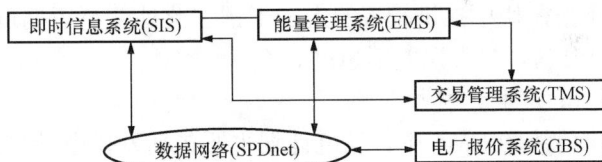

图 8-18　PMOS 与 EMS 各子系统数据流程图

实际负荷曲线、机组实际输出功率曲线、备用容量记录和开关动作记录等。EMS 还向即时信息系统（SIS）提供分钟级的实时数据，如系统频率、总功率和总负荷等。一般可将 EMS 的各种软件分为数据采集级、发电计划级和网络分析级等三级。下面分别介绍电力市场的实施对各级软件功能的影响。

（一）数据采集级

数据采集与监控（SCADA）是 EMS 与远动的总接口，EMS 通过 SCADA 取得实时数据并将控制信号送回系统中。在电力市场环境下，EMS 中 SCADA 采集的各种电网数据可作为电力市场应用的数据源，PMOS 不必再建设一套数据采集系统。PMOS 编制的发、购电计划，特别是发向具有遥控、遥调机组的实时调度指令，同样需要通过 SACDA 系统实现。

（二）发电计划级

1. 自动发电控制

在传统 EMS 中，自动发电控制（AGC）是其中最重要的控制功能，可提高电网频率质量、经济效益和管理水平。在电力市场中，AGC 作为辅助服务功能之一，其作用仍是维持发电功率与负荷功率的平衡、保证电能质量。因此，与传统 EMS 中的 AGC 软件相比，电力市场中的 AGC 内部算法和控制环节没有太大变化。但是，AGC 的选定和投运方式与传统 EMS 相比发生了根本的变化。在电力市场环境下，AGC 调节作为辅助计划的一部分，要充分考虑该机组对市场边际电价的影响，投入辅助服务后的经济补偿等新的经济因素。而且，AGC 机组需要进行 AGC 申报，只有进行 AGC 申报的机组才可以投入 AGC 的辅助业务。

虽然不同的电力市场模式和营运规则对 AGC 乃至其他辅助服务的处理方式可能不同，但是国内外一些成功的做法是 AGC 机组也要参加竞价，这也会对市场边际电价产生影响，这种方式可以自然过渡到将来辅助服务市场的竞价。

作为现有 EMS 中的 AGC 软件，在电力市场模式下仍然可以继续使用，可改由 PMOS 提供与 AGC 控制系统的接口。

2. 负荷预测

传统负荷预测概念就是利用已知的负荷历史数据及影响负荷变化的各种因素的信息，采用各种预测方法，总结出负荷变化规律，建立负荷模型。

在电力市场中，负荷预测的模型需要考虑负荷对电价的影响因素。电价随时间和电网的运行状态的改变而改变，发电公司相应地对电价做出响应，比如负荷高时，发电公司可能会提高报价。某一时段的电价对本时段的负荷和其他时段的负荷都会有影响，而且负荷高低直接影响机组的上网机会和结算电价，所以对负荷预报的精度要求也更高。在传统的 EMS 中，一般只需要短期负荷预报，精度在 3%～5% 之间，且不太需要人工干预；而在电力市场中，对负荷预报功能的要求将增加。为保证预测精度，需要充分利用调度员的经验，在负荷预报模块中提供较多的人工干预。此外，超短期负荷预报的精度也要提高，要求平均误差小于 1%，最大误差不超过 3%。

3. 发电计划

传统的 EMS 中，发电计划主要包括发供电计划及机组经济组合、交换功率计划、燃料计划、检修计划等功能。而在电力市场中的发电计划，不再是简单的调度指令，还需要协调市场参与者之间的关系，根据竞价的原则实现系统的安全经济运行。需要同时制定发供电计划和辅助服务计划。制定计划的依据是交易合同和投标信息。计划的制定过程是交互性的，每个时段都可能也可以根据需要进行调整，或人工干预。

与传统 EMS 中的发电模块相比，PMOS 中的发电计划模块有以下几点不同：

（1）发供电计划。不再由调度所直接制定，而是根据各发电机组的报价、依据购电费用最小的原则排序制定。根据不同的市场规则，提前 1 天排定的发电计划称为预调度（现货）计划；实时电力市场则根据超短期负荷预测和各电厂机组的实时申报编制实时发电计划。

（2）经济调度。传统的 EMS 中的发电计划的制定原则是系统的发电费用最低，而电力市场环境下，是要求购电费用最低，传统的经济调度模块不再适应电力市场需求。

（3）机组经济组合。传统的 EMS 中的机组经济组合也不再适用于电力市场模式。在电力市场模式下，发电商、售电商及电网经营企业都是独立经营、自负盈亏的独立利益体，机组的经济效益由发电商自己决定，电网经营企业则负责电网的安全。

（4）网间功率交换计划。电力市场模式下也要考虑经济性；在其他电网也实现了电力市场的前提下，根据购电成本最低的原则和区域间的交换合同制定交换功率计划；区域间交换合同的制定应按照利益最大化原则制定；实际的市场运作中，可通过代理交易商实现本区域与其他区域的市场交易；但在其他电网未实行电力市场时，交换合同可协商制定。

（5）网间交易评估。在电力市场中，为了保证经济性，需要利用实际的运行方式与预先计划的方式进行比较，做短期评估，帮助电力系统人员确定其与相邻电力公司进行的电力交易费用，并评价所做的交易在经济上是否有利。

（6）发电厂成本分析。在电力市场中，各发电商是独立的经济实体，他们通过机组竞价上网的方式参与电力系统的运行，对自己的经济行为完全负责；因此，发电厂生产成本分析是发电商的行为，而不是由调度运行部门直接决定，但区域和全系统的生产成本仍然由调度和运行部门分析、制定。

（7）水电计划和水火电联合经济调度。传统电力市场的水电计划和水火电联合经济调度在电力市场中都要发生显著变化。水电厂若作为竞价实体参与市场运营，水电计划要服从系统购电费用最小的需要，由电力市场中的预调度系统和实时调度系统安排，传统的水电计划不再存在；水电厂若不参与市场竞价，可以作为固定功率参与市场。水火电联合经济调度在电力市场中也不再存在，因为火电机组和水电机组的计划都要由电力市场中的预调度和实时调度系统决定。

由以上分析可知，在电力市场环境下，EMS中应用软件原有的发电计划类功能模块不能继续使用，需要由PMOS中的交易管理系统（TMS）来完成各种发电计划的编制。

（三）网络分析级

在传统的EMS中，网络分析级软件的功能是提高运行的安全性，利用电力系统的全面信息进行决策和分析。

在电力市场模式下，电力系统应用软件主要作用是在电厂报价机组竞价的基础上，根据网络的约束条件消除网络的不安全因素，保证网络和系统的安全性。在电力市场中的应用软件，通过网络分析、建模、状态估计，建立对电力系统的完整而准确的描述；潮流分析模块计算出竞价上网机组在系统中的潮流分布；预想故障选择模块用于识别可能会造成系统不安全问题的关键故障；安全校正模块用来消除竞价上网机组的功率对网络造成的不安全因素。以上各模块的目标函数要充分体现电力市场的经济性原则，同时保证电力系统安全性。如果发生不安全现象，电力市场的应用软件将按照一定的规则修改计划。

1. 网络分析、建模和状态估计模块

网络分析、建模和状态估计模块的基本算法在电力市场中与传统的EMS中没有大的区别。但是，电力市场中机组上网的不确定性增强，机组的功率也容易发生较大变化，同时要考虑系统的检修计划等因素。所以这些模块在电力市场中的重要性相应增强，调用的方法也会发生相应的变化。

2. 潮流计算模块

在电力市场模式下，潮流计算是一个预计算过程，是计算现货计划（预计划）和实时计划引起的潮流分布和网损。潮流计算中机组的有功功率不是遥测或状态估计的值，而是现货计划和实时计划中排定的机组功率。因为电力市场中暂未考虑无功的计划，所以机组的无功功率可取上一时段的状态估计值。节点负荷可以通过母线负荷预测得到，也可以通过上一时段的负荷分配情况计算分配因子，将负荷预报的值分配到各计算节点上。其他网络参数值则由状态估计得到。

3. 调度员潮流

在电力市场中，调度员潮流的功能仍然是用于调度的模拟操作或运行方式的研究，但是调度操作模拟不仅可以处理开关的开/合、变压器分接头调整、机组功率和负荷值的增减，还要模拟电厂的报价变化和调度计划的变化引起的潮流分布，以及系统中各设备、全系统的有功、无功损耗。现有 EMS 的 PAS 软件中还没有上述功能，需要增加和完善。

4. 预想事故分析模块

预想事故分析模块可进行自动故障选择，并选出严重的事故，给出事故越限报警，这与传统的预想事故分析模块功能相同。不同的是预想事故的数据源与潮流计算模块一样，是一个提前预先计算的过程，机组输出功率和节点功率要分别从发电计划软件和负荷预测软件中得到。该模块除了可由调度员起动外，还可以按时段起动，对预先的发电计划和实时的发电计划进行分析和校验。

5. 安全校正模块

机组竞价上网改变了传统模式的发电计划，使得机组输出功率的变化较大，从而系统潮流的变化较大，导致了电网的不安全性增加。电力市场下的安全校正模块，必须依据市场规则和电网及机组的各种技术参数对机组输出功率计划进行调整，以保证网络的安全性。在完善的市场规则中，将对安全问题的解决措施做出明确的规定，市场运营下的安全校正模块应依据这些规定确定目标函数。

第七节　专家系统及其在电力系统自动化中的应用

电力系统运行涉及的问题相当复杂，需满足许多方面的技术要求。加之随着我国电力工业的迅速发展，各大电力系统的容量和电网区域不断扩大，使电网结构日趋复杂，电网调度人员的工作复杂程度也不断增加。

将专家系统技术应用于电网调度运行中，可尽快将调度员培养和提高到调度专家水平，特别是在电力系统出现事故时，系统会尽快诊断事故并提出事故处理方案。

一、什么是专家系统

专家系统是一个具有大量专门知识的智能程序，容纳了大量专家（权威）的领域知识，应用人工智能技术，模拟人类专家做出决定的过程，可以解决那些需要专家才能解决的高难度问题，提供专家水平的解答。

专家系统近年来已在许多领域得到应用越来越受到各行各业的重视，原因如下：

（1）专家系统能够高效、周密、迅速且不知疲倦地进行工作。

（2）专家系统可以使人类专家的特长不受时间和空间的限制。

（3）专家系统的使用能够获得很大的经济效益和社会效益。据国外资料报道，应用专家系统成功地发现了价值达 1 亿美元的钼矿床。

二、专家系统的开发

（一）开发专家系统要注意的几个问题

（1）选择对象领域要恰当。专家系统适用于技术要求变化频繁或难以用算法描述的专业问题。一个专家系统要处理的对象不要太宽，不要企图解决暂时还没有专家经验的问题。

（2）要与有丰富专业知识的专家密切合作。在搜集知识的初期和长期的改进过程中都需与专家通力合作，最好请专家直接参加整个开发工作。

（3）选择合适的开发工具。按照问题的类型，选用合适的开发工具，包括硬件和软件。

（4）建立专家系统的运行维护制度。从制作系统原型起，尽早请用户试用，按用户的意见建立专家系统。在实用阶段还要补充和修改知识库，用户要培训运行维护的技术人员。

（二）专家系统的开发工具

专家系统的开发工具一般是指开发专家系统的支持软件，有时也包括这些软件的运行硬件环境。

开发工具就是利用知识的专用性和推理的通用性来编制支持软件，可以简化和加快专家系统的开发。开发工具至少应具备表示知识和利用这些知识进行推理的功能，大多数开发工具还具有知识编辑、知识调试和推理结果说明等功能。

三、专家系统在电力系统自动化中的应用

国内外的实践都表明，专家系统最适用于那些难以建立数学模型的领域，如医疗诊断和地质勘探等。对于电力系统这样已有大量数学模型和数值算法的领域，人们在长期以来忽略了专家系统的应用。

尽管计算机和自动化技术已取得了高度的发展，但常规数值分析软件却缺乏启发性推理的能力，也不能适应知识的不断积累。电力系统领域中，常规数值分析方法遇到的困难有：

（1）系统规划。系统规划工作者面临的是大量不精确的数据、多重的目标和众多的方案组成的庞大的"搜索空间"，想要选择出最优的设计方案，是件非常复杂的工作，现有的常规算法只能在少量的时段下对个别的指标进行评估，效率很低，有很大片面性，因此，目前主要还得靠规划专家来完成。规划时一定要涉及的有关政策法规，更是完全要靠人来把握。

（2）开停机计划。需要处理大量的数据和复杂的运行约束。

（3）负荷预报。需要有智能方法选择负荷模型和处理天气及偶然事件对负荷的影响，而在目前这全凭调度人员的经验。

（4）运行计划。日调度计划。

（5）安全分析。由于要在几分钟内（如 5min）完成数百次预想事故计算分析，很难满足实时性要求。人们期望有智能的方法先行滤去那些实际上不起作用的场景、约束和事故。

（6）事故分析。分析事故时，要考虑继电保护误动作、开关拒动和信息采集系统的故障。需要较多的启发性知识，并以逻辑判断为主，正是数值分析方法的难点。

（7）紧急控制。紧急控制的快速要求是数值算法难以胜任的。

（8）恢复控制，这是难以建立数学模型的控制过程。

（9）正常操作。编制工作票很费事，要求调度员进行大量重复而细致的工作。

（10）监视和警报处理。在事故的几分钟内，大电网的警报信息可能高达 2000 个，调度员都来不及看完一遍，更不必说分析事故和掌握全局情况了。以西欧联网劳芬堡调度中心发生的情况为例，在一次事故时，53s 内出现了 1500 个警报。如果每一帧显示 25 条报警，共需 60 帧。如果调度员用 30s 看完一帧，要用 30min 才能看完。

（11）培训。即使使用培训模拟装置，也需要有高水平的专家来进行符合实际的场景生成。对被训人员评估成绩并指出其缺点，亦需依靠专家。

可见，电力系统的规划、运行和控制，还必须依赖有丰富经验的规划人员和调度运行人员，而这样的专家总是很缺乏的。因此，在电力生产控制领域引入专家系统是大有可为的。

电力系统应优先引入专家系统的几个方面：

（1）对大量方案进行智能选择，如在规划问题中对候选方案的初审，对有效约束的选择，在对偶然事故预想分析时减少需详细计算的事故数量等。

（2）对大量参数进行有效归纳，进行模糊估计或提取有用信息。如警报处理和事故分析，以及对电力系统动态稳定数值仿真的大量结果信息进行浓缩和解释。

（3）保存并传递电力专家的宝贵经验，大大提高现有培训模拟装置的水平。

（4）将复杂的或大规模的问题进行合理的简化，协助现有的数值算法。例如，准备潮流计算的初始化条件，智能地选择模型及算法，外部等值系统的模糊辨识，数值算法的自动切换，在计算中途对参数的调整，帮助分析诊断有疑问的结果等。

（5）人机接口的智能化。例如，视、听信号的输入输出，对人类自然语言的理解，面向问题的人机对话等。

四、调度运行专家系统

调度运行专家系统由六个部分组成：知识库、综合数据库、推理机、知识获取机制、解释机制、人机接口。图 8-19 所示为调度运行专家系统的基本结构图。调度运行专家系统各组成部分的功能描述如下：

知识库：用以存放调度运行的一些规则和调度人员的一些经验知识。

综合数据库：反映具体问题在当前求解状态下的符号或事实的集合，由问题的有关初始数据和系统求解期间所产生的所有中间信息所组成。

推理机：在以目标驱动的控制策略下，针对语境中的当前问题信息，识别和选取知识库中对当前问题的可用知识进行推理，以修改语境直至最终得出问题的求解结果。

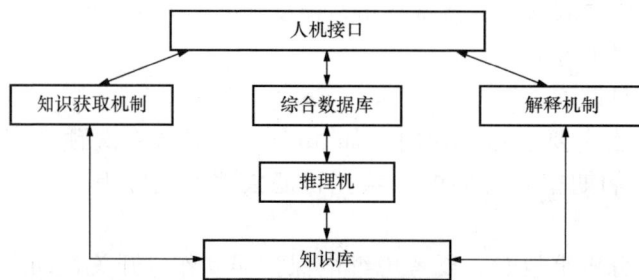

图 8-19　调度运行专家系统的基本结构图

知识获取机制：又称机器学习功能，能实现专家系统的自学习，并为修改知识库中原有知识和扩充新的知识提供手段。调度运行专家系统的知识获取机制能很方便地将获得的知识转换成内部表示形式存入知识库，增添、修改规则都非常容易。

解释机制：是一组对推理给出必要解释的程序，以便专家和用户了解推理过程，并为学习和维护这一专家系统提供方便。其主要功能就是解释系统本身的推理结果，并回答用户的问题，以使用户能够接受。

人机接口：将专家和用户的输入信息翻译成系统可接受的内部形式，同时把系统向专家或用户的输出信息转换为人类易于理解的形式。

（一）知识库

知识库（Knowledge Base）是领域知识的存储器。领域专家的知识、经验和书本知识及某些常识，都以某种适当的表达形式存储在知识库中。

知识用什么形式表达，是一个非常重要的工作。即使一条知识很有用，但存入计算机时如果表达方式不当，使用起来就会很困难，这样可用性就差。因此，专家系统性能的高低，不仅取决于知识库的确实性和完善性（这取决于领域专家提供的知识），也取决于知识库的可用性（这取决于领域专家与计算机专家的密切合作）。

一个理想的知识表达方法，应做到以下三点：①精确，能精确地表达人的知识和思维；②有效，能有效地通过计算机来实现；③简明，易于理解和改进。

在调度运行专家系统中，知识库由参量和规则组成。

（1）参量是指描述电网结构和运行状况的信息，如：

线路：C-Line（线路号，始节点号，末节点号，最大允许电流）。

母线：C-Bus（母线号，电压，最大允许电流）。

断路器：C-Breaker（线路号，断路器号，遮断容量，开合状态）。

隔离开关：C-Switch（线路号，开关号，最大允许电流）。

发电机：C-Generator（节点号，额定功率）。

变压器：C-Transformer（节点号，额定功率，额定电流，最大允许电流，额定电压）。

电流互感器：C-TA（线路号，TA号，变比）。

（2）规则包括调度运行人员在工作中使用的工作规程及积累的经验，例如以下两条。

1）变压器事故处理规则之一：如果（IF）主保护（气体、差动等）动作，则（THEN）未查明原因消除故障前禁止送电。

2）母线事故处理规则之一：如果（IF）双母线运行时，一条母线故障由于母差保护动作而停电，则（THEN）应立即将故障母线所带的负荷倒至运行母线供电。

（二）数据库

数据库（Data Base）存放专家系统当前已知的一些情况、用户提供的事实和由推理得出的中间结果。对专家系统而言，就是在计算机中划出一部分存储单元，存放以一定形式组织的该系统的当前数据，相当于一个工作区，随着推理的进行及与用户的对话，这部分的内容是随时变化的，和一般意义上的"数据库"概念有所不同。与知识库相比较，知识库存放的内容是相对固定的事实和规则，而数据库则存放与此问题有关的当前数据。

（三）推理机

推理机（Inference Enginc）是专家系统的核心，是一组用来控制、协调整个系统工作的程序。它根据数据库当前输入的信息（如中医专家系统就是患者的症状），利用知识库中的知识，按照一定的推理策略去解决当前的问题。

常用的推理策略有正向推理、反向推理、正反向混合推理。

1. 正向推理

正向推理是指从原始数据和已知条件推断出结论的方法，也称数据驱动策略或由底向上策略。其主要步骤是：

（1）按数据库中的数据（信息）选用知识库中的知识。

（2）将推理的中间结果存放到数据库中，保存用到的知识规则。

（3）目标被"匹配"上后，系统结束。若匹配不成功，则自动地进行下一条规则的匹配。若某条规则匹配成功，则将此规则结论部分自动加入到数据库中，并将匹配成的规则记录下来。如此循环重复执行，直到目标达到。

2. 反向推理

反向推理是由用户或系统提出假设，然后在知识库中找寻支持假设的证据，若证据不足，则重新提出假设，直到得出结果。反向推理又称为目标驱动法，其主要步骤是：

（1）提出假设，用知识库中的知识判断真假；

（2）若假设成立，记下所用到的知识，提示给用户。

3. 正反向混合推理

正反向混合推理，即先用正向推理提出假设，再用反向推理找证据，反复进行这个过程，直到解决为止。

在以上三种推理形式中，都包含有确定性推理和不确定推理。在确定性推理中，领域（专业）知识要表示成必然的因果关系和逻辑关系，推理的结论是明确的——肯定或否定。

在不确定性推理中，证据、规则乃至结论都可以是不确定性的。例如"某事有 70% 成功把握"，这里没有明确地肯定和否定，仅提出成功的概率。这种概率可以作为"权"来处理，当有多个证据和各种规则进行推理时，要通过"权"的运算，得出最终结论。

调度运行专家系统采用目标驱动的逆向推理方式。这种控制的基本思想是先假设一个目标，然后在知识库中找出那些其"后件"部分可能导致这个目标为正的规则集，再检查规则集中每条规则的"前件"部分。如果某条规则的前件中所含有的各条件项均能通过用户的会话得到满足，或者能被用户已经提供的当前数据所匹配，则把规则的结论部分（即目标）加到当前数据库中，从而该目标被证明。否则把规则的条件项作为新的子目标，递归执行上述过程，直到各"与"关系的子目标全部和"或"关系的子目标中有一个出现在语境中时，目标即被求解；或者直到子目标不能进一步分解，而且语境不能实现上述满足时，这个先假设的目标即为假，系统此时需要重新设定目标。

可利用专家系统开发工具 PC（Personal Consult）开发专家系统，PC 实际上是一个专家系统骨架，为开发者提供专家系统三个主要组成部分（知识库、推理机和人机界面）的骨架。专家系统的开发过程主要包括知识获取和建造知识库，首先收集调度运行规则及调度人员积累的经验，并表示成 IF-THEN 的规则形式，组织成书面形式的规则簇，然后再将这些规则按照 PC 提供的要求输入知识库，形成 PC 内部的知识表示形式。在咨询过程中，PC 的推理机根据这些规则进行推理，开发者不需要自己构造推理机，因此相对来说，采用专家系统开发工具开发实用专家系统既方便又节省时间。

五、电力领域专家系统的其他应用实例

（一）警报压缩专家系统

警报压缩专家系统也称智能报警专家系统。实时监控系统（SCADA）送来的报警信号，经过智能处理以后，可以大大压缩不必要的报警信号。例如在模拟某种运行方式的试验中，有一个断路器跳闸引起了连锁反应，短时间内发出 124 个报警信号，使调度员应接不暇。但经过处理后，只报了最重要的 30 个信号，同时给出了两条分析意见。

警报压缩专家系统是属于产生式系统的专家系统，包含有若干条规则，应用这些规则可以描述某些论据间的因果关系。现将经过简化的规则介绍如下：

1. 允许报警的规则

（1）如果母线电压越限，并且邻近的母线没有报过类似的越限，则报警。

（2）如果发电机断路器发生变位，则报警。

（3）如果线路或变压器两端的断路器都由合变分，则报警该元件失电。

（4）如果线路或变压器一端的断路器跳闸，但没有失电报警，并且收到此跳闸信号的时间超过了 RTU 完整的扫描周期，则报警该元件一端断开。

（5）如果线路或变压器负荷超过了新等级的限值（从第一限值到第二限值，或从第二限值到第三限值），则报警。

（6）如果一个元件已报过警，并且接收到回复正常的信号，则发出此信号。

2. 抑制报警的规则

（1）如果母线电压越限，并且邻近的母线已经报过警，则抑制报警。

（2）如果断路器开合引起的结果是线路或变压器的连接、断开（一端断开）、给电或失电，则抑制报警。

（3）任一线路或变压器如果已报过"失电"；或虽未报"失电"，但收到"断开"信号的时间小于 RTU 的一个扫描周期；或者虽大于此周期但已经报过"断开"，则抑制"断开"信号的报警。

（4）如果线路潮流过负荷没有超过以前报过的等级，则抑制报警。

（5）如果收到一个元件回复正常的信号，但这个元件以前并没有报过警，则抑制此回复正常的信号。

（二）电网调度操作管理专家系统

调度和控制是保证电力系统安全运行的关键环节，而电气倒闸操作又是调度和控制的基本手段。运行中经常要改变电力系统的运行状态，如运行方式变更、执行检修计划等，都需要对电气设备进行操作。操作的正确与否，直接关系到电力系统的安全运行。为此，调度运行规程中规定：电力系统的一切正常操作，均应填写系统操作票或综合操作令。系统操作票和综合操作令都由调度人员填写，经过值长、执行班操作指挥人和监护人审核后才能执行。电力系统的操作是一种严格有序的操作，操作时要考虑一次设备和二次设备，以及这些设备间的相互配合。而填写操作票是一项需由专家完成的复杂技术工作，应模仿人类专家开票的思维过程，设计实用的操作票专家系统程序。

专家系统完全根据操作前电网的运行状态（初态）和操作后电网的运行状态（终态）进行，在不同的条件下会开出不同的操作票。而一般的操作票没有对操作后电网运行状态进行识别的功能。

下面简单介绍一下由东南大学与苏源集团江苏苏源信息技术有限公司共同开发研制的智能操作票专家系统。

1. 知识的表达与推理策略

（1）该系统知识的表达采用了框架与规则相结合的结构。

（2）电网知识是用厂站表、断路器表、隔离开关表、线路表、电压等级表、变压器表、负荷表、电容器表等一系列数据表来诠释。

（3）操作知识用规则库来描述，包括操作项目表、操作动作表、操作目的表、操作术语表、操作索引表等。

（4）推理策略采用的是任务驱动的启发式推理，根据操作任务的类别激发相应的操作规则，再用已经激发的规则去激发下一层规则。系统操作票就是在推理过程中逐步构成，因此该智能操作票具有适应性非常强的特点。

2．总体程序设计

该智能操作票专家系统采用 Visual C＋6.0 程序语言设计而成。总体操作如下：

（1）系统开票—选择开票方式—输入任务—推理开票—输出操作票；

（2）操作票管理—待预发票—预发票—已执行票（或作废票）—已终结票（或作废票）；

（3）知识库管理—操作任务管理—操作术语管理—操作规则管理。

3．系统实际应用

该智能操作票专家系统 2003 年通过技术鉴定，实际应用表明，该专家系统能够作为调度人员的助手，正确、快速地开出系统操作票，对地、县级电网的安全运行起到良好的作用。图 8-20 所示为该系统实际软件主界面。

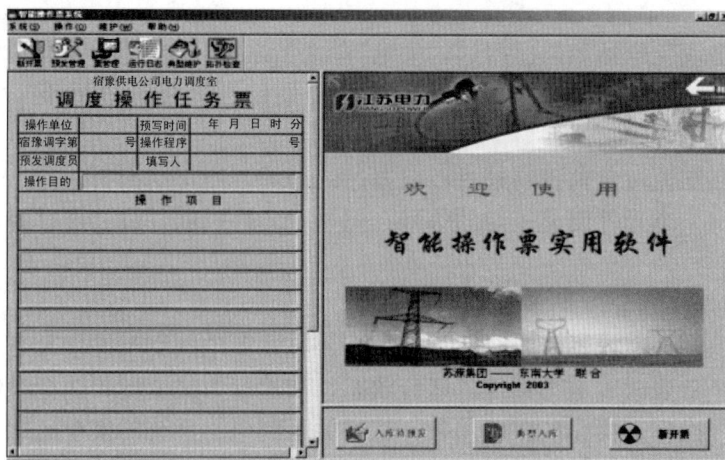

图 8-20　智能操作票实际软件主界面

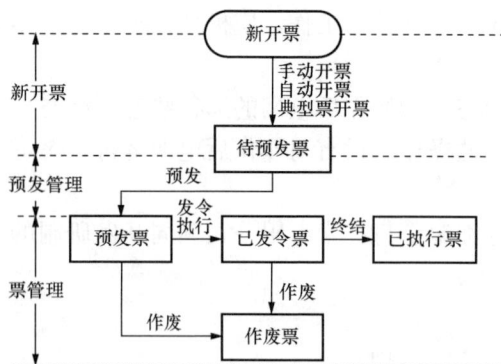

图 8-21　智能操作票专家系统的管理流程图

智能操作票系统可选手动开票、自动开票和典型票三种模式。以黄墩变手动开票为例，操作目的为 10kV 185 曹店线停役；操作项目为将 10kV 185 曹店线由运行转为线路检修。用户从操作单位的下拉框中选择用户要操作的变电站—黄墩变；生成操作目的后双击操作设备中的 10kV 185 曹店线，操作项目窗口中出现操作项目列表；从中选择“线路由运行转为线路检修”，此时，操作项目预览条就会显示出“10kV 185 曹店线由运行转为线路检修”。

图 8-21 为智能操作票专家系统的管理流

程图。

思 考 题

8-1　为什么要进行状态估计？实现状态估计的前提条件是什么？状态估计具体步骤有哪些？

8-2　状态估计中如何排除偶然干扰导致的遥测量错误数据？

8-3　电力系统负荷预测有哪些方法？各适应哪种场合？进行负荷预测应综合考虑哪些因素？

8-4　最小二乘法在本章中有哪些应用？

8-5　静态安全分析包括哪些内容？与警戒状态有什么关系？

8-6　谈谈电网调度培训仿真系统的功能及构成。

8-7　如何理解"有了电网调度自动化系统后电力系统的运行会更加安全"这句话。

8-8　电力市场对 EMS 相关技术有哪些影响？传统 AGC 控制与电力市场中 AGC 控制有何不同？

8-9　什么叫专家系统？其在电力系统中有哪些应用？

第九章 配电自动化技术

配电系统将发、输电系统与用户连接起来，直接向用户供应电能。我国通常把110kV和35kV电网称为高压配电网，10kV电网称为中压配电网，0.4kV电网（380/220V）称为低压配电网。

对于配电自动化，在《配电系统自动化设计规划导则》（试行）中针对其特点给出了很确切的定义："利用现代电子、计算机、通信及网络技术，将配电网在线数据和离线数据、配电网数据和用户数据、电网结构和地理图形进行信息集成，构成完整的自动化系统，实现配电网及其设备正常运行及事故状态下的监测、保护、控制、用电和配电管理的现代化"。

目前我国的配电网结构薄弱，绝大多数为树状结构，且多为架空线，可靠性较差，导致发电容量冗余的同时供配电能力低下；配电设备大多比较陈旧，不能遥控；配电网运行状态监测设备少，信息传输通道缺乏，信息收集量少。这些都导致自动化程度低，事故处理时间长，恢复供电慢。

随着用电量的增长和电力市场化的发展，用户对供电可靠性、电能质量及优质服务的要求都不断提高。提高电能质量要依赖整个电力系统装备和运行的改善，合理而完善的配电网结构可以提高供电可靠性和电压质量。同时，配电网监控保护的改进并逐步达到自动化，对于配电网的安全经济运行和提高电能质量也很重要。因此在加强配电网建设的同时，发展配电网自动化势在必行。

目前配电管理系统（DMS）得到越来越多的重视。配电管理系统是从变电、配电到用电过程的监视、控制和管理的综合自动化系统。一般认为，DMS和能量管理系统（EMS）是同一层次的。

第一节 配电管理系统概述

一、配电管理系统的组成

通常把配电系统的监视、控制和管理的综合自动化系统称为配电管理系统（DMS，Distribution Management System），内容包括配电自动化（DA）、配电网络分析和优化（NA）、工作管理系统（WMS）等高级应用功能。配电自动化系统（DAS）是一种可以使配电企业在远方以实时方式监视、协调和操作设备的自动化系统，包括配电网数据采集和监控（配网SCADA）、地理信息系统（GIS）和需方管理（DSM）几部分。配电自动化系统和配电管理系统的涵盖关系如图9-1所示。

二、配电管理系统的特点

与能量管理系统（EMS）对应的配电管理系统（DMS），是一种符合配电网现代化管理要求的综合自动化系统。要把握其特征，首先必须了解配电网异于输电网的一些特点。

```
                                        ┌─ 电源进线监控
                               配电网     │  10kV开关站、变电站自动化（SA）
                            ┌─ SCADA系统 ─┤  馈线自动化（FA）
                            │            └─ 变压器巡检与无功补偿
                 配电自动化  │  配电地理信息系统（GIS）
               ┌─ （DAS）  ─┤
               │            │  需方管理 ┌─ 负荷监控与管理（LCM）
               │            └─         └─ 远方抄表与计费自动化（AMR）
               │            ┌─ 网络拓扑
               │            │  网络分析（潮流计算）
   配电管理系统 │  高级应用  │  网络优化（负荷均衡化、降低线损的网络重构、无功/电压优化）
   （DMS）    ─┤ ─         └─ 短路电流计算
               │  调度员仿真调度系统（DTS）
               │  客户呼叫服务系统（TCS）
               └─ 工作票管理系统（WOM）
```

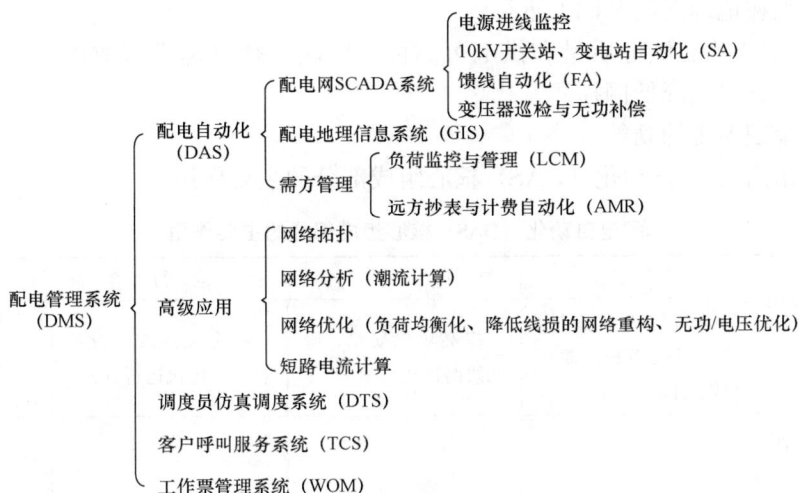

图 9-1　配电自动化系统和配电管理系统的涵盖关系

（一）配电网的一些特点

（1）配电网的测控对象为配电变电所进线、配电变压器、分段开关、并联补偿电容器、用户电能表及重要负荷等，输电网主要测控较大型的 110kV 以上变电站。

（2）配电网内要求安装 RTU 的数量，通常比上一级输电系统所需的数量要多一个数量级。

（3）输电网的自动化站端设备一般安放在变电站内；配电网却有大量自动化站端设备安放在户外，工作环境恶劣，必须考虑低温、雨淋、风沙、振动、雷击及电磁干扰等因素的影响。

（4）配电网的数据库规模，一般比上一级输电网的数据库大一个数量级。

（5）配电网内大多数的现场设备目前还都是人工操作。

（6）配电网设备名目繁多、数量极大，且面临经常变动的需方负荷，检修或更新频繁。

（7）配电网络的通信系统，由于有各种负荷控制和远方读表装置，因而有多种通信方式。但其通信速率可以较低，因为不必像输电系统那样考虑系统的稳定问题。

（8）配电网中会遇到柱上现场终端（FTU）的控制电源和工作电源的提取问题，而输电网不存在这样的问题。

（9）DMS 与 EMS 均具有自动控制功能，但 EMS 控制的主要是数目相对较少的发电设备（如 AGC），而 DMS 控制的则是数目庞大的用电负荷。

（二）DMS 的一些特点

配电网所独有的特点，决定了 DMS 具有如下特点：

（1）DMS 的功能分布在许多数据库、应用服务器和工作站上，通过局域网或广域网互联。

（2）DMS 采集和监控的信息量比 EMS 大得多。但通过现场终端采集的实时数据量和控制量，一般不到全部数据总量的 10%，还必须依靠故障投诉电话管理、负荷管理、电量计费和用电营业管理等其他子系统来弥补实时信息的不足。

（3）由于配电网结构非常复杂且经常变化，原有的模拟盘调度方式已不能适应，现代化配电网调度必须在地理图的基础上进行。

（4）DMS 主要关心供电质量和供电可靠性，因此必须迅速进行故障定位、故障隔离、恢复线路送电、并尽量降低网损。

三、配电管理系统的功能

表 9-1 示出了配电自动化（DAS）核心组成部分的主要作用。

表 9-1　　　　　　　　　　配电自动化（DAS）核心组成部分的主要作用

主要作用 核心组成部分	故障情况 提高供电可靠性，减小停电面积，缩短停电时间	正常运行情况		
		提高供电质量，降低线路损耗	充分发挥现有设备容量，优化运行方式	降低劳动强度，提高管理现代化水平和服务质量
数据采集及监控系统	√		√	
变电站自动化系统	√	√		√
馈线自动化系统	√	√	√	√
信息与停电管理系统	√			√
地理信息系统				√
负荷管理系统		√	√	√
远方抄表和计费				√

（一）配电网 SCADA 功能

与 EMS 不同，配电网的 SCADA 系统，除传统变电站 RTU 收集配电网的实时数据、进行数据处理以及监视等功能外，还有沿线路分布的面向现场的 FTU（现场或馈线终端装置）和 TTU（配电变压器终端装置），用以实现馈线自动化的远动功能。

（1）DMS 通过 RTU 所监视控制的内容包括：断路器和其他开关设备状态，带负荷调整变压器的抽头位置，静止补偿电容器组状态，数字保护装置的整定值组位置等。

（2）DMS 通过 FTU 所监视控制的内容包括：线路重合器的整定和状态，分段器和柱上断路器状态，静止补偿电容器组状态，电压调整器位置状态等。

（二）变电站自动化系统

变电站自动化系统（Substation Automation，SA）可实现变电站保护、监控及远动功能。SA 系统的继电保护及重合闸、备用电源自投、低周低压减载等自控功能，实际上可以不依赖上级主站独立运行。SA 与 DMS/SCADA 系统的联系，体现在为 SCADA 系统提供变电站实时运行信息，并接受远程控制调节命令。

（三）馈线自动化系统

馈线自动化系统（Feeder Automation，FA），以 SCADA 监控功能为基础，完成中压电网的自动故障定位、隔离及恢复供电功能。详见本章第二节的介绍。

（四）用电管理系统（故障投诉电话管理）

用电管理系统又称用户信息系统，对电力用户的基本信息进行计算机管理，还包括电话投诉热线系统等内容。

（五）配电网的 AM/FM/GIS 系统

配电网 AM/FM/GIS 系统早期用于设备管理的 AM/FM，隶属于 GIS 地理信息系统，因此，有的文献统称之为 GIS。现较为多见的叫法是 AM/FM/GIS，也有统称为配电图资地理系统的。

（六）配电网负荷管理系统

和 EMS 的 AGC 不同，配电网的负荷管理（LM）由于涉及需方的用电设备，依监视与控制点的不同，以电能表为分界线，可分为"表前控制"和"表后控制"。

1. 表前控制

降压减负荷属典型的表前控制，用于监视放射型馈电线路的末梢电压，在保证此电压不低于极限值的前提下，在上一级变电站中降低该线路出口电压，以压低线路负荷。此外，紧急状态下切断馈电线路断路器（即拉路限电），也属极端情况下的表前控制。

2. 表后控制

表后控制，即供电公司直接对表后需方用电设备进行控制，目的是削峰但不拉路。通过用户侧负荷控制终端，按供需双方协议直接控制某些负荷，或对制冷（电热）等周期性负荷分组轮流供电。如这些设备具有调节功能，还可改变其设定值压低负荷。而需方则根据分时激励电价，在电费较高时段自愿压低负荷。在正常或紧急运行状态下，根据事先制定的负荷控制方案，切断有关用户负荷以压低变电站或馈电线路乃至整个系统的负荷水平。此外，还能切换表计的整定值。

（七）远方抄表和计费

远方抄表和计费系统，简称 AMR 系统，主要完成远方读表及计费管理功能。在供电企业内 AMR 系统往往是相对独立的，为了避免重复投资，SCADA 系统可以从 AMR 系统获取用户负荷运行状态数据。

（八）配电网高级应用软件

配电网调度不需要关心电网的动态特性，如电网频率。它的运行指标主要是电压质量、负荷分配和配电网损耗。另外，配电网有两个主要特征，即辐射型网络和三相不平衡。基于配电网的特点和运行指标，配电网主要应用软件包括三相网络拓扑、三相状态估计、三相网络潮流、无功/电压控制、配电网短路电流计算、负荷预测和配电网特有的网络重构。目前，无功/电压的在线控制已较普遍，甚至作为 DMS 的一个手段，在用电高峰时将电网电压水平压低 $1\% \sim 2\%$，以降低总负荷。短路电流计算作为继电保护和运行人员的工具，早已广泛使用。负荷预测的数据也被许多部门共同使用。三相网络拓扑、三相状态估计和在线三相网络潮流等，由于采集量的不足，少有在线运行的实例。配电网中三相负荷不平衡及变压器之间的环流，均使网损增大。使三相平衡和网损最小是配电网主要的优化目标。

四、配电系统自动化的意义与系统集成趋势

配电系统自动化是电力系统现代化的必然趋势。当配网发生故障时，配电自动化系统可以迅速查出并快速隔离故障区段，及时恢复非故障区域用户的供电，缩短了用户的停电时间，减少了停电面积，提高了供电可靠性。不仅如此，其在正常运行时的作用尤为重要：①通过监视配网运行工况，优化配网运行方式，使配网的潜力得以最大限度的利用，并有效降低网损；②根据配网电压合理控制无功负荷和电压水平，改善供电质量，降低损耗，达到经济运行的目的；③合理控制负荷，提高设备利用率；④自动抄表计费，保证计费的及时和准确，提高效率降低劳动强度；⑤提高企业的管理现代化水平和服务质量等。

似乎可以用一套系统来完成 DMS 上述所有功能，但目前各功能几乎是完全独立的系统。虽然它们所有的计算机支持环境可能相同，如使用相同的 UNIX 操作系统，相同的MOTIF 窗口环境，相同的 TCP/IP 网络，相同的支持 SQL 的关系数据库管理系统；但各自的应用数据模型、图形格式和图形界面完全不同。如何将 DMS 的各功能集成，使各功能之间的数据和图形能够相互利用，是当前研究的主题。使各功能模块既相对独立又有效地集成，是人们追求的最理想的结果，也是开放系统的目的。

第二节　馈线自动化技术

馈线自动化又称线路自动化，按照国际电气电子工程师协会（IEEE）的定义，馈线自动化（Feeder Automation，FA）系统是对配电线路上的设备进行远方实时监视、协调及控制的一个集成系统。

在配电自动化系统中，馈线自动化是非常重要的一环，主要包括线路及开关设备的状态监视和控制；数据采集、处理和统计分析；故障定位、故障隔离、恢复供电、无功补偿和电压调节等内容。

一、馈线自动化技术概述

（一）馈线自动化技术的发展历程

最早架空线路故障后，需巡线员沿路搜索故障点，全靠徒步，十分困难。特别是中性点非直接接地系统发生单相接地故障，是经常遇到的实际问题。由于配电线路分支很多，寻找故障点常需耗费大量人力，延误了及时送电，给供电部门和用户都造成很大损失。

接地故障探测仪和线路故障指示器等设备投入使用后，查找故障点容易许多，使停电时间大为缩短。

1. 采用接地故障探测仪进行故障定位

接地故障探测仪，采用电子技术和感应接收高频电磁场的原理，可帮助巡线人员在不停电状态下，迅速判定故障分支并准确找到故障点。

中性点非直接接地系统发生单相接地故障时，从接地点流过全系统非故障相的对地电容电流，其方向是从接地点流向母线。该接地电流含有大量高次谐波，通过检测接地电流中的高次谐波电磁场，即可跟踪线路接地电流路径，快速准确找到故障点。

操作方法是，手持探测仪站在欲探测的架空线下，使仪器既与线路走向垂直，又与地面平行；打开电源开关，选一测量频率和量程，待显示数稳定后，直接读数。

（1）判断故障出线。在变电站附近，对同一母线上各出线逐一测量，显示数最大者，即为故障出线。由图 9-2 可知，第 2 路出线为故障出线。图中数据为用探测仪测得的数据。

（2）判断故障分支线。在确定的故障线路分支点处，对负荷侧各分支线逐一测量，显示数最大者即为故障分支线。若在某点各分支的测量数值均比上一分支点的值明显减少，则故障点在此分支点与上一分支点之间。图 9-2 中 D 点与 C 点比较，测量值均明显减少，则可知故障点在 C 与 D 之间。

（3）确定故障点。沿故障分支线前行或后行检测，若测量值突然减少或增大，则证明故障点即在此处，如图9-2中的K点。

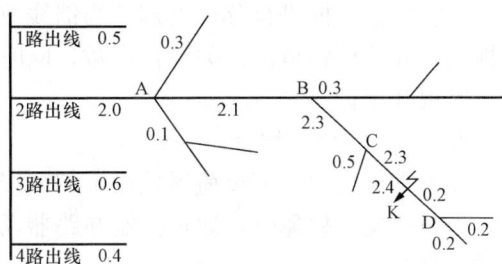

图9-2　接地故障探测方法

2. 采用短路故障指示器定位故障

故障指示器是利用电磁原理，依照指示牌转动位置的变化或者颜色的变化或灯光的闪动来指示故障的发生。指示器动作后，可以依靠人工手动复归或经过延时后自动复归，有些则是利用线路恢复正常后通过负荷电流来自动复归。

下面介绍短路故障指示器在10kV农网中的应用。在10kV配电网主干线和各重要分支线上装设短路故障指示器和线路负荷断路器，可对各重要分支线进行控制。

短路故障指示器在线路短路状态下能够自动感应出大电流，并使其内部小电机旋转，将红色标志的一面显示出来，使巡线人员能够容易地观察到其醒目的红色指示。农村10kV配电网大多为放射状供电，一般不具备环网供电和多电源供电的客观条件。当发生短路时，在有大电流通过的回路上，各短路故障指示器均会变红，可容易地找出线路的故障点。该装置无需操作电源，投资很少。

短路故障指示器的功能与特点：

（1）直接安装在电力线路上，可长期户外带电运行，不需人力维护。

（2）线路正常运行时，窗口呈白色；线路发生短路故障时窗口转呈红色，并记忆保持红色状态。

（3）线路恢复正常供电后延时30min（或1h）自动复位，窗口自动由红转为白色。

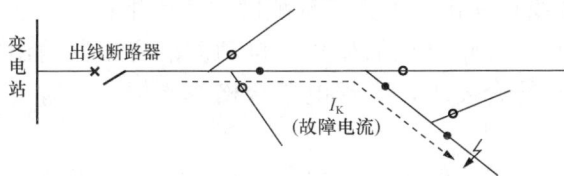

图9-3　短路故障指示器及其安装示意图
○—正常状态的指示器；●—动作后的指示器

图9-3示出了短路故障指示器的安装地点。可在三相导线上各装一只或A、B相各装一只。注意，应保证指示器起动电流小于该线路过流保护的整定值。

3. 实现自动化的故障定位

在配电网中，早期安装在户外馈电线路上的柱上开关、无功补偿电容器等设备，自动化程度低，一般都是人工操作控制。随着现代电子技术的进步，人们开始研究如何应用计算机及通信技术对这些线路上的设备实现远方实时监视、协调及控制，这样就产生了馈线自动化技术。

故障定位、隔离和自动恢复供电是馈电线路自动化的独特功能。据有关资料显示，使用这种系统，可将传统上平均为4h的停电时间，缩短到2min。但配电网馈电线路量大面广、投资巨大，即使技术最先进的国家也不可能全部装上这种系统，而仅用于故障概率较大或对供电可靠性要求较高的场合。

（二）馈线自动化的功能

1. 数据采集与数据处理功能

实时采集检测环网开关、负荷开关、变压器、电容器等运行参数（P、Q、U、I），以及断路器位置等信号，并加以存储，必要时运行人员可到现场取用。

将收集到数据进行分析处理。当馈线故障时，根据 FTU 信息自动分析判定故障点和故障性质，并统计各负荷开关动作次数，同时在屏幕上以图表的形式显示出来，以便于对系统进行监视和维护。

2. 正常及故障时的控制操作

在正常运行中，带负荷遥控投、切馈线环网开关和负荷开关，遥控调整变压器分接头位置；当馈线发生故障时，通过控制断路器动作，自动隔离故障区域，及时自动恢复对非故障区域的供电。

3. 事故告警功能

当电网状态异常时（如遥测量越限、设备运行异常），SOE 记录开关动作先后顺序和次数、时间。若继电保护装置和开关动作，能发出声光报警信号，最后归档打印。

4. 图形、报表及数据库管理功能

生成和打印各种表格和报表，编辑、绘制各种图表，创建、修改、读写和检索数据库。

5. 对时功能

保证全网时钟统一，除主机与网上各机时钟一致外，还应与 FTU 时钟保持一致。

（三）馈线自动化的效益

（1）减少停电时间，提高供电可靠性。据统计，故障或计划检修是造成用户停电的主要原因。配电网传统结构一般为辐射形式，线路中间无分段开关，当线路某处故障或线路检修时，即造成全线停电。现在城市供电网的发展方向是采用环网"手拉手"供电方式，并用负荷开关将线路分段，利用馈线自动化系统，实现线路故障区段的自动定位、隔离及健康线路的自动恢复供电，可缩小故障停电范围，减少用户停电时间，提高供电可靠性。现在我国电力部门提出使供电可靠性达到 99.96%，故应积极采用馈线自动化技术。

（2）提高供电质量，降低网损。实施馈线自动化，可为实现配网潮流优化和经济运行打下良好基础。馈线自动化系统可以实时监视线路电压的变化，自动调节变压器输出电压或投切无功补偿电容器组，保证用户电压符合要求，实现电压合格率指标，同时也可降低网损。

（3）节省总体投资，提高经济效益和社会效益。单纯从一条线路看，馈线自动化项目投资是比较大的，但从总体上看可节省投资。以前，为保证重要用户的供电可靠性，一般采用双路或多路供电，线路投资多，设备利用率低，尤其电缆投资很高。而实施馈线自动化后，合理安排网络结构，在故障线路退出运行后，操作联络开关由其他线路供电。在同样可靠性的前提下，馈线自动化可充分发挥设备潜力，节省在线路上的投资。

（4）减少电网运行与检修费用，实现状态检修。利用馈线自动化提供的数据，可及时确定线路故障点及原因，缩短故障修复时间，节省修复费用。同时，对配电线路及设备运行状态进行实时监视，可根据设备的"健康情况"及时检修，这称为状态检修（不同于故障后的紧急抢修）。这样除可减少故障停电时间外，也减少了故障抢修的费用。

（四）馈线自动化系统的构成及主要设备

馈线自动化应作为一个集成系统来考虑，只考虑单一部件和局部功能是不行的。例如分段器的操动机构不可靠，再好的 SCADA 监控系统也不能可靠控制分段器，国内外实践都证明了这点。

馈线自动化系统可分为一次设备、控制箱、分散多点通信、FA 控制主站及 SACDA/

DMS（配电管理系统）主站五个层次。图
9-4给出一个典型的馈线自动化系统结构
图，其中 FA 控制主站可设在变电站内，也
可单独设置在主控制室内。

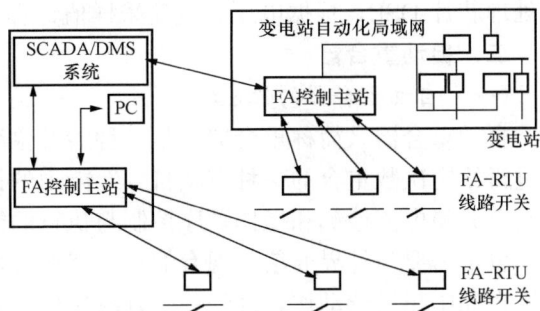

图 9-4　典型馈线自动化系统结构图

　　下面简单介绍馈线自动化系统的主要
设备及其特点。

　　1. 线路开关

　　馈线自动化实现故障区段的隔离及恢
复供电一般有两种方式：由自动重合器、
分段器或负荷开关等按预先整定顺序自动
重合；由 SCADA 监控系统主站遥控负荷开关和分段器。

　　自动重合器和分段器是早期用得较多的馈线自动化一次设备，其优点是无需通信设备，
这在早期电子、通信设备相对较贵的情况下有利于减少投资。但它要较长时间才能恢复供
电，对开关开断能力要求高，有可能多次重合到永久故障点，短路电流对系统冲击较大。此
外，众多开关反复动作会导致负荷"冷起动"，即同一瞬时从配网上摄取大量功率，给配电
网带来很大冲击。

　　随着技术的发展，设备造价降低，将会广泛采用借助 SCADA 监控系统的方案，既克服
了使用重合器方式的缺点，同时也为实现其他自动化功能奠定了基础。选用的负荷开关、分
段器要具备电动遥控功能。由于线路分段器是在首端断路器切除故障后，线路处于停电状态
下操作的，因而可选用无开断电流能力的分段器，以减少投资。

　　2. 电压、电流互感器

　　传统的电压、电流互感器（传感器）体积大、成本高，不适于在变电站外的线路上使用。
馈电线路监控系统对电压、电流变换器的负载能力要求不高，一般使用电压、电流传感器（如
光电式）。这些传感器体积小、造价低，可内嵌在绝缘子内，装在柱上开关或线路开关柜内。

　　3. 控制箱

　　控制箱起到连接开关与 SCADA 监控系统的桥梁作用。在使用台式配电开关柜时，控制
箱一般配套安装在柜内或柜体的一边；在使用柱上开关时，控制箱安装在架空线的电柱上。
控制箱体一般户外安装，需要较强的防腐能力，由自然通风保持内部器件干燥，在气候特别
潮湿的地区，可在箱内装一小功率电加热器，以防止内部器件上凝露。

　　控制箱中主要包括的部件有：

　　（1）开关操动控制电路。该电路应具有防止误操作安全闭锁的功能，能够选择遥控或当
地手动操作，并有手动开、合开关按钮，还有 AC 电源或 DC 蓄电池电压指示。

　　（2）不间断供电电源。一般是采用两组 12V 直流可充电蓄电池串联，为开关操动机构
及二次电子设备提供电源。它可由电压传感器（互感器）二次侧交流 100V 充电，也可由
220V 低压电网充电。在交流电源停电时，蓄电池应能维持工作一段时间。

　　（3）通信终端。通过通信终端机与光纤、有线、无线等通信网接口，与上级主站交换
数据。

　　（4）馈线自动化远方终端（FA-RTU）。FA-RTU 是控制箱中的核心单元，用于完成数
据采集、遥控命令的执行以及通信处理等任务。FTU 一般采用交流采样技术，使用数字信

号处理芯片 DSP，根据电压、电流采样值计算各种电气量，进行故障检测与记录。

二、自动重合器

（一）自动重合器的性能特点

自动重合器（简称重合器）是一种能够检测故障电流、在给定时间内断开故障电流，并能进行给定次数重合的一种有"自具"能力的控制开关。所谓自具（Self Contained），即本身具有故障电流检测和操作顺序控制与执行的能力，无需附加继电保护装置和另外的操作电源，也不需要与外界通信。现有的重合器通常可进行 3 次或 4 次重合。如果重合成功，重合器则自动中止后续动作，并经一段延时后恢复到预先的整定状态，为下一次故障做好准备。如果故障是永久性的，则重合器经过预先整定的重合次数后，就不再进行重合，闭锁于开断状态，从而将故障线段与供电源隔离开来。

重合器在开断性能上与普通断路器相似，但有多次重合闸的功能。在保护特性方面，重合器则比断路器有"智能"，能够自身完成故障检测、判断电流性质、执行跳/合功能，并能记忆动作次数、恢复初始状态、完成合闸闭锁等。

重合器自从 20 世纪 30 年代问世以来，经过不断的完善和发展，已经成为配电网自动化中的重要元件之一。其优点如下：

（1）节省变电站综合投资。重合器可以装在变电站构架和线路杆塔上，由于是机电一体化智能设备，不需通信和附加的控制装置，去掉了大容量的直流电源和复杂的保护装置，省去了大开关柜、开关室，可大大缩小基建面积、降低土建费用。

（2）提高重合闸的成功率。统计表明，配电网中有 80%～90% 的故障属于暂时性故障。重合器采用的是多次重合方案，这将提高重合闸的成功率，减少停电事故。

（3）重合器可按预先整定程序自动操作，但也配有遥控接口，可接收遥控信号，实现系统集中控制。

（4）重合器多采用 SF_6 和真空作为灭弧介质，在其使用期间基本上不用维修保养。

不同类型的重合器，其闭锁操作次数、分闸快慢动作特性及重合间隔时间等不尽相同。其典型的 4 次分断、3 次重合的操作顺序为：分 $\xrightarrow{t_1}$ 合分 $\xrightarrow{t_2}$ 合分 $\xrightarrow{t_2}$ 合分。其中 t_1、t_2 可调，随产品不同而异。而重合次数及重合闸间隔时间可以根据运行中的需要调整。

重合器对相间故障都采用反时限特性开断，能与熔断器的安—秒特性相配合。重合器有快慢两种时间—电流特性曲线。一般快速曲线只有一条，与断路器中的速断保护相似；慢速曲线可有多条。通常第一次开断都整定在快速曲线，使其在 0.03～0.04s 内（反时限特性，视故障电流而定）即可切断短路电流；以后各次开断时间，是根据保护配合的需要，由选择的某一条慢速曲线决定的。

（二）重合器的分类

重合器品种很多，按结构形式可分为整体式结构和分布式结构；按相别可分为三相和单相；按控制方式可分为液压控制、电子控制和液压电子混合控制；按使用介质可分为油介质、SF_6 介质和真空；按安装方式可分为柱上、地面和地下。

单相重合器主要用于中性点直接接地的系统，允许电气设备作为单相运行。中性点不接地系统一般不宜采用单相重合器，否则会造成非全相运行。

（三）整体式重合器

重合器实质就是一台断路器与其本身控制部分实现了机电一体化的结合。在整体式结构中，断路器本体与其机电控制是密不可分的。整体式结构都采用10kV高压合闸线圈，电源直接由其所控制的10kV线路提供。因绝缘要求高，重合器的操动机构及其调节部分全部密封于绝缘油箱内。接通和切断高压合闸线圈的两对触点（其上通过15～20A的电流）会发生电弧，这种电弧就靠绝缘油熄灭。同时绝缘油还作为动作计数和调整复位时间的液压机构介质。

1. KFE型真空重合器基本工作原理

图9-5所示为美国Cooper公司制造的KFE型真空重合器，是整体式重合器的代表产品。

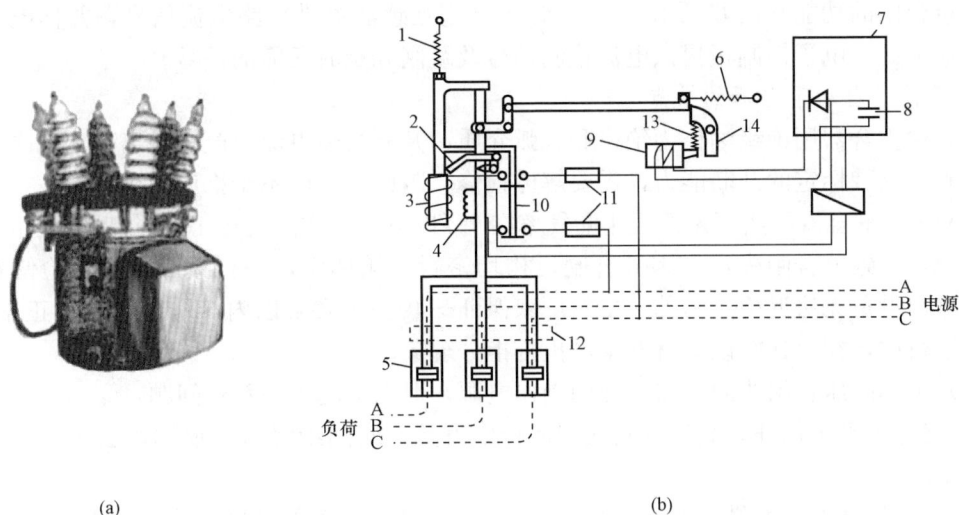

图9-5　KFE型真空重合器外形图及操动原理图
（a）外形图；（b）操动原理图
1—合闸线圈复位弹簧；2—闭锁栓；3—高压合闸线圈；4—跳闸电容器的感应充电线圈；5—真空灭弧室及主触头；
6—开断弹簧；7—控制箱；8—跳闸电容器；9—低能跳闸电磁铁；10—合闸接触器触头桥；
11—熔丝；12—套管电流互感器；13—锁扣弹簧；14—锁扣

KFE型真空重合器采用真空作开断灭弧介质。重合器熄弧过程在密封的真空中完成，爆炸性冲击大为下降；减小了触头的电磨损和重合杆件的冲击；提高了操动次数；加快了操作时间，延长了使用寿命；有良好的重合能力和较高的开断短路电流能力，使用期内无需检修。

KFE型真空重合器三相共箱，将真空灭弧室置于封闭的油罐中，解决了真空灭弧室外绝缘不足的问题。其额定工作电压为14.4kV，允许的连续工作电流为400A，开断对称短路电流为6kA，具有14次快、慢动作特性，可根据运行条件选定。

2. KFE型真空重合器的操动机构

KFE型真空重合器完全不需外接电源或电池，其操动机构关合重合器的能量，从接自AC相间的高压合闸线圈获得。合闸时，当合闸接触器触头桥10关合后，高压合闸线圈3接受A、C相间10kV电压，使衔铁向下运动，操动机构瞬时性完成通电合闸任务。此时，重合器触头5闭合；合闸接触器触点10分断；开断弹簧6被拉长储能；合闸线圈的衔铁由闭锁栓2闭锁在下降位置，合闸线圈复位弹簧1储能；低能跳闸电磁铁9的衔铁被永久磁铁的磁化力所保持，使锁扣弹簧 13 处于压缩状态；已被拉长的分闸弹簧 6 被锁扣锁住，重合器保持在合闸位置。

跳闸时，跳闸脱扣电磁铁则靠电容器放电实现。跳闸电容器 8 对跳闸线圈 9 进行励磁，抵消了永久磁铁的磁化力，使总的合成磁场瞬时为零，使衔铁移动，锁扣脱开，分闸弹簧 6 收缩，在弹簧 6 作用下重合器跳闸。电容器充电储能又来源于与合闸线圈相耦合的充电线圈 4。线圈 4 在合闸线圈 3 瞬时通电（15～20A）合闸的同时，完成向电容器充电储能。电容的充电能量不仅作为脱扣电磁铁 9 的电源，还可供电子控制板正常工作。

KFE 型真空重合器采用液压—机械—电子的混合控制与时序机构，可以方便地实现多次自动重合闸的功能。由 6 只 1000/1 套管式电流互感器提供短路电流信号，并作电子控制板的工作电源。电子控制板提供电流检测信号及跳闸和延时所需的信号。

3. 整体式自动重合器的缺点

（1）油重合器用绝缘油作为绝缘和灭弧介质，开断故障电流后产生游离碳，几次开断后就达不到其铭牌标定的开断能力，需要解体检修，因此我国已不予推广使用。

（2）SF₆ 重合器虽然厂家保证年漏气率在 1% 以下，但实际运行 1～2 年后都发生过严重漏气故障，导致分合闸失灵。因分合闸机构均密封于箱体中，一旦故障，返厂检修费用太高，而进口设备无法返检。另外，虽然厂家保证 -40～+40℃ 以内 SF₆ 重合器可正常运行，在实际运行中，在 -16℃ 以下就发生过拒合拒分现象。

（3）采用高压合闸线圈无需另外的操作电源，但也引起了一系列问题：

1）绝缘水平难保证，高压合闸线圈运行中发热，匝间绝缘时有损坏，已有多台重合器因此发生爆炸。

2）给高压合闸线圈供电的两对高压触点，切断 5～15A 的感性电流时，灭弧比较困难，易烧坏。采用触点在油中灭弧的，还会破坏绝缘油的绝缘能力，甚至有引起燃烧爆炸的危险。

3）对重合器的调试、整定都不能在现场进行，如安—秒曲线的调整、复位时间和动作次数的整定、远方控制功能的实现以及对高压合闸线圈本身的调试等。

4）运行维护困难，一般 1～2 人是无法进行这种高电压设备维修工作的。

5）其控制装置经常性工作电源及充电电源取自于内附管套电流互感器的二次侧。当线路负荷较小时，控制装置因电源不足而不能正常工作。

（四）分布式真空重合器

分布式真空重合器有以下优点：

（1）分布式真空重合器采用积木式结构（由本体、操动机构、箱盖及控制电路三部分构成），为设备的安装、调试、维护和检修带来很大方便；

（2）操动机构采用 AC 220V 低压合闸线圈，避免了采用高压进行调试的复杂性和危险性；

（3）操动机构采用弹簧储能方式，合闸、分闸能量小，可方便地实现远方遥控；

（4）参数整定灵活方便，整定值范围宽，反映接地故障灵敏度高；

（5）有过电流保护自动脱扣功能，各种参数设定灵活方便，可在线修改，无需停电解体进行；

（6）提高了设备整体绝缘水平和运行可靠性；

（7）运行中发生故障，有些可局部在现场处理，更换控制部分不用停电。

ZCW 型分布式真空重合器是总结国内外重合器的运行经验，结合实际国情研制的。ZCW 型分布式重合器的断路器采用真空灭弧室，用绝缘油作真空灭弧室的外绝缘，防止真空灭弧室外壳凝露。虽然仍然有油存在，但油不作为灭弧介质，也不会渗漏。ZCW 型分布式真空重合器引进了英国 ESR 重合器的微机控制板，功能齐全，可靠性高，能运行于各种工况。控制部分既可独立安装在户外断路器旁，也可以在室内集中安装（但仍为分布式结构）。

1. ZCW1 型分布式真空重合器的有关参数

（1）技术性能指标。ZCW1 型分布式真空重合器的技术性能指标见表 9 - 2。

表 9 - 2　　　　　　　　　　ZCW1 型分布式真空重合器的技术性能指标

序号	项　目		单位	参　数
1	额定电压		kV	10
2	最高工作电压			11.5
3	额定绝缘水平	工频干耐压（1min）		42
		对地外绝缘		34
		雷电冲击耐压（峰值）		75
4	额定电流		A	630
5	额定短路开断电流		kA	6.3；12.5
6	额定短路关合电流（峰值）			16；31.5
7	4s 短时耐受电流			6.3；12.5
8	额定峰值耐受电流			16；31.5
9	额定操作顺序			分—0.3s—合分—180s—合分
10	额定短路电流开断次数		次	30
11	机械寿命			10000
12	额定操作电压（配弹簧储能操动机构）		V	AC/DC220V
13	辅助回路额定电压			AC/DC220V
14	过电流脱扣器额定电流		A	5
15	质量	总　量	kg	165
		油　重		45

（2）操动机构的有关参数。ZCW1 型分布式真空重合器的操动机构参数见表 9 - 3。

表 9 - 3　　　　　　　　　　ZCW1 型分布式真空重合器操动机构参数表

项　目	合闸线圈			分闸线圈			过电流脱扣线圈	储能电机
额定电压（V）	DC 110	DC 220	AC 220	DC 110	DC 220	AC 220		AC 220 DC 220
额定工作电流（A）	6	2.5	<5	<1.3	<0.8	1.5	5	200W（功率）
正常工作的电压、电流范围	交流85%～110%的额定电压下可靠动作　直流80%～110%的额定电压下可靠动作			65%～120%的额定电压下可靠脱扣　小于30%的额定电压时不得脱扣			大于110%额定电流可靠脱扣　小于90%额定电流时不得脱扣	85%～110%额定电压下可靠动作

（3）控制装置参数。ZCW1型分布式真空重合器的控制装置有关参数见表9-4。

表9-4　　　　　　　　　　　ZCW1型分布式真空重合器控制装置参数

项　　目	参　　数	项　　目	参　　数
额定输入电流	1A	远程控制信号电压	5V
相间故障动作电流值	TA一次额定电流0.25～2.4倍	动作闭锁次数	1～4次任意可调
接地故障动作电流值	TA一次额定电流0.1～1.05倍	动作特性	快速、慢速任意组合
灵敏接地故障	TA一次额定电流	安—秒曲线	共17条
动作电流值	0.005～0.0096倍	重合闸间隔时间	1～60s任意可调
工作电源	220V（AC/DC）	首次关合时	不执行预定程序
分、合闸信号电压	220V，5A（AC/DC）	短路线路时	一次分闸即闭锁

2. ZCW1型分布式真空重合器的结构和动作原理

ZCW1型分布式真空重合器外形及内部结构见图9-6。重合器由弹簧操动机构操纵，该机构具有手动储能、手动分合、电动分合及过电流保护等功能。

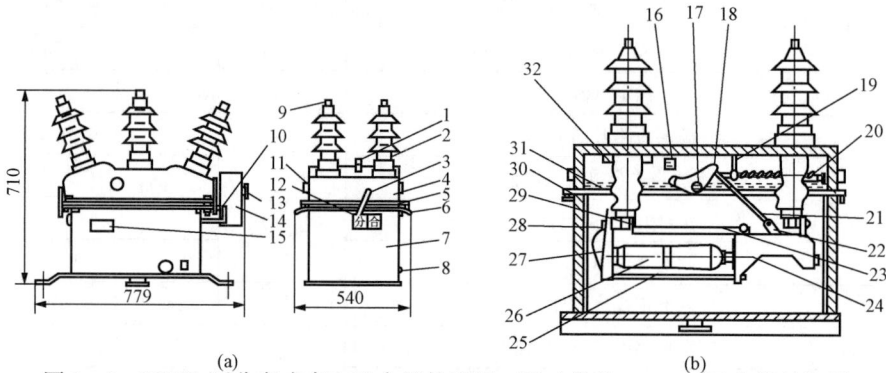

（a）　　　　　　　　　　　（b）
图9-6　ZCW1型分布式真空重合器外形图（尺寸单位：mm）及内部结构图
（a）外形图；（b）内部结构图

1—吊环；2—瓷套；3—分合指示；4—箱盖；5—封密件；6—起吊耳环；7—箱体；8—放油阀；9—导电杆；10—油标；11—注油孔；12—分合指示牌；13—储能指示；14—操动机构；15—铭牌；16—分闸缓冲；17—三相主轴；18—拐管；19—支撑件；20—分闸弹簧；21—绝缘操作杆；22—拐臂；23—绝缘板；24—动端支座；25—绝缘杆；26—真空灭弧室；27—静端支座；28—导电夹；29—夹板；30—绝缘纸板；31—变压器油；32—电流互感器

（五）重合器的保护与重合功能

重合器的特点是具有自动检测、保护和重合功能，而且具有多种动作特性可供选择。以图9-7为例进行分析。图9-7（a）为配电网络与重合器配置示意图。图中QR1、QR2、QR3为重合器，FU1、…、FU5为熔断器。

（1）重合器时间—电流（$t-I$）特性。每套重合器的$t-I$特性曲线如图9-7（b）所示。图中A为重合器的快速动作时间—电流特性曲线，B、C为重合器的慢速动作时间—电流特性曲线。慢速动作特性在B、C之间有多条或一簇曲线可供选择整定。曲线r_1、r_2为与重合器配合的熔断器所具有的安—秒曲线，r_1、r_2应位于重合器的快速和慢速特性曲线之间。

（2）重合器的动作顺序。重合器的操作机构与电子控制器紧密配合，可按预先整定的动作顺序作多次分、合循环操作。例如"一快二慢"、"二快二慢"、"一快三慢"等。这里的

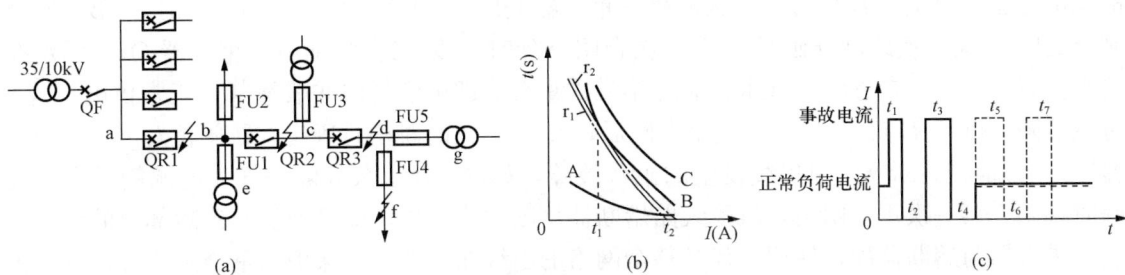

图 9-7 重合器功能特性示意图

(a) 用于放射式网络中；(b) 重合器及熔断器特性曲线；(c) 重合器动作循环示意图

"快"是指快速动作时间—电流特性（瞬时特性）跳闸；"慢"是指按所整定的某一条慢速动作时间—电流特性（延时特性）跳闸。如为线路永久故障，当预定的分合闸顺序完成后，最终重合失败，重合器将闭锁在分闸状态，需遥控或手动复位才能解除闭锁；若线路发生的是瞬时性故障，则在循环分合闸顺序中任意一次重合闸成功后，就中断后续分合闸操作，经一定的延时后自动恢复到预先整定的状态，为下一次故障动作做好准备。图 9-7（c）为重合器循环动作的示意图。图中时间段 t_3、t_5、t_7 为重合通电状态时间（对应于慢速动作特性），t_2、t_4、t_6 为重合间隔（即线路断电）时间，实线表示重合器在检测到故障电流后经 t_1 时间跳闸（快速特性），第一次重合没有成功又跳开（慢速特性），第二次重合成功后，重合器终止后续的分合闸操作而流过的正常负荷电流；t_4 以后的虚线则表示一次快速跳闸后三次重合均不成功最终闭锁在分闸状态（"一快三慢"）。

（3）配电网络重合器的动作特性配合。在配电网络中，将用到多个重合器和熔断器，各重合器与熔断器之间的动作特性必须满足一定的配合关系才能保证动作的选择性。以图 9-7（a）所示配电网为例，说明它们的配合关系及在各种故障情况下的动作情况。设重合器 QR3 整定为"一快一慢"，QR2 整定为"一快两慢"，QR1 整定为"一快三慢"，在相同的故障电流作用下，QR1、QR2、QR3 同时动作，或者不会先于后级动作。这要假设所有熔断器都选择合理，即熔断器负荷侧故障时，熔断器特性位于相邻的电源侧重合器快速动作特性曲线与慢速动作特性曲线之间；还假设 QR1、QR2、QR3 的快速动作特性、最小动作电流、重合闸间隔时间都整定得相同；断路器 QF 的跳闸动作电流及动作时间比各重合器都大。

1）瞬时性故障分析。由于雷击或鸟兽等导致线路瞬时性故障，一旦断路器跳闸，故障随即消失，可立即恢复供电。若 f 处发生瞬时性故障，则 QR1、QR2、QR3 快速动作特性（速断保护部分）起动瞬时跳闸，而熔断器 FU4 不会熔断，但故障根源已经消失，经 t_2 延时后 QR1、QR2、QR3 第一次重合闸可恢复正常供电。其他各处瞬时性故障时，同样只有电源侧的各重合器的电流速断保护动作，经 t_2 延时，第一次重合闸后皆可恢复供电。

2）永久性故障分析。永久故障是指保护跳闸后，故障根源不能消除的故障，如带接地线合开关、倒杆等原因引起的故障。若引出线 f 处永久故障，QR1、QR2、QR3 电流速断保护瞬时动作跳闸，然后各重合器经 t_2 重合闸一次，当各重合闸经 t_3 延时跳闸之前，熔断器 FU4 将熔断把故障切除，随即各重合器复归，电源恢复向非故障部分供电。若 d 处母线永久故障，上述重合器 QR1、QR2、QR3 经过速断跳闸，延时 t_2 第一次重合，且经 t_3 延时跳闸后，QR3 固定在分闸状态（"一快一慢"），QR2、QR3 经 t_4 第二次重合后，即恢复向非故障部分正常供电。若 C 母线永久故障，重合器 QR1、QR2 经瞬时跳闸→延时 t_2 第一次合闸→延时 t_3 第二次跳闸→延时 t_4 第二次合闸→延时 t_5 第三次跳闸后，重合器 QR2 固定在跳闸位置（"一快二慢"），QR1 经 t_6 第三次重合后即可恢复向非故障部分正常供电。若 b 母线故障，则 QR1 经过 t_6 第三次重合闸后，又经 t_7 延时跳闸且固定在跳闸位置（"一快三慢"）。其他经熔断器的引出线发生的永久故障，如同 f 处永久故障一样，电源侧重合器经瞬时跳闸、第一次重合闸后，故障线路熔断器熔断切除故障，即可恢复非故障部分的供电。

重合器与熔断器配合使用，代替整个网络的出线保护、母线保护和重合闸装置，具有很高的综合技术性能指标，但所用的重合器较多，投资费用高，而且在动作参数配合上要求严格。在某些永久性短路故障时，动作的重合器数量和动作次数较多，且需人工更换熔断器。针对上述问题，人们研制了更为价廉、方便的自动分段器。重合器与自动分段器配合使用可使上述问题得到较好的解决。

三、分段器

分段器是提高配电网自动化程度和可靠性的又一种重要设备。分段器没有安一秒特性曲线，不需要像重合器那样进行特性曲线的配合。它必须与电源侧前级主保护开关（断路器或重合器）配合，在失去电压和无电流的情况下，含自动分闸。当发生永久性故障时，分段器在预定次数的分合后闭锁于分闸状态，从而达到隔离故障线路区段的目的。若分段器未完成预定次数的分合操作，故障就被其他设备切除了，分段器将保持在合闸状态，并经一段延时后恢复到预先整定状态，为下一次故障做好准备。分段器可开断负荷电流、关合短路电流，但不能开断短路电流，因此不能单独作为主保护开关使用。

根据判断故障方式的不同，分段器分为电压一时间型和过流脉冲计数型两类。

1. 电压一时间型分段器

电压一时间型分段器的开关主体是真空断路器，按开断负荷电流和接通短路电流来设计。电压一时间型分段器能检测网络电压，并以电压的有无来关合和切断电路。

图 9-8 所示为电压一时间型分段器的接线原理图。其中 PVS 为真空断路器，只要对其励磁线圈施以电压，即行关合；当其励磁线圈失去电压时，即自动分断。干式电源变压器 SPS 接受两侧的馈线电压，供给两个并联工作的桥式整流器。FDR 是故障检测器，用来检测开关两侧的电压。当 FDR 检测到真空断路器电源侧电压时，真空断路器就关合。FSI 是故障区段指示器，安装在变电站的线路出口处，能记录重合器首次重合第二次跳开的时间，从而可以判断出故障发生在线路哪一个区段。

图 9-9 为真空断路器外形图及内部结构图。安装时，利用断路器上部的四根螺栓将断路器悬吊在横担上。

分段器有两种功能：第一种是在正常运行时闭合，第二种是正常运行时断开。可用故障检测器 FDR 底部的操作手柄来实现这两种功能的切换。

当电压一时间型分段器应用于辐射网时，分段开关处于常闭状态，所以分段器全部设置在第一种功能。当 FDR 检测到分段器电源侧有电后起动合闸时间 X 计数器，在经过 X 时限规定的时间（一般整定为 7s 或 14s）后，使 K 触点闭合，从而令分段器合闸。同时也起动故障检测时间 Y 计数器，若在达到 Y 时限（一般整定为 5s）规定的时间以前，该分段器又失去电压，即表明分段器此次合闸到永久短路点，引起线路首端重合器再跳闸，则该分段器因失去电压而分闸并被闭锁在分闸状态。

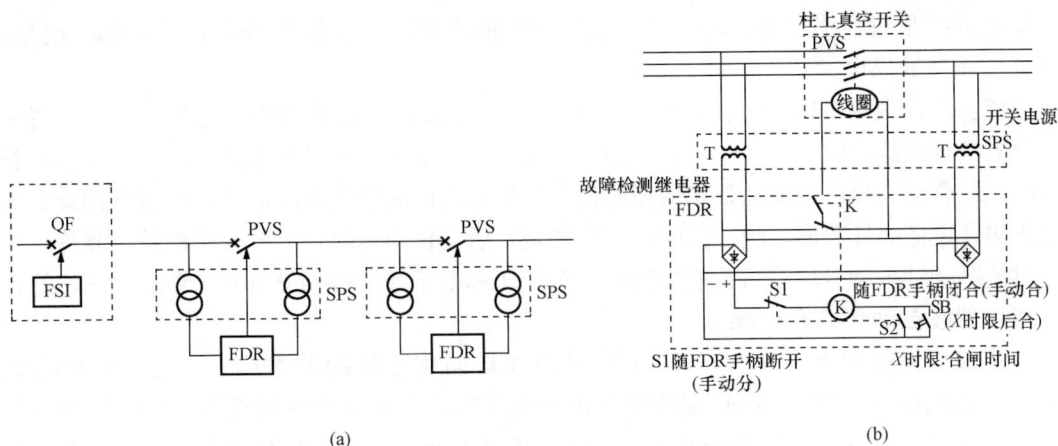

图 9-8 电压—时间型分段器的接线原理图

(a) 单线示意图；(b) 展开示意图

PVS—真空断路器；FDR—故障检测继电器；FSI—故障区段指示器；SPS—电源变压器；QF—断路器

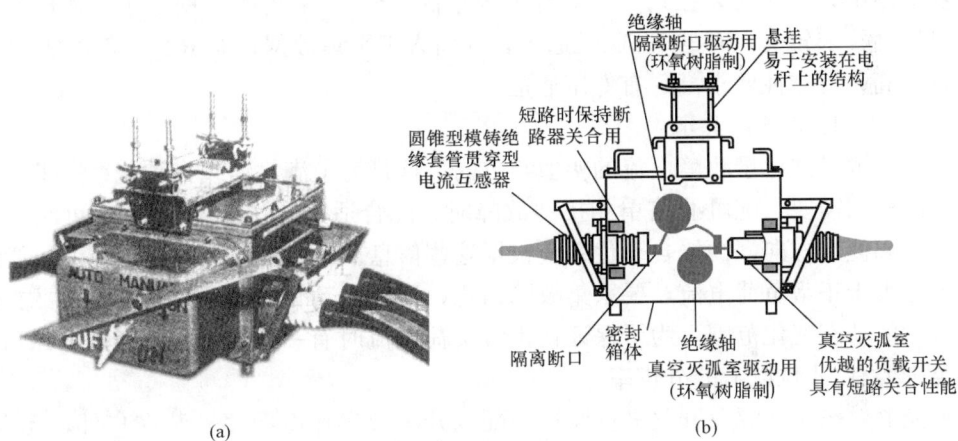

图 9-9 分段器真空断路器外形图及内部结构图

(a) 外形图；(b) 内部结构图

当电压—时间型分段器作为环状网的联络开关并开环运行时，作为联络开关的分段器应当设置在第二种功能；而其余的分段器则应当设置在第一种功能。具有第一种功能的分段器的动作与应用于辐射网时相同。安装于联络开关处的分段器则能对两侧的电压均进行检测，当检测到任何一侧失压时，起动 X_L 计数器，并经过规定的时间 X_L（一般整定为 45s）后，K 触点闭合，使分段器合闸；同时起动 Y 计数器，若在 Y 时限规定的时间以内，该分段器的同一侧又失压，则该分段器分闸并闭锁在分闸状态。

2. 过流脉冲计数型分段器

过流脉冲计数型分段器通常与电源侧保护开关，例如重合器或者断路器配合使用。它不能用来开断故障电流，但具有记忆流过自身的故障电流次数（即过流脉冲次数）的能力。当线路发生故障时，电源侧保护开关切断故障电流，分段器的记数装置进行记数，当达到预先整定的记忆次数之后，在前级重合器跳开故障线路的瞬间，过流脉冲计数型分段器自动跳开，使故障线路与系统隔离。若未达到预先整定的次数，分段器不分断，重合器再次重合，就恢复了线路的供电。

过流脉冲计数值可以整定在记忆 1～3 次。这种分段器可以装设在重合器之后，或者装设在重合器和熔断器之间。由于它只检测超过指定电平（指正常负荷）的电流，且无任何时延，所以电流配合范围很广，即从最小的激励值起，到所允许的最大瞬时值止。过流脉冲计数型分段器所累计记忆的计数值，经一段时间（可整定）后会自动清除，为下次动作做好准备。

过流脉冲计数型分段器按控制方法可分为液压和电子的，按相分可分为单相和三相的。

四、馈线自动化远方终端

馈线自动化远方终端（FA－RTU）是馈线自动化系统的关键单元，通常也称为馈线 FTU，或现场终端 FTU。FTU 是安装在配电室或馈线上的智能终端设备、可以与远方的主站通信，将配电设备的运行数据发送到主站，还可以接受主站的控制命令，对配电设备进行控制和调节。

FTU 与传统的调度自动化中的 RTU 有以下区别。FTU 体积小、数量多，可安置在户外馈线上，没有变送器，直接交流采样，抗高温，耐严寒，适应户外恶劣的环境；而 RTU 安装在变电站中，一般安装在户内，对环境要求高。FTU 采集的数据量小，通信速率要求较低，可靠性要求较高，有的 FTU 无通道，要由人工采集数据；而 RTU 采集的数据量大，通信速率较高，可靠性要求高，有专用通道。

（一）对 FTU 的性能要求

（1）能够测量并记录故障电流的幅值与方向。这是为了满足馈线自动化系统迅速找出并隔离故障区段的需要。配电线路单相接地故障时，配合适当的传感器，FTU 可测量线路的零序电流的幅值与方向，馈线自动化系统根据这些信息来确定接地故障的方位。一般线路的故障电流远大于正常负荷电流，要采集故障信息，馈线自动化系统中的 FTU 就要能适应输入电流较大的动态变化范围。为了保证在正常负荷电流时有一定的测量精度，FTU 的 A/D 转换器至少要有 14 位以上的分辨率。

（2）能够对操作电源及开关进行监控。配电开关及操作电源多安装在户外，无人值守，FTU 要能对其监控，及时发现隐患，以便检修维护。对操作电源的监视项目主要是电源电压，必要时包括蓄电池的剩余容量。对开关的监视项目主要是开关的动作次数、动作时间及累计切断电流的水平等。通过这些信息可判断开关机械机构的完好程度及触头的烧蚀程度，进而确定是否要进行检修，即前面所说的状态检修。

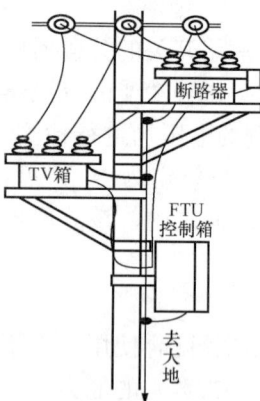

图 9－10　FTU 在户外电杆上安装图

（3）体积小便于安装。FTU 一般是安装在电力线柱上（见图 9-10）或组合式开关柜内，空间有限，体积要做得尽量小。

（4）能适应苛刻的运行条件。馈线自动化的 FTU 多装在户外，经受的温度变化范围大，必须有良好的防潮、防雨措施。由于它装在电力线柱上或组合式配电柜内，要承受高电压、大电流、雷电等干扰，应有很高的抗干扰能力。

（5）功耗小成本低。受体积的限制，给 FTU 供电的电压传感器及蓄电池的容量有限，功耗要尽量小。配电线路监控系统的数据采集比较分散，采集点多，需要的 FTU 数量多，在投资中所占的比例就比较大，降低 FTU 的成本可以显著降低整个馈线自动化系统的投资。

（二）FTU 组成和结构

柱上开关控制器 FTU 可采用高性能 16 位单片机制造（如 80196KC 等），为适应恶劣的环境，应选择能工作在 −25℃ 的工业级芯片，并通过恰当的结构设计使之防雷、防雨、防潮。

一种内外两个机壳结构既可以防雨，方便维修，还便于将 FTU 制造成统一的规范化产品，而不必考虑所控开关设备种类和电气性能、电源供应方式及所采用通信手段的不同。各种接口设备可放在内外机箱之间。FTU 的 CPU 模块、I/O 模块或电源模块可即插即拔，方便检修。若底板或互感器故障，则可短接试验端子，在拉开隔离开关后，将 FTU 整体卸下而不需要停电。

为了防止因开关设备故障（主要是直流储能电机的整流桥击穿）导致 FTU 烧毁，在 FTU 和负荷开关之间应加装保险。此外，FTU 的站号和通信波特率应可以设置。

图 9-11 为一个典型的 FTU 系统框图。图 9-12 为应用于上海金滕工业小区的法国施耐德公司的 FTU 产品框图。图 9-13 为 JA-R196p 型 FTU

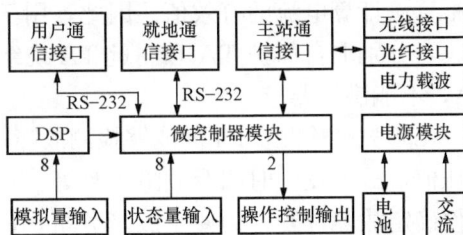

图 9-11　一个典型的 FTU 系统框图

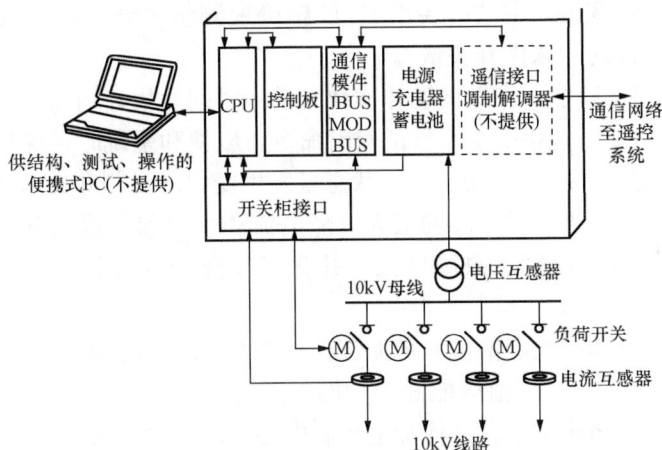

图 9-12　法国施耐德公司 FTU 产品框图

的系统框图。JA-R196p 型 FTU 利用 87C196K 微处理器内部 10 位 A/D 转换器进行 32 点交流采样，测量电压、电流和功率等电量。

由于每台 FTU 仅控制一台开关，所以不必采用遥控返校。为提高可靠性，应采取两路译码输出相"或"的方式控制出口继电器，以避免因器件故障或程序异常等因素，导致出口继电器误动作。

（三）FTU 的功能

FTU 的功能虽然与电网调度自动化系统的 RTU 功能相似，但又有其特殊之处。

（1）"四遥"功能。FTU 可采集柱上开关的当前状态、通信是否正常、储能完成情况等重要状态量。若 FTU 有微机继电保护功能，还应采集保护动作的状态信息。FTU 还采集线

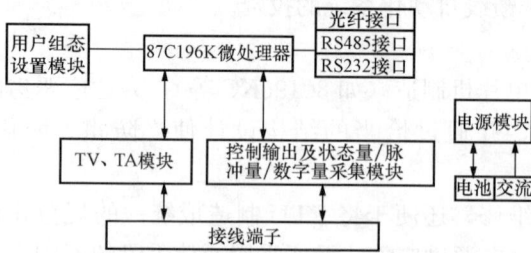

图 9-13　JA-R196p 型 FTU 的系统框图

路电压、开关的负荷电流和有功、无功功率等模拟量，以及电源电压及蓄电池剩余容量。一般线路的故障电流远大于正常负荷电流，要采集故障信息，FTU 必须能适应电流变化较大的动态范围。测量故障电流是为了继电保护和判断故障区段，因此对测量精度要求不高，但要求响应速度快，且要滤出基波信号，一般采用全波或半波傅氏算法；而测量正常运行时的电流对测量精度有较高要求，但响应可以慢些，一般采用方均根算法计算电流的有效值。因此，用于保护的数据和用于量测的数据不能共享，必须分别采集，分别取自保护 TA 和测量 TA 绕组。目前国产的 10kV 真空断路器一般只有一套保护 TA，不能满足要求。

（2）故障检测。FTU 能够检测故障，上传故障信息，其采集的故障信息包括故障电流、电压值，故障发生时间及故障历时等。有些线路采用双端电源供电，FTU 要测量电流方向，以便确定故障位置。为便于故障分析，FTU 应记录下故障电压、电流的波形，但为简化结构及减少数据传输量，亦可只记录几个关键的电流、电压幅值，如故障发生及故障切除前、后的值。在中性点非直接接地系统中，FTU 应该能够检测单相接地故障，以确定接地点位置。从线路故障定位角度讲，主站不要求 FTU 精确地测量故障电流，只需要 FTU 产生一个标志有故障电流流过的"软件开关量"。

（3）统计功能。FTU 能对开关的动作次数和动作时间及累计切断电流的水平进行监视。

（4）对时功能。FTU 能接受主系统的对时命令，以便和系统时钟保持一致。

（5）事件顺序功能（SOE）。用于记录状态量发生变化的时刻和先后顺序。

（6）事故记录。记录事故发生时的最大故障电流和事故前一段时间（一般是 1min）的平均负荷，以便分析事故，确定故障区段，并为恢复健全区段供电时负荷重新分配提供依据。

（7）定值远方修改和召唤定值。为了能够在故障发生时及时地起动事故记录等过程，必须对 FTU 进行整定，并且整定值应能随着配网的运行方式变化而自适应。应使 FTU 能接收配电控制中心的指令修改定值，并使配电控制中心可以随时召唤 FTU 的当前整定值。

（8）自检和自恢复功能。FTU 具有自检功能，在自身故障时可及时告警，并能可靠地自恢复。一旦受干扰造成死机，FTU 能通过监视定时器重新复位系统恢复正常运行。

（9）远方控制闭锁与手动操作功能。FTU 应具有远方控制闭锁功能，以确保避免在检修时，因误遥控操作而造成恶性事故。同时，FTU 应能提供手动合闸/跳闸按钮，以备通道故障时能进行手动操作，避免上杆直接操作开关设备。

（10）远程通信功能。FTU 具有远程通信功能，只须提供标准的 RS-232（或 RS-485 接口）就能和各种通信传输设备相连，但 FTU 的通信规约迫切需要标准化。

（11）环境防护功能。FTU 通常安装在户外，应能在恶劣环境下可靠地工作。

（12）电能采集功能（可选功能）。FTU 对采集到的有功和无功功率进行积分，可以获得粗略的有功和无功电能值，有助于核算电费、估算线损和发现窃电。

（13）微机保护功能（可选功能）。若利用 FTU 中的 CPU 进行交流采样构成微机保护，则可以使定值自动随运行方式调整，实现自适应继电保护，从而具有更强的功能和灵活性。

（14）故障录波功能（可选功能）。对于我国中性点不接地的 10kV 配电网，通过对零序电流的录波来判断单相接地点是十分有效的。

五、区域工作站

区域工作站是采用工业控制 PC 机和多路串行口扩展板构成信息的汇集/转发装置。它与 FTU 间采用面向开关的问答规约，允许多台 FTU 共用同一条通道。区域工作站本身则相当于一台标准的 RTU，能与配电网控制中心进行通信，采用输电网通用的 SCI1801、CDT、DNP、Modbus 和 μ4F 等规约对信息进行转发。图 9-14 为一个典型的区域工作站的组成框图。

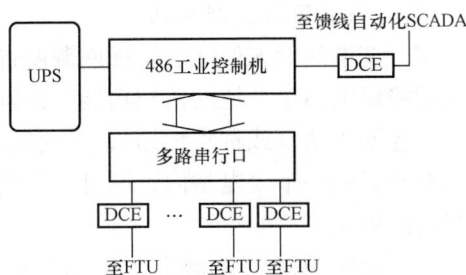

图 9-14 典型的区域工作站组成框图

为了便于监视 FTU 通道情况，可在区域工作站上为与之相连的各台 FTU 分别设置一个通道信号，当作遥信处理。该信号用于显示区域工作站与各台 FTU 之间通道的状态。当区域工作站与 FTU 一次数据通信正常（即区域工作站收到 FTU 一帧信息并校验正确）时，置位该遥信；而当区域工作站与 FTU 连续三次数据通信失败（超时、半帧或校验错等）后将遥信清零；一旦区域工作站与 FTU 数据通信恢复正常，立即重新置位该遥信。

一般区域工作站需配备较大容量的不断电电源系统（UPS），以确保停电期间仍能工作。区域工作站既要查询各 FTU 收集信息，并存入实时数据库中，又要将数据库中的值向配网 SCADA 上报。为避免在区域工作站掉电再起动或复位后，未完成对所有 FTU 的查询，就向配网 SCADA 上报一次与现场实际运行情况不相符的信息，应禁止区域工作站在完成对所有与之相连 FTU 的查询之前向 SCADA 上报数据。

六、馈线自动化控制主站

馈线自动化（FA）控制主站的功能是提供人机接口；自动处理来自线路 FTU 的数据，对故障点定位并遥控线路开关，实现故障点的自动隔离及恢复供电；它还应作为一个配电自动化系统的节点，起到数据转发的作用，与上一级 SCADA/DMS 控制中心通信，接受 SCADA 监控及配电系统管理信息。

FA 控制主站的设置要考虑系统可靠性、通信方式及与变电站自动化配合等。其设置方法有以下几种。

（一）一个变电站设置一个 FA 控制主站

一个变电站设置一个 FA 控制主站，这种方式的主站管理该变电站所有的出线上的开关设备，其功能与变电站自动化系统的主站或主 RTU 综合考虑，共享软硬件资源。FA 主站接受与管理来自 FTU 及变电站 RTU 或智能监控装置的信息，完成 FA 主站及变电站监控功能。如不想影响变电站已有的二次系统，或二次系统软硬件资源有限不宜再扩展馈线自动化功能时，可考虑单独设置一个 FA 控制主站，与变电站自动化系统的主站或主 RTU 通信，接受来自变电站内馈线监控保护装置的信息。

考虑到配电变电站一般都无人值守，线路设备的正常监视功能要由上一级主站来完成。这种方式下的 FA 控制主站主要是完成故障定位、隔离、自动恢复供电及数据转发功能。

这种 FA 控制主站的设置以变电站为单元设置控制主站的做法，系统层次分明，有利于与变电站自动化综合考虑，共享软硬件资源。但从通信的灵活性及成本等因素考虑不一定合适，特别是当本变电站出线与其他变电站出线构成环网时，该主站需与其他变电站的主站或出线上的 RTU 交换信息。

（二）设置区域控制主站

实行变电站无人值守后，配网调度自动化主站处理信息过多，系统过于集中，如主站出现问题将影响整个系统的监控功能。为解决上述问题，可在一定地理范围或小区内，设置一个区域控制主站（或称集控站），对变电站及其出线上的设备进行监控。区域控制主站一般被放在小区的一个变电站内，亦可放在变电站外。由该区域主站完成馈线自动化的功能是比较可行的做法。

这一做法的优点是每个变电站及线路开关的 RTU 与控制主站就近相连，避免了与 SCADA/DMA 主控站之间的长距离直接连接，可显著地减少通信通道的投资。

（三）使用 SCADA/DMS 控制中心的统一平台

使用 SCADA/DMS 控制中心的统一平台省去了 FA 控制主站这一层次，而由 SCADA/DMS 控制中心来完成馈线自动化功能。实际应用中采用这种方式的较少，一方面大多数 SCADA/DMS 控制中心已经安装使用，不宜再扩展馈线自动化功能，更重要的是设置一个 FA 控制主站有利于保持系统的独立性及完整性，提高系统的可靠性。

七、馈线自动化的几种实现模式

（一）采用高智能自动重合器模式

先进的配电自动化开关配上智能化控制器，可在无控制主站及通信系统的情况下，实现故障自动隔离和网络自动重构。各配电开关必须有开断短路电流的能力，不需和出线断路器配合，便可独立分段开断和隔离故障，降低了出线断路器的操作负担，减少了故障影响范围，使非故障区段受影响最小。

目前，各个厂家纷纷推出种类繁多、具有良好开断能力的配电自动化开关设备，这些开关设备按使用场合可分为架空用开关设备和地缆用开关设备；按灭弧介质来分主要有油开关、SF_6 开关及真空断路器等类型，其中真空断路器使用最多，油断路器已逐渐被市场淘汰，SF_6 开关不便于维护；按绝缘介质来分主要有空气直接绝缘、油绝缘、SF_6 绝缘和固体合成材料绝缘等；按控制分类还可以分为液压控制型、电子液压混合控制型和电子控制型。

例如，Cooper 公司生产的 F5 系列控制器，采用模块化结构，32 位微处理机，高速采样，可精确地测量电流有效值，用于数据计量和过流保护。F5 控制器在测量基波和谐波的基础上，可算出电流有效值，而只根据基波和直流分量来进行过流保护，并可利用特定的谐波分量来报警。在 F5 控制器的内部，CPU 和其他各模块间的接口简单，具有很大的灵活性和兼容性。F5 控制器利用电流和电压综合控制，不依赖于控制主站便可以完成负荷监测、过流保护、故障定位和隔离、网络重构、事件记录等功能；还具有多个通信口，加上通信通道和控制主站以后可以完成"四遥"功能，只是价格很贵。

1. 用于辐射型网络

馈线分段开关采用自动重合器，利用重合器自身的保护功能实现馈线故障自动隔离，自动恢复非故障段供电。这种馈线自动化实现模式为就地免通信方式重合器重合次数和保护动作延时时间均可整定。可用下例加以说明。

如图 9-15 所示，正常工作时自动重合器 B、C、D、E 均在闭合位置。c 段发生故障时，仅重合器 C 在其自身保护下断开，经整定延时后自动重合；若为永久故障，则重合不成功，保护再次断开。其他重合器均不动作（各重合器之间保护的配合靠延时来实现）。

2. 用于环形网络

如图 9-16 所示，正常运行时，L1、L2、L3 由断路器 A1 供电，L4、L5、L6 由断路器 A2 供电，自动重合器 B、C、E、F 均在闭合位置，联络开关重合器 D 断开。

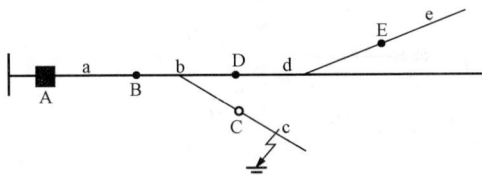

图 9-15 辐射网 c 段发生故障时重合器动作的情形

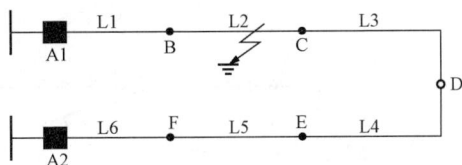

图 9-16 环网 L2 区段故障时的情形

故障情况下，设 L2 区段发生故障，B 保护跳闸，若故障为永久型，B 重合不成功，B 保护再次跳闸，L2、L3 失电。C 则因失电而延时跳开，实现了故障区段 L2 的隔离。联络开关重合器 D 因检测到一端失压而延时投入，L3 的负荷改由断路器 A2 供电，实现了非故障段自动恢复供电。

（二）采用电压—时间型分段器与重合器（或断路器）配合

电压—时间型柱上配电自动化开关是一种带有智能判据的可重合分段器。该分段器与变电站出线断路器或重合器配合使用，可以消除瞬时性故障引起的停电事故，并可自动隔离永久性故障区段，缩小停电范围，减少停电时间，提高供电可靠性。这种方式免通信，系统处理故障时不依赖于通信系统和控制主站，可靠性高，但会加重变电站出口断路器的负担，在故障定位和隔离期间，线路的非故障区段也会短时停电。

1. 辐射状网的故障隔离

图 9-17 为一个典型的辐射状网在采用重合器与电压—时间型分段器配合时，隔离故障区段、恢复正常线路供电的过程示意图。图 9-18 为图 9-17 中各开关设备的动作时序图。

图 9-17 中，A 为重合器，整定为"一慢一快"，第一次慢重合时间为 15s，第二次快重合时间为 5s。B 和 D 为电压—时间型分段器，X 时限均整定为 7s。C 和 E 也是电压—时间型分段器，其 X 时限整定为 14s。所有分段器的 Y 时限均整定为 5s。由于都是动断开关，分段器都设置在第一种功能。

正常运行时，重合器和各分段器均闭合［见图 9-17（a）］。当 c 区段发生永久性故障后，重合器 A 跳闸，导致线路失压，造成分段器 B、C、D 和 E 均分闸［见图 9-17（b）］。事故跳闸 15s 后，重合器 A 第一次重合［见图 9-17（c）］。经过 7s 的 X 时限后，分段器 B 自动合闸，将电供至 b 区段［见图 9-17（d）］。又经过 7s 的 X 时限后，分段器 D 自动合闸，将电供至 d 区段［见图 9-17（e）］。分段器 B 合闸后经过 14s 的 X 时限后，分段器 C 自动合闸，由于 c 段存在永久性故障，再次导致重合器 A 跳闸，从而线路又一次失压，造成分段器 B、C、D 和 E 均分闸。由于分段器 C 合闸后未达时限（5s）就又失压，所以分段器 C 闭锁于分闸状态［见图 9-17（f）］。重合器 A 再次跳闸后，又经过 5s 第二次重合，分段器 B、D 和 E 依次自动合闸，而分段器 C 因闭锁保持分闸状态，从而隔离了故障区段，恢

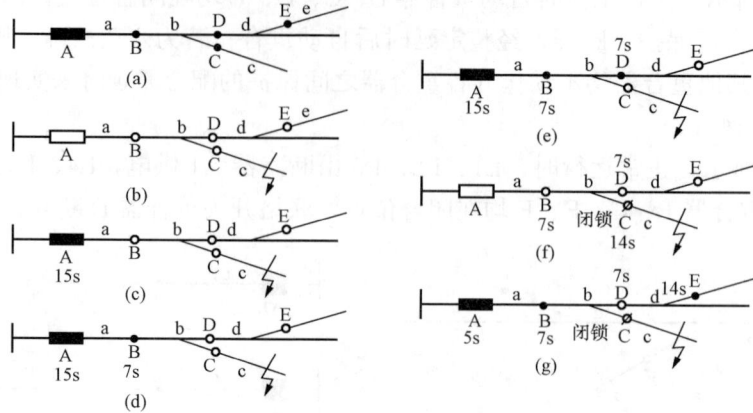

图 9 - 17　辐射状网故障区域隔离的过程

■重合器合闸状态；□重合器断开状态；○分段器合闸状态；●分段器断开状态；

⊘分段器闭锁状态

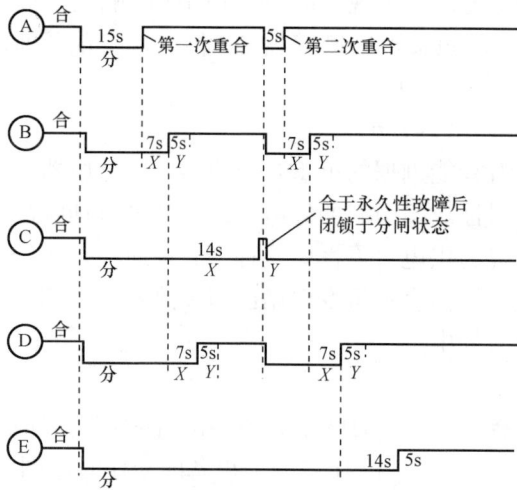

图 9 - 18　图 9 - 17 中各开关设备动作时序示意图

X—合闸时间；Y—故障检测时间

复了正常区段的供电［见图 9 - 17（g）］。

2. 环状开环运行时的故障隔离

图 9 - 19 为一典型的开环运行的环网在采用重合器与电压—时间型分段器配合时隔离故障区段的过程示意图。图 9 - 20 为图 9 - 19 中各开关设备的动作时序图。

图 9 - 19 中，A 为重合器，整定为"一慢一快"，即第一次重合时间为 15s，第二次重合时间为 5s。B、C 和 D 为电压—时间型分段器并且设置在第一种功能，它们的 X 时限均整定为 7s，Y 时限整定为 5s。E 为联络开关处的电压—时间型分段器，设置在第二种功能，其 X 时限整定为 45s，Y 时限整定为 5s。

该环状网正常运行时，重合器 A 和分段器 B、C、D、F 闭合，作为联络开关的分段器 E 断开［图 9 - 19（a）］。当 c 区段发生永久性故障后，重合器 A 跳闸，导致联络开关左侧的线路失压，造成分段器 B、C 和 D 均分闸，分段器 E 的时间计数器启动［图 9 - 19（b）］。事故跳闸后 15s，重合器 A 第一次重合［图 9 - 19（c）］。再经过 7s 的时限后，分段器 B 自动合闸，将电供至 b 区段［图 9 - 19（d）］。又经过 7s 的时限后，分段器 C 自动合闸，此时由于 c 段存在永久性故障，再次导致重合器 A 跳闸，使线路失压，造成分段器 B 和 C 均分闸，由于分段器 C 合闸后未达到时限 5s 就又失压，该分段将被闭锁在分闸状态［图 9 - 19（e）］。重合器 A 再次跳闸后，又经过 5s 进行第二次重合，随后分段器 B 自动合闸，而分段器 C 因闭锁保持分闸状态［图 9 - 19（f）］。重合器 A 第一次跳闸后，经过 45s 的时限后，作为联络开关的分段器 E 自动合闸，将电供至 d 区段［图 9 - 19（g）］。又经过 7s 的时限后，分段器 D 自动合闸，此时由于 c 段

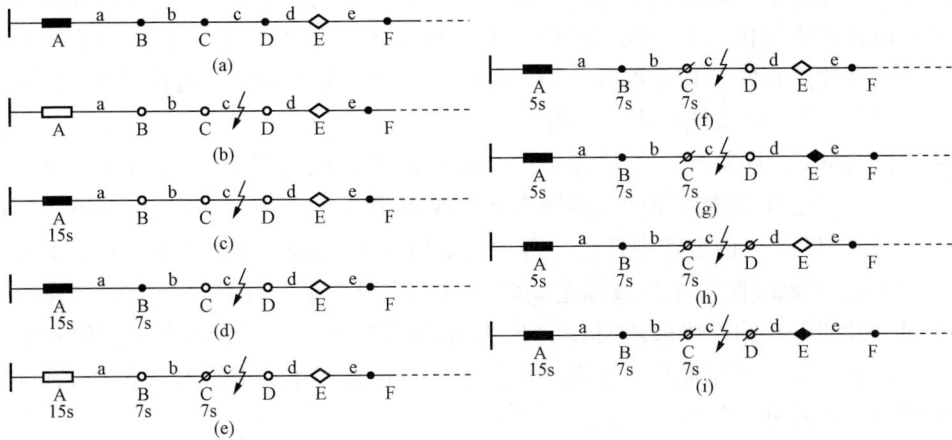

图 9-19 环状网开环运行时故障区段隔离的过程

■重合器合闸状态；□重合器断开状态；•分段器合闸状态；○分段器断开状态；
∅分段器闭锁状态；◆联络开关合闸状态；◇联络开关断开状态

存在永久性故障，导致联络开关右侧线路的重合器跳闸，从而右侧线路失压，造成其上所有分段器均分闸。由于分段器 D 合闸后未达到时限 Y（5s）就又失压，该分段器将被闭锁在分闸状态［图 9-19(h)］。联络开关右侧的重合器重合后，联络开关以及其右侧的分段器又依顺序合闸，而分段器 D 则保持分闸状态，从而隔离了故障区段，恢复了正常区段的供电［图 9-19(i)］。

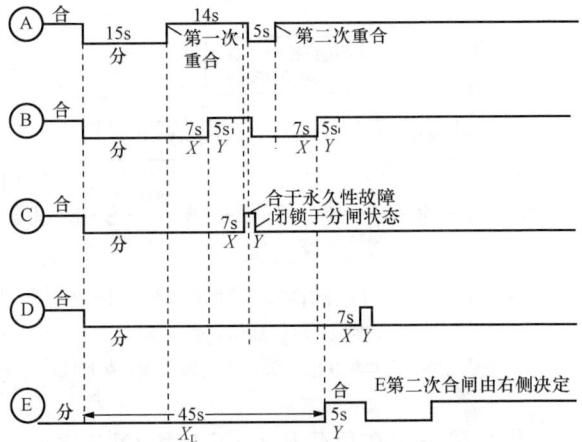

图 9-20 图 9-19 中各开关设备动作时序示意图

可见，当开环运行的环网隔离故障区段时，要使联络开关另一侧健全区域所有的开关都分一次闸，造成短时供电中断。东芝公司的电压—时间型分段器就此问题作了改进，具体做法是在分段器上设置异常低压闭锁功能，即当分段器检测到其任何一侧出现低于额定电压 30% 的异常低电压时间超过 150ms 时，该分段器将闭锁。这样在图 9-19(e) 中，分段器 D 将会被闭锁，从而在图 9-19(g) 中，只要合上联络开关 E 就可完成故障隔离，不会发生右侧所有开关都跳闸再顺序重合的过程。

重合分段器一般采用真空灭弧，绝缘则采用油、SF_6 或固体绝缘材料。采用固体合成材料绝缘、真空灭弧的重合分段器，具有无油无 SF_6、体积小、质量轻、寿命长、安装方便、免维护等优点。

（三）远方控制模式（需通信）

FTU 是具有数据采集和通信功能的柱上开关控制器。在线路故障时，FTU 将故障信息通过信道送到 FA 主站，与变电站自动化的遥控功能相配合，由 FA 主站遥控各分段开关，对故障进行一次性的定位和隔离。这样，既免去了由于开关多次试投所引起的冷负荷冲击，又可大大加速自动恢复供电的时间（可由大于 20min 加快到约 2min）。此外如有需要，还可以自动起动负荷管理系统，切除部分负荷，以解决可能还需处理的冷负荷问题。图 9-21 为基于 FTU 的馈线自动化系统构成示意图。

最新一代的 FTU 具备独特的故障定位、故障隔离和供电恢复（Fault Detection Isolation Recovery，FDIR）功能。FDIR 能够在环网或两端供电的开环运行馈电线路中，在其配备线路的一组 FTU 中，指定其中任意一台为主 FTU，以完成与其他 FTU 的数据通信。主 FTU 统一收集关于该线路各个分段馈电线路的电气实时数据，并且集中与配网控制主站通信。当任何一段馈电线路发生故障时，主 FTU 能够及时独立地完成故障的定位和相关远方负荷开关的控制操作，在当地自动实现环网供电开环运行馈电线路的故障隔离和供电恢复，将停电时间缩短到几秒钟的水平。

图 9-22 为环网开环运行时采用 FTU 隔离故障区段示意图。图中电源端采用带有保护装置的断路器，环路上用电动操作的负荷开关，其中 3 号开关在正常运行时为打开状态。每个开关都带一个 FTU，设置 1 号 FTU 为主 FTU，收集其他 4 个 FTU 的实时数据，负责 FIDR 功能的实施，同时与主站进行通信。

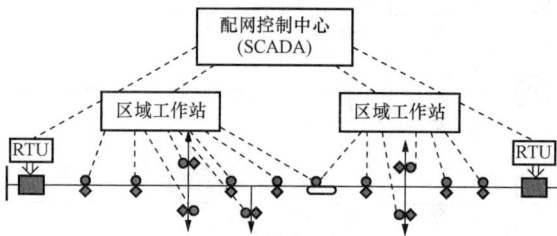

图 9-21　基于 FTU 的馈线自动化系统的构成示意图
——馈线；---通信；←控制
■断路器；⬭联络开关；◆分段开关；●FTU

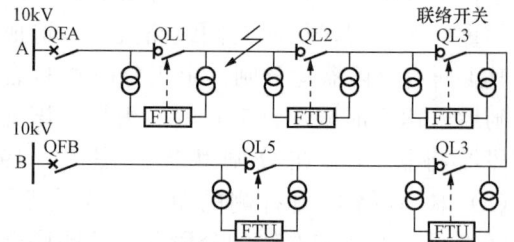

图 9-22　环网开环运行时采用 FTU 隔离故障区段示意图

设故障发生在负荷开关 QL1 和 QL2 之间，A 变电站断路器 QFA 因保护动作而跳闸，经延时 0.5s 后重合闸动作合闸。如是瞬时性故障，重合闸成功，恢复供电；如是永久性故障，第一次重合后 QFA 再度跳闸并闭锁。每一 FTU 向主 FTU 传送所记录的数据，负荷开关 QL1 的 FTU 记录两次失压、两次故障电流，QL2 的 FTU 记录两次失压、没有故障电流。主 FTU 收到各个 FTU 的状态和实时记录，可以判断出故障在负荷开关 QL1、QL2 之间的区段，并命令将故障两侧负荷开关打开并保持在开的位置，自动完成故障识别和故障隔离。当然，如有配电自动化主站系统，也可以通过主站的遥控功能来实现故障隔离。主 FTU 能够在故障隔离后，向起联络作用的负荷开关 QL3 的 FTU 输出控制指令使其合闸，将 QL2 到 QL3、QL3 到 QL4 之间区段的负荷转移到 B 变电站供电。A 变电站断路器 QFA 的保护与 FTU 的 FDIR 功能配合，经一定延时后重合，恢复 A 变电站到负荷开关 QL1 之间区段的供电。整个 FDIR 的功能在较短的时间内可以完成，而无需主站系统参与。

（四）两类馈线自动化方案的比较

前述方案可归纳为需通信和不需通信两大类，它们的比较见表 9-5。

表 9 - 5　　　　　　　　　　　　**两类馈线自动化方案的比较**

方案 比较内容	基于自动化开关相互配合的馈线自动化系统 （免通信）	基于 FTU 的远方遥控馈线自动化系统 （需通信）
主要优点	结构简单，建设费用低，不须要建设通信网络，不存在电源提取问题	(1) 故障时隔离故障区域，正常时监控配网运行，可以优化运行方式，实现安全经济运行 (2) 适应灵活的运行方式 (3) 恢复健全区域供电时，可以采取安全和最佳措施 (4) 可以和 CIS、MIS 等联网，实现全局信息化
主要缺点	(1) 仅在故障时起作用，正常运行时不起监控作用，因而不能优化运行方式 (2) 调整运行方式后，需要到现场修改定值 (3) 需要经过多次重合，对设备的冲击大	结构复杂，建设费用高，需要建设通信网络，存在电源提取等问题
主要设备	重合器、分段器等	FTU、通信网络、区域工作站、配电自动化计算机系统
适用范围	农网、负荷密度小的偏远地区、供电途径少于两条的网	城网、负荷密度大地区、供电途径多的网格状配电网重要工业园区、其他对供电可靠性要求高的区域

八、配变监测终端

配变监测终端（TTU）用来监测并记录配电变压器运行工况。其主要功能包括：根据低压侧三相电压、电流采样值，每隔 $1 \sim 2min$ 计算一次电压、电流、功率、电能等运行参数；并保存一个月（或一周）和典型日数组的整点值，电压、电流的最大值、最小值及其出现时间，供电中断时间及恢复时间。记录数据保存在装置的断电不遗失内存中，在装置断电时记录内容不会丢失。配电自动化主站定时读取 TTU 测量值及历史记录，及时发现变压器过负荷及停电等运行问题；根据记录数据，统计分析电压合格率、供电可靠性以及负荷特性，并为负荷预测、配电网规划及事故分析提供基础数据。如不具备通信条件，需要使用掌上电脑每隔一周或一个月到现场读取记录，事后转存到 DAS/DMS 主站或其他分析系统。

TTU 只有数据采集、记录与通信功能，而无控制功能，结构比 FTU 简单。为简化设计及减少成本，TTU 由配变低压侧直接变压整流供电，不配蓄电池。但在就地有无功补偿电容器组时，为避免重复投资，TTU 就要增加电容器投切控制功能。

九、馈线自动化通信技术

（一）通信方式

馈线自动化通信点多分散，但距离较短，要交换的信息量少，速率要求相对较低；除要求可靠、成本低外，还应保证其在配电网故障时正常通信。馈线自动化可供选择的通信方式见表 9 - 6。

表 9 - 6　　　　　　　　　　　　**馈线自动化可供选择的通信方式**

通信方式	传输媒介	传输速率	传输距离	主 要 用 途
配电网载波	高压配电线	$50 \sim 300bps$	$<10km$	FTU、TTU 与区域工作站间通信
低压配电网载波	低压配电线	$50 \sim 300bps$	台区内	低压用户抄表

通信方式	传输媒介	传输速率	传输距离	主　要　用　途
工频控制	配电线	10～300bps	较短	负荷控制
脉动控制	配电线	50～60bps	较短	负荷控制和远方抄表
电话专线	公用电话网	300～4800bps	较长	FTU 与区域工作站 区域工作站或 RTU 与控制中心通信
拨号电话	公用电话网	300～4800bps 但拨号时间长	较长	远方抄表与远方维护
CATV 通道	有线电视网	300～9600bps	有线电视网内	负荷控制
现场总线	屏蔽双绞线	几十比特	<2km	FTU、TTU 与区域工作站间通信、分散电能采集、设备内部通信等
RS-485	屏蔽双绞线	9600bps	<2km	同上
多模光缆	多模光缆	<2Mbps	<5km	同上
单模光缆	单模光缆	<2Mbps	<50km	通信主干线
无线扩频	自由空间	<128bps	<50km	配电开闭所到配电控制中心、配电子站到配电控制中心
VHF 电台	自由空间	<128bps	<50km	FTU、TTU 与配电子站间
UFV 电台	自由空间	<128bps	<50km	通信主干线
多址微波	自由空间	<128bps	<50km	35kV 变电站到县级电网综合自动化控制中心、配电子站到配电控制中心
调幅广播	自由空间	<1200bps	<50km	负荷控制
调频广播	自由空间	<1200bps	<50km	负荷控制
卫　星	自由空间	<1200bps	全球	时钟同步

（二）通信规约

在调度自动化系统中使用得较多的循环（CDT）或问答（Polling）式规约，不太适合于馈线自动化系统的通信。循环规约要有上行和下行两个通道，而每一点需传输的信息量少，通道利用率低，成本高；馈线自动化通信点众多，采用问答方式把所有的点访问一遍，占用时间长，往往会影响重要信息（如故障信息）及时上传。因此，比较合适的方式是RTU 能主动向控制主站报告遥信量变位、遥测量越限及故障信息等，而主站隔一定时间（如半小时）访问各 RTU 一次，以确认 RTU 是否工作正常。

现在较流行的 DNP3.0 规约，是一种比较合适馈线自动化系统的通信规约。DNP3.0 是符合 OSI 系统模型的开放式规约，与 IEC 870.5 基本兼容，并根据实际需要进行了修改。它最初由美国 HARRIS 公司推出，现已被 IEEE 推荐为标准规约正式颁布以前使用的暂行规约。

DNP3.0 规约有以下特点：

（1）对通信通道的通信速率要求低，效率高；

（2）支持 RTU 主动报告方式，能及时报告故障信息；

（3）支持多个主站配置；

（4）支持上传、下载装置的整定值及配置方式；

（5）支持文件传输；

（6）支持任意类型数据模块传输。

（三）DAS 与地区调度自动化系统（EMS）和变电站自动化（SA）系统的通信配合

大部分供电企业建设的配网自动化系统（DAS），监控范围是变电站出线断路器以外的中压配电网，出线断路器则纳入地区调度自动化系统（EMS）的监控范围，而实现馈线自动化需要采集变电站出线断路器的信息并对其进行控制。因此，DAS 需要与 EMS、SA 系统配合。

首先应明确出线断路器的控制权，较合理的做法是交由 DAS 控制，EMS 只对其进行监视。比较好的数据交换方案是采用网络通信方式，如图 9 - 23（a）所示。DAS、SA 系统、EMS 接入同一个数据网络，采用 TCP/IP 协议实现三者之间的对等通信，SA 系统可以很方便地与 DAS 交换出线断路器监控信息，而不影响与 EMS 的通信联系。有的实际工程中，建设两条相对独立的专线通道，让 DAS 系统分别与 EMS、SA 交换监控数据，如图 9 - 23（b）所示；或让 SA 系统分别与 EMS、DAS 交换监控数据，如图 9 - 23（c）所示。

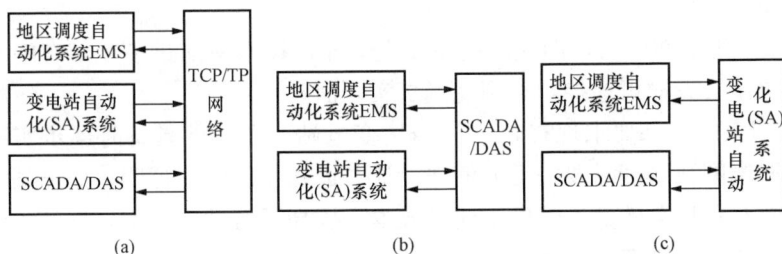

图 9 - 23　DAS 系统与地区调度自动化系统、变电站自动化系统的配合

第三节　变电站综合自动化

一、变电站综合自动化与变电站无人化概述

变电站是电力系统的一个重要组成部分，电力系统许多运行控制是在变电站内完成的。传统变电站的二次回路是由继电保护、测量仪表、自动装置、远动等各类装置组成的。这些装置各自独立设置、自成系统，且按专业分工由不同的人员管理。各类装置间部件重复配置，功能相互覆盖，各种常规控制屏接线复杂，需大量敷设二次电缆，维护工作量很大。

20 世纪 80 年代，微机化的保护、监控装置逐渐替代了传统的二次设备。这些智能装置硬件结构类似，且都包含数据采集、数据处理与远传以及命令执行等基本功能。因此，人们提出了变电站自动化系统的概念，让所有的装置通过通信接口联系在一起，形成一整套集成的微机系统，避免重复配置，简化二次回路，又能完成更多的功能。

早期的变电站综合自动化（SA）系统比较简单，没有做到真正意义上的系统集成与优化设计。直到 20 世纪 90 年代，随着微机智能装置功能更加完善以及计算机网络技术的广泛应用，SA 系统集成技术有了实质性发展，进入了综合自动化发展阶段。

经过多年的发展，变电站综合自动化技术日趋成熟，成为电力自动化中系统集成最成功、效益较显著的一个例子。目前，我国新建的 110kV、35kV 变电站基本都采用了 SA 系统，并广泛应用保护、监控及通信一体化的智能开关柜，通信联系也发展到各种现场总线或光纤以太网。

和输电网大型变电站的综合自动化相比，配电变电站的综合自动化主要有两点不同：

（1）配电自动化不考虑电力系统的稳定问题，因此保护和故障录波的要求都比较简单；

（2）馈电线路开关易与二次自动化设备组合成一体，构成机电一体化的智能式开关。

推广变电站无人值守，是市场经济下电力企业减员增效的具体措施，也是提高变电站自动化水平及人员素质的重要手段。110kV 以下的变电站均要求逐步实现综合自动化和无人值守。

早在 20 世纪 50 年代，一些城市不重要的 35kV 变电站就实行了无人值守。平时锁门，一旦出现故障，保护跳闸，停电用户会打电话要求恢复供电。显然这是一种低档次的无人值守。

20 世纪 60 年代应用遥测、遥信技术，实现了有远方监视的无人值守，但遥测、遥信功能有限。例如遥信只传送事故总信号和开关设备位置信号，如果要对开关设备进行操作，还必须到变电站现场。

20 世纪 80 年代中期以后，四遥功能使无人值守在技术又前进一步，有的无人站还安装遥视设备，摄像镜头方向可遥控，看到现场真实画面。

1985 年原国家电力部要求现有 35、110kV 变电站，在条件具备时逐步实现无人化，新建变电站可根据调度和管理需要按无人值守设计。近几年的实践证明，变电站实行无人值守有明显的经济效益和社会效益，降低了建设成本，提高了劳动生产率，推动了电力行业的技术进步。特别是减少了许多人为事故，提高了运行的可靠性。

变电站综合自动化技术的发展和自动化水平的提高，对无人值守起了很大的推动作用，明显地提高了无人值守变电站技术水平和运行的可靠性。现在的无人值守是建立在高科技水平和高可靠性基础之上的，变电站综合自动化完全适应这种高的要求。

二、传统变电站监控系统现状及其固有缺点

（一）传统变电站监控系统现状

传统变电站监控系统由许多仪表及某些单项自动化装置组成，包括：①中央信号装置；②各种测量仪表；③各种继电保护装置；④自动重合闸、低周减载、故障录波及故障测距等各单项自动化装置；⑤各种变送器、远方终端 RTU 及其当地外围设备组成的远动系统设备。需大量电缆从开关现场将 TV、TA、断路器跳合闸线圈，以及各种位置信号触点一一连接到控制室中。

（二）传统变电站监控系统的缺点

（1）安全性、可靠性不高。传统变电站电磁式或晶体管式继电保护和自动装置，结构复杂、没有自诊断能力，可靠性低，只能靠一年一次的整定值校验或发生拒动或误动才能发现问题，进行调整与检修。

（2）占地面积大，增加了征地投资。传统设备组成的控制屏（台），体积大、笨重，使主控制室、继电保护室占地面积大。

（3）施工、安装、调试工作量大。开关设备现场与主控制室之间需要大量控制电缆，施工、安装、查线及调试工作量很大。

（4）维护工作量大，不利于提高运行管理水平和自动化水平。常规如晶体管型保护装置，其工作点易受环境温度影响，其整定值必须定期停电校验，每年校验的工作量是相当大的；更无法实现远方修改保护或自动装置的定值。

三、变电站综合自动化的效益

（1）提高供电质量，提高电压合格率。变电站综合自动化系统具有电压/无功自动控制功能，对于配有有载调压变压器和无功补偿电容器的变电站，可大大提高其电压合格率，并可使无功潮流分布合理，有效降低网损。

（2）提高变电站的安全、可靠运行水平。综合自动化系统的各子系统均有自检功能，除微机保护能迅速发现故障并切除外，自动化系统能监视其控制对象，及时发现异常并发出告警信息，大大提高了运行的可靠性。

（3）提高电力系统的运行、管理水平。实现自动化后，监视、测量、记录、抄表等工作都自动进行，既提高了测量精度，又减轻了人员的劳动强度。各种操作都有事件顺序记录自动存档保存，大大提高了运行管理水平。

（4）缩小变电站占地面积，降低造价，减少总投资。综合自动化系统可以实现资源共享和信息共享，减少了大量常规控制电缆。同时硬件电路采用大规模集成电路，结构紧凑、体积小、功能强，与常规的二次设备相比，大大缩小变电站的占地面积。随着微处理器和大规模集成电路的不断降价，微机性能/价格比的不断上升，综合自动化系统的性能和功能将逐步提高，造价会逐渐降低，减少变电站的总投资。

（5）减少维护工作量，减少值班员劳动，实现减人增效。自检和故障自诊断功能大大缩短了维修时间。微机保护和自动装置的定值也可在线读出检查，节约了定期核对和调改定值的时间。抄表、记录自动化，可实现无人值守，减人增效。

四、变电站综合自动化系统基本功能和特点

（一）综合自动化系统各子系统及其基本功能

长期实践证明，根据变电站在电网中的地位和作用不同，变电站自动化系统就有不同的功能。但总体说，变电站综合自动化系统的基本功能体现在下述五个子系统的功能中。

1. 监控子系统

监控子系统取代了常规的指针式测量仪表和常规的告警、报警、中央信号、光字牌，以及常规的远动装置；改变常规的操作机构和模拟盘等。其功能包括数据采集（模拟量、开关量和电能量的采集），事件顺序记录SOE，故障记录、故障录波和故障测距，安全监视，操作控制，人机联系，打印，数据处理与记录，谐波分析与监视等。一些重要变电站还设有视频监控（遥视），现场摄像机拍摄现场状况，并将图像传给控制中心，供值班人员更全面、真实地了解现场运行及设备状况。

2. 微机保护子系统

微机保护是综合自动化系统的关键环节，包括变电站主要设备和输电线路的全套保护，以及站用变压器和操作电源保护、小接地电流系统单相接地选线等。这些微机智能装置均有通信接口，能够上传保护定值，同时接收调度端修改定值等命令。

3. 电压、无功综合控制子系统

实现电压合格和无功就地平衡是配电网非常重要的控制目标。在运行中，能实时控制电压/无功的基本手段是有载调压变压器的分接头调挡和无功补偿电容器组的投切。

4. 低频减负荷及备用电源自投子系统

低频减负荷是一种"古老"的自动装置。当电力系统有功严重不足使系统频率急剧下降时，低频减负荷是为保持系统稳定而采取的一种"丢车保帅"手段。

传统常规的低频减负荷有着很大的缺点。例如某一回路已被定为第一轮切负荷对象，可是此时该回路负荷很小，也起不到多少作用；如果第一轮中各回路中这种情况多几个，则第一轮切负荷就无法挽救局势。

变电站综合自动化系统可以避免上述情况。当监测到该回路负荷很小时，可不切除，而改切另一路负荷大的备选回路。这就改变了低频减负荷"呆板"的形象，使其具有一定的智能。

5. 通信子系统

通信子系统功能包括站内现场级通信和与上级调度通信两部分。

（1）现场级通信。现场级通信范围是变电站内部，主要解决各子系统与上位机（监控主机）及各子系统间的数据通信和信息交换问题。对于集中组屏的综合自动化系统，现场级通信就是在主控室内部；对于分散安装的自动化系统，范围扩大至主控室与各子系统的安装地（开关室），距离加长一些。

现场级的通信方式有并行通信、串行通信、局域网络和现场总线等多种方式。

（2）与上级调度通信。综合自动化系统应兼有 RTU 的全部功能，能够完成四遥及其他功能。

（二）变电站综合自动化系统的特点

1. 功能综合化

变电站综合自动化系统是技术密集、多种专业技术相互交叉、相互配合的系统，综合了变电站内除一次设备和交、直流电源以外的全部二次设备。微机监控子系统综合了原来的仪表屏、操作屏、模拟屏和变送器柜、远动装置、中央信号系统等功能。微机保护子系统代替了电磁式或晶体管式的保护装置；根据需要还可综合无功电压调节、故障录波、故障测距和小电流接地选线等功能。

2. 分级分布式多 CPU 的系统结构

综合自动化系统各功能模块采用分布式结构，通过网络、总线将它们连接起来，构成一个分级分布式的综合自动化系统。一个综合自动化系统可以有十几个甚至几十个微处理器（CPU）同时并行工作，实现各种功能。

3. 测量显示数字化

长期以来，变电站的指针式仪表精度低，读数不方便。采用微机监控系统后，常规仪表全被 CRT 显示器上的数字显示所代替，直观、明了。人工抄表记录也完全由打印机打印报表所代替，这不仅减轻了值班员的劳动，还提高了测量精度和管理的科学性。

4. 监视操作屏幕化

实现综合自动化后，操作人员面对彩色显示器，就可对变电站的设备和输电线路进行全方位的监视和操作。CRT 屏幕上的实时主接线画面取代了庞大的常规模拟屏；鼠标或键盘操作代替了在控制屏上或断路器安装处进行的掉/合闸操作；CRT 屏幕闪烁和文字提示或语言报警所取代了常规的光字牌报警信号。总之，通过计算机上的 CRT 显示器，就可以监视全变电站的实时运行情况并对各开关设备进行操作控制。

5. 运行管理智能化

智能化不仅是指许多功能自动化，更重要的是实现故障分析和故障恢复操作的智能化，是实现自动化系统本身的故障自诊断、自闭锁和自恢复等。常规的二次设备就只能监视一次设备，而本身的故障必须靠维护人员去检查，不具备自诊断能力。

五、变电站综合自动化的结构形式

随着微机、集成电路、通信和网络等高技术的不断发展，变电站综合自动化系统的体系结构也不断变化。一般的变电站综合自动化系统体系结构如图 9 - 24 所示。变电站主计算机系统实现对整个自动化系统的协调、管理和控制，向运行人员提供变电站运行的各种状态、数据、接线图、统计表格等直观的实时信息，还提供对自动化系统干预和监控的手段。

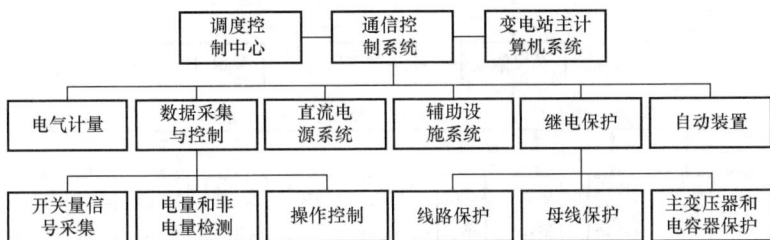

图 9 - 24　变电站综合自动化系统体系结构图

从发展过程看，变电站综合自动化系统的结构形式通常可分为传统改造式、集中组屏式、分层分布式、完全分散式和分散集中结合式五种类型。

（一）传统改造式

传统改造式是指在传统变电站自动化的基础上，改进测控方式，增加监控部分而组成的一类变电站综合自动化系统。这种形式的综合自动化系统还可分为两种类型：一是保留 RTU 形式，另一是取消 RTU 形式。

1. 保留 RTU 形式

保留 RTU 形式的变电站综合自动化系统结构简单、投资少，只在常规远动装置外增加微机保护和由 PC 机及其外设承担的当地监控功能，其对外信息交换均通过 RTU 与上级调度通信完成。一般配置有遥信转接屏、遥控执行屏和 UPS 屏等。当采用变送器测量时，还有变送器屏。其功能简单，综合性能差，而且还保留了变电站内原来的二次回路。

2. 取消 RTU 形式

传统变电站改造成综合自动化系统时取消了 RTU，这种变电站综合自动化系统主要由微机保护、测控单元、总控单元等组成，如图 9 - 25 所示。

与保留 RTU 系统相比，取消 RTU 形式系统的变电站运行信息采集由一些独立的测控单元来完成，RTU 的有关功能由总控单元来完成，总线完成总控单元与测控单元的通信。其基本特点是，测量、控制、保护单元分布在原有柜层上，不增加屏柜，不需改动原有二次回路；增加的测控单元可连接到总线上，扩充性较好。

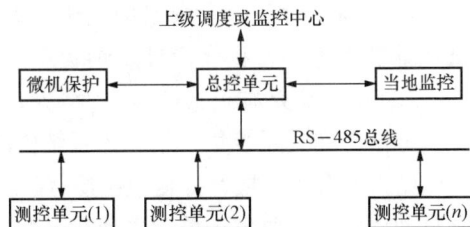

图 9 - 25　传统改造式变电站综合自动化系统结构（取消 RTU 形式）

（二）集中组屏式

集中组屏式结构的变电站综合自动化系统采用不同档次的计算机，集中采集变电站的模拟量、开关量和数字量等信息，集中进行计算和处理，分别完成微机保护、自动控制等功能。

在这种结构的系统中，按功能划分为高压保护单元、中压保护单元、遥测单元、遥信单元、遥控单元、电能单元、电压无功单元、交流和直流电源等。这些单元由一个总控单元加以控制。总控单元以串行通信（RS-232、RS-422、RS-485）方式与各单元以及故障录波、监控计算机进行通信，如图 9-26 所示。

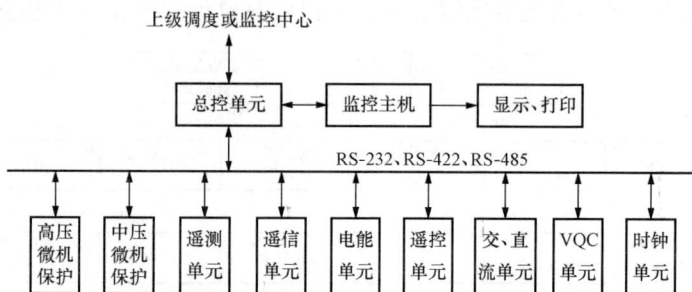

图 9-26　集中组屏式变电站综合自动化系统框图

集中组屏式结构是根据变电站的规模，配置相应容量的集中式保护装置和监控主机及数据采集系统，并安装在变电站中央控制室内。主变压器和各进出线及站内所有电气设备的运行状态，通过 TA、TV，经电缆传送到中央控制室的保护装置和监控主机。继电保护动作信息往往是取自保护装置的信号继电器的辅助触点，通过电缆送给监控主机。

集中组屏式结构的主要功能及特点是：按功能划分单元；单元间相互独立，互不影响；可集中也可分散安装；扩充性好；综合性能较强。

集中组屏式结构最大的缺点是：

（1）计算机功能较集中，如一台机出故障影响面大，必须双机并联运行才能提高可靠性；

（2）软件复杂，修改工作量大，系统调试麻烦；

（3）组态不灵活，对不同主接线或规模不同的变电站，软硬件都需另行设计，工作量大；

（4）与一对一的常规保护相比，集中式保护不直观，不符合运行、维护人员的习惯，调试和维护不方便，程序设计麻烦，只适合于保护算法比较简单的情况。

（三）分层分布式系统集中组屏的结构形式和特点

分层分布式系统集中组屏体系结构的每一层由不同的设备或不同的子系统组成。一般整个变电站设备分为 3 层，即变电站层（2 层）、单元或间隔层（1 层）和设备层（0 层）。变电站综合自动化系统主要位于单元层和变电站层。图 9-27 为分层分布式系统集中组屏的结构图。

设备层包括变压器，断路器、隔离开关及其辅助触点，电流、电压互感器等一次设备。

单元层一般按断路器间隔划分，包括测量、控制部件或继电保护部件。测量、控制部件负责该单元的测量、监视、断路器的操作控制和连锁及事件顺序记录等；保护部件负责该单元线路（或变压器、电容器）保护、故障记录等。单元层本身是由各种不同的功能单元组成

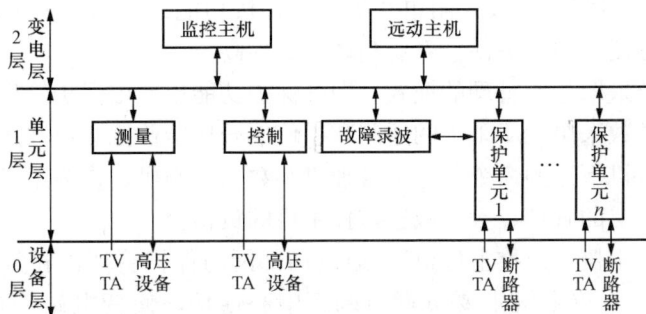

图 9-27 分层分布式系统集中组屏的结构图

的，在与变电站层通信时，可以通过局域网或串行总线将层内各单元与变电站层直接联系起来，也可以增设数采管理机或者保护管理机，分别管理各测量、监视单元和各保护单元，然后再由数采管理机和保护管理机集中与变电站层通信。单元层设备应靠近现场设备就近安装，以减少控制电缆长度。

变电站层包括全站性的监控主机、远动通信机等。变电站层设现场总线或局域网，供各主机之间和监控主机与单元层交换信息。该层有关自动化设备一般安装于控制室。

分层分布式系统集中组屏的结构是按其功能不同，把整套综合自动化系统组装成多个屏。这种结构形式简称为分布集中式结构，其结构如图 9-28 所示。

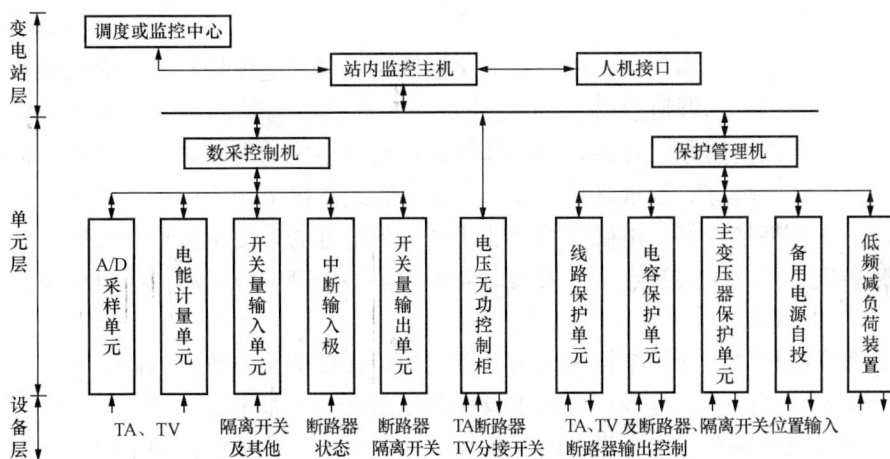

图 9-28 分层分布式系统集中组屏的变电站综合自动化系统结构图

图 9-28 中保护单元按对象划分，即一回线或一组电容器各用一台单片机（多数是 16 位或 32 位单片机）。各保护单元和数采单元分别安装于各保护屏和数采屏上，由监控主机集中对各屏进行管理，然后通过调制解调器与调度中心通信联系。

图 9-28 中的自动化系统可应用于有人值守或无人值守变电站，较多地使用于中、低压变电站。

分层分布式系统集中组屏结构的特点如下：

（1）分层分布式的配置。图 9-28 所示的系统采用按功能划分的分布式多 CPU 系统，其功能单元有各种高、低压线路保护单元、电容器保护单元和主变压器保护单元等。每个功能单元基本上是一个 CPU，多数采用单片机。这种按功能设计的分散模块化结构的软件相对简单，调试维护方便，组态灵活，系统整体可靠性高。

综合自动化系统采取分层管理的模式，即各保护功能单元由保护管理机直接管理，而数采控制机则负责将各数采单元所采集的遥测和遥信信号送给监控主机并送往调度中心，同时接受由调度或监控主机下达的命令。保护管理机和数采控制机，作为第二层管理机，可协助监控主机承担对单元层的管理，大大减轻监控主机的负担。

变电站层的监控主机（或称上位机），通过局部网与保护管理机和数采管理机通信。在无人值守的变电站，监控主机主要负责与调度中心通信，使变电站综合自动化系统具有 RTU 的功能，完成四遥等任务。在有人值守的变电站，监控主机除了仍负责与调度中心通信外，还负责人机联系，完成当地显示、制表打印、开关设备操作等功能。

（2）继电保护相对独立。继电保护装置的可靠性要求非常严，因此，继电保护单元在综合自动化系统中相对独立，其功能不依赖于通信网络或其他设备。各保护单元有独立的电源，保护的输入仍由电流互感器和电压互感器通过电缆连接，输出跳闸命令也通过常规的控制电缆送至断路器的跳闸线圈，保护的起动、测量和逻辑功能独立实现，不依赖通信网络交换信息。保护装置通过通信网络与保护管理机传输的只是保护动作信息或记录数据。为了无人值守的需要，也可通过通信接口实现远方读取和修改保护整定值。

（3）具有和系统控制中心通信的能力。综合自动化系统采集的信息可以直接传送给调度中心，也可以接受调度中心下达的控制、操作命令和在线修改保护定值命令，不必另设独立的 RTU 的装置。

（4）模块化结构，可靠性高。综合自动化系统中的各功能模块都由独立的电源供电，输入/输出回路也相互独立，因此任何一个模块故障，都只影响局部功能，不会影响全局。由于各功能模块都是面向对象设计的，所以软件结构较集中式的简单，便于调试和扩充。

（5）室内工作环境好，管理维护方便。分层分布式系统采用集中组屏结构，屏全部安放在控制室内，工作环境较好，电磁干扰比放于开关柜附近弱，便于管理和维护。

分层分布集中式的主要缺点是：安装时需要较多的控制电缆，增加了电缆投资。

（四）完全分散式

完全分散式结构是指硬件结构为完全分散式的综合自动化系统。如图 9-29 所示，该结构中，以变压器、断路器、母线等一次主设备为安装单位，将保护、控制、输入/输出、闭锁等单元就地分散安装在一次主设备的开关屏（柜）上，安装在主控制室内的主控单元通过现场总线与这些分散的单元进行通信，主控单元通过网络与监控主机联系。

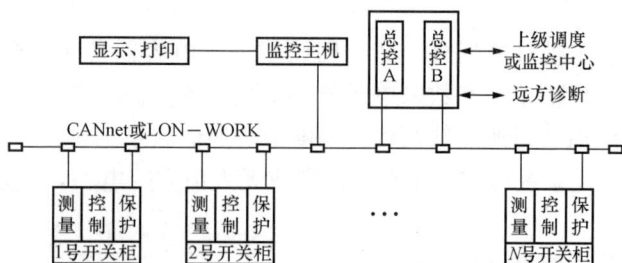

图 9-29　完全分散式变电站综合自动化系统结构图

这种完全分散式结构的综合自动化系统在实现模式上可分为两种：一种是保护相对独立，测量和控制合二为一，如西门子公司的 LSA678，国产的 DISA-2 型、BJ-F3 型系统等；另一种是保护、测量、控制完全合一，实现变电站自动化的高度综合，如 ABB 公司的 SCS100、SCS200 系统等。

完全分散型结构的综合自动化系统的主要特点是：系统部件完全依主设备分散安装；节约控制室面积；节约二次电缆；综合性能强。

（五）分散集中相结合式

随着技术发展，可按每个元件（如一条出线、一组电容器等）为对象，集测量、保护、控制为一体，设计在同一机箱中实现了真正的机电一体化。对于 6～35kV 的配电线路，这样一体化的保护、测量、控制单元就地分散安装在各开关柜内，构成智能化开关柜，然后通过光纤或电缆网络与监控主机通信，这种分散式结构节约了大量控制电缆。而重要的保护如高压线路保护和主变压器保护，则采用集中组屏结构，安装在工作环境比较好的控制室或保护室中，同样通过现场总线与保护管理机通信，这对可靠性较为有利。其他自动装置如备用电源自投和电压/无功综合控制等，也采用集中组屏结构，安装于控制室或保护室中。

将配电线路的保护和测控单元分散安装在开关柜内，而高压线路保护和主变压器保护装置等采用集中组屏的系统结构，就称为分布和集中相结合的结构，其结构图如图 9 - 30 所示。

分散集中相结合是当前综合自动化系统的主要结构形式，也是今后的发展方向。分层分散式结构具有以下优点：

（1）简化了变电站二次部分的配置，减少了主控室保护屏的数量；采用综合自动化系统后，可以取消常规控制屏、中央信号屏和站内模拟屏，大大缩小主控室面积，利于实现无人值守。

（2）减少了设备安装工程量。智能化开关柜保护和测控单元在出厂前已由厂家安装调试完毕，再加上敷设电缆的数量大大减少，使现场施工、安装和调试的工期缩短。

（3）简化了变电站二次设备之间的互连线，节省了大量连接电缆。

（4）分层分散式结构可靠性高，组态灵活，检修方便；分散安装连线短，减小了 TA 的负担；各模块与监控主机间通过局域网或现场总线连接，抗干扰能力强，可靠性高。

六、数字化变电站自动化系统

我国变电站自动化技术经过十多年的发展，已经达到一定的水平。城乡电网改造与建设中，不仅中低压变电站采用了自动化技术实现无人值守，而且在 220kV 及以上的超高压变电站建设中也大量采用自动化新技术，从而大大提高了电网建设的现代化水平，增强了输配电和电网调度的可能性，降低了变电站建设的总造价。

随着智能化开关、光电式电流电压互感器、一次运行设备在线状态检测、变电站运行操作培训仿真等技术日趋成熟，以及计算机高速网络在实时系统中的开发应用，对已有的变电站自动化技术必将产生深刻的影响，全数字化的变电站自动化系统即将出现。

（一）数字化变电站自动化系统的特点

1. 智能化的一次设备

数字化变电站自动化系统采用微处理器和光电技术设计，简化了常规继电器及控制回路的结构，数字程控器及数字公共信号网络取代传统的导线连接。换言之，变电站二次回路中

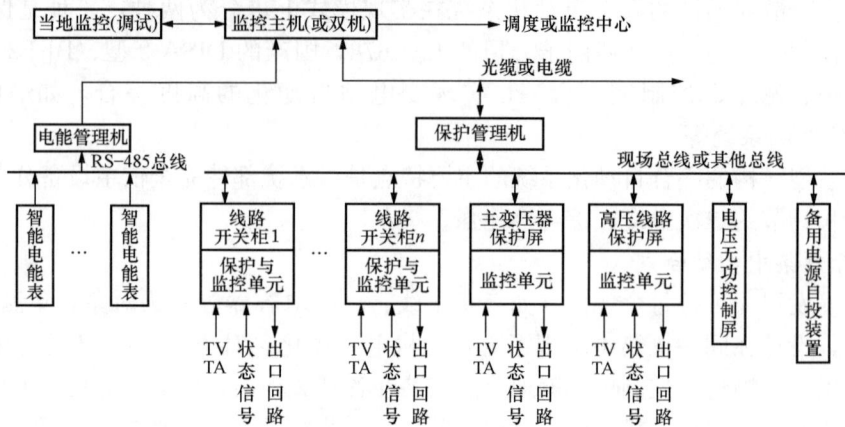

图 9 - 30　分散与集中相结合的变电站综合自动化系统结构图

常规的继电器及其逻辑回路被可编程逻辑器件代替，常规的强电模拟信号和控制电缆分别被光电数字信号和光纤代替。

2. 网络化的二次设备

变电站内常规的二次设备，如继电保护装置、防误闭锁装置、测量控制装置、远动装置、故障录波装置、电压无功控制、同期操作装置和正在发展中的在线状态检测装置等，全部由标准化、模块化的微处理器取代，设备之间的连接全部采用高速的网络通信，二次设备不再出现常规的、功能装置重复的 I/O 现场接口，通过网络真正实现数据共享、资源共享，常规的功能装置在这里变成了逻辑上的功能模块。

3. 从少功能向多功能发展

早期的变电站综合自动化系统仅是传统功能的简单集中，现在则在多个方面增加功能、增强其综合性。例如，从测量、监控、保护相对独立发展到测量、监控、保护一体化；省去了故障录波装置而由微机保护兼容；电压无功综合控制纳入综合自动化系统；操作闭锁已成为综合自动化系统功能之一。一些尚未实现自动化的或独立自动化的功能，也逐步由变电站综合自动化系统来完成。

4. 实现测量数据完全共享

数据完全共享是指继电保护所需的信息和测量信息完全共享，即取同一个电流互感器和同一个电压互感器的信号。测量信息完全共享的优点是保护和测量可以共用同一个 CPU 和共用相同的模拟量输入通道，使同一个功能单元既完成保护的功能，也完成测量的功能，因此可减小测控单元体积、降低设备造价；缺点是测量精度得不到保证。因为，目前我国变电站大多数安装两类电流互感器，即保护 TA 和测量 TA。保护 TA 要求通过短路电流时不饱和，即要求在通过大电流时 TA 线性度好，而在小电流时精度可以不高。对于测量 TA，要求在正常负荷时线性度好，以保证计量的精度；当短路电流流过 TA 时，它早已饱和了。如果将电流量的采样接在保护 TA 上，虽可用软件办法做些非线性补偿，但由于 TA 特性的分散性，难以完全补偿 TA 小量程时的问题。因此，研制一种线性范围大，同时满足测量控制和保护的 TA，已成为实现测量保护信息完全共享的迫切需要。

光电传感器的出现为实现测量信息完全共享开辟了道路。光电传感器与传统的电磁式传感器相比有许多优越性，主要表现为：

（1）绝缘性能优良，抗干扰能力强。电磁式互感器一次、二次绕组通过铁心耦合，绝缘结构复杂，造价随电压等级呈指数关系上升。光电电流传感器（OTA）和光电电压传感器（OTV）绝缘结构简单，造价随电压等级升高仅呈现线性增加。另外，光耦合不受电磁环境的干扰。

（2）不含铁心，消除了磁饱和、铁磁谐振等问题。电磁式的互感器在电力系统故障时易饱和，而光电传感器根本不存在此问题。

（3）动态范围大，测量精度高。光电传感器的额定电流可由几十安至几千安，而过电流范围可达几十万安；一个OTA可同时满足计量和继电保护的需要。

目前，美国宾州格林斯堡ABB、T&D公司已供应电－光电压传感器和磁－光电流传感器，可用于满足继电保护和其他公用事业测量的需要。

5. 自动化运行管理系统

自动化运行管理系统应具备的功能包括：电力生产数据、状态记录统计无纸化；数据信息分层、分流交换自动化；变电站运行发生故障时能即时提供故障分析报告，指出故障原因，提出故障处理意见；系统能自动发出设备检修报告，使常规的设备"定期检修"改变为"状态检修"。

（二）数字化变电站自动化系统的结构

数字化变电站自动化系统可分为智能化的一次设备和网络化的二次设备两部分。

在高压和超高压变电站中，保护装置、测控装置、故障录波及其他自动装置的I/O单元，如A/D变换、光隔离器件、控制操作回路等将分割出来，作为智能化一次设备的一部分。或者说，智能化一次设备的数字化传感器、数字化控制回路代替了常规继电保护装置、测控装置等的I/O部分；而在中低压变电站，则将保护、监控装置小型化、紧凑化、智能化，完整地安装在开关柜上，实现了变电站机电一体化设计。

根据IEC 6185A通信协议草案定义，数字化变电站自动化系统在逻辑结构上可分为三个层次，即过程层、间隔层、站控层。各层次内部及层次之间采用高速网络通信。

1. 过程层

过程层是智能化设备的智能化部分，是一次与二次设备的结合面。其主要功能分三类：

（1）实时电气量检测。光电式电流、电压互感器取代了传统电磁式互感器；直接采集数字量取代了采集模拟量。开关装置小型而紧凑，抗干扰性能强，绝缘和抗饱和特性更好。

（2）运行设备的状态参数在线检测与统计。变电站需要进行状态参数检测的设备主要有变压器、断路器、隔离开关、母线、电容器、电抗器和直流电源系统；在线检测的内容主要有温度、压力、密度、绝缘、机械特性和设备工作状态等数据。

（3）操作控制的执行与驱动。操作控制包括变压器分接头调节控制，电容、电抗器投切控制，断路器合分控制，直流电源充放电控制。过程层被动地按上层指令控制执行与驱动，如执行间隔层保护装置的跳闸指令、电压无功控制的投切命令、对断路器的遥控开合等命令。但在执行控制命令时具有智能性，不仅能判别命令的真伪及其合理性，还能对动作精度进行控制。例如能使断路器定相合闸、选相分闸，在选定的相角下实现断路器的开断（关合）等。又如，对真空断路器的操作能做到断路器触头在零电压时关合，在零电流时分断。

2. 间隔层

间隔层设备的主要功能：①汇总本间隔所属过程层实时数据信息；②实施对一次设备保护控制功能；③实施本间隔操作闭锁功能；④实施同期操作及其他控制功能；⑤对数据采集、统计运算及控制命令的发出具有优先级控制；⑥承上启下的高速通信功能，同时完成与过程层及站控层网络通信。必要时，上下网络接口具备双口全双工方式，以提高信息通道的冗余度，保证网络通信的可靠性。

3. 站控层

站控层的主要任务是：①通过两级高速网络汇总全站的实时数据信息，不断刷新实时数据库，按时登录历史数据库；②按既定规约将有关数据信息送向调度或控制中心；③接收调度或控制中心有关控制命令并转间隔层、过程层执行；④具有在线可编程全站操作闭锁控制功能；⑤具有（或备有）站内当地监控、人机联系功能，如显示、操作、打印、报警，甚至图像、声音等多媒体功能；⑥具有对间隔层、过程层诸设备的在线维护、在线组态、在线修改参数功能；⑦具有（或备有）变电站故障自动分析和操作培训功能。

（三）数字化变电站自动化系统发展中的主要问题

数字化变电站自动化系统的研究，目前主要集中在过程层方面，如智能化开关电器、光电互感器、状态检测等技术与设备的研究开发。目前国外已有一些成熟经验，国内高校、科研院所及有关厂家也都投入了相当的力量进行研发，并在某些方面取得了进展。但归纳起来，目前主要存在以下问题：

(1) 研发中加强专业协作，如智能化电器的研究至少需要机、电、光三个专业协同攻关；

(2) 材料器件方面的缺陷及改进；

(3) 测试设备、方法、标准，特别是电磁干扰与兼容（EMC）控制与试验，还是薄弱环节。

第四节　现代电网负荷管理技术

一、电力负荷控制的必要性及其经济效益

配电网的负荷管理（Load Management，LM）的实质是负荷控制。它包括两个方面：在正常情况下，对用户电力负荷按预先确定的程序进行监测和控制，削峰填谷，改变系统负荷曲线形状，达到减少机组运行、提高设备利用率、降低供电成本、节省能源的目的；在事故情况下，自动切除非重要负荷，保证重要负荷不停电以及整个电网的安全运行。

不加控制的电力负荷曲线很不平坦，上午和傍晚会出现高峰；而在深夜负荷很小又形成低谷，最小日负荷一般仅为最大日负荷的40％左右，这样的负荷曲线对电力系统很不利的。从经济方面看，如果只是为了满足尖峰负荷的需要而大量增加发电、输电和供电设备，在非峰荷时间里就会形成很大的浪费，可能有占容量 1/5 的发变电设备每天仅仅工作一两个小时。而如果按基本负荷配备发变电设备容量，又会使 1/5 的负荷在尖峰时段得不到供电，也会造成很大的经济损失。上述矛盾是很尖锐的。另外为了跟踪负荷的高峰低谷，一些发电机组要频繁地起停，既增加燃料消耗，又降低设备使用寿命。同时频繁的起停以及系统运行方式的相应改变，会增加电力系统故障机会，影响安全运行，从技术方面看对电力系统也是不利的。

如果通过负荷控制，削峰填谷，使日负荷曲线变得比较平坦，就能够使现有电力设备得

到充分利用，从而推迟扩建资金的投入，减少发电机组的起停次数，延长设备的使用寿命，同时对稳定系统的运行方式，提高供电可靠性也大有益处。用户如果让峰用电，也可减少电费支出。因此，建立一种市场机制下用户自愿参与的负荷控制系统，会带来双赢。

二、电力负荷控制种类

目前，电力系统中运行的有分散负荷控制装置和远方集中负荷控制系统两种。分散的负荷控制装置功能有限，不灵活，但价格便宜，可用于一些简单的负荷控制。例如，用定时开关控制路灯和固定让峰装置设备，用电力定量器控制一些用电指标比较固定的负荷等。远方集中负荷控制系统的种类比较多，根据采用的通信方式和编码方法的不同，可分为音频负荷控制系统、无线电负荷控制系统、配电线载波负荷控制系统、工频负荷控制系统和混合负荷控制系统五类。

电力负荷控制系统由负荷控制中心和负荷控制终端组成。负荷控制中心是可对各负荷控制终端进行监视和控制的主控站，应当与配网调度控制中心集成在一起。负荷控制终端装设在用户处，可分为单向终端和双向终端两种。

单向终端只能接收负荷控制中心的命令，分为遥控开关和遥控定量器两种。遥控开关能接收控制中心的遥控命令，对用户开关进行分/合闸操作，一般用于小用户。遥控定量器能接收控制中心定值修改和遥控命令，多用于 315～3200kVA 的中等用户。

双向终端分为双向控制终端和双向三遥终端两种。三遥控制终端能实时采集并向中央控制机传送电流、电压、有功功率、无功功率等负荷参数以及开关状态等信息，并具有当地显示打印、越限报警和实施当地及远方控制等功能。三遥控制终端可以用于变电站作为小型远动装置，也可用于少数特大型电力用户。

双向控制终端能实时采集并向中央控制机传送有功功率、无功功率等信息（必要时也可采集和传送电压信息），并具有显示（或打印）、越限报警、当地和远方控制以及调整定值等功能。主要用于容量为 3200kVA 以上的大电力用户。

图 9-31 是典型的无线电双向控制终端组成框图。其智能部分的核心为 MCS-96 系列的单片微机，扩充有存储器（ROM、RAM）及 I/O 接口电路。由于现场运行环境较差，使用该装置时必须采取隔离措施并注意确保良好的接地，以增强控制微机的抗干扰能力和提高可靠性。

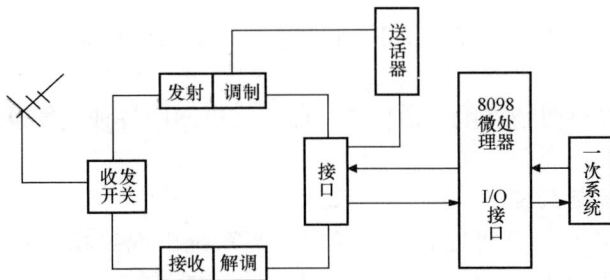

图 9-31 典型的无线电双向控制终端组成框图

该装置有自动复位电路（WDT），在受到干扰"死机"时，可以自动复位，恢复正常工作；还有电压监视电路，在交流失电时 CPU 能采取紧急措施，如关闭存储器防止非法写入，同时后备电池提供 RAM 及硬件时钟的工作电源，使 RAM 的数据能可靠地保存。

三、负荷控制系统的基本层次和功能

1. 负荷控制系统的基本层次

根据我国目前负荷管理的现状，负荷控制系统以市（地）为基础较合适，整个负荷控制系统的基本层次如图 9-32 所示。在电网规模不大的情况下，可不设县（区）负荷控制中心，而由市（区）负荷控制中心直接管理。

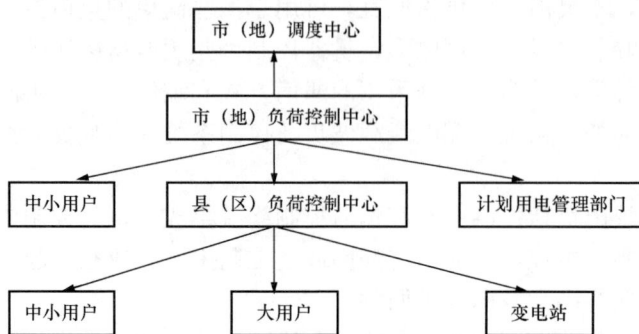

图 9-32　负荷控制系统的基本层次

2. 负荷控制系统的功能

（1）管理功能。编制负荷控制实施方案，以及日、月、年各种报表的打印。

（2）负荷控制功能。定时自动或手动发送分区、分组广播命令，进行跳/合闸操作；发送功率控制、电能量控制的投入/解除命令；峰、谷各时段的设定和调整；对成组或单个终端的功率、功率控制时段、电能量定值的设定和调整；分时计费电能表的切换；系统对时；发送电能表读数冻结命令；定时和随机远方抄表。

（3）数据处理功能。数据合理性检查；计算处理功能；画面数据自动刷新；异常、越限或事故告警；检查、确认操作密码口令及各种操作命令的检查、确认，并打印记录；实时负荷曲线（包括日、月）的绘制，图表显示和拷贝；随机查询。

（4）系统自诊断、切换及自恢复功能。主控机双机自动/手动切换；系统软件运行异常的显示告警；自动或手动自恢复功能；信道手动/自动切换；显示整个系统硬件包括信道的工作状态等。

（5）通信功能。与电力调度中心交换信息；与上级负荷控制中心或计划用电部门交换信息。

（6）其他功能。调试时与终端通话功能；监视配电网中各种电气设备分、合闸操作及运行情况的功能。

四、无线电负荷控制系统

在配电控制中心装有计算机控制的发送器。当系统出现尖峰负荷时，按事先安排的计划发出规定频带（目前为特高频段）的无线电信号，控制一大批可控负荷。接收器收到信号时将负荷的开关跳开。这种控制方式适合于控制范围不大、负荷比较密集的配电系统。

国家无线电管理委员会已为电力负荷监控系统划分了可使用频率（见表 9-7），并规定调制方式为移频键控（数字调频）方式（2FSK-FM），传输速率为 50～600bps。而具体使用的频率要与当地无线电管理机构商定。

表 9-7　　　　　　　全国电力负荷监控系统可使用频率（MHz）

序号	1	2	3	4	5	6	7	8	9	10
中心站发射频率	224.125	224.175	224.325	224.425	224.525	228.075	228.125	228.175	228.25	228.325
终端站发射频率	31.125	231.175	231.325	231.425	231.525	228.075	228.175	228.25	228.25	228.325

在无线电信息传输过程中，信号受到干扰的可能性很大，从而影响负荷控制的可靠性。为提高信号抗干扰能力，常采取一些特殊的编码。

图 9-33 所示为一种无线电负荷控制码的单元结构。这种编码方式用 3 个频率组成 1 个码位，每 1 位都由有固定持续时间和顺序的 3 个不同频率组成。每个频率的持续时间为 15ms，每 1 位码为 45ms，每个码位间隔 5ms。当音调顺序为 ABC 时，表示该码元为"1"〔见图 9-33 (a)〕；当音调顺序为 ACB 时，则表示该码元为"0"〔见图 9-33 (b)〕。每 15 位码元组成一组信息码，持续时间为 750ms 〔见图 9-33 (c)〕。译码器必须按每一码

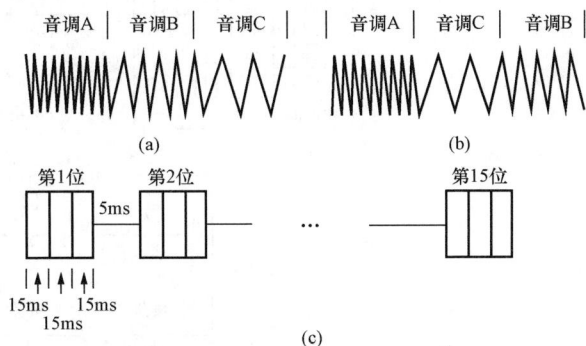

图 9-33　一种无线电负荷控制码的单元结构
(a) 码元为"1"；(b) 码元为"0"；(c) 一组信息码

元的频率、顺序和每一频率的持续时间接收、鉴别和译码。译码器要对每一码元进行计数，如果不是 15 位就认为有误而拒收。在一组码中，前面 7 位是被控对象的地址码；接下去 2 位是功能码（有告警、控制、开关状态显示、模拟量遥测四种功能）；最后 6 位为数据码，即告警代号、开关号或模拟量的读数。

主控站利用控制设备和无线电收发信装置发出指令，可同时控制 128 个被控站；也能从被控站接收各种信息，并自动打印和显示出来，同时存入磁盘中供分析检查之用。主控站的发射功率一般不大于 25W。在地形不利或控制半径大于 50km 时，系统应设置无人值守中继站。被控站接受主控站的无线电命令，对用户开关进行操作控制；同时可通过无线电向主控站发送电流、电压及开关状态等信息。

五、音频负荷控制系统

将 167～360Hz 的音频电压信号叠加到工频电力波形上，可直接传送到用户进行负荷控制。这种方式利用配电线作信息传输媒体，是最经济的控制方法，广泛适用于各配电系统。

音频控制的工作方式与电力线载波类似，有较好的抗干扰能力，但传播更有效。在选择音频控制频率时要避开电网的各次谐波频率，选定前要对电网进行测试，使选用频率具有较好的传输特性，又不受电网谐波的影响。目前，世界上各国选用的音频频率各不相同，如德国为 183.3Hz 和 216.6Hz，法国为 175Hz 或 316.6Hz。另外，采用音频控制的相邻电网，要选用不同的频率。

因为音频信号也是工频电源的谐波分量，电平太高会给用户的设备带来不良影响。多种

试验研究表明，音频信号注入到 10kV 级电网时，音频信号的电平可为工频电压的 1.3%～2% 音频信号；注入到 110kV 级电网时则可高些，达 2%～3%。音频信号的功率约为被控电网功率的 0.1%～0.3%。

1. 音频控制系统的基本原理

音频负荷控制系统结构示意图如图 9-34 所示。其主要由中央控制机、当地控制器、音频信号发生器、耦合设备、注入互感器和音频信号接收器等几部分组成。

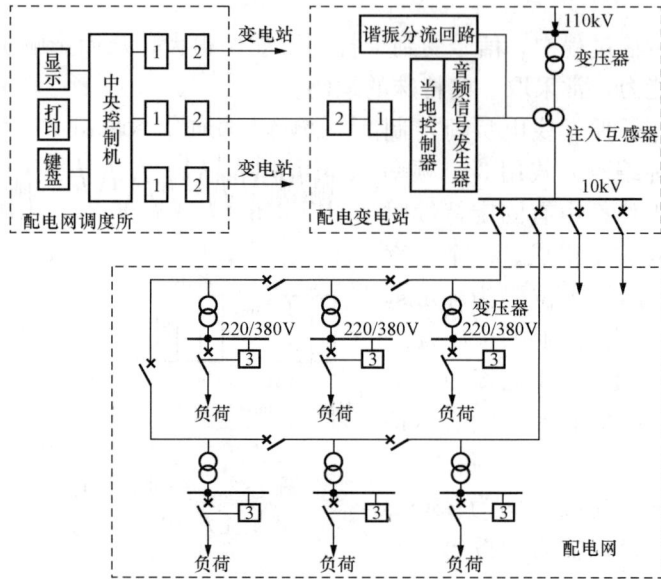

图 9-34　音频负荷控制系统结构示意图
1—信道匹配器；2—传输信道设备；3—音频信号接收器

中央控制机安装在负荷控制中心（一般在配电控制中心内），根据负荷控制的需要发出各种指令。这些指令脉冲序列通过调制器送到传输信道上，传输到设在配电变电站的控制器。从配电控制中心到当地控制器间的信道，可以共用配网 SCADA 的已有信道。

当地控制器接到控制信号后，控制音频信号发生器调制出音频信号，然后通过耦合设备注入到 10kV 配电网中。载有负荷控制命令的音频信号，沿着中压（10kV）配电线在中压配电网中传播，然后通过配电变压器传到低压（220/380V）配电网。设在低压配电网的用户音频信号接收器，接到音频控制信号后进行检波，将控制命令还原出来；由译码鉴别电路判断是否是本机地址及执行何种操作，如是，则执行相应操作，反之则不予理睬。从当地控制器到低压负荷开关，音频信号传输的距离很长，控制的负荷点很多，是一个庞大的网络。

2. 中央控制机及音频编码方式

中央控制机可以是独立的微机，也可以是配电网自动化系统的一个组成部分。负荷控制命令或按照预先设定的控制规律自动定时发出，或由配电网调度人员发出。中央控制机可以对发出的命令进行返回校核，如指令不正确，则重发一次，直到接收器正确收到指令为止。

不同国家音频负荷控制指令码的结构不尽相同。图 9-35 是音频负荷控制信号结构示意图。从图中可见，一条指令从起始到结束历时 101600ms（101.6s），共含 50 个码位，每个码位占用 27 个工频周波，一条指令总共占用 5080 个工频周波。用这样长的时间发一条指令是为了加强抗干扰能力，提高可靠性。如果配电线重合闸的动作时间大于信号脉冲周期时间，信号将被中断，接收器拒绝动作，这时中央控制机将再发控制指令。接收器只有收到完整正确的信号时，才会执行控制命令。

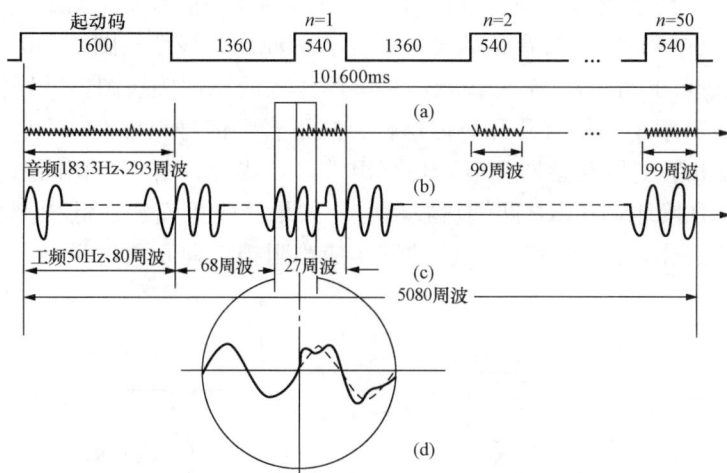

图 9-35　音频负荷控制信号结构示意图

(a) 控制指令电码脉冲；(b) 音频信号发射机输出音频控制信号；
(c) 相应的工频电压波形；(d) 音频信号和工频电源的叠加

控制信号编码中的第一部分是起动码，占用 80 个工频周波。起动码后面有 50 个码位，以若干位为一组，分别组成指令的地址码和操作码。例如，用前 10 个码位作为音频发射器的地址，用 10 取 2 的组合，可以在一个配电网中同时安装 45 台有不同地址码的音频发生器（也可以几台发射器共用一个地址码来扩大控制范围），把其后的 20 个码位作为接收机的地址码，采用 20 取 2 的组合，可以有 190 个不同的地址码。实际应用时常将几个、几十个以至几百个同一类别的被控负荷用同一个地址表示，可更加扩大负荷控制的范围。例如，如果将 100 个接收器为一组，上述的 190 个地址就能控制 19000 个负荷。图 9-35 中，其余的码位为操作码。

3. 当地控制器

当地控制器也是一台微机或单板机。它除了接收来自中央控制机的指令并转发给音频发生器之外，还对音频发生器发出的指令进行监视和校核，如发现错误则令其重发。没有实现综合自动化的变电站的当地控制器是单独设置的；在已实现综合自动化的变电站，其功能由综合自动化系统的控制计算机完成。

当地控制器也可以配置外部设备（包括显示器、打印机和键盘等），用以显示或记录指令的内容和时间。配电变电站的运行人员可以就地发出控制指令，实现当地负荷控制。

4. 音频信号发生器

音频信号发生器的作用是发出音频信号。它是一个受控的整流—逆变装置，可以将直流逆变成音频交流信号。音频信号发生器受当地站控机控制，当指令中某个码位是"1"时即发出音频信号，在空位时间和码位为"0"时则不发出音频信号。

5. 音频信号注入配电网的方式

音频信号注入配电网的方式有串联注入、并联注入和零序注入方式。音频信号可以在10、35kV 和 110kV 各电压等级的配电网中注入。被注入的配电网等级越高，信号传输的地域越广，所需的注入功率也越大。音频负荷控制所需的音频信号发生器的输出功率最大可达数百千瓦。图 9 - 36（a）所示为音频信号串联注入的原理接线图。图 9 - 36（b）是音频信号并联注入的原理接线图。图 9 - 37 是音频信号零序注入的原理接线图。零序注入的显著优点是音频信号发射机功率小，仅有几瓦，但这种方式下音频信号只能在 10kV 电网中传输。用户接收机可接在 10kV 电压互感器开口三角绕组端口，或者另用三个相同电容接成星形，从中点经可调电阻 RP 接地，在 RP 两端接收信号。如果接收机安装在低压侧相地之间，则因信号太弱不能正常工作。图 9 - 37 中，滤波器 1 应当阻挡工频而通过音频，滤波器 2 的作用则相反。

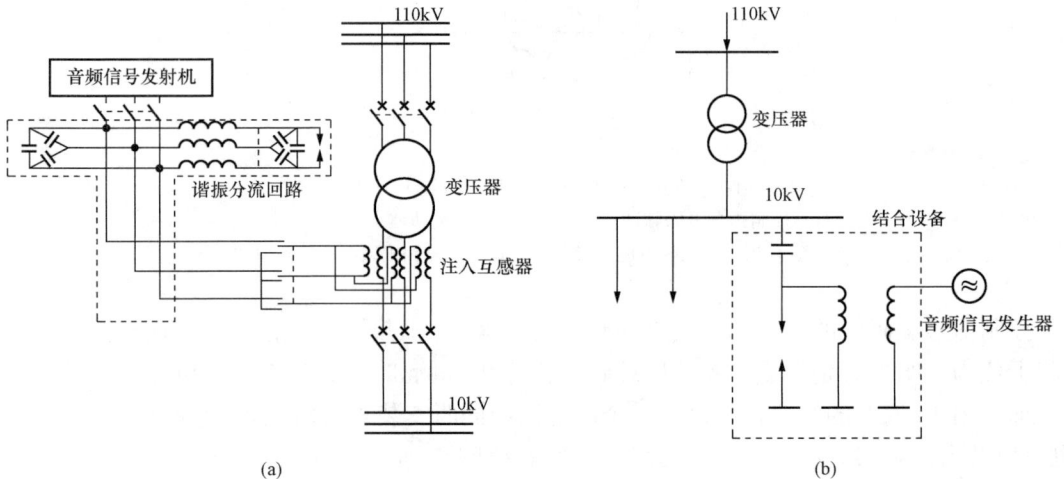

图 9 - 36　音频信号注入的原理接线图
（a）串联注入；（b）并联注入

6. 音频信号接收机

音频信号接收机装设在用户处，用以接收音频负荷控制信号，而后操作用户开关。接收机的译码鉴别电路判断控制指令中的地址码是否与该接收机的地址一致。如果一致，接收机就接收操作指令，并送到执行回路完成操作指令规定的操作。

目前，音频接收机正向高集成度、高可靠性和多功能方向发展。一个接收机可设定地址多至 6 个，以分别控制用户的 6 类不同设备。

六、工频负荷控制系统

工频负荷控制也是利用配电线作为信息通道。工频信号发射机可使工频电压波在过零点附近发生微小畸变，用这种畸变传递负荷控制信息。由于畸变量很小，对电能质量不产生明显影响，而检测器则可以检测出这种波形畸变。按照一定的规则对一系列工频电压波过零点打上"标记"，就可以编码发送负荷控制信息。与脉动音频控制相比，工频控制设备更简单，投资更节省，同时工频控制技术不存在由于驻波带来的盲点问题。目前在国外被广泛应用于零散负荷控制和远方自动抄表领域。

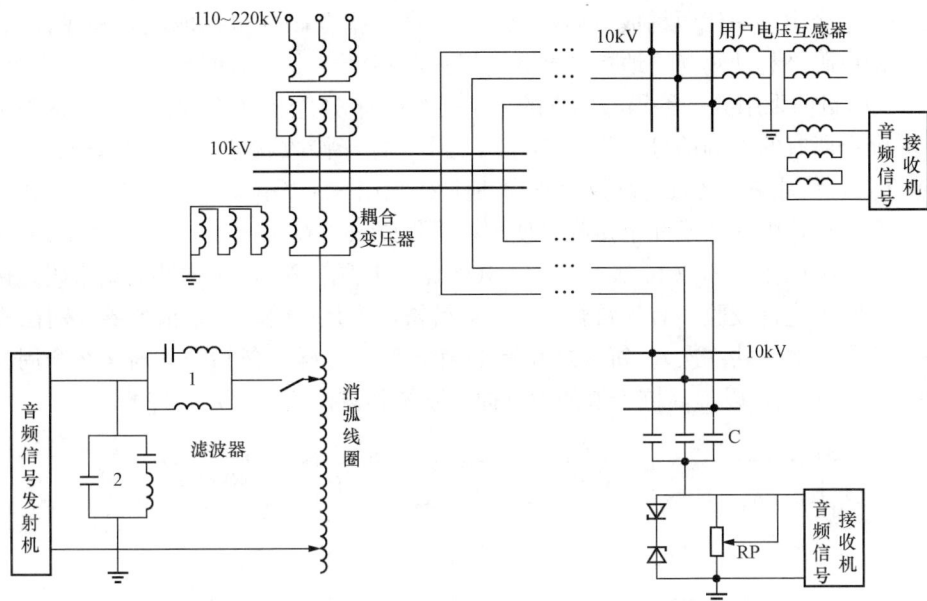

图 9-37 音频信号零序注入的原理接线图

图 9-38 所示为工频控制系统的配置框图，其组成与音频控制相似。

位于配电网调度所的中央控制器发出的工频脉冲负荷控制命令，经调制后由配电 SCADA 通道传送到变电站的当地控制器。当地控制器在收到起始码后，就进入转发状态，在收到正确指令后就把这一指令装入工频信号发射机。工频信号发射机根据控制指令在需要的时刻发出触发脉冲。触发脉冲经过功率放大后去触发输出电路中三个大功率晶闸管。三个大功率晶闸管分别与配电网 A、B、C 三相直接相连。当图 9-39 中某相晶闸管按指令在某个电压过零瞬间导通时，即造成该相瞬间短路接地。短路电流流过配电变压器，使配电变压器输出电压波形在过零处发生了畸变。这种微小的波形畸变就可传达负荷控制指令。

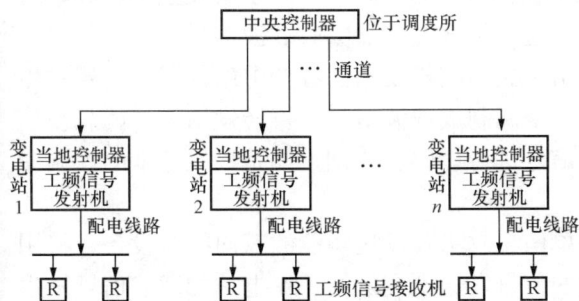

图 9-38 工频负荷控制系统的配置框图

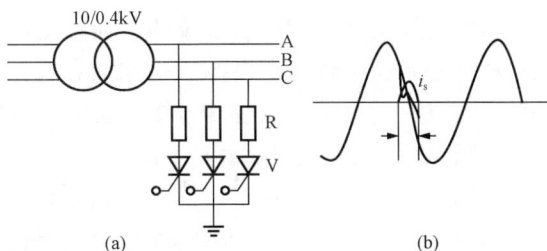

图 9-39 工频信号发射机输出电路图和波形图
(a) 电路图；(b) 一相输出波形图

配电变压器输出信号通过配电线，送到用户处的工频信号接收机。工频信号接收机从电力波形中检出控制信号，并把工频控制信号中的地址码与该接收机的地址码进行核对，如两者一致，则按工频控制信号中的操作码对用户开关进行控制。

工频信号指令由一串代码构成，通常包括起动码、指令码（包括地址码和操作码）、小组结束码和总结束码。起动码使当地控制器起动以接收指令。小组结束码表示一条指令的结束。图 9-40 是我国目前采用的一种码型。它的一条指令占有 34 个工频周波。第一个周波上的码是起动码，它命令所有的工频信号接收机都开始工作，处于接收状态。接着是地址码，在第 3，5，…，23 共 11 个周波中（只用奇数周波），地址码只用 3 个码位，因此就有 $C_{11}^3 = 165$ 个不同的地址。一个地址可由一个或几个接收机使用。操作码安排在第 25、27、29、31 共 4 个周波，每一码位代表一种操作，如 0010 表示合闸，1000 表示拉闸。第 34 个周波为结束码。接收机在接到一条指令时先进行校验，有不符合上述规则就被认为是错码。一条指令要分别在 A、B、C 三相中各轮流发 3 次（共 9 次）。每次之间停 14 个周波，这样一条指令共需 432 个周波，历时 8.64s。用这样长时间可以提高抗干扰能力，而对系统和被控负荷都是容许的。

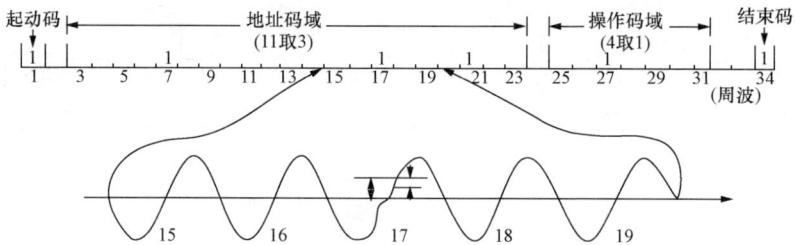

图 9-40　工频负荷控制编码示意图（注意第 17 周波过零处的畸变）

工频负荷控制结构比较简单，投资不多，但要求工频电压波原有的失真要小，否则就容易使作为控制信号的波形畸变难以检测。目前工频信号是从低压网（380/220V）侧注入的，控制范围较小。

七、电力线载波负荷控制系统

电力线载波负荷控制系统也是用电力线传送负荷控制信号，工作方式与音频负荷控制有很多相似之处。与音频负荷控制系统相比，电力线载波负荷控制系统的载波频率较高，通常为 5～30kHz，因而耦合设备简单；其次，载波信号发生器的功率较小，但为了使处于电网末端处的用户端有足够电平的信号，有时要装设载波增音器；此外，由于载波频率较高，对电网中安装的补偿电容器组要采取必要措施，以避免补偿电容器吸收载波信号。

电力线载波负荷控制系统的负荷控制指令由中央控制机发出。各变电站的载波信号发生器及其控制器接收到中央控制机的指令后，将指令调制成载波信号，再转发给用户的载波信号接收机。用户端的载波信号接收机对接收的信号进行译码、鉴别，如是该机地址的控制命令，则执行命令规定的操作。

用户端的载波信号接收机可扩充为具有简单信息收集及发送功能的双向终端设备，将用户端的开关状态、负荷、电压等几个主要参数的信号发送到变电站。变电站的载波信号发生器及其控制器接收来自用户端的载波信号后，将信号返送回中央控制机。中央控制机同时执行数据采集、运行工况监视处理、制表打印、记录等功能，这样就把负荷控制系统与配电网监视与控制系统结合起来。

载波信号的注入和接收分为相—相、相—地和零序三种注入/接收方式。其中，前两种方式的信号易被变压器等吸收，要求发送功率大一些。此外，为了将信号传输到低压用户，有时还要根据情况增设增音器和阻波器。采用零序方式时，电网中相间负荷或补偿电容器均不吸收信号功率，发送功率小，不需增音器、阻波器等设备。零序方式只在本级电网中传输，可在任何位置通过中性点接收和注入，适合对本级电网负荷进行集中控制和管理。

零序注入/接收方式的载波电力负荷控制系统如图9-41所示。以图中的10kV配电系统为例，变电站的载波信号发生器发出的载波信号，通过耦合设备注入到10kV母线上。由于三角形接法的主变压器和补偿电容器，以及不接地星形配电变压器不能通过零序载波信号，所以对信号呈开路状态。转角变压器和消弧线圈虽然跨接在零序网络上，但因为载波频率很高（高于工频几十倍），所以其吸收作用很小。载波信号沿配电线路可以传送到各用户处，用户处的耦合设备将信号耦合给用户终端，这样就完成了载波信号的下行传输。同样，用户终端的返回信号也可通过上述路径传输到变电站完成载波信号的上行传输。

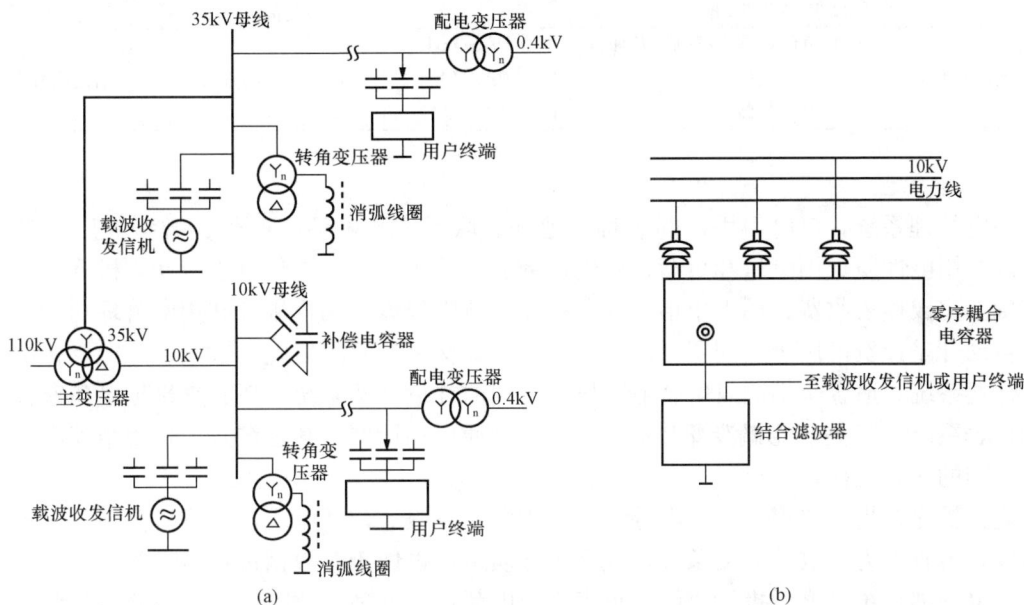

图9-41 零序注入/接收方式的载波电力负荷控制系统
(a) 系统接线示意图；(b) 10kV耦合设备安装示意图

八、需方用电管理

需方（即用户方）用电管理（DSM）主要包括负荷管理（LM）、用电管理和需方发电管理等。

1. 负荷管理

负荷管理主要根据需要来控制用户负荷。我国传统的负荷控制是在系统发电容量不足的情况下，用削峰、填谷和错峰等控制手段，采取抑制负荷的方法来改善负荷曲线。随着系统发电容量的增加，这种负荷控制方式必须改变。先进的负荷控制理念应是根据用户的不同用电需求，计及天气因素及建筑物的供暖特性，并根据分时电价，确定满足用户需求的最优运行方式，对用户开关加以科学的控制，以便用最少的电量获得最好的社会、经济效益。对供电公司，负荷管理可以平滑负荷曲线，节约电力，减少供电费用，推迟电源投资；而对用户方面，则能在不影响用电舒适度的前提下减少电费支出。

负荷管理（LM）的直观目标，就是通过削峰填谷使负荷曲线尽可能变得平坦。有时由

LM 独立实现这一目标，有的则需与配电 SCADA、AF/FM/GIS 及应用软件 PAS 配合。表 9-8 列出了 LM 内容与其他关系的功能。

表 9-8 负荷管理（LM）内容及与其他功能的关系

负荷管理功能	具体内容	执行者	说明
负荷监视	（1）变电站馈线负荷监测	SCADA/LM	
	（2）变电站馈线开关监测	SCADA/LM	
	（3）馈线末端电压监测	SCADA/LM	
	（4）用户电能表监测	LM	
负荷控制	（1）降压减负荷	LM	降压 5%，负荷功率降 10%，不必停电；热水器及制冷负荷可以周期性轮切；紧急时切除负荷
	（2）用户负荷周期控制	LM	
	（3）用户负荷切除	LM	
负荷管理	（1）负荷管理方案制定及评价	PAS/LM	将 3 种控制方式组合，导出最优方案
	（2）负荷预计	PAS/LM	
	（3）设备管理	GIS/LM	

2. 用电管理

用电管理系统，对电力用户的名称、地址、联系人、电话、账号、缴费等用户基本信息，以及用电性质、用电量和负荷、停电次数、电压水平等用电信息进行计算机管理，并在此基础上完成抄表收费、用电申请、业务扩充、故障报修等用户服务和用电管理功能。

自动计量计费可用于不同层次：适应电力市场交易，满足发电、输电、配电及转供等需要的计费系统；适合于不同发电企业、供电公司的计量计费系统；还有直接记录各家各户的自动抄表系统。以上系统都涉及计量设备、数据通信和计费，甚至涉及与费用结算部门（银行）之间的信息交换。

业务扩充是指用户报装、接电等一系列用电业务服务，现已实现计算机操作，以提高处理速度，节省人力，改善劳动条件，提高服务质量，也便于对数据进行检查和管理。

停电管理系统（电话投诉热线）负责用户电话投诉处理、故障定位、事故抢修调度等故障管理功能以及停电计划管理功能，对用户来说，非常关心的是：①某处停电了，电力公司是否知道；②电力公司采取了什么措施，什么时候能恢复供电；③停电范围有多大；④计划停电的预先通知。这些信息几乎全能从调度员那里获得。另外，调度员也需要从用户的电话中知道配电网哪里出现了故障。

电话投诉热线系统由程控电话交换机和计算机分析显示组成，程控电话交换机的主要功能是自动录音回答，计算机分析主要是进行电话分类。每个电话打进来，计算机应判别这个用户的停电地点是否属于已知故障影响的用户。若是，则调出该故障相应的用户关心的信息自动放音；若不是，一方面通知调度员可能的新故障，一方面告知用户所需要采取的措施。由于使用了电话号码自动识别、用户数据库和语音识别等技术，已不需调度员或电话员干预。历史上，很多电力公司的电话热线和用户系统是使用大型机及字符终端显示，现在的发展趋势则是使用图形显示并与其他系统集成。

3. 需方发电管理

有的工业用户出于可靠、经济等方面考虑，装有各种自备电源，如柴油机发电，太阳能、风能发电，自备热电站和小水电站等。这些自备电源保证用户用电可靠性，还可对电网削峰填谷起调节作用。但它们有时会有部分电力注入配电网，如在晚间则可使电网运行恶化。把这些电源置于控制或管理之中，将有利于配电网的运行，增加供电的可靠性，并有可能提高电网发电机组的运行经济性。

总之，需方用电管理（DSM）则从更大的范围来考虑负荷曲线这一问题。它通过发布一系列经济政策以及应用一些先进的技术，来影响用户的电力需求，以减少电能消耗，推迟、甚至少建新电厂，是一项充分调动用户参与的积极性，充分利用电能，进而改善环境的系统工程。例如，采用分时（峰谷）电价、分季电价、地区电价、论质电价、需量电价等多种电价形式，使电价随需求变化，刺激用户从经济角度出发，自行安排厂用电时间，给电网带来削峰填谷的效果；用户还可按电费支出最小的原则用微处理器制定用电策略，实施自我控制；供电部门也可用先进技术手段传送实时电价，用户接收后再根据预定的用电策略自我控制用电。显然，多种电价的使用，必须由各种新型的电表配合。有关内容参见表9-9。

表9-9　　　　　　　　　　需方用电管理（DSM）项目及各方利益

项　目	手段和效果	用户利益	电力公司利益
负荷曲线削峰	手段：直接控制用户电气设备 效果：减少负荷用电量；节约峰荷用的高价燃料；推迟新扩增发、供电设备	保持生活质量不变 节省电费支出	抑制投资费用 节省燃料及其费用
负荷曲线填谷	手段：夜间蓄能式电热水器 效果：增加发电设备利用率，降低成本	保持生活质量不变 节省电费支出	提高综合利用率 增加电费收入
负荷曲线错峰	手段：引入蓄冷式空调，推行峰谷分时、分季电价 效果：减少负荷用电量；节约峰荷用的高价燃料；推迟新扩增发、供电设备	保持生活质量不变 节省电费支出	提高综合利用率
提高负荷控制能力	手段：引入可停电电价 效果：减少电力备用率，减少供电成本，增加了供电的可靠性	节省电费支出 生活质量无大影响	提高供电可靠性 降低供电成本 改善电力企业形象
战略节电	手段：房屋隔热保温；再生能源利用，高效率能源开发 效果：节能而且环保	节省电费支出 改善生活质量	抑制投资费用 提高供电质量
开发用户电源	手段：余热发电；太阳能利用；小水电 效果：节能而且环保	节省电费支出，提高生活质量，改善环境	抑制投资费用 紧急时得到支援

第五节　配电图资地理信息系统

一、概述

配电图资地理信息系统（AM/FM/GIS）是自动绘图（Automated Mapping，AM）、设备管理（Facilities Management，FM）和地理信息系统（Geographical Information System，GIS）的总称。

与输电系统不同，配电系统的管辖范围从变电站、馈电线路一直到千家万户的电能表。配电系统的设备分布广、数量大，所以设备管理任务十分繁重，且均与地理位置有关。而且配电系统的正常运行、计划检修、故障排除、恢复供电，以及用户报装、电量计费、馈线增容、规划设计等，都要用到配电设备信息和相关的地理位置信息。

配电系统的数据模型由设备层、地理层、物理层和拓扑层这四层组成。其中设备层是最基础的，由设备管理系统支持，提供 DMS 所需的全部设备信息；地理层则由地理信息系统支持，提供上述设备的地理位置信息。

标明有各种电气设备和线路的街道地理位置图，是管理维修电气设备，寻找和排除故障的有力工具。原来这些图资都是人工建立的，即在地图上标上各种电力设备和线路的符号，并建立相应的技术档案。现在这些工作都可以由计算机完成，即 AM/FM 系统。AM 就是通过扫描仪将地图图形输入计算机，包括制作、编辑、修改与管理图形；FM 包括各种设备及其属性的管理，就是将各种设备和线路符号反映在计算机的地理背景图上，并通过检索可得到各设备的坐标位置和全部有关技术档案。AM/FM 可以根据设备信息自动生成配电网络接线，或从地理图上按设备、线路或区域直接调出有关的信息，而且还具有缩放、分层消隐、漫游、导航以及旋转等功能。

大多数 AM/FM 均建立在 GIS 基础上，因而也称为 AM/FM/GIS 系统。AM/FM/GIS系统以地理空间数据为处理对象，利用其空间查询及分析功能，可形成具有空间概念（地理信息）和基础信息（电网用户资料）的分层管理的基础数据库。这种以实际地理位置为背景的电力设备分布图，不仅能在设备管理上增加设备的空间位置信息，而且能准确地反映配电网的实时运行工况。配电图资地理信息系统已成为各种自动化功能的公共平台，成为配网自动化不可缺少的重要部分，其影响遍及 DMS 各个方面。

二、地理信息系统基本概念与功能

（一）GIS 的基本概念

地理信息系统 GIS 产生于 20 世纪 60 年代，当时主要是用于土地资源规划、自然资源开发、环境保护和城市建设规划等。国内 GIS 起步较晚，20 世纪 80 年代初一些科研单位与大学才开始这方面的研究。

目前，GIS 平台主要有 ESRI 公司的 Arc/Info、Bentley 公司的 Micro Station、Mapinfo公司的 Mapinfo 和 InterGraph 公司的 GeoMedia 四种产品。电力 GIS 平台的选择和使用必须从电力系统实际出发，Arc/Info 和 Mapinfo 的产品已成功进入电力市场。

作为基于地理信息的管理系统，GIS 最大的特色是所见即所得，满足视觉上的直观性。数字地图是一种以数字形式表示的地图，它将地面上的实体分布范围分别用点、线、面来描述。各种地物的空间分布信息可以用数字准确地表示出来。数字化的地理底图如同字模一样，可以一次制作，多次使用，从而降低成本。GIS 的基本结构框图如图 9-42所示。

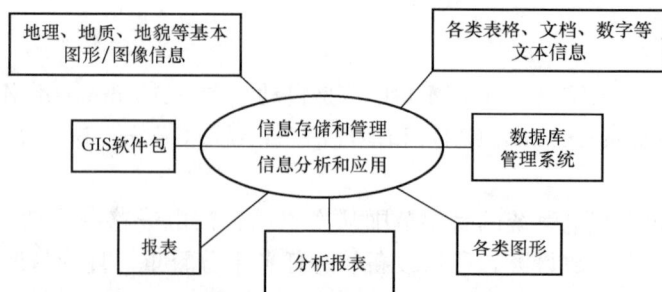

图 9-42　GIS 的基本结构框图

（二）GIS 的基本功能

1. 数据的输入与编辑整理

GIS 需将各种原始地理信息转换成计算机可以接受的形式，即数字地图。GIS 可利用数字化仪或扫描仪把地图、图像（如航空照片）和规划图输入计算机，并可对其内容进行编辑整理。

2. 数据的存储和管理

GIS 数据有空间数据和属性数据两种。空间数据是指在二维或三维坐标下，以一种拓扑结构来描述物理位置及逻辑连接；属性数据管理则是在商业数据库中存放记录各点、线、面等地理元素的特性和文档。GIS 同时建立空间数据和属性数据的互访关系，为进一步的信息处理与空间分析奠定基础。

3. 数据的分析

GIS 的数据分析能力有以下四类：

（1）空间信息处理，包括矢量转换、坐标转换、邻近分析和面积计算等；

（2）空间信息分析，包括叠加和相邻地区分析等；

（3）数值地形分析，包括体积计算、流域分析等；

（4）网络分析，包括最佳路径选择、最佳邻域的搜索等。

4. 数据的输出

GIS 处理和分析的结果可以通过显示器、绘图仪或彩色打印机等输出。输出可以为各种矢量图形、文字报表和分析图表。GIS 还可为其他系统的应用功能提供底图。

三、AM/FM/GIS 系统的特点

（一）叠加分析及邻域分析

AM/FM/GIS 系统可利用地理信息和电力系统信息方便地进行叠加分析或邻域分析。例如要计算某一区域内的用电总负荷，利用 GIS 的相邻分析功能可以非常方便地完成。

（二）实时显示设备状态

AM/FM/GIS 系统中，画面上显示的某一设备的图符不仅仅取决于其设备类型，还和其属性（如当前的状态）相关，能够随设备运行状态的改变而相应变化。

（三）与商用数据库有机结合

各种商用数据库是 GIS 系统的一个有机组成部分，因而 AM/FM/GIS 系统可以把设备属性数据存放在关系数据库中，而把图形数据放在 GIS 数据结构中。

（四）查询方便

AM/FM/GIS 系统根据属性数据与空间数据的关系，可进行双向查询，即条件查询（从数据库查图形，按设备的属性查找设备地理位置）和空间查询（从图形查属性数据，在图上可对任意设备进行定点查询或者画一多边形小区查询）。

（五）数据组织层次化

在 AM/FM/GIS 中，数据的组织是层次化的，层次根据自然的映射关系确定，即背景一层，街道一层，建筑物和土地特性在另一层。由于地理数据是基于严格的平面坐标系统的，在现有的系统中可以根据需要增加其他层，这样有利于电力设施的管理。

（六）图形编辑与管理功能

AM/FM/GIS 系统综合了 GIS 系统和 AM/FM 系统的特点，具有极强的图形编辑与管理功能。例如，可以对地理信息图中某些图形信息进行动态消隐与恢复。

四、AM/FM/GIS 系统面向电网实时运行的新功能

当代的 AM/FM/GIS 系统，不仅在地理图上进行设备技术档案的登录和检索，而且在设备管理的基础上，增加了不少面向电网实时运行的新功能。这些功能主要有：

（1）拓扑网络着色。电力系统作图软件的一个重要的特性就是绘制电路接线图。GIS 具有跟踪检查电路连接情况的能力，并可用不同颜色表示是否带电、接地等。

（2）自动动态连接。用户可以在电路接线图上任意投切一个或多个电路，图形数据库和拓扑网络着色将随之自动更新。

（3）小区分割处理。在地图上用多边形任意圈定一个小区（如某行政区），GIS 将对该区内有关对象（如用户、电线杆、变压器、城建规划等）进行统计列表，这对小区负荷预报等应用软件极为有用。

（4）AutoCAD 双向接口。有的 GIS 开发厂家就是以著名的通用作图软件 AutoCAD 为支撑环境来开发其专用产品的。它为用户系统提供双向接口，允许来自 AutoCAD 和 GIS 的图形按标准的 DXF 格式输入到用户系统。同时，SCADA 的实时信息也可映射到 GIS 上来。

（5）跳闸事件报告。当电网发生跳闸事件时，GIS 将向用户提供一份清单，列出受其影响的用户、变压器和线路等，并根据这些信息生成相应的报告和图纸。

（6）能嵌入第三方软件。这是表征 GIS 开放性的一个重要方面，也是 GIS 和用户的开放系统能够实现无缝集成的必要条件。

上述的这些功能，为 AM/FM/GIS 与 SCADA/LM/PAS 的系统集成创造了条件。实时系统可直接使用 GIS 所生成的具有地理背景的网络接线图，而设备管理系统则可从 SCADA 中获取实时信息，以提高管理系统的动态性能。

五、AM/FM/GIS 系统中的数据信息及其优点

AM/FM/GIS 数据库中的数据是由所要完成的 DMS 功能确定的，许多数据由多个系统共享，且都与地理位置有密切关系。这些数据和信息可归纳为以下两类。

（一）地理数据

地理数据包括地图和其他地理信息。这些数据与用户数据库结合，可以实现负荷侧管理、负荷控制、故障投诉电话处理和环境污染的策略评价等 DMS 功能。

（二）电气设备信息、供电服务和用户信息

电气设备信息包括变压器、配电馈线、地下电缆和各种继电保护设备，以及这些设备的地理位置及其相关属性。供电服务信息包括供电服务队伍的地理位置、人员情况、工作完成情况等。用户信息包括负荷类型、地理位置、电话号码等。

DMS 系统的各个应用都可访问 AM/FM/GIS 系统数据库。由 AM/FM/GIS 系统管理和维护的公用数据库有以下优点：

（1）作为所有应用的公用数据库，数据统一、准确，有助于改进对用户的服务质量；

（2）减少设备和地理信息等数据维护的费用；

（3）可以方便地修改、改进，以及与其他系统集成。

六、AM/FM/GIS 系统在配电网中的实际应用

AM/FM/GIS 系统以前主要是离线应用。近年来，随着开放系统的兴起，新一代的 SCADA/EMS/DMS 开始广泛采用商用数据库。这些商用数据库能支持表征地理信息的空间

数据和多媒体信息，这样就为 SCADA/EMS/DMS 与 AM/FM/GIS 的系统集成提供了方便，使 AM/FM/GIS 得以在线应用，成为电力系统数据模型的一个重要组成部分。

（一）离线方面的应用

AM/FM/GIS 系统作为用户信息系统的一个重要组成部分，提供各种离线应用。

1. 在设备管理系统中的应用

在以地理图为背景所绘制的单线图上，AM/FM/GIS 系统能分层显示变电站、线路、变压器、断路器、隔离开关直至电杆路灯和电力用户的地理位置。只要激活一下所检索的厂站或设备图标，就可以显示有关厂站或设备的相关信息，设备信息包括生产厂家、出厂铭牌、技术数据、投运日期、检修次数等基本信息，还包括设备的运行工况信息和数据。根据这些厂家数据和运行工况，设备管理系统对设备进行经常维护和定期检修，使设备处于良好状态，延长其使用寿命。

设备管理系统虽然是一个独立的应用系统，但可通过网络通信，与其他应用共享设备信息和数据。

2. 在用电管理系统上的应用

业务报装、查表收费、负荷管理等是供电部门最为繁重的几项用电管理任务。使用 AM/FM/GIS 可方便基层人员核对现场设备运行状况，及时更新各项配电、用电数据。

业务报装时，AM/FM/GIS 系统可快速查询有关信息数据，减少现场勘测工作量，加快新用户报装的速度。

使用 AM/FM/GIS 查表收费，按街道门牌编号为序建立用户档案，查询起来非常直观方便；还可随时调出任一用户的安装容量及历年用电量数据，进行各种分类统计和分析。

AM/FM/GIS 系统另一个功能是根据变压器、线路的实际负荷，以及用户的地理位置和负荷可控情况，制定各种负荷控制方案，对负荷实行调峰、错峰和填谷。

3. 在规划设计上的应用

配电系统规划设计、配电网改造都比较繁琐。采用地理图上提供的设备管理和用电管理信息和数据，并与小区负荷预报数据相结合，可以构成配电网规划和设计计算的基础。因此，一般用于配网的规划设计系统，都具有与 AM/FM/GIS 和 AutoCAD 的接口，以便借助于 AutoCAD 丰富的软件工具，高效率地完成各种设计计算任务。

（二）在线方面的应用

1. 反映配电网的运行状况

读取 SCADA 系统实时遥信量，通过网络拓扑着色，AM/FM/GIS 系统能直观地反映配电网实时运行状况。对于模拟量，通过动态图层进行数据的动态更新，确保数据的实时性。对于事故，可推出含地理信息的报警画面，用不同的颜色显示故障停电的线路及停电区域，并作事故记录。

2. 在线操作

AM/FM/GIS 系统可在地理接线图上直接对开关进行遥控操作，或对设备进行各种挂牌、解牌操作。

（三）投诉电话热线中的应用

投诉电话热线系统是 DMS 的重要组成部分。AM/FM/GIS 系统可以根据用户打来的大量故障投诉电话，快速、准确地判断发生故障的地点和故障影响范围，并及时地派出抢修人员，使停电时间最短。

上述任务需要用 DMS 的"故障定位与隔离"和"恢复供电"两个功能来实现。根据用户停电投诉电话的地点，故障定位与隔离程序分析出故障停电范围，并排出可能的故障点顺序。再参照有地理图背景的单线图，指挥现场人员准确找到故障点并予隔离。故障定位与隔离完成后，起动"恢复供电"程序，按程序所指出的最优顺序尽快安全地恢复供电。

第六节　远程自动抄表系统

自动抄表系统（Automatic Meter Reading，AMR）是一种采用通信和计算机网络技术，将用户处电能表数据传输汇总到营业部门，代替人工抄表及后续相关工作的自动化系统。

自动抄表的实现提高了用电管理的现代化水平，不仅节约大量人力，更重要的是可提高抄表的准确性，减少因估计或誊写而造成账单出错。同时，用户不需与抄表者预约抄表时间，还能查询账单，因此也深受用户欢迎。随着电价的改革，供电部门为迅速出账，需要从用户处尽快获取更多的信息，如电能需量、分时电量和负荷曲线等，使用自动抄表系统可以方便地完成上述功能。电能自动抄表计费系统已成为配电网自动化的一个重要组成部分。

一、电子式电能表的发展和种类

现在普遍使用的机械感应式电能表，价低耐用，但受工作原理和结构等因素的限制，其存在着测量精度低、人工校验效率低、容易接错线等不足。此外，随着电能计量和管理需要的发展，只有电能测量单一功能的机械感应式电能表，已不能适应现代电能管理的需要。

机电脉冲式电能表沿用感应式电能表的测量机构，由测量机构和数据处理机构两部分组成。数据处理机构由电子电路和计算机控制系统实现。但其测量精度仍不能突破机械感应式电能表的水平，且功能不够丰富。

电子式电能表没有传统感应式电能表上的旋转机构，因而被称为静止式电能表。与机械感应式电能表相比，电子式电能表具有测量精度高、性能稳定、功耗低、体积小和重量轻等优点，而且可实现多种功能，如复费率、最大需量、有功电能和无功电能记录、失压记录、事件记录、负荷曲线记录、功率因数测量、电压合格率统计和串行数据通信等。

电能是电功率对时间的积分，因此电子式电能表是采用乘法器来完成对电功率和电能的测量的。电子式电能表将单相或三相交流电功率转换成脉冲或其他数字量来进行测量。根据转换原理，电子式电能表可分为热电转换型、模拟乘法器型和数字乘法器型三类。

1. 热电变换型电子式电能表

热电变换型电子式电能表通过热电转换电路，使热电偶输出与电力平均功率成正比。在很低的功率因数和波形严重畸变的情况下，热电变换型电子式电能表比其他类型电能表的测量精度高。

2. 模拟乘法器型电子式电能表

模拟乘法器型电子式电能表的核心是模拟乘法器。模拟乘法器主要有时间分割乘法器、可变跨导型乘法器和霍尔效应乘法器三种。

时间分割乘法器实质是一个脉冲宽度和幅度调制器，其输入的电压和电流分别对一个脉冲的宽度和幅度进行调制。它的输出就是该脉冲信号的直流分量，与输入电压和电流信号的乘积成正比，反映了输入平均功率的情况。其工作带宽较窄，一般只有几百赫兹。

可变跨导型乘法器由单片集成电路实现，准确度等级为 0.5 级，工作频率带宽达数兆赫兹。

霍尔效应乘法器的电流、电压回路彼此独立，电路简单，便于检测与校准，但灵敏度和精度都较低。霍尔效应乘法器在轻载时，零点偏移和温漂比较明显，实际应用时，需要采取平衡电桥消除零点漂移，并用热敏器件补偿温漂。霍尔乘法器输出的是瞬时功率信号，很宽的频率响应，适合用于波形畸变较大的情形。

3. 数字乘法器型电子式电能表

数字乘法器型电子式电能表是以微处理器为核心的电能表，对来自 TV、TA 的电压和电流，采用 A/D 转换器来完成其交流采样和数字化处理工作。由于微处理器的强大处理能力，所以采用微处理器的数字乘法器型电子电能表能实现的功能很丰富，还可实现其他种类电能表无法实现的多种功能，如复费率、最大需求量等各种统计功能。同时，微处理器使功能扩展也很方便，易于和配电自动化系统集成。

二、远程自动抄表计费系统的发展

远程抄表计费系统经历了一个从集中式系统向分布式、网络式、开放式系统转变的发展过程。电量数据采集也同样从集中式脉冲处理系统发展为分布式直接传输系统。

集中脉冲方式系统是以电能脉冲计数为基础的，在厂站需增加中间转换器，用来存储和传输根据脉冲计数值而得出的电能信息。数据采集中心不能与电能表直接通信，不能实现现代能量管理系统所必需的对电能表参数等数据的下载功能。

分布式直接传输系统的数据采集中心，通过一个或多个前置处理机，直接与新型多功能电能表进行数据通信。系统与电能表之间的通信可以采用多种灵活的方式，最普通的是采用电话交换网，对于实时性要求较高的情形，也可以采用专线通信。

三、远程自动抄表系统的构成

远程自动抄表系统包括四个部分：有自抄功能的电能表、抄表集中器、抄表交换机和中央信息处理机。抄表集中器是将多台电能表连接成本地网络，并将它们的用电量数据集中处理的装置，其本身具有通信功能，且含有特殊软件。当多台抄表集中器需再联网时，所采用的设备称为抄表交换机，它可与公共数据网接口。有时抄表集中器和抄表交换机可合二为一。中央信息处理机利用公用数据网，将抄表集中器所集中的电能表数据抄回并进行处理。

1. 电能表

能用于远程自动抄表系统的电能表有脉冲电能表和智能电能表两大类。

(1) 脉冲电能表。脉冲电能表能够输出与转盘数成正比的脉冲串。根据输出脉冲的实现方式的不同，脉冲电能表又可分为电压型脉冲电能表和电流型脉冲电能表两种。电压型表的输出脉冲是电平信号，采用三线传输方式，传输距离较近；电流型表的输出脉冲是电流信号，采用两线传输方式，传输距离较远。

（2）智能电能表。智能电能表传输的不是脉冲信号，而是通过串行口以编码方式进行远方通信，因而准确可靠。按输出接口通信方式划分，智能电能表可分为 RS-485 接口型和低压配电线载波接口型两类。RS-485 智能电度表是在原有电能表内增加了 RS-485 接口，使之能与采用 RS-485 型接口的抄表集中器交换数据；载波智能电能表则是在原有电能表内增加了载波接口，使之能通过 220V 低压配电线与抄表集中器交换数据。

（3）两种输出接口比较。输出脉冲方式可以用于感应式和电子式电能表，其技术简单，但在传输过程中，容易发生丢脉冲或多脉冲现象，而且由于不可以重新发送，当计算机因意外中断运行时，会造成一段时间内对电能表的输出脉冲没有计数，导致计量不准。此外，脉冲方式电能表的功能单一，一般只能输送电能信息，难以获得最大需量、电压、电流和功率因数等多项数据。

串行通信接口输出方式可以将采集的多项数据，以通信规约规定的形式作远距离传输，一次传输无效，还可以再次传输，这样抄表系统即使暂时停机也不会对其造成影响，保证了数据可靠的上传。但是串行通信方式只能用于采用微处理器的智能电子式电能表和智能机械电子式电能表，而且由于通信规约的不规范，使各厂家的设备之间不便于互连。

2．抄表集中器和抄表交换机

抄表集中器是将电能表的数据进行一次集中的装置。对数据进行集中后，抄表集中器再通过电力载波等方式将数据继续上传。抄表集中器能处理脉冲电能表的输出脉冲信号，也能通过 RS-485 方式读取智能电能表的数据。通常抄表集中器具有 RS-232、RS-485 方式或红外线通道，用于与外部进行数据交换。

抄表交换机是远程抄表系统的二次集中设备。它集结的是抄表集中器的数据，然后再通过公用电话网或其他方式传输到电能计费中心的计算机网络。抄表交换机可通过 RS-485 或电力载波方式与各抄表集中器通信，而且也具有 RS-232、RS-485 方式或红外线通道用于与外部交换数据。

3．电能计费中心的计算机网络

电能计费中心的计算机网络是整个自动抄表系统的管理层设备，通常由单台计算机或计算机局域网再配合以相应的抄表软件组成。

四、远程自动抄表系统的通信方式

抄表计费系统，通常采用 RS-485、低压配电线载波、光纤、电话网或无线电台等通信方式。

1．通信传递介质

按信道介质分，抄表通信有光纤、电话、电力线载波和无线四种方式。它们的特点如下：

（1）随着光纤技术的发展和广泛应用，自动抄表系统有可能更多地使用光纤。

（2）利用现有电话网进行数据通信是一个经济有效的方案，只需在集中器和工作主站处加装调制解调器，其传输速率可达 56Kbps。但电话线路接通时间较长，一般要几秒到十几秒，如对抄表数据实时性要求较高，则必须采用专线 MODEM 和专用电话线。

（3）实施载波通信不需再投资，可大大节约资金，且维护量很小。用低压电力线作信道，可以实现灵活的"即插即用"，成本低，方便准确。

（4）对于分布分散的集中器，用无线方式进行数据通信是较好的选择。目前已有车载无线自动抄表系统投入运行。但无线通信方式需要慎重选择频点，并需申请使用权。

2. 通信网络结构

按连接方式分，自动抄表系统的通信网结构主要有星型和总线型两种方式。

（1）以工作主站为中心，以星型形式分别与各地的集中器连接，形成 1 对 N 的连接方式为星型连接通信。这种方式下信道通信数据量大，要求有一定的传输速率和带宽。

（2）总线型通信是以一条串行总线连接各采集器或电能表，实现各节点的互连。这种方式下，信道上节点多，传输速率不会很高，一般用于底层电能数据的采集。常见的有 RS-485 总线网和低压电力线载波通信网，也有采用 Lon Work 等现场总线构成通信网的。

五、远程自动抄表系统的典型方案

图 9-43 所示是一个三级网络的远程自动抄表系统。该系统中的抄表交换机和抄表集中器合二为一。它通过 RS-485 或者低压配电线载波读取智能电能表数据，也直接采集脉冲电能表的脉冲，然后通过公用电话网将数据送至电能计费中心的计算机网络。

如图 9-44 所示，总线型系统是由电能表、抄表集中器、抄表交换机和电能计费中心组成的四级网络系统。抄表集中器通过 RS-485 网络读取智能电表数据或直接接收脉冲电能表输出脉冲。抄表集中器与抄表交换机之间采用低压配电线载波方式传输数据。抄表交换机与电能计费中心的计算机网络之间，通过公用电话网传输数据。

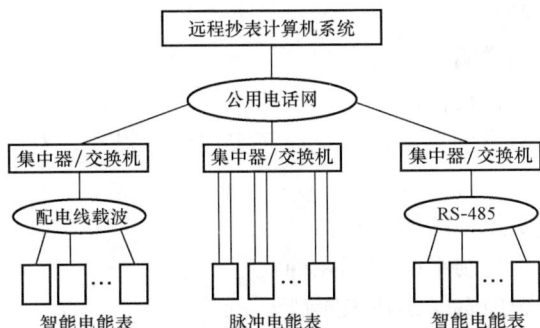

图 9-43　采用三级网络的远程自动抄表系统　　图 9-44　总线型远程自动抄表系统框图

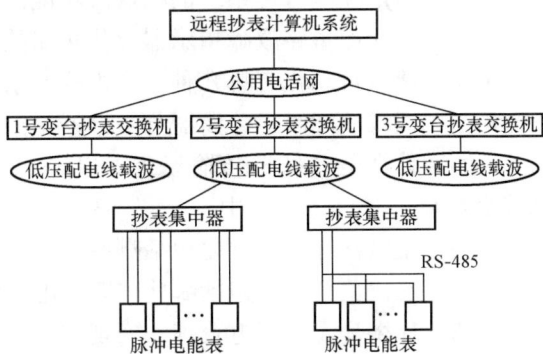

在总线型抄表系统中，抄表集中器还可以通过低压配电线载波方式读取电能表数据，抄表交换机与抄表集中器也可以采用 RS-485 网络传输数据。

远方抄取居民用户电能时，可将一个楼道内的电能表采用一台抄表集中器集中，再将多台抄表集中器通过抄表交换机连接到公用电话网络进行远程自动抄表。

图 9-45 为采用无线电台的远程自动抄表系统。

利用远程自动抄表系统可以及时发现窃电行为，以便采取必要的措施。目前，仅从电能表本身采取技术手段已经难以防范越来越高明的窃电手段，根据低压配电网的结构，在适当位置采用总电能表来核算各分支电能表数据的正确性，就可以较好地防范和侦查窃电行为。

例如一座居民楼的进线处安装一台抄表集中器，并安装一台测量整条馈线的总表。在小区配电变压器处设置抄表交换机，并与安装在该处的总电能表相连。当配变总表的数据明显大于该区所有居民用户电能表读数之和时，在排除了电能表故障的可能性后，就可认定该区发生了窃电行为。

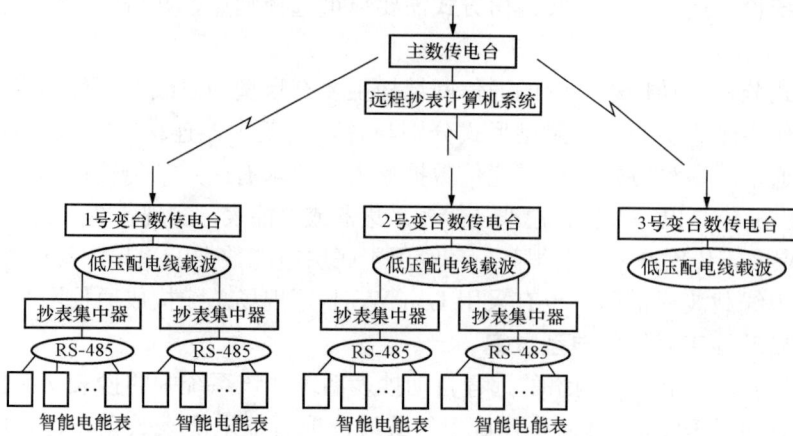

图 9-45　采用无线电台的远程自动抄表系统

思　考　题

9-1　简述配电管理系统的构成及功能。

9-2　如何用短路故障指示器寻找短路故障点？

9-3　馈线自动化有哪几种实现模式？请对比说明各自特点。

9-4　馈线故障时，分段器与重合器是如何配合动作的？

9-5　什么是馈线 FTU？基于 FTU 和通信网络的自动化系统如何实现故障隔离，有什么优点？

9-6　变电站综合自动化包括哪些内容？有哪几种结构形式？

9-7　现代负荷管理包括哪些内容？电力负荷控制系统有哪几种？

9-8　什么是需方用电管理？实现需方用电管理有哪些技术手段？

9-9　谈谈配电图资地理信息系统在配电网中的实际应用。

9-10　远程自动抄表系统是怎样构成的？可以使用哪些通信方式？

总 复 习 思 考 题

一、专业词语解释

1. 工频负荷控制　2. AGC/EDC　3. 广域保护系统　4. 静态安全分析　5. 模入通道
6. 模拟量越阈值传送　7. CDT 规约　8. GIS　9. 基带数字信号　10. 相量测量单元 PMU
11. 量化误差　12. N−1 准则　13. 高频切机　14. 采样保持器　15. 音频负荷控制
16. 三级电压控制　17. 强励强减和灭磁　18. 时间分辨率 10ms　19. 动态电压调节器（DVR）
20. "区域控制误差" ACE　21. 警戒状态　22. 光耦器件　23. 二次调频　24. 九区域法
25. 检错与纠错能力　26. 频率 "悬停"　27. 码距与码重　28. 直流采样　29. SCADA/EMS
30. 上行通信　31. 差错控制措施　32. Polling 规约　33. 电气制动　34. 地理信息系统
35. 600Bd　36. A/D 转换器　37. 交流采样　38. 串行通信　39. modem　40. 逆调压
41. 开入　42. 全双工通信　43. FTU　44. 最小二乘法　45. 专家系统　46. 调度员潮流

二、填空

1. 采用偶校验法，请填上最后一位：01101001 __。

2. 实现 10kV 馈线自动化有两种方案，一种是＿＿＿＿控制方案，采用＿＿＿＿开关（如＿＿＿＿、＿＿＿＿等），该方案无需＿＿＿＿，其缺点是＿＿＿＿＿＿＿＿＿＿＿＿；另一种是＿＿＿＿＿＿控制方案，采用＿＿＿＿开关（例如＿＿＿＿、＿＿＿＿）和现场终端＿＿＿＿，此方案则必须与配电调度中心＿＿＿＿＿＿。

3. 用 BCD 码表示 346：＿＿＿＿＿＿＿＿＿＿＿＿。

4. 目前调度自动化采用的 CDT 规约中，每一帧开头是＿＿＿＿字，有＿＿＿＿位。此后的每个信息字也是＿＿＿＿位，其中最后＿＿＿＿位是校验位。

5. 基带数字信号的波形为（画出）＿＿＿＿＿＿＿＿＿＿＿＿＿＿，它不宜＿＿＿＿传输，多采用＿＿＿＿＿＿＿将其＿＿＿＿＿＿为某种＿＿＿＿＿＿波，在目前调度自动化系统中，变换后的波形为（画出）＿＿＿＿＿＿＿＿＿＿＿＿。

6. 警戒状态表面上与＿＿＿＿＿＿＿完全相同，但它是有＿＿＿＿的，因为在某一种＿＿＿＿＿＿事故后，会出现较严重的＿＿＿＿＿。只有运行＿＿＿＿＿＿程序才能发现警戒状态，此时调度员有权决定是否采取＿＿＿＿＿＿安全控制。

三、问答题

1. 电网调度自动化系统如何为电力系统的安全、优质、经济运行提供全面的保障？

2. 电力系统的调控点有哪些？如何调控频率？如何调控电压？

3. 警戒状态是如何被发现的？有什么特点？此时调度员能做些什么？

4. Polling 规约如何运行的？其优缺点都有哪些？

5. AGC/EDC 程序的目标是什么？两者是如何配合运行的？具体控制的设备是什么？

6. 某 8 位 A/D 芯片，采用二进制电压砝码，其中最大的电压砝码为 1.28V，问该 A/D 最多可量测多少伏电压？测量误差的最大范围是多少？

7. 10kV 线路的馈线自动化有哪两种不同的实施方案？其各自的优缺点是什么？

8. 为什么要进行状态估计？状态估计得以实现的前题条件是什么？常用什么数学方法？

9. 采样保持器起什么作用？采样保持器的核心部件是什么？

10. 在保证安全方面，电网调度自动化系统都做了哪些事？

11. 说明负荷控制的必要性以及目前常用的负荷控制技术。

12. 说明地理信息系统在配网自动化中的应用情况。

四、计算题

1. 进行负荷预计，将结果填入表中，并将计算过程填写在下面表格中。

时间 天	0 时	8 时	16 时	
第一天	10	20	30	
第二天	8	16	24	
第三天	20	30	40	
第四天				

2. 进行状态估计计算，遥测值已示于下图中。

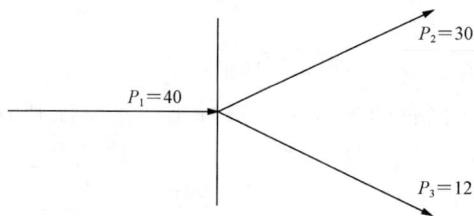

参 考 文 献

[1] 王士政. 电力系统运行控制与调度自动化. 南京：河海大学出版社，1990.

[2] 王士政. 电网调度自动化与配网自动化技术. 2版. 北京：中国水利水电出版社，2006.

[3] 王士政. 县级电网调度与通信. 北京：中国水利水电出版社，2004.

[4] 刘健，倪建立. 配电网自动化新技术. 北京：中国水利水电出版社，2004.

[5] 盛寿麟. 电力系统远程监控原理. 2版. 北京：中国电力出版社，1998.

[6] 商国才. 电力系统自动化. 天津：天津大学出版社，1999.

[7] 韩富春. 电力系统自动化技术. 北京：中国水利水电出版社，2003.

[8] 王明俊，于尔铿，刘广一. 配电系统自动化及其发展. 北京：中国电力出版社，1998.

[9] 郭培源. 电力系统自动控制新技术. 北京：科学出版社，2001.

[10] 陈堂. 配电系统及其自动化技术. 北京：中国电力出版社，2003.

[11] 刘健，倪建立，邓永辉. 配电自动化系统. 北京：中国水利水电出版社，2003.

[12] 黄益庄. 变电站综合自动化技术. 北京：中国电力出版社，2000.

[13] 丁书文. 变电站综合自动化原理及应用. 北京：中国电力出版社，2003.

[14] 徐腊元. 配电网自动化设备优选指南. 北京：中国水利水电出版社，1998.

[15] 王章启，顾霓鸿. 配电自动化开关设备. 北京：水利电力出版社，1995.

[16] 蔡洋. 电力系统运行管理. 北京：水利电力出版社，1995.

[17] 程明. 无人值班变电站监控技术. 北京：中国电力出版社，1999.

[18] 电力工业部计划用电办公室. 有线电力负荷控制技术. 北京：水利电力出版社，1993.

[19] 王明俊，傅书逷，吴玉生. 面向对象设计的开放式能量管理系统. 北京：中国电力出版社，1997.

[20] 汪童志. 馈线自动化的几种实现模式. 供用电，2000，17（4）.

[21] 何海波，周拥华，吴昕，等. 低压电力线载波通信研究与应用现状. 继电器，2001，7（12）.

[22] 袁季修. 电力系统安全稳定控制. 北京：中国电力出版社，1996.

[23] 王梅义，吴竞昌，蒙定中. 大电网系统技术. 北京：中国电力出版社，1995.

[24] 余贻鑫，王成山. 电力系统稳定性理论与方法. 北京：科学出版社，1999.

[25] 中华人民共和国能源部1989.03.02发布. 1989.08.01实施. SD 325.89. 电力系统电压和无功电力技术导则（试行）.

[26] 中华人民共和国能源部1993.03.17. 电力系统电压质量和无功电力管理规定（试行）.

[27] GB 12325－1990. 电能质量供电电压允许偏差. 国家技术监督局. 1990.04.20发布.

[28] 卢强，孙元章. 电力系统非线性控制. 北京：科学出版社，1993.

[29] 孙锦鑫. 电力系统静态电压稳定性分析与控制. 哈尔滨：哈尔滨工业大学. 1990.

[30] 国家经贸委. 2001.04.28发布. 2001.07.01实施. DL 755.2001. 电力系统安全稳定导则.

[31] 余贻鑫，陈礼义. 电力系统的安全性和稳定性. 北京：科学出版社，1998.

[32] 卢强，王仲鸿，韩英铎. 输电系统最优控制. 北京：科学出版社，1982.

[33] 李坚. 商业化电网的经济运行及无功电压调整. 北京：中国电力出版社，2001.

[34] 张尧. 电力系统静态电压稳定和电压控制研究. 天津：天津大学，1993.

[35] 王益民，辛耀中. 调度自动化及数据网络的安全防护. 电力系统自动化，2001（21）.

[36] 胡炎，董名垂. 电力工业信息安全的思考. 电力系统自动化，2002（7）.

[37] 辛耀中. 新世纪电网调度自动化技术发展趋势. 电网技术，2001（12）.

[38] 张海波. 电力系统状态估计的混合不良数据检测方法. 电网技术，2001（10）.

[39] 阎欣. 电力系统可观察性分析及测点布置. 电力系统自动化，1997（5）.

[40] 李碧君. 电力系统状态估计问题的研究现状和展望. 电力系统自动化，1998（11）.

[41] 于尔铿. 电力市场的技术支持系统. 电力系统自动化，1999（2）.

[42] 葛炬，张粒子. AGC 机组参与电力市场辅助服务的探讨. 电网技术，2002（12）.

[43] 黄益庄. 变电站综合自动化技术. 北京：中国电力出版社，2000.

[44] 刘健，倪建立，邓永辉. 配电自动化系统. 北京：中国水利水电出版社，1999.

[45] 袁季修. 防御大停电的广域保护和紧急控制. 北京：中国电力出版社，2007.

[46] 中华人民共和国经贸委员会. 电力系统安全稳定导则. 北京：中国电力出版社，2001.

[47] 周全仁，张清益. 电网分析与发电计划. 长沙：湖南科学技术出版社，1996.

[48] 王兆家，岑宗浩. 华东电网多功能功角实时监测系统的开发及应用. 电网技术，2002.

[49] 付强，王少荣. 基于 PMU 同步数据的电力系统暂态稳定分析方法综述. 继电器，2003.

[50] 程浩忠，吴浩. 电力系统无功与电压稳定性. 北京：中国电力出版社，2004.

[51] 周全仁，张海. 现代电力网自动控制系统及其应用. 北京：中国电力出版社，2004.

[52] 黑龙江省调度中心. 变电所自动化实用技术及应用指南. 北京：中国电力出版社，2004.

[53] 张永健. 电网监控与调度自动化. 2 版. 北京：中国电力出版社，2007.

[54] 李坚. 电网运行及调度技术问答. 北京：中国电力出版社，2004.

[55] 李先彬. 电力系统自动化. 4 版. 北京：中国电力出版社，2004.

[56] 周双喜. 电力系统电压稳定性及其控制. 北京：中国电力出版社，2004.

[57] 张惠刚. 变电站综合自动化原理与系统. 北京：中国电力出版社，2004.

[58] 罗承廉. 静止同步补偿器（STATCOM）的原理与实现. 北京：中国电力出版社，2005.

[59] 叶世勋. 现代电网控制与信息化. 北京：中国水利水电出版社，2005.

作者简介

王士政，男，1943年生，吉林省吉林市人。1966年毕业于东北电力学院电力工程系，长期从事电力系统自动化领域的教学和研究。曾先后任教于武汉水利电力学院、湖南大学、河海大学、三江大学等高校电气工程系。多次获得省级或校级各种优秀教学成果奖。

先后编著出版了《县级电网调度与通信》、《电力系统运行控制与调度自动化》、《工矿企业电气工程师手册》、《发电厂电气部分》、《发变电站电气工程》、《电网调度自动化与配网自动化技术》等著作和教材，在电力院校和电力行业中均有较大影响。其中，《发电厂电气部分》立体化教材获江苏省2004年高校优秀教学成果二等奖，《电网调度自动化与配网自动化技术》被评为2005年江苏省高等学校精品教材。